ARCHÉOLOGIE DU SUJET

I

NAISSANCE DU SUJET

DU MÊME AUTEUR

Le Problème de l'être chez Maître Eckhart, Genève-Neuchâtel-Lausanne, 1980.
Ulrich de Strasbourg. De summo bono, II, 1-4, Hambourg, Felix Meiner, 1987.
Maître Eckhart. Sur l'humilité, traduction et postface, Paris, Arfuyen, 1988.
Maître Eckhart. Poème, Paris, Arfuyen, 1988, 1996.
La Philosophie médiévale, Paris, PUF, « Que sais-je ? », 1989, 1991, 1994, 2001.
Albert le Grand et la philosophie, Paris, Vrin, 1990.
Penser au Moyen Âge, Paris, Seuil, 1991, 1996.
La Philosophie médiévale, Paris, PUF, « Premier Cycle », 1992, 2001, 2004, 2014.
Maître Eckhart. Traités et Sermons, édition et traduction, Paris, « GF », 1993.
Thomas d'Aquin. Contre Averroès, traduction et édition, Paris, « GF », 1994.
La Mystique rhénane. D'Albert le Grand à Maître Eckhart, Paris, Seuil, 1994.
Eckhart, Suso, Tauler et la divinisation de l'homme, Paris, Bayard, 1996.
La Querelle des universaux. De Platon à la fin du Moyen Âge, Paris, Seuil, 1996, 2014.
Morgen Schtarbe (roman), Paris, Flammarion, 1999.
L'Art des généralités, Paris, Aubier, 1999.
Maître Eckhart et la mystique rhénane, Paris, Cerf, 1999.
La Référence vide. Théories de la proposition, Paris, PUF, 2002.
Raison et Foi. Archéologie d'une crise, Paris, Seuil, 2003.
L'Unité de l'intellect de Thomas d'Aquin, Paris, Vrin, 2004.
Métaphysique et Noétique. Albert le Grand, Paris, Vrin, 2005.
Archéologie du sujet I. *Naissance du sujet*, Paris, Vrin, 2007 [^{2}2010], 2014.
Archéologie du sujet II. *La Quête de l'identité*, Paris, Vrin, 2008 [^{2}2010].
Archéologie du sujet III.1. *L'Acte de penser. La Double Révolution,* Paris, Vrin, 2014.
Où va la philosophie médiévale ?, Paris, Fayard-Collège de France, 2014.
L'Invention du sujet moderne. Cours du Collège de France 2013-2014, Paris, Vrin, 2015.
Archéologie du sujet III.2. *L'Acte de penser. L'Empire du sujet*, en préparation.
Archéologie du sujet IV. *L'Expérience de la conscience*, en préparation.
Archéologie du sujet V. *Le Sujet divisé (Contre Averroès)*, en préparation.
Archéologie du sujet VI. *Le Sujet de l'action*, en préparation.
Archéologie du sujet VII. *L'Unité de l'homme*, en préparation.

EN COLLABORATION

Maître Eckhart. Métaphysique du Verbe et théologie négative, Paris, 1984.
Maître Eckhart. Commentaire de la Genèse, Paris, Cerf, 1984.
Celui qui est. Interprétations juives et chrétiennes d'Exode 3, 14, Paris, 1986.
Aux origines de la Logica Modernorum. Naples, Bibliopolis, 1987.
Maître Eckhart. Commentaire du prologue à l'Évangile de Jean, Paris, 1989.
Lectionum varietates. Hommage à Paul Vignaux (1904-1987), Paris, Vrin, 1991.
Porphyre. Isagoge, Paris, Vrin, 1995 [avec A.-Ph. Segonds †].
Averroès. Discours décisif, introduction par A. de Libera, Paris, « GF », 1996.
L'Être et l'Essence. Le vocabulaire médiéval de l'ontologie, Paris, Seuil, 1996.
Langages et Philosophies. Hommage à Jean Jolivet, Paris, Vrin, 1997.
« Pour Averroès », in *Averroès. L'Islam et la Raison*, Paris, « GF », 2000.
Dictionnaire du Moyen Âge, Paris, PUF, 2002.
Vocabulaire européen des philosophies, Paris, Seuil-Robert, 2004.
Les Grecs, les Arabes, et nous, Paris, Fayard, 2009.
Après la métaphysique, Augustin ?, Paris, Vrin, 2013.

BIBLIOTHÈQUE D'HISTOIRE DE LA PHILOSOPHIE
NOUVELLE SÉRIE
Fondateur : HENRI GOUHIER Directeur : JEAN-FRANÇOIS COURTINE

ARCHÉOLOGIE DU SUJET

I

NAISSANCE DU SUJET

par

ALAIN DE LIBERA

quatrième tirage

PARIS
LIBRAIRIE PHILOSOPHIQUE J. VRIN
6, Place de la Sorbonne, V^e^
–
2016

Imprimé en France

ISSN 0249-7980

ISBN : 978-2-7116-1927-6

www.vrin.fr

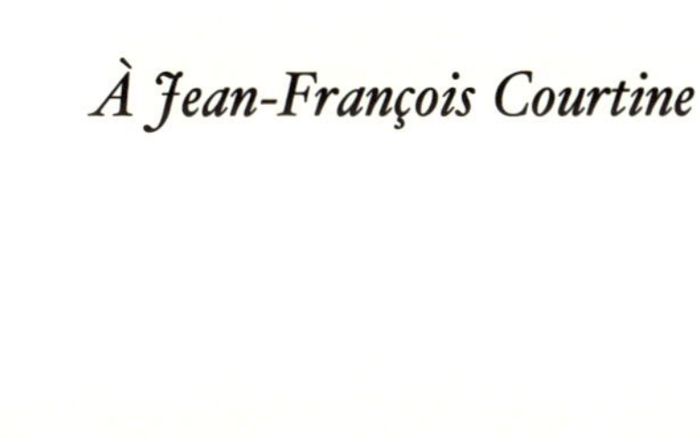

À Jean-François Courtine

Niemand wird sich selber kennen,
Sich von seinem Selbst-Ich trennen;
Doch probier er jeden Tag,
Was nach außen endlich, klar,
Was er ist und was er war,
Was er kann und was er mag.

Personne ne se connaîtra soi-même,
Personne ne se séparera de son moi propre;
Qu'il essaie pourtant chaque jour
De savoir enfin, clairement, de l'extérieur,
Ce qu'il est et ce qu'il était,
Ce qu'il peut et ce qu'il voudrait.

J.G. VON GOETHE
« Widmung », *Zahme Xenien,* VII.

Avant-Propos

Ce volume est le premier d'une série consacrée à la question du sujet – question dont je crois avoir rencontré pour la première fois l'intitulé sous la plume de Paul Ricœur en 1969 [1]. C'est cependant dans un tout autre cadre qu'elle s'est imposée à moi comme question : la lecture, entamée il y a plus de vingt ans, du *Grand Commentaire* d'Averroès sur le *De anima* d'Aristote. M'y avait incité l'espoir d'y trouver développée l'une de ces « propositions scandaleuses » mentionnées par Ernest Renan [2], une de ces « doctrines hardies », qui, au XIIIe siècle, « avaient ébranlé la foi de plusieurs dans l'université de Paris » : *homo non intelligit*, l'homme ne pense pas. Cela rendait un son digne d'Artaud écrivant à Jacques Rivière. Beau comme du Blanchot. L'épineux latin de Michel Scot était moins attrayant. Une certaine déception poignit le lecteur. Vint « la mort de l'homme ». Averroès ne pouvait que quitter le *hit parade*. Un autre fredon commença, qui règne encore :

We're all zombies.
Nobody is conscious.

1. Cf. P. Ricœur, « La question du sujet : le défi de la sémiologie », in *Le Conflit des interprétations*, Paris, Seuil, 1969, p. 233-262.

2. Cf. E. Renan, *Averroès et l'averroïsme*, Préface d'A. de Libera, Paris, Maisonneuve et Larose, 1997, p. 194.

Fin d'al-Andalûs : ne resterait que Dennett[1] jouant les Romero. Mon premier engouement est demeuré pourtant, marque d'une fidélité directement proportionnelle à l'incapacité où je me suis longtemps trouvé et me trouve probablement encore de donner un sens philosophique parfaitement clair à une thèse du crépuscule : *l'homme n'est pas le sujet de la pensée*. Ces dix dernières années, j'aurai au moins tenté de le faire, de cours en séminaires, de colloques en notules, travaux d'approche et traductions diverses. L'heure de la synthèse est venue. En bonne méthode, je reprends donc tout de zéro. D'où cet essai d'archéologie philosophique destiné à reconstituer la *condition du sujet*, sa naissance, son essor, son empire ou, si l'on préfère, sa montée progressive en position de titulaire unique des pouvoirs ou des fonctions du je, de l'individu et de la personne : sujet parlant, sujet pensant, sujet voulant – d'un mot : sujet *agent*. Ni histoire de *la* subjectivité ni généalogie(s) *du* sujet, mais dans l'espace défini par cette double négation, le *travail* d'une *forme discursive*, la forme « sujet », ses théorèmes, ses principes, ses concepts, ses problèmes, les diverses matières qu'elle s'est successivement, parfois contradictoirement, assujetties aux confins de la métaphysique, de la logique et de la philosophie de l'esprit : tel est le propos. Déployé sur la « durée longue », il conduira le lecteur du monde d'Aristote à celui de Brentano, en passant par le Moyen Âge, la Seconde Scolastique et l'Âge classique : le « long Moyen Âge » philosophique. Toute reconstruction supposant une déconstruction, on en proposera ici une, courant d'un volume l'autre, celle de la thèse de Heidegger affirmant que c'est avec Descartes que, pour la première fois, « la *mens humana*, revendique exclusivement pour elle le nom de sujet de telle sorte que *subiectum* et *ego*, subjectivité et égoïté *(Ichheit)* acquièrent une signification identique »[2].

1. Cf. D.C. Dennett, *Consciousness Explained*, Boston, Little, Brown and Company, 1991.

2. Cf. M. Heidegger, *Die Metaphysik als Geschichte des Seins* in *Nietzsche*, t. II, Pfullingen, Neske, 1961, p. 395 [GA 6.2] = « La métaphysique en tant

Que mes collègues genevois : Alexandrine Schniewind et Kevin Mulligan, mes amis parisiens : Étienne Balibar et Jacob Schmutz, qui m'ont aidé de leurs conseils ou de leurs écrits trouvent ici l'expression de ma reconnaissance. Une pensée particulière pour celles et ceux qui m'ont accueilli pour présenter et discuter mes travaux : Michelina Borsari, Daniele Francesconi et les étudiant-e-s du Collegio San Carlo de Modena, Alexis Tadié et Luc Foisneau de la Maison française d'Oxford, Stephen Brown et Jean-Luc Solère de Boston College.

Un grand merci enfin à ma garde rapprochée : mon assistant, Leone Gazziero, mon éditeur, Anne-Marie Arnaud et la maison Vrin, et, *last but not least,* Dominique de Libera, qui a réalisé ce livre presque irréalisable, que je dédie à l'ami et au lecteur le plus endurant : Jean-François Courtine.

---

qu'histoire de l'être», in *Nietzsche*, t. II, trad. fr. P. Klossowski, Paris, Gallimard, 1971, p. 348.

Introduction

Comment le sujet pensant, ou si l'on préfère, l'homme en tant que *sujet* et *agent* de la pensée est-il entré en philosophie? Et pourquoi? Rien, pour reprendre l'expression d'Aristote parlant des Formes platoniciennes, n'appelait, en apparence, la naissance d'un tel « monstre ». Tout semblait plutôt l'exclure : depuis le Stagirite, le mot « sujet » désignait quelque chose comme un support ou un substrat doué d'une capacité réceptive; « pensée », une affection ou un affect ou, pour le dire dans le rude idiome aristotélicien, une « altération » d'un genre particulier[1]; « homme », un animal politique, doué de *logos*, ce qui, pas plus que pour le Roi de *Ridicule*[2], n'autorisait d'emblée à faire de lui un *sujet* au sens le plus courant du terme. Bref, à la grande loterie de la génétique conceptuelle, l'association des notions de « sujet » et d'« agent » pour désigner le *principe* de la pensée en l'homme était aussi (im)probable que la rencontre fortuite sur la table de dissection d'une machine à coudre et d'un parapluie. L'attentat à l'usage aristotélicien a pourtant eu lieu : à un certain moment de l'histoire de la philosophie l'homme est devenu « sujet de la pensée », puis « sujet pensant », récoltant potentiellement au passage 438 et 20 100 nominations dans *Google*, en, respectivement, 0,57 et 0,44 secondes. Gain remarquable pour une contradiction *in adiecto*.

1. Cf. Aristote, *De an.* II, 5, 417b1-15.

2. Voir le film de P. Leconte, *Ridicule*, 1996, scénario de R. Waterhouse, M. Fessler et E. Vicaut.

Il n'y a cependant pas de fumée sans feu. Et Jean Beaufret peut bien dire que « la pensée grecque ignore le sujet »[1], il faut croire qu'elle ne lui était pas *d'avance* si totalement étrangère, pour que les modernes – si l'on suppose que le sujet est, de naissance, « moderne » –, aient jugé bon de l'y inventer ou d'en tirer les prémisses. Comme l'écrit, en effet, Alain Renaut :

> Ce qui [...] définit intrinsèquement la modernité, c'est sans doute la manière dont l'être humain s'y trouve conçu et affirmé comme la source de ses représentations et de ses actes, comme leur fondement (*subjectum*, sujet) ou encore comme leur auteur[2].

Au prix de quelle violence faite à Aristote et à l'aristotélisme, de quels contresens, de quelles déviations ou de quels détournements ? La question mérite d'être posée, et c'est, historiographiquement du moins, la première ambition de ce livre : on y veut, sinon restituer toutes les étapes, du moins tracer les figures décisives ou, pour mieux dire, poser les conditions historiques majeures de la *naissance du sujet*. On l'aura compris à la simple lecture du titre et du sous-titre, le travail engagé risque plus que jamais de se voir caractériser comme un exercice de « scolastique heideggérienne » greffé sur une histoire « pratiquée à l'école de M. Foucault ». Le reproche est ancien, comme la description de la méthode mise en œuvre pour donner corps à ce double et « improbable » parrainage : « multiplier les polysémies », « *historiciser*, c'est-à-dire, [...] substituer au déroulement des faits et des idées la ligne brisée et discontinue des épistémès », « déployer les réseaux conceptuels, relever les ruptures épistémiques, les déplacements de sens, les substitutions de structure »[3].

1. C'est la thèse martelée par Heidegger. Voir « Ce qu'est et comment se détermine la ΦΥΣΙΣ », trad. F. Fédier, in *Questions II*, Paris, Gallimard, 1968, p. 189 : « Pour les Grecs, l'homme n'est absolument pas un sujet : c'est pourquoi l'étant non humain ne peut jamais avoir le caractère de l'objet. »

2. Cf. A. Renaut, *L'Individu. Réflexions sur la philosophie du sujet*, Paris, Hatier (Optiques philosophie), 1998, p. 6.

3. Cf. H. Pasqua, *Revue philosophique de Louvain*, mai 1996, p. 346-354.

J'accepte volontiers l'un et l'autre. Ni ce livre ni les travaux de séminaire qu'ici ou là il condense ou, au contraire, prolonge n'eussent existé sans la double incitation reçue de *L'Archéologie du savoir* et d'un ensemble de textes de Heidegger inscrivant l'émergence du sujet dans ce que l'on est convenu d'appeler « l'histoire de l'Être ». Il ne me semble pas nécessaire de plaider une nouvelle fois, en guise d'ouverture, pour ce que j'appelle « archéologie philosophique » : je l'ai suffisamment définie et pratiquée ailleurs pour ne plus avoir à en pointer *abstraitement* à la fois les mérites et les limites[1]. Il me paraît plus pertinent de poser que la question du sujet est, entre toutes, celle où l'historien de la philosophie ne peut éviter de reprendre à son compte les deux types de questionnement et d'enquête portés problématiquement, sinon contradictoirement, par Heidegger et Foucault. En effet, il n'y aurait pas sans eux de *question du sujet*. Reprendre, donc. Mais *pour quoi faire*, et *dans quelle perspective* ?

1. Sur l'archéologie philosophique et les aspects méthodologiques hérités de R.G. Collingwood (les CQR : « complexes constitués de questions et de réponses »), cf. A. de Libera, *L'Art des généralités. Théories de l'abstraction*, Paris, Aubier, 1999 ; « Le relativisme historique : Théorie des "complexes questions-réponses" et "traçabilité" », *Les Études philosophiques*, 4/1999, p. 479-494 ; « Archéologie et reconstruction. Sur la méthode en histoire de la philosophie médiévale », in *Un siècle de philosophie, 1900-2000*, Paris, Gallimard-Centre Pompidou (Folio Essais), 2000, p. 552-587. Pour une discussion de cette méthode, cf. K. Flasch, « Wie schreibt man Geschichte der mittelalterlichen Philosophie ? Zur Debatte zwischen Claude Panaccio und Alain de Libera über den philosophischen Wert der philosophiehistorischen Forschung », *Medioevo*, XX (1994), p. 1-29 ; P. Engel, « La philosophie peut-elle échapper à l'histoire ? », *in* J. Boutier & D. Julia (éd.), *Passés recomposés*, Paris, Éd. Autrement, 1995, p. 96-111 ; Cl. Panaccio, « La geste de l'universel et l'insistance des problèmes », *in* L. Langlois et J.-M. Narbonne (dir.), *Actes du XXVII*[e] *Congrès de l'ASPLF : La Métaphysique, son histoire, sa critique, ses enjeux*, Paris, Vrin-Québec, PUL, 2000, p. 234-241 ; Cl. Lafleur, « Questions de style et de méthode. Claude Panaccio et l'histoire d'un thème philosophico-théologique de l'antiquité à la fin du Moyen-Âge », *Laval théologique et philosophique*, 57/2 (2001), p. 213-223 ; Cl. Panaccio, « Sur les méthodes en histoire de la philosophie. Réponse à Claude Lafleur », *ibid.*, p. 262-265.

Le sujet est né, Heidegger nous l'assure, dans une certaine configuration, une certaine « époque » de l'histoire de l'Être. Il est mort, Foucault, l'a proclamé au détour des années 1960, en même temps que l'*Homme*, avant de renaître *pour nous*, semble-t-il, dans une sorte de retour du refoulé de/par la métaphysique, sous les traits du « souci de soi ». Naissance, mort, renaissance. Est-ce là toute l'*affaire* ? Je ne le crois pas. Le *fin mot* de l'histoire du sujet a peut-être été dit. Tout indique que nous sommes encore loin d'en avoir pensé à fond *les premiers*.

Que serait-ce si le dossier était plus complexe, moins linéaire, plus inextricablement mêlé que le double diagnostic de Heidegger et de Foucault ne le laisse entendre ? Si ni les ruptures, ni les pauses, ni les continuités marquées par leurs généalogies respectives n'étaient conformes à l'état présent de l'archive ? Si l'ensemble du processus était, pour tout dire, *mal daté* ? Si, comme d'habitude, la place, le rôle, l'apport du Moyen Âge avaient été, par l'un comme par l'autre, *mal appréciés* ? Il faudrait au moins revenir au point de départ communément allégué, et s'interroger à nouveaux frais sur les conditions dans lesquelles le sujet a acquis une forme de prédominance philosophique générale que rien ne laissait augurer pendant plus d'un millénaire ; déterminer par quelles équivoques, quelles contagions, quelles redistributions, que l'on pourrait dire aussi bien *époquales* avec Heidegger qu'*épistémiques* avec Foucault, il s'est précisément imposé à la place de l'homme, comme titulaire insigne de la fonction du *je*. C'est ce que l'on fera ici. Pareil projet ne saurait cependant s'engager sans que le lecteur sache d'avance ce qui, des deux positions invoquées, y sera effectivement repris philosophiquement, historiquement, méthodologiquement. Dès lors, et sans oublier que, plus encore qu'au XIIe siècle, « nous sommes des nains juchés sur les épaules de géants », quelques précisions s'imposent.

De Foucault à Heidegger

Bien qu'archéologique (ou… *parce que* archéologique), ma démarche ne prolonge pas le travail du dernier Foucault. Pour le dire clairement, je ne vise pas un « allongement du questionnaire » de *L'Herméneutique du sujet*. Il s'agirait, en effet, dans le cas précis, d'étudier en détail le *souci* médiéval *de soi* – tel qu'il s'énonce, en terre d'Islam, avec le *Régime du solitaire* ou, dans le monde universitaire chrétien, avec la « monostique ». Cela ne manquerait certes pas d'intérêt, mais ce n'est pas là ce que je veux faire[1]. L'univers des « techniques » et des « pratiques de soi » est étranger à mon propos[2], qui se borne à tenter de décrire la construction du

1. Pareille enquête permettrait, entre autres, de remonter à la dimension politique de la question du sujet chez Foucault, en filant la notion de *regimen* jusqu'à celle de *gouvernement* dans les *Arts de gouverner* (dont on sait que le titre le plus courant est *De regimine principum*). Je laisse volontairement de côté cette piste, défrichée depuis longtemps, notamment par M. Senellart dans *Les Arts de gouverner. Du 'regimen' médiéval au concept de gouvernement*, Paris, Seuil, 1995 et dans « Machiavel à l'épreuve de la gouvernementalité », *in* G. Sfez & M. Senellart, *L'Enjeu Machiavel*, Paris, PUF (Collège international de philosophie), 2001 (où Senellart répond d'ailleurs à la thèse de Foucault assurant qu'« il n'y a pas d'art de gouverner chez Machiavel », p. 221, en montrant pourquoi et comment ce dernier « reste […] irréductible au schéma [foucaldien] de la gouvernementalité » p. 227). Mon propos n'est pas de nouer historiquement les deux sens du mot « sujet » rapprochés dans « The Subject and Power », in *Dits et Écrits*, IV, p. 227 : « sujet soumis à l'autre par le contrôle et la dépendance », et « sujet attaché à sa propre identité par la conscience ou la connaissance de soi ». Même si, je conviens que, « dans les deux cas, ce mot suggère une forme de pouvoir qui subjugue et assujettit », je crois plus opportun, en tout cas plus adapté au style d'archéologie que je pratique, de m'attaquer en historien à la construction du sujet entendu comme sujet de la conscience/connaissance de soi. Pour ce qui est de l'assujettissement, je renvoie aux analyses d'É. Balibar, « Sujet : Subjectivité et assujettissement », dans É. Balibar, B. Cassin, A. de Libera, « Sujet », *in* B. Cassin (éd.), *Vocabulaire européen des philosophies*, Paris, Le Robert-Éd. du Seuil, 2004, p. 1243-1253. (Noté par la suite *VEP*.)

2. C'est dire aussi que le surpassement des « techniques de soi » dans les « exercices spirituels », et l'opposition entre *culture de soi* et *sagesse*, caractéristiques du « dialogue interrompu » entre M. Foucault et P. Hadot, ne

concept philosophique de *subiectum* au Moyen Âge et de restituer quelques étapes de sa mutation en sujet, ou plutôt, dans l'allemand de Kant, en *Subjekt*. Ce programme n'est pas pour autant entièrement étranger à ce qu'a élaboré Foucault : il y va après tout de la naissance de ce sujet empirique-transcendant(al) dont la « mort de l'homme » est censée avoir plus ou moins efficacement achevé la carrière. Il y a cependant sujet et sujet.

Tout en dénonçant la mainmise du sujet transcendantal sur l'histoire, le Foucault des années 1980 a imposé, pour ne pas dire consacré, le terme « sujet » en histoire de la philosophie antique, tant dans le troisième volume de l'*Histoire de la sexualité*. *Le souci de soi*, que dans le cours éponyme du Collège de France. Toutefois, le dernier usage foucaldien des termes « sujet », « soi » et « subjectivité » ne communique pas directement avec le sujet dont nous parlerons ici. D'un mot, notre travail n'est pas d'« histoire de la subjectivité », au sens où un texte célèbre, repris dans le volume quatrième des *Dits et écrits*, définit le travail dont *L'Herméneutique du sujet* aura été l'aboutissement :

> ... étudier la constitution du sujet comme objet pour lui-même : la formation des procédures par lesquelles le sujet est amené à s'observer lui-même, à s'analyser, à se déchiffrer, à se reconnaître comme domaine de savoir possible. Il s'agit en somme de l'histoire de la « subjectivité », si l'on entend par ce mot la manière dont le sujet fait l'expérience de lui-même dans un jeu de vérité où il a rapport à soi[1].

« Faire l'expérience de soi-même » comme *sujet pensant*, tel est l'unique jeu que l'on connaît *ici* : ce que Heidegger

---

sont pas *non plus* directement en cause dans le parcours ici esquissé. Sur ce surpassement, cf. P. Hadot, « Réflexions sur la notion de "culture de soi" », in *Michel Foucault philosophe. Rencontre internationale, Paris, 9-11 janvier 1988*, Paris, Seuil, 1989, p. 261-270 [repris et augmenté dans P. Hadot, *Exercices spirituels et Philosophie antique*, Paris, Albin Michel, 2002, p. 323-332], et « Un dialogue interrompu avec Michel Foucault. Convergences et divergences », *ibid.*, p. 303-311.

1. *Définition de Foucault par lui-même*, cité in *Dits et Écrits*, vol. 4, Paris, Gallimard, 2000, p. 633.

nomme *die Erfahrung des Denkens*; le but du jeu étant de déterminer quand, comment et pourquoi *l'expérience de la pensée* a dû se faire « subjective », expérience d'un *sujet* acteur ou, plutôt, agent ou cause de *sa* pensée. On ne parlera pas de « sujet affecté » (sinon au sens où l'auto-affection hante le transcendantal), mais de sujet et d'affection, et des conditions de leur rencontre. L'analyse, le déchiffrement, les procédures d'observation : rien de tout cela, qui vient trop tard ou trop tôt pour notre archive, ne nous concerne, sinon, mais il n'y a là-dessus précisément plus rien à dire, en tant que c'est dans une *meditatio* qu'est censé s'inventer le sujet moderne, l'*ego cogitans cogitatum* cartésien. En gravitant autour de ce sujet-là, nous n'examinerons pas les conditions ni, surtout, les conséquences de la « déconnexion » cartésienne « entre la connaissance (de soi et du monde) et la transformation de soi[1]. » Notre histoire n'est pas une « histoire de l'accès du sujet à la vérité », qui viserait à retrouver ce qui a été occulté depuis (par) le cartésianisme, à décrire « la recherche, la pratique, l'expérience par lesquelles le sujet » antique, précartésien, opérait « sur lui-même les

1. J'emprunte cette formule à R. Redeker, « La dernière peau philosophique de Michel Foucault », *Critique*, 660 (2002), p. 391-400. Sur le même thème, cf. A. Larivée, « Un tournant dans l'histoire de la vérité ? Le souci de soi antique », *ibid.*, p. 335-353. Voir, dans le même sens, G. Aubry, « Introduction » *à Plotin, Traité 53* (I, 1), Paris, Cerf *(Les Écrits de Plotin)*, 2004, p. 56-57 : « D'une façon générale (écrit M. Foucault), la question directrice, pour la philosophie antique, n'est jamais de savoir si le sujet est objectivable et peut être connu comme un objet : c'est celle de savoir comment le fait de connaître et de *pratiquer* (c'est moi qui souligne) le vrai peut permettre au sujet d'être comme il doit être. » On ne saurait mieux dire... au *sujet* et à l'*objet* près. C'est, toutefois, le vocabulaire peu « archéologique » retenu par Foucault lui-même pour penser la différence entre – *dixit* G. Aubry – « la détermination antique et la détermination moderne du *sujet* », en tant que leur « différence engage celle de la philosophie et de la spiritualité » : la première se définissant, selon Foucault lui-même, comme « la forme de pensée qui s'interroge sur ce qui *permet au sujet* [je souligne] d'avoir accès à la vérité », la seconde, comme « la recherche, la pratique, l'expérience par lesquelles, le sujet opère sur lui-même les transformations nécessaires pour avoir accès à la vérité » (voir M. Foucault, *Cours du 24 février, 1982*, Paris, Hautes Études, Gallimard, Seuil, 2001, cité par G. Aubry, *ibid.*

transformations nécessaires pour avoir accès à la vérité», et pourrait encore le faire par quelque rupture ré-instauratrice ou quelque nouveau «décentrement» : c'est, plus simplement et plus originairement une histoire de l'accès du sujet – le mot, le concept, la chose – à l'existence historique et conceptuelle, son «entrée» en histoire de la philosophie.

En quoi le présent travail se distingue-t-il donc de l'herméneutique foucaldienne ? Non, certes, par le seul fait de travailler sur des textes, ni même sur des textes philosophiques ou théologiques. Davantage, sans doute, en ce que je ne cherche pas systématiquement à coordonner des domaines apparemment séparés, même si, comme on le verra, je m'efforcerai de faire le lien entre noétique ou psychologie philosophique et droit, en pointant dans l'histoire du sujet une «relève», à l'Âge classique – en l'occurrence chez Locke –, d'un principe, que j'appelle *principe d'attribution*, par un autre, que j'appellerai *principe d'imputation*. Surtout : mon archéologie du sujet porte sur cela même dont l'archéologie foucaldienne entendait «éliminer tous les avatars»[1] : le sujet «transcendantal» ou «constituant». Mon sujet est le sujet constitué : je veux montrer comment s'est formée la notion de sujet contre la «souveraineté» duquel Foucault a rompu ses premières lances, attaquant du même geste l'idée d'histoire continue et «l'anthropologisme» qui l'alimentait en sous-main[2]. Continuité, anthropologisme, souveraineté : que l'histoire continue soit «le corrélat indispensable à la fonction fondatrice du sujet» et qu'elle ait contribué à «[...] sauver contre tous les décentrements, la souveraineté du sujet, et les figures jumelles de l'anthropologie et de l'humanisme»[3] *ne saurait nous dissuader d'aborder en historien l'instauration de cette triple constellation.* M'étant affirmé naguère relativiste, holiste et discontinuiste,

1. Voir B. Han, *L'Ontologie manquée de Michel Foucault*, Grenoble, J. Millon, 1995, p. 22.

2. Voir M. Foucault, *L'Archéologie du savoir*, p. 22 : «Faire de l'analyse historique le discours du continu et faire de la conscience humaine le sujet originaire de tout devenir et de toute pratique, ce sont les deux faces d'un même système de pensée.»

3. Voir *ibid.*, p. 21-22.

je le resterai ici. C'est qu'il n'y a pas, pour moi, de paradoxe à faire l'histoire d'une fiction anhistorique ; à *historiciser* ce qui est censé précéder toute histoire et la rendre possible ; à mettre en place historiquement le « centre » avant d'entamer la geste des « décentrements » ; à traquer dans la discontinuité l'invention du facteur *supposé* de toute continuité ; bref à (re)construire le « système de pensée » que chacun s'efforce aujourd'hui de déconstruire, quand on ne le tient pas, rumeur oblige, comme d'ores et déjà, et « bien évidemment », déconstruit. Quoi de plus foucaldien, en un sens, que de montrer comment se constitue dans l'histoire ce qui prétend la dépasser : comment, en l'occurrence, se forge et s'argumente l'invention du sujet dit « constituant » ? On dira qu'il y a là un programme minimum au regard du projet archéologique authentique : celui d'un Foucault *banalisé*, réduit à l'archivisme. Je répondrai qu'il ne faut pas sous-estimer le *travail de l'archive*. En philosophie comme ailleurs, et plus encore quand il s'agit de *subjectivité*. La nature de l'archive dicte la périodisation, ainsi que la répartition des continuités et des discontinuités. Le choix de la « longue durée » permet de restituer les unes comme les autres. L'objectif, que je veux croire foucaldien, est d'arriver au traitement différencié des divers complexes de problèmes, de la superposition desquels, chacun suivant sa propre ligne de développement, résulta, par une synthèse que l'on dira « étagée », l'idée « moderne » du sujet. L'archéologie du sujet a donc en un sens le même « objet » que l'histoire de la subjectivité d'A. Renaut, plus exactement elle en est la *pré*histoire. Elle vise à expliquer comment, par quels déplacements de concepts, par quelles projections rétrospectives, s'est constitué le socle épistémique de la subjectivité, telle que, selon Renaut, « elle émerge avec l'humanisme moderne », se laissant définir par « deux propriétés : l'autoréflexion (la transparence à soi) et l'autofondation ou si l'on préfère l'autonomie, le fait de se donner à soi-même la loi de son agir »[1].

1. Voir *L'Individu...*, p. 71 ; *L'Ère de l'individu. Contribution à une histoire de la subjectivité*, Paris, Gallimard (Bibliothèque des idées), 1989.

Proche de quelques questions de Foucault, mon enquête porte aussi la trace de quelques réponses de Heidegger. En ce sens, l'histoire de la subjectivité à laquelle pourrait contribuer cette *Naissance du sujet* est foncièrement hybride : foucaldienne pour l'archéologie, heideggérienne pour le site et les vestiges. Elle n'est en fait ni l'une ni l'autre – Heidegger ne répond pas à Foucault, Foucault ne questionne pas Heidegger : je n'entends ni foucaldiser l'un ni heideggérianiser l'autre[1]. Quelque valeur qu'on accorde à la signification de l'« ultime interview », il ne saurait être question de refaire ici ce que P. Michon a appelé « Le coup du "philosophe essentiel" »[2]. Si je suis volontiers prêt à dire que mon projet doit plus immédiatement et plus massivement au penseur de Messkirch qu'à aucun autre historien de la philosophie ou philosophe, je n'ai aucune raison pour le mieux définir de transférer ma dette à l'auteur des *Mots et les Choses* et de faire de lui *post mortem* un « heideggérien », qu'il soit honteux, heureux ou... raté[3]. Laissant de côté les polémiques inutiles,

1. Voir sur ce point H. Dreyfus, P. Rabinow, *Michel Foucault. Un parcours philosophique*, Paris, Gallimard, 1984 ([1]1982), chap. IV, « L'échec méthodologique de l'archéologie », p. 119-147 ; H. Dreyfus, « La mise en ordre des choses », in *Michel Foucault philosophe*, Paris, Seuil, 1989, p. 101-121 ; A. Milchman, A. Rosenberg (éd.), *Foucault and Heidegger, Critical Encounters*, Minneapolis, Contradictions, 2003.

2. P. Michon, « Le coup du "philosophe essentiel" » (polartnet.free.fr), commentant les interprétations heideggérianisantes pro ou *anti*-Foucault de l'interview du 29 mai 1984, où ce dernier déclarait : « Heidegger a toujours été pour moi le philosophe essentiel » (ajoutant : « J'ai commencé par lire Hegel, puis Marx, et je me suis mis à lire Heidegger en 1951 ou 1952 ; et en 1953 ou 1952, je ne me souviens plus, j'ai lu Nietzsche », cf. « Le retour de la morale », *Dits et Écrits IV*, p. 703). Sur le dossier lui-même, Michon souligne que, « sauf erreur », les seuls « autres moments où, durant la fin de sa vie, Foucault parle de Heidegger sont » : une note préparatoire à une conférence de 1981 (*L'Herméneutique du sujet*, p. 505) ; un cours du Collège de France du 3 février 1982 (*ibid.*, p. 182) ; une interview du 25 octobre 1982 (« Vérité, pouvoir et soi », *Dits et Écrits IV*, p. 780), et qu'« il s'agit chaque fois d'une *opposition explicite* ou de *concessions tactiques* à un interlocuteur ».

3. Les trois variétés de conversion forcée dénoncées par P. Michon. Pour dire les choses clairement, je ne souscris *pas* sans exercer mon *droit d'inventaire* à la thèse « libérale » (celle de L. Ferry et A. Renaut dans *La*

les hagiographies incertaines et les amalgames douteux, je dirai donc simplement, pour faire court, que mon entreprise est une lecture archéologique postfoucaldienne de la thèse de Heidegger sur l'invention de la subjectivité, lecture critique, on le verra, mais qui est infiniment redevable à la manière heideggérienne d'analyser un changement, *ein Wandel*, « historial ». L'horizon heideggérien de mon travail est précis, et *problématique* : la mutation censée s'opérer au seuil de la modernité avec Descartes ou, plutôt, l'interprétation kantienne du *cogito*, moment « époqual » dans l'histoire de l'être, dont Heidegger fait le point de passage décisif dans son histoire de la « subjectivité moderne »[1]. Cela veut dire qu'il sera question ici d'*avènement* du sujet, non d'*événement*, et moins encore, pour ce qui est de la méthode, d'une « épreuve d'événementialisation »[2]. Le *cogito* n'est pas un événement, c'est une figure discursive, qui émerge, se déploie et dure là où l'ordre du discours rencontre la *Seinsfrage*. C'est sur le chemin qui conduit de Kant à Nietzsche que l'on peut croiser à la fois Heidegger et Foucault, ce qui ne veut pas dire qu'ils s'y soient jamais croisés eux-mêmes, ni *a fortiori* qu'ils y

---

Pensée 68, Paris, Gallimard, 1985, selon Michon) affirmant *qu'il y a* « une affinité *élective* entre l'archéologie des sciences humaines proposée par Foucault dans *Les Mots et les Choses* et la critique heideggérienne de la modernité comme métaphysique de la subjectivité » et *moins encore* à celle soutenant que ce serait chez Heidegger, qu'il aurait *trouvé* « l'*inspiration* de sa critique du concept d'homme ». Autrement dit : c'est *pour moi* que Heidegger est « le philosophe essentiel » *et* que l'archéologie, loin d'être un « échec » ou une « impasse », est et reste l'intitulé d'une discipline qu'il s'agit moins aujourd'hui de dépasser que de pratiquer *librement*. On ne saurait identifier archéologie du savoir et histoire de l'être. Il n'est pas pour autant interdit de penser que, précisément sur la question du sujet et de la subjectivité, il importe aujourd'hui d'essayer une lecture archéologique de la *Seinsgeschichte*, et d'éprouver ainsi au *travail*, sur le terrain neutre de l'archive, la nature et la portée de ladite *affinité*.

1. Sur Heidegger et la subjectivité, voir M. Caron, *Heidegger : Pensée de l'être et Origine de la subjectivité*, Paris, Cerf, 2005 ; et F. Raffoul, *À chaque fois mien : Heidegger et la question du sujet*, Paris, Galilée, 2004.

2. Selon la formule lancée par Foucault dans « Qu'est-ce que la critique ? » [Critique et *Aufklärung*], *Bulletin de la société française de philosophie*, séance du 27 mai 1978, avril-juin 1990, 84e année, n° 2, p. 47-48.

aient cheminé ensemble[1]. Nous tâcherons ici de le trouver et de le décrire, en suivant au moins ceux qui l'ont frayé.

Le mouvement rétrograde du vrai

Si l'existence d'un mot n'implique pas celle de la chose, on peut se demander si l'absence de l'un entraîne l'inexistence de l'autre. Dira-t-on qu'il y a automatiquement présence du sujet, dès que et parce qu'il existe un ou plusieurs mots pour le dire? Mais, précisément, dire qui ou dire quoi? Objectera-t-on au contraire qu'il n'y a ni sujet ni subjectivité en histoire de la philosophie tant qu'aucun mot n'atteste son existence théorique ou sa réalité discursive? Mais ne serait-ce pas là, aussi bien, s'obliger à soutenir la thèse absurde que les usagers d'une langue sans verbe *être* n'ont jamais formulé de jugement d'existence? L'archéologie du sujet n'est pas une enquête de voisinage. Il ne s'agit pas de déterminer *à quelle heure* les concierges du XVIIe ont *entendu* le sujet (r)entrer, mais de naviguer entre deux écueils, dont le premier consisterait à réduire la métaphysique à la lexicographie et le second, à céder à l'illusion que les « objets historiques » ont une existence naturelle. Le double patronage de Heidegger et de Foucault ne suffit pas en soi à nous prémunir de ces dangers contraires, mais étroitement solidaires. L'un et l'autre fournissent cependant de quoi lutter efficacement contre la force du courant qui nous drosse alternativement d'un récif à l'autre, contre l'illusion tenace, sinon invincible, de ce que l'on appellera avec Bergson le « mirage du présent dans le passé ».

Le mal est connu. Dans une conférence de 1978, « Foucault révolutionne l'histoire », Paul Veyne[2] en caractérisait le symptôme principal : « l'enrichissement du passé et de ses

1. Voir G. Deleuze, *Foucault*, Paris, Minuit, 1986; C. Norris, « What is Enlightenment? Kant and Foucault », *The Cambridge Companion to Foucault*, Cambridge, CUP, 1994, p. 159-196.

2. *Comment on écrit l'histoire*, suivi de « Foucault révolutionne l'histoire », Paris, Seuil (Points Histoire), 1979 [1996], p. 423-425.

œuvres en fonction des interprétations que l'avenir en donnera à travers les siècles». C'était, pour marquer l'urgence d'une thérapie archéologique, reprendre consciemment le diagnostic bergsonien et, ainsi, instruire derechef le procès du fallacieux principe dénoncé en ces termes dans *La Pensée et le Mouvant* : « À toute affirmation vraie nous attribuons [...] un effet rétroactif; ou plutôt nous lui imprimons un mouvement rétrograde.» Face au *sujet* naturalisé de l'historiographie moderne, l'archéologue ne peut que repartir de ce qu'a si bien dit Bergson :

> Notre appréciation des hommes et des événements est tout entière imprégnée de la croyance à la valeur rétrospective du jugement vrai, à un mouvement rétrograde qu'exécuterait automatiquement dans le temps la vérité une fois posée. Par le seul fait de s'accomplir, la réalité projette derrière elle son ombre dans le passé indéfiniment lointain; elle paraît ainsi avoir préexisté, sous forme de possible, à sa propre réalisation[1].

Une œuvre n'a-t-elle que la portée qu'on lui donne? A-t-elle toutes les portées que l'on peut y découvrir? Et que devient la portée que lui donnait le principal intéressé, l'auteur? Ces trois questions que pose P. Veyne, plaidant pour une archéologie comprise comme «philosophie de la relation», Thomas d'Aquin les posait à sa manière dans les premières pages de la *Somme de théologie,* en mettant en tension sens littéral et «intention de l'auteur» *(intentio auctoris)*. Ce sont celles qu'affronte tout exégète, celles qui définissent problématiquement la nature, c'est-à-dire aussi la possibilité et la légitimité même de l'exégèse. Écoutons une fois encore Bergson :

> S'il n'y avait pas eu un Rousseau, un Chateaubriand, un Vigny, un Hugo, non seulement on n'aurait jamais aperçu, mais encore il n'y aurait réellement pas eu de romantisme chez les classiques d'autrefois, car ce romantisme des classiques ne se réalise que par le découpage dans leurs œuvres d'un certain aspect, et la découpure, avec sa forme particulière, n'existait pas plus dans la

1. H. Bergson, *La Pensée et le Mouvant,* Introduction (Ire partie), in *Œuvres* (Édition du centenaire) Paris, PUF, 1963, p. 1264.

littérature classique avant l'apparition du romantisme que n'existe dans le nuage qui passe le dessin amusant que l'artiste y apercevra en organisant la masse amorphe au gré de sa fantaisie[1].

Ce qui vaut pour le romantisme, le préromantisme, le romantisme des classiques, sans oublier le romantisme des nuages, vaut pour les concepts philosophiques. S'il n'y avait pas eu le-*cogito*-de-Descartes, il n'y aurait sans doute jamais eu le-*cogito*-d'Augustin. Mais plus encore, s'il n'y avait pas eu, haussant d'un cran la mire, cet objet transhistorique : « le »-*cogito*-CHEZ–Descartes, nul ne se fût jamais enquis de « le » chercher, et naturellement de « le » retrouver à l'état naissant en cet autre : « le »-*cogito*-CHEZ–Augustin. Traquer le premier/dernier *domicile connu* d'un concept SDF n'est pas vraiment la tâche de l'historien. Pas plus que « le » *cogito*, « le » *sujet* « cartésien », son frère siamois, n'existait avant que des philosophes postcartésiens ne l'aient introduit chez Descartes. Il en va de même « du » *sujet* « précartésien ». Une archéologie du sujet doit donc « tracer » deux produits distincts, l'un dans l'histoire, l'autre dans l'historiographie : l'entrée du sujet en philosophie, d'une part, l'invention de la *figure* du sujet moderne, d'autre part, en ayant garde de confondre le trajet effectif de l'une avec les étapes inventées dans la projection rétrospective de l'autre. Tâche difficile, car, à l'évidence, tout se tient, et la création moderne « du » *sujet* « cartésien » a bien quelque chose à voir avec Descartes. Quoi exactement ? Telle est la question.

Nous ne saurions dire pour le moment qui des Modernes a, pour la première fois, parlé de « sujet » en lisant ou en discutant Descartes. Certaine page d'Henri Gouhier laisse entendre que Maine de Biran *pourrait* avoir introduit l'expression « sujet psychologique » à propos du *cogito*[2]. Ce qui est sûr, c'est que l'auteur de l'*Essai sur les fondements de la*

1. *Ibid.*, p. 1265.

2. Cf. H. Gouhier, *Essais sur Descartes*, Paris, Vrin, 1937, p. 124 : « Le je du *cogito* est [...] un sujet psychologique, comme le disait Maine de Biran, mais dans un sens plus biranien qu'il ne croyait. »

psychologie est un des premiers à avoir instruit à charge le dossier cartésien de la *res cogitans*, qu'il s'agisse d'y stigmatiser une erreur catégorielle fondée sur une simple identité logique (« on altère la vérité du fait dès qu'on transforme, par une identité logique, le moi actuel dans l'être ou l'âme chose, prise pour la chose pensante »[1]), de dénoncer le recours à l'idée de substance, incompatible avec celle d'action ou d'activité (car la substance est « toujours conçue sous un rapport de passivité »[2]) ou de combiner les deux critiques en lui imputant une incapacité à exprimer l'individualité du « sujet » réel. À supposer qu'il n'y eût aucune mention du « sujet » chez Descartes, force est de constater qu'il en resterait assez chez son adversaire pour imputer *par là* au cartésianisme une manière de recul devant sa propre découverte. Comme l'écrit, en effet, la monographie sur *L'Idée d'existence* :

> Descartes eut évidemment l'intention de prendre son point de départ dans le sujet tel qu'il existe ; mais entraîné par les formes du langage, il exprime l'individualité précise du sujet sous le terme universel appellatif d'un objet indéterminé : de là toutes les illusions logiques et physiques nées du principe ou de la forme de son énoncé[3].

On le voit, il ne suffit pas de dire que « le » *sujet* « cartésien » est un produit de la lecture moderne de Descartes : ce qu'il faut dire, et d'abord voir, c'est que la notion même de « sujet » est un opérateur métahistorique, permettant d'inscrire le cartésianisme dans un processus au long cours, de marquer ses limites et de diagnostiquer son erreur. Il nous importe peu, au fond, *à ce stade*, de savoir si Maine de Biran a été ou non le premier à inscrire les *Méditations* dans l'orbe du

1. Maine de Biran, *Essai sur les fondements de la psychologie*, éd. Tisserand, VIII, Paris, Alcan, 1932, p. 125.

2. *Ibid.*, p. 222-223.

3. Maine de Biran, *De l'idée d'existence*, éd. Tisserand, Paris, Alcan, 1909, p. 40. Bien longtemps avant Heidegger, Maine de Biran a donc formulé le reproche que *Sein und Zeit* installe au centre de sa « destruction » du cartésianisme : l'objectivation (chosification) du sujet. On verra que la même critique se retrouve chez Husserl.

« sujet » : plus décisif est le ton de sereine familiarité avec lequel il use dudit vocable, et l'accointance qu'il suppose dans le rapport de Descartes à son propre point de départ, comme si le cartésianisme s'était voulu d'emblée, originairement et tout naturellement, une *psychologie « du » sujet*, et n'avait pour seul tort que de n'être pas parvenu à la constituer comme telle. Un ethnologue dirait que la science sociale de l'observé est ici éclipsée par celle de l'observateur. Serons-nous, dès lors, quittes en posant, en philosophes avertis, que le terme *sujet* appartient au métalangage historique *avant* d'appartenir au langage objet auquel on l'applique ? Certes pas. La thèse est juste, mais incomplète. Il faut aller plus loin dans l'abstraction, et traiter le *sujet* du métalangage historique comme faisant partie du langage objet de l'archéologie : « tracer », on l'a dit, *deux* processus, *deux* histoires tissées l'une à l'autre. Pour ce faire, il faut disposer d'outils archéologiques. Nous en proposerons trois. Le premier – la subjectité – sera emprunté à Heidegger. Le second – l'attributivisme – à l'interprétation analytique d'Aristote. Le troisième – l'attributivisme* – devra d'abord être forgé. C'est ce que nous ferons au chapitre II. Auparavant, il nous faut achever de *définir... notre sujet* et de décrire notre programme d'enquête, dans ce volume, et dans ceux qui suivront.

CHAPITRE PREMIER

POSITION DU SUJET

GRAMMAIRE PHILOSOPHIQUE ET « QUERELLE DU SUJET »

Les quatre questions posées en 1991 par Vincent Descombes, lecteur de Paul Ricœur[1], qui, dans « Le pouvoir d'être soi »[2], articulent grammaire philosophique, philosophie de l'action, métaphysique et philosophie de l'esprit, sont, dans leur formulation et leur solidarité même, l'expression *philosophique* la plus adéquate du complexe que nous essayons de tracer archéologiquement. Plus que le traitement des problèmes – *i.e.* 1° pour la grammaire philosophique : « Quelles différences remarquables y a-t-il, du point de vue de l'emploi, entre ces mots que nous rangeons trop paresseusement dans une unique catégorie des pronoms personnels (et particulièrement ici je, il, moi, lui, elle, soi) ? » ; 2° pour la philosophie de l'action : « Quel est le statut des intentions d'agir? Sont-elles d'abord des propriétés de l'action ou des propriétés de l'agent ? »; 3° pour la métaphysique : « Faut-il distinguer, comme le propose Ricœur, deux concepts d'identité, l'identité comme mêmeté *(idem)* et l'identité comme ipséité *(ipse)* ? » ; et 4° pour la philosophie de l'esprit : « Quel est donc ce soi qui figure dans l'expression la conscience de soi ? » –, c'est le « champ de présence » de *Soi-*

1. P. Ricœur, *Soi-même comme un autre*, Paris, Seuil, 1990, [2]1997.

2. V. Descombes, « Le pouvoir d'être soi. *Paul Ricœur. Soi-même comme un autre* », *Critique*, 529-530 (1991), p. 545-576.

même comme un autre (le maître-livre discuté par Descombes), qui intéresse au premier chef l'archéologie du sujet[1]. Il n'est pas dans notre intention de reprendre ici comme tel le projet de Ricœur, celui de l'herméneutique du soi, en tant qu'il se distingue de la philosophie du sujet ou de sa variante « cartésienne » la « philosophie de l'*ego* » ou « égologie »[2], ni de rouvrir à notre tour la « querelle du *cogito* », ni d'arbitrer entre la position « indirecte » du soi chez Ricœur et les deux positions « immédiates », dites du « *cogito* exalté » (« position directe » ou autoposition) et du « *cogito* humilié » ou « anti-*cogito* » (ou « déposition directe »). Il n'entre pas davantage dans notre propos de questionner la pertinence du diagnostic posé par Descombes sur ladite « querelle », à savoir qu'elle « roule sur

1. J'entends par « champ de présence » la *forme de coexistence* définie par Foucault dans *L'Archéologie du savoir*, p. 77, comme constituée de « tous les énoncés déjà formulés ailleurs et qui sont repris dans un discours à titre de vérité admise, de description exacte ou de présupposé nécessaire », mais aussi de « ceux qui sont critiqués, discutés et jugés » et de « ceux qui sont rejetés ou exclus ».

2. Rappelons toutefois, pour la clarté de l'argumentation, les définitions de Descombes, résumant Ricœur : « *Philosophie du sujet* : doctrine qui réclame qu'à la question *Qui?*, posée à propos d'une action rapportée dans un récit ou d'une parole citée, ou d'une expérience invoquée, il soit répondu par la mention d'un *sujet,* ce sujet étant pris dans un sens spécial et philosophique. Le sujet véritable auquel rapporter l'action, la parole ou l'expérience ne peut jamais être présenté à la troisième personne : il doit se présenter soi-même à la première personne, dans ce que les philosophes appellent une "autoposition" » ; « *Philosophie de l'ego* ou *égologie* : autre appellation de la philosophie du sujet. Le sujet éprouve sa présence dans une présence à soi-même, ou *cogitatio* cartésienne » ; « *Herméneutique du soi* : titre que Ricœur donne à son propre projet, qui est d'exposer une philosophie pratique dans laquelle une place centrale est prévue pour le sujet d'action et de passion ("l'homme *agissant et souffrant*", p. 29). L'herméneutique pose un sujet, mais indirectement, en passant par les faits du langage, de l'action, du récit, du droit, des institutions justes et de l'éthique. » Dans sa définition de la philosophie du sujet, Descombes s'appuie sur cette page célèbre de Ricœur, *Soi-même...,* p. 14 : « Je tiens ici pour paradigmatique des philosophies du sujet que celui-ci y soit formulé en première personne – *ego cogito* –, que le "je" se définisse comme moi empirique ou comme je transcendantal, que le "je" soit posé absolument c'est-à-dire sans vis-à-vis, ou relativement, l'égologie requérant le complément intrinsèque de l'intersubjectivité. Dans tous ces cas de figure, le sujet, c'est "je". »

les pronoms personnels», dans la mesure où tant la philosophie du moi que la «doctrine de l'anti-*cogito*» ont en commun la même «prémisse décisive : il n'est de vrai sujet qu'à la première personne». Pour une raison simple : nous partageons ce diagnostic[1], mais notre objectif est moins d'intervenir dans la discussion des thèses en présence que d'en reconstruire la provenance historiale, d'en proposer ou assurer la «traçabilité». Les doctrines du «*cogito* humilié» ont une préhistoire : l'appel au «procès sans sujet» dont «on doit parler à la troisième personne», qui fait face à l'autoposition à la première personne exaltée dans l'égologie; le recours à des formules comme «Il pense en moi» ou «ça parle» – cette «vérité surprenante bien que la psychologie et l'ethnologie nous l'aient rendue plus familière», découverte, selon Lévi-Strauss, par Rousseau, à savoir «qu'il existe un "il" qui se pense en moi, et qui me fait d'abord douter si c'est moi qui pense»[2] –, inspirent à Descombes un commentaire de grammaire philosophique, renvoyant dos à dos Ricœur et le grand ethnologue :

> D'où ce «il» peut-il bien sortir, sinon de la nominalisation du soi? Il se pense en moi : l'ennui est que cette phrase, puisqu'elle est en il, autorise que soit posée la question du référent. Le soi a été hypostasié. Qui pense en moi et que pense-t-il? C'est lui qui pense (non pas moi), et il y pense lui-même. Voici que le soi-même a été métamorphosé en un lui-même. Lévi-Strauss nominalise le pronom soi afin de pouvoir opposer deux

1. Comme nous partageons les analyses «grammaticales» posant et explicitant le lien entre sujet pensant (connaissant, parlant, etc.), sujet agissant et *sujet politique*, même si c'est sous un tout autre angle (celui de la «subjectivation» et de l'«assujettissement») que nous – en l'occurrence É. Balibar – l'avons abordé dans l'article «Sujet» du *VEP* et si c'est sous un autre angle encore que nous l'aborderons ici (celui de la relation entre *principe d'attribution* et *principe d'imputation*). Voir notamment V. Descombes, art. cité : «Les philosophies du sujet établissent une équation entre la "diathèse subjective réfléchie" et l'autonomie politique, c'est-à-dire la condition de citoyen conçu comme sujet et trouvant en lui-même – dans son rapport à soi et dans l'acte par lequel il se donne sa propre règle – ce qui le constitue comme tel.»

2. Cf. Cl. Lévi-Strauss, *Anthropologie structurale deux*, Paris, Plon, 1973, p. 49.

prétendants au titre de penseur de mes pensées, moi et lui. Or c'est justement pour sortir du conflit entre je et il que Ricœur, lui aussi, parle du soi. Les doctrines sont exactement opposées.

Notre question est différente. Il s'agit de remonter, en travaillant l'archive philosophique, à cela même qui a rendu possible l'articulation des quatre disciplines ou voies invoquées par Descombes pour penser les relations existant entre le je, le moi, le soi et... le « il » ou le « ça ». « D'où sort ce “il” ? » est une bonne question. Mais ce n'est pas la seule. Il y faut ajouter cette autre : d'où vient que ce qui autorise à poser la question du référent de « il » dans « *il* se pense en moi » se puisse décrire philosophiquement à partir d'une assertion telle que « le soi a été hypostasié » ? Et maintes autres, qui se lèvent à mesure que l'on considère de plus près le langage ou le métalangage théorique utilisé par Descombes dans la discussion des thèses de Ricœur, tant dans l'article de 1991 que dans l'admirable somme qu'est *Le Complément de sujet*[1].

La provenance historiale de la séquence qui lie indissolublement l'une à l'autre autoposition et déposition de soi, exaltation et humiliation du *cogito,* n'est pas difficile à tracer. Elle est comme programmée par la série d'équivalences posées par Kant – *Ich = Er = Es (das Ding)* – dans la caractérisation formelle (vide) du *Ich, als denkend,* formule remarquable, qui est aussi la formulation proprement moderne de l'attributivisme* :

> Par ce “Je”, ou cet “Il”, ou ce “Cela” (la chose) qui pense, rien d'autre n'est représenté qu'un sujet transcendantal des pensées = x, que nous connaissons seulement par les pensées qui sont ses prédicats (« Durch dieses Ich, oder Er, oder Es (das Ding), welches denkt, wird nun nichts weiter, als ein transzendentales Subjekt der Gedanken vorgestellt = x, welches nur durch die Gedanken, die seine Prädikate sind, erkannt wird »[2]).

1. V. Descombes, *Le Complément de sujet. Enquête sur le fait d'agir de soi-même*, Paris, Gallimard (Nrf. Essais), 2004

2. Cf. E. Kant, *Critique de la raison pure*, « Dialectique transcendantale », livre II, « Des raisonnements dialectiques de la raison pure », chap. 1, « Des

C'est de cette première équation que dérive le « Es denkt in mir » que, bien avant Lévi-Strauss, « la psychologie et l'ethnologie », un G.C. Lichtenberg[1] et surtout un F.W.J. Schelling nous ont rendu « familier », reformatant, comme on le verra, le *cogito* en *cogitatur*[2]. Il n'est pas un énoncé du quarté de Descombes qui n'ait eu une *entrée* préalable au débat avec Ricœur. C'est de ces entrées que l'archéologie doit restituer les contextes d'inscriptions successifs ou alternés. Cela veut dire, par exemple, tracer le terme et la notion de *suppôt* utilisés à plusieurs reprises par Descombes, glosant ou critiquant Ricœur, dans des assertions comme : « La conscience n'est pas un suppôt (un sujet auquel attribuer des actes et des opérations), la conscience est une manière d'être », ou : « Mieux vaut renoncer ici à toute idée d'une référence, si l'on entend par là la désignation d'un sujet pour une prédication ou d'un suppôt pour une opération », ou : « Il ne s'agit nullement d'introduire un sujet destiné à recevoir des prédicats ou à servir de suppôt à des opérations et des événements », ou bien

---

paralogismes de la raison pure », trad. fr. A. Tremesaygues et B. Pacaud, Paris, PUF (Bibliothèque de philosophie contemporaine), 1965[4], p. 281.

1. La substitution du « Ça pense » au « Je pense » date, on le sait, de la célèbre formule des *Sudelbücher* : « Wir werden uns gewisser Vorstellungen bewußt, die nicht von uns abhängen; andere glauben, wir wenigstens hingen von uns ab ; wo ist die Grenze ? Wir kennen nur allein die Existenz unserer Empfindungen, Vorstellungen und Gedanken. *Es denkt*, sollte man sagen, so wie man sagt : *es blitzt*. Zu sagen *cogito*, ist schon zu viel, so bald man es durch *Ich denke* übersetzt. Das *Ich* anzunehmen, zu postulieren, ist praktisches Bedürfnis » (Heft K, *Aphorismus* 76, *in* Georg Christoph Lichtenberg, *Sudelbücher, Schriften und Briefe*, éd. W. Promies, Munich, 1968, p. 412). Sur l'intérêt de Wittgenstein pour la critique de Lichtenberg, voir G.E. Moore, « Wittgenstein's Lectures in 1930-33 », in *Philosophical Papers*, London, Allen & Unwin, 1959, p. 306-310.

2. C'est, en effet, dans les *Münchener Vorlesungen* de 1833-1834, *Zur Geschichte der neueren Philosophie* (*Contribution à l'histoire de la philosophie moderne*, trad. fr. J.-F. Marquet, Paris, PUF, 1983), qu'apparaît, pour la première fois, semble-t-il, dans l'idéalisme allemand, la formule *impersonnelle* extrapolée de la reformulation kantienne « du » *cogito* cartésien – le *Ich-denke* devenant sous la plume de Schelling : « ça pense en moi » *(es denkt in mir)*, « il y a de la pensée en moi » *(es wird in mir gedacht)*, sur le modèle consciemment assumé de la locution : « *es träumte mir* » (« il m'est venu un rêve »).

encore : « Si nous refusons, comme nous le devons, de donner à la conscience de quelqu'un la fonction d'un suppôt d'opérations, nous devons refuser pour la même raison de donner ce statut à l'inconscient »[1]. Dans *Le Complément de sujet*, explicitant une fois de plus sa dette à l'égard de Tesnière, Descombes lui-même souligne que, pour ce faire, il redonne vie à un « vieux terme » :

> J'ai tiré mon titre d'une remarque que fait le linguiste Lucien Tesnière[2] dans son traité de syntaxe structurale : le sujet est un complément comme les autres [...]. Le modèle du concept utile de sujet, c'est ici la notion syntaxique de complément d'agent qui nous la fournit [...]. Entre le sujet d'une phrase (le premier actant) et l'objet (le second actant), il y a une différence sémantique (agent/patient), mais pas de différence syntaxique. L'un et l'autre sont des compléments actanciels du verbe. [...] La portée de cette observation pour la philosophie me semble considérable. Si l'on admet que *le concept de sujet dont nous avons besoin est celui de l'agent*, alors il faut reconnaître aussi que *le sujet dans la phrase est désigné par un complément "comme les autres"*, donc un complément *qui doit signifier, tout autant que le complément d'objet de la phrase narrant une action transitive, une entité entrant dans la catégorie des suppôts d'action et de changement (passion). Je reprends ici le vieux terme de suppôt pour désigner l'individu en tant qu'il peut jouer un rôle actanciel dans une histoire*, de sorte qu'on peut demander s'il est le *sujet* de ce qui arrive, ou s'il en est l'*objet*, ou s'il en est l'*attributaire*[3].

1. Voir note complémentaire 1*.

2. Cf. L.Tesnière, *Éléments de syntaxe structurale*, Paris, Klincksieck, 1959 (1988²). Voir note complémentaire 2*.

3. V. Descombes, *Le Complément de sujet...*, p. 14 (c'est moi qui souligne). Il est intéressant de remarquer que dès l'article de 1991, « Le pouvoir d'être soi... », p. 34-35, V. Descombes rapprochait les thèses de Tesnière de celles d'autres linguistes philosophes, citant, en bonne (et due) place Ortigues à l'appui de deux thèses cardinales : (a) « il n'y a pas de pronoms personnels » (cf. *Le Discours et le Symbole*, Paris, Aubier, 1962, p. 155 : « *Je* et tu *ne tiennent absolument pas la place d'un nom. Je* et *tu* sont des déflexifs du verbe, c'est-à-dire des valeurs qui primitivement assignées au verbe par flexion (comme en latin) ont été ensuite désignées par un petit mot à part. *Je* et *Tu* sont invariables en genre et en nombre car ils désignent une fonction; ils sont "neutres" comme la fonction et admettent seulement une variation en cas

Le philosophe véritable est toujours plus vieux qu'il ne croit. L'analyse exigeante est pleine de « vieux termes », de vieilles – disons d'antiques – expressions. Ce sont elles qui intéressent, qui s'en étonnera? l'archéologue. C'est le cas de l'heccéité. Discutant la célèbre distinction ricœurienne entre « mêmeté » et « ipséité »[1], Descombes remarque que, puisque nous « avons parlé d'identité à soi du caillou, du sapin et de la personne », « nous devons [...], si nous voulons user du terme scolastique d'ipséité, attribuer une *ipseitas* à tout ce qui est individué », et conclut : « Il y a une ipséité de ce caillou, de ce sapin, de ce rayon de soleil. » Puis il indique en note :

> À l'article « eccéité », le *Vocabulaire philosophique* d'A. Lalande cite un passage du *Dictionnaire* de Goclenius donnant pour synonymes : *haecceitas* (qui vaut pour la « différence individuante »), *ecceitas* (qui vaut pour l'« essence individuelle ») et *ipseitas*. En note, cette remarque de V. Egger : « *Ipseitas* est le plus heureux

---

[...]. Ce ne sont pas *Je* et *Tu* qui représentent des noms, ce sont au contraire les noms *"Pierre"* ou *"Paul"* qui représentent des personnes, c'est-à-dire des êtres capables de dire *« je »* ou de qui l'on peut attendre une réponse *"Tu..."* ») et (b) « *Moi* et *Toi* sont, sinon des noms, du moins des formes nominales » (*ibid.*, p. 158 : « C'est ainsi qu'ils peuvent être attributs ("C'est moi"), apposition ("Moi, je pense que"), se construire avec une préposition ("à moi"), ou comme second terme d'une comparaison ("plus fort que moi"), ou avec le mode quasi nominal du verbe ("Moi faire cela ! Et moi de protester !"). Alors que *Je* et *Tu* sont opératifs sur le plan du verbe, *Moi* et *Toi* sont des projections de la personne sur le plan du nom »).

1. La « mêmeté » valant pour les choses (question *Quoi ?*), dont le mode d'être en termes heideggériens est la *Vorhandenheit* (« l'être-sous-la-main » dans le lexique d'E. Martineau), l'« ipséité » valant pour les personnes (question *Qui ?*), dont le mode d'être serait l'*Existenz* ou le *Dasein* (voir P. Ricœur, *Soi-même...*, p. 358). On notera, au passage, que Descombes stigmatise comme « agrammaticale » la « notion » heideggérienne « de *Dasein* », le même terme désignant à la fois dans *Sein und Zeit* « *l'étant* que nous sommes », dont, selon Ricœur, « le mode d'être comporte l'ipséité » (par opposition à « l'étant que nous ne sommes pas : les choses, dont l'être est du type "être-sous-la-main" ») et « *le mode d'être* selon lequel nous sommes » (l'existence). Dans la critique de « cette incohérence qui n'est évidemment pas le fait de Ricœur, mais bien de Heidegger », Descombes se réclame d'E. Tugendhat, *Selbstbewusstsein und Selbstbestimmung. Sprachanalytische Interpretationen*, Francfort, Suhrkamp Verlag, 1979, p. 231-234 (*Conscience de soi et autodétermination*, trad. fr. R. Rochlitz, Paris, Armand Colin, 1995).

de ces trois termes. Il faut d'ailleurs ajouter que nous disons usuellement en ce sens individualité ».

Le *Lalande* est un excellent outil, qui renvoie à un auteur effectivement capital pour l'archéologie du sujet : Goclenius, dont il sera plusieurs fois ici question[1]. Le problème n'est cependant pas de savoir si nous « voulons user » de termes « scolastiques ». Le fait est que nous le *faisons*. Ou plutôt que nous le *devons*. Le réseau formé par haeccéité (ou heccéité), eccéité et ipséité nous devance, nous porte et nous contraint, que nous le voulions ou non[2]. Il nous a toujours devancés. Comme nous précède et nous devance le réseau plus vaste qui rapporte la triade goclénienne à cette autre séquence formée, sous le chef de l'individuation, par la personne, le

1. Rudolf Göckel (1547-1628), *alias* Goclenius, a longtemps passé pour avoir introduit le terme de *psychologia* (en alphabet grec), popularisé au XVIIIe siècle par la *Psychologia empirica* et la *Psychologia rationalis* de Christian Wolff. Le titre complet de l'ouvrage éponyme de Göckel, publié en 1590 est de fait : Ψυχολογια : *hoc est, De hominis perfectione, animo et in primus ortu hujus, commentationes ac disputationes quorundam theologorum & philosophorum nostra aetatis*. Sur l'invention de *psychologia*, et les rôles respectifs, en la matière, de Rudolf Göckel, d'Otto Casmann (1562-1607) et de Marko Marulic (1450-1524), cf. toutefois K. Krstic, « Marko Marulic – The Author of the Term "Psychology" », *Acta Instituti Psychologici Universitatis Zagrabiensis*, vol. 36, 1964, p. 7-13. Selon Krstic, le véritable inventeur du mot (néolatin) *psychologia* serait Marulic, « in one of his Latin treatises not as yet found but whose title *Psichiologia* [sic] *de ratione animae humanae* is preserved in a list of Marulic's works given by the poet's fellow-citizen, contemporary, and friend [Franjo] Bozicevic-Natalis in his *Life of Marko Marulic from Split (Vita Marci Maruli Spalatensis)* ». Quelle que soit l'antériorité de Marulic, Goclenius reste l'auteur du premier traité de... psycho-logie.

2. Voici, pour mémoire, l'essentiel de l'article de Goclenius, *Lexicon philosophicum* quo tanquam clave philosophiae fores aperiuntur, Francofurti, Typis viduae Matthiae Beckeri, impensis Petri Musculi et Ruperti Pistorij, M.DC.XIII, p. 626 (réimpr. Georg Olms Verlagsbuchhandlung, Hildesheim, 1964) : « *Haecceitas*. Barbari ut Perseitas à per se, si & Haecceitas, dicunt ab Haec pro differentia indiuiduante. Sic Ipseitas Paul. Scalig. ab ipse. Ipseitas, uniuscuiusque rei maxime ipsa est, cum in ipsa ita sunt omnia, ut in ipsa omnia sint ipsa. Th. 165. è conclusionibus de mundo intellectuali. *Ipseitas igitur DEI maxime ipsa est, qui in ipsa omnia attributa essentialia sunt ita, ut in ipsa sint omnia*. Zuinger. in schol. in l.1.c.1. Ethic. Aristo. Scotus Ecceitatem appellauit eam essentiam, quae est indiuiduorum propria, cuius merito *Ecce ipsum* de omnibus dici potest. »

sujet, la chose ou la substance. Les Deleuze et Guattari de *Mille Plateaux* ne sont pas les derniers à s'en aviser, qui, eux aussi, relancent pour penser à neuf le « vieux terme » d'heccéité :

> Il y a un mode d'individuation très différent de celui d'une personne, d'un sujet, d'une chose ou d'une substance. Nous lui réservons le nom « heccéité ». Une saison, un hiver, un été, une heure, une date, ont une individualité parfaite et qui ne manque de rien, bien qu'elle ne se confonde pas avec celle d'une chose ou d'un sujet [1].

C'est avec de « vieux termes » que nous poserons donc la thèse la plus générale de cette *naissance du sujet* : notre propos est de montrer que *le « sujet » aristotélicien est devenu le sujet-agent des modernes en devenant « suppôt » d'actes et d'opérations*. Descartes n'ayant pas joué de rôle décisif en l'affaire, on ne s'étonnera pas non plus que le « sujet cartésien » soit, sinon humilié, du moins subordonné à la figure leibnizienne du « suppôt d'actions », hérité du Moyen Âge et de la Seconde Scolastique et qu'une attention particulière soit donnée aux principes scolastiques qui, fondant la transformation du ci-devant sujet d'inhérence en sujet agissant, valent à nos yeux comme autant de règles de passage [2] d'une formation discursive à une autre. Certains principes ou théorèmes scolastiques micrologiques ont fonctionné au niveau macro-historique comme opérateurs de changement épistémique. Ce sont eux qu'il faut « tracer » autant que les thèses qu'ils argumentent, si l'on veut à la fois *reconstituer* les « étapes » ou « époques » de l'histoire du sujet dans le cadre général de « l'histoire de l'être », ses mutations de fond, autrement inapparentes ou masquées par le récit historiographique, et par là

1. Cf. G. Deleuze, F. Guattari, *Mille Plateaux. Capitalisme et schizophrénie*, 2, Paris, Minuit, 1980, chap. X, p. 318.

2. De ces règles de passage on peut dire ce que Foucault dit des « règles de formation » des concepts dans *L'Archéologie du savoir*, p. 83 : « [elles] ont leur lieu non pas dans la "mentalité" ou la conscience des individus, mais dans le discours lui-même ; elles s'imposent par conséquent, selon une sorte d'anonymat uniforme, à tous les individus qui entreprennent de parler dans ce champ discursif. »

même aussi bien défaire ou, pourquoi pas? « déconstruire » les enchaînements standard dudit récit. D'où l'intérêt porté ici à l'archéologie d'un principe comme *Actiones sunt suppositorum*, « les actions appartiennent aux suppôts », signant *l'émergence du sujet comme suppôt*, et rééquilibrant l'histoire du sujet par un déplacement du « sujet cartésien » au *sujet leibnizien*. D'où encore l'importance donnée aux avatars de l'hypostase et de la personne trinitaires, absentes d'un scénario heideggérien durcissant, plus qu'il ne le faut, les différences entre disciplines – philosophie *et* théologie – ou entre « courants » philosophiques figés entre les « ismes » – aristotélisme *et* (néo-) platonisme.

Sujet de l'agence, agence du sujet

Épuisement du *cogito* ou mort de l'homme? demandait, en 1967, Georges Canguilhem, commentant la révolution foucaldienne[1]. Certains, que l'idée d'un *cogito* « sans sujet fonctionnaire » ne suffirait plus à apaiser, ajouteraient aujourd'hui : *épuisement du sujet*.

À l'heure où, dans un savoureux *remake* de *La Bataille des sept arts*, le combat de Dame Logique et de Grammaire semble sur le point de reprendre, il n'est pas inutile de revenir, en guise de fable ou d'apologue, sur la célèbre page de Nietzsche invoquant « superstition des logiciens » et « habitude grammaticale », non, certes, pour les renvoyer dos à dos, mais pour méditer sur ce que la traduction nous révèle des problèmes philosophiques que la langue nous conserve, et qu'il appartient à l'archéologie de tracer.

Dans *Par-delà le bien et le mal*, I, § 17, Nietzsche écrit :

> 17. Was den Aberglauben der Logiker betrifft : so will ich nicht müde werden, eine kleine kurze Thatsache immer wieder zu unterstreichen, welche von diesen Abergläubischen ungern zugestanden wird, – nämlich, dass ein Gedanke kommt, wenn « er » will, und nicht wenn « ich » will; so dass es eine Fälschung

1. Voir « Mort de l'homme ou épuisement du *cogito*? Michel Foucault : *Les Mots et les Choses* », *Critique*, 242 (1967), p. 599-618.

> des Thatbestandes ist, zu sagen : *das Subjekt «ich» ist die Bedingung des Prädikats «denke». Es denkt :* aber dass dies «es» gerade jenes alte berühmte «Ich» sei, ist, milde geredet, nur eine Annahme, eine Behauptung, vor Allem keine «unmittelbare Gewissheit». Zuletzt ist schon mit diesem «es denkt» zu viel gethan : schon dies «es» enthält eine Auslegung des Vorgangs und gehört nicht zum Vorgange selbst. Man schliesst hier nach der grammatischen Gewohnheit «Denken ist eine Thätigkeit, zu jeder Thätigkeit gehört *Einer, der thätig ist*, folglich...» Umgefähr nach dem gleichen Schema suchte die ältere Atomistik zu der «Kraft», die wirkt, noch jenes Klümpchen Materie, worin sie sitzt, aus der heraus sie wirkt, das Atom; strengere Köpfe lernten endlich ohne diesen «Erdenrest» auskommen, und vielleicht gewöhnt man sich eines Tages noch daran, auch seitens der Logiker ohne jenes kleine «es» (zu dem sich das ehrliche alte Ich verflüchtigt hat) auszukommen.

Une traduction française standard donne :

> 17. Pour ce qui est de la superstition des logiciens, je ne me lasserai jamais de souligner un petit fait que ces esprits superstitieux ne reconnaissent pas volontiers à savoir qu'une pensée se présente quand «elle» veut, et non pas quand «je» veux; de sorte que c'est *falsifier* la réalité que de dire : *le sujet «je» est la condition du «prédicat» pense. Quelque chose pense,* mais que ce quelque chose soit justement l'antique et fameux «je», voilà, pour nous exprimer avec modération, une simple hypothèse, une assertion, et en tout cas pas une «certitude immédiate». En définitive, ce «*quelque chose pense*» affirme déjà trop; ce «quelque chose» contient déjà une interprétation du processus et n'appartient pas au processus lui-même. En cette matière, nous raisonnons d'après la routine grammaticale : «Penser est une action, toute action suppose un *sujet qui l'accomplit*, par conséquent...» C'est en se conformant à peu près au même schéma que l'atomisme ancien s'efforça de rattacher à «l'énergie» qui agit une particule de matière qu'elle tenait pour son siège et son origine, l'atome. Des esprits plus rigoureux nous ont enfin appris à nous passer de ce reliquat de matière, et peut-être un jour les logiciens s'habitueront-ils eux aussi à se passer de ce «quelque chose», auquel s'est réduit le respectable «je» du passé.

La traduction anglaise d'Helen Zimmern (1846-1934) propose :

> 17. With regard to the superstitions of logicians, I shall never tire of emphasizing a small, terse fact, which is unwillingly recognized by these credulous minds – namely, that a thought comes when « it » wishes, and not when « I » wish; so that it is a *perversion* of the facts of the case to say that *the subject « I » is the condition of the predicate « think. » One thinks*; but that this « one » is precisely the famous old « ego », is, to put it mildly, only a supposition, an assertion, and assuredly not an « immediate certainty. » After all, one has even gone too far with this « *one thinks* » – even the « one » contains an interpretation of the process, and does not belong to the process itself. One infers here according to the usual grammatical formula – « To think is an activity; every activity requires an *agency that is active*; consequently... » It was pretty much on the same lines that the older atomism sought, besides the operating « power », the material particle wherein it resides and out of which it operates – the atom. More rigorous minds, however, learnt at last to get along without this « earth-residuum », and perhaps some day we shall accustom ourselves, even from the logician's point of view, to get along without the little « one » (to which the worthy old « ego » has refined itself).

Ce texte remarquable contient deux pointes : (a) contre la « superstition des logiciens », qui fait du « je » *(Ich)*, au lieu du « ça » *(Es)*, le *sujet* du processus de la pensée (ou qui fait du « ça » un sujet distinct extérieur, lui aussi, au processus désigné par le prédicat, ce qui revient au même). Cette attaque pourrait être signée de Lichtenberg, Wittgenstein ou Descombes, pour ne pas dire de l'ensemble de la (des) modernités, engagée(s) dans la critique de la « théorie classique du sujet », qu'elles soient structuralistes, post- ou anti-structuralistes. Un glissement retient l'attention de l'archéologue, qui va de « *es* » à « quelque chose », puis à « *one* ». Quoiqu'il masque la *tradition du ça*, il est de peu de conséquence, rapporté à cet autre, qui intervient dans la tra-duction de (b), la *grammatische Gewohnheit* (*i.e.* la supposée « routine grammaticale » : « the usual grammatical formula »). De quoi, si l'on ose dire, *s'agit-il*? Du raisonnement qui fonde la supposée « certitude immédiate » du *Ich-Satz* cartésien. Ce raisonnement grammatical (ou : de grammairien) a la forme d'un syllogisme, dont on peut légitimement supposer que la conclusion, non exprimée, n'est autre que le théorème articulant la « superstition des logiciens », la détermination du « je » comme *agent de la pensée*, l'affirmation que « la pensée vient quand je veux », bref que le sujet « je » est la condition du prédicat « pense ». Dans l'allemand de Nietzsche, le syllogisme du grammairien s'énonce en ces termes :

M : Denken ist eine Thätigkeit,
m : zu jeder Thätigkeit gehört *Einer, der thätig ist*,
C : folglich...

Soit :

M : Penser est une activité,
m : toute activité comporte *quelqu'un qui est actif*,
C : donc...

Dans la traduction française, le raisonnement devient :

M : Penser est une action,
m : toute action suppose un *sujet qui l'accomplit*,
C : par conséquent...

L'anglaise préférant :

M : To think is an activity,
m : every activity requires an *agency that is active,*
C : consequently...

L'analyse de la *grammatische Gewohnheit* – *i.e.* du syllogisme grammatical – a une fonction précise chez Nietzsche : la critique du « *cogito, sum* » cartésien, menée explicitement sur cette base dans la *Wille zur Macht,* § 484 :

> « Il est pensé : il s'ensuit donc qu'il y a quelque chose de pensant *(ein Denkendes)* » : à partir de quoi se déroule l'argumentation de Descartes. Mais cela revient à commencer par poser déjà comme « vraie *a priori* » notre croyance au concept de substance : que, quand il est pensé, quelque chose *(etwas)* doive

être donné « qui pense », c'est tout simplement une formulation de notre habitude grammaticale, qui pose *un agent pour tout acte*[1]. Bref, on établit d'emblée ici un postulat logico-métaphysique –, et l'on ne *constate* pas seulement... Sur le chemin de Descartes, on n'aboutit pas à quelque chose d'absolument certain, mais seulement au fait d'une croyance très forte[2].

Selon J.-L. Marion, la critique nietzschéenne confirme sa propre interprétation du *cogito, sum* comme simple « énoncé protocolaire » (*i.e.* « n'affirmant aucune thèse ni n'énonçant aucun principe »); elle confirme aussi que, avec Descartes, l'*ego* « accède au statut métaphysique d'un principe, dans l'exacte mesure où l'énoncé protocolaire *"cogito, sum"* s'interprète comme identification de la pensée avec l'être, ou comme déduction par la pensée de la substance ou reconduction de la substance à la pensée ». Pour Marion, « Substance ne fait pas ici allusion au classique débat sur la "substantification" du sujet par Descartes ; dans cette polémique, substance relève d'une interprétation triviale de l'οὐσία comme ὑποκείμενον, *substratum*, suppôt, donc ultimement matière ; au contraire, ici substance s'entend comme au sens de *Wesen*, *Seiendheit*, étantité de l'étant. La question se formule dès lors : comment, à partir de la pensée à l'œuvre sous la figure de l'*ego* dans *"cogito, sum"*, peut se formuler une doctrine de la substance? Autrement dit : comment l'*ego* peut-il constituer une ontologie? ». Laissant provisoirement

1. On préférera la traduction italienne : « *Si pensa : quindi c'è qualcosa che pensa* : in tal senso è diretta l'argomentazione di Descartes. Ma ciò equivale a postulare già come "vero a priori" il nostro credere nel concetto di sostanza : che, quando si pensa, ci debba essere qualcosa [etwas] "che pensi", è tuttavia semplicemente una formulazione della nostra abitudine grammaticale, che fa corrispondere *a un fare uno che fa* [c'est moi qui souligne]. Insomma, qui si pone già un postulato logico-metafisico –, e non ci si limitata a *constatare* [...]. Per la via di Descartes, non si perviene a qualcosa di assolutamente certo, ma solo al fatto di una fortissima credenza. » Voir F. Nietzsche, *Frammenti postumi 1887-1888*, vol. VIII, t. II, éd. G. Colli, M. Montinari, Milan, Adelphi, 1971, p. 191.

2. Cité par J.-L. Marion, *Sur le prisme métaphysique de Descartes. Constitution et limite de l'onto-théo-logie dans la pensée cartésienne*, III, *Ego*, Paris, PUF, 1986, p. 155-156.

de côté le débat sur la « substantification du sujet » chez Descartes, et l'impact de la distinction entre les deux sens d'οὐσία sur la délimitation de la question cartésienne authentique, appuyée sur (par) l'exégèse nietzschéenne de l'« énoncé protocolaire »[1], nous nous intéresserons plutôt ici à ce que suggère l'écart ou le jeu des traductions du § 17 de *Jenseits Gut und Böse* : Comment passe-t-on de « quelqu'un » à « sujet »? de « sujet » à « agence »? Comment expliquer l'équation formulée par le geste traducteur : *Einer* = sujet = *agency (= je)*?

Tel est le problème pour l'archéologue. Il nous ramène à notre point de départ : « Comment le sujet pensant, ou si l'on

1. Nous reviendrons sur ce point dans le volume III, en suivant, notamment, une *seconde* piste tracée par J.-L. Marion : la discussion de l'interprétation dite « canonique » du *cogito* cartésien. Dans *Questions cartésiennes II*, Marion souligne en effet que, si dans un premier temps Nietzsche récuse ladite interprétation « d'autant plus radicalement » que, contrairement à « tous ses prédécesseurs » (dont Kant et Hegel), « il ne fait pas porter la critique sur l'identité immédiate entre *ego cogito* et *sum*, mais sur le lien entre l'*ego* et le *cogito* », il ne doute, pour finir, « pas un instant que Descartes n'ait conçu son *ego cogito, ergo sum* comme l'identité immédiate et tautologique de l'*ego* et de ses *cogitationes* ». Dans son analyse du premier point, J.-L. Marion montre, cependant, toute la profondeur (et l'impact historique) de la contre-proposition nietzschéenne : l'« habitude grammaticale » dénoncée dans *La Volonté de puissance* n'est qu'une « idole métaphysique *supposant* [c'est moi qui souligne] une cause dès que l'on peut imaginer un effet », alors que « la description exacte du procès de la pensée établit qu'il se déploie sans ou malgré les actes (ou illusions d'actes) du prétendu sujet pensant ». C'est de cette *supposition* d'une cause de *mes* pensées qui ne serait autre que *ego*, « je » ou « moi-même », qu'il s'agit de faire l'archéologie. De ce point de vue, toutefois, l'existence de *deux modèles cartésiens*, mise au jour par Marion, le « modèle identitaire A = A », de l'*ego cogito, ergo sum* « privilégié par l'interprétation canonique » et « le modèle illocutionnaire, où l'*ego* n'accède à son existence primordiale qu'en vertu d'une pensée qui le pense d'abord », appelle elle-même un double traçage : celui du modèle identitaire et celui du modèle illocutionnaire. Le premier a fait l'objet de maintes études. Le second est entièrement à effectuer. On espère montrer, dans les volumes II et III, que la crise averroïste a, dans une large mesure, contribué problématiquement à l'émergence de certains de ses traits constitutifs, notamment l'affirmation que « l'*ego* n'accède au rang de premier pensant, donc de "premier principe", que dans la stricte mesure où il se découvre comme premier pensé ». Sur tout cela, cf. J.-L. Marion, « L'altérité originaire de l'*ego*. *Meditatio II*, AT VII, 24-25 », in *Questions cartésiennes* II, Paris, PUF, 1996, p. 11, 12 et 43-47.

préfère, l'homme en tant que *sujet* et *agent* de la pensée est-il entré en philosophie ? Et pourquoi ? » Soit, dans les termes *dérivés* de Nietzsche : comment et pourquoi le sujet est-il devenu, sous le nom de « je », sujet d'agence ? Ou le « je », sous le nom de « sujet », gérant d'*agency* ? Pareille synthèse n'était pas souhaitable, ni même concevable d'un point de vue aristotélicien. À en croire une récente critique de Descombes, elle n'aurait (n'a) pas plus de raison d'être aujourd'hui. Selon F. Nef, un des premiers à avoir travaillé en philosophe sur les grammaires actancielles et les grammaires narratives, la catégorie de sujet ne saurait en effet « être pensée à partir de l'agence, que ce soit dans les grammaires casuelles ou dans des grammaires descriptives »[1]. « Subjectification et agence ne s'équivalent pas », pour deux raisons au moins : « on ne peut [...] définir le sujet à partir de l'agence » ; le sujet ne peut être identifié sans plus à l'agent, car « il peut être une partie de l'agent (ou du patient ?) » (comme c'est le cas dans des phrases telles que « sa timidité effraie le garçon » ou « ma colère m'humilie »). La distinction descombienne entre « phrase narrative » (ou « proposition narrative ») et « proposition attributive » est elle-même sans pertinence[2]. Qu'est-ce en effet qu'une phrase narrative ? Certains diraient : une proposition *attribuant* l'action. Mais à qui ? À un sujet ? À un agent ? F. Nef répond : « il n'y a pas [...] de phrases narratives et de phrases attributives », pas plus qu'il n'y a de « triangles euclidiens et de triangles non euclidiens » : il y a « deux grammaires, narrative et non narrative, tout comme il y a des géométries euclidiennes et non euclidiennes ». Comment déterminer « si une phrase attribue une qualité (ou quoi que ce soit d'autre) ou rapporte une action » ? « Il n'y a pas, d'un côté, sujet d'attribution, au sens aristotélicien, et, de l'autre, sujet d'un récit, au sens des grammaires de Propp-Greimas ». V. Descombes

1. Cf. F. Nef, « Logique de la grammaire et grammaire du sujet. "*Le Complément de sujet*" de Vincent Descombes », s.p. Je remercie F. Nef de m'avoir communiqué cet important travail avant publication. De nombreuses questions abordées ici sont traitées sous un autre éclairage dans F. Nef, *Qu'est-ce que la métaphysique ?*, Paris, Gallimard (Folio), 2004.

2. Cf. V. Descombes, *Le Complément de sujet...*, p. 67.

projette à tort la grammaire narrative sur la grammaire d'attribution. La « thèse centrale » qu'il emprunte à Tesnière – « le sujet est un complément comme les autres » – « n'est pas véritablement justifiée » : « [...] elle est solidaire de toute une série de présupposés [...] : négation de l'existence d'une forme logique, réduction du vague à un phénomène syntaxique (l'ellipse), nature double de la connexion prédicative, réduction de la plupart des problèmes ontologiques à des problèmes grammaticaux ».

Pour Nef, « ces présupposés découlent tous de l'écrasement du logique et du métaphysique sous le grammatical ». Et d'insister : « Pour écarter l'ontologie des événements au profit d'une ontologie de la substance entendue comme suppôt de la prédication, Descombes élimine la dimension sémantique au profit de la seule syntaxe. Mais c'est la forme logique qui donne la syntaxe logique, la syntaxe universelle qui ne se confond pas avec le concept de grammaire relative à une langue particulière et qui n'est qu'une forme de syntaxe particulière et superficielle, comme Russell et Carnap l'ont montré. » Grammaire ou logique ? On est ici à un carrefour. Selon Nef, « il n'y a pas de catégorie grammaticale de l'action » ; il y a, en revanche, une « forme logique des phrases d'action » qui contient « une quantification sur les événements et un opérateur d'action, analogue à un opérateur modal ». Le juste point de vue sur l'action doit donc « combiner la quantification sur les événements et la structure modale de l'action ».

Dont acte. Mais reste à expliquer comment et pourquoi ce qui ne devrait pas être *est* et *a été*. Comment, en somme, la subjectité (qu'il s'agisse, comme on le verra, de la *Subjecthood* de H. Granger ou de la *Subiectität* selon M. Heidegger) et l'agence ou l'agentivité se sont nouées historialement pour donner ce qu'on appelle la « théorie classique du sujet ». Comment, pour le dire plus sommairement encore, « sujet » et « agence » ont bien pu devenir synonymes pour produire le *sujet-agent.* Le bel article d'Étienne Balibar et de Sandra Laugier sur *Agency* dans le *Vocabulaire européen des philosophies* a décrit dans tous ses détails la constitution du réseau de ce

« terme polysémique », rendu tantôt par « action », tantôt par « agent », « agence », « agir »[1], voire comme chez Ricœur par « puissance d'agir », et il a soigneusement distingué entre l'*agency* comme principe d'action et l'*agency* comme décentrement du sujet, les deux auteurs notant, en conclusion, qu'il était « impossible de mettre en correspondance, même de façon très globale, l'ensemble anglais *action/agency/agent* et l'ensemble français action/agir/acteur (ainsi que l'ensemble allemand *Handlung/Wirkung/Kraft*) »[2]. Les usages classiques du terme, chez Hobbes et Hume, les modernes, chez Davidson et le courant (Anscombe, Geach, Kenny) qui fait intervenir le concept d'intention, pour « définir l'*agency*, en termes structuraux, par l'intentionnalité »[3], mais aussi chez Austin, qui, au contraire, « comme Wittgenstein dans ses écrits sur la philosophie de la psychologie », exclut « la solution trop aisée qui consisterait à définir l'action, et [...] à plus forte raison l'*agency* (humaine), par la présence d'une volonté métaphysique ou subjective », d'un *artiste dans les coulisses*[4], tout est dit dans le *VEP*, et bien dit, sur l'*agency*, son ambivalence, sa traductibilité et son intraductibilité. Le problème nietzschéen, multiplié par sa double surtraduction franco-anglaise, demeure cependant irrésolu : qu'est-ce qui lie, en profondeur, au plus profond de l'histoire de la philosophie, *sémantique de l'action* et *philosophie de la subjectivité* ? On peut, sur ce point, être tenté de répondre en notant que le premier usage philosophique du terme *agency* au XVIIIe siècle est « classiquement aristotélicien », qui « oppose action et passion, agent et patient ». Mais rien n'impose ni n'explique ici l'intrusion du sujet. Il en va, sans doute, autrement, si l'on suit Balibar et Laugier, quand ils remarquent que, « grâce au travail des différentes expressions dans la langue anglaise », *agency* permet à l'époque contemporaine « de penser l'agir non plus en tant que catégorie opposée à la passion, mais en tant que

1. É. Balibar & S. Laugier, « Agency », in *VEP*, p. 26-32.
2. *Ibid.*, p. 31.
3. *Ibid.*, p. 29.
4. *Ibid.*, p. 31.

"disposition" à l'action», disposition qui «ébranle l'opposition actif/passif»[1]. Il n'y a pas de *disposition* sans *sujet disposé* – c'est, on le verra, le cœur même de la critique averroïste de la théorie alexandrinienne de l'intellect. Si l'agence est une disposition à agir, il lui faut un sujet dont elle soit la disposition. Mais ne joue-t-on pas là sur le mot «disposition»? Ou plutôt : en a-t-on une notion archéologiquement précise? On peut en douter. Au demeurant, ce n'est pas le problème.

Notre tâche n'est pas de déterminer quand l'anglais *subjecthood* a rencontré *agency*, à supposer qu'il l'ait jamais rencontré; c'est d'expliquer ce qui, bien avant le XVIIIe siècle anglais, a mis en place les «ensembles» anglais, français et allemand, dont les auteurs du *VEP* nous disent qu'ils ne sauraient être mis «en correspondance», mais que, pourtant – la traduction même du texte de Nietzsche le prouve –, les philosophes ne cessent de les superposer. En termes archéologiques, cela revient *prima facie* à tracer les théorèmes ou les principes, dont est issue la prémisse :

m : toute action suppose un *sujet qui l'accomplit*

dans le syllogisme grammatical nietzschéen[2]. Ce traçage implique, à son tour, de mettre au jour les réseaux où se formulent les notions de sujet et d'agent intervenant directement ou indirectement, sous une forme originale ou modifiée, dans lesdits théorèmes.

Sans entrer ici dans les détails – des centaines de pages n'y suffiraient pas –, nous pouvons au moins pénétrer la «tête» du réseau : les deux principes dont les rencontres répétées et les transformations réglées ont donné naissance au système définissant l'«*a priori* historique» du discours de la subjectivité et déterminé l'émergence du sujet dit «moderne» dans et par ce que j'appellerai «le chiasme de l'agence». Ces deux

1. Cf. É. Balibar & S. Laugier, *ibid.*, p. 26.

2. Autrement dit : le traçage des principes, axiomes ou théorèmes est nécessaire, parce que, comme l'affirme Foucault, *L'Archéologie du savoir*, p. 96, les concepts ne sont «point formés directement sur le fond approximatif, confus et vivant des idées, mais à partir des formes de coexistence entre les énoncés».

principes sont, respectivement, (1) le « principe de la dénomination du sujet par l'accident », défini :

PDSA$_{\text{déf.}}$: *omne accidens denominat subiectum*

dont une formulation alternative, plus précise, est :

PDSA$_{\text{déf.}}$: *accidens denominat proprium subiectum*

et (2) le « principe de la sub-jection de l'action dans la puissance d'un agent » (PSAPa), défini[1] :

PSAPa$_{\text{déf.}}$: *cuius est potentia eius est actio*

dont une formulation alternative, également plus précise, est :

PSAPa$_{\text{déf.}}$: *eius est potentia sicut subiecti, cuius est operatio*

principe lui-même lié à un troisième, (3), que j'ai introduit en 2004 sous le titre de « principe de la forme de l'opérateur » (= PFO), mais qu'il me semble à présent préférable de désigner sous l'appellation de « principe de l'opération par la forme de l'opérateur » (= POF), stipulant que :

POF$_{\text{déf.}}$: *illud quo primo aliquid operatur est forma operantis*

La rencontre, puis la synthèse, de (1) et (2), autrement dit du « principe de la dénomination du sujet par l'accident » (PDSA) et du « principe de la sub-jection de l'action dans la puissance d'un agent » (PSAPa), complétés par (3), le « principe de l'opération par la forme », sont à l'origine du « chiasme de l'agence », autrement dit de la substitution du terme *subiectum* au terme *agens*, dans la formulation de ce que

1. Comme nous le verrons, le moyen terme entre PDSA et PDSAc, qui permet l'inscription du problème du sujet de la pensée dans le cadre de la théorie de l'action, et par là assure la condition de possibilité même d'un « chiasme de l'agence », est fourni par le théorème assertant que la connaissance *(cognitio)* « dénomme » son sujet *sicut accidentia denominant suum subiectum.* La possibilité discursive de ce théorème suppose à son tour un certain état de maturation de la notion de *denominatio extrinseca*, dont l'archéologie sera proposée dans le volume II. Sur le théorème assimilant connaissance et accident, cf. J. Pinborg, « Radulphus Brito's Sophism on Second Intentions », *Vivarium*, 13 (1975), p. 141.

j'appellerai le « principe de la dénomination du sujet par l'action » (PDSAc), défini :

PDSAc$_{\text{déf.}}$: *subiectum denominatur a propria actione*

lequel fonde la thèse, capitale pour l'archéologie du sujet, que je désignerai sous le titre de « thèse de la dénomination causale » (TDC), selon laquelle :

TDC$_{\text{déf.}}$: une action dénomme son agent causalement et non pas formellement.

Tous ces principes sont le socle épistémique de la mineure du syllogisme grammatical dénoncé dans *Par-delà le bien et le mal* et *La Volonté de puissance*, à savoir :

m : toute action suppose un *sujet qui l'accomplit*

Tous ont été formulés au Moyen Âge et, puissamment relayés et orchestrés par la Seconde Scolastique, ils ont régné jusqu'à l'Âge classique. Le « principe subjectif de l'action », lui-même médiéval, défini :

PSA$_{\text{déf.}}$: *actiones sunt suppositorum*

dont nous ferons la clé de voûte – leibnizienne – de la constitution du sujet classique et/ou moderne, ne se comprend pas sans eux. L'architecture de principes et de théorèmes auxiliaires qui en assure la pleine effectivité comme opérateurs de changement théorique (voire de « paradigmes »), et que nous introduirons chacun à sa place, en fonction de leurs « complexes de questions-réponses » (CQR) respectifs [1], n'est elle-même lisible comme forme discursive que sur le fond de ce champ de présence.

Plusieurs d'entre eux ont été tirés ou extrapolés d'Aristote, voire formulés en son nom contre certaines de ses intuitions ou thèses les plus fondamentales, en jouant une orientation théorique contre d'autres, un moment ou une figure de sa pensée contre d'autres, l'une de ses ontologies

1. Sur la notion de « complexes constitués de questions et de réponses », voir R.G. Collingwood, *An Autobiography,* Londres-Oxford-New York, OUP (Oxford Paperbacks), 1970, p. 37.

contre l'autre – l'ontologie des *Catégories* contre celle de la *Métaphysique*, en l'occurrence, ou l'inverse. Nous ferons de chacun une lecture archéologique.

Afin d'authentifier le propos d'ensemble et d'illustrer la réalité de la source médiévale, nous donnerons, cependant, d'emblée un témoignage du lien établi dès le XIIIe siècle entre les principes (1) et (2), présentés plus haut comme « tête » du réseau déterminant la production du « chiasme de l'agence » : la question ou article 19 des *Quaestiones disputatae de anima* de Thomas d'Aquin.

L'objet de l'article est théologique. Il s'agit de déterminer si les puissances sensitives demeurent dans l'âme séparée du corps, autrement dit : après la mort et avant la résurrection *(utrum potentiae sensitivae remaneant in anima separata)* [1]. Un des arguments du *quod sic* retient l'attention de l'archéologue. Il stipule que :

Une puissance n'est rien d'autre qu'un principe d'action ou de passion. Or l'âme est le principe des opérations sensitives. Donc les puissances sensitives sont dans l'âme comme dans un sujet. Donc il est impossible qu'elles ne demeurent pas dans l'âme séparée, puisque les accidents dépourvus de contrariété ne se corrompent que par la corruption du sujet.

Praeterea, potentia nihil est aliud quam principium actionis vel passionis. Anima autem est principium operationum sensitivarum. Ergo potentiae sensitivae sunt in anima sicut in subiecto. Et ita non potest esse quin remaneant in anima separata; cum accidentia contrarietate carentia non corrumpantur nisi per corruptionem subiecti [2].

L'argument est simple : l'âme étant le principe des opérations sensitives, celles-ci sont en elle « comme dans un

1. Cf. Thomas d'Aquin, *Quaestiones disputatae de anima, q.* 19, éd. B.C. Bazán in *Opera omnia*, XXIV, 1, Rome, Cerf, 1996. Les *quaestiones* sont généralement datées de 1269. Elles sont donc antérieures au *De unitate intellectus*. Pour toutes les questions de chronologie, l'ouvrage de référence est J.-P. Torell, *Initiation à saint Thomas d'Aquin*. t. I : *Sa Personne et son œuvre* (t. II : *Maître spirituel*), Paris-Fribourg, Cerf-Éd. universitaires de Fribourg, 2 2002.

2. Cf. Thomas d'Aquin, *Quaestiones disputatae de anima, q.* 19, *arg.* 15.

sujet ». Ce qui est dans l'âme comme dans un sujet est un accident. Un accident, s'il n'a pas de contraire susceptible de l'éliminer et de lui succéder dans le sujet, ne peut être détruit que par la destruction du sujet. Les opérations sensitives n'ont pas de contraires. L'âme sujet-principe des opérations-accidents sensitifs est indestructible. Donc les opérations sensitives demeurent nécessairement dans l'âme après la mort, c'est-à-dire après la séparation de l'âme et du corps.

Ce condensé d'ontologie aristotélicienne met en œuvre une équation *principe* = *sujet* gouvernée en sous-main par l'assimilation de l'action et de la passion à des accidents, dont le mode d'être est précisément défini par l'inhérence à un sujet, conformément à la définition de l'accident par l'*esse in subiecto* (ἐν ὑποκειμένῳ εἶναι) dans le chapitre 2 des *Catégories*[1]. On a là, à l'évidence, le terreau de l'idée de sujet-agent : celle d'un sujet qui serait en même temps principe d'opération. On est encore loin, semble-t-il, du « sujet moderne » : ce sujet-opérateur n'est ni un « moi » ni un « je » ; c'est l'âme. On en est d'autant plus loin que, précisément, la réponse de Thomas consiste à distinguer principe et sujet. Si l'âme est bien en effet, pour lui, le principe de l'opération sensitive, le sujet de l'opération n'est pas l'âme, mais le composé âme-corps, qui *agit au moyen de l'âme*. Plus exactement : le composé âme-corps est le sujet des puissances de la partie sensitive de l'âme ; l'âme elle-même n'en est que le *principe*. Aucune opération de la partie sensitive de l'âme n'a l'âme pour opérateur : c'est le composé qui opère au moyen de l'âme ; c'est lui qui voit, qui entend, qui perçoit ; c'est donc lui qui a la puissance de voir, d'entendre et de percevoir. À la question

1. Voir Aristote, *Cat.*, 2, 1a20-b9, où les relations ἐν ὑποκειμένῳ εἶναι (« être dans un sujet ») et καθ' ὑποκειμένου λέγεσθαι (« être dit d'un sujet », *i.e.* en être prédiqué univoquement selon le nom et la définition) permettent de distinguer ontologiquement les choses qui, comme *Socrate*, ne sont ni dites d'un sujet ni dans un sujet (les substances premières ou particulières) ; celles qui, comme *homme*, sont dites d'un sujet sans être dans un sujet (les substances secondes ou universelles) ; celles qui, comme *une blancheur particulière*, sont dans un sujet sans être dites d'un sujet (les accidents particuliers) ; celles qui, comme *Science*, *sont dans un sujet, l'âme*, et dites d'un autre sujet, la grammaire (les accidents universels).

posée, Thomas répond donc que la destruction du corps entraîne la destruction des puissances sensitives, qui faute de composé n'ont plus de sujet; celles-ci toutefois subsistent dans l'âme comme dans leur principe, évidemment sans être exercées, tant que le composé n'est pas reconstitué par la résurrection de la chair[1]. Cette réponse, fondée sur l'affirmation que les puissances sensitives « ne sont pas de l'essence de l'âme », mais sont des « propriétés naturelles », « du composé comme sujet, et de l'âme comme principe »[2], est solidaire d'une anthropologie non dualiste, qui se veut aristotélicienne, c'est-à-dire résolument antiplatonicienne : l'homme thomasien n'est pas son âme, mais composé d'âme et de corps. Nous en présenterons par la suite les thèses principales, et pourrons en suivre l'écho jusque dans la controverse de Descartes avec Regius. Nous verrons aussi en quoi elle est ou non véritablement aristotélicienne. Pour l'instant, il nous faut seulement montrer que les théorèmes fondamentaux articulant le champ de présence d'où sortira la théorie classique du sujet sont bien déjà à l'œuvre dans le traitement thomasien du *sujet de l'opération* sensitive, autrement dit, que les deux principes de la « dénomination du sujet par l'accident » (PDSA) et de la « sub-jection de l'action dans la puissance d'un agent » (PSAPa) sont partie intégrante, et essentielle, du raisonnement qui autorise la solution qu'il défend. C'est évident dans le début du *respondeo*, où Thomas jette les bases théoriques de sa position finale :

1. *Quaest. disp. de anima, q.* 19, *resp.* : « Manifestum est igitur quod nulla operatio partis sensitivae potest esse animae tantum ut operetur; sed est compositi per animam, sicut calefactio est calidi per calorem. Compositum igitur est videns et audiens, et omnia sentiens, sed per animam; unde etiam compositum est potens videre et audire et sentire, sed per animam. Manifestum est ergo quod potentiae partis sensitivae sunt in composito sicut in subiecto; sed sunt ab anima sicut a principio. Destructo igitur corpore, destruuntur potentiae sensitivae, sed remanent in anima sicut in principio. Et hoc est quod alia opinio dicit, quod potentiae sensitivae manent in anima separata solum sicut in radice. »

2. *Ibid.*, *ad 1m* : « ... potentiae sensitivae non sunt de essentia animae, sed sunt proprietates naturales : compositi quidem ut subiecti, animae vero ut principii. »

Il faut dire que les puissances de l'âme ne sont pas de l'essence même de l'âme : ce sont des propriétés naturelles qui émanent de son essence, comme il ressort des questions précédentes. Or un accident est corrompu de deux façons. Premièrement par son contraire, comme le froid est corrompu par le chaud. Deuxièmement par la corruption de son sujet : en effet aucun accident ne peut demeurer après la corruption de son sujet. Donc quels que soient les accidents ou formes n'ayant pas de contraire, ils ne sont détruits que par la destruction du sujet. Or il est manifeste que rien n'est contraire aux puissances sensitives. Donc si elles se corrompent, ce ne peut être que par la corruption de leur sujet. Donc pour savoir si les puissances sensitives sont corrompues par la corruption du corps ou demeurent dans l'âme séparée, il faut prendre pour point de départ de la recherche la question : quel est le sujet des puissances susdites ? Or il est manifeste que le sujet d'une puissance doit être celui que l'on dit puissant selon cette puissance, car *tout accident dénomme son sujet*. Or identique est ce qui peut agir ou pâtir et ce qui est agent ou patient. D'où il faut que soit sujet de la puissance ce qui est sujet de l'action ou de la passion dont la

Dicendum quod potentiae animae non sunt de essentia animae, sed sunt proprietates naturales quae fluunt ab essentia eius, ut ex prioribus quaestionibus haberi potest. Accidens autem dupliciter corrumpitur : uno modo a suo contrario, sicut frigidum corrumpitur a calido ; alio modo per corruptionem sui subiecti. Non enim accidens remanere potest corrupto subiecto. Quaecumque igitur accidentia seu formae contrarium non habent, non destruuntur nisi per destructionem subiecti. Manifestum est autem quod potentiis animae nihil est contrarium ; et ideo, si corrumpantur, non corrumpuntur nisi per corruptionem sui subiecti. Ad investigandum igitur utrum potentiae sensitivae corrumpantur corrupto corpore vel remaneant in anima separata, principium investigationis oportet accipere, ut consideremus quid sit subiectum potentiarum praedictarum. Manifestum est autem quod subiectum potentiae oportet esse id quod secundum potentiam dicitur potens : nam [PDSA] *omne accidens suum subiectum denominat*.

Idem autem est quod potest agere vel pati, et quod est agens vel patiens ; unde oportet ut illud sit subiectum potentiae quod est subiectum actionis vel passionis, cuius potentia est

puissance est le principe. Et c'est ce que dit Aristote dans le livre *Du sommeil et de la veille : c'est à ce qui a la puissance qu'appartient l'action.*

principium. Et hoc est quod philosophus dicit, in libro de somno et vigilia quod [PSAPa] *cuius est potentia eius est actio.*

Ce texte est capital. Thomas nous y apprend, en effet, que la source de PSAPa est un passage du *Sommeil et de la veille*. Le texte visé est 454a8 : οὗ γὰρ ἡ δύναμις, τούτου καὶ ἡ ἐνέργεια. Il s'inscrit dans un ensemble, 454a7-11, qui soutient que :

Puisque d'autre part le fait de sentir n'est propre ni à l'âme ni au corps (car ce dont il y a puissance est aussi ce dont il y a acte ; et ce qu'on appelle sensation, en tant qu'acte, est un certain mouvement de l'âme par l'intermédiaire du corps), il est clair que cette affection n'est pas propre à l'âme et qu'un corps sans âme n'est pas non plus capable de sentir.

ἐπεὶ δὲ οὔτε τῆς ψυχῆς ἴδιον τὸ αἰσθάνεσθαι οὔτε τοῦ σώματος (οὗ γὰρ ἡ δύναμις, τούτου καὶ ἡ ἐνέργεια· ἡ δὲ λεγομένη αἴσθησις ὡς ἐνέργεια κίνησίς τις διὰ τοῦ σώματος τῆς ψυχῆς ἐστι), φανερὸν ὡς οὔτε τῆς ψυχῆς τὸ πάθος ἴδιον, οὔτ' ἄψυχον σῶμα δυνατὸν αἰσθάνεσθαι.

Si le texte d'Aristote va bien dans le sens de la thèse thomasienne, la formule elliptique d'Aristote en 454a8 ne fait pas référence au sujet[1] : beaucoup l'y introduisent, néanmoins, du traducteur français des *Questions* de Thomas (François Genuyt O.P.) au traducteur anglais du *Sommeil et de la veille* (J.I. Beare) : l'un comprenant que le *sujet de la puissance est le sujet de l'action*[2], l'autre que *the subject of actuality is in every case identical with that of potentiality*[3]. La même doctrine, avec la

1. Aristote, *Du sommeil et de la veille*, trad. P.-M. Morel, *in* Aristote, *Petits Traités d'histoire naturelle*, Paris, Flammarion (GF), 2000, p. 122-123. Morel commente, p. 122, n. 4 : « Comme le montre le premier chapitre du *De sensu et sensato,* la sensation est une fonction commune à l'âme et au corps. Elle n'appartient donc ni à l'une ni à l'autre séparément. »

2. Voir thomas-d-aquin.com/Pages/Traductions.

3. Voir www.4literature.net/Aristotle : « But since the exercise of sense-perception does not belong to soul or body exclusively, then (since the sub-

même référence au *De somno et vigilia*, figure dans le *respondeo* de la *Somme de théologie*, *I^a Pars*, *q.* 77, *a.* 5, où Thomas explique qu'une puissance ou faculté ne peut avoir pour sujet que ce à quoi appartient sa propre opération – ce qui veut dire que, si telle ou telle opération relève de l'âme, la puissance correspondante sera *sub-jectivement* fondée dans l'âme, tandis que si telle autre opération relève du composé âme-corps, la puissance correspondante sera *sub-jectivement* fondée dans le composé.

Je réponds. Il faut dire que le sujet d'une puissance opérative, c'est ce qui est capable d'opérer, car *tout accident dénomme son sujet propre*. Or c'est le même qui peut opérer et qui opère. Il faut donc nécessairement qu'*une puissance ait pour sujet ce à quoi appartient son opération*, comme le dit Aristote, au début du même livre *Du Sommeil et de la Veille*. Or il est manifeste en fonction de ce qu'on a dit qu'il y a des opérations de l'âme qui s'exercent sans organe corporel, comme le penser et le vouloir. Par conséquent, les puissances qui sont les principes de ces opérations sont dans l'âme comme dans un sujet. Mais il y a d'autres opérations de l'âme, qui s'exercent par des organes corporels, par exemple, la vision par l'œil, l'audition par l'oreille. Et de même pour toutes les

Respondeo dicendum quod illud est subiectum operativae potentiae, quod est potens operari, [PDSA] *omne enim accidens denominat proprium subiectum*. Idem autem est quod potest operari, et quod operatur. Unde oportet quod [PSAPa] *eius sit potentia sicut subiecti, cuius est operatio*; ut etiam philosophus dicit, in principio de somno et vigilia. Manifestum est autem ex supra dictis quod quaedam operationes sunt animae, quae exercentur sine organo corporali, ut intelligere et velle. Unde potentiae quae sunt harum operationum principia, sunt in anima sicut in subiecto.
Quaedam vero operationes sunt animae, quae exercentur per organa corporalia; sicut visio per oculum, et auditus per aurem. Et simile est de omnibus aliis operationibus nutritivae et

---

ject of actuality is in every case identical with that of potentiality, and what is called sense-perception, as actuality, is a movement of the soul through the body) it is clear that its affection is not an affection of soul exclusively, and that a soulless body has not the potentiality of perception.»

autres opérations de la partie végétative ou sensitive. Par conséquent, les puissances qui sont les principes de ces opérations ont pour sujet le composé, et non pas seulement l'âme.

sensitivae partis. Et ideo potentiae quae sunt talium operationum principia, sunt in coniuncto sicut in subiecto, et non in anima sola.

L'implication mutuelle de PDSA et de PSAPa est la substance historique des thèses condensées dans les deux versions, française et anglaise, de la mineure du syllogisme grammatical de Nietzsche, *i.e.* :

m : toute action suppose un *sujet qui l'accomplit*
m : every activity requires an *agency that is active*

Du complexe formé par PDSA, PSAPa et l'ensemble des principes ou théorèmes qu'ils commandent ou dont ils ouvrent la possibilité théorique, on peut en effet déduire, comme ce sera le cas du Moyen Âge à la modernité, les propositions suivantes, qui ne cesseront d'être discutées d'un bout à l'autre de la *naissance du sujet*, à savoir :

(a) toute action requiert un agent
(b) toute action requiert un sujet
(c) toute action requiert un agent qui est *un* sujet
(d) toute action requiert un sujet qui est *son* agent

Ces discussions suivront des lignes dessinées d'avance par les possibilités problématiques d'inférence d'une proposition à l'autre, en l'occurrence :

[1] qu'est-ce qui autorise (légitime, explique) le passage de (a) à (b) ?
[2] qu'est-ce qui autorise (légitime, explique) le passage de (a)-(b) à (c)-(d) ?

L'histoire de la naissance du sujet moderne, de son émergence et de l'enchaînement réglé de ses figures jusqu'au moment supposé fondateur de la « revendication » par le « je » ou le « moi » du titre exclusif de « sujet », où Heidegger voit la quintessence du cartésianisme, peut être pensée en fonction du rapport qui s'est progressivement établi entre les diverses formulations des principes (a), (b), (c), (d), introduites, du Moyen Âge à la Seconde Scolastique, et celles, non moins diverses, qu'a connues la notion philosophique de *subiectum* tout au long de cette période.

Dire le sujet

Le mot moderne de « sujet » recouvre, c'est la thèse que nous développerons ici, un réseau de termes dont la complexité dépasse largement celle des principes impliqués dans la constitution de ce que je désigne par « chiasme de l'agence ». Certains de ces termes sont grecs, d'autres latins. Certains appartiennent au réseau de la *sub-jectité*, d'autres à celui de la *sub-jectivité*. Certains appartiennent au langage de la philosophie, d'autres à celui de la théologie. Notre tâche est de montrer comment de cette apparente nébuleuse est sortie l'idée de « sujet » dont Descartes est censé avoir fait le chiffre de la pensée moderne. Pour cela, il nous faut d'abord faire table rase des usages laxistes de « sujet » et de « subjectivité », pour nous ancrer résolument dans le réseau antique et médiéval, précartésien, du *subiectum*. Cela veut dire : oublier les conventions d'écriture et les facilités de plume, qui nous font mobiliser à tort et à travers des expressions comme « la » subjectivité, « le » moi, « le » sujet, « la » conscience de soi, « la » réflexivité ou « la » connaissance subjective, dans une sorte de prose transhistorique continue, indifférente à toute problématique de la tra-duction, qu'elle soit d'intertraduction (du grec au latin, par exemple) ou *a fortiori* d'intratraduction (du latin au latin). Cela veut dire aussi, accepter une sérieuse révision des *crédits photos* et des *copyrights* organisant le grand marché de l'image d'Épinal historiographique. Un exemple, pris au hasard, sans intention polémique, suffira à illustrer notre propos : le traitement réservé à Augustin.

Selon M.-A. Vannier[1], qui s'appuie sur les témoignages de B. Groethuysen, P. Hadot et J.P. Kenney, c'est avec l'évêque

1. M.-A. Vannier, « La constitution du sujet Augustin dans les *Confessions* », *Revue des sciences religieuses*, 76/3 (2002), p. 296-310.

d'Hippone, « que la subjectivité fait son entrée dans l'histoire de la pensée »[1] – P. Hadot étant convoqué une seconde fois pour attester que c'est aussi chez lui que « le moi fait son entrée dans l'histoire de la conscience », « le rapport religieux pren[ant] la forme d'un dialogue entre le Toi et le Moi ». Il semble qu'il n'y ait là rien à redire. La thèse est connue, et communément admise. Un historien aussi éminent que Charles Taylor dit dans le même sens que :

> [...] it was Augustine who introduced the inwardness of radical reflexivity and bequeathed it to the Western tradition of thought[2].

Nous n'avons rien contre Augustin. Il ne s'agit pas pour nous de lui contester une paternité que nombre d'auteurs lui reconnaissent pour, avec d'autres aussi nombreux, aller l'offrir à plus « moderne » – à Descartes, donc, selon l'effet d'alternance qu'autorise la gigantomachie du *cogito*[3] –, et soutenir, avec Miles Burnyeat que :

> [whatever] hints Augustine may have furnished, it was Descartes who put subjective knowledge at the center of epistemology[4].

Il s'agit moins encore de céder à la thèse hyper-relativiste, évoquée par Dermot Moran, affirmant que « the medievals did not have a concept of consciousness and self-consciousness in the modern, private internal sense »[5].

1. B. Groethuysen, *Anthropologie philosophique*, Paris, Gallimard 1953, p. 127-128 ; P. Hadot, *Porphyre et Victorinus*, t. I, Paris, ÉA, 1968, p. 16 ; J.P. Kenney, « Augustine's Inner Self », *Augustinian Studies*, 33 (2002), p. 79-90.

2. Ch. Taylor, *Sources of the Self. The Making of the Modern Identity*, Cambridge, CUP, 1989, p. 131.

3. Sur « le » *cogito* chez Augustin, cf. E. Bermon, *Le "Cogito" dans la pensée de saint Augustin*, Paris, Vrin, 2001.

4. M.F. Burnyeat, « Idealism and Greek Philosophy : What Descartes Saw and Berkeley Missed », *in* G. Vesey (éd.), *Idealism Past and Present*, Cambridge, CUP, 1982, p. 44.

5. D. Moran, « Idealism in Medieval Philosophy : The Case of Johannes Scottus Eriugena », *Medieval Philosophy and Theology*, 8 (1999), p. 61.

Il s'agit seulement de refuser la pertinence d'assertions comme :

> [...] le sujet augustinien n'est pas encore le sujet cartésien, ni hégélien, bien qu'Augustin soit à l'origine du *cogito* de Descartes et qu'il n'ait pas été sans influencer Hegel[1].

De refuser une manière d'écrire l'histoire où, posé que le « sujet augustinien » est « d'abord le sujet en dialogue avec Dieu et constitué dans ce dialogue même », on en déduit que l'on pourrait, « en termes contemporains », parler à ce propos d'un « sujet constitué par l'altérité dans l'intersubjectivité », tout en notant qu'« Augustin ignorait ce vocabulaire » – constat bienvenu, mais dont la portée est immédiatement limitée par l'affirmation que « la réalité lui en était familière »[2].

Augustin était homme. Il n'eût jamais pour autant signé une autofiction intitulée *Sujet Augustin*. Pour une raison simple, que l'on argumentera ici en détail : *il est le premier philosophe à avoir quasiment dénoncé comme « blasphème »* (nefas) *toute application du terme et de la notion de* subiectum *à l'âme humaine*. S'il y a une « histoire du sujet » (ou du « moi » ou de la « conscience » ou de la « subjectivité » ou, pourquoi pas? du *Dasein*), elle ne commence avec Augustin que comme « le » problème des universaux commence avec Porphyre : *par une position suivie d'une négation*. Pis encore : si, dans le modeste traité de logique qu'est l'*Isagoge*, le philosophe ne formule son célèbre « questionnaire » que pour en réserver la réponse à « une science plus haute » (la philosophie première ou, plutôt, la théologie), Augustin n'introduit le sujet dans sa méditation sur l'âme, image et vestige de la Trinité, que pour l'en expulser, de toutes ses forces et, si possible, une bonne fois. Pas plus que le Roi de *Ridicule*, l'homme, l'âme, l'homme en tant qu'il est son âme, l'homme en tant qu'il est, qu'il connaît, qu'il aime et se souvient, l'homme en tant qu'il est

1. Voir M.-A. Vannier, « La constitution du sujet Augustin... », qui renvoie à sa contribution « À propos du *Cogito* chez Augustin », *in* A. Charles-Saget (éd.), *Retour, Repentir et Constitution de soi*, Paris, Vrin, 1998, p. 85-94.
2. M.-A. Vannier, « La constitution du sujet Augustin... », p. 297.

présent à lui-même, l'homme en tant qu'il se dépasse et se transcende vers *ce qui n'est pas lui*, l'homme en tant qu'il est en son fond rapport à l'Autre, l'homme intérieur et ek-statique, l'homme en tant que moi ou toi ou soi... *n'est un sujet.*

Ne pas voir que l'histoire du sujet s'ouvre sur ce refus, qu'elle commence par ce qui n'est pas une dénégation, mais une négation pure et simple, c'est s'interdire par principe toute historicisation du « sujet », tout accès à la longue phase de gestation qui en a précédé la naissance effective, toute compréhension des restructurations, des mutations et des refontes qu'a exigées la production d'un concept aux généalogies multiples. Pour saisir toute la portée de la thèse inaugurale d'Augustin affirmant que les actes ou états mentaux, comme la connaissance ou l'amour, « ne sont pas contenus dans l'esprit comme dans un sujet » (« ... non amor et cognitio tanquam in subiecto insunt menti »), mais substantiellement *ou plutôt essentiellement* « comme l'esprit lui-même »[1], il faut non seulement remonter à la source plotinienne de *l'exemple de la couleur et de la figure* (la forme extérieure)[2], illustrant l'incapacité trans-cendantale de tout « sujet » alléguée dans l'argument (« non enim color iste aut figura huius corporis potest esse et alterius corporis ») mettant en œuvre *le principe*, que j'appellerai « principe de la limitation sub-jective de l'accident » (PLSA) : « accidens non excedit subiectum in quo est », défini :

$\text{PLSA}_{\text{déf.}}$: un accident ne peut transcender (dépasser, excéder, outrepasser) les limites de son sujet d'inhérence[3],

1. Augustin, *De Trinitate*, IX, IV, 5, BA 16, p. 82-85 : « Simul etiam admonemur si utcumque uidere possumus haec in anima exsistere *et tamquam inuoluta euolui ut sentiantur et dinumerentur* substantialiter *uel, ut ita dicam, essentialiter*, non tamquam in subiecto ut color aut figura in corpore aut ulla *alia* qualitas aut quantitas. Quidquid enim tale est non excedit subiectum in quo est. *Non enim color iste aut figura huius corporis potest esse et alterius corporis.* Mens autem amore quo se amat potest amare et aliud praeter se. »

2. Plotin, *Ennéades*, V, 3 [49], 8, 3 : οἷον τὸ ἐπὶ τοῖς σώμασι χρῶμα ἢ σχῆμα.

3. Ce principe n'a jusqu'ici guère attiré l'attention des historiens. Une exception : I. Angelelli, qui, met en relation cette « thèse impressionnante

mais aussi expliquer ce qui fonde l'un et l'autre, autrement dit mettre en place et déployer l'ensemble du réseau du sujet et de la sub-jectité, avant Augustin et après lui. Bref, il faut tracer les figures de la sub-jectité présupposées par le refus augustinien d'appliquer le sujet au « mental » *(mens)*, ainsi que celles que les partisans et les adversaires de son geste ont continûment héritées ou reformulées de l'Antiquité tardive à l'Âge classique.

En somme, qu'appelle-t-on « sujet » avant Descartes? Quand, où, comment, dans quels champs, discours ou disciplines allègue-t-on le « sujet » avant l'Âge classique? Nous répondrons à ces questions en détail dans les pages (et les volumes) à venir. Il suffit, pour le moment, de les présenter succinctement.

Sujet d'inhérence et sujet d'attribution

Comme souvent, tout commence ou revient à la logique. On en a peine ici pour le lecteur, qui espère en la littérature, l'art ou la culture des émotions et des affects; mais force est de l'admettre, la distinction de base est ici logique : c'est celle du sujet d'attribution (Sa) et du sujet d'inhérence (Si). Modestes, pour ne pas dire bien ternes débuts. Du point de vue de l'émergence du sujet moderne, la distinction Sa-Si fonde, pourtant, la théorie générale, T1, dont certains médiévaux ou penseurs de la Seconde Scolastique ont tiré une première théorie du sujet psychique ou mental, T2.

---

de l'ontologie classique » avec le « paradoxe de Ingarden », in *Studies in Gottlob Frege and the Traditional Philosophy*, Dordrecht, D. Reidel, 1967, p. 35; trad. fr. J.-F. Courtine, A. de Libera, J.-B. Rauzy, J. Schmutz, *Frege et la philosophie traditionnelle*, Paris, Vrin, 2006 (2007). On montrera ici que, outre le rôle fondamental qu'il joue à la fois dans la théorie des actes mentaux, la modélisation du sujet « psychique » et la genèse d'une conception transcendantale du sujet (une notion contre-nature au regard de l'augustinisme), il a également partie liée avec le problème traditionnel de la « migration des qualités » (aujourd'hui restylé en « transférabilité des tropes »), le principe leibnizien assurant (là encore avec la tradition) qu'un accident ne peut inhérer à plus d'un sujet et celui, frégéen, maintenant que « Jede Vorstellung hat nur einen Träger » (chaque représentation n'a qu'un porteur).

T1 : le Sa d'une action X est le Si de X
T2 : le Sa d'une activité mentale Y est le Si de Y

La plupart des discussions qui ont préparé ou accompagné l'émergence du sujet ont roulé sur la validité de T2 (c'est le cas, notamment, dans les *Quaestiones disputatae de anima, q.* 19, et dans la *Prima Pars*, *q.* 77, *a.* 5 de Thomas, évoquées plus haut). La distinction de Sa et de Si a connu diverses formes. Elle est originairement liée à la distinction aristotélicienne entre deux formes de prédication ou attribution, introduite dans les *Catégories* par les expressions *être dit d'un sujet* (καθ' ὑποκειμένου λέγεσθαι) et *être dans un sujet* (ἐν ὑποκειμένῳ εἶναι) :

> Parmi les êtres, les uns sont dits d'un sujet, tout en n'étant dans aucun sujet : par exemple, *homme* est dit d'un sujet, savoir d'un certain homme, mais il n'est dans aucun sujet. D'autres sont dans un sujet, mais ne sont dits d'aucun sujet (par *dans un sujet*, j'entends ce qui, ne se trouvant pas dans un sujet comme sa partie, ne peut être séparé de ce en quoi il est) : par exemple, une certaine science grammaticale est dans un sujet, savoir dans l'âme, mais elle n'est dite d'aucun sujet; et une certaine blancheur est dans un sujet, savoir dans le corps (car toute couleur est dans un corps), et pourtant elle n'est dite d'aucun sujet. D'autres êtres sont à la fois dits d'un sujet et dans un sujet : par exemple, la Science est dans un sujet, savoir dans l'âme, et elle est aussi dite d'un sujet, la grammaire. D'autres êtres enfin ne sont ni dans un sujet, ni dits d'un sujet, par exemple *cet homme*, *ce cheval*, car aucun être de cette nature n'est dans un sujet, ni dit d'un sujet.
> – Et, absolument parlant, les individus et ce qui est numériquement un ne sont jamais dits d'un sujet; pour certains toutefois rien n'empêche qu'ils ne soient dans un sujet, car une certaine science grammatical est dans un sujet[1].

1. Voir Aristote, *Catégories*, 2, 1a20-1b10 : Τῶν ὄντων τὰ μὲν καθ' ὑποκειμένου τινὸς λέγεται, ἐν ὑποκειμένῳ δὲ οὐδενί ἐστιν, οἷον ἄνθρωπος καθ' ὑποκειμένου μὲν λέγεται τοῦ τινὸς ἀνθρώπου, ἐν ὑποκειμένῳ δὲ οὐδενί ἐστιν· τὰ δὲ ἐν ὑποκειμένῳ μέν ἐστι, καθ' ὑποκειμένου δὲ οὐδενὸς λέγεται, – ἐν ὑποκειμένῳ δὲ λέγω ὃ ἔν τινι μὴ ὡς μέρος ὑπάρχον ἀδύνατον χωρὶς εἶναι τοῦ ἐν ᾧ ἐστίν, – οἷον ἡ τὶς γραμματικὴ ἐν ὑποκειμένῳ μέν ἐστι τῇ ψυχῇ, καθ' ὑποκειμένου δὲ οὐδενὸς λέγεται,

J'ai étudié ailleurs l'histoire de cette distinction, transmise aux Latins par Boèce sous la forme *de subiecto dici/in subiecto esse*[1]. On en trouvera la synthèse dans l'article « Prédication » du *Vocabulaire européen des philosophies*[2], que l'on complétera par les travaux d'A. Code[3] et de H.P. Grice[4], ainsi que par le livre de F.A. Lewis[5]. Boèce distingue entre ce qui est dit *in ipsa substantia* et ce qui est dit *secundum accidens*; il explique *in ipsa substantia* par *de subiecto in eo quod quid sit,* ou plus simplement par *de subiecto,* et *secundum accidens,* par *de subiecto sed non in eo quod quid sit*[6]. Sa thèse,

---

καὶ τὸ τὶ λευκὸν ἐν ὑποκειμένῳ μέν ἐστι τῷ σώματι, – ἅπαν γὰρ χρῶμα ἐν σώματι, – καθ' ὑποκειμένου δὲ οὐδενὸς λέγεται· τὰ δὲ καθ' ὑποκειμένου τε λέγεται καὶ ἐν ὑποκειμένῳ ἐστίν, οἷον ἡ ἐπιστήμη ἐν ὑποκειμένῳ μέν ἐστι τῇ ψυχῇ, καθ' ὑποκειμένου δὲ λέγεται τῆς γραμματικῆς· τὰ δὲ οὔτε ἐν ὑποκειμένῳ ἐστὶν οὔτε καθ' ὑποκειμένου λέγεται, οἷον ὁ τὶς ἄνθρωπος ἢ ὁ τὶς ἵππος, – οὐδὲν γὰρ τῶν τοιούτων οὔτε ἐν ὑποκειμένῳ ἐστὶν οὔτε καθ' ὑποκειμένου λέγεται· – ἁπλῶς δὲ τὰ ἄτομα καὶ ἓν ἀριθμῷ κατ' οὐδενὸς ὑποκειμένου λέγεται, ἐν ὑποκειμένῳ δὲ ἔνια οὐδὲν κωλύει εἶναι· ἡ γὰρ τὶς γραμματικὴ τῶν ἐν ὑποκειμένῳ ἐστίν ; trad. Tricot, p. 3-4 (modifiée).

1. Voir A. de Libera, « Introduction », in *Porphyre. Isagoge*. Trad. fr. par A. de Libera & A.-Ph. Segonds, Introd. et notes par A. de Libera, Paris, Vrin, 1998, p. CVI; du même, *L'Art des généralités. Théories de l'abstraction,* Paris, Aubier, 1999; et « L'onto-théo-logique de Boèce. Doctrine des catégories et théorie de la prédication dans le *De Trinitate* », *in* O. Bruun & L. Corti (éd.), *Les 'Catégories' et leur histoire*, Paris, Vrin, 2005, p. 175-222.

2. A. de Libera, « Prédication », in *VEP*, p. 1008-1016.

3. « Aristotle : Essence and Accident », *in* R. Grandy & R. Warner (éd.), *Philosophical Grounds of Rationality : Intentions, Categories, Ends*, Oxford, OUP, 1986, p. 411-439.

4. « Aristotle on the Multiplicity of Being », *Pacific Philosophical Quarterly,* 69 (1988), p. 175-200. Voir note complémentaire 3*.

5. *Substance and Predication in Aristotle*, Cambridge, CUP, 1991. On consultera aussi avec profit A. Tisserand, « Métaphore et *Translatio in divinis :* la théorie de la prédication et de la conversion des catégories chez Boèce », *in* A. Galonnier (éd.), *Boèce ou la chaîne des savoirs*, Paris-Louvain, Peeters, Éd. de l'Institut supérieur de philosophie, 2003, p. 435-463.

6. « Duobus enim modis praedicationes fiunt, uno secundum accidens, alio de subiecto : de homine namque praedicatur album, dicitur enim homo albus, rursus de eodem homine praedicatur animal, dicitur enim homo animal. Sed illa prior praedicatio, quae est : "Homo albus est" secundum accidens [176A] est : namque accidens quod est album de subiecto homine praedicatur sed non in eo quod quid sit, nam cum album sit accidens, homo

fondée sur *Catégories* 1b10-12, est claire, qui consiste à distinguer *praedicatio de subiecto* et *praedicatio secundum accidens.* Cette opposition est construite sur la base d'une distinction entre ce qui se prédique d'un sujet *in eo quod quid sit*, et ce qui se prédique d'un sujet, mais pas *in eo quod quid sit.* De ces deux classes de prédicats, seule la première mérite au sens strict le qualificatif *id quod praedicatur de subiecto.* L'analyse boécienne, qui vaudra aussi longtemps que l'univers des *Catégories* prévaudra sur celui de la *Métaphysique*, orchestre une série de prélèvements textuels organisés en système : tirée du chapitre 1, la distinction des choses homonymes, synonymes et paronymes ; du chapitre 2, la classification des différentes sortes de choses à partir des relations « être dans un sujet », ἐν ὑποκειμένῳ εἶναι, et « être dit d'un sujet », καθ' ὑποκειμένου λέγεσθαι ; du chapitre 5, la définition des substances secondes (déjà caractérisées au chapitre 2 par le couple « ne pas être dans un sujet » et « être dit d'un sujet ») grâce à la notion d'attribution « synonymique » (συνωνύμως), dérivée des éléments mis en place au chapitre 1 ; du chapitre 8, la définition des « choses qualifiées » comme choses « paronymes » ou susceptibles d'être « dites paronymiquement » (παρωνύμως). L'expression « se prédiquer comme d'un sujet » vient d'Aristote : elle correspond au grec κατηγορῆται ὡς καθ' ὑποκειμένου. L'expression *in eo quod quid sit* rend directement ἐν τῷ τί ἐστι utilisé par Aristote, notamment, pour définir le genre : « Est genre ce qui est prédicable de plusieurs différant par l'espèce, relativement à la question : "qu'est-ce que c'est?"[1]. »

Il est donc clair que, pour Boèce comme pour Aristote, « ce qui se prédique *in eo quod quid sit* » est ce qui s'attribue

substantia, accidens de substantia in eo quod quid sit praedicari non potest ; ergo ista praedicatio secundum accidens dicitur. De subiecto uero praedicari est, quoties altera res de altera in ipsa substantia praedicatur, ut animal de homine ; nam quoniam animal et substantia est et genus hominis, idcirco in eo quod quid sit de homine praedicatur. Quare illa sola de subiecto praedicari dicuntur quaecumque in cuiuslibet rei substantia et in definitione ponuntur. »

1. Aristote, *Topiques*, I, 5, 102a31-32 (ἐν τῷ τί ἐστι κατεγορούμενον).

essentiellement ou « synonymiquement »[1]. La prédication *secundum accidens* étant la prédication παρωνύμως, ou « comme dans un sujet », on a donc les relations prédicatives suivantes, qui combinent les expressions d'Aristote et leur reformulation boécienne :

A « est dit de » B	A « est dans » B
καθ' ὑποκειμένου λέγεσθαι	ἐν ὑποκειμένῳ εἶναι
A est prédiqué de B « comme d'un sujet »	A est prédiqué de B « comme dans un sujet »
A se prédique de B *in substantia*	A se prédique de B *secundum accidens*
A se prédique de B *in eo quod quid sit*	A ne se prédique pas de B *in eo quod quid sit*
A se prédique de B συνωνύμως	A se prédique de B παρωνύμως

Dans son étude sur Frege et la philosophie traditionnelle, p. 13, Ignacio Angelelli définit de façon précise καθ' ὑποκειμένου λέγεσθαι, KU (x, y), et ἐν ὑποκειμένῳ εἶναι, EU (x, y) :

KU $(x, y) =_{df}$ (le nom de x est dit de y) et (le *logos* de x est dit de y).

EU $(x, y) =_{df}$ (x appartient à y) et (x n'est pas une partie de y) et (il est impossible pour x d'être séparément de y) et (le nom de y est quelquefois dit de y) et (le *logos* de x n'est jamais dit de y)[2].

Dans la tradition issue des *Catégories*, KU est interprété comme prédication essentielle ou synonymique *(praedicatio essentialis, praedicatio univoca)* ; EU comme prédication accidentelle ou dénominative[3], *i.e.* paronymique *(praedicatio*

1. Voir Boèce, *In Cat.*, 194D-195A, qui reprend l'attribution ἐν τῷ τί ἐστι pour expliquer la manière dont les substances secondes « signifient ».

2. Voir Aristote, *Catégories*, 2a, 19-27, et 27-34.

3. Sur la notion aristotélicienne de prédication « dénominative », source aristotélicienne du lexique et de la conceptualité de PDSA (et par voie de conséquence de PDSAc, donc aussi du « chiasme de l'agence »), voir A. de Libera, « Boèce et l'interprétation médiévale des *Catégories*. De la paronymie à la *denominatio* », *in* A. Motte et J. Denooz (éd.), *Aristotelica Secunda. Mélanges offerts à Christian Rutten*, Université de Liège, CIPL, 1996, p. 255-264 ; « Dénomination et Intentions : Sur quelques doctrines médiévales

accidentalis, praedicatio denominativa). Comme l'a cependant remarqué Angelelli, « l'expression καθ' ὑποκειμένου λέγεσθαι a subi un changement radical » dans les œuvres postérieures d'Aristote : si, dans les *Catégories*, καθ' ὑποκειμένου λέγεσθαι signifie la prédication essentielle, « en dehors des *Categoriae*, elle signifie (peut-être même exclusivement) la prédication accidentelle[1], c'est-à-dire les accidents prédiqués de substances ». Le « nouvel usage » aristotélicien de l'expression, KU_1 (*x*, *y*), se définit :

KU_1 (*x*, *y*) $=_{df}$(*x* est un accident de *y*) & (*x* est prédiqué de *y*).

Il va de pair avec une redéfinition de la prédication ἐν ὑποκειμένῳ εἶναι fondée sur l'inhérence actuelle d'un accident à une substance[2]. Appelant cette prédication « K », Angelelli la définit de la manière suivante :

K (x, y) $=_{df}$ *(Ez)*. *EU(z, y)* & (*x* est un nom relié à un nom de *z* ou à titre d'homonyme ou à titre de paronyme ou de quelque autre façon).

où « *K(x, y)* » est lu : « *y* est appelé *x* ». La combinaison de KU, EU, K_1 et K définit l'essentiel d'une position aristotélicienne

---

(XIIIe-XIVe siècle) de la paronymie et de la connotation », *in* S. Ebbesen et R.L. Friedman (éd.), *Medieval Analyses in Language and Cognition. Acts of the Symposium The Copenhagen School of Medieval Philosophy, January 10-13, 1996*, Copenhagen, The Royal Danish Academy of Sciences and Letters, 1999, p. 355-375.

1. Pour καθ' ὑποκειμένου λέγεσθαι comme signifiant la prédication essentielle, Angelelli invoque la caution de « Simplicius, *In Aristotelis Categorias Commentariorum* (*Commentaria in Aristotelem Graeca*, vol. VIII), 1907, p. 52 ». Pour le nouveau sens de l'expression, il renvoie à « *Métaphysique*, A, 990b, 29-31 (cf. *Top.*, 121a, 11) ; *Physique*, A, 2, 185a, 31-32 ; A, 3, 186a, 34 ; A, 4, 188a, 8 ; A, 7, 190a, 35-36. *Métaphysique*, B, 5, 1001b, 31-32 ; Γ, 4, 1007a, 35 ; Δ, 8, 1017b, 13-14 ; Z, 3, 1029a, 7 ; Z, 13, 1038b, 15. *Aristotle's Prior and Posterior Analytics*, éd. W.D. Ross, Oxford, OUP, 1949, A, 22, 83a, 31 ; 83b, 20-21 *(Anal. Post.)* ».

2. Cf. Aristote, *Cat.*, 10a27-10b11. Angelelli, *Gottlob Frege...*, p. 125, n. 18, commente : « *Parce qu*'elle a une qualité, une substance sera appelée d'un nom lié à cette qualité. » Cette règle d'appellation est évidemment la source du principe $PDSA_{déf.}$: *omne accidens denominat subiectum* affirmant que « tout accident dénomme son (ou un) sujet ».

d'ensemble, tiraillée entre l'ontologie des *Catégories* et celle des œuvres ultérieures – la position initiale d'Aristote se limitant au couple KU, EU. Elle reflète l'évolution du Stagirite sur la notion de substance – évolution qui non seulement explique l'extraordinaire discrépance des interprétations contemporaines du statut de la ψυχή dans le *De anima* (que l'on évoquera plus bas), mais encore éclaire les débats récents sur l'utilisation d'Aristote « comme penseur du suppôt » et « grammairien des désignations de l'individu », plutôt que comme « logicien et métaphysicien » (débats marqués, comme le souligne F. Nef, par la préférence accordée ou non aux *Catégories* par rapport « aux développements de *Métaphysique* Z ou des *Seconds Analytiques* »).

La distinction entre sujet d'attribution et sujet d'inhérence est fondamentale pour l'archéologie du sujet : c'est l'outil syntactico-sémantique indispensable des deux positions philosophiques dont, au cœur d'affrontements complexes courant sur plusieurs siècles, d'Augustin à l'idéalisme allemand, est issue la théorie classique puis moderne du « sujet » : l'*attributivisme*, faisant de l'âme un « attribut » ou « disposition » du corps, et l'*attributivisme**, interprétant les actes mentaux comme des « attributs » ou « prédicats » de l'âme, de l'esprit et, pour finir, du « je », du « moi » ou de la « conscience ».

Sujet logique et sujet ontologique

Une version particulière de la distinction Sa/Si est la distinction entre *sujet logique* et *sujet ontologique*, véritable lieu commun de la philosophie moderne. Elle peut être aisément adaptée aux deux parties de la thèse attributiviste* : on peut en effet dire que l'âme est sujet ontologique, en tant qu'elle est sujet d'inhérence réelle des états et/ou actes mentaux, et qu'elle en est le sujet logique, dans la mesure où elle est leur sujet d'attribution. Si on a l'habitude de la projeter en ces termes sur Aristote par commodité ou routine historiographique (même si chacun sait que le terme « ontologie » était inconnu du Stagirite, et que les diverses acceptions aristotéliciennes du terme ὑποκείμενον ne se laissent pas ramener à une bipartition aussi claire entre disciplines ou champs délimités par la seule modernité[1]), la distinction sujet logique *vs* ontologique est aristotéliquement parlant anachronique. Elle n'en est pas pour autant sans fondement, dans la mesure où l'on en trouve un équivalent assez exact dans l'exégèse des *Catégories* chez les philosophes de l'école néoplatonicienne d'Alexandrie. À la question de savoir pourquoi Aristote caractérise l'*ousia* par la négation de l'accident (*i.e.* la négation de l'« être dans », caractéristique de tous les accidents, particuliers *et* universels), Ammonius donne en effet trois réponses :

1° il y a des *ousiai* qui ne sont pas sujets ;
2° seule la division par négation et affirmation est exhaustive ;
3° « sujet » a deux significations.

La première signification est πρὸς ὕπαρξιν, celle qui voit l'essence s'opposer aux accidents *du point de vue de l'existen*ce. La seconde est πρὸς κατηγορίαν, celle qui distingue *ousia* particulière et *ousia* universelle *du point de vue de la prédication*[2]. Jean Philopon, qui reprend le couple ammonien explique que, la définition de l'accident ayant besoin de l'essence *pros huparxin*, Aristote recourt à la notion « être dans ». En revanche, celle de l'essence n'a besoin de rien d'autre : d'où le recours à la négation de « être dans ». Pour ce qui est de l'universel, les deux significations de « sujet » sont mobilisées. La définition de l'universel n'a pas besoin des particuliers *pros huparxin* (les universaux, pour un néoplatonicien, n'ont pas besoin des particuliers pour exister), elle les requiert, par contre, *pros kategorian* (sans particuliers les universaux ne pourraient pas être prédiqués). Quant au particulier, l'appellation « non dit de » lui revient à l'évidence, puisqu'il n'est prédiqué de rien. Philopon se sépare d'Ammonius sur un point : les sujets *pros kategorian* sont aussi bien les

1. Voir note complémentaire 4*.

2. Sur la distinction *pros huparxin*/*pros kategorian*, voir C. Luna, « Commentaire », *in* Simplicius, *Commentaire sur les 'Catégories' d'Aristote, chap. 2-4*, trad. Ph. Hoffmann avec la collaboration de I. Hadot et P. Hadot, Paris, Belles Lettres, 2001, p. 150-151. Sur la critique d'Ammonius par Philopon, voir *ibid.*, p. 154 et 387-388.

accidents particuliers que les *ousiai* particulières, ce sont, d'un mot, tous les particuliers : *ta merika*. En parlant d'un « modèle attributiviste » faisant intervenir une double acception du terme « sujet », l'acception ontologique et l'acception logique, il n'y a donc pas à proprement parler d'anachronisme : ce modèle pourrait aussi bien s'énoncer dans le grec des commentateurs alexandrins, sous la forme de la distinction entre sujet *pros huparxin* et sujet *pros kategorian*.

On peut donc inscrire dans le réseau du « sujet », les équations :

Si = sujet πρὸς ὕπαρξιν = sujet ontologique,
Sa = sujet πρὸς κατηγορίαν = sujet logique.

Ce réseau, qui à travers la *Dialectica* de Jean de Damas est parvenu jusqu'à Guillaume d'Ockham, pour être inlassablement modulé par la Seconde Scolastique, doit être tracé en étroite relation avec le destin de la distinction entre prédication essentielle et prédication accidentelle[1]. De ce point de vue, le fait dominant est l'assimilation progressive de la prédication accidentelle à la prédication « dénominative » (paronymique).

Sujet d'inhésion, sujet de dénomination

La *praedicatio denominativa* joue un rôle central dans l'histoire du sujet : elle est impliquée dans la quasi-totalité des principes ou théorèmes de l'attributivisme*/[2] – notamment : PDSA *(omne accidens denominat subiectum, accidens denominat*

1. Cf. Guillaume d'Ockham, *Summa logicae*, I, chap. 30 (*Opera philosophica et theologica*, I, éd. Ph. Boehner, G. Gál, S. Brown, New York, St. Bonaventure, 1974) : « Et de subiecto quidem est primo sciendum quod, sicut dicit Damascenus in Logica sua, cap. 8 : "subiectum dicitur dupliciter : hoc quidem *ad exsistentiam*, hoc autem *ad praedicationem*. Et ad existentiam quidem, quemadmodum subicitur substantia accidentibus. In ipsa enim habent esse et extra ipsam non substant. Quod autem ad praedicationem, subiectum est particulare". »

2. Par "attributivisme*/" je désigne, pour abréger, la conjonction (ou le cas échéant la disjonction inclusive) de l'attributivisme* et de l'attributivisme tout court.

proprium subiectum), PDSAc *(subiectum denominatur a propria actione)*, TDC (une action dénomme son agent causalement et non pas formellement), PSA *(actiones sunt suppositorum)* et *m* (toute action suppose un sujet qui l'accomplit).

Si surprenant que cela paraisse, on ne peut penser les avatars modernes du sujet en faisant l'économie de la *denominatio* : tout particulièrement la distinction entre *denominatio intrinseca* et *denominatio extrinseca*, que l'on retrouve au cœur des discussions sur le « chiasme de l'agence »[1], au croisement de la théorie du sujet et de la théorie causale de l'action : Hobbes, Locke, Hume en sont encore les témoins sur la base de l'extraordinaire dossier instruit par la Seconde Scolastique.

Un bon exemple de la synthèse opérée par la scolastique tardive est fourni par Franco Burgersdijk (Burgersdicius)[2], logicien néerlandais du XVIIe siècle[3], dont on retrouve la trace chez Locke et Reid[4], qui combine les deux versions de l'ontologie d'Aristote, celles des *Categoriae* et des œuvres ultérieures, l'interprétation de la prédication accidentelle en termes de dénomination et la distinction entre Sa et Si :

On a l'habitude de distinguer communément entre sujet ἐνυπάρξεως καὶ κατηγορίας, c'est-à-dire d'inhésion et de prédication ou dénomination. Le sujet d'inhésion n'est rien d'autre que la substance relativement aux accidents qui lui sont inhérents ; c'est ainsi que la neige est sujet de la blancheur qui lui est inhérente.	Vulgo distingui solet inter subjectum ἐνυπάρξεως καὶ κατηγορίας, i.e. inhaesionis et praedicationis sive denominationis. Subjectum inhaesionis nihil aliud est quam substantia respectu accidentium sibi inhaerentium ; sic nix est subjectum alboris qui sibi inhaeret.
Le sujet de prédication ou de déno-	Subjectum praedicationis sive denominationis, vel late sumi-

1. J'étudie spécialement ce point dans le volume II.

2. Cf. *Fr. Burgersdiscii Institutionum logicarum libri duo*, Cantabrigiae 1668, Lib. I, cap. XIX, *theorema* 1 (p. 59-60), cité par Angelelli, *Gottlob Frege...*, p. 111.

3. Sur Burgersdijk (1590-1635), théologien et philosophe protestant, cf. l'index bio-bibliographique de J. Schmutz sur Scholasticon.

4. Voir note complémentaire 5*.

mination se prend soit au sens large soit au sens strict. Au sens large, il est pris pour n'importe quelle chose (qu'il s'agisse d'une substance ou d'un accident ne fait rien à l'affaire) dont quelque chose peut être dit par une prédication quelconque, qu'elle soit essentielle ou accidentelle, interne ou externe, absolue ou limitée. En ce sens on peut dire que tout sujet d'inhésion est un sujet de dénomination, car tout accident peut être dit de son sujet, soit par une voix dénominative, par exemple quand la neige est dite blanche à partir de la blancheur qui lui est inhérente, soit par une voix tirée d'ailleurs, par exemple quand quelqu'un est dit probe[1] à cause de la vertu. Mais tout sujet de prédication n'est pas sujet d'inhésion. En effet beaucoup de choses sont dites d'un sujet qui ne sont pas dans un sujet. C'est en ce sens que le sujet de prédication est pris dans la doctrine des prédicables et dans celle de l'énonciation.

[...]

Quand le sujet de prédication ou de dénomination est pris au sens strict, il s'oppose au sujet d'inhésion de deux manières. En effet, soit il est pris pour

tur, vel stricte. Late sumitur pro quaelibet re (sitne substantia an accidens, nihil refert) de qua aliquid dici potest quacumque praedicatione, sive essentiali, sive accidentali; sive interna, sive externa; sive absoluta sive limitata. Atque hoc sensu dici potest, omne subjectum inhaesionis esse subjectum denominationis, quia omne accidens dici potest de subjecto suo : vel voce denominativa, veluti cum nix dicitur alba ab albore sibi inhaerente, vel voce aliunde sumpta, veluti cum quis probus dicitur propter virtutem.

At non omne subjectum praedicationis est subjectum inhaesionis. Multa enim dicuntur de subjecto quae non sunt in subjecto. Hoc sensu sumitur subjectum praedicationis in doctrina de praedicabilibus et enunciatione.

[...]

Cum subjectum praedicationis sive denominationis stricte sumitur, opponitur subjecto inhaesionis, idque bifariam. Vel enim sumitur pro eo de quo

1. « Probe », « droit » ou « sage » : il s'agit évidemment du mot σπουδαῖος qui vicarie l'absence de terme directement dérivé de ἀρετή (vertu); voir Aristote, *Cat.* 10b5-9. Sur le σπουδαῖος, cf. A. Schniewind, *L'Éthique du sage chez Plotin. Le paradigme du 'spoudaios'*, Paris, Vrin, 2003.

ce dont quelque chose est prédiqué essentiellement, par exemple, le genre, l'espèce ou la différence (c'est ainsi qu'il est pris dans le chapitre 2 et le chapitre 5 des *Catégories*, où être dans un sujet et être dit d'un sujet sont opposés), soit il est pris aussi pour ce dont quelque chose est prédiqué par une prédication externe ou limitée, comme dans le soldat est armé, l'Éthiopien est blanc, l'homme est immortel.	aliquid praedicatur essentialiter, puta genus, species aut differentia (sic sumitur cap. 2 et 5 lib. Categ., ubi esse in subjecto et dici de subjecto opponuntur) vel etiam sumitur pro eo de quo aliquid praedicatur praedicatione externa aut limitata; ut Miles est armatus, Aethiops est albus, Homo est immortalis.
En effet, l'armure n'est pas inhérente au soldat, puisque c'est une substance, et la blancheur n'inhère pas à tout l'Éthiopien, mais seulement à ses dents, ni l'immortalité à l'homme tout entier, mais seulement à son âme.	Neque enim armatura inhaeret militi, cum sit substantia; neque albor inhaeret toto Aethiopi, sed dentibus tantum; neque immortalitas toti homini, sed animae solum.

Dans son lumineux commentaire du texte burgersdicien, Angelelli souligne notamment que : 1° le sens de « dénomination » y est étendu au point d'en faire un synonyme de « prédication »; 2° l'inhérence « est simplement définie comme la relation s'appliquant entre accident et substance, sans autre référence à la question de savoir si l'accident (ou la substance) est singulier ou universel »; 3° « prédication » peut être pris en deux sens :

> *a)* le domaine de la relation *inhérence* est inclus comme une sous-classe propre dans le domaine de la relation *prédication*. C'est le sens large de « prédication », à savoir celui des œuvres majeures d'Aristote, où K devient KU_1;
>
> *b)* le domaine de la relation *inhérence* est exclu du domaine de la relation *prédication*. C'est le sens restreint de « prédication »; la prédication accidentelle n'est possible qu'au sens où l'on applique le *nom* de l'accident à la substance (K).

4° au sens large de « prédication », quand KU_1 intervient, « à savoir quand les accidents sont prédicables *de subiecto*, l'expression *de subiecto dici* reste appliquée à la prédication essentielle : « multa enim dicuntur de subiecto quae non sunt in subiecto » (Angelelli voit là un bon « exemple de la manière dont les différentes versions des théories d'Aristote ont été conciliées dans la tradition »). « Dans KU_1 l'*hupokeimenon* est un *subiectum inhaesionis* (et il l'est toujours, selon l'interprétation susmentionnée) ; dans KU, ce n'est pas un *subiectum* au sens où un individu est le sujet de ses prédicats universels (essentiels) ». Burgersdicius utilise donc « de subiecto dici » pour couvrir à la fois KU_1 et KU, où il est clair que « *subiectum* a une double signification », logique et ontologique (métaphysique)[1].

Le *Lexicon philosophicum* de Goclenius est lui aussi un bon témoin du champ de présence du « sujet » au seuil de la modernité. On retiendra ici :

1. Une première classification (p. 1086) fondée sur la distinction entre « *subiectum metaphysicum topicu[m]* quod respicit *accidens* » et « *subiectum axiomaticum* quod respicit *praedicatum*, subiectum praedicationis seu antecedens terminus enunciati ». Le sujet métaphysique goclénien se subdivise en *subiectum pressius acceptum* et *obiectum*. Le *subiectum pressius acceptum* s'analyse à son tour, comme chez Burgersdicius, en *subiectum denominationis* et *subiectum inhaesionis*. Le sujet de dénomination est défini ainsi :

> Denominationis, quod principale, quod dependentiam accidentium ultimo terminat. Hoc in rebus naturalibus est compositum physicum, singulare dicitur & subiectum Totale. Coll. Conimb. disp. de anima separat. art. 2.

1. Angelelli, *Gottlob Frege...*, p. 112, fait justement remarquer à ce propos que, dès Thomas d'Aquin, *In duodecim libros Metaphysicorum Aristotelis Expositio*, n. 1576, certains médiévaux soutiennent que « les prédicats essentiels ne peuvent être considérés comme prédiqués *de subiecto* que du point de vue du logicien, non du point de vue du *philosophus primus* », distinction qui leur permet de « concilier les *Categoriae* et la *Métaphysique* ». Cette conciliation n'intervient, toutefois, que parce que « la dimension singulier-universel (qui est le domaine du logicien) est sous-estimée ».

Le sujet d'inhésion l'est dans ces termes :

> Inhaesionis vere vel quasi : Quo : cui accidentia proxime inhaerent, dicitur Aliq. subiectum partiale & medium recipiendi.

La définition du sujet de dénomination évoque – ce qui n'est pas sans intérêt pour l'histoire de l'attributivisme* – la terminologie syntaxique des grammairiens modistes[1]. Göckel explicite ainsi la notion de « terminaison de la dépendance » :

> Ultimo terminare est ad ulterius non referre, sed in se claudere & finire, ut Socrates accidentium dependentiam ultimo terminat[2], id est, accidentia pro se fulcit & sustentat, nec eorum dependentiam ad ulterius refert.

2. Une analyse (p. 1087) de la notion de *subiectum accidentis* en *subiectum quo* et *subiectum quod* :

Quo déf. [subiectum] in quo recipiuntur accidentia immediate (Hoc alteri subiecto innititur).
Quod déf. [subiectum] quod per se non beneficio alterius sustentat et subit accidentia, ut substantia.

3. Une reformulation développée – dite *tabula generalior* – de la première grille, distinguant :

1. La *terminaison de la dépendance* est un des concepts fondamentaux du dispositif qui préside au « chiasme de l'agence ». Il joue un rôle central dans la théorie suarézienne de l'action, qui synthétise l'ensemble de la discussion médiévale sur le sujet (suppôt) d'actions et d'opérations (pour reprendre l'expression scolastique de V. Descombes). Le langage théorique de la « terminaison de la dépendance » rencontre celui de l'action en venant se greffer sur une thèse popularisée par Thomas d'Aquin, distinguant deux manières de considérer toute opération : soit comme « provenant de celui qui opère », soit comme « se terminant à ce qui est opéré ».

2. La thèse évoquée ici par Goclenius se situe au fondement même du « chiasme de l'agence », puisqu'elle porte sur l'accident (une tendance de la pensée scolastique étant d'assimiler les actions à des accidents – contre quoi lutte d'emblée Augustin pour les actes mentaux, d'où son rejet de l'attributivisme*). L'idée que le sujet « termine la dépendance des accidents » – satisfait leur demande de soutien ontologique et fixe leur inconsistance en venant leur fournir ce que leur dépendance essentielle réclame : quelqu'un ou quelque chose de quoi dépendre *effectivement* – a été particulièrement travaillée par les grammairiens modistes, aux confins de la grammaire, de la physique et de l'ontologie. Voir note complémentaire 6*.

a) *subiectum Topicum et Metaphysicum* ;
b) *subiectum enuntiatiuum (antecedens enuntiati)* ;
c) *subiectum* « in philosophia Practica », *i.e.* : « quod paret Domino suo ».

Le sujet « topique et métaphysique » se subdivise en ὑποκείμενον ou *subiectum in specie*, d'une part, et ἀντικείμενον ou *obiectum*, de l'autre. L'ὑποκείμενον s'analyse en *ex quo* ou *materia (permanens* ou *transiens)* et *in quo* ou *recipiens*. Le *subiectum in quo* se divise à son tour en :

i. *subiectum inhaerentiae* (« ἐνυπάρξεως ὑποκείμενον καθ' ὕπαρξιν vocat Ammonius ») ou *subiectum Quo*, et *subiectum denominationis, attributionis* ou *subiectum Quod*

ii. *subiectum Totale* et *subiectum Partiale*.

4. Outre d'autres classifications scolastiques *(subiectum informationis* vs *praedicationis* et *subiectum existentiae* vs *denominationis)*, une dernière analyse fine (p. 1088) du « *subiectum recipiens*, *subiacens*, *substratum*, δεκτικόν » en sujet d'inhésion et sujet d'adhésion : « *subiectum inhaesionis*, cui inhaeret aliquid », « *subiectum adhaesionis*, vel adiacentiae, cui adhaeret seu adiacet aliquid ». Sujet d'attribution, de prédication, de dénomination, sujet logique, πρὸς κατηγορίαν/sujet d'inhérence, d'inhésion, d'existence, sujet ontologique, πρὸς ὕπαρξιν, d'une part ; prédication essentielle, synonymique, ut *de subiecto*/prédication accidentelle, dénominative, *ut in subiecto*, d'autre part : tel est, dans sa complexité logique, le réseau du sujet et de la subjectité, dans lequel sont pris – on serait tenté de dire « au piège » – le terme et le concept que, si l'on en croit le scénario heideggérien, Descartes va, le premier, promouvoir au rang de fondement ultime.

Vingt ans après la mort de Descartes, un René Bary, conseiller et historiographe du roi, reprendra encore en ces termes le discours scolastique du sujet :

> Le sujet, c'est ce qui est soumis ou à quelque instrument, ou à quelque considération [...]. Le sujet est divisé ou en sujet d'inhésion ou en sujet d'attribution. Le sujet d'inhésion est celui qui souffre l'adhérence de quelque accident ; l'œil est le sujet d'inhésion de la vision : le lait est le sujet d'inhésion de la blancheur.

> Le sujet d'attribution, c'est celui qui est dénommé voyant de la vision : le lait est dénommé blanc de la blancheur. Le sujet d'inhésion est double : il est médiat ou immédiat. Le sujet d'inhésion médiat ou éloigné est celui qui reçoit une forme par l'entremise de quelque être. L'homme ne reçoit la vision en qualité de forme que par le moyen de l'œil. Le sujet d'inhésion immédiat est celui qui reçoit une forme sans l'entremise de quelque être : l'œil reçoit la vision en qualité de forme par la seule vertu[1].

Si l'on ne retrouve pas ici le «compromis pittoresque entre la science pédante et la préciosité mondaine», généralement attribué à l'auteur de la *Fine Philosophie accommodée à l'intelligence des Dames*, on y trouve au moins, en plein Âge classique, un témoignage français de la longue durée du duo *inhaesio/attributio*.

Le lecteur aura compris, avant même de nous suivre dans l'analyse des thèses de Heidegger, que nous partageons le diagnostic d'ensemble qui lui fait dire que « l'orientation moderne sur le sujet » est foncièrement déterminée par « l'ontologie traditionnelle », la question de savoir si, comme il l'affirme, elle « en demeure prisonnière »[2], étant une autre affaire. L'investissement nécessaire pour penser l'articulation de l'attributivisme et de la sub-jectité dont est issue la subjectivité moderne est en tout cas lourd. Le réseau ici esquissé n'est cependant qu'un aspect du problème.

L'histoire du sujet n'est pas que l'histoire de « sujet ». Les métamorphoses de l'ὑποκείμενον et du *subiectum* sont solidaires d'autres mutations, inventions ou déplacements : elles ne sont qu'une micrologie au sein d'une macrologie. L'archéologie du sujet doit tracer d'autres termes que celui de *subiectum*. Ces termes forment eux-mêmes un réseau, qui à son tour s'inscrit dans un autre, plus décisif encore : celui des «complexes

1. René Bary, *La Métaphysique*, Paris, J. Couterot, 1671, p. 19. Sur l'homme et l'œuvre, voir dans *Scholasticon* la notice de Jacob Schmutz (à qui je dois cette référence).

2. La formule figure dans la section *a)* du § 13 du chap. III, des *Grundprobleme der Phänomenologie*, GA 24, p. 173, trad. fr. J.-F. Courtine, *Les Problèmes fondamentaux de la phénoménologie,* Paris, Gallimard, 1985, p. 155. Nous la discutons, ainsi que le diagnostic qu'elle condense, dans le volume III.

questions-réponses» qui mobilisent termes, concepts, thèses et problèmes, et déterminent la succession des figures et des formations discursives. Si, à un moment donné, « le » sujet est une réponse, devient même «la» réponse, il importe pour nous d'en connaître « la » ou « les » questions. *À quoi* répond le « sujet »? Et *de quoi* répond-il?

S'il nous faut déterminer, suivant Heidegger, comment, avec Descartes, l'*ego*, devenu *le* « sujet insigne », a acquis le statut d'étant « le plus véritable » et, plus encore, si notre but est de tester la validité de l'hypothèse heideggérienne et, le cas échéant, de la critiquer, nous ne pouvons laisser de côté l'histoire d'*ego*. Comment, après *Soi-même comme un autre*, aborder l'ensemble du dossier de manière archéologique? Il est temps, sans doute, de revenir à Foucault.

SCHÈMES THÉORIQUES ET « *A PRIORI* HISTORIQUE »

Mon ambition, je l'ai dit, n'est pas *généalogique* mais *archéologique*. Même si cela fait la différence que l'on sait, je suis conscient que l'on pourrait transposer à l'archéologie philosophique le type de critique que M. Rueff adresse à la «généalogie conceptuelle» pratiquée par J.-F. Spitz dans *Le Moment républicain en France*[1] : retracer la généalogie d'un paradigme, en dépendance stricte d'arguments «identifiés» dans des doctrines (ce qui laisse à penser que l'argument ou la proposition est «la seule forme de l'énoncé philosophique»), défendre «l'unicité» de ce paradigme, «sa cohérence et sa constance», comme si «la pensée d'une époque avait son lieu d'élection dans des formes redoublées», «dans une philosophie plus que dans une institution», c'est manquer l'essentiel de la démarche foucaldienne, qui est d'étudier «les rapports entre les mécanismes de pouvoir et les disciplines de savoir». De même, on peut estimer que les savoirs dont il sera ici question – logique, métaphysique, psychologie, philosophie de

1. Cf. M. Rueff, «Liberté, égalité, égalité», *Agenda de la pensée contemporaine*, printemps-été 2006, Paris, PUF, 2006, p. 59-76.

l'esprit, théologie trinitaire, théologie de l'union hypostatique – sont des savoirs *majeurs*, « et non pas des savoirs *mineurs* » ou des « savoirs de lutte ». Je crois cependant que le type d'enquête que je propose mérite le titre d'*archéologie* dans la mesure où dans l'archive philosophique antique, médiévale, postmédiévale, classique et moderne, disséminée dans la pluralité des langues, des lieux et des techniques de production et de transmission des savoirs, celle des arguments, des principes et des méthodes, celle, aussi, des formes littéraires et des protocoles d'énonciation, passe quelque chose du souci foucaldien de « reconnaître partout la pensée "en sa contrainte anonyme" », et lestant la formule des *Dits et Écrits* d'un zeste de paradoxe, de traquer *l'histoire restée muette* même là, *surtout là* où le « je » s'affirme comme sujet [1].

La « dimension du "on" où chaque individu, chaque discours ne forme rien de plus que l'épisode d'une réflexion » n'est pas le très raffarinien apanage de l'histoire *d'en bas*. L'archéologie des concepts n'est pas nécessairement une histoire *antiquaire*. L'invention du sujet concerne tout un chacun : aucun *sujet* n'est plus « populaire », et la fiction du « moi » est, beaucoup finissent par l'apprendre, le premier mot de la *folk-psychology*. Pourtant, le principe de la mise en équation du *je* et du *sujet* semble relever de l'histoire *d'en haut*, ou pis encore de l'histoire des idées, concerner la geste des idiolectes techniques ou des métalangages érudits plutôt que l'histoire tout court ; il semble parler aux « philosophes » professionnels, aux psychologues ou aux juristes plutôt qu'aux *vrais gens*. Si tout le monde dit « je », qu'on ait besoin d'un pronom pour le dire (*Ich, I, Io*, etc.) ou qu'un verbe y suffise, personne, semble-t-il, n'a besoin de (se) dire « sujet » pour se dire soi-même à soi-même, soi-même à un autre, soi-même comme soi-même ou soi-même comme un autre. Et alors ? Cela prouve seulement que l'archéologie du sujet n'a pas pour objet l'étude du langage ordinaire, mais l'analyse des discours. Nous ne collectionnons pas des faits de langue ; nous ne cherchons pas de

1. Cf. M. Foucault, « Une histoire restée muette », *Dits et Écrits* I, Paris, Gallimard, 1994, p. 548.

modèle idéal, « diathèse subjective » ou sujet « trajecteur » ; nous ne sommes pas linguistes. Nous travaillons sur un discours : le discours du sujet, et sur un avènement *théorique* : la subjectivation du je ou du moi. Cet avènement ne marque pas une étape nouvelle au sein d'un paradigme unique, univoque et cohérent, mais un changement de paradigme, une figure nouvelle de la discursivité.

Cette figure est arcimboldienne, faite de plusieurs discours et de plusieurs histoires. On ira au plus court en posant que la naissance du sujet moderne, donc aussi de tout concept de *psycho*-logie et/ou philosophie de *l'esprit*, n'est véritablement lisible archéologiquement que sur le fond d'un impensé historique – voire d'un réseau d'impensés historiques : le geste *théologique* qui porte, anime, relance ou réactive à chaque moment de son histoire plurielle la question dite « du » sujet. Comment faire apparaître le théologique dans le philosophique au principe du psychologique ? En ces termes abstraits la question n'a guère de sens. Pourtant la théologie est partout, d'un bout à l'autre de l'histoire et de la préhistoire du sujet. Comment en rendre compte ? Je répondrai qu'il faut d'abord le montrer.

Quatre questions

L'histoire du sujet, disons d'abord du *sujet pensant*, s'inscrit dans un cadre macrologique, dans l'articulation d'un quadrilatère où se composent, s'appellent ou s'enchaînent quatre questions. Deux ont directement trait à la pensée : *Qui pense ? Quel est le sujet de la pensée ?* À nos yeux de modernes, ces deux formulations sont équivalentes, y compris dans l'évidente et égale solidarité qu'elles entretiennent avec ces deux autres, pourtant aussi vieilles, apparemment, que la philosophie : *Qui sommes-nous ? Qu'est-ce que l'homme ?* Les quatre questions s'« entre-expriment ». Dans leur entre-implication, elles peuvent servir de formulaire pour *questionner* « la » question du sujet de la pensée, cerner son « *a priori* historique »[1], sonder

1. Voir note complémentaire 7*.

son (mais aussi, par effet indirect, notre) « domaine de mémoire ».

Qui pense ?	↔	Quel est le sujet de la pensée ?
↕		↕
Qui sommes-nous ?	↔	Qu'est-ce que l'homme ?

Cette structure ou, plutôt, ce « schème théorique » ne s'est pas mis en place de lui-même ni d'emblée. La question du sujet de la pensée a changé plusieurs fois de sens – comme la notion – les notions – désignée(s) par le terme « sujet ». La question *Qui pense?* est datable : c'est celle que leurs adversaires ont posée aux averroïstes, censés répondre (à leurs risques et périls) que... ce n'est pas l'homme qui pense, mais l'intellect. La question *Qui sommes-nous?* l'est aussi. On demandera pourquoi il y est question de *nous* plutôt que de *moi* : pourquoi pas *moi* en effet ? Réponse : ce « schème théorique » n'est qu'un système de places fonctionnelles que l'on peut investir diversement, et que l'on a, de fait, diversement investi d'Augustin à Schelling et au-delà. Il nous indique le type de questions où le sujet est intervenu, ne pouvait qu'intervenir ou a fini par intervenir.

Les quatre positions d'angle n'ont pas toujours été occupées. À la question *Quel est le sujet de la pensée?* il va de soi qu'Augustin ne répond pas, lui qui, précisément, la refuse et soutient que les actes ou états mentaux ne sont pas inhérents à une âme substance comme des accidents dans un sujet. Ne répondent que ceux qui disposent d'une alternative : *L'homme ou l'intellect?* pour l'articuler entièrement dans le cadre de la sub-jectité, et qui, d'abord acceptent ce cadre. Bref, aucune des quatre questions ne tombe du ciel. Toutes apparaissent, disparaissent, reviennent ou s'altèrent dans l'histoire.

Nous faut-il tracer les divers remplissements du formulaire? Non, évidemment. Ce dernier ne sert qu'à fouiller l'archive, à l'ordonner, à lui donner une première forme de visibilité. En fait : à dater. Entendons-nous, cependant : il ne s'agit pas d'une périodisation interne à l'objet, mais seulement d'une périodisation externe, relative à nos attentes ou à l'état de nos savoirs. On jugera à cette aune que, sur tel ou tel point du questionnaire, Descartes et Aristote sont contemporains et que, sur tel autre, Thomas et Aristote ne le sont plus. Mais pour aller au plus réel de l'archive, au durable et entêtant mystère de son efficacité, aux raisons qui font de son apparent mutisme le plus éloquent des silences, pour remonter en somme à ce qu'elle a à nous dire que ceux dont elle perpétue l'existence ne voulaient ni ne pensaient dire, il faut se laisser dicter par elle les principes même de son exploitation.

Deux réseaux

Je propose ici deux de ces principes sous forme de réseaux. Le premier concerne différents modes du *subiectum* latin, où viennent se subsumer certaines caractéristiques de l'*hupokeimenon* grec et se fédérer d'autres traits, nouveaux, dérivés ou extrapolés d'elles :

attribution	↔	inhérence
↕		↕
action	↔	dénomination

Ce schème est relié au second, le cas échéant parasité par lui, voire plus ou moins imperceptiblement travaillé par lui. Les relations matérialisées par des flèches doubles peuvent, au fil du temps et de la confrontation des modèles, être remplacées par des flèches simples (orientées), des signes d'identité ou d'égalité, des signes marquant une différence ou une incompatibilité. Le schéma devient alors un support de trajectoires possibles ou impossibles, et une matrice pour inscrire les relations entre disciplines où les termes composant les instances du quadrilatère sont principalement élaborés. C'est à sa surface qu'est éventuellement lisible la structure autorisant le « chiasme de l'agence », *i.e.* la dévolution au « sujet » des fonctions et conditions de l'*agency*. C'est là aussi que les divers titulaires de la fonction « sujet » se peuvent voir assigner tout ou partie des termes censés la définir.

Le second « schème théorique » est celui qui articule les quatre termes indispensables à l'expression ou capture du passage de la sub-jectité à la sub-jectivité :

sujet	↔	suppôt
↕		↕
substance	↔	personne

Ce sont ces deux schèmes que j'exploiterai pour tenter de tracer la mise en place de l'équation fondamentale :

sujet = *agency* (= je)

La polysémie des termes qui les composent explique qu'aucune discipline ne suffise seule à y ménager accès. La complexité des relations qui les unissent explique qu'aucune ne puisse parcourir l'entier du réseau de son seul point de vue. Le cumul des deux fait qu'aucune discipline ne peut prétendre rendre compte seule de tous les phénomènes impliqués ou compliqués dans les deux réseaux.

L'équation fondamentale condense trois problèmes distincts : celui de l'émergence du je ; celui de l'émergence du sujet ; celui de l'émergence du sujet-agent. La tâche archéologique est de les situer relativement les uns aux autres : c'est en effet, au minimum, de ces trois là que procède la mutation de la sub-jectité en sub-jectivité. Il n'y a plus de problème en revanche si l'on adopte un point de vue disciplinaire, si, par exemple, avec Benveniste, on décide de poser le problème de *la* subjectivité comme problème de « *la* subjectivité dans le langage », en référant la question du je à l'« acte individuel d'appropriation de la langue » par où « celui qui parle [est introduit] dans sa parole »[1]. Au fond, c'est toujours la même fallacie que l'archéologie philosophique s'efforce de neutraliser ou de surmonter : la naturalisation de l'histoire qu'entraîne l'unilatéralisme disciplinaire. Employer ici ou ailleurs le mot *subjectivité* comme le fait Benveniste, quand

1. É. Benveniste, *Problèmes de linguistique générale*, II, Paris, Gallimard, 1974, p. 82.

– pour expliquer que seules la première et la deuxième personne sont « de vraies personnes », et les pronoms correspondants de « vrais pronoms personnels » – il pose qu'« au couple *je/tu* appartient en propre une corrélation spéciale » appelée (il est vrai, « faute de mieux ») « corrélation de subjectivité », « corrélation qui permet de définir le "tu" comme la personne non subjective, en face de la personne subjective que "je" représente (les deux "personnes" s'opposant ensemble à la forme de "non-personne" ("il") »[1], employer, dis-je, avec lui ce mot de « subjectivité », et au sens qu'il lui donne, relève d'une décision philosophique qui a son histoire, qui est historique et qui fait histoire, une décision qui est tout sauf « normale », « naturelle » ou « allant de soi ».

Cette décision peut être rapportée à la mise en équation de deux propriétés ou caractéristiques supposées de l'homme en général : la première, « posséder le je dans sa représentation », déterminant la seconde, « être une personne ». Dire « je », c'est dire « je parle », « je suis une personne », « je parle à quelqu'un » (je suis une personne, comme toi, à qui je parle, ou qui me parle). Ce n'est pas dire « je suis un sujet ». Pourtant, la représentation de « je » et l'être en tant que personne sont impliqués dans le dispositif de la subjectivité. Pourquoi ? Parce qu'ils le sont pour *nous*... depuis Kant.

Cette implication se trouve exemplairement – c'est-à-dire *tacitement* – dans une page remarquable de l'*Anthropologie d'un point de vue pragmatique*, ainsi traduite par M. Foucault :

> Posséder le Je dans sa représentation : ce pouvoir élève l'homme infiniment au-dessus de tous les autres êtres vivants sur la terre *(Dass der Mensch in seiner Vorstellung das Ich haben kann, erhebt ihn unendlich über alle anderen auf Erden lebende Wesen).* Par là il est une personne *(Dadurch ist er eine Person)* ; et grâce à l'unité de la conscience dans tous les changements qui peuvent lui survenir, il est une seule et même personne, c'est-à-dire un être entièrement différent, par le rang et la dignité, de *choses* comme le sont les animaux sans raison, dont on peut disposer à sa guise ; et

1. Sur tout cela, voir É. Benveniste, *Problèmes de linguistique générale*, I, Paris, Gallimard, 1966, p. 228-236.

ceci, même lorsqu'il ne peut pas dire Je *(selbst wenn er das Ich nicht sprechen kann)*, car il l'a dans sa pensée ; ainsi toutes les langues, lorsqu'elles parlent à la première personne, doivent penser ce Je, même si elles ne l'expriment pas par un mot particulier *(ob sie zwar diese Ichheit nicht durch ein besonderes Wort ausdrücken)*. Car cette faculté de penser est l'entendement[1].

Pouvoir penser le je ou plutôt la *Ichheit* – l'égoïté, terme devant lequel Foucault recule –, voilà ce qui fait d'une langue une langue humaine, capable de « parler à la première personne », à savoir d'être parlée par quelqu'un qui a le je dans sa représentation. Pouvoir parler à travers ce je, *durch Ich zu sprechen* (même si la langue que l'on parle ne dispose pour ce faire « d'aucun mot particulier »), pouvoir, en somme – lui aussi ou lui d'abord, dans sa langue – « parler à la première personne », voilà ce qui fait de l'homme un homme, plus précisément une « personne », une personne *humaine*, un homme qui est une *personne*, à savoir : celui qui dit « je » ou plutôt celui qui dit « le Je », *das Ich*. Tout *Satz* de l'homme, en tant qu'il est l'être capable de « parler à la première personne », est implicitement un *Ich-Satz*. Tout *Satz* est un *(Ich)-Satz*. Car être homme c'est être doué d'entendement : la façon moderne de dire que l'homme est le vivant doué de *logos*. Mais être une personne ne suffit pas au « Je ». Il faut être une « seule et même personne » : c'est la fonction dévolue à l'unité de la conscience, « dans tous les changements qui peuvent lui survenir ».

Le sujet moderne est là. Il ne manque que... le mot et l'allusion à une quelconque « subjectivité ». Tout ce que l'on a est un *happax legomenon* : le mot *Ichheit*, et un autre, plus familier, mais sans rapport visible à la sub-jectité : *Person*. Pourquoi dès lors parler de « subjectivité » à propos de ce manifeste de l'expression de la personne en « première personne » ? Kant ne dit pas : *dadurch ist er ein Subjekt*, « par là l'homme est un sujet », mais bien *dadurch ist er eine Person*,

1. Cf. E. Kant, *Anthropologie d'un point de vue pragmatique*, trad. fr. M. Foucault, Paris, Vrin, 1984, p. 17. Le texte est, comme on le sait, constitué de cours publiés en 1797.

« par là il est une personne ». L'explication va de soi : le texte de l'*Anthropologie* est solidaire, pour Kant comme pour nous, de l'invention kantienne de la subjectivité transcendantale, de l'introduction dans la *Critique* et autres textes de *Subjektivität* et de *Subjekt*. Mais surtout, le sujet est là, tapi derrière l'exigence « d'unité de la conscience dans tous les changements qui peuvent lui survenir », laquelle est censée faire de la personne que je suis une même et unique personne : il occupe la place, la fonction du sujet ontologique, celle de l'*ousia* première d'Aristote dont la caractéristique foncière est précisément « l'aptitude à recevoir les contraires tout en étant la même et numériquement une » (*Cat.* 6, 4a10-11). Ce sera, ce fut, d'Aristote à Kant, celle de tous ses substituts.

Le sujet peut être caché sous le masque de *personne*. Le mot ne fait pas la chose. La chose ne fait pas le mot. Ce qui compte, c'est la liaison sous certains mots de certains concepts, qui n'ont pas encore de nom ou qui en ont un autre, avec d'autres concepts, qui demandent à s'associer. *Person* est l'un de ces termes saturés, voire sursaturés, qui président en sous-main à la naissance du sujet. C'est un échangeur conceptuel. Ce n'est pas le seul. Sur la trame de la sub-jectité, l'attributivisme tisse, telle une Parque conceptuelle, le destin d'une famille de termes aux parentés secrètes : sujet, substance, hypostase, suppôt, je, moi, soi, soi-même, conscience, conscience de soi, personne, individu, agent, acteur, actant, esprit, âme, intellect, entendement. Tout terme du réseau est un échangeur.

Sujet, substance, personne, hypostase (suppôt)

L'histoire des réseaux dispense l'historien de la tâche infinie d'étudier des droites touchantes comme des parallèles : on ne peut mener séparément une histoire du moi, du sujet, de la conscience, de l'agent ou de l'agence sans en faire chaque fois une histoire de l'éternité. Dans le réseau que je tenterai d'aborder ici sous l'angle d'une archéologie fouillant les vestiges de l'articulation transtemporelle de deux thèses récurrentes appelées respectivement « sub-jectité » et

« attributivisme*/ », tout terme appartenant au réseau y est solidaire d'une série déterminée d'autres termes ; aucun, en dehors du sujet lui-même, ne semble avoir de vocation particulière à fonctionner comme portail. Comment pénétrer dans le réseau défini par le quadrilatère ?

sujet	↔	suppôt
↕		↕
substance	↔	personne

Si l'histoire du sujet est « contrainte » par l'« *a priori* historique » que définit ou délimite ce dispositif, on sera tenté de dire que n'importe quel autre terme doit, en principe, convenir. On partira ici, à titre d'exemple, de celui de « personne », puisqu'on a vu, avec l'*Anthropologie* de Kant, quel lien privilégié la personne entretenait pour un « moderne » avec la représentation du « je » et la *Ichheit*.

Il n'est pas question de réécrire ici la « généalogie de personne »[1], mais de se demander où, quand et comment la notion théologique de *personne* est entrée en philosophie. Pour aller au plus court, en tenant le fil de la *translatio studiorum*, c'est-à-dire aussi le fil de la *tra*-duction, qui ici comme ailleurs est l'horizon de notre travail de médiéviste, nous pouvons considérer que la question revient à déterminer quand (la) *persona* (latine) est entré(e) dans le champ de l'anthropologie philosophique. Le point de départ est connu (nous le retrouverons encore chez Leibniz) : c'est la définition boécienne de la personne comme « substance individuelle (singulière) de nature rationnelle (raisonnable) », *naturae rationabilis individua substantia*[2].

É.-H. Wéber[3] explique que « les médiévaux disposent de bien d'autres termes ou notions pour désigner la personne singulière » : « Boèce leur transmet aussi le terme *hypostasis*,

1. Ce qui est fait, et bien fait, dans le livre de P. Cormier, *Généalogie de personne*, Paris, Critérion, 1994.

2. Cf. Boèce, *Contra Eutychen (De duabus naturis)*, chap. 3, Rand-Stewart, p. 84, 4-5. Voir note complémentaire 8*.

3. Cf. É.-H. Wéber, *La Personne humaine au XIIIe siècle*, Paris, Vrin, 1991, p. 496.

décalque du grec ὑποστάσις, synonyme, dès l'âge patristique, de πρόσωπον », mais « la tradition leur offre encore *suppositum*, le suppôt, et *individuum*, individu, sujet singulier ». Dans la perspective de Wéber, « hypostase », « suppôt », « individu » appartiennent au vocabulaire de la personne : Boèce souligne lui-même que sa définition de la personne *(naturae rationabilis individua substantia)* ne fait que « rendre en latin ce que les Grecs appellent *hypostasis* ». Faut-il comprendre que *substantia* et *hypostasis* – autrement dit : *suppositum* – sont des notions qui désignent la personne singulière ou, au contraire, qu'une même notion, celle de la personne comme *sujet pensant subsistant (pensant,* parce que raisonnable, c'est-à-dire doué de *logos*, c'est-à-dire encore : *parlant)* se construit ici dans le jeu des synonymies? C'est ainsi que nombre de modernes ont compris la genèse de la notion de personne, et c'est avec quoi certains ont décidé de rompre.

Au début de *L'Être et le Temps*, Heidegger présente les vues de Max Scheler : « Selon Scheler, la personne ne peut jamais être conçue comme une chose ou une substance, "elle est bien plutôt l'unité immédiate et co-vécue de l'*Er-leben* – non point une chose seulement pensée, à l'arrière ou en dehors du vécu immédiat"[1]. » Et de commenter : « La personne n'est

1. *Sein und Zeit*, Tübingen, Niemeyer, 1963, § 10, p. 47 : « Person darf nach Scheler niemals als ein Ding oder eine Substanz gedacht werden, sie "ist vielmehr die unmittelbar miterlebte *Einheit* des Er-lebens –, nicht ein nur gedachtes Ding hinter und außer dem unmittelbar Erlebten". » E. Martineau traduit : « La personne, selon Scheler, ne peut être pensée en aucun cas comme une chose ou une substance, elle « est bien plutôt l'unité immédiatement co-vécue du "vivre" – non pas une chose simplement pensée derrière et hors de ce qui est immédiatement vécu ». Heidegger s'appuie ici sur la seconde livraison de *Der Formalismus in der Ethik und die materiale Wertethik* paru en deux temps dans le *Jahrbuch für Philosophie und phänomenologische Forschung*, t. I, 1913, et t. II, 1916. Les textes analysés ou résumés sont, d'après Heidegger, tirés du tome II, p. 243. Pour la traduction française, cf. *Le Formalisme en éthique et l'Éthique matériale des valeurs. Essai nouveau pour fonder un personnalisme éthique,* trad. fr. M. de Gandillac, Paris, Gallimard, [1]1955, rééd., 1991, p. 377 (= éd. all., p. 385), qui donne un tout autre ancrage : « ... on n'a jamais le droit de penser la personne comme une *chose*, ou comme une substance qui posséderait des pouvoirs ou des

pas un être-chose ou un être substantiel. En outre, l'être de la personne ne peut s'épuiser à être le sujet des actes d'une raison opérant selon certaines lois[1]. » *Die Person ist kein Ding, keine Substanz, kein Gegenstand* : « La personne n'est pas une chose, n'est pas une substance, n'est pas un objet ». Autrement dit, dès Scheler, mais, il faudrait dire, comme le souligne Heidegger lui-même, dès Husserl (qui lui aussi « exige pour l'unité de la personne une constitution essentiellement autre que pour les choses naturelles[2] »), la conception moderne – ou plutôt phénoménologique – de la personne se veut fondée sur le rejet du modèle de la *subsistence psychique* qui organise toute la problématique boécienne, donc aussi la médiévale, y compris la thomiste, puisque le *naturae rationabilis individua substantia* est constamment repris dans la *Somme de théologie*[3], et, au-delà, la classique, puisque, comme on le verra en faisant l'archéologie de PSA *(actiones sunt suppositorum)*, la définition de Boèce est encore à l'arrière-plan de la notion leibnizienne de l'individu substantiel comme suppôt. Le « schème théorique »

a donc *une validité qui s'étend de l'aube du Moyen Âge aux débuts de la phénoménologie*. Le principe même de la critique heideg-

puissances quelconques, parmi lesquelles se trouveraient un "pouvoir" ou une "puissance" rationnels. En réalité la personne est l'*unité* immédiatement co-vécue du vivre-par-expérience-vécue, non point seulement une chose pensée derrière l'immédiatement vécu et hors de lui. »

1. *SuZ*, *ibid.* : « Person ist kein dingliches substanzielles Sein. Ferner kann das Sein der Person nicht darin aufgehen, ein Subjekt von Vernunftakten einer Gesetzlichkeit zu sein ». Trad. Martineau : « La personne n'est pas un être substantiel chosique. En outre, l'être de la personne ne peut s'épuiser à être le sujet d'actes rationnels réglés par une certaine légalité. »

2. Heidegger pense ici à E. Husserl, *Philosophie als Strenge Wissenschaft*, p. 319, qu'il cite dans la version parue pour la première fois dans *Logos*, I (1910-1911), p. 289-341. En français, voir *La Philosophie comme science rigoureuse*, trad. et présent. par M. Buhot de Launay, Paris, PUF, 1989.

3. Notamment dans la *Prima Pars, q.* 29, *a.* 1.

gérienne de Descartes sera, en partie sur la même ligne que Husserl[1] et Scheler, d'avoir « chosifié le sujet », d'avoir été incapable de l'arracher (lui « ou l'âme ou la conscience ou l'esprit ou la personne ») à la *Vorhandenheit*, à « l'être substantiel chosique », à « l'être-sous-la-main chosique constant », d'avoir enfermé l'analyse du sujet (de la personne) dans la « relation présente-subsistante entre un sujet présent-subsistant et un objet présent-subsistant », au lieu de s'attacher à la relation intentionnelle, à l'intentionnalité comme « structure du sujet se comportant [par rapport à] »[2]. Mais ce n'est pas tout. Comme le note Heidegger, « ce que *Scheler* dit de la personne, il le formule également à propos des actes ». S'appuyant sur un passage du *Formalisme en éthique* – « Mais jamais un acte n'est aussi objet ; car il appartient à l'essence de l'être des actes de n'être vécus que dans l'accomplissement lui-même et d'être donnés [seulement] dans la réflexion »[3] –, Heidegger explique que pour le phénoménologue axé sur le *vécu* : « les actes sont quelque chose de non psychique » *(Akte sind etwas Unpsychisches).* « Il appartient à l'essence de la personne de n'exister que dans l'accomplissement d'actes intentionnels ». Dans la perspective phénoménologique, essentiellement schélérienne, que restitue Heidegger, « toute objectivation psychique revenant à une dépersonnalisation », « l'être psychique n'a rien à voir avec l'être d'une personne »[4].

1. Nous évoquerons dans le volume III, l'utilisation heideggérienne du texte de Husserl, *Ideen*, I, p. 141, trad. P. Ricœur, p. 242-243, consacré à la distinction *res cogitans/res extensa.*

2. Cf. GA 24, p. 85-86, trad. cit., p. 85-86. On tient sans doute là la raison *philosophique* pour laquelle Heidegger soutient que la Scolastique ignore l'intentionnalité. *Ibid.*, p. 81, trad. cit., p. 82 : « ... die Scholastik kennt die Lehre von der Intentionalität nicht ». Nous revenons sur ce texte p. 151.

3. Voir M. Heidegger, *SuZ*, éd. cit., p. 48, d'après M. Scheler, *Der Formalismus* ..., éd. cit., p. 246 : « Niemals aber ist ein Akt auch ein Gegenstand ; denn es gehört zum Wesen des Seins von Akten nur im Vollzug selbst erlebt und in Reflexion gegeben sein. »

4. *SuZ*, *ibid.* : « ... sie ist also wesenhaft kein Gegenstand. Jede psychische Objektivierung, also jede Fassung der Akte als etwas Psychisches, ist mit Entpersonalisierung identisch. Person ist jedenfalls als Vollzieher intentionaler Akte gegeben, die durch die Einheit eines Sinnes verbunden

L'opposition du psychique et de l'intentionnalité, de l'objet et de l'acte, de l'objectif et du vécu est donc censée mettre un terme au règne du paradigme de la substantialité, de l'interprétation « chosifiante » de la personne ou du sujet. La phénoménologie se veut aux antipodes de l'ontologie traditionnelle – médiévale scolastique et classique (ce qui implique, au passage, qu'elle ignore ou, au moins, méconnaît la dimension médiévale des recherches sur l'intentionnalité).

Si, maintenant, on se place dans la perspective proprement heideggérienne, la charge est plus radicale encore. Ce que, dès *Sein und Zeit*, Heidegger met en effet *lui-même* en question, ce n'est pas seulement le modèle de la subjectivité comme subsistence, la « chosification », ce qu'il ne cessera de faire néanmoins de manière toujours plus aiguë (la phénoménologie n'allant, selon lui, pas assez loin en ce sens), ce sont aussi les origines mêmes, disons la double origine, « antique et chrétienne », dont dérive l'« anthropologie traditionnelle [1] », à savoir :

1° la définition grecque de l'homme, *zoion logon ekon*, « entendu comme *animal rationale*, où le mode d'être du *zoion* se comprend selon les notions d'être-subsistant *(Vorhandensein)* et de survenance *(Vorkommen)* » ;

2° la définition théologique de l'être et de l'essence de l'homme en Gn 1, 26 – la création à l'image *(faciamus hominem ad imaginem nostram et similitudinem)* –, qui commande une idée de la transcendance – c'est-à-dire une définition de l'homme

---

sind. Psychisches Sein hat also mit Personsein nichts zu tun. Akten werden vollzogen, Person ist Aktvollzieher ». Trad. Martineau : « [la personne] n'est [...] essentiellement pas un objet. Toute objectivation psychique, donc toute saisie des actes comme quelque chose de psychique, est identique à une dépersonnalisation. La personne est toujours donnée comme ce qui accomplit des actes intentionnels qui sont liés par l'unité d'un sens. L'être psychique n'a donc rien à voir avec l'être-personne. Les actes sont accomplis, la personne est ce qui les accomplit. »

1. Voir *SuZ*, *ibid.*, p. 48, trad. Martineau : « Ce qui cependant défigure et fourvoie la question fondamentale de l'être du *Dasein*, c'est l'orientation persistante sur l'anthropologie antico-chrétienne, dont même le personnalisme et la philosophie de la vie manquent d'apercevoir combien les fondements ontologiques en sont insuffisants. »

comme « un étant qui va au-delà de lui-même », définition que Heidegger résume par des formules directement empruntées à Calvin et Zwingli, notamment : « Mais par cela que l'homme regarde vers le haut, vers Dieu et son Verbe, il manifeste clairement qu'il est par sa nature né fort proche de Dieu, qu'il lui ressemble, qu'il a quelque rapport à lui, toutes choses qui sans doute viennent de ceci qu'il a été créé à l'image de Dieu [1]. »

Même si les références théologiques de Heidegger sont principalement « réformées », et sa conception du *dépassement* caractérisant l'homme comme *l'étant qui transcende* [2], assez inexplicablement confinées à la lecture non ou antiscolastique de Gn 1, 26 (ce qui lui fait ignorer certains développements trinitaires d'Augustin – beaucoup plus pertinents – concernant le caractère *transcendantal* des actes mentaux sur lesquels nous mettrons au contraire ici l'accent), l'anthropologie dite « traditionnelle », de laquelle il entend se dégager, *semble* correspondre assez exactement à l'anthropologie médiévale, en tant qu'elle dépend des deux définitions « grecque » et « théologique » de l'homme, et, au-delà, d'une conception qui, selon Heidegger, ne peut aborder le problème de l'être de l'homme qu'« en *faisant la somme* des modes d'être du corps, de l'âme et de l'esprit » [3].

L'analyse heideggérienne des origines du concept de personne dans l'anthropologie dite « antico-chrétienne » débouche en tout cas, sur une thèse – la principale de *Sein und*

1. U. Zwingli, *Von der Klarheit des Wortes Gotes*, in *Deutsche Schriften* I, p. 56.

2. Voir Calvin, *Institutio*, I, 15, § 8 : « His praeclaris dotibus excelluit prima hominis conditio, ut ratio, intelligentia, prudentia, iudicium non modo ad terrenae vitae gubernationem suppeterent, sed quibus *transcenderet* [l'italique est de Heidegger lui-même] usque ad Deum et aeternam felicitatem. »

3. Voir M. Heidegger, *SuZ*, p. 48 : « In der Frage nach dem Sein des Menschen aber kann dieses nicht aus den überdies erst wieder noch zu bestimmenden Seinsarten von Leib, Seele, Geist summativ errechnet werden. » Trad. fr. E. Martineau : « Cependant, dans la question de l'être de l'homme, il est exclu d'obtenir celui-ci par la simple sommation des modes d'être – qui plus est encore en attente de détermination – du corps, de l'âme et de l'esprit. »

Zeit concernant l'être de l'homme – formulée dans le § 10 de l'*Analyse préliminaire de l'être-là*, qui esquisse les grandes lignes du parcours vers Descartes et l'Âge classique, que nous suivrons critiquement dans cette archéologie philosophique de la *naissance du sujet* :

> Les origines dont dérive l'anthropologie traditionnelle, c'est-à-dire la définition grecque de l'homme et le principe conducteur issu de la théologie, montrent que la question de l'être de l'homme a été oubliée *(nach dessen Sein vergessen bleibt)* lorsqu'on s'est efforcé de déterminer l'essence de l'étant « humain » ; qu'au contraire cet être à été compris « naturellement » *(selbstverständlich)* comme un être-subsistant *(im Sinne des Vorhandenseins)* tel que celui de toutes les autres choses créées. Ces deux sources d'inspiration se combinent dans l'anthropologie moderne avec le recours méthodologique à la *res cogitans*, à la conscience comme ensemble d'états vécus [1].

Le scénario est implacable. Est-il impeccable ? Heidegger a-t-il bien compris ce qui se joue et s'énonce, au long des siècles, dans le « schème théorique » ?

Tout revient à ceci : Heidegger a-t-il pris la mesure de ce que signifie l'entrée de l'hypostase dans le réseau de la subjectité ? Est-il conscient de ce qui, historialement, distingue l'ὑπόστασις de l'ὑποκείμενον [2] ? Le langage ordinaire

1. *SuZ*, *ibid.*, p. 49.

2. Heidegger ne s'intéresse guère à l'hypostase. Ces quelques lignes de *Questions* II expliquent sans doute pourquoi : voir « Ce qu'est et comment se détermine la ΦΥΣΙΣ », trad. F. Fédier, p. 211 : « [...] être veut dire quelque chose comme "se dresser en soi-même" ; or "dresser", c'est [...] le contraire de "s'étendre". Assurément, si nous nous contentons de regarder chacun des deux à partir de lui-même ; si, au contraire, nous saisissons "se dresser" et "s'étendre" en cela où ils conviennent, alors chacun ne devient visible qu'à partir de sa contrepartie. Seul ce qui se dresse peut choir puis être-étendu ; et seul ce qui s'étend peut être levé puis se dresser. Si les Grecs saisissent l'être tantôt comme se-dresser-en-soi-même, ὑπόστασις-*substantia*, tantôt comme s'étendre-devant, ὑποκείμενον-*subjectum*, les

traite comme synonymes *chosifier*, *réifier* et *hypostasier*. On parlera en ce sens de l'hypostase du moi, pour dénoncer sa chosification (ou ce qu'induit la nominalisation du pronom personnel) ou de l'hypostase de la conscience. Le langage ordinaire n'est pas bon conseiller. Mais il nous indique qu'un événement, une mutation, un virage capital s'est produit dans l'histoire, dont l'usage actuel est l'effet ou la conséquence, usage funeste, irréfléchi, qui nous dérobe ou nous cache à la fois l'origine, le sens et les enjeux véritables de la *question du sujet*. Si quelque chose demeure impensé dans l'histoire du sujet et de la subjectivité, ce n'est pas l'oubli de l'être mais celui de l'hypostase. Plus décisive que la réduction de l'Être à l'étant est, pour l'histoire du sujet, ce que j'appellerai *la réification (chosification) de l'hypostase*. L'identification de *sujet* et de *suppôt* à *substance* au sens d'étant subsistant, de *Vorhandene*, est le geste fondamental de la réification de l'hypostase. Il est peut-être accompli par Descartes, ce qui reste à établir. Il ne l'est en aucun cas par Augustin, ni par nombre de médiévaux. *Toute la scolastique a travaillé à déréifier l'hypostase pour penser le mystère de la Trinité. Une partie de la scolastique a poursuivi cette déchosification sur le terrain de la* mens, *voire de la* ψυχή.

L'histoire du sujet est dans une large mesure issue d'une confrontation persistante entre sujet, *hupokeimenon*, et hypostase ; d'une complexification de la question du rapport entre sujet, substance et hypostase. L'anthropologie traditionnelle n'est pas une anthropologie du sujet chosifié : elle est travaillée par la tension entre une anthropologie du sujet-substance

deux ont tout autant de poids parce que dans les deux cas leur regard envisage l'Un et Unique : le venir depuis soi-même à l'être, l'entrée dans la présence. » Comme on le voit, le couple (couplage) heideggérien *hupostasis-hupokeimenon* ne fait que moduler la troisième acception du verbe ὑπόκειμαι signalée par la philologie : « être placé sous les yeux *ou* sous la main, être proposé » – laquelle conduit directement à l'interprétation du *subiectum* comme *Vorhandenes.* Sur les cinq acceptions d'ὑπόκειμαι, dont « être couché ou placé dessous, servir de base, de fondement » (I) et « être posé comme fondement, être admis comme principe » (II), cf. A. Bailly, *Dictionnaire grec-français* (revu par L. Séchan et P. Chantraine), Paris, Hachette, 2000, p. 2022-2023.

et une anthropologie de l'hypostase, ce qui veut dire qu'elle comprend au minimum deux conceptions de la personne, l'une chosiste, l'autre déréifiante. En ne voyant que la première, Heidegger a fini par rejeter toute l'entreprise philosophique moderne comme un avatar de l'anthropologie et par dénoncer la réduction de la philosophie à l'anthropologie.

> La philosophie qui a cours à l'époque de la métaphysique achevée est l'anthropologie. Que l'on précise ou non qu'il s'agit d'anthropologie « philosophique » n'a pas d'importance. Entre-temps la philosophie est devenue anthropologie, et ainsi une proie pour la progéniture de la métaphysique, c'est-à-dire pour la physique au sens le plus large, qui embrasse la physique de la vie et de l'homme, la biologie et la psychologie. Devenue anthropologie, la philosophie elle-même périt du fait de la métaphysique[1].

De même qu'il n'a pas pris toute la mesure de l'importance du néoplatonisme dans l'histoire de la philosophie[2],

1. M. Heidegger, *Überwindung der Metaphysik*, GA 7, § XVIII, p. 85, trad. cit., p. 99-100. Pour Heidegger, cette mort est programmée depuis ce que l'on pourrait appeler, reprenant le titre célèbre de F. Alquié, *La Découverte métaphysique de l'homme chez Descartes*, autrement dit, en termes heideggériens, depuis l'émergence du « je » comme « sujet insigne » (*ausgezeichnetes* : c'est-à-dire, sujet par excellence, sujet κατ' ἐξοχήν). Comme l'écrit Heidegger dans *Die Frage nach dem Ding*, p. 85 [GA 41, p. 110-111], trad. cit., p. 120 : « Dans la mesure où le principe du Je, le "Je pense" devient principe directeur, le Je et avec lui l'homme accèdent à une position unique au sein de l'interrogation sur l'étant ; il ne désigne pas seulement un domaine parmi d'autres, mais le domaine auquel renvoient toutes les propositions métaphysiques et dont elles proviennent. Le cours de la pensée métaphysique se meut dans l'enceinte diversement délimitée de la subjectivité. C'est pourquoi Kant dira plus tard : *toutes les questions de la métaphysique* [...] *se laissent ramener à la question : qu'est-ce que l'homme?* Dans la préséance de cette question se cache la préséance de la méthode, qui reçut son empreinte des *Regulae* de Descartes. »

2. Cette remarque ne signifie pas que nous fassions nôtre le lieu commun selon lequel Heidegger aurait *tout ignoré* du néoplatonisme en général et d'Augustin en particulier. Pour une critique de ce *topos*, voir M. Brito Martins, *L'Herméneutique originaire d'Augustin en relation avec une ré-appropriation heideggérienne*, *Mediaevalia. Textos e Estudos*, 13/14, et l'ouvrage magistral de J. Greisch, *Ontologie et Temporalité. Esquisse d'une interprétation intégrale de 'Sein und Zeit'*, Paris, PUF, 1994. On peut encore consulter P. Hadot, « Heidegger et Plotin », *Critique*, 145 (1959), p. 539-556.

il n'a pas, et pour la même raison – la méconnaissance de l'hypostase –, mesuré celle de la théologie trinitaire[1]. Philosophie néoplatonicienne et théologie chrétienne, idée grecque et idée théologique de l'être de l'homme ont un point commun : la déréalisation du sujet, on pourrait même dire, le rejet du sujet au bénéfice de l'hypostase.

L'histoire du sujet moderne est largement fondée sur le rejet du sujet. C'est ce qui manque au scénario heideggérien, et que nous essaierons de restituer ici. Cela aura des conséquences sur la lecture des textes classiques : Descartes, Leibniz (vol. III). Cela obligera à une relecture d'Augustin et de Plotin (ici même). Cela nous obligera à redonner au Moyen Âge une autre place que celle que lui réserve en général Heidegger, dont les interventions sur le territoire médiéval sont, dès les années 1920, comme chez cet adversaire passionné de la faillite scolastique qu'est à la même époque Louis Rougier[2], dominées par la théorie de la distinction (réelle) entre essence et existence : c'est avec elle qu'il interprète la mystique, c'est à elle qu'il réduit l'apport du Moyen Âge dans son analyse des problèmes fondamentaux de la phénoménologie[3]. Cela nous obligera à reconstruire non pas la, mais *les* théories médiévales du sujet et à repenser par là même les origines de la psychologie.

Théologiser à fond la notion de sujet : tel pourrait être le mot d'ordre de l'archéologie de la subjecti(vi)té moderne. La théologie a longtemps été un savoir majeur (éminemment lié à une pratique de pouvoir). Qu'elle soit chrétienne ou païenne, elle est *devenue* un savoir mineur. L'actuel *revival* de la « philosophie » comme « manière de vivre », accompagné des noces *New Age* du « développement personnel » et de l'athéologie, fait d'elle une des *minorités invisibles* de l'histoire de la philosophie, un « domaine de mémoire » *occulté*. On s'efforcera d'aller là *contre*.

1. Pour une analyse plus poussée, voir Ph. Capelle, *Philosophie et Théologie dans la pensée de M. Heidegger*, Paris, Cerf, 1998 (2e éd. augm., 2001).
2. Voir note complémentaire 9*.
3. Voir note complémentaire 10*.

Sujet d'attribution, sujet d'imputation

Le premier sens de κατηγορία, son sens courant, pré-aristotélicien, est « accusation » – il a un antonyme, que n'a évidemment pas le français « catégorie » : ἀπολογία, qui signifie « défense ». C'est à partir du double sens qu'a revêtu, à partir d'Aristote, le substantif κατηγορία : accusation et attribution, que se dessine la possibilité historiale de penser « le » sujet, comme ce sera le cas dans la modernité, à la fois comme sujet d'attribution, sujet « psychologique », et sujet d'imputation, sujet « moral ». Le verbe κατεγορεῖν signifie originairement « accuser » : on accuse quelqu'un de quelque chose. L'énoncé de base a la forme : κατεγορεῖν + génitif + accusatif. La suite est aristotélicienne. Comme l'écrit Jonathan Barnes :

> Aristote a saisi le verbe, l'a arraché de son sol natal, l'a transplanté dans son jardin philosophique. En faisant cela, il a élargi le sens et l'application du verbe : l'accusation hostile devient une attribution neutre, et le quelqu'un qui est accusé devient un quelque chose – « accuser quelqu'un de quelque chose » devient « attribuer quelque chose à quelque chose » ; « accuser *X* de *Y* » devient « dire *Y* de *X* »[1].

Cette dérivation de κατεγορεῖν était bien connue des Anciens, particulièrement des commentateurs d'Aristote, comme Porphyre[2]. En tout état de cause, attribution et accusation sont originairement liées. Cette articulation se retrouve au XVIIIe siècle dans le couple lockéen *attribute-impute*. Chez Locke, l'imputation est le maillon essentiel de la construction du « rapport entre la *consciousness*, le *self* et la *person* en tant que "terme judiciaire" » – *forensic term*[3]. De l'attribution

1. J. Barnes, « Les Catégories et les *Catégories* », *in* O. Bruun & L. Corti (éd.), *Les Catégories et leur histoire*, Paris, Vrin, 2005, p. 12.

2. Voir *In Cat.*, p. 55, 3-56, 13.

3. Ou, encore, selon la traduction de Coste, *Essai philosophique concernant l'entendement humain*, II, XXVII, § 26 : un terme de barreau (« Le mot de *Personne* est un terme de Barreau qui *approprie* des actions, et le mérite ou le démérite de ces actions ; et qui par conséquent n'appartient qu'à des Agents intelligents, capables de Loi, et de bonheur ou de misère »).

à l'imputation, la transition est continue. L'attributivisme* culmine dans une théorie de la responsabilité *qua* imputabilité. Dans la théorie lockéenne, le *self* ou la personne est ce à quoi l'homme ou la conscience attribue ses actions, en tant que sujet d'imputation possible ; l'imputation est une attribution d'actes, effectuée « de l'intérieur », qui suppose la conscience *(consciousness)*, rappelant à elle-même ou à « soi » les pensées et les actions accomplies[1]. La notion de sujet d'imputation est historiquement postérieure à celle de sujet d'attribution, quoique le sens de κατεγορεῖν dont elle procède soit antérieur à celui d'où est issu le sujet d'attribution. Le parallélisme des deux séries est évident :

κατεγορεῖν[1] → accuser → *impute* : sujet[2] d'imputation (l'homme individuel, la personne, le *Self*), Morale
κατεγορεῖν[2] → attribuer → *attribute* : sujet[1] d'attribution (l'homme, l'âme, l'esprit, le corps), Psychologie

Mais il va de soi que, derechef, la dimension théologique du passage d'un sens à l'autre ou, plutôt, l'enracinement théologique de la médiation qui conduit de l'un à l'autre *sujet* ne sauraient être sous-estimés. Comme on le verra, en effet, l'*appropriation* des actions (et de leur mérite ou démérite) par la personne – outre qu'elle s'énonce dans un langage qui est celui dont use la théologie trinitaire –, croise à de multiples reprises le champ de la théologie. Pour ce qui est du rôle de l'imputation dans la définition de la personnalité, l'*Essay* dit clairement :

> C'est uniquement par la conscience que cette personnalité s'étend soi-même au passé par-delà l'existence présente : par où elle devient soucieuse et comptable des actes passés, elle les avoue et les *impute* à soi-même, au même titre et pour le même motif que les actes présents. Tout cela repose sur le fait qu'un souci pour son propre bonheur accompagne inévitablement la conscience, ce qui est conscient du plaisir et de la douleur désirant toujours aussi le bonheur qui précisément est conscient. C'est pourquoi s'il ne pouvait, par la conscience, confier ou

1. Voir note complémentaire II*.

approprier à ce soi actuel des actes passés, il ne pourrait pas plus s'en soucier que s'ils avaient jamais été accomplis [...][1].

Ce que P. Ricœur, après Scheler[2], appelle l'*imputabilité* s'inscrit donc de plain-pied dans l'archéologie du sujet. La conscience lockéenne est un opérateur qui, on essaiera de le montrer, a pour fonction de transformer le sujet d'attribution en sujet d'imputation ou, plus exactement, de le prolonger *a parte ante*, du présent au passé, pour assurer sa responsabilité[3]. Dans *La Mémoire, l'Histoire, l'Oubli,* P. Ricœur lie étroitement ce qu'il nomme le « cœur de l'ipséité » et le « foyer de l'imputabilité ». C'est une bonne façon de voir un des aspects

1. J. Locke, *Essai philosophique concernant l'entendement humain*, II, XXVII, § 26, trad. Balibar, in *John Locke. Identité et différence. L'invention de la conscience*, prés., trad. et comm. É. Balibar, Paris, Seuil (Points Essais); pour la traduction Coste, cf. *ibid.*, p. 129 (notamment : « La personnalité ne s'étend au-delà de l'existence présente, jusqu'à ce qui s'est passé, que par le moyen de la con-science, qui fait que la personne prend intérêt à des actions passées, en devient responsable, les reconnaît pour siennes, et se les impute sur le même fondement et pour la même raison qu'elle s'attribue les actions présentes ») et, ici même, p. 377.

2. Voir note complémentaire 12*.

3. Dans « De la morale à l'éthique et aux éthiques » (www.philo.umontreal.ca/textes/Ricoeur_MORALE.pdf), parlant de la « volonté bonne », où sont censées communier les morales respectives de l'Antiquité et de la Modernité, Ricœur met le concept d'imputabilité au premier plan : « Que la morale des Anciens et celle des Modernes puissent se rejoindre, se reconnaître et se saluer mutuellement dans ce concept, la possibilité ne relève plus ni de l'éthique ni de la morale mais d'une anthropologie philosophique qui ferait de l'idée de capacité un de ses concepts directeurs. La phénoménologie des capacités que, pour ma part, je développe dans les chapitres de *Soi-Même comme un Autre* qui précèdent la "petite éthique" prépare le terrain pour *cette capacité proprement éthique, l'imputabilité, capacité à se reconnaître comme l'auteur véritable de ses propres actes.* Or l'imputabilité peut être tour à tour associée au concept grec de préférence raisonnable et au concept kantien d'obligation morale : c'est en effet du foyer de cette capacité que s'élance le souhait "grec" de vivre bien et que se creuse le drame "chrétien" de l'incapacité à faire le bien par soi-même sans une approbation venue de plus haut et donnée au "courage d'être", autre nom de ce qui a été appelé disposition au bien et qui est l'âme même de la bonne volonté. » Sur la controverse Ricœur-Levinas à propos de la mise en équation responsabilité = imputabilité, cf. P. Ricœur, *Autrement*, Lecture d'*Autrement qu'être ou au-delà de l'essence d'Emmanuel Levinas,* Paris, PUF, 1997 (spéc. p. 26).

centraux dans la définition du sujet moderne : une meilleure serait d'analyser plus en détail comment Locke a noué *pour toute la philosophie moderne* le soi, le sujet et la personne, sujet dit « psychologique » et sujet dit « moral ». On s'efforcera de le faire dans le cadre archéologique.

Pareille entreprise exige de réinscrire Locke dans l'horizon de l'histoire de la théologie, y compris celui de la théologie trinitaire.

La définition lockéenne de l'identité personnelle par la conscience de soi est, de fait, profondément solidaire d'un véritable *univers* de discussions théologiques, dont la provenance historiale doit être rigoureusement tracée. Cela implique de restituer le complexe questions-réponses où s'origine et se développe la pensée de Locke. De ce point de vue, le philosophe anglais est, plus encore peut-être qu'un Descartes, immergé dans des débats théologiques, dont les historiens de la philosophie et les philosophes non spécialistes des études lockéennes (voire, plus simplement, de la philosophie anglaise classique) répugnent à tenir compte. Le préjugé antithéologique est ici plus nocif qu'ailleurs, car la neutralisation des débats entre théologiens anglais prive l'histoire du « sujet » d'un de ses meilleurs observatoires pour mesurer, sur le long cours, les continuités et les ruptures véritables qui ont marqué l'entrée du sujet-agent sur la scène philosophique moderne.

Deux exemples suffiront à illustrer ce point.

Personne et conscience : John Locke

La définition lockéenne de la personne ou, plus exactement, de « ce que représente[1] la personne » : « un être pensant

1. La mention de la « représentation » vaut d'être notée, car on sait que, chez Hobbes, la personne est définie « en extériorité », « non à partir du sujet lui-même, ni a fortiori de sa conscience, mais de la façon dont un système juridique le qualifie » (É. Balibar, in *John Locke. Identité et différence...*, p. 236), l'objectif de Hobbes étant de « fonder la relation (tout aussi nécessaire dans le domaine privé que dans le domaine public) de la *représentation* (associant un "auteur" et un "acteur") ou de la *délégation de pouvoir (trust)* qui

et intelligent, doué de raison et de réflexion, et qui peut se considérer soi-même comme soi-même », suppose non seulement la définition boécienne de la personne (« rationalis naturae individua substantia/subsistentia »), mais encore le rejet décidé de la définition, avancée par Edward Stillingfleet, évêque de Worcester[1], lors de leur polémique fleuve des années 1697-1699 : « a person is a complete intelligent substance with a peculiar manner of subsistence ». Cette définition qui a été enseignée ou discutée sous diverses formes dans la théologie protestante moderne[2], n'est pas seulement inspirée, comme le note Étienne Balibar, de la « tradition thomiste » : elle fait intervenir les notions de « substance complète » et de « subsistence », qu'a brassées en d'interminables controverses la Seconde Scolastique. L'horizon du débat Locke-Stillingfleet est *aussi* suarézien que maints autres, continentaux, internes à la tradition catholique. Il est lié à la thèse typique de l'École selon laquelle *l'union de la subsistence et de la nature constitue le suppôt auquel on peut attribuer des actions* – une thèse qui constitue également le cadre dans lequel Leibniz travaille son propre concept de la personne et reçoit le principe *actiones sunt suppositorum*, qui fonde toute son ontologie de l'action. En somme, il y a une

---

passe par l'échange codifié des paroles, et non par l'expérience de la conscience ». Sur la distinction de l'acteur et de l'auteur dans le processus de *représentation* constitutif de la personne selon Hobbes, cf. Y.-Ch. Zarka, « Identité et ipséité chez Hobbes et Locke », *Philosophie*, 37 (hiver 1993), p. 5-19 ; F. Tricaud, « An Investigation Concerning the Usage of the Words "person" and "persona" in the Political Treatises of Hobbes », *in* J.G. Van der Bend (éd.), *Thomas Hobbes. His View of Man,* Amsterdam, Rodopi B.V., 1982, p. 89-98 ; F. Lessay, « Le vocabulaire de la personne », *in* Y.-Ch. Zarka (dir.), *Hobbes et son vocabulaire*, Paris, Vrin, 1992, p. 155-186 ; et L. Foisneau, « Identité personnelle et mortalité humaine... », p. 68. Comme le remarque Foisneau (n. 10), le *Leviathan* latin donne une définition « plus succincte et moins novatrice » : « Persona est in quo vel alieno nomine res agit : si suo, persona propria, sive naturalis est ; si alieno, persona est eius, cuius nomine agit, repraesentativa (*Lev*, XVI, 1, OL III, p. 123) ».

1. Voir note complémentaire 13*.

2. Voir note complémentaire 14*.

scolastique protestante[1], et c'est elle qui fournit à Locke son « champ de présence ».

C'est plus évident encore pour ce qu'Étienne Balibar a appelé « l'invention européenne de la conscience »[2]. Là, de fait, il est clair que la théologie trinitaire est omniprésente – et pour cause, c'est dans les années 1690 que la controverse entre trinitariens et antitrinitariens[3] a connu son apogée en Angleterre, autrement dit entre la 1re et la 2e édition de l'*Essay*[4]. On a beaucoup écrit sur les sources, notamment cudworthiennes, de la notion lockéenne de la « conscience »[5].

1. Voir R.C. Tennant, « The Anglican Response to Locke's theory of Personal Identity », *The Journal of the History of Ideas*, 43 (1982), p. 73-90.

2. Voir É. Balibar, « L'invention européenne de la Conscience », *in* B. Lechevalier, F. Eustache & F. Viader (éd.), *La Conscience et ses troubles*, Paris-Bruxelles, 1998, p. 169-192.

3. Sur les protagonistes du débat, cf. R. Wallace, *Antitrinitarian Biography, or, Sketches of the lives and writings of distinguished antitrinitarians; Exhibiting a view of the state of Unitarian Doctrine and Worship in the Principle Nations of Europe, From the Reformation to the close of the seventeenth Century : To which is Prefixed A History of Unitarianism in England During the Same Period,* V, 1-3, Londres, E.T. Whitfield, 1850. Locke n'est généralement considéré ni comme un unitarien ni *a fortiori,* contrairement à ce qu'on lui a reproché de son vivant, comme un socinien, mais comme proche de l'unitarisme. Va en ce sens le titre même de son ouvrage de 1695, *A Vindication of the Reasonableness of Christianity,* traduit en 1715 par Coste.

4. Cf. J.W. Yolton, *John Locke and the Way of Ideas,* Oxford, OUP, 1968.

5. Rappelons la définition cudworthienne, *in* R. Cudworth, *True Intellectual System of the Universe : The First Part; Wherein, All The Reason and Philosophy of Atheism is Confuted; and Its Impossibility Demonstrated,* Londres, 1678, p. 159 : la conscience est « that which makes a Being to be Present with it self, Attentive to its own Actions, or Animadversive of them, to perceive it self to Do or Suffer, and to have a *Fruition or Enjoyment* of it self ». Comme le rappelle Balibar (*John Locke. Identité et différence...*, p. 59), Cudworth crée « *consciousness* » d'après l'adjectif *conscious* (correspondant au latin *conscius*), et « il en fait l'équivalent de "*Con-sense*", qu'il réfère aux termes grecs *sunaisthesîs* et *sunesis*, retrouvés chez Aristote et Plotin », forgeant par là même une étymologie fictive (« car jamais les Latins n'ont considéré comme une "traduction" de tels termes le mot *conscientia*, qu'ils rapportaient plutôt aux termes stoïciens et chrétiens *suneidos* et *suneidêsis* »). Sur le rapport Locke-Cudworth, voir E. Balibar, *ibid.*, p. 62-63. Sur la théorie cudworthienne, cf. voir Thiel, « Cudworth and Seventeenth-Century Theories of Consciousness », *in* S. Gaukroger (éd.), *The Uses of Antiquity,* Dordrecht, Kluwer, 2001, p. 79-99.

On ne retiendra ici que le plus frappant, voire le plus spectaculaire du point de vue conceptuel et archéologique : la doctrine de la Trinité fondée sur la notion de « mutual consciousness of all Three Divine Persons to each other » défendue par William Sherlock (1641-1707), dans sa *Vindication of the Trinity* de 1690[1]. Cette doctrine, vigoureusement attaquée par Robert South (1634-1716)[2] – pour cause de trithéisme –, est un bon exemple de ce qu'on peut appeler un « changement de paradigme » en histoire de la philosophie.

La Trinité selon Sherlock

Il est inutile de souligner que la notion de « conscience mutuelle » arrive au terme (provisoire) de siècles de discussions philosophiques et théologiques sur la « communication des consciences »[3] et, parallèlement, sur ce que la théologie appelle la « communication des idiomes » *(communicatio idiomatum)*, autrement dit : la communication des propriétés ou attributs *(idiomata)* des deux « natures », la divine et l'humaine, dans la Personne du Christ. La thèse de Sherlock est cependant révolutionnaire, non en ce qu'elle transpose sur le terrain de la « conscience de soi » le problème de l'uni-Trinité, ce qui est, on le verra, le cœur du modèle périchorétique de l'âme

1. Le titre complet de l'ouvrage est *A Vindication of the Doctrine of the Holy and Ever Blessed TRINITY and the Incarnation of The Son of God. Occasioned by the Brief Notes on the Creed of St. Athanasius, and the Brief History of the Unitarians, or Socinians, and containing an Answer to both.*

2. Cf. R. South, *Animadversions upon Dr. Sherlock's Book,* Londres 1693, et, du même, *Tritheism charged upon Dr. Sherlock's New Notion of the Trinity,* Londres 1695. Sherlock répond dans *A Modest Examination of the Authority and Reasons of the Late Decree of the Nice-Chancellor of Oxford, and Some Heads of Colleges and Halls Concerning the Heresy of Three Distinct Infinite Minds in the Holy and Ever-blessed Trinity,* Londres, 1696 et dans *The Present State of the Socinian Controversy, and the Doctrine of the Catholick* [sic] *Fathers Concerning A Trinity in Unity,* Londres, 1698.

3. Voir, sur ce point, l'article pionnier de J. Pépin, « Le problème de la communication des consciences chez Plotin et saint Augustin », *Revue de métaphysique et de morale*, 55 (1950), p. 128-148, ainsi que, du même, « Note nouvelle sur le problème de la communication des consciences chez Plotin et saint Augustin », *Revue de métaphysique et de morale*, 56 (1951), p. 316-326.

et de la Trinité introduit chez les Latins par Augustin, mais bien plutôt en ce qu'elle l'accomplit dans une théorie générale de la conscience mutuelle qui constitue une rupture complète tant avec le modèle aristotélicien de la sub-jectité qu'avec les avatars successifs du modèle boécien – pour ne pas dire néoplatonicien – de la Trinité, articulés ontologiquement sur les notions de substance, d'essence, de nature et *last but not least* de « subsistence ». Vue sous cet angle la théorie de Sherlock n'en apparaît pas moins comme une certaine interprétation de la « périchorèse » et de cette « immanence mutuelle », inlassablement poursuivie par la scolastique et la Seconde Scolastique sous la figure de l'*intima quaedam praesentia divinarum personarum inter se*[1], attestée tant chez les scotistes que chez Suárez.

Il ne s'agit pas ici de faire de Sherlock le Watson d'Augustin, mais d'inscrire sa théorie et sa percée conceptuelle, et par là même l'invention lockéenne de la conscience, dans la « longue durée » du modèle augustinien. J'admets volontiers que, ce faisant, c'est aller contre la manière dont les contemporains de la *Vindication* ont reçu la théorie de la « mutual consciousness of all Three Divine Persons to each other » ; mais c'est aussi une bonne façon de « tracer » les paradigmes historiques, philosophiques et historiographiques qui ont abouti à la mise en place du cartésianisme comme référentiel unique de l'invention de la « subjectivité » moderne.

La Trinité selon Nye

Pourquoi ? Parce que, comme le rappelle opportunément une belle étude de John Barresi, c'est sous la bannière de Descartes que la Trinité sherlockienne est enrôlée par le socinien Stephen Nye (1648-1719), dans ses *Considerations on the Explications of the Doctrine of the Trinity*[2], publiées

1. Voir à ce propos C. Sorč, « Die perichoretischen Beziehungen im Leben der Trinität und in der Gemeinschaft der Menschen », *Evangelische Theologie*, 58 (1998), p. 100-118.

2. Voir J. Barresi, « On Earth as It Is in Heaven. Trinitarian Influences on Locke's Account of Personal Identity », à paraître sur *The Personalist*

anonymement en 1693 (puis, derechef en 1694)[1]. Qui dit conscience, dit *cogito*. Qui dit *cogito*, dit Descartes. Il n'en faut pas plus à Nye pour faire de Descartes l'*unique* fauteur de la conception de la Trinité défendue par Sherlock. Nye a une vision de l'histoire, et ne répugne pas à la taxonomie. Il dénombre et décrit donc cinq théories archétypiques de la Trinité (toutes fausses, évidemment) : 1. la Trinité cicéronienne ; 2. la Trinité cartésienne ; 3. la Trinité platonicienne ; 4. la Trinité aristotélicienne ; 5. la Trinité des paresseux.

La *Trinité cicéronienne* « à la Tullius », attribuée à John Wallis (1616-1703), réduit les Personnes à de simples concepts (« ... the *Trinity according to Tully*, or the *Ciceronian* Trinity ; which maketh the three Divine Persons, to be nothing else but three *Conceptions* of God ; or God *conceived of* as the Creator, the Redeemer, and Sanctifier of his Creatures »)[2].

Forum (accessible sur jbarresi.psychology.dal.ca/Papers/heaven.html). Pour une vue d'ensemble, cf. en outre R. Martin & J. Barresi, *Naturalization of the Soul : Self and Personal Identity in the Eighteenth Century*, Londres, Routledge, 2000, et, surtout, *The Rise and Fall of Soul and Self. An Intellectual History of Personal Identity*, New York, Columbia UP, 2006, sur lesquels nous reviendrons dans le volume IV.

1. *Considerations on the Explications of the Doctrine of the Trinity by Dr. Wallis, Dr. Sherlock, Dr. South, Dr. Cudworth, and Mr. Hooker ; as also on the Account given by those that say, the Trinity is an Unconceivable and Inexplicable Mystery*, Londres, 1693. Stephen Nye est un « enragé » du socinianisme. Dans un écrit dirigé contre Cudworth, la *Letter of Resolution Concerning the Doctrines of the Trinity and Incarnation* (1695), il va jusqu'à qualifier le dogme trinitaire d'amas de « novelties, corruptions, and depravities of genuine Christianity ». Cf., sur ce point, J. Champion, *The Pillars of Priestcraft Shaken : The Church of England and its Enemies 1660–1730*, Cambridge, CUP, 1992, p. 109-110.

2. La dénomination de *Trinité cicéronienne* renvoie à un passage de Cicéron déjà mis en valeur par Hobbes dans sa propre définition de la personne (*Lev.*, XVI, 1, éd. Macpherson, 1968, Penguin classics, p. 217, et *Lev.*, XVI, 3, p. 217-218 pour la citation de la lettre à Atticus). L'ensemble est synthétisé dans la *Réponse à un livre publié par le Docteur Bramhall, feu l'Évêque de Derry* [John Bramhall, 1594-1663], *intitulé 'La Capture de Léviathan'* ; trad. F. Lessay, *in* Th. Hobbes, *Œuvres*, t. 11-1 : *De la liberté et de la nécessité* (Controverse avec Bramhall I), Paris, Vrin, 1993. Cf. *An Answer to Bishop Bramhall's Book, called 'The Catching of the Leviathan'*, éd. Molesworth, IV, 1839, p. 308 : « A person (Latin, *persona*) signifies an intelligent substance, that acteth any thing in his own or another's name, or by his own

La *Trinité cartésienne*, celle de Sherlock, en fait trois esprits et êtres infinis, qui ne sont un seul Dieu que parce qu'ils sont « mutuellement, intérieurement et universellement conscients de leurs pensées respectives » (« ... the *Cartesian* Trinity, or *Trinity according to Descartes:* which maketh three Divine Persons, and three Infinite *Minds*, *Spirits* and *Beings*, to be but one God; because they are mutually, and internally, and universally *conscious to each others Thoughts* »).

La *Trinité de Platon* ou *Trinité platonicienne* est celle de Cudworth (« ... *the Trinity of Plato,* or the *Platonick* [sic] *Trinity*; maintained by Dr. *Cudworth*, in his Intellectual System »), qui combine une manière de subordinatianisme (le Fils et l'Esprit étant subordonnés au Père), une théorie de l'unité du Principe (les Trois n'étant pas trois Principes, mais un seul, l'essence du Père, comme racine ou source du Fils et de l'Esprit) et une sorte de monarchie de l'Un (sous le chef duquel le Père lui-même vient se placer)[1].

La *Trinité d'Aristote* ou *Trinité aristotélicienne* ou *Trinité péripatéticienne* est celle des catholiques, la Trinité curieusement dite aussi *réformée*, prônée dans les écoles depuis le

---

or another's authority. Of this definition there can be no other proof than from the use of that word, in such Latin authors as were esteemed the most skilful in their own language, of which number was Cicero. But Cicero, in an epistle to Atticus, saith thus : *Unus sustineo tres personas, mei, adversarii, et judicis* : that is, "I that am but one man, sustain three persons; mine own person, the person of my adversary, and the person of the judge." Cicero was here the substance intelligent, one man; and because he pleaded for himself, he calls himself his own person : and again, because he pleaded for his adversary, he says, he sustained the person of his adversary : and lastly, because he himself gave the sentence, he says, he sustained the person of the judge. In the same sense we use the word in English vulgarly, calling him that acteth by his own authority, his own person, and him that acteth by the authority of another, the person of that other. And thus we have the exact meaning of the word person. »

1. S. Nye, *Considerations...*, p. 11 : « This Trinity is of three Divine Co-eternal Persons, whereof the second and third are subordinate or inferior to the first; in Dignity, Power, and all other Qualities, except only Duration. Yet they are but one God, saith he; *because* they are not three *Principles*, but only one; the Essence of the Father being the Root, and Fountain of the Son and Spirit : and *because* the three Persons are gathered together under one Head, even the Father. »

Moyen Âge, la Trinité scolastique, en somme, qui fait des Personnes un seul Dieu – parce qu'elles ont la même substance numériquement identique –, tout en dotant chacune, qui d'une Puissance, qui d'une Connaissance, qui d'une Bonté particulières. Elle est *réformée* au sens où elle *réforme* le trithéisme des platoniciens, en adoptant un « jargon sabellien », et ne se peut recommander, *dixit* Cudworth, que du IVe Concile du Latran (1215), dont les « papistes » ont voulu faire un « concile général » (œcuménique). C'est la Trinité du (mystérieux) *Dr « S-th »* – autrement dit Robert South, l'adversaire de Sherlock[1].

La Trinité des paresseux, *The Trinity of the Mobile*, est celle de la *foule*, des ignorants sans culture et des sots de profession : mystère inconcevable, que l'on ne peut ni expliquer ni discuter[2].

L'attribution à Descartes de la paternité de la Trinité sherlockienne retient évidemment l'attention. Nye n'a sur ce point aucun doute :

> Mr. *Des Cartes* had made this *Inventum* to be the first Principle and Discovery in Philosophy, *Cogito, ergo sum ; I think, therefore I am* : and he will have the very Nature of a Mind or Spirit to

1. S. Nye, *ibid.* : « The fourth is the *Trinity according to Aristotle,* or the *Aristotelian* or *Peripatetick Trinity* ; which saith, the Divine Persons are one God, because they have the same *Numerical* Substance, or *one and the self-same Substance, in Number* : and tho each of the three Persons is Almighty, All-knowing, and most Good ; yet 'tis *by one individual and self-same Power, Knowledge and Goodness, in Number.* This may be called also the *Reformed* Trinity, and the Trinity of *the Schools;* because the Divines of the middle Ages, *reformed* the Tritheistick and Platonick Trinity of the *Fathers,* into this *Sabellian* Jargonry ; as Dr. *Cudworth*, often and deservedly, calleth it. This is the Trinity intended by Dr. *S[ou]th*, in his Animadversions on Dr. *Sherlock*... It never had any other Publick Authority, saith Dr. *Cudworth*, but that of the fourth Lateran Council ; which is reconded by the Papists among the *General* Councils, and was convened in the Year 1215. »

2. *Ibid.* : « We must add to all these, *the Trinity of the Mobile* ; or the Trinity held by the common People, and by those ignorant or lazy Doctors, who in Compliance with their Laziness or their Ignorance, tell you in short, that the Trinity is an unconceivable, and therefore an inexplicable *Mystery* ; and that those are as much in fault, who presume to explain it, as those who oppose it. »

consist in this, that 'tis *a thinking Being*. Therefore, says Dr. *Sherlock*, three Persons can be no otherways one God, but by Unity of Thought; or what will amount to as much, as internal and perfect *Consciousness to one anothers Thoughts*. Any one may see, that Dr. *Sherlock's Mutual Consciousness*, by which he pretends to explain his *Trinity in Unity*, was by him borrowed from the Meditations and Principles of Monsieur *Des Cartes* [p. 10].

Comme l'a bien montré Barresi, ce n'est pas Descartes – ni d'ailleurs à proprement parler Sherlock lui-même – qui a introduit la conscience ou « *consciousness* » comme définissant la Personne dans l'explication de la Trinité dans l'Unité, mais un « étudiant renégat de Cudworth », John Turner, dans son très anticartésien *Discourse concerning the Messias* [1], imprimé en 1685. La position de Sherlock n'en est pas moins originale : l'unité à soi-même, autrement dit l'identité à soi-même de l'esprit fini ou créé, qui n'a ni parties ni extension, ne peut être fondée que dans la conscience de soi-même, laquelle le sépare ou le divise en même temps de tout autre esprit conscient de lui-même. L'unité numérique assurée par la conscience de soi est donc ce qui confère à l'esprit fini une « subsistence distincte et séparée ». Qui dit identité, unité, dit en effet, en même temps, différence, conformément à la thèse scolastique, non mentionnée, mais présente à l'arrière-

1. Le titre (presque) complet du livre de J. Turner est : *A Discourse concerning the Messias, In three Chapters.* [...] To which is prefixed a large *Preface*, asserting and explaining the doctrine of the blessed Trinity, against the late writer of the *Intellectual System*. And an *Appendix* is subjoyned concerning the divine extension, wherin the existence of a God is undeniably proved, and the main principles of Cartesianism and Atheism overthrown. Sur la contribution de Turner, cf. J. Barresi, *op. cit.* : « Turner used the term to explicate a version of the Trinity that opposed Cudworth's, though his own interpretation of the Trinity was a weird mixture of platonic, cartesian, and materialistic ideas. He also expended considerable effort attacking Descartes's views. Turner extended the term consciousness beyond the simple reflexive definition of Cudworth, by treating "mutual self-consciousness" as a basis for unity among the persons of the Trinity. However, his use of this term was still very much tied to Cudworth's definition, and did not quite break free of it. By contrast, Sherlock's used the term consciousness in a more coherent fashion that focussed directly on the issue of unity. »

plan de la thèse sherlockienne, qui veut que « unum est unitas, quae facit rem indivisam in se et divisam ab aliis »[1]. L'esprit fini, conscient de ses pensées, n'est pas conscient de celles des autres esprits finis[2]. C'est ce qui le distingue d'eux. Si trois esprits finis étaient assez unis pour être conscients des pensées et des passions des deux autres, comme ils le sont de celles qui leur sont propres, cela ferait d'eux trois Personnes qui numériquement seraient une, car elles seraient aussi une avec les autres qu'elles sont une avec elle-même. Il en va de même, *mutatis mutandis* du mystère de la Trinité. Chaque Personne est distincte des autres par la conscience d'elle-même et de ce qu'elle est (« le Père se sait et se sent être le Père », etc.) ; mais la conscience mutuelle que chacune a des autres en fait un seul et même Dieu infini[3], en vertu du

1. Sur cet axiome, hérité d'Aristote, *Metaph.* V, 6, 1016b3-5, et X, 3, 1054a23, cf., par exemple, Albert le Grand, *Metaph.* IV, 1, 4 ; éd. Geyer, p. 166, 1-10 ; Thomas d'Aquin, *Quaest. disp. de veritate, q.* 1, *a.* 1 ; *Quaest. disp. de potentia, q.* 9, *a.* 7 ; *In Arist. Metaph.* IV, lect. 2, éd. Cathala-Spiazzi, n. 553 ; *Summa theol. I^a Pars, q.* 11, *a.* 1. On notera que dans le *De causis et processu universitatis* I, 3, 6, éd. W. Fauser, p. 41, 26-52, Albert explique l'ineffabilité de Dieu, transcendant aussi bien au genre de la substance qu'au genre des accidents, et montre qu'il n'est définissable *(diffinibile)* par aucun nom : ni celui de substance, puisqu'il est au-delà de toute substance, ni celui d'être, *ni celui d'un*, ni celui de chose – les transcendantaux avicenniens – car *l'un numérique entendu comme 'non-division' et différence indifférente ne saurait désigner le Premier Un* : « Si dicatur unum, non est tale unum quale "unum est unitas, quae facit rem indivisam in se et divisam ab aliis". Haec enim unitas proprius est rei terminus et est aliquid de esse ipsius. Quod primo uni non convenit. » Cf. éd. Fauser, p. 41, 43-47.

2. Sherlock, *A Vindication...*, p. 48-49 : « In finite created Spirits, which have no Parts and no Extension neither, that we know of, no more than a Thought, or an Idea, or a Passion, have Extension or Parts, their numerical Oneness can be nothing else, but every Spirit's Unity with itself, and distinct and separate subsistence from all other created Spirits. Now this Self-unity of the Spirit, which has no Parts to be united, can be nothing else but Self-consciousness : That it is conscious to its own Thoughts, Reasonings, Passions, which no other finite Spirit is conscious to but itself : This makes a finite Spirit numerically One, and separates it from all other Spirits, that every Spirit feels only its own Thoughts and Passions, but is not conscious to the Thoughts and Passions of any other Spirit. »

3. Sherlock, *ibid.*, p. 49 : « And therefore if there were Three created Spirits so united as to be conscious to each others Thoughts and Passions,

principe – qu'illustrera Locke dans sa définition de l'identité personnelle – qui veut que « l'unité d'un esprit s'étende aussi loin que la conscience peut atteindre », puisqu'il n'y a pas d'autre unité pour l'esprit, *Mind* ou *Spirit*, que la conscience de soi-même.

> Nor do we divide the Substance, but unite these Three Persons in One numerical Essence : for we know nothing of the unity of the Mind but self-consciousness... and therefore as the self-consciousness of every Person to itself makes them distinct Persons, so the mutual consciousness of all Three Divine Persons to each other makes them all but One infinite God : as far as consciousness reaches, so far the unity of a Spirit extends, for we know no other unity of a Mind or Spirit, but consciousness : In a created Spirit this consciousness extends only to itself, and therefore self-consciousness makes it One with itself, and divides and separates it from all other Spirits; but could this consciousness extend to other Spirits, as it does to itself, all these Spirits, which were mutually conscious to each other, as they are to themselves, though they were distinct Persons, would be essentially One.

On voit pourquoi il faut ici parler de « rupture » et de « changement de paradigme ». Si Sherlock conserve en effet les termes d'essence, de substance et de subsistence, la distance conceptuelle est énorme, qui sépare la thèse cappadocienne interprétant la formule μία οὐσία ἐν τρισὶν ὑποστάσεσιν (une essence en trois hypostases) comme l'immanence d'une même nature ou essence en chaque personne ou hypostase sur le modèle d'un universel immanent, tout entier et simultanément en chaque sujet particulier, et la thèse sherlockienne faisant d'une *mutuelle* conscience de *soi* le principe explicatif de l'union des Trois en une même Essence numériquement identique.

---

as they are to their own, I cannot see any reason, why we might not say, that Three such Persons were numerically One, for they are as much One with each other, as every Spirit is One with itself; unless we can find some other Unity for a Spirit than Self-consciousness; and, I think, this does help us to understand in some measure this great and venerable Mystery of a Trinity in Unity. »

Est-ce forcer l'intelligibilité d'une telle mutation, d'un tel *Wandel* historial que de la rapporter à la longue histoire de la périchorèse autant, voire plus, qu'à l'*Inventum* cartésien du *cogito, ergo sum,* comme le fait Nye ? Notre conviction est que non.

Descartes lui-même évoque *reverenter* Augustin, le supposé *cogito* augustinien et la Trinité, *pour marquer ce qui le sépare de son prédécesseur*, à savoir, pour lui, l'essentiel : l'un s'intéressant à l'âme comme image et vestige de la Trinité, l'autre à la démonstration de son immatérialité et à la distinction entre pensée et étendue. C'est le cas dans une lettre de 1640 à Colvius (où l'on notera le beau mot de « regabeler ») :

> Vous m'avez obligé de m'avertir du passage de saint Augustin, auquel mon *Je pense, donc je suis* a quelque rapport ; j'ai été le lire aujourd'hui en la bibliothèque de cette ville, et je trouve véritablement qu'il s'en sert pour prouver la certitude de notre être, et ensuite pour faire voir qu'il y a en nous quelque image de la Trinité, en ce que nous sommes, nous savons que nous sommes, et nous aimons cet être et cette science qui est en nous ; alors que je m'en sers pour faire connaître que ce moi, qui pense, est une substance immatérielle, et qui n'a rien de corporel ; qui sont deux choses fort différentes. Et c'est une chose qui de soi est si simple et si naturelle à inférer, qu'on est, de ce qu'on doute, qu'elle aurait pu tomber sous la plume de qui que ce soit ; mais je ne laisse pas d'être bien aise d'avoir rencontré avec saint Augustin, quand ce ne serait que pour fermer la bouche aux petits esprits qui ont tâché de regabeler sur ce principe [1].

1. R. Descartes, Lettre à Colvius [Andreas Colvius, 1594-1671] du 14 novembre 1640 (Amsterdam), A.-T. III, p. 248. Dans une lettre à Mesland [Denis Mesland, s.j., 1615-1672] du 2 mai 1644 (Leyde), Descartes fait également allusion à Augustin sur le même mode. Cf. A.-T IV, p. 113 : « Je vous suis bien obligé de ce que vous m'apprenez les endroits de Saint Augustin, qui peuvent servir pour autoriser mes opinions ; quelques autres de mes amis avaient déjà fait le semblable ; et j'ai très grande satisfaction de ce que mes pensées s'accordent avec celles d'un si saint et si excellent personnage. Car je ne suis nullement de l'humeur de ceux qui désirent que leurs opinions paraissent nouvelles ; au contraire, j'accommode les miennes à celles des autres, autant que la vérité me le permet. »

Mais on peut se demander si, dans son souci de ne pas paraître dépendre d'une quelconque autorité, si prestigieuse soit-elle, pour l'énoncé de ce qui, pour finir, n'est à ses yeux qu'une banalité (« hoc tritum : *Cogito, sum* »), Descartes ne manque pas (ne devine pas, n'imagine pas, ne pressent pas) la vraie proximité, assurément plus secrète, de l'*ego cogito, ergo sum* avec le motif trinitaire augustinien que, paradoxalement, la retranscription spinoziste de la « formule canonique » en *ego sum cogitans* permet au lecteur moderne d'y déceler après coup. Comme l'a bien vu J.-L. Marion, en effet, la transposition accomplie par Spinoza dans les *Principia philosophiae cartesianae* (« *cogito, ergo sum*, unica est propositio, quae huic, ego sum cogitans, aequivalet »)[1] livre une proposition « unique », en ce qu'elle est non seulement *non dédoublée* (« au contraire de celle de Descartes, pivotant autour d'un *ergo* »), mais bien aussi *unifiée*, au sens où ses termes « passent tous l'un dans l'autre par la médiation du troisième, suivant une équivalence sans reste », « *ego* impliquant *sum*, en tant qu'il implique *cogitans*, etc., selon toutes les dispositions des trois termes »[2]. Mais, dira l'archéologue attentif à la dimension périchorétique de la Trinité augustinienne et du modèle antiaristotélicien qu'elle permet de formuler à propos de l'âme, qu'est-ce que le « dispositif de confirmations croisées, où *cogitans* médiatise *ego* et *sum* », *sum*, *ego* et *cogitans*, et *cogitans*, *ego* et *sum*, sinon la structure d'immanence mutuelle à l'œuvre dans les ternaires du *De Trinitate* ? Sans nécessairement souscrire à la thèse d'É. Balibar, interprétant la formule de *Meditatio II* : *ego sum, ego existo* – la formule dite par J.-L. Marion « non canonique » – comme ne « mimant rien de moins que le *sum qui sum* d'Exode 3, 14 »[3], ni surtout plaquer rétrospectivement sur la « formule canonique » : *ego cogito, ergo sum*, la *triple médiatisation* que l'interprétation spinoziste permet d'y dévoiler, on ne peut éviter de penser que les deux

1. B. Spinoza, *Principia philosophiae cartesianae*, I, Prolegomenon, éd. C. Gebhardt, Heidelberg, 1925, p. 144.

2. Voir J.-L. Marion, « L'altérité originaire de l'*ego*... », p. 8.

3. É. Balibar, « "Ego sum, ego existo". Descartes au point d'hérésie », *Bulletin de la Société française de philosophie*, 1992, 86 (3), p. 92-95.

problématiques de l'image trinitaire et de l'*ego* cartésien sont structurellement liées – que Descartes s'en avise ou non, le reconnaisse ou non –, et qu'elles le sont, de toute façon, *après lui*, particulièrement en Angleterre, avec Sherlock et ses adversaires, Nye y compris, Nye surtout.

Compte tenu de l'influence exercée par la thèse sherlockienne sur la théorie lockéenne de l'identité personnelle (manifeste dans la reprise de la formule *as far as consciousness reaches*[1]), le simple rappel de leur commun enracinement dans les débats trinitaires des années 1690 entre trinitariens et sociniens suffit, en tout cas, à notre propos : c'est bien en *théologisant à fond* l'histoire de la subjecti(vi)té que nous avons le plus de chance d'arriver à décrire archéologiquement la naissance du sujet.

Le débat Leibniz-Nye

Une circonstance heureuse nous y invite encore davantage. L'écrit de Nye a eu, de fait, un lecteur attentif, qui a repris succinctement, mais vigoureusement, la taxonomie des *Considerations on the Explications of the Doctrine of the*

1. La formule sherlockienne « as far as consciousness reaches, so far the unity of a Spirit extends », parue quatre ans avant la seconde édition de l'*Essay*, revient de fait en plusieurs passages stratégiques du chapitre XXVII du livre II, ajouté par Locke au texte originellement publié en 1690. Tous concernent la définition de l'identité personnelle – or qu'est-ce que cette identité sinon l'unité *étendue* de l'esprit dans le temps ? Cf. J. Locke, *Essai philosophique concernant l'entendement humain*, II, XXVII, § 9, in *Identité et différence...*, p. 148 (trad. Balibar, p. 149) : « And as far as this consciousness can be extended backwards to any past action or thought, so far reaches the identity of that person » ; § 14, p. 158 (trad., p. 159) : « personal identity reaching no farther than consciousness reaches » ; § 17, p. 164 (trad., p. 165) : « That with which the consciousness of this present thinking thing can join itself, makes the same person, and is one self with it, and with nothing else ; and so attributes to itself, and owns all the actions of that thing as its own, as far as that consciousness reaches, and no farther » ; § 21, p. 168 (trad. p. 169) : « ... it is impossible to make personal identity to consist in any thing but consciousness, or reach any farther than that does. » On retrouve l'idée chez E. Law, *A Defence of Mr. Locke's Opinion concerning Personal Identity* (*The Works of John Locke*, 1823, vol. 3, p. 196) : « So far as any such recognition reaches, such person is the same. »

Trinity : Leibniz, qui en a donné un *Extrait* et une critique dans les *Remarques sur le livre d'un Antitrinitaire anglais; Qui contient des considérations sur plusieurs explications de la Trinité* [1].

Leibniz émet des doutes sur le scénario de Nye, tant pour ce qui regarde Cudworth [2] qu'en ce qui concerne le docteur « S-ht ». Il ne tranche pas, bien au contraire, en faveur de la *Trinité cartésienne* de Sherlock : le recours qu'il fait à « l'analogie des opérations mentales », montre qu'il est plus proche de la conscience réflexive d'un Cudworth que de la « conscience de soi mutuelle » sherlockienne. La voie qu'il choisit semble augustinienne. Non celle, il est vrai, de la périchorèse, mais celle, plus traditionnelle mais non cartésienne, de l'âme comme image et vestige de la Trinité.

> La substance divine a sans doute des privilèges qui passent toutes les autres substances. Cependant, comme nous ne connaissons pas assez toute la nature, nous ne pouvons pas assurer non plus qu'il n'y a, et qu'il n'y peut avoir aucune substance absolue, qui en contienne plusieurs respectives. Cependant, pour rendre ces notions plus aisées par quelque chose d'approchant, je ne trouve

1. Sur les interventions de Leibniz contre les antitrinitariens, voir M.R. Antognazza, « The Defence of the Mysteries of the Trinity and the Incarnation : an Example of Leibniz's "other" reason », *British Journal for the History of Philosophy*, 9/2 (2001), p. 283-309.

2. Leibniz apprécie beaucoup Cudworth, dont il partage maintes thèses, dont celle de la « nature plastique », et le rejet du matérialisme « hylozoïque ». Cf., sur ce point, la lettre à Lady Damaris Masham (1658-1708), du 10 juillet 1705 (Hanovre), d'où j'extrais cette page laudative (G 3, p. 368) : « Le systeme intellectuel de feu Monsieur Cudworth me revient extremement. Je suis avec luy contre la fatalité, et je tiens comme luy que la justice est naturelle, et nullement arbitraire, que Dieu a fait les choses d'une telle maniere, qu'il estoit possible de faire autrement, mais non pas de faire mieux; que la constitution même des corps nous oblige à admettre les substances immaterielles; que l'hypothese Hylozoïque, qui pretend tirer vie et sentiment de la matiere, est insoutenable, et qu'il n'est pas possible que là où il n'y a rien qui ait sentiment, il en naisse; que les ames sont tousjours unies à quelque corps organique, ou plustost, selon moy, ne quittent jamais entierement les organes qu'elles ont; que la substance incorporelle a une ou force active interne. Pour ce qui est de la nature plastique, je l'admets en general, et je crois avec M. Cudworth, que les animaux n'ont pas esté formés mecaniquement par quelque chose de non organique, comme Democrite et M. Descartes l'ont crû. »

rien dans les créatures de plus propre à illustrer ce sujet, que la réflexion des esprits, lorsqu'un même esprit est son propre objet immédiat et agit sur soi-même, en pensant à soi-même et à ce qu'il fait. Car le redoublement donne une image ou ombre de deux substances respectives dans une même substance absolue, savoir de celle qui entend, et de celle qui est entendue ; l'un et l'autre de ces êtres est substantiel ; l'un et l'autre est un concret individu, et ils diffèrent par des relations mutuelles, mais ils ne font qu'une seule et même substance individuelle absolue. Je n'ose pour tant pas porter la comparaison assez loin, et je n'entreprends point d'avancer que la différence qui est entre les trois personnes divines, n'est plus grande que celle qui est entre ce qui entend et ce qui est entendu, lorsqu'un esprit fini pense à soi, d'autant plus que ce qui est modal, accidentel, imparfait, et mutable en nous, est réel, essentiel, achevé et immutable en Dieu. C'est assez que ce redoublement est comme une trace des personnalités divines. Cependant la S. Écriture, appelant le Fils, Verbe ou Logos, c'est-à-dire verbe mental, paraît nous donner à entendre que rien n'est plus propre à nous éclaircir ces choses, que l'analogie des opérations mentales. C'est aussi pour cela que les Pères ont rapporté sa volonté au Saint Esprit, comme ils ont rapporté l'entendement au Fils, et la puissance au Père, en distinguant le pouvoir, le savoir et le vouloir, ou bien le Père, le Verbe et l'Amour.

Concernant la *Trinité platonicienne*, Leibniz est des plus réservés : « ... je ne crois pas qu'on doive admettre trois substances absolues, dont chacune soit infinie, toute-puissante, éternelle, souverainement parfaite. Il parait aussi que c'est une chose très dangereuse pour le moins de concevoir le Verbe et le Saint-Esprit comme deux substances intellectuelles inférieures au grand Dieu, et néanmoins dignes d'un culte qui approche du culte que les païens rendaient à leurs dieux, ou qui le surpasse plutôt. » La *Trinité cicéronienne* ne lui plaît pas davantage : « ... j'ose dire qu'une personnalité semblable à celle dont Cicéron a parlé, quand il a dit : *Tres personas unus sustineo*, ne suffit pas » (mais il répugne à l'attribuer à Wallis : « Ainsi suis-je comme assuré que M. Wallis aura encore ajouté autre chose »), non plus que le « sabellianisme », qu'il ne semble guère distinguer de la Trinité « à la Tullius »

(« ... l'opinion Sabellienne, qui ne considère le Père, le Fils et le Saint-Esprit, que *comme trois noms*, comme trois regards d'un même être, ne saurait s'accorder avec les passages de la sainte Écriture »). La thèse du « Dr S-ht » (dont il ignore visiblement l'identité) n'est pas plus attrayante, mais outre qu'il ne la distingue guère du modalisme, Leibniz hésite derechef à suivre l'attribution de Nye (« Il ne suffit pas non plus de dire que le Père, le Fils et le Saint-Esprit diffèrent par des relations semblables aux modes, tels que sont les postures, les présences ou les absences. Ces sortes de rapports attribués à une même substance ne feront jamais trois personnes diverses existantes en même temps. Ainsi je m'imagine que ce M. S-ht, quel qu'il puisse être, ne se sera point contenté de cela »). Cudworth et Sherlock ont droit à la même réserve prudente, comme si la théorie de Cudworth n'était pas celle de la *Trinité platonicienne* : « Je ne sais pas assez comment s'expliquent MM. Cudworth et Sherlock; mais leur érudition, qui est si connue, fait que je ne doute point qu'ils n'aient donné un bon sens à ce qu'ils ont avancé. » La thèse socinienne est, en revanche, clairement rejetée comme aussi « violente » pour les Saintes Écritures que celle de Sabellius : « Aussi faut-il avouer que de même les explications que les Sociniens donnent aux passages, sont très violentes. » Quant à sa propre thèse, Leibniz la formule en termes proches de la scolastique : « ... il faut dire [...] que ces relations doivent être substantielles, qui ne s'expliquent pas assez par de simples modalités. De plus il faut dire que les personnes divines ne sont pas le même concret sous différentes dénominations ou relations, comme serait un même homme, qui est poète et orateur, mais trois différents concrets respectifs dans un seul concret absolu. Il faut dire aussi que les trois personnes ne sont pas des substances aussi absolues que le tout ».

Reste, et c'est ce qui intéresse l'archéologue, que les deux auteurs qui ont chacun à sa manière, et pour une large part en débat l'un avec l'autre, contribué le plus, à l'Âge classique, à l'émergence du sujet moderne, Locke et Leibniz, avaient lu ou entendu parler de Sherlock et que l'un au moins,

Leibniz, avait jugé bon de résumer et de réfuter Stephen Nye, l'un de ses adversaires sociniens.

Le modèle trinitaire de la « conscience de soi mutuelle » était dans leur champ de présence : Locke en a tiré de quoi alimenter sa réflexion sur l'identité personnelle et, probablement, sur les personnalités multiples ; Leibniz, qui ne semble pas avoir vraiment pratiqué la *Vindication*, y aura vu, s'il y a vu quelque chose, un encouragement supplémentaire à remonter directement aux sources médiévales – comme le montrent les quelques allusions qu'il fait à Sherlock dans sa correspondance avec Th. Burnett. Les deux principales nous apprennent en effet : d'une part, que Leibniz n'a pas encore lu l'œuvre maîtresse du théologien anglais, mais qu'il doute qu'il y ait grand-chose à tirer des controverses insulaires, en dehors d'une bonne raison de s'en excepter tant que l'on ne dispose pas de véritables définitions des termes employés[1] ; d'autre part, et pour la même raison, qu'il se félicite qu'il ait été autoritairement décidé d'y mettre un terme, épinglant au passage Sherlock, pour son apparente incapacité à user de « notions distinctes »[2].

1. Voir la deuxième lettre (sans date) à Thomas Burnett de Kemney, G3, p. 175-176 : « Pour ce qui est des controverses sur la Trinité, il me semble qu'il est bien difficile de raisonner juste, quand on manque de definition des termes : ainsi vos Messieurs auront bien de la peine à conclure quelque chose ; je croy cependant qu'on peut dire que les personnes de la Trinité sont trois Estres Relatifs dans une seule substance absolue. On peut excuser ceux qui disent que ce sont trois substances, trois esprits etc. ; mais il vaudra tousjours mieux de ne rien innover dans les termes sur un sujet si delicat et si peu connu. Si nous estions dans le temps des anciens Peres Grecs, l'un ou l'autre parti (selon que le torrent se porteroit d'un costé ou d'autre) ne manqueroit pas d'estre condamné d'heresie, mais graces à Dieu, on n'est pas si condamnatif aujourd'huy. Quand je considere la controverse des Monotheletes, qui est si peu importante et sur une matiere si peu entendue, je m'etonne qu'on ait esté autresfois si prompt à faire des heretiques. Je n'ay point lû encor ce que M. Sherlock a fait sur la Trinité ; cependant ce que vous m'aviés monstré de luy touchant l'obeissance due au possesseur de la Royauté, me parut sujet à beaucoup de difficultés ; et je me souviens de vous avoir envoyé mes remarques là dessus. Il me sembloit que la matiere estoit assez enveloppée dans son livre. »

2. Voir la 5e lettre à Burnett (Hanovre, 17/27 juillet 1696), G3, p. 176 : « Vos Messieurs n'ont pas mal fait de faire cesser les disputes sur la Trinité,

Sherlock ou non, il faut conclure l'apologue. Descartes n'a pas inventé le sujet cartésien : c'est la thèse que l'on défendra ici[1]. Locke et Leibniz ont plus fait que lui pour « le » sujet, ce qui ne veut pas dire qu'il n'ait rien fait, ou qu'il n'ait pas œuvré pour autre chose : la conscience, le moi ou l'*ego*. Simplement, le langage du « sujet » lui est étranger. Locke, qui n'en est pas obsédé, y recourt davantage, mais, en dehors de *consciousness*, c'est surtout de *person* et de *Self* qu'il parle. Leibniz use de toute la gamme : substance, sujet, suppôt, hypostase, personne, individu, moi. La différence entre les trois pères allégués du sujet moderne vient du degré (Descartes) ou de la nature (Locke, Leibniz) de leur intervention dans la théologie trinitaire et la théologie de l'union hypostatique. Descartes n'y vient guère. Il est beaucoup plus engagé dans les problématiques eucharistiques et la question de la transsubstantiation (voir la lettre à Mesland du 6 février 1645), qui ne sont certes pas étrangères à l'histoire du sujet, mais moins nodales que celles de l'union des deux natures ou de l'Uni-Trinité pour ce qui a simultanément trait à la personne, l'individu, le sujet d'action, le moi et la conscience[2]. Locke et

---

et le plus seur est de s'arrester aux termes de l'Ecriture et de l'Eglise ; car de disputer sur des termes, dont on n'a point de definition, c'est *in tenebris micare*. J'ay pratiqué dernierement un moyen fort plaisant pour faire cesser les disputes ; et je crois qu'il pourroit estre de grand usage. Pour le dire entre nous, quoyque Mr. Sherlock soit habile homme et eloquent, j'ay jugé par une piece que vous m'envoyâtes de sa part, et sur laquelle je vous envoyay des notes, quand vous n'estiés pas encor sorti hors de l'Allemagne, qu'il ne se donne pas tousjours la peine de former des notions distinctes. »

1. Le sujet – le mot et la chose – ne jouent qu'un rôle limité dans la philosophie cartésienne de l'esprit. Si un philosophe mérite d'être élevé au rang de penseur de la « subjectivité sans sujet », c'est bien Descartes, dont l'œuvre ne comporte *pas de référence majeure au sujet* – en dehors des circonstances précises que nous analyserons dans le volume III.

2. En théologie trinitaire, Descartes se veut et se dit proche de Thomas d'Aquin, comme en témoigne la lettre à Mersenne [Marin Mersenne, 1588-1648] du 31 décembre 1640, cf. A.-T. III, p. 274 : « Pour le mystère de la Trinité, je juge, avec Saint Thomas, qu'il est purement de la foi, et ne se peut connaître par la lumière naturelle. » On est bien loin des controverses anglaises : aucune des grandes œuvres cartésiennes n'aborde d'ailleurs *frontalement* les questions traitées ensuite par Locke ou Leibniz. Voir note complémentaire 15*.

Leibniz s'y donnent massivement. Le premier en rompant avec l'École, son langage, ses concepts[1]; le second en les continuant par d'autres moyens. C'est cela, tout cela, qu'il nous faudra montrer ici. Comment? Le temps est venu d'indiquer, comme on dit, le « plan de l'ouvrage ».

Décrire, dit-il

La trame d'un récit archéologique, d'une mise en récit de l'archéologie, ne peut être, s'agissant du sujet, la simple *chronique d'une naissance annoncée*. Le style cinéphilosophique des manuels ne convient pas davantage : il n'y a rien à attendre d'un *remake* permanent de *Descartes contre Herlock Sholmes*, ni d'une geste à répétition de *Trois Hommes et un couffin* – en dehors d'une constante révision du *casting* : *Descartes, Locke, Leibniz*, mais pourquoi pas *Augustin, Thomas, Averroès*, ou *Descartes, Hobbes, Regius*, ou pourquoi pas, comme le suggère Heidegger, *Descartes, Leibniz, Kant* ?

Quitte à reprendre un titre, suggérant à la fois un problème et imposant une méthode, le mieux serait d'invoquer le bel intitulé du recueil édité en 1994 par Joan Copječ : *Supposing the Subject*[2]. Car c'est bien de cela, qu'il s'agit *ici* : d'une longue *supposition* du sujet, commençant à la sub-jection aristotélicienne de l'ὑποκείμενον, pour, passant par le Savoir absolu, cette forme hégélienne du *sujet supposé savoir*, aboutir, de suppositions en suppositions, à la « subjectivité sans sujet » censée définir la condition postmoderne. Déterminer les *règles de passage* d'une supposition à l'autre revient à fixer les règles d'un *jeu de substitutions* : ce que Heidegger appelle une « mutation » *(Wandel)* historiale n'étant ici, en l'occurrence, et *par excellence*, qu'une *supposition* de sujets – au sens où l'article 363 du Code pénal réprime la *substitution d'un enfant à un*

1. Voir G. Wedeking, « Locke on Personal Identity and the Trinity Controversy in the 1690s. », *Dialogue*, 29/2 (1990), p. 163-188. À ma connaissance, Descartes n'a pas suscité d'étude comparable.

2. Cf. J. Copječ, *Supposing the Subject*, Londres-New York, Verso, 1994.

autre et/ou la *supposition d'enfant* entendue comme l'*attribution* à une femme qui n'a pas accouché, voire à une *personne* fictive, de la maternité d'un enfant mis au monde par une autre. Subjection, substitution, supposition : on ne saurait ici tout suivre. On se limitera à *jouer* avec quelques *sujets* nommés ὑποκείμενον, ὑπόστασις, *subiectum*, *substantia*, *hypostasis*, *Subjekt*, *individuum*, *persona*, *person*, et quelques figures de la subjecti(vi)té appelées *subsistentia*, *subsistence*, *personalitas*, *personality*, au long des croisements répétés d'au moins trois discours : ontologique, psychologique et théologique. Cela veut dire que nous nous limiterons à l'enquête correspondant effectivement, et au plus près, à la question de *l'émergence de la notion de sujet-agent de la pensée* et que nous laisserons de côté ou n'aborderons pas directement *l'archéologie du sujet de droit*[1], ni celle de la *propriété juridique du corps*[2], ni celle du *sujet libre* et de la *« spontanéité »* – exception faite, naturellement, de l'analyse des CQR où elle intervient dans le champ qui nous occupe : en l'occurrence *dans la polémique capitale de Leibniz avec Bayle*, qui voit le *retour du refoulé averroïste dans l'épistémè (post-)cartésienne* (on sait que, fort, entre autres, de sa fréquentation du corpus des jésuites de Coïmbra, les *Conimbricenses,* et du *De immortalitate animae* de Pomponazzi, Bayle fait le lien entre ce qu'il connaît d'Averroès, qu'il rapproche du

1. Ce que, précisément, Y.-Ch. Zarka appelle, d'une formule heureuse, *L'Autre Voie de la subjectivité* (Paris, Beauchesne, 2000). Sur le même thème, voir « L'invention du sujet de droit », *Archives de philosophie,* 60/4 (1997), p. 531-550. Voir en outre « Individu, personne et sujet dans les doctrines du droit naturel du XVIIe siècle », *in* G. Cazzaniga, Y.-Ch. Zarka (dir.), *L'Individu dans la pensée moderne*, vol. I, Pise, ETS, 1995, p. 241-256, qui, comme les textes susdits, croise explicitement plusieurs des champs couverts ici sous un autre éclairage. À quoi l'on ajoutera, évidemment, les travaux d'É. Balibar, dont « Subjection and Subjectivation », *in* J. Copječ (éd.), *Supposing the Subject*, *op. cit.*, p. 1-15, et « What Is "Man" in Seventeenth-Century Philosophy ? Subject, Individual, Citizen », *in* J. Coleman (éd.), *The Individual in Political Theory and Practice*, European Science Foundation/ OUP (Clarendon Press) (trad. fr. « Sujet, individu, citoyen. Qu'est-ce que "l'homme" au XVIIe siècle ? », *in* J. Coleman (éd.), *L'Individu dans la théorie politique et dans la pratique*, Paris, PUF, 1996.

2. Sur ce point, voir J.-P. Baud, *L'Affaire de la main volée. Une histoire juridique du corps*, Paris, Seuil (Des Travaux), 1993.

spinozisme, et les doctrines des cartésiens affirmant que Dieu est « la cause efficiente premiere des actions du libre arbitre »)[1], et son irruption dans l'univers théorique du « concours ordinaire de Dieu ». Bayle croise en effet tous les problèmes en combinant la thèse (TB1) que *nous ne sommes la cause ni de nos pensées ni de nos actions ni la « cause efficiente de nos volitions »* et celle (TB2) que *l'homme n'est qu'un « sujet passif »*[2].

Notre propos étant d'introduire les outils permettant de reconstruire la logique qui préside à l'enchaînement effectif des « complexes questions-réponses » dans une histoire de la philosophie appréhendée dans la multiplicité factuelle et l'unité relative de ses traditions textuelles et exégétiques, c'est l'articulation progressive des deux schèmes métathéoriques constituants que sont l'attributivisme*/et la sub-jectité, qui fournit la ligne de force de l'enquête. L'un et l'autre doivent être tracés : ils le seront. Il ne s'agit pas en effet de concepts plaqués sur une matière qu'ils seraient censés formaliser, mais d'entités descriptives qui sont elles-même nées d'un certain état et d'une certaine évolution de la réalité à décrire : entre la « réalité » observée et l'outil (ou le langage) d'observation l'interaction est elle-même réelle, et fondée dans l'histoire. À ces deux dimensions se rattache un ensemble récurrent de philosophèmes, qu'il faut introduire *in vivo* : concepts, distinctions, théorèmes, principes, dont la récurrence, sous des formes renouvelées, parfois méconnaissables, explique à la fois la complication constante et la cohérence maintenue des CQR. On les introduira là où ils se sont introduits eux-mêmes.

Le « plan » d'une archéologie philosophique est nécessairement tout sauf inscriptible sur une surface plane. L'intelligibilité qu'elle recherche ne peut s'obtenir en divisant en deux la *materia subiecta* : ici la méthode et les outils, là leur mise en œuvre. À chacun son *13 Mai* : l'archéologue, churchillien de métier, sinon de vocation, n'a rien d'autre à promettre que « Blood, Toil, Tears and Sweat » à toute étape du travail et de

1. Voir note complémentaire 16*.
2. Voir note complémentaire 17*.

l'exposé. Tel qu'il s'est imposé à moi, d'un essai de plume l'autre, au terme de dix années de cours et de séminaires, le parcours que je propose au lecteur se déroulera donc, Dieu et mon éditeur le voulant, en quatre temps – ou pour éviter une métaphore automobile, là où le mouvement est d'autant plus efficace qu'il est contraint : en quatre volumes[1].

Le premier, dont la table des matières devrait en principe donner une idée précise, sera consacré à l'attributivisme*/et à la formulation du modèle « périchorétique » de l'âme.

Le deuxième sera consacré à leur rencontre, leur affrontement, puis leur fusion au Moyen Âge, en gravitant autour d'Averroès, de l'averroïsme et de l'antiaverroïsme, de Thomas à la Seconde Scolastique. Il y sera question du sujet de la pensée, mais aussi de la théorie de la dénomination extrinsèque et de l'ontologie scolastique de l'action.

Le troisième sera centré sur la subjectité *(Subiectität)*, la présentation et la critique du scénario heideggérien faisant du cartésianisme la figure inaugurale de la conversion moderne au sujet *(Umwendung auf das Subjekt)*. On y traitera du retour imprévu de l'averroïsme à l'âge postcartésien, et de la controverse Leibniz-Bayle.

Le quatrième volume sera consacré à Locke, Hume, Reid, et à la philosophie moderne et contemporaine (Chisholm). On y traitera principalement de *puzzles*. L'avenir dira s'il tiendra de l'apothéose, du plan quinquennal soviétique ou de la voiture-balai.

1. Un essai philosophique n'étant pas un CPE, le tout recevra sans doute quelques amendements dans les mois qui viennent.

Chapitre II

Attributivisme et substantialisme

Subjectité et attributivisme*

On doit à Heidegger un des fondements de l'archéologie du sujet : la distinction entre sub-jectité *(Subjectität)* et subjectivité *(Subjektivität)*, exposée dans un texte de 1941, publié vingt ans plus tard en appendice du second volume du livre sur Nietzsche – « La métaphysique comme histoire de l'être[1] ». *Subjectität* désigne la détermination métaphysique fondamentale de l'être en son histoire, de l'histoire métaphysique de l'être, de l'histoire de l'être comme métaphysique (« Das Sein ist in seiner Geschichte als Metaphysik durchgängig Subiectität »[2]). En introduisant le mot de « sub-jectité », Heidegger veut faire entendre que :

1. l'être est métaphysiquement déterminé par le *subiectum* latin, c'est-à-dire, plus originairement par l'ὑποκείμενον grec, non par le « je » ou l'« égoïté »[3], ce qui veut dire que

1. Cf. M. Heidegger, *Die Metaphysik als Geschichte des Seins* in *Nietzsche*, t. II, Pfullingen, Neske, 1961, p. 399-458 [GA 6.2] = « La métaphysique comme histoire de l'être », in *Nietzsche*, t. II, trad. fr. P. Klossowski, Paris, Gallimard, 1971, p. 319-365.

2. GA 6.2, p. 411.

3. GA 6.2, p. 410-411 : « Der Name Subjectität soll betonen, daß das Sein zwar vom subiectum her, aber nicht notwendig durch ein Ich bestimmt ist. Überdies enthält der Titel zugleich eine Verweisung in das ὑποκείμενον und damit in den Beginn der Metaphysik, aber auch die Vordeutung in den Fortgang der neuzeitlichen Metaphysik, die in der Tat die

2. la « subjectivité » de la métaphysique moderne est un « mode de la subjectité »[1], et que

3. le passage de la « subjectité » à la « subjectivité », qui signe l'entrée dans la modernité, se laisse penser à partir de Descartes comme le moment où l'*ego*, devenu *le* « sujet insigne », acquiert le statut d'étant « le plus véritable »[2].

La distinction *Subjectität-Subjektivität* n'a pas été formulée d'un coup. Elle est venue clarifier un ensemble d'analyses engagées dès *Sein und Zeit* et de manière plus insistante encore, à la même époque, dans les *Problèmes fondamentaux de la phénoménologie*. Ces analyses se laissent selon moi regrouper sous un intitulé unique, celui d'attributivisme*, que je propose d'introduire comme outil historique métaphilosophique principal de l'archéologie du sujet.

Par attributivisme* je désigne toute doctrine de l'âme, de la pensée, de l'intellect ou de l'esprit, reposant sur (ou présupposant ou impliquant) une assimilation explicite des états ou des actes psychiques, noétiques ou mentaux à des attributs ou des prédicats d'un *sujet* défini comme *ego*. Je note ce type de doctrine « attributivisme* » pour le distinguer de ce que les philosophes anglophones, au premier rang desquels les interprètes analytiques de la psychologie d'Aristote, appellent *attributivism*, à savoir toute doctrine faisant de l'âme, de l'esprit, voire de l'intellect une *propriété ou disposition*

"Ichheit" und vor allem die Selbstheit des Geistes als Wesenszug der wahren Wirklichkeit in Anspruch nimmt. » Cette thèse est solidaire d'une interprétation de l'ἐνέργεια comme *Wirklichkeit*, dont le statut époqual est fixé dans la formule célèbre (GA 6.2, p. 376, trad. cit., p. 331-332, modifiée) attribuant à « la mutation de l'ἐνέργεια en *actualitas* (réalité efficiente) », la promotion du « réel effectif » au rang de seul « étant authentique » – thèse et formule que l'on peut certainement discuter en elles-mêmes. C'est ce que nous ferons dans le volume III. Voir note complémentaire 18*.

1. GA 6.2, p. 411 : « Versteht man unter Subjektivität dieses, daß das Wesen der Wirklichkeit in Wahrheit – d.h. für die Selbstgewißheit des Selbstbewußtseins – *mens sive animus, ratio*, Vernunft, Geist, ist, dann erscheint die "Subjektivität" als eine Weise der Subiectität. »

2. GA 6.2, p. 411 : « Wo aber die Subiectität zur Subjektivität wird, da hat das seit Descartes ausgezeichnete *subiectum*, das *ego*, einen mehrsinnigen Vorrang. Das *ego* ist einmal das wahrste Seiende, das in seiner Gewißheit zugänglichste. »

du corps, « some sort of dispositional property of the body or the organism »[1]. On le verra dans le chapitre suivant, l'attributivisme s'oppose au « substantialisme » *(substantialism)*, généralement référé à Descartes comme à un paradigme à la fois majestueux et fossile, définissant l'âme ou l'esprit comme une chose *(thing)*, c'est-à-dire un sujet – *a subject of properties*.

Attributivisme et substantialisme sont deux interprétations d'un même schème conceptuel, le couple « substance-attribut » *(the substance-attribute view*[2]*)* : dans l'attributivisme, l'esprit est attribut (et le corps substance), dans le substantialisme, il est substance (et le corps une autre substance); l'attributivisme est moniste, le substantialisme, dualiste; dans l'attributivisme standard, esprit et pensée sont tous deux des attributs du corps (par transitivité : la pensée est un attribut de l'esprit qui est un attribut du corps); dans le substantialisme standard (attributiviste*), la pensée est un attribut de l'esprit. On peut cependant imaginer aussi un attributivisme éliminativiste (matérialiste), éliminant l'esprit comme entité distincte de la pensée, et faisant directement de cette dernière un attribut du corps. On peut aussi imaginer un substantialisme non attributiviste* où la pensée ne serait pas un simple attribut (prédicat) de l'esprit.

En somme, on peut *a priori* être (1) substantialiste et attributiviste* ou (2) substantialiste et non attributiviste* ou (3) attributiviste et attributiviste* ou (4) attributiviste et non attributiviste* :

	attributivisme*	
substantialisme	(1) +	(2) –
attributivisme	(3) +	(4) –

1. J'emprunte cette formulation à H. Granger, *Aristotle's Idea of the Soul*, Dordrecht, Kluwer (Philosophical Studies Series, 68), 1996, p. 10.

2. J'emprunte l'expression, en la tirant de son contexte, à D.M. Armstrong, *Universals : an Opinionated Introduction*, Boulder, Westview Press, 1989, p. 59 *sq.*, qui l'utilise dans sa présentation de la théorie des « tropes » ou « particuliers abstraits » (la théorie opposée – la *trope bundles theory* – éliminant les substances).

La plupart des théories de l'âme (ou de l'esprit ou de la pensée) se laissent aisément distribuer dans ce dispositif : c'est ainsi que la théorie d'Augustin, à qui l'on doit la formulation originaire de l'attributivisme*, appartient sans ambiguïté, on le verra, à la classe définie par (2). De son côté, on le verra aussi, celle de Descartes se range dans la classe définie par (1). À la classe (3) appartiennent les tenants de l'attributivisme éliminativiste, la pensée étant un attribut du corps entendu comme sujet. La classe (4) paraît plus difficile à peupler. Elle ne l'est pas cependant, bien au contraire, si l'on comprend qu'une théorie peut être non attributiviste sans être substantialiste, ce qui est sinon obligé, du moins assez largement considéré comme le choix le plus rationnel, dès que l'on a affaire non plus seulement à l'âme ou à l'esprit, mais aussi à l'intellect (le νοῦς de la tradition postaristotélicienne). C'est le cas chez Thomas d'Aquin et Aristote (dans l'interprétation thomasienne). Tous deux sont en effet *attributivistes*, dans la mesure où ils soutiennent que l'âme est la « forme » (ou l'acte premier ou l'entéléchie première) du corps, et *non attributivistes*, dans la mesure où ils soutiennent que l'intellect est une faculté (une puissance ou une partie) de l'âme qui est forme du corps, mais qui est séparée de lui dans la mesure où son opération (l'intellection) se réalise sans un organe corporel. Ils *ne sont pas* pour autant *substantialistes* en ce qui concerne l'intellect, puisque, précisément, contrairement à Averroès (et à Aristote dans l'interprétation averroïste), ils ne font pas de l'intellect une substance réellement séparée de l'âme humaine.

Naturellement, tous les auteurs se rangeant dans une même classe ne professent pas nécessairement la même doctrine : si Descartes et Averroès relèvent tous deux de la classe (1), leurs théories respectives appartiennent à des épistémès différentes – elles n'ont rien d'autre en commun que de pouvoir être caractérisées par la paire substantialisme + attributivisme* ; leur contenu est entièrement distinct ; les complexes questions-réponses où elles s'originent, s'ils sont commensurables, ne sont pas superposables.

Si l'attributivisme et le substantialisme ont un certain passé historiographique, l'attributivisme* reste à définir et à

« tracer » : c'est ce que nous ferons dans les chapitres suivants. Il suffit pour l'instant de retenir que, telle que nous l'entendons, une « thèse attributiviste* » est une thèse qui introduit la sub-jectité, la *Subjectität* heideggérienne, dans l'analyse de ce qu'on appelle aujourd'hui le « mental » et qui, par là, rend possible la formulation, la fixation ou l'essor de la moderne *Subjektivität*. Le traçage de l'attributivisme* consistera à montrer, dans un premier temps, comment et par quelles étapes marquantes s'est effectuée l'entrée de la subjectité dans la noétique et, plus largement, dans la psychologie philosophique. Il nous faudra, pour ce faire, remonter au « champ de concomitance »[1] hérité d'Augustin, c'est-à-dire aussi au « champ de présence » et au complexe questions-réponses à la fois plotinien et (anti-)aristotélicien où s'originent simultanément sa formulation et son rejet de l'attributivisme*. Si lointaine soit sa provenance historiale effective, l'attributivisme* n'est pas pour autant un reliquat du passé, dont le seul intérêt serait antiquaire ou, comme on dit, « historique ». Il est au principe même de la psychologie moderne et de la philosophie de l'esprit : leur horizon natal.

Inexistence mentale et périchorèse

La « découverte » brentanienne de l'intentionnalité, qui permet à nos philosophes de disserter aujourd'hui de

1. Le « champ de concomitance » augustinien peut être décrit grossièrement comme l'ensemble des énoncés théologiques mobilisés par Augustin pour l'élaboration d'une doctrine de l'âme à partir des données de la théologie trinitaire. Dans sa provenance théologique le « champ de concomitance » de la psychologie augustinienne correspond bien à la définition de ce type de champ dans *L'Archéologie du savoir*, p. 77-78 : « ... il s'agit [...] des énoncés qui concernent de tout autres domaines d'objets et qui appartiennent à des types de discours tout à fait différents ; mais qui prennent activité parmi les énoncés étudiés soit qu'ils servent de confirmation analogique, soit qu'ils servent de principe général et de prémisses acceptées pour un raisonnement, soit qu'ils servent de modèle qu'on peut transférer à d'autres contenus, soit qu'ils fonctionnent comme instance supérieure à laquelle il faut confronter et soumettre au moins certaines propositions qu'on affirme. »

« l'intentionnalité du mental », est considérée comme ce qui a permis l'envol de la philosophie de l'esprit. L'intentionnalité brentanienne définit la spécificité des phénomènes *psychiques* par un type de relation nommé « in-existence intentionnelle » ou « mentale ». Arrêtons-nous un instant sur ce dernier terme. La distinction entre le « psychique » et le « mental » est l'une des croix de l'historien de la philosophie, et, par là même, un objet d'enquête privilégié pour l'archéologie, tout particulièrement, cela va de soi, pour l'archéologie du sujet. On attribue généralement à Descartes l'abandon de l'âme pour l'esprit, de la *Soul* pour le *Mind.* Ce changement de référent serait responsable des difficultés éprouvées par nombre d'interprètes à rendre compte de la spécificité de la théorie aristotélicienne de l'âme : l'inscription du rapport âme-corps dans le cadre cartésien du *Body-Mind Problem*, avec ses parasites : le primat de la conscience et la fiction malheureuse, depuis longtemps dénoncée par Hume, de ce qu'on appelle aujourd'hui « théâtre cartésien » *(Cartesian Theater)* [1], étant incompatibles avec la problématique authentique d'Aristote, qu'elle soit définie de manière fonctionnaliste ou antifonctionnaliste [2].

1. Sur ce thème et les problèmes associés, cf. D.C. Dennett, *Consciousness Explained,* Boston, Little, Brown & Company, 1991. Cf. également P.M. Churchland, « Eliminative Materialism and Propositional Attitudes », *Journal of Philosophy*, 78 (1981), p. 67-90 ; D.C. Dennett, M. Kinsbourne, « Time and the Observer : The Where and When of Consciousness in the Brain », *Behavioral and Brain Sciences*, 15 (1992), p. 183-247. Je reviendrai sur ces questions dans le volume IV en discutant les théories de Hume.

2. Le « théâtre cartésien » est la seule forme de théâtre qui ne doive rien aux Grecs. Comme l'écrit Richard Rorty, c'est l'idée non grecque par excellence, celle d'un *human mind* défini comme « an inner space in which both pains and clear and distinct ideas, pass in review before a single Inner Eye ». Et de préciser, pour achever d'opposer Descartes à l'Hellade : « There were, to be sure, the notions of taking tacit thought, forming resolutions *in foro interno*, and the like. The novelty was the notion of a single inner space in which bodily and perceptual sensations ('confused ideas of sense and imagination' in Descartes' phrase), mathematical truths, moral rules, the idea of God, moods of depression, and all the rest of what we now call 'mental' were objects of quasi-observation. » Sur tout cela, voir R. Rorty, *Philosophy and the Mirror of Nature*, Oxford, Blackwell, 1980,

À demeurer dans un idiome philosophique strictement gréco-latino-anglais, le complexe de problèmes soulevé par le passage de langue en langue dans l'histoire de la philosophie n'apparaît, cependant, que très partiellement. Les interprètes anglo-saxons d'Aristote, ancrés dans la tradition analytique, partagent une série de questions, qui toutes découlent d'une même question fondamentale : faut-il ou non interpréter le *De anima* d'Aristote à partir de la notion de *Mind* ou de celle de *Soul*? En témoigne de manière quasi archétypale le recueil publié en 1992 par M.C. Nussbaum et A.O. Rorty, *Essays on Aristotle's 'De Anima'*[1], dont l'objet, qui n'a pourtant rien de mystérieux : l'interprétation de la théorie aristotélicienne de la ψυχή, oscille entre *Mind* et *Soul*, disons pour faire court entre le titre de la contribution programmatique de M.C. Nussbaum et H. Putnam, « Changing Aristotle's Mind »[2], et celui de la synthèse de M. Frede, « On Aristotle's Conception of the Soul »[3]. Mais cette oscillation même, directement thématisée par l'article de K.V. Wilkes, dont le titre « *Psuchê* versus the Mind »[4], résume à lui seul le problème central posé à l'interprète moderne d'Aristote, ne sort pas du cercle magique défini par la confrontation de la ψυχή d'Aristote à... la *mens* de Descartes. Or, tout ne tient pas en cette limite étroite.

C'est une chose que de se demander s'il faut entendre la théorie aristotélicienne de la ψυχή comme une *Philosophy of Mind*, en s'interrogeant, le cas échéant, avec M.F. Burnyeat sur sa « crédibilité » actuelle[5], et une autre que d'aborder, sur

---

p. 50. Sur le théâtre cartésien et la question du « sujet cartésien », voir S. Zizek, « The Cartesian subject without the Cartesian theatre », *in* K.R. Malone, S.R. Friedlander (éd.), *The Subject of Lacan*, Albany, SUNY Press, 2000, p. 23-40.

1. M.C. Nussbaum & A.O. Rorty (éd.), *Essays on Aristotle's 'De Anima'*, Oxford, Clarendon Press, [1]1992.

2. « Changing Aristotle's Mind », *ibid.*, p. 27-56.

3. « On Aristotle's Conception of Soul », *ibid.*, p. 93-107

4. « *Psuchê* versus the Mind », *ibid.*, p. 109-127.

5. « Is an Aristotelian Philosophy of Mind Still Credible? (A Draft) », *ibid.*, p. 15-26. Sur la réponse de Burnyeat concernant la « pseudo (et piètre) philosophie aristotélicienne de l'esprit » : « *Junk it!* », soit : « Oubliez tout

les pas de Brentano, la théorie du *Noûs Poiêtikos* en se demandant avec L.A. Kosman « What does the Maker Mind Make? »[1]. Trop de *Mind* tue le *Mind*[2]. Du moins, pour un lecteur francophone, que l'on suppose, baccalauréat oblige, héritier de Descartes et qui aura toujours, on l'espère, quelque peine à entendre le νοῦς en termes d'*esprit*. En remontant, comme nous le proposons, de Descartes à Augustin, nous ne ferons – il faut en prévenir humainement le lecteur – qu'ajouter aux difficultés. Car s'il est vrai que, avant d'être cartésien, le terme *mens* est fondamentalement augustinien, c'est aussi, et d'abord, un formidable « oscillateur de langage » qui, précisément, fait communiquer l'esprit avec le νοῦς, c'est-à-dire, selon les traductions, l'Intellect ou l'Intelligence. *Anima* (mais aussi *animus*), *mens*, à savoir, alternativement, *mens-memoria* (une solidarité que l'anglais donne à entendre dans le couple *mind-remind*) ou *mens*-νοῦς (un couplage que rien ne laisse augurer) : un autre réseau s'annonce aussi embrouillé que le premier, la relation complexe établie entre l'*anima* et la *mens* dans certaines pages augustiniennes étant *à la fois* : *a)* un point fondamental du débat rétrospectif entre Augustin et Aristote ; *b)* la marque de la commensurabilité ou de l'incommensurabilité relatives de la supposée « âme » augustinienne et de l'« intellect-intelligible » du néoplatonisme plotinien et porphyrien ; *c) et*, pour l'interprète, une pressante, mais coûteuse incitation à évaluer pleinement la portée des énoncés du *De Trinitate* qui semblent confirmer la lecture, standard au Moyen Âge, d'une *mens-intellect* prise comme *partie supérieure* de l'*anima*. Mais ce n'est pas le seul problème.

---

ce fatras ! », voir J.-L. Labarrière, « Hylémorphisme et fonctionnalisme. Sur la relation âme/corps chez Aristote », in *Le Corps et l'Esprit. L'esthétique. Locke, Bergson, Quine* (Skepsis. Capes et agrégation de philosophie, 2004), Paris, Delagrave, 2003, p. 15.

1. L.A. Kosman, « What does the Maker Mind Make? », *in* M.C. Nussbaum & A.O. Rorty (éd.), *Essays*…., p. 343-358.

2. Rares sont les interprètes qui affrontent directement le problème posé par K.V. Wilkes. Une exception notable est l'excellent article de R. Pasnau, « The Mind-Soul Problem » (spot.colorado.edu/~pasnau/ research/ mind-soul.pdf). Voir note complémentaire 19*.

La notion moderne du « mental » n'est pas seulement grevée par les conséquences du passage de la ψυχή aristotélicienne à la *mens* cartésienne entendue comme « conscious *mens* ». Depuis Brentano, l'intentionnalité est venue s'ajouter au tandem initial, en sorte que, comme l'écrit K.V. Wilkes, depuis le *revival* brentanien de l'intuition médiévale « that "the mental" tended to be *about* something » :

> ... philosophers of mind (and also many psychologists over-impressed by the philosophers) have been struck with a concept « mind » which purports to accommodate both the Cartesian emphasis on consciousness, and Brentano's stress on intentionality.

Or les deux ne vont pas bien ensemble. D'où un diagnostic précis :

> Phenomena that fit the « Cartesian criteria » of consciousness, such as feeling pain, are not easily regarded as being intentional ; whereas the battery of pre-, sub-, un-, or simply non-conscious phenomena, which the « intentionality criterion » can easily absorb, fail the Cartesian criteria. The latter criteria (of immediacy, incorrigibility, privileged access) are epistemological ; what makes a proposition intentional is a logical matter.

Et une conclusion sévère : « In short, the mental, and with it the mind, are a mess[1]. » Face à cela, l'archéologue n'a qu'une tâche – qu'il partage avec tout usager d'un bureau de philosophe au début de l'année académique : *faire du rangement.* À défaut d'affronter directement le désordre du « mental », pourquoi ne pas commencer par l'expression dont se sert Brentano en 1874 pour introduire à la fois l'intentionnalité et le mental ?

Brentano : l'in-existence et l'inhabitation

Relisons le passage archi-commenté de la *Psychologie vom empirischen Standpunkt* où Brentano (ré-)introduit l'in-existence intentionnelle :

1. K.V. Wilkes, « *Psuchê* versus the Mind », art. cité, p. 115-116.

> Jedes *psychische* Phänomen ist durch das charakterisiert, was die Scholastiker des Mittelalters die *intentionale* (auch wohl *mentale*) *Inexistenz* eines Gegenstandes genannt haben, und was wir, obwohl mit nicht ganz unzweideutigen Ausdrücken, die Beziehung auf einen Inhalt, die Richtung auf ein Objekt (worunter hier nicht eine Realität zu verstehen ist), oder die immanente Gegenständlichkeit nennen würden[1].

Maurice de Gandillac traduit :

> Ce qui caractérise tout phénomène *mental*, c'est ce que les scolastiques du Moyen Âge nommaient l'*in-existence intentionnelle* (ou encore *mentale*) d'un objet, et que nous décririons plutôt, bien que de telles expressions ne soient pas dépourvues d'ambiguïté, comme la relation à un contenu ou la direction vers un objet (sans qu'il faille entendre par là une réalité), ou encore une objectivité immanente[2].

Laissant de côté la traduction malheureuse de « jedes *psychische* Phänomen » par « tout phénomène *mental* », tournons-nous vers le terme – apparemment plus malheureux encore – d'*Inexistenz*, correctement rendu, non sans un évident malaise, par « in-existence ». *Inexistenz* n'a, chacun le sait, rien à voir ici avec la non-existence *(Nichtexistenz, Unexistenz)*, même s'il en est synonyme dans la langue allemande de tous les jours. Brentano le donne comme d'emploi courant chez les scolastiques : cela paraît de prime abord exagéré, surtout accolé à *intentionale*. Le mot *inexistens* figure, certes, chez Thomas d'Aquin au sens d'*intrinsecum*, mais sans rapport avec l'intentionnalité[3], ainsi que chez Leibniz au sens de *contentum*; mais, à l'évidence, ce que vise Brentano est un mode parti-

1. F. Brentano, *Psychologie vom empirischen Standpunkt* [1874], éd. O. Kraus, 2 vol., Hambourg, Felix Meiner, 1974 : vol. 1, p. 124-125.

2. *La Psychologie au point de vue empirique*, Paris, Aubier-Montaigne, 1944, p. 102.

3. Cf. Thomas d'Aquin, *Sententia Metaphysicae*, *lib*. 5, *l*. 1, *n*. 6 : « Ex ordine autem, qui consideratur in motu locali, fit nobis etiam notus ordo in aliis motibus ; et ideo sequuntur significationes principii, quae sumuntur secundum principium in generatione vel fieri rerum. Quod quidem principium dupliciter se habet. Aut enim est *inexistens,* idest intrinsecum ; vel *non est inexistens,* idest extrinsecum. »

culier d'immanence d'un objet dans l'esprit[1]. Comme l'écrit C. McDonnell, dans la *Psychologie* de 1874, Brentano :

> ... does not write about *die intentionale Beziehung* [...], as many commentators intimate, but about '*die intentionale (auch wohl mentale) Inexistenz eines Gegenstandes*'. Thus 'intentional inexistence of an object' and 'psychical indwelling *(psychische Einwohnung)*' are synonymous expressions denoting the particular mode of mental existence of the object in any given psychical act experience of a mentally active subject[2].

Quel est ce mode? Sur ce point, les diverses monographies consacrées au philosophe de Marienberg ne sont guère éclairantes. Certaines contestent la synonymie des expressions « in-existence intentionnelle » et « immanence psychique » ; d'autres, au contraire, la durcissent ; certaines en font deux formulations successives de la *même* notion ; d'autres encore, l'expression d'une *évolution* subtile, mais capitale dans la pensée brentanienne ; d'autres enfin abordent la question des sources « scolastiques » de l'in-existence intentionnelle, tantôt pour la réduire à celle de *la* source aristotélicienne, unique et indéfiniment modulée, tantôt, au

1. Des quatre (selon l'*Index thomisticus*) textes où figure le mot *inexistentia* (au sens de « sum in » *vs* « non sum », lui-même non attesté), un passage de Thomas *pourrait* à la rigueur faire l'affaire (*Sentencia De anima*, lib. 3 : « Accipiamus ergo A, loco albi, et B loco nigri : ut sic se habeat A album ad B nigrum, sicut C ad D : id est sicut phantasia albi ad phantasiam nigri : quare et secundum permutationem proportionum A se habet ad C, sicut B ad D ; idest album ad phantasma albi sicut nigrum ad phantasma nigri ; et sic se habet intellectus ad C et ad D, scilicet ad phantasma albi et nigri, sicut se habet sensus ad A et B, idest ad album et nigrum. *Si igitur C et D, idest phantasmata albi et nigri, sunt inexistentia uni, idest iudicantur ab uno intellectu, sic se habebunt sicut A et B, idest album et nigrum, quae iudicantur ab uno sensu*. Ita quod sicut sensus diiudicans haec duo erat unum subiecto, differens ratione ; ita erit de intellectu »). Mais il n'y est aucunement question d'inexistence *intentionnelle*.

2. Cf. C. McDonnell, « Brentano's Modification of the Medieval Scholastic Concept of 'Intentional Inexistence' in *Psychology from an Empirical Standpoint* (1874) », *Maynooth Philosophical Papers* (An Anthology of Current Research from the Faculty of Philosophy, NUI Maynooth), Issue 3 (2006), p. 64.

contraire, pour multiplier au-delà du plausible les références proprement médiévales[1]. Il ne fait pas de doute que Brentano connaissait, autant qu'on le pouvait à l'époque et dans son milieu, la philosophie médiévale. En 1980, Klaus Hedwig a d'ailleurs publié une *Histoire de la philosophie médiévale dans l'Occident chrétien* datant de 1870, demeurée jusque-là dans le *Nachlass*[2].

Georg Koridze, qui distingue deux concepts de l'intentionnalité, l'un large, l'autre strict, fait d'Aristote le père, allégué par Brentano lui-même, d'une immanence psychique – l'intentionnalité *largo sensu* – comprise comme formulation inaugurale de l'in-existence intentionnelle[3], non sans noter

1. Sur ces questions, cf. K. Hedwig, « Der scholastische Kontext des Intentionalen bei Brentano », *in* R. Chisholm & R. Haller (éd.), *Die Philosophie Brentanos*, Amsterdam, Rodopi, 1978, p. 67-82 ; et, du même, « Intention : Outlines for the History of a Phenomenological Concept », *Philosophical and Phenomenological Research*, 39 (1979), p. 326-340.

2. Cf. F. Brentano, *Geschichte der mittelalterlichen Philosophie im christlichen Abendland.* Aus dem Nachlaß herausg. und eingel. v. K. Hedwig, Hambourg, F. Meiner (PhB 323), 1980. Comme le rappelle S. Krantz Gabriel, dans l'article (www.anselm.edu/library/SAJ/pdf/21Gabriel) qu'elle a consacré à l'interprétation brentanienne de la preuve anselmienne de l'immortalité personnelle, « Brentano's Account of Anselm's Proof of Immortality in *Monologion* 68-69 », *The Saint Anselm Journal* 2.1 (Fall 2004), p. 57, n. 24, K. Hedwig lui-même note (*Vorwort*, p. XV) que le texte de Brentano vaut moins pour ce qu'il rapporte de la scolastique que pour ce qu'il nous apprend sur sa propre philosophie (« In his introduction to *Geschichte der mittelalterlichen Philosophie*, Klaus Hedwig points out that Brentano's account of the medieval philosophers is more valuable for what it tells us about Brentano's interests than for what it explains about theirs »).

3. G. Koridze, *Intentionale Grundlegung der philosophischen Logik. Studien zur Intentionalität des Denkens bei Hervaeus Natalis im Traktat « de secundis intentionibus »*, thèse, Tübingen, 2004 : « Den breiten Intentionalitätsbegriff gebraucht auch Brentano, was seine begriffsgeschichtliche Analyse betrifft. So soll Aristoteles der erste gewesen sein, der über "psychische Einwohnung" spricht, was nach Brentanos Verständnis eine ursprüngliche Bezeichnungsform der "intentionalen Inexistenz" darstellt. Dieses definiert Brentano als ausschließlich eigentümliches Merkmal des Psychischen. » Koridze renvoie ici à Brentano, *Psychologie...*, p. 125 : « Diese intentionale Inexistenz ist den psychischen Phänomenen ausschließlich eigentümlich. Kein physisches Phänomen zeigt etwas Ähnliches. Und somit können wir die psychischen Phänomene definieren, indem wir sagen, sie seien solche Phänomene, welche intentional einen Gegenstand in sich enthalten. »

d'ailleurs que plus le concept visé est pris largement, plus son pedigree philosophique s'enrichit – la plupart des grands philosophes anciens pouvant légitimement prétendre y figurer[1]. Les scolastiques n'interviendraient en cette histoire que pour le concept strict ou restreint : l'intentionnalité au sens propre.

Il n'y a rien d'étonnant à créditer Aristote de l'invention de l'intentionnalité au sens d'immanence psychique. Après tout, c'est ce que Brentano lui-même fait dans une célèbre note de la deuxième édition de la *Psychologie* (1911) :

> Schon Aristoteles hat von dieser psychische Einwohnung gesprochen. In seinen Büchern von der Seele sagt er, das Empfundene als Empfundenes sei in dem Empfindenden, der Sinn nehme das Empfundene ohne die Materie auf, das Gedachte sei in dem denkenden Verstande[2].

> Aristotle himself spoke of this psychical indwelling. In his books on the soul he says that the sensed object, as such, is in the sensing subject; that the sense contains the sensed object without its matter; that the object which is thought is in the thinking intellect[3].

Encore faut-il s'entendre sur ce que signifie cette affirmation. Le texte auquel on renvoie généralement ici est bien connu : il s'agit du passage du *De anima*, II, 12, 424a19-21, où Aristote compare l'acte de sensation à de la cire qui reçoit la marque ou l'impression d'une bague, sans en conserver ni le fer ni l'or. Selon Koridze, ce texte, qui « fonde la cohésion nécessaire du percevant et du perçu », montre que la perception n'est rien d'autre qu'une impression – voire

1. « Je breiter der Begriff gefasst wird, um so einfacher kann eine Erkenntnislehre mit der Intentionalitätstheorie identifiziert werden. Der breite Intentionalitätsbegriff kann beispielsweise auf die meisten antiken Theorien angewandt werden. »

2. F. Brentano, *Psychologie vom empirischen Standpunkt,* II, chap. 1, éd. cit., p. 125, note.

3. Cf. F. Brentano, *Psychology from an Empirical Standpoint*, trad. angl. par A.C. Rancurello, D.B. Terrell & L.L. McAlister, Londres, Routledge & Kegan Paul, 1973 [réimpr. Routledge, 1995], p. 88, note.

une empreinte[1]. La clé de la théorie aristotélicienne de la perception, qui ouvre la porte dérobée du mystérieux palais de l'intentionnalité, est le pâtir[2]. Il y aurait beaucoup à dire sur cette lecture. On se limitera à noter qu'elle manque l'essentiel : la dématérialisation. C'est pourtant sous cet angle – la perception comme réception d'une forme sans la matière – que la tradition a compris d'emblée, sans équivoque et constamment la thèse d'Aristote, qu'il s'agisse de la sensation proprement dite ou de l'intellection. Pour ce qui est de la sensation, il suffit d'évoquer Alexandre d'Aphrodise qui, dans son propre *De anima*, explique clairement que ce qu'on appelle φαντασία, autrement dit la représentation[3], *n'est pas une empreinte*, mais une *activité exercée sur les résidus laissés dans l'âme par la sensation* (contre les stoïciens, qui définissent la représentation comme une « empreinte dans l'âme » et une « empreinte dans la partie directrice ») – lesdits « résidus » n'étant d'ailleurs pas eux-mêmes des « empreintes » au sens propre du terme, puisque la couleur ou l'odeur, par exemple, ne présentant pas de figure, ne sauraient s'imprimer dans l'âme à la manière d'un sceau. Cette théorie va de pair avec une définition « commune » (mais précise) de « l'âme sensitive » comme « cette puissance de l'âme par laquelle le vivant qui la

1. G. Koridze, *op. cit.* : « Um besser zu verstehen, warum die aristotelische Wahrnehmungstheorie intentional verstanden werden kann, sei eine Stelle erwähnt, wo der Stagirit die notwendige Kohäsion des Wahrnehmbaren mit dem Wahrnehmenden begründet. Er weist dort darauf hin, dass die Wahrnehmung nichts anderes als ein Eindruck ist. »

2. *Ibid.* : « Das [...] Erleiden *(paschein)* des Verstands ist der Schlüsselbegriff für die Entstehung der Intentionen. Bemerkenswert ist die Einsicht, dass das Erleiden von seiten des Erkenntnisobjekts erfolgt. Die *pathemata* sind es, die Eindrücke in der Seele, die durch das Erleiden entstehen, aber eine aktive Kraft in sich bergen, die erst später, bei Scholastikern die Intentionalität heißen wird. »

3. Aristote lui-même définissant la φαντασία comme « un mouvement qui résulte de la sensation en acte » (*De an.*, III, 3, 429a1-2 : ἡ φαντασία ἂν εἴη κίνησις ὑπὸ τῆς αἰσθήσεως τῆς κατ' ἐνέργειαν γιγνομένη, trad. Bodéüs, p. 221 : « La représentation est le mouvement qui se produit sous l'effet du sens en activité »), et faisant, comme on le sait, dériver le mot de φῶς (lumière). On notera que Barbotin, p. 78, préfère : « l'*imagination* est un mouvement produit par la sensation en acte. »

possède est capable, en devenant semblable par une sorte d'altération aux sensibles qu'il reçoit, de les juger au moyen de l'activité qu'il exerce sur eux»[1]. C'est sur cette base qu'Alexandre définit en termes de dématérialisation l'assimilation partielle du percevant et du perçu qui, au niveau de la sensation, est censée être la première formulation de la théorie de l'immanence psychique, d'où procéderait – en pure synonymie ou au terme d'une évolution restant à préciser – la notion d'in-existence intentionnelle :

Le sensible et la sensation sont dissemblables avant l'activité, mais ils deviennent semblables lors de l'activité. C'est en effet par une sorte d'assimilation, laquelle naît d'une altération, que se produit le sentir. Car la forme de l'objet sensible, quand elle naît sans la matière dans l'être capable de sentir, constitue la sensation en acte. Et si l'assimilation suit d'une altération, [39.15] il est évident que le sensible et la sensation, avant l'altération, sont différents et dissemblables, comme on l'a également montré à propos de la nourriture [2].

ἔστι δὲ τὸ αἰσθητόν τε καὶ ἡ αἴσθησις πρὸ μὲν τῆς ἐνεργείας ἀνόμοια, ἐν δὲ τῇ ἐνεργείᾳ ὅμοια γίνεται. κατὰ ὁμοίωσιν γάρ τινα γινομένην δι' ἀλλοιώσεως τὸ αἰσθάνεσθαι. τὸ γὰρ εἶδος τοῦ αἰσθητοῦ χωρὶς τῆς ὕλης γινόμενον ἐν τῷ αἰσθητικῷ ἡ κατ' ἐνέργειάν ἐστιν αἴσθησις. Εἰ δὲ δι' ἀλλοιώσεως ἡ ὁμοίωσις, δῆλον ὡς πρὸ τῆς ἀλλοιώσεως ἕτερά τε καὶ ἀνόμοια ἦν, ὡς ἐδείχθη καὶ ἐπὶ τῆς τροφῆς.

1. Voir Alexandre d'Aphrodise, *De anima*, éd. Bruns, p. 38, 21-39, 2, trad. M. Bergeron & R. Dufour, *in* Alexandre d'Aphrodise, *De l'âme*, Introd., texte grec, trad. et comm., Paris, Vrin, 2008 : ὡς δὲ συνελόντι καθόλου περὶ τῆς αἰσθητικῆς ψυχῆς εἰπεῖν, δύναμίς ἐστι ψυχῆς, καθ' ἣν τὸ ἔχον αὐτὴν οἷόν τέ ἐστιν ὁμοιούμενον τοῖς δεκτοῖς αἰσθητοῖς διά τινος ἀλλοιώσεως τῇ πρὸς αὐτὰ ἐνεργείᾳ κρίνειν αὐτά.

2. *Ibid.*, p. 39, 10-15, trad. M. Bergeron & R. Dufour, légèrement modifiée. Il semble préférable de traduire littéralement αἰσθητικός par «capable de sentir» (plutôt que «capable de percevoir») et de rendre τὸ αἰσθάνεσθαι par «le sentir» (plutôt que par «la perception»), puisque Alexandre dispose du terme ἀντιληπτικός pour «apte à percevoir» et de ἀντιλήψις pour «perception».

S'agissant de l'intellection, la même notion de dématérialisation s'impose derechef à l'interprète. Toute la théorie alexandrinienne de l'abstraction, dont j'ai montré ailleurs le rôle époqual dans l'histoire de la pensée tardo-antique et médiévale, repose sur la thèse d'Aristote, notée TAr_{abs}, selon laquelle :

> TAr_{abs} : L'abstraction est une opération mentale qui consiste à *concevoir comme séparées de la matière des choses qui ne sont pas séparées de la matière*[1].

L'immanence psychique rapportée à la thèse du *De anima*, 424a19-21 désigne donc un mode d'être de la forme (sensible ou intelligible) reçue dans l'âme (sensitive ou intellective) *sans la matière*. C'est ce mode d'être que – conformément à l'interprétation que l'on donne de l'évolution de Brentano – l'in-existence intentionnelle vient – est supposée venir – clarifier, préciser, développer ou remplacer. Avant de prendre position sur ce point et de risquer une hypothèse, il faut noter que la séquence : *psychische Einwohnung – intentionale (auch wohl mentale) Inexistenz eines Gegenstandes* a fait elle-même l'objet d'une mise au point de Brentano dans une autre note importante de l'édition de 1911 :

Dieser Ausdruck ist in der Art mißverstanden worden, daß man meinte, es handle sich	This expression had been misunderstood in that some people thought it had to do with in-

1. Cette thèse est tirée d'Aristote, *De an.* III, 7, 431b12-16, trad. Tricot, p. 194 : « Quant à ce qu'on appelle les abstractions, l'intellect les pense comme on penserait le camus : en tant que camus, on ne le penserait pas à l'état séparé, mais, en tant que concave, si on le pensait en acte, on le penserait sans la chair dans laquelle le concave est réalisé : c'est ainsi que, quand l'intellect pense les termes abstraits, il pense les choses mathématiques, qui pourtant ne sont pas séparées, comme séparées. » Elle est le produit d'une généralisation de TAr_{abs} au-delà du mathématique, opérée par Alexandre à propos de l'abstraction des « formes engagées dans une matière » : celles-ci n'étant pas *de soi* intelligibles, deviennent intelligibles du fait qu'un intellect « les rend intelligibles : *a)* en les séparant de la matière par la pensée ; *b)* en les appréhendant comme si elles étaient par soi ». Pour tout cela, je me permets de renvoyer au chapitre consacré à Alexandre dans *L'Art des généralités*, Paris, Aubier, 1999.

dabei um Absicht und Verfolgung eines Zieles. So hätte ich vielleicht besser getan, ihn zu vermeiden. Die Scholastiker gebrauchen weit häufiger noch statt « intentional » den Ausdruck « objektiv ». In der Tat handelt es sich darum, daß etwas für das psychisch Tätige Objekt und als solches, sei es als bloß gedacht oder sei es auch als begehrt, geflohen oder dergleichen, gewissermaßen in seinem Bewußtsein gegenwärtig ist. Wenn ich dem Ausdruck « intentional » den Vorzug gab, so tat ich es, weil ich die Gefahr eines Mißverständnisses für noch größer hielt, wenn ich das Gedachte als gedacht « objektiv seiend » genannt hätte, wo die Modernen, im Gegensatz zu « bloß subjektiven Erscheinungen », denen keine Wirklichkeit entspricht, das wirklich Seiende so zu nennen pflegen[1].

tention and the pursuit of a goal. In view of this, I might have done better to avoid it altogether. Instead of the term « intentional » the Scholastics very frequently used the expression « objective ». This has to do with the fact that something is an object for the mentally active subject, and, as such, is present in some manner in his consciousness, whether it is merely thought of or also desired, shunned, etc.

I preferred the expression « intentional » because I thought there would be an even greater danger of being misunderstood if I had described the object of thought as « objectively existing, » for modern day thinkers use this expression to refer to what really exists as opposed to « mere subjective appearances »[2].

Ce correctif ne nous apprend rien d'un point de vue archéologique : il ne fait que démarquer la thèse de 1874 vis-à-vis de deux usages modernes des termes *intentionnel* d'une part, *objectif* d'autre part, le premier, réduisant l'intentionnalité à l'intention au sens courant d'intention volontaire, de but ou de propos, le second ramenant l'objectivité à l'existence objective, « réelle » ou effective, opposée à l'existence

1. F. Brentano, *Psychologie vom empirischen Standpunkt,* II, chap. 5 (1), p. 8-9, note de 1911.

2. F. Brentano, *Psychology from an Empirical Standpoint*, trad. cit., p. 180-181, note. Sur ce texte, cf. H. Spiegelberg, « "Intention" and "Intentionality" in the Scholastics, Brentano and Husserl », *in* L.L. McAlister (éd.), *The Philosophy of Brentano*, Londres, Duckworth, 1976, p. 120–121.

« purement subjective » (la « subjectivité » au sens *devenu banal* du terme).

Plutôt que de se perdre en polémiques inutiles sur le statut de la séquence *psyschiche Einwohnung – intentionale (auch wohl mentale) Inexistenz*, en s'efforçant de rattacher l'une, l'autre ou les deux à des sources que Brentano n'a pas nommées (ou ce qui revient aux mêmes en ne les rattachant pas à celles qu'il a effectivement nommées), il nous semble souhaitable de reprendre le problème à la base, en nous interrogeant sur la nature même du vocabulaire qu'il emploie.

Le mot *Inexistenz* est évidemment, de tous, le plus déconcertant. Et pour une bonne raison : il ne s'entend bien qu'en grec. L'in-existence n'est, en effet, et originairement, rien d'autre que l'ἐνύπαρξις, qui renvoie à l'ὑπάρχειν, au fait d'exister, mais aussi à celui d'« avoir hypostase », d'« avoir substance » : *substantiam habere*[1]. Brentano, l'interprète d'Aristote, mais aussi l'helléniste rompu à d'autres langages philosophiques que celui du Stagirite, ne l'ignorait pas, même s'il

1. Naturellement, le premier sens du verbe grec ὑφιστάναι auquel correspond l'expression latine « substantiam habere » dit exactement le contraire de l'inexistence brentanienne : « pouvoir faire fond sur une réalité corporelle définie par sa stabilité et sa solidité », si, comme l'explique lumineusement J.-F. Courtine (« Note complémentaire pour l'histoire du vocabulaire de l'être (Les traductions latines d'οὐσία et la compréhension romano-stoïcienne de l'être) », *in* P. Aubenque (éd.), *Concepts et Catégories dans la pensée antique*, Paris, Vrin, 1980, p. 58), Sénèque et les stoïciens, qui ont imposé l'idée aux Romains, entendent la « substantialité, propre à ce qui est au sens plein, comme le fait d'avoir un support, un substrat ou une base assurant consistance et stabilité » et donnent donc « par là » à entendre que « avoir substance, c'est toujours supposer ou pré-supposer un corps » (le corps nommant ici « en général le fond sur lequel doit reposer toute chose pour être »)... « Si être implique d'avoir-substance, c'est parce que le fait d'avoir-substance dit la possession d'un substrat solide, dont la propriété est justement gage de consistance et de permanence. » Ce que veut dire Brentano n'a rien à voir avec l'acception stoïcienne originaire de l'in-existence. L'être « en hypostase » qu'il vise est un mode d'immanence : ἐνύπαρξις. Le problème est d'entendre correctement le terme grec traduit par *In-existenz.* Mon hypothèse est que, pour ce faire, il faut le restituer à son horizon véritable, qui n'est pas ici le stoïcisme, mais la théologie trinitaire, ἐνύπαρξις et περιχωρήσις étant, comme on le verra, synonymes chez les Pères grecs.

fait preuve, s'agissant de la philosophie ancienne, d'un aristotélisme inoxydable.

Il y a cependant plus à dire. C'est, en effet, aux « scolastiques », non aux Grecs, que renvoie explicitement la *Psychologie vom empirischen Standpunkt.* Catholique et prêtre, Brentano savait probablement mieux que quiconque à l'époque « was die Scholastiker des Mittelalters die *intentionale* (auch wohl *mentale*) *Inexistenz* eines Gegenstandes genannt ha[tt]en ». Or, et c'est ce qui est décisif du point de vue archéologique, « in-existence », ἐνύπαρξις, *inexistentia*, est non seulement un terme de l'ontologie grecque, mais aussi et en liaison étroite avec son acception philosophique, un terme clé de la théologie trinitaire. Il correspond même à un concept de l'existence des Personnes, qui nous ramène à Augustin, à l'invention de l'attributivisme*, et au contre-modèle élaboré dans le *De Trinitate* pour argumenter son rejet. Plus précisément, et c'est la thèse fondamentale que nous défendrons dans tout ce qui suit, l'*inexistentia* brentanienne donne à entendre (en en portant la trace) le concept de l'existence des Personnes qu'Augustin s'efforce de construire hors du schéma aristotélicien de la substance et de l'accident, inventant au passage, contre l'alliance de la *Subiectität* et de l'attributivisme*, qu'il est le premier à mettre au jour, un modèle nouveau du « mental », d'où sortira, bien avant Descartes, un concept propre de « subjectivité » (la *Subjektivität* selon Heidegger). J'appelle ce modèle : « modèle périchorétique de l'âme », bien que (1) le terme περιχωρήσις ne soit pas augustinien, et que (2) l'on puisse alternativement le qualifier d'« *en*-hyparxique » – une fois pris en compte le fait que ἐνύπαρξις est un équivalent de περιχωρήσις dans la théologie grecque [1].

En quoi l'in-existence brentanienne a-t-elle à voir avec la périchorèse ou, au moins, avec l'idée philosophico-théologique augustinienne qu'exprime la périchorèse ou sa

1. Cf. J. Kleutgen, *De ipso Deo*, § 1089, Ratisbonae (Regensburg), 1881, p. 695 : « Eam Patres graeci περιχωρήσις vel ἐνύπαρξις, latini theologi veteres circumincessionem, recentiores circuminsessionem vocaverunt, illis ni fallor, vitae, his essentiae communionem magis spectantibus. »

reprise scolastique latine : la *circumincessio*, fréquemment désignée au Moyen Âge tardif par le terme *inexistentia*? Un archéologue a l'habitude des sondages. Il ne sonde pas pour autant les reins et les cœurs. Il peut à défaut s'appuyer sur quelques faits historiques simples, puis tenter de les coordonner en une explication – une hypothèse explicative – nouvelle.

Le premier est que, au XIVe siècle, le théoricien de l'*esse obiectivum*, le champion médiéval de l'être « intentionnel », Pierre d'Auriole (v. 1280-1322) emploie les deux termes *circumincessio* et *inexistentia* en parallèle, quand, pour exprimer l'idée augustinienne d'immanence mutuelle des Personnes, dans le vocabulaire grec, imposé des siècles après Augustin par Jean de Damas, il pose que :

Il en découle clairement que la cause de la circumincession et de l'in-existence mutuelle des Personnes n'est, selon lui, rien d'autre que l'être de la Déité, qui est impartible aux Trois.	Ex quo patet, quod causa circumincessionis et inexistentiae mutuae personarum secundum ipsum [Damascenum] non est aliud, quam esse Deitatis, quae impartibilis est a tribus [1].

À l'extrémité du Moyen Âge tardif, l'archéologue peut aussi relever que le « Prince des thomistes », Jean Cabrol, *alias* Capreolus (v. 1380-1444), traite les deux termes comme synonymes, tout en marquant une préférence pour *inexistentia* [2].

Ces repères, que l'on pourrait multiplier à loisir, induisent une question : Brentano avait-il *réellement* en tête l'idée médiévale d'immanence mutuelle, *circum*-incessive, des puissances ou des actes mentaux, en parlant de l'in-existence mentale selon « les scolastiques du Moyen Âge », ou celle-ci n'appartenait-elle qu'à son *vocabulaire latent*?

1. Pierre d'Auriole, *In I Sent. d.* 19, *a.* 2, § 5-6, Romae, p. 469 b EF. Sur Pierre, cf. R.L. Friedman, *« In principio erat Verbum ». The Incorporation of Philosophical Psychology into Trinitarian Theology, 1250-1325*, Ph.D. dissertation, University of Iowa (1997). Voir note complémentaire 20*.

2. Jean Capreolus, *Defensiones theologiae divi Thomae Aquinatis, In I Sent.*, *d.* 19, Turonibus, 1900, II, p. 149-152.

Une chose est sûre : sa culture théologique la lui rendait aisément accessible. En témoigne l'emploi même du mot *Einwohnung*, qui n'a certes pas reçu, lui non plus, l'attention qu'il méritait. Le sens augustinien d'immanence mutuelle n'est pas, de fait, étranger au mot allemand. Comment le serait-il, puisqu'il traduit littéralement le terme théologique d'*inhabitatio* ? C'est en en ce sens que l'on parle de *l'Einwohnung Gottes im Menschen*, de l'« inhabitation intérieure » du Verbe, de l'inhabitation du Saint-Esprit ou de l'*inhabitatio Trinitatis* – en anglais *Trinitarian Indwelling*[1]. Si, comme l'affirme McDonnell, « intentional inexistence of an object » et « psychical indwelling *(psychische Einwohnung)* » sont synonymes, la série *inexistentia-inhabitatio-circumincessio* ne peut être considérée comme étrangère à l'horizon du lexique brentanien ou comme y figurant fortuitement.

1. Un lien étroit unit dans la tradition théologique périchorèse et inhabitation. Chez Jean de Damas, qui, en un sens, est à l'origine de tout le discours périchorétique, la περιχώρησις est consciemment et puissamment associée à l'idée de manence (μονή), de résidence ou d'habitation exprimée en grec par le terme ἵδρυσις, au point d'en être quasiment traitée comme un synonyme. Si, comme le note A. Deneffe, « *Perichoresis, circumincessio, circuminsessio* », *Zeitschrift fur katholische Theologie*, 47 (1923), p. 507 : « Neben die Perichoresis stellt er [Johannes v. Damaskus], wie es scheint als fast gleichbedeutend, die ἵδρυσις, das Wohnen (*De fide orth*. 4, 18), oder die μονὴ καὶ ἵδρυσις, das Verweilen und das Wohnen der Personen in einander (*De fide orth*. 1, 14) », il est clair que l'utilisation brentanienne du mot *Einwohnung* en liaison avec l'in-existence (autrement dit l'ἐνύπαρξις, donc... la περιχώρησις) ne peut être entièrement coupée du « champ de concomitance » – voire « de présence » – théologique, définissant son « *a priori* historique ». Il ne fait à mes yeux aucun doute que, par son parcours et son statut ecclésiastique, Brentano ne pouvait utiliser le mot *Einwohnung* sans y entendre au minimum l'écho de l'*inhabitatio* latine. Il me semble donc sensé de soutenir la thèse que l'in-existence intentionnelle brentanienne comme *psychische Einwohnung* a quelque chose à voir avec le « discours » scolastique sur l'inhabitation. On notera à ce propos que, chez les scolastiques, le terme *mansio*, « manence », traduction latine de μονή, est couramment associé à la *circumincessio*. C'est le cas, par exemple, chez Pierre d'Auriole, qui définit l'*inexistentia* ou *circumsessio* des Personnes *immansive* (litt. « immansivement »), autrement dit par l'« immanence » ou « manence mutuelle ». Cf. *In I Sent*., *d*. 19, *a*. 2, § 15, Romae, p. 465aA : « Infert ex his, [...] quod una sit *immansive* et per circumsessionem, hoc est per circularem sessionem et mutuam *mansionem*. »

Naturellement, on pourra toujours objecter (1) que c'est chez Aristote lui-même, et non dans son missel du dimanche, que Brentano va chercher la notion de *psychische Einwohnung* définie comme immanence de l'objet senti dans le sujet sentant et de l'objet de pensée dans l'intellect pensant, et qu'il ne veut rien dire de plus en parlant de *psychische Einwohnung* ou d'in-existence intentionnelle d'un objet que (2) la thèse scolastique affirmant, « avec » Aristote, que les objets de perception et de pensée n'ont pas une existence réelle, mais seulement intentionnelle, autrement dit « objective », dans le sujet « mentalement actif ».

Les notes ajoutées à l'édition de 1911 semblent plaider en ce sens. Particulièrement celle dite « de la page 125 » : « Schon Aristoteles hat von dieser psychischen Einwohnung gesprochen... » Mais il faut lire les notes jusqu'au bout. Si on le fait, on s'apercevra que la thèse « aristotélicienne » est inscrite dans l'horizon de préoccupation d'Augustin, et, précisément, dans sa réflexion sur le Verbe mental :

> Augustinus in seiner Lehre des *Verbum mentis* und dessen innerlichen Ausgange berührt diesselbe Tatsache[1].

Et si on le fait vraiment jusqu'au bout, on verra que Brentano identifie formellement dans la théorie thomasienne de l'immanence mutuelle des Personnes trinitaires un des usages exemplaires de la notion d'inhabitation qu'il dit avoir voulu mettre en œuvre en parlant de *psychische Einwohnung* :

> Thomas von Aquin lehrt das Gedachte sei intentional in dem Denkenden, der Gegenstand der Liebe in dem Liebenden, das Begehrte in dem Begehrenden, und benützt dies zu theologischen Zwecken. Wenn die Schrift von einer Einwohnung des hl. Geistes spricht, so crklärt cr diese als eine intentionale Einwohnung durch die Liebe. Und in der intentionalen Inexistenz beim Denken und Lieben, sucht er auch für das Geheimnis der Trinität und der Hervorgang des Wortes und Geistes *ad intra* eine gewisse Analogie zu finden[2].

1. F. Brentano, *Psychologie vom empirischen Standpunkt,* II, chap. 1, éd. cit., p. 125, note de 1911.
2. *Ibid.* Trad. angl. cit., p. 180-181.

Le complexe théologique évoqué par Brentano est cohérent, articulé et pertinent[1], qui couvre à la fois l'immanence mutuelle des Personnes, celle des actes dans la procession *ad intra* (ce qu'on appelle la « vie » intratrinitaire) et l'inhabitation de l'Esprit saint, et place le tout sous la houlette de l'immanence intentionnelle du pensé dans le pensant, de l'objet d'amour dans l'aimant, de [l'objet] de désir dans le désirant – rejoignant par là ce qu'il entend d'Aristote.

Est-ce trop dire, dans ces conditions, que parmi les sources de la notion d'in-existence intentionnelle d'un objet figure la théorie augustinienne et scolastique de l'immanence intentionnelle dans la Trinité : la périchorèse ? On nous permettra de soutenir que non.

Cela posé, il ne suffit pas de *ne pas trop dire* pour être sûr d'avoir *dit assez*.

Brentano est-il augustinien ? Certainement pas. Son Augustin est celui de Thomas. C'est ce qui lui permet de voir une *compatibilité entre Aristote et Augustin* que tout dément chez Augustin lui-même, et que Thomas, seul, a risquée et ici ou là imposée. L'utilisation même du terme *intentionale*, présenté comme substituable *salva veritate* par *mentale* : « ... die *intentionale* (auch wohl *mentale*) *Inexistenz* eines Gegenstandes... »,

1. C. McDonnell est, à ma connaissance, le seul interprète à avoir pris au sérieux la dimension théologique de l'*Einwohnung*. Cf. « Brentano's Modification... », p. 68 : « For the Scholastics, however, *(in)esse intentionale* is not an exclusive feature of the psychical. In Scholastic epistemology, the intentional indwelling of the abstracted form or intelligible species residing intentionally, as opposed to really, in the soul of the knower is *just one instance* where an "intentional union" takes place between knower and real object that is known in the world [...]. Indeed, the Scholastics appealed to this concept of intentional union in their theology as a way of "understanding" the mystery of the triune God where the love of the Father for the Son and of the Son for the Father is manifested in and through the intentional indwelling of the Holy Spirit. Such an account retains the notion of "three persons" "in" the "one substance" (but not three real substances in one substance or in one another). Brentano himself draws our attention to this very deployment of the concept of intentional indwelling by St Augustine and the Scholastics in an extended footnote, explaining the historical origins of the concept of "intentional inexistence of an object" which accompanies the 1874 passage. »

ou par *objektive* plaide en ce sens. De fait, si elle permet de préciser ce que ce mode d'ἐνύπαρξις a de particulier – de « mental » –, elle introduit (ou reconduit) obligatoirement, ce faisant (fût-ce tacitement), un cadre attributiviste* qui campe à l'opposé du schéma de l'*in-existentia* périchorétique opposé depuis Augustin à toute interprétation attributiviste* du rapport de la *mens* aux états ou actes précisément dits, et pour cette raison même, « mentaux ». Ce geste est thomasien. On ne peut être à la fois partisan d'Aristote et d'Augustin, s'agissant du modèle à appliquer à l'âme : il faut impérativement choisir entre le modèle aristotélicien de la substance et de l'attribut, et le modèle augustinien de l'immanence mutuelle. Du moins ne peut-on l'être avant l'audacieuse synthèse effectuée par Thomas. C'est d'elle qu'hérite *sur ce point* Brentano.

Certes, un lecteur aristotélicien de la *Psychologie vom empirischen Standpunkt*, surtout s'il tient pour une interprétation attributiviste d'Aristote, et plus encore s'il fait de la *Psychologie des Aristoteles* de 1867 une étape capitale dans la réappropriation moderne et contemporaine du *De anima* (comme en témoigne sa reprise partielle en traduction anglaise dans le recueil de Nussbaum et Rorty[1]), jugera certainement que la formule brentanienne « *intentionale* (auch wohl *mentale*) *Inexistenz* eines Gegenstandes » n'a, originairement, rien à voir ni avec Thomas d'Aquin ni *a fortiori* avec Augustin, et qu'elle ne dit en fin de compte rien d'autre que ce que dit le Stagirite dans le *De anima,* III, 8, quand il pose que « ce n'est pas la pierre elle-même qui est dans l'âme, mais la forme de la pierre »[2]. Il dira que parler d'in-existence intentionnelle n'a pour but que de préciser que le mode d'immanence de la pierre dans l'âme (ἐν τῇ ψυχῇ) n'est pas réel, que la chose extramentale n'est pas « réellement » inhérente à l'âme ni

1. Cf. F. Brentano, « *Nous Poiêtikos* : Survey of Earlier Interpretation », trad. R. George, *in* M.C. Nussbaum & A.O. Rorty (éd.), *Essays* ..., p. 313-341, repris de Franz Brentano, *The Psychology of Aristotle*, Berkeley, University of California Press, 1977, p. 4-24 et 182-197.

2. Cf. Aristote, *De anima,* III, 8, 431b30-432a1, spéc. 431b29. Voir note complémentaire 21*.

« réellement » présente en elle[1], mais seulement « intentionnellement »[2]. Il lui restera cependant à expliquer ce que veut dire *intentionnalité*, une fois le mot resitué sur l'ensemble du dispositif à cinq places utilisé par Brentano dans le texte clé de 1874 : *immanence* psychique d'un objet, *orientation* vers un objet ou *relation* à un contenu ? Il lui faudra décider si *intentionnalité* ne signifie rien d'autre, comme le soutient K.V. Wilkes, qu'une forme (post-) médiévale *d'aboutness*. Il lui faudra surtout évaluer la *compatibilité* des expressions, initialement reconnues par Brentano lui-même comme « ambiguës » *(nicht ganz unzweideutigen)*, employées pour reformuler en termes purement philosophiques « aristotéliciens » la notion d'in-existence intentionnelle : (1) « die *intentionale* Inexistenz eines Gegenstandes », (2) « die *mentale* Inexistenz eines Gegenstandes », (3) « die immanente Gegenständlichkeit » (4) « die Beziehung auf einen Inhalt » et (5) « die Richtung auf ein Objekt »[3]. Entre immanence d'un objet (1)-(3) et

1. Voir note complémentaire 22*.

2. C'est plus ou moins la ligne commune des interprétations, par ailleurs bien distinctes, de Spiegelberg et de Chisholm. Sur ce point, cf. C. McDonnell, « Brentano's Modification... », p. 66 : « the concept is being employed by Brentano to mark primarily an ontological characteristic of immanence of objects known in the knower, in an analogous fashion to the way in which the *intentio* or *species* is used in Scholastic theory of knowledge. The objects of immediate sense and of thought do not have real existence but intentional existence (in the mentally active subject). Indeed, Chisholm's characterisation of this part of Brentano's doctrine of intentionality as an "ontological thesis" reinforces such an interpretation. According to Chisholm, what Brentano's doctrine emphasises is that any object of thought, or of sense, or of whatever, when considered as such, has "a mode of being (intentional inexistence, immanent objectivity, or existence in the understanding) that is short of actuality but more than nothingness". »

3. Cette *compatibilité* ne laisse pas d'être débattue parmi les spécialistes des études brentaniennes. La même alternative ayant hanté tout le Moyen Âge tardif, il n'y aurait rien d'étonnant à ce que le texte de base de la psychologie moderne, nourri comme il l'était de sources médiévales, ait hérité d'elles directement *ou indirectement*, dans un cadre attributiviste* et avec un certain Aristote, *deux* conceptions alternatives de l'intentionnalité. Sur les sources scolastiques de Brentano en 1874, cf. A. Marras, « Scholastic Roots of Brentano's Conceptions of Intentionality », *in* L.L. McAlister (éd.), *The Philosophy of Brentano*, *op. cit.*, p. 128, n. 4 ; D. Jacquette,

orientation vers un objet (5) la marge est colossale, mais elle ne l'est pas moins pour nombre de lecteurs actuels entre (5) et (4), qui ont, sur ce point, suivi Twardowski[1].

Nous n'arbitrerons pas ici entre la thèse de Spiegelberg et celle de Heidegger[2]. La première qui place tout du côté de l'*immanence* :

> ... « intentional » for Brentano refers to the property of an object which is immanent in consciousness in a way analogous to that in which the species are immanent in the Thomistic Aristotelian theory of knowledge, with which Brentano had concerned himself a good deal[3].

« Brentano's Concept of Intentionality », *in* Id. (éd.), *The Cambridge Companion to Brentano*, Cambridge, CUP, 2004, p. 98–130. Sur le sens et la portée des thèses de 1874, cf. D. Moran, « The Inaugural Address : Brentano's Thesis », *Proceedings of the Aristotelian Society*, Supplementary vol. LXX (1996), p. 1–27. Sur l'intentionnalité chez Brentano, cf. L.L. McAlister, « Chisholm and Brentano on Intentionality », *The Review of Metaphysics*, XXVIII/2 (1974), p. 328-338 ; « Franz Brentano and Intentional Inexistence », *Journal of the History of Philosophy*, VII/4 (1970), p. 423-430. Voir en outre l'étude désormais classique de K. Mulligan et B. Smith, « Franz Brentano on the Ontology of Mind », *Philosophy and Phenomenological Research*, 45 (1985), p. 627-644.

1. Voir note complémentaire 23*.

2. Sur Heidegger et Brentano, cf. F. Volpi, *Heidegger e Brentano. L'aristotelismo e il problema dell'univocità dell'essere nella formazione filosofica del giovane Martin Heidegger,* Padoue, Cedam, 1976 ; et « La doctrine aristotélicienne de l'être chez Brentano et son influence sur Heidegger », *in* D. Thouard (éd.), *Aristote au XIXe siècle*, Presses universitaires du Septentrion, 2004, p. 277-293.

3. Cf. H. Spiegelberg, « "Intention" and "Intentionality" in the Scholastics... », *in* L.L. McAlister (éd.), *The Philosophy...*, p. 122 ; *The Phenomenological Movement : a Historical Introduction*, Dordrecht, Kluwer Academic Publishers, [3]1994, p. 48, n. 19 : « It is true that when he [Brentano] uses the adjective "intentional" he still betrays traces of the scholastic doctrine about the immanence of the object known within the soul. But it was this very doctrine about the immanence of the object of knowledge in the soul which Brentano came to reject during what Brentano scholars call the crisis of immanence *("Immanenzkrise")* of 1905. » Sur le même sujet, voir R. Sorabji, « From Aristotle to Brentano : The Development of the Concept of Intentionality », *in* J. Annas (éd.), *Oxford Studies in Ancient Philosophy. Supplementary Volume : Aristotle and the Later Tradition*, éd. par H. Blumenthal and H. Robinson, Oxford, Clarendon, 1991, p. 227–259.

La seconde, qui, sur les pas de Husserl, et en lui déniant au passage toute origine médiévale, privilégie l'*orientation* :

> Les comportements *(Verhaltungen)* ont la structure du se-diriger-sur, de l'être-centré et orienté-sur *(die Struktur des Sichrichtens-auf, des Ausgerichtetseins-auf)*. La phénoménologie, en s'appuyant sur un terme scolastique, caractérise cette structure comme intentionnalité. La scolastique parle de l'*intentio* de la volonté *(voluntas)*, autrement dit, elle ne parle d'intentionnalité qu'en référence à la volonté. Elle est très loin d'accorder l'*intentio* aux autres comportements du sujet ou même de concevoir dans son principe le sens de cette structure. C'est donc une erreur tant historique que doctrinale que de dire comme cela est courant aujourd'hui que la théorie de l'intentionnalité est une théorie scolastique[1]. Mais à supposer même que cela fût exact, ce ne serait pas une raison pour la rejeter, mais seulement pour se demander si cette théorie est en soi défendable. Cependant la scolastique ignore la doctrine de l'intentionnalité *(die Scholastik kennt die Lehre von der Intentionalität nicht)*. C'est en réalité Franz Brentano qui, dans sa *Psychologie d'un point de vue empirique* (1874), fortement influencé par la scolastique *(unter starker Beeinflussung der Scholastik)*, et principalement par saint Thomas et Suárez *(vor allem des Thomas und Suarez)*, a mis en relief l'intentionnalité et déclaré que l'ensemble des vécus psychiques *(psychischen Erlebnisse)* pouvaient et devaient être classés en fonction de cette structure, c'est-à-dire de la modalité du se-diriger-sur-quelque chose *(mit Rücksicht auf diese Struktur, d.h. die Weise des Sichrichtens auf etwas)*[2].

1. Il est inutile de dire que cette thèse est *entièrement fausse*. Elle est en outre contradictoire avec celle d'une influence de Thomas et de Suárez sur Brentano. Pour tester sur Thomas l'ampleur de l'erreur heideggérienne, voir J.-L. Solère, « La notion d'intentionnalité chez Thomas d'Aquin », *Philosophie*, 24 (1988), Paris, Minuit, p. 13-36 ; « Tension et intention. Esquisse de l'histoire d'une notion », *in* L. Couloubaritsis, A. Mazzù (éd.), *Figures de l'intentionnalité*, Bruxelles, Ousia (sous presse).

2. Cf. M. Heidegger, *Grundprobleme der Phänomenologie*, GA 24, p. 80-81, trad. J.-F. Courtine, *Les Problèmes fondamentaux...*, p. 82. On a vu que tout en soulignant initialement l'aspect paradigmatique de la réflexion sur l'acte volontaire dans l'élaboration du concept (à ses yeux) scolastique d'intentionnalité, Brentano avait finalement (dans une des notes de l'édition de 1911 de la *Psychologie* citée *supra*, p. 141) neutralisé la portée de ses remarques initiales sur le lien généalogique existant entre l'intention de la

Nous n'examinerons pas non plus davantage les prises de position successives de Brentano – y compris sa relecture de la thèse défendue en 1874, et ses diverses réinterprétations des termes « intentionnalité » et « immanence ». Il suffit à présent de rappeler que, pour finir, le philosophe autrichien a abandonné la théorie de l'existence immanente censément héritée de « la » notion médiévale d'in-existence intentionnelle[1]. On peut également souligner que les critiques husserliennes des premières thèses brentaniennes se sont concentrées sur les sens (1)-(3) de l'existence intentionnelle[2] dans des termes très voisins de ceux qu'Ockham et les modernes partisans du réalisme gnoséologique direct ont opposés au ***verbum conceptum*** thomasien et, plus largement, à toutes les théories liées de près ou de loin à l'idée d'un *esse obiectivum in anima*[3] : comme ses prédécesseurs « scolastiques », le premier Brentano (cédant à sa manière au « préjugé lockéen ») aurait dédoublé l'objet de connaissance en objet réel et « représentation médiane » ou « moyenne », second objet, répliquant ou dupliquant inutilement le premier, intermédiaire funeste entre la chose même et le sujet connaissant, (r)ouvrant la porte à l'idéalisme, voire au scepticisme. On peut aussi rappeler enfin que, selon certains interprètes[4], c'est avec ces tendances fâcheuses de la psychologie et de la théorie de la connaissance « scolastique » que le second Brentano, abandonnant l'immanence au profit de l'intentionnalité proprement dite, aurait rompu.

---

voluntas et l'intention comme orientation vers un objet, en déplorant ouvertement les malentendus occasionnés par l'utilisation du mot « intentionnel ». Voir sur ce point H. Spiegelberg, « "Intention" and "Intentionality" in the Scholastics... », p. 120-121 et C. McDonnell, « Brentano's Modification... », p. 65. Voir note complémentaire 24*.

1. Cf. F. Brentano, *Wahrheit und Evidenz*, éd. O. Kraus, Leipzig, 1930 ; trad. angl. R.M. Chisholm, *The True and the Evident*, Londres, Routledge, 1966, p. 27-78.

2. Cf. E. Husserl, *Recherches logiques*, V, chap. 2, § 11-12, trad. H. Élie, A.L. Kelkel, R. Schérer, Paris, PUF, 1972, p. 172-180. Sur le rapport Husserl-Brentano, cf. Th. De Boer, *The Development of Husserl's Thought*, trad. angl. par Th. Plantinga, La Haye, Martinus Nijhoff, 1978.

3. Voir note complémentaire 25*.

4. Voir note complémentaire 26*.

Tous ces faits ont leur importance, mais, pour ne pas perdre le fil de notre enquête, nous laisserons provisoirement la question du brentanisme ouverte. Il va de soi que toute évaluation de la rupture brentanienne fondée sur l'habituelle *métonymie historique* ramenant la pensée médiévale à la « scolastique » et « la » scolastique au thomisme n'a ni pertinence ni intérêt archéologiques[1]. Mais ce n'est pas là ce qui, à ce stade, nous importe. L'important est que l'une et l'autre interprétation du brentanisme, l'*immanence* à la Spiegelberg et l'*orientation* à la Heidegger, marque explicitement l'ampleur ou, au moins, la nature et la *réalité* de l'héritage scolastique – *de fait* thomasien et suarézien – de Brentano lui-même. L'enracinement médiéval de la *Psychologie vom empirischen Standpunkt* a un intérêt spécifiquement archéologique, qui va au-delà d'un débat entre brentaniens sur la « crise de l'immanence » *(Immanenzkrise)* de 1905 et les diverses postérités du « premier » et du « second » Brentano. L'in-existence intentionnelle ou mentale brentanienne est un révélateur de l'extraordinaire complexité du dossier de la « subjectivité » : le simple terme d'*inexistentia* nous conduisant dans deux directions opposées, toutes deux antérieures à Descartes, toutes deux liées à la tradition interprétative d'Aristote. Surtout, elle nous permet de vérifier, fût-ce sur un échantillon rebelle, que l'on ne peut entrer dans l'histoire du sujet en se contentant d'opposer la ψυχή d'Aristote à la *mens* ou esprit de Descartes, l'attributivisme supposé de l'un au substantialisme dualiste de l'autre. L'*invention cartésienne du sujet*, qui ne tardera pas à se transformer problématiquement sous nos yeux en *invention du sujet cartésien*, n'est, osons-le dire franchement, qu'*un mythe historiographique*. Un mythe à « déconstruire ».

C'est pour effectuer cette « déconstruction » que je recourrai dans tout ce qui suit aux notions d'attributivisme et d'attributivisme*. Heidegger n'eût certainement accepté ni l'une ni l'autre dans son idiolecte. Je soutiens néanmoins

1. Pour une critique de cette perspective historiographique, voir R. Fedriga, *Le migliori intenzioni. Una ricerca di storia delle idee*, Milan, CUEM, 2002, spéc. p. 9-18.

que, en traçant l'histoire du sujet sous l'angle combiné de la subjectité et de l'attributivisme*, on peut rendre compte historiquement, ce qui veut dire aussi *critiquement*, de tout ce que Heidegger a tantôt décrit de manière sommaire, tantôt analysé de manière approfondie à propos de « l'orientation moderne sur le sujet ».

L'ATTRIBUTIVISME ARISTOTÉLICIEN

Bien que la notion soit à l'arrière-plan de thèses ou de formules de R.D. Hicks[1] et de W.D. Ross[2], tendant à présenter l'âme comme « an attribute of the body », c'est J. Barnes qui a donné la première interprétation (résolument) attributiviste d'Aristote en l'espèce de ce qu'il a appelé « an attribute theory »[3]. La « théorie de l'attribut » est une manière de répondre à la première question – la question fondamentale – posée au début du *De anima* :

En premier lieu, il faudrait sans doute déterminer de quel genre l'âme relève et ce qu'elle est, je veux dire : si elle est une réalité individuelle et substantielle, ou une qualité, une quantité ou quelque autre des catégories que nous avons distinguées[4].	Πρῶτον δ' ἴσως ἀναγκαῖον διελεῖν ἐν τίνι τῶν γενῶν καὶ τί ἐστι, λέγω δὲ πότερον τόδε τι καὶ οὐσία ἢ ποιὸν ἢ ποσόν, ἢ καί τις ἄλλη τῶν διαιρεθεισῶν κατηγοριῶν.

1. Voir Aristotle, *De anima*, trad. et commentaire par R.D. Hicks, Cambridge, CUP, 1907, p. 310 *sq.*, sur 412a8.

2. Voir le commentaire de 412a16-20, *in* Aristotle, *De anima*, éd. W.D. Ross, Oxford, Clarendon Press, 1961, p. 212 *sq.*

3. Voir J. Barnes, « Aristotle's Concept of Mind », *Proceedings of the Aristotelian Society*, 1971-2, p. 101-114; l'article pionnier de Barnes a été réimprimé en 1979 dans J. Barnes, M. Schofield & R. Sorabji (éd.), *Articles on Aristotle.* Vol. IV, *Psychology and Aesthetics*, Londres, Duckworth, p. 32-41. Sur l'ensemble du dossier de l'attributivisme, voir l'ouvrage fondamental de H. Granger, *Aristotle's Idea of the Soul*, Dordrecht, Kluwer (Philosophical Studies Series, 68), 1996.

4. Aristote, *De an.*, I, 1, 402a22-25, trad. Barbotin, p. 2. Bodéüs, p. 78, traduit : « Mais, d'abord, peut-être est-il nécessaire de déterminer dans

L'âme : substance ou propriété ?

Fondée sur la définition de l'âme en *De anima,* II, 1, 412b4-6, comme « l'entéléchie première d'un corps naturel organisé », répondant au problème de la « définition la plus commune » de l'âme[1], posé en 412a4-5, la « théorie de l'attribut » présente la thèse d'Aristote sur l'âme comme une théorie à la fois « non substantialiste » et « non physicaliste » ou, si l'on préfère, comme une théorie matérialiste non strictement physicaliste[2], faisant de l'âme une « propriété dispositionnelle » *(dispositional property)*, ainsi définie :

---

lequel des genres elle se situe et ce qu'elle est à ce titre ; je veux dire : s'agit-il d'une réalité singulière et d'une substance, ou bien d'une qualité ou d'une quantité ou encore d'une autre des imputations qui ont été distinguées ». J.A. Smith, *in* R. McKeon (éd.), *The Basic Works of Aristotle*, New York, Random House, [1]1941 traduit : « First, no doubt, it is necessary to determine in which of the summa genera soul lies, what it is ; is it "a this-somewhat", a substance, or is it a quale or a quantum, or some other of the remaining kinds of predicates which we have distinguished ? »

1. Cf. Aristote, *De an.*, II, 1, 412b4-6 : εἰ δή τι κοινὸν ἐπὶ πάσης ψυχῆς δεῖ λέγειν, εἴη ἂν ἐντελέχεια ἡ πρώτη σώματος φυσικοῦ ὀργανικοῦ ; trad. Tricot, p. 68-69 : « *Si* donc c'est une définition générale, applicable à toute espèce d'âme, que nous avons à formuler, *nous dirons* que l'âme est l'entéléchie première d'un corps naturel organisé. » Cette définition fait suite à deux autres, qui n'ont pas un véritable statut général (commun), *i.e.* II, 1, 412a19-20 : l'âme est « l'essence ou la forme d'un corps naturel ayant la vie en puissance » (οὐσίαν [...] ὡς εἶδος σώματος φυσικοῦ δυνάμει ζωὴν ἔχοντος) et 412a27-28 : l'âme est « l'entéléchie première d'un corps naturel ayant la vie puissance » (ἐντελέχεια ἡ πρώτη σώματος φυσικοῦ δυνάμει ζωὴν ἔχοντος, Tricot, p. 68). C'est sur ces trois définitions que la plupart des interprètes plantent ce que H. Granger appelle le « deuxième pilier » de l'attributivisme, grâce à une interprétation des exemples aristotéliciens d'acte premier ou d'entéléchie première en termes de « propriétés dispositionnelles ».

2. Cf. J. Barnes, « Aristotle's... », *Proceedings...*, p. 113 (*Articles...*, p. 41) : « Aristotle thus emerges as a fairly consistent upholder of an *attribute theory of mind*, and that, I suggest, is *his greatest contribution to mental philosophy*. His voice in the physicalist debate is a subtle one : first, he is clear that one psychic part may have a different status from another ; secondly for most psychic parts he holds a weak physicalism [...] ; thirdly, in the case of at least two psychic functions, *orexis* and *nous*, he leans, hesitantly, toward non-physicalism. His rejection of strong physicalism of course commits him to non-physicalism for at least some *components* of psychic parts. »

Dispositional property$_{df}$: the capacity or ability something has for engaging in a certain activity in certain circumstances[1].

Cette caractérisation de l'âme de 412b4-6 (« first actuality of a living organic body ») comme « propriété dispositionnelle » est, chez Barnes, subtile et nuancée[2], l'attributivisme y étant présenté tantôt comme un « physicalisme faible »[3], tantôt comme un « dualisme de la propriété » *(Property dualism)*, distinct du « dualisme cartésien »[4]. L'interprétation barnésienne met l'accent sur le fait que posséder une âme signifie posséder une série de capacités psychologiques

1. Voir H. Granger, *Aristotle's Idea* ..., p. 13. Même définition, un peu plus précise, toutefois, *ibid.*, p. 20-21 : « DP$_{df}$: the capacity something has for exercising or manifesting a certain activity in certain circumstances, which on the modern interpretation would include some initiating cause and the presence of suitable standing conditions. »

2. Voir Chr. D. Green, « The Thoroughly Modern Aristotle : Was he *really* a functionalist ? », *History of Psychology*, 1 (1998), p. 8-20 : « What Barnes ultimately argued was that Aristotle's theory holds that the *psuchê* is only an attribute or property of the matter of which the body is composed (in the sense that a functioning body can be said to have the property of being alive, but there is no particular material part that can be credited with giving life to the body). »

3. Comme le note H. Granger, *ibid.*, p. 13-14, évoquant J. Barnes, « Aristotle's... », *Proceedings*, p. 106-108 : « ... attributivism in itself makes no commitment to physicalism or non-physicalism. Properties can be physical or non-physical properties of their subjects, and non-physical properties might have non-physical subjects. Aristotle at least generally espouses a weak version of physicalism, with the likely exception of desire and mind *(orexis* and *nous)* which are purely non-physical. » R. Sorabji assimile l'attributivisme barnésien au dualisme cartésien, en soutenant qu'un vrai matérialiste ne parlerait pas de « propriétés mentales ». Voir « Body and Soul in Aristotle », *Philosophy*, 49 (1974), p. 70.

4. *Property dualism*, parce que, comme le souligne Green, « The Thoroughly Modern Aristotle... » : « ... although it denies that there is a mental *substance* of the sort that Descartes proposed, it accepts that there may be mental properties (such as sensations and consciousness) that are somehow products of the (organization of the) matter of the body. » Et de préciser, citant « Aristotle's... », *Articles*, p. 41 (*Proceedings*, p. 114) : « Although Barnes denied believing Aristotle's theory to be correct, he said that it seems "at least as good a buy as anything else currently on the philosophical market. Philosophy of mind has for centuries been whirled between a Cartesian Charybdis and a scientific [*i.e.*, physicalist] Scylla : Aristotle has the look of an Odysseus". »

diverses (« the possession of a soul is the possession of various sorts of psychological capacities »). Au problème de 402a22-25, savoir si l'âme est ou non un τόδε τι καὶ οὐσία, l'Aristote « attributiviste » de Barnes répond donc *par la négative* : les âmes ne constituent pas des « bouts ou des morceaux d'êtres vivants » *(pieces of living things)*, mais des « ensembles de puissances, de capacités ou de facultés » (« sets of powers, capacities or faculties »)[1].

Depuis la parution de l'article de Barnes, partisans et adversaires anglo-saxons de l'attributivisme n'ont cessé de revenir sur 402a22-25, recodé en forme de QCM : *L'âme : thing* OR *property ?* Selon H. Granger, on peut même dire que la question ainsi formulée *divise* les interprètes de la psychologie d'Aristote dans la tradition *analytique* :

> ... contemporary interpretations of Aristotle, within the analytic tradition, divide into two main camps over the nature of soul or form : « attributivism », in which soul is conceived as a « property » ; « substantialism », in which soul is conceived, in contrast with a property, as a « thing », a subject of properties. Thus the contemporary analytic scholarship on the nature of the soul may be better appreciated as a debate between the contending camps of attributivism and substantialism[2].

Il n'y a là rien d'étonnant. Comme le remarque R. Bodéüs, « l'âme n'entre précisément dans aucun de[s] genres [suprêmes de l'être ou catégories], puisqu'elle est substance "comme

1. Voir J. Barnes, *Aristotle*, Oxford, OUP, 1982. La thèse de Barnes est vigoureusement critiquée dans C. Shields, « Soul and Body in Aristotle », *in* J. Annas (éd.), *Oxford Studies in Ancient Philosophy* (vol. 6), Oxford, Clarendon, 1988, p. 103-136. Selon lui, Barnes soutient que les personnes sont des *substances matérielles* « which none the less have immaterial properties which are causally or non-causally necessitated by physical states of the body » (p. 112). Il résume la thèse en trois points : « 1. Persons have some immaterial states ; 2. These cannot be states of the soul, since it is not substantial ; 3. Therefore, they must be states of the body or compound [of body and soul], both of which are material. » La réfutation de la « thèse de l'attribut » repose sur le rejet du point 2, « ... on the ground that souls are forms and so are substantial », autrement dit sur la définition de l'âme comme substance « au sens de forme » en 412a20 et 412b9-11.

2. H. Granger, *Aristotle's Idea...*, p. 1.

forme" (412a20)»[1]. Elle ne peut donc être *ni* «une entité individuelle» *ni* «l'attribut accidentel de quelque substance que ce soit». Ce statut mixte de *substance au sens de forme*, que l'on retrouve en 412b9-11 : «Nous avons donc défini, en termes généraux, ce qu'est l'âme : elle est une *substance au sens de forme*, c'est-à-dire la quiddité d'un corps d'une qualité déterminée[2]», exclut *aussi bien* que l'âme soit un τόδε τι καὶ οὐσία qu'un attribut accidentel. On comprend que les deux *contending camps* aient, dans ces conditions, du mal à s'entendre et, plus encore, qu'ils aient chacun tant de peine à marquer un avantage décisif. On voit aussi que le cœur du débat («... over the nature of soul *or form*») est la redéfinition de la substance comme forme, qui marque une évolution, voire une transformation radicale dans l'ontologie d'Aristote : selon l'importance qu'on lui accorde, l'interprétation qu'on en donne et l'évaluation qu'on en fait, le diagnostic que l'on pose sur l'attributivisme ou le substantialisme supposés de la psychologie d'Aristote varie comme au rhéostat.

Dans sa version standard actuelle, l'attributivisme, qui s'appuie sur une lecture hylémorphiste du *De anima*, fondée sur trois thèses communes :

H1 : tout être vivant est composé d'un corps et d'une âme,
H2 : le corps est la matière de l'être vivant,
H3 : l'âme est la forme de l'être vivant,

se caractérise, plus radicalement que chez Barnes, par *l'application du schéma sujet-attribut (prédicat) au couple matière-forme*. On peut en résumer le *credo* en trois articles :

A1 : un corps est le *sujet* ou la «chose» qui a une âme,
A2 : une âme n'est ni une autre «chose» que le corps ni une partie du corps,
A3 : l'âme est une propriété possédée par le corps en tant que «chose» vivante[3].

1. Voir trad. cit., p. 78, n. 2.

2. Voir Aristote, *De an.*, II, 2, 412b9-11, trad. Tricot, p. 69.

3. Voir H. Granger, *Aristotle's Idea* ..., p. 17-18 : «At the very outset of his own account of the nature of soul in *De Anima* 2.1, Aristotle draws his distinction between body and soul in hylomorphic terms, as the matter

L'interprétation hylémorphique du corps et de l'âme et celle de l'âme comme acte premier d'un corps naturel organisé constituent ainsi les deux « piliers de l'interprétation attributiviste »[1]. Historiographiquement majoritaire, celle-ci est adoptée à des degrés divers tant par les fonctionnalistes (E. Hartmann, M.C. Nussbaum) que par leurs adversaires (M. Burnyeat, A. Code) : « ... they all take soul or form to be some sort of dispositional property of the body or the organism ». *Last but not least*, c'est aussi la thèse de J.L. Ackrill[2].

De son côté, l'interprétation substantialiste soutient que l'âme est une chose *ou* « forme » *ou* « substance », non une propriété ou attribut du corps. Comme l'écrit Granger (p. 12) :

> substantialism maintains that the mind (or soul) is a thing or substance, and something possesses a mind because of its relationship to the thing that counts as the mind.

Même si personne ne soutient une version « dure » du substantialisme à propos d'Aristote, plusieurs interprétations

---

and form of living things, and explicitly in terms of the distinction between subject and predicate : The body serves as a subject or thing that has a soul. The soul is not another thing in addition to its body, or some part of the body, but a 'predicate' the body possesses as a living thing. As Aristotle puts it a little later in De anima 2.2, soul is not without body, yet it is not a "certain kind of body" ; rather it is something that belongs to body, or "something of a body", what would appear, since it is not a body of any sort, to be a property of the body in its dependence upon the body, and not a thing subsisting in its own right apart from its bodily subject (414a19-25). »

1. *Ibid.*, p. 15. La preuve du premier pilier est, selon Granger, la dépendance de l'âme par rapport au corps, affirmée par Aristote contre les pythagoriciens (407b13-26).

2. Voir W. Charlton, *Aristotle's Physics. Books I and II*, Oxford, Clarendon, 1970 (²1992), p. 70 ; H. Granger, *ibid.*, p. 8-10. J.L. Ackrill est un partisan du « réalisme attributiviste » (cf. « Aristotle's Definitions of Psuchê », *Proceedings of the Aristotelian Society*, 1972-1973, p. 122, 125, et *Aristotle the Philosopher*, Oxford, OUP, 1981, p. 70). Voir H. Granger, *ibid.*, p. 160 : « ... he holds that the soul as the first actuality of the body is a set of powers », les *powers* en question étant définis comme des « consequential attributes, which is an old-fashioned way of referring to supervenient properties. »

s'en rapprochent sous un aspect ou l'autre, du *Constitutionalism* de D. Wiggins au *Supervenient dualism* de C. Shields[1], en passant par les thèses de T. Irwin[2] ou de J. Whiting. Un des arguments en faveur de l'interprétation substantialiste de la théorie aristotélicienne de l'âme retient particulièrement l'attention de l'archéologue : il s'agit de « l'indépendance » et de la « substantialité » de ce que H. Granger appelle « the active mind » et L.A. Kosman « the Maker Mind » autrement dit : l'intellect agent[3]. Cette prééminence de l'intellect agent s'explique archéologiquement de deux manières : 1° par un fait *historiographique* : l'influence du questionnement de Brentano, explicitement centré sur le *Nous poiêtikos*, dans la tradition « analytique » ; 2° par la prégnance d'un problème *philosophique* propre à la *modernité postcartésienne* : la nécessité de joindre à la question du *sujet* de la pensée celle de l'*agent* de la pensée en une seule et même problématique du *sujet-agent de la pensée*, qui présuppose une *définition du sujet comme agent*, dont la provenance historique (et *a fortiori* historiale) reste non questionnée comme telle ; et, parallèlement, une réinterprétation de la *causalité efficiente* aristotélicienne comme *agentivité*, de l'*efficacy* comme *agency*, qui étant, elle aussi, présentée comme allant de soi reste de son côté non élucidée historiquement. Or, comme on le montrera ici, c'est essentiellement autour de l'intellect « possible », autrement dit du *Nous pathêtikos*, que s'est nouée après Aristote et avant Descartes la question du sujet-agent *en général*, et celle du sujet-agent

1. Voir note complémentaire 27*.

2. T. Irwin, « Aristotle's Philosophy of Mind », *in* S. Everson (éd.), *Psychology*, Cambridge, CUP, 1991, p. 56-83.

3. Cf. H. Granger, *Aristotle's Idea...*, p. 58 : « The evidence for substantialism is not insignificant, although the evidence for attributivism is stronger and pervades more aspects of Aristotle's thought about form. Yet there is a definite strain of substantialism in Aristotle's thought, just as there is of attributivism. The evidence most commonly adduced by substantialists is the evidence for the subjecthood and the particularity of form or soul. Other, less exploited, evidence consists in the "identity" that holds in some sense between form and its object or its object's matter, form's being called a "substance" by Aristotle, and the independence and substantiality of "active mind" [agent intellect]. »

de la pensée *en particulier*, et cela, par une série de médiations, telles les transformations subies en liaison étroite et réciproque par les notions de sujet et de cause « agente », lesquelles à leur tour sont presque intégralement demeurées impensées. Ce silence historiographique sur les origines et le déploiement de la rencontre entre le sujet et l'agent est redoublé dans ses effets pervers par l'absence – il est vrai moins marquée – de réflexion historiale sur la distinction entre acte et action, *energeia* et *ergon*, *actus* et *actio*. Tous ces « phénomènes » historiques sont liés pour l'archéologue : ils forment son archive ; ce sont eux qu'il lui faut à la fois « exhumer » et, une fois rendus à la lumière, tenter d'organiser (ou restaurer, ou reconstituer). Or ici deux observations, esquissées plus haut et dictant elles-mêmes deux programmes de recherche convergents, s'imposent pour prendre toute la mesure de l'importance de la controverse entre attributivisme et substantialisme pour une archéologie du sujet :

a) La nécessité de revenir sur l'histoire croisée (ou, pour un temps, sur les développements parallèles) du sujet et de l'agent (ou cause agente) est d'autant plus vive qu'il y a effectivement de quoi la « tracer » chez Aristote ; les interprètes analytiques sont d'ailleurs les premiers à insister sur ce point, puisque dans les deux interprétations concurrentes du *De anima*, *l'âme a le statut d'agent* : dans la première (attributivisme), elle *agit en tant* que *propriété du sujet* – *i.e.* en tant qu'acte premier d'un corps naturel organisé ; dans la seconde (substantialisme), elle *agit en tant que sujet* – *i.e.* sur le corps matériel, notamment en tant que principe ou, plus exactement, cause efficiente de mouvement [1].

b) Si le « cartésianisme » est unanimement considéré comme le paradigme du substantialisme, la distinction entre substantialismes aristotélicien et cartésien étant devenue un lieu commun des études aristotéliciennes, le dualisme de Descartes fonctionne comme un critère général d'évaluation

1. Cf. Aristote, *De an.* I, 1, 403a24-b9 et II, 4, 415b8 ; *De part. animal.*, I, 1, 641a17-b10.

et d'analyse, au mieux trans-temporel, au pis anhistorique[1]. Ce primat historiographique et philosophique du modèle (ou de l'antimodèle) cartésien dans les études de philosophie ancienne relègue au second plan, pour ne pas dire *éclipse entièrement* deux contributions majeures au dossier du sujet : en amont, celle du Moyen Âge, en aval, celle de Leibniz, et elle empêche – par une sorte de solution de continuité, à laquelle chacun consent de manière plus ou moins consciente pour des raisons allant du patriotisme (qu'il soit national ou d'entreprise) à la routine – de percevoir et d'évaluer correctement ce qui lie en profondeur le questionnement médiéval au paradigme leibnizien et même, *ruse de la raison* historique oblige, de voir en quoi consiste le véritable rôle de Descartes en cette liaison de l'un à l'autre, où s'opère sinon la naissance du sujet moderne, du moins se dessine l'horizon dans lequel Kant et le post-kantisme ont élaboré la notion moderne de *Subjektivität*.

Substance, sujet et forme

Le statut de la forme chez Aristote est au centre du conflit entre les interprétations modernes du *De anima*. L'âme peut-elle être à la fois sujet (substance) et forme ? Peut-elle être agent en étant sujet et forme ? Ou seulement sujet (substance) ? Voire seulement forme ? Une même entité peut-elle être *à la fois* forme, substance, sujet et agent ? En quel sens la définition de la substance « comme forme » en 412a20 autorise-t-elle de trancher dans un sens ou dans l'autre le débat entre substantialisme et attributivisme, si l'on considère avec R. Bodéüs que, *précisément sur cette base*, l'âme ne saurait être définie *ni* comme « une entité individuelle » *ni* comme « l'attribut accidentel de quelque substance que ce soit » ? Selon H. Granger, il y a une réponse, que l'on dira iconoclaste, à cette question : dire que la position d'Aristote n'est ni attributiviste ni substantialiste, mais l'une et l'autre à la fois, autrement dit... incohérente. Étant donné

1. Voir note complémentaire 28*.

TA et TS les positions attributiviste et substantialiste, respectivement définies :

TA : l'âme est une propriété *(property)*
TS : l'âme est une chose *(thing)*

TAr_{am}, la thèse d'Aristote sur l'âme, serait tout simplement l'expression d'une « erreur catégorielle », faisant de l'âme une entité mixte, fondée sur la combinaison impossible de deux notions incompatibles, *i.e.* :

TAr_{am} : l'âme est une propriété-chose *(property-thing)*

Le diagnostic de Granger est, sur ce point, sans équivoque. La théorie aristotélicienne de l'âme est à la fois incohérente et... « sans mystère » :

> There is [...] no great mystery about the soul as the « property-thing », and it is just what it appears to be. It is not some helpful conceptual innovation, hitherto undiscerned by us or something to be credited to some alien conceptual scheme we are hopelessly prohibited from approaching. *The « property-thing » is simply an incoherent idea, an illegitimate blend of categorically distinct features, a mere « category-mistake »* [1].

Comment expliquer génétiquement cette incohérence? La réponse est claire, et capitale du point de vue archéologique : la combinaison de l'attributivisme et du substantialisme est dictée à Aristote par la nécessité de trouver un compromis entre les exigences contraires de son hylémorphisme et de sa théorie causale de l'action. D'où la production de cet hybride qu'est la « propriété-chose » :

> ... neither position [*sc.* l'attributivisme et le substantialisme] may be maintained without compromise, since Aristotle ascribes to the soul features that belong exclusively to a thing and exclusively to a property. Aristotle treats the soul as a « property-thing », as a cross between a thing and a property. [...] Aristotle comes by this idea of the soul because his hylomorphism casts the soul as a property and his causal doctrine presents it as a causal agent and thereby as a thing.

1. H. Granger, *Aristotle's Idea...*, p. 134 (c'est moi qui souligne).

Quelque critique qu'on puisse lui adresser, l'interprétation de Granger a un évident mérite pour l'archéologie du sujet : elle place la rencontre du sujet et de l'agent au cœur de la réflexion aristotélicienne sur la substance et la forme, en faisant toute sa place à une éventuelle – et à dire vrai bien réelle – évolution de son ontologie. Elle a un bénéfice secondaire : l'incohérence de la doctrine finale et les contradictions que l'on peut observer entre les deux phases de la pensée aristotélicienne – disons : *avant* et *après* l'introduction de l'hylémorphisme –, expliquent l'extraordinaire divergence des interprétations antiques et médiévales du *De anima*, et leur quasi complète dispersion sur la grille déterminée par la combinaison *a priori* du substantialisme, de l'attributivisme et de l'attributivisme*.

Sans entrer dans le détail des textes, il faut noter que le langage de la *subjectité* est clairement présent en *De an.*, II, 1, 412a15-22 (Barbotin, p. 29-30), là où Aristote définit l'âme comme la « forme » d'un « corps naturel possédant la vie en puissance » :

Aussi tout corps naturel doué de vie sera-t-il une substance, en prenant « substance » au sens de composé. Mais puisqu'il s'agit en outre d'un corps de telle qualité – à savoir : doué de vie – le corps ne saurait être identique à l'âme : en effet, le corps ne compte pas au nombre des attributs d'un sujet, mais il est plutôt lui-même sujet et matière*. Il s'ensuit nécessairement que l'âme est substance au sens de forme d'un corps naturel possédant la vie en puissance. Or la substance formelle est entéléchie : l'âme est donc l'entéléchie d'un corps de cette sorte.

ὥστε πᾶν σῶμα φυσικὸν μετέχον ζωῆς οὐσία ἂν εἴη, οὐσία δ' οὕτως ὡς συνθέτη. ἐπεὶ δ' ἐστὶ καὶ σῶμα καὶ τοιόνδε, ζωὴν γὰρ ἔχον, οὐκ ἂν εἴη σῶμα ἡ ψυχή· οὐ γάρ ἐστι τῶν καθ' ὑποκειμένου τὸ σῶμα, μᾶλλον δ' ὡς ὑποκείμενον καὶ ὕλη. ἀναγκαῖον ἄρα τὴν ψυχὴν οὐσίαν εἶναι ὡς εἶδος σώματος φυσικοῦ δυνάμει ζωὴν ἔχοντος. ἡ δ' οὐσία ἐντελέχεια· τοιούτου ἄρα σώματος ἐντελέχεια.

* Bodéüs traduit : « ... le corps, en effet, ne se range pas dans les réalités qui se disent d'un sujet, mais se présente plutôt comme sujet ou matière. »

Ce passage plaide clairement en faveur d'une version attributiviste de la théorie aristotélicienne de l'âme : le corps est sujet, l'âme – du moins c'est ce qu'on *doit* inférer positivement pour l'âme de la dénégation du même trait à l'égard du corps (οὐ γάρ ἐστι τῶν καθ' ὑποκειμένου τὸ σῶμα) – « compte au nombre des attributs [du] sujet ». Elle n'est pas, en tout cas, sujet. R. Bodéüs commente : « Le corps auquel s'attribue la vie est, à ce titre, une "substance matérielle" (*Mét.*, Θ, 7, 1049b36) et l'âme qui détermine le corps animé, n'est pas un sujet[1]. » Comment soutenir que l'âme est sujet-agent d'action chez Aristote si elle se définit par la relation καθ' ὑποκειμένου λέγεσθαι caractérisant les essences ou substances secondes et les accidents universels dans les *Catégories*? Nombreux sont les passages où Aristote met en équation matière et sujet, d'une part, forme et attribut ou prédicat, d'autre part[2] – attribut étant pris au sens de « ce qui est dit d'un sujet ». Les propriétés étant des « exemples paradigmatiques » pour « prédicat » et « item dit de » (*e.g. Cat.*, 1a20-29, 1b25-2a4, 3a22-24, *De int.*, 17a39-b1), et, « surtout dans les œuvres logiques », « sujet » désignant « ce dont sont dites les propriétés » (*e.g. Cat.*, 1a20-b3), on ne saurait douter du statut d'*attribut du corps* conféré par Aristote à l'âme[3]. Il ne devrait donc y avoir aucune latitude laissée à une lecture substantialiste.

Les choses sont cependant plus complexes : 1° *parce que* nombreux sont les textes où le statut de substance est

1. R. Bodéüs, trad. cit., p. 136, n. 3.

2. Granger considère que, dans les passages suivants, Aristote « maintains or implies that form is predicated of matter » : *Phys.*, 190a31-b5, *Met.*, 1049a27-36, 1038b4-6, 1043a5 *sq.*, 995b35, 999a33 *sq.*, *De an.*, 412a17-19.

3. H. Granger, *Aristotle's Idea...*, p. 15 : « Aristotle's application of "predicate" and the like sorts of expressions to form and his application of "subject" to matter are good evidence for the view that form as a "predicate" of matter is a property of matter. » Cf. également : « Aristotle often speaks of form as a predicate, and a predicate of matter, or the soul as the predicate of the body of the organism » ; « in contrast with the concrete particular, which matter constitutes, or even in contrast with form, matter or the subject in [the] sense [of *substratum*] is indeterminate in nature ; and thus it is not "a this", or only potentially "a this" (1042a28). »

reconnu à l'âme. Et non moins nombreux ceux où Aristote souligne que le terme de « substance » et le terme même de « sujet » sont ambigus. C'est le cas, notamment, dans le *De anima* pour « substance »[1] et dans la *Métaphysique* pour « sujet »[2]. 2° *parce que* dans les textes censés représenter sa pensée définitive ou, comme l'écrit Granger, « the conclusion of his most sustained ruminations of substance », en l'occurrence « Metaphysics Z 17 », Aristote soutient que la substance est la forme – ce qui revient à dire que *la forme est substance et non attribut.* Il y a donc bien une tension dans sa pensée à propos du statut de l'âme : celle-ci étant alternativement définie comme forme (attribut) du corps (ou de la matière) et comme substance « au sens de forme », tension qu'il faut lire sur le fond d'un changement dans la définition même de la substance au sens véritable, intervenu entre l'ontologie des *Catégories* et celle de la *Métaphysique*. Pour expliquer la résolution de cette tension dans la production de l'hybride de l'âme *property-thing*, Granger construit un vaste scénario génétique, dont l'archéologie du sujet peut utilement retenir les éléments suivants pour éclairer la *Rezeptionsgechichte* de la théorie aristotélicienne de l'âme :

G1 L'ontologie aristotélicienne est imprégnée de substantialisme, des *Catégories* aux œuvres de la maturité : la substitution des propriétés (formes) dispositionnelles aux substances premières dans le rôle de substances au sens véritable en est sans doute le meilleur témoignage[3].

1. Comme le note Granger : « ... in the *De anima* he explicitly refers to the ambiguity of substance, which he says is an expression that might mean substance in the sense of matter, form and the composite of matter and form (412a6-9, 414a14-16). »

2. Comme le souligne Granger, s'appuyant sur Z13, 1038b5 et Θ7, 1049a27-36, le terme « sujet » a deux sens dans la *Métaphysique* : celui de *subject of affections or pathê = accidental properties (musical, pale)*, l'homme particulier, à savoir un composé de forme et de matière, « a combination of body and soul », un *tode ti*, un « ceci » *('a this'* ou *'a certain this')*, un particulier concret (*Cat.* 3b10-12, etc.); celui de *substratum* : la matière, qui a pour prédicat ou attribut la forme du composé matière-forme.

3. Granger, *ibid.,* p. 153 : « ... it is also perhaps pertinent to remind ourselves that the early ontology found in the *Categories*, which is prior to

G2 L'âme ou la forme ou l'âme en tant que forme sont douées d'une causalité efficiente, que l'on peut interpréter en termes de causalité d'un agent[1].

G3 Cette efficacité-agentivité de la cause agente est primitivement liée à l'idée de « subjectité » *(subjecthood*[2]*)* – seule une chose ou substance, au sens de la substance première des *Catégories*, pouvant être cause –, puis elle est étendue à la forme, lorsque celle-ci se voit attribuer le statut de substance et de sujet, et elle lui reste attachée, jusque dans le dernier stade de l'ontologie aristotélicienne, quand celle-ci fait décisivement passer au second plan (pour ne pas dire abandonne) la subjectité[3].

---

the advent of hylomorphism, may be deemed a substantialist ontology, in the sense that this ontology's basic entities, primary substances, are "things", particular men and horses, rather than their properties or their kinds (2a11-14). Even though Aristotle abandons these sorts of "things" as substances in the primary sense for the dispositional-like forms of organisms, this transfer of his allegiance to forms may have retained the influence of his earlier substantialism. »

1. *Ibid.*, p. 147 : « When Aristotle speaks of the soul or form in terms of efficacy, he often gives it, the appearance of an agent : the soul is what acts upon the body (407b17-19) ; that "by which" the offspring comes to be (1032a24 *sq.*) ; what uses the body, its parts, and bodily material as its instrument, in particular in the activities of nourishment and locomotion (407b20-26, 415b15-20) ; what "feeds the body" (416b21 *sq.*) ; the thing doing the work of nourishment (416a9-15), etc. »

2. La *subjecthood* de Granger n'a aucun rapport de filiation avec la *Subjectität* heideggérienne. Les deux expressions renvoient certes au même schème et à la même réalité : l'ὑποκείμενον d'Aristote, toutefois, comme il n'y a pas de perspective historiale sur les transformations de l'ὑποκείμενον en *subiectum* chez Granger, la mise en relation des deux champs de la *Subiectität* et de l'*attributivism* reste intégralement à effectuer. C'est la tâche que nous nous donnons ici.

3. Granger, p. 154 : « ... the ascription of subjecthood to form may not, however be altogether due to a mere hangover from the days of the *Categories*. since aristotle thinks of soul or the form of organisms as an agent, its agency should call for its being a subject of actions, and this might have tempted him into thinking that form could accommodate a subjecthood which makes it a feasible competitor with composite substances, such as socrates, in their subjecthood. Since however subjecthood promotes matter over form as subject in the significant sense of the 'ultimate subject' of predication, Aristotle loses interest in the criterion of subjecthood for the development of his metaphysics and in any interest in pursuing the claims for the subjecthood of form or soul. »

G4 l'exigence de donner un fondement ontologique à la théorie causale de l'action, de placer une chose au fondement de toute activité ou action, explique l'implication réciproque de l'attributivisme et du substantialisme chez Aristote[1].

CONTRE L'ATTRIBUTIVISME

Si l'on considère les interprétations de la théorie aristotélicienne de l'âme dans la littérature anglo-saxonne récente, on voit que quatre positions s'affrontent :

P_1 la ψυχή est identique au corps,
P_2 la ψυχή est un attribut du corps,
P_3 le corps « constitue » la ψυχή[2],
P_4 la ψυχή est une substance immatérielle.

Pour l'archéologue, P_2 et P_4 ont une importance particulière. Shields décrit P_2, l'attributivisme version Barnes, comme affirmant que « persons are material substances which none the less have immaterial properties which are causally or non-causally necessitated by physical states of the body », et reconstruit ainsi l'argument barnésien censé prouver qu'Aristote « is an attribute theorist » :

1. Persons have some immaterial states ;
2. These cannot be states of the soul, since it is not substantial ;
3. Therefore, they must be states of the body or compound [of body and soul], both of which are material.

1. Granger, p. 154 : « When we add up all these considerations – the soul's efficacy and agency as the dominant feature in Aristotle's idea of causal efficacy, the influence of the "quality-thing" of the presocratic natural philosophers, and the substantialist heritage, both in its Platonist form and in the form it takes in the *Categories* – it is not then difficult to see how the substantialist strain could have entered into Aristotle's conception of the soul. It would, however, be the causal agency credited to soul in its role as an efficient cause that would carry the bulk of the responsability for the soul's taking on its thing-like character of an agent. »

2. C. Shields, « Soul and Body... », p. 113 : « Let us say that the body constitutes the [*psuchê*] if and only if at any given point in its history, the [*psuchê*] has all and only the non-historical and non-modal properties the body has. »

Il le rejette, pour cause de fausseté de la seconde prémisse : « on the ground that souls are forms and so are substantial »[1]. L'interprétation de 412a20 est donc cruciale : selon le sens donné à « substance » en (2) on se ralliera ou non à l'attributivisme. *P_2 revient, en tout cas, à faire du corps ou du composé de l'âme et du corps le sujet matériel d'attributs immatériels.* On peut se demander quel type de sub-jection peut bien être celui d'un état immatériel dans un sujet matériel. C'est une question que l'on pourrait poser au partisan de P_2 et que la tradition n'a cessé de poser à Aristote. Que le corps puisse être le sujet d'états supposés inétendus, donc incorporels, comme la pensée ou, de manière plus générale, les *cogitationes* (c'est-à-dire l'ensemble des actes ou états mentaux) est la thèse que Descartes a débattue avec deux adversaires redoutables, dont l'un au moins, Hobbes, pourrait être enrôlé sous la bannière de P_3.

L'entrée du « sujet » en philosophie de l'esprit est préfigurée dans la conclusion de l'argument fondamental de P_2 : dire que les « états immatériels des personnes » (!) « doivent être ceux du corps ou du composé du corps et de l'âme », argument qui a plus à voir avec le corps qu'avec... l'esprit. Le sujet que, comme je le montrerai par la suite, Descartes rencontre au XVIIe siècle, attendait depuis longtemps une invitation : c'était le sujet aristotélicien, simple substrat ou substance, sujet porteur. P_2 n'est pas qu'une interprétation récente d'Aristote, c'est la figure moderne de l'attributivisme à laquelle Descartes a eu affaire et qu'il a affrontée.

Il est absurde, anhistorique et lassant de penser Aristote avec (contre, relativement à) Descartes, comme le font de manière quasi obsessionnelle les historiens ou philosophes anglophones. Aristote n'a jamais été anticartésien. Descartes en revanche s'est vu, comme tout élève de terminale, imposer son sujet. L'*hupokeimenon* aristotélicien. Cela apparaît clairement dans la définition de la substance fournie par les *Réponses aux Secondes Objections* :

1. Cf. C. Shields, « Soul and Body... », p. 112.

> V. Toute chose dans laquelle réside immédiatement comme dans son sujet, ou par laquelle existe quelque chose que nous concevons, c'est-à-dire quelque propriété, qualité, ou attribut, dont nous avons en nous une réelle idée, s'appelle Substance. Car nous n'avons point d'autre idée de la substance précisément prise, sinon qu'elle est une chose dans laquelle existe formellement, ou éminemment, ce que nous concevons, ou ce qui est objectivement dans quelqu'une de nos idées, d'autant que la lumière naturelle nous enseigne que le néant ne peut avoir aucun attribut réel[1].

Cette définition de la substance porte tout le poids de la controverse de Descartes avec Hobbes – moment « époqual », selon nous, dans l'histoire du sujet. Elle est le point nodal de tous les théorèmes, axiomes et autres thèses intervenant tant dans la formulation du problème du sujet de la pensée que dans le geste théorique qui l'accompagne : la substantialisation de l'*ego*. Elle est de part en part scolaire, c'est-à-dire prélevée sur un *champ de présence* aristotélicien scolastique. Et c'est sur elle que porte le seul débat véritable. Elle contient en effet :

(1) une référence muette à la conception aristotélicienne de l'accident comme « ce qui est dans un sujet[2] » (la substance première se définissant précisément de n'être ni « dans un sujet » ni « dite d'un sujet »)[3], qui porte l'argument dont Descartes et Hobbes tireront des conclusions opposées,

1. Descartes, *Réponses aux Secondes objections. Raisons qui prouvent l'existence de dieu et la distinction qui est entre l'esprit et le corps humain, disposées d'une façon géométrique. Définitions*, A.-T., IX-1, p. 125. Voir note complémentaire 29*.

2. Le lecteur d'Aristote ne peut pas ne pas reconnaître ici la formule (ἐν ὑποκειμένῳ εἶναι) employée en *Cat.*, 2, 1a20-1b10 par opposition à « être dit d'un sujet » (καθ' ὑποκειμένου λέγεσθαι), pour construire le dispositif à quatre classes de l'ontologie des *Catégories* : substances premières (particulières), substances secondes (universelles), accidents particuliers et accidents universels.

3. Voir Aristote, *ibid.* : « D'autres êtres enfin ne sont ni dans un sujet, ni dits d'un sujet, par exemple *cet homme*, *ce cheval*, car aucun être de cette nature n'est dans un sujet, ni dit d'un sujet » (οὐδὲν γὰρ τῶν τοιούτων οὔτε ἐν ὑποκειμένῳ ἐστὶν οὔτε καθ' ὑποκειμένου λέγεται).

selon lequel on ne peut concevoir un acte « sans son sujet » *(sine subiecto suo)* – argument auquel, de la Seconde Scolastique à Leibniz, viendront se fédérer les thèses d'origine médiévale affirmant que « les accidents dénomment leur sujet », que « les actions appartiennent aux suppôts », que « les actions dénomment leurs sujets » et que « les dénominations se font des (sont relatives aux) suppôts »[1] ;

(2) un argument que nous « enseigne la lumière naturelle » – « le néant ne peut avoir aucun attribut réel » –, auquel Hobbes et Descartes recourent tous deux pour en tirer derechef des conclusions divergentes – argument que Descartes obtient de l'adage *Nihili nulla sunt attributa* fondé sur la thèse scolastique, elle-même tirée d'Aristote, selon laquelle la substance nous est connue par ses accidents/attributs[2]. Descartes y fait plusieurs fois appel[3], la combinaison de (1)

1. Soit les principes qui seront étudiés ici même sous les sigles et définitions suivants : PDSA$_{\text{déf.}}$: *accidens denominat proprium subiectum* ; PDSAc$_{\text{déf.}}$: *subiectum denominatur a propria actione* ; PSA$_{\text{déf.}}$: *actiones sunt suppositorum* ; PDSAc$_{\text{déf.}}$: *subiectum denominatur a propria actione* ; PDS$_{\text{déf.}}$: *denominationes sunt suppositorum*.

2. Cf. Descartes, *Principia Philosophiae*, § 52, A.-T. VIII-1, p. 24-25 : « Possunt autem substantia corporea et mens, sive substantia cogitans, creata, sub hoc communi conceptu intelligi, quod sint res, quae solo Dei concursu egent ad existendum. Verumtamen non potest substantia primum animadverti ex hoc solo, quod sit res existens, quia hoc solum per se nos non afficit ; *sed facile ipsam agnoscimus ex quolibet ejus attributo, per communem illam notionem, quod nihili nulla sint attributa, nullaeve proprietates aut qualitates*. Ex hoc enim quod *aliquod attributum adesse percipiamus*, concludimus *aliquam rem existentem, sive substantiam, cui illud tribui possit, necessario etiam adesse*. » Le § 53 pose clairement l'axiome : « ex quolibet attributo substantia cognoscitur. » La thèse est immédiatement complétée par l'affirmation que « *una* tamen *est cujusque substantiae praecipua proprietas, quae ipsius naturam essentiamque constituit*, et ad quam aliae omnes referuntur », thèse dite de « l'unicité de l'attribut principal », dont la démonstration sera au cœur de la polémique de Descartes contre Regius – seconde figure « époquale » de l'irruption du « sujet » dans la pensée cartésienne. Nous reviendrons par la suite sur ces textes capitaux.

3. Le même argument du néant et de la « lumière naturelle » figure dans les *Principia philosophiae*, § 11, A.-T. VIII-1, p. 8, avec sa justification ultime : la connaissance de la substance est fonction de celle de ses attributs : « Jam vero ut sciatur, mentem nostram non modo prius et certius, sed etiam evidentius quam corpus cognosci, notandum est, *lumine naturali esse notissimum,*

et de (2) permettant d'inférer *cogito, ergo sum res cogitans*, puisqu'il ne peut y avoir attribut sans substance, *ni* qualité ou propriété sans sujet, *ni* pensée sans chose qui pense, du fait même qu'on ne peut rien attribuer au néant, le néant ne pouvant être sujet[1].

La question du sujet chez Descartes n'est pas celle du sujet cartésien. La production du « sujet cartésien » relève d'une histoire parallèle ou parasitaire, largement, sinon purement rétrospective, qui va de Kant à Descartes, *via* Leibniz, et qui a fondamentalement trait à l'usage qu'ont fait certains modernes des principes scolastiques susmentionnés. Il faut la tracer pour elle-même. C'est ce que nous ferons. *La question du sujet chez Aristote n'est pas non plus celle du sujet chez Descartes ni* a fortiori *celle du sujet cartésien.* On peut s'interroger sur Descartes à partir d'Aristote. Il n'y a aucun bénéfice historique plausible à s'interroger sur Aristote à partir de Descartes. Archéologiquement parlant, les appartements d'Aristote et de Descartes ont une cloison commune : P_2, autrement dit la thèse attribuée aujourd'hui par certains à Aristote, dont Descartes a rejeté au XVIIe siècle une formulation originale, celle de Hobbes puis de Regius (le premier flirtant en outre avec P_3). Descartes n'a pas lui-même attribué P_2 à Aristote. C'est donc avec ses *interlocuteurs réels* que nous étudierons la critique cartésienne de P_2. L'étude de la réception effective de P_2 dans la tradition

nihili nullas esse affectiones sive qualitates ; atque ideo *ubicunque aliquas deprehendimus, ibi rem sive substantiam, cujus illae sint, necessario inveniri ; et quo plures in eadem re sive substantia deprehendimus, tanto clarius nos illam cognoscere*. »

1. Sur la solidarité de (1) et (2) et leur mutuelle implication dans la controverse Descartes-Hobbes, on se reportera à l'analyse du point 8 des *Objections* de Hobbes et à celle de *Ad 8*, la réponse de Descartes à Hobbes, dans notre volume III (« Deinde recte dicit *nos non posse concipere actum ullum sine subjecto suo*, ut cogitationem sine re cogitante, quia id quod cogitat non est nihil, etc. »). Le § 49 des *Principia* dit dans le même sens : « ex eo quod sum cogitans, sequitur, Ego sum, *quia id quod cogitat non est nihil* ». En découle que : « Is qui cogitat, non potest non existere dum cogitat », thèse qui joue un rôle non négligeable dans l'interprétation heideggérienne de Descartes (voir, dans notre volume III, l'analyse de *Die Metaphysik als Geschichte des Seins* in *Nietzsche*, t. 2, Pfullingen, Neske, 1961 [GA 6.2], p. 394).

précartésienne est une autre affaire : elle commande tout le dossier médiéval du sujet, implique une remontée à son foyer caché : la formulation et le rejet de l'attributivisme*/ par Augustin, et permet, seule, d'accéder au terrain sur lequel s'est constituée, dans un conflit séculaire entre deux modèles de l'âme pensante, l'augustinien et l'aristotélicien, la conception mixte, fondamentalement attributiviste*, que l'historiographie s'épuise à chercher chez Aristote ou chez Descartes, pour constater qu'elle ne s'y trouve pas, au lieu de la chercher et de la trouver là où elle se trouve, à savoir *entre les deux*. S'aventurer dans le *No man's land* qui sépare Aristote de Descartes est le premier pas que doit risquer l'archéologue s'il veut, désertant la tranchée, se demander enfin ce qui distingue vraiment les partisans de la ψυχή des sectateurs de la *mens*. C'est en tout cas une tâche indispensable pour nous qui voulons nous dégager du fumeux dîner de têtes auquel nous convient les *High tables* de l'aristotélisme anglophone. Pour aller au plus court, nous nous limiterons ici à ce qui a déterminé sur ce point l'épistémè médiévale : la critique averroïste de P_2.

Aristote avant Descartes : une autre épistémè

L'attributivisme n'est pas né en 1972. L'*Attribute-theory* barnésienne n'a fait qu'en donner une formulation particulièrement heureuse, à un moment où l'intérêt pour Aristote commençait de (re)fleurir dans le monde anglophone. P_2-P_4 n'ont cessé de s'affronter depuis plus de dix siècles... On ne le dirait pas à lire certains historiens anglophones.

La question de l'intellect est un révélateur de l'embarras des « modernes » devant la théorie aristotélicienne de l'âme. Comment soutenir P_2 sans laisser de côté le chapitre 5 du livre III du *De anima* ? Comment être un attributiviste matérialiste rigoureux et faire place aux assertions d'Aristote sur le νοῦς ? Une solution, largement répandue (bien au-delà du camp attributiviste), consiste à neutraliser les lignes importunes. Ou à rabattre *De anima* III, 5 sur... le « dualisme cartésien » ! On ne saurait dire quelle est la pire. Aborder ce texte dans l'horizon de Descartes n'a rigoureusement parlant *aucun intérêt* : sinon celui de rappeler que la ψυχή d'Aristote n'est pas la *mens* ou esprit de Descartes, ce que l'on peut et doit faire, de toute façon et toujours. Comment comparer les théories aristotélicienne et cartésienne de... l'intellect ? Y a-t-il un νοῦς chez Descartes ? Une *res cogitans* chez Aristote ? On dira que c'est donner trop de crédit aux mots que de refuser d'assimiler le dualisme de Descartes au dualisme d'Aristote. Je réponds que c'est en donner trop aux catégories historiographiques que de les comparer l'un à l'autre d'un point de vue aussi vague. Si, à en croire Kevin Mulligan, la « sous-détermination des positions philosophiques » est la maladie de la *Continental Philosophy* [1], que dira-t-on de la sous-détermination des catégories historiographiques permettant de confronter « le » dualisme d'Aristote « au » dualisme de Descartes, d'une « reconstitution » *(crime scene)* à l'autre, à chaque nouvel épisode de la « série » *Le Macédonien* ?

De tous les avocats modernes de P_4, Robinson est ici le plus représentatif [2]. S'attaquant à la bible du fonctionnalisme, *le* livre de Nussbaum sur le mouvement des animaux [3] paru en 1978, l'auteur est quasiment le premier à oser rappeler l'existence du chapitre sur l'intellect agent *(the active intellect)*, « immatériel et séparable du corps », et à suggérer que les interprètes modernes ont sacrifié l'intellect au bénéfice du reste de la psychologie aristotélicienne pour échapper aux pièges du cartésianisme. Il explique que les matérialistes éliminent l'intellect agent comme une entité métaphysique étrangère à la psychologie d'Aristote [4], alors qu'il est essentiel

1. K. Mulligan, « Post-Continental Philosophy : Nosological Notes », *in* P. Engel (éd.), *Philosophy and the Analytic-Continental Divide*, *Stanford French Review*, 17.2-3 (1993), p. 133-150, spécialement p. 135 : « Positions that are systematically underdetermined can never achieve the sort of focus that comes from pursuing a particular problem throughout the twists and turns of the different arguments for and against different solutions. »

2. H. Robinson, « Aristotelian dualism », *in* J. Annas (éd.), *Oxford Studies in Ancient Philosophy* (vol. 1), Oxford, Clarendon, 1983, p. 123-144.

3. M.C. Nussbaum, *Aristotle's 'De motu animalium'*, Princeton (NJ), Princeton UP, 1978.

4. Voir H. Robinson, *ibid.*, p. 124.

à la théorie de l'abstraction. Puis, il invoque en faveur du dualisme la comparaison, au livre I du *De anima*, entre la ψυχή et le pilote d'un navire[1]. Sur cette base, la comparaison *du* dualisme aristotélicien avec *le* dualisme de Descartes peut commencer[2]. Le premier est moins fruste (« more sophisticated »)[3] que le second, car la relation « hylémorphique » entre le corps et l'esprit est plus intime (« more intimate ») que la simple relation causale. En outre, chez Aristote, le sujet conscient est le composé de l'esprit et du corps, alors que chez Descartes, c'est la substance mentale, prisonnière du corps[4]. Rien de tout cela n'est *faux*. L'intellect agent est bien une pièce maîtresse de la théorie aristotélicienne de l'abstraction : un simple coup d'œil sur la littérature ancienne et médiévale montrerait que ce n'est cependant pas l'intellect agent qui pose un problème dans le débat du substantialisme (dualiste) et de l'attributivisme, comme, d'ailleurs, du point de vue de l'histoire de la subjectivité, mais l'intellect possible (ou « matériel »). Il est vrai que l'interprétation de 413a7-8 et de la comparaison de l'intellect au pilote d'un navire peut être alléguée en faveur du dualisme, mais à condition d'ignorer les siècles de discussions et d'exégèses contradictoires dudit passage, d'Alexandre à Averroès, de Thomas à Descartes et au-delà. Aristote lui-même semble douter, puisqu'il dit en 413a7-8 qu'« on ne voit pas encore [ou

1. Cf. *De anima*, 413a7-8, où Aristote pose qu'à ce stade de sa réflexion (ou de son exposé) « on ne voit pas encore si l'âme est l'entéléchie du corps, comme le pilote est celle du navire ».

2. En fait, elle devrait et pourrait surtout commencer par un examen de la réception cartésienne de 413a7-8. Curieusement, les aristotéliciens anglo-saxons ne s'en soucient guère. L'utilisation de la métaphore du marin chez Descartes est pourtant d'un grand intérêt : nous en traiterons au volume III, dans la section intitulée « Comme un pilote en son navire ».

3. H. Robinson, *ibid.*, p. 132.

4. *Ibid.*, p. 141-142. Chr. D. Green, art. cité, commente : « Thus, Aristotle's theory goes some way towards explaining why consciousness cannot exist apart from a body (*viz.*, it requires bodily sense organs in order to get thought-objects to be conscious *of*). Robinson does little, however, to explain just how Aristotle's supposed dualism differs from Descartes' without itself becoming non-dualistic. »

pas bien] si l'âme est l'entéléchie du corps, comme le pilote est celle du navire. » Et il doute encore en 413a9-10, quand (Tricot, p. 72) il « demande "que l'on s'en tienne à titre de simple métaphore à cette détermination et à cette description de l'âme" (τύπῳ μὲν οὖν ταύτῃ διωρίσθω καὶ ὑπογεγράφθω περὶ ψυχῆς) ». Un autre coup d'œil sur la littérature montrerait que l'interprétation pro-« dualiste » de 413a7-8 et 9-10 est loin d'être majoritaire et qu'elle est, comme la question précédente, au cœur de la querelle « averroïste ». La thèse d'ensemble rapportant le sujet « aristotélicien » au composé du corps et de l'âme est juste, à condition de bien voir que ce n'est pas le sujet d'Aristote, mais le sujet projeté sur le *De anima* depuis l'épistémè « cartésienne » à partir de *notre* définition du sujet comme « sujet conscient » : le sujet autour duquel Descartes, Hobbes, Regius, Leibniz gravitent, avec ou sans référence à Aristote. Le dossier de Robinson n'a aucune originalité par rapport aux discussions anciennes et médiévales. Il a des mérites philosophiques, mais aucun enracinement dans l'histoire. Laissant au lecteur le soin d'apprécier la réplique de Nussbaum[1], c'est sur les éléments de noétique évoqués contre le fonctionnalisme par son contradicteur que je veux à présent revenir.

Rien ne conduit *directement* d'Aristote à Descartes. Cela ne veut pas dire qu'on ne puisse aller d'une épistémè à

1. « Aristotelian Dualism : Reply to Howard Robinson », *in* J. Annas (éd.), *Oxford studies in ancient philosophy* (vol. 2). Oxford, Clarendon, 1984, p. 197-207. Le fidèle résumé qu'en donne Green sent l'argument d'autorité. J'avoue de toute façon peiner à voir en quoi l'opposition entre « les objectifs métaphysiques » universels « de l'hylémorphisme » aristotélicien et le « dualisme » (prétendument) confiné au *Mind-Body Problem* de Descartes est pertinente : « In response to Robinson, Nussbaum (1984) rightly points out some of the tremendous differences between Aristotle's and Descartes' positions. The most important of these has to do with the metaphysical scope of Aristotle's hylomorphism as opposed to Descartes' dualism. Dualism addresses only the issue of the relation of the body to the mind (or soul). Hylomorphism, by contrast, addresses the much broader question of just what a substance – any substance – is. The application of this framework to the mind-body problem (and I use the term "mind" here quite broadly, recognizing that Aristotle's *psuchê* does not map on to our "mind" very exactly) is but a special case of a larger metaphysical position. »

l'autre. La *règle de passage*, si elle existe ne saurait résider dans la simple affirmation d'une position comme P_4 : aucun protagoniste du débat sur l'intellect ne saurait se contenter d'une thèse aussi vague que : *l'âme* (quelle âme?) *est une substance immatérielle*, et, de fait, aucun ne s'en est contenté. Pour penser archéologiquement la relation de Descartes à Aristote, il vaut mieux partir des figures de la critique de P_2. Si les théories susceptibles de se ranger dans la case P_4 ont le plus petit dénominateur commun que l'on puisse imaginer (l'immatérialité de l'âme substance), les adversaires de P_2 ont le plus grand que l'on puisse rêver : elles argumentent toutes contre une position bien précise, qui fait de l'âme une disposition, une propriété ou un attribut du corps. Que les adversaires de P_2 soient aussi des partisans de P_4 n'est pas riche d'enseignements archéologiques : c'est en fonction de leur critique de P_2 que l'on peut classer les partisans de P_4, car elle détermine les modalités de leur adhésion à cette dernière, non l'inverse.

Relire Averroès : l'âme entre analogie et homonymie

La plus célèbre critique de P_2 est celle d'Averroès. Il est inutile de reprendre sur ce point l'ensemble des analyses rushdiennes du *De anima* : sa thèse est précise, et précisément établie. C'est celle que H. Granger attribue à Aristote : l'âme est une *property-thing*. Le « substantialisme » averroïste est plus subtil que l'interprétation analytique d'Aristote ne le laisserait augurer. Il est vrai qu'il rejette à la fois P_1 et P_2 et qu'il pose clairement la vérité de P_4. Mais, justement, il ne confond pas ψυχή et νοῦς ou ne suppose pas d'emblée résolu le problème de leur relation. Tout son effort est au contraire de le poser correctement. Le rejet de P_1 et surtout de P_2 est la charte de sa noétique, qui n'a de cesse de rappeler, dans une formule quasi figée, que l'intellect « n'est ni le corps, ni une faculté logée dans le corps ». Mais qu'est-ce à dire?

L'alternative P_2/P_4 est commandée par l'aporie – le « doute » dans la terminologie de la version arabo-latine du *Grand Commentaire* – formulée dans le commentaire 2 du livre III, portant sur *De anima* III, 4, 429a13-15. Les termes de l'aporie sont les suivants :

> [...] l'acte de concevoir par l'intellect appartient-il, comme la sensation, [au genre] des puissances passives ou à celui des puissances actives ? Et s'il appartient [au genre des puissances] passives, est-il passif comme les sens sont passifs, en tant qu'il serait d'une certaine façon matériel et mélangé au corps tel une faculté [existant] dans un corps, ou bien n'est-il d'aucune façon passif car, n'étant pas matériel, il n'est d'aucune façon mélangé au corps et, de la signification de la passivité, ne comporte que la seule réceptivité [1] ?

Averroès développe le problème en ces termes :

> [...] si nous posons que [l'acte de] concevoir par l'intellect est comme [l'acte de] sentir, c'est-à-dire que son appartenance [au genre] des puissances passives signifie que la puissance intellective première [2] reçoit les intelligibles et les perçoit de la même façon que la faculté sensorielle reçoit les sensibles et les perçoit, alors, nécessairement, de deux choses l'une : ou bien il lui advient un type de changement et de passion [sous l'action] de l'intelligible analogue au changement qui advient aux sens [sous l'action] du sensible du fait que la perfection [3] du sens est une faculté [existant] dans le corps ; ou bien il ne lui advient pas de changement semblable à celui des sens et à leur passivité [sous l'action] du sensible – car la perfection première de l'intellect n'est pas une faculté [existant] dans le corps – et même il ne lui en advient aucun. C'est ce qu'[Aristote] a à l'esprit en

1. Pour le texte d'Aristote, cf. Tricot, p. 173-174 : « Si donc l'intellection est analogue à la sensation, penser consistera ou bien à pâtir sous l'action de l'intelligible, ou bien dans quelque autre processus de ce genre. »

2. La « puissance intellective première » à savoir, selon comm. 4, l'« intellect matériel récepteur ».

3. Le latin *perfectio* correspond tantôt à ἐντελέκεια, l'entéléchie, la perfection de l'acte, la forme qui actualise une puissance, tantôt à ἐνέργεια, l'acte, l'actualité de la puissance actualisée (cf. 414a17 ; 415b14-15). Comme le note Bodéüs, qui traduit ἐντελέκεια par « réalisation » : « La notion de "réalisation" (ἐντελέκεια) qui équivaut, dans l'usage, à celle d'activité (ἐνέργεια), désigne l'état actuel comme aboutissement. » Mais les deux sens sont souvent confondus (cf. Bodéüs, p. 78, n. 3) : c'est également le cas dans l'arabo-latine où *perfectio prima* et *perfectio secunda*, « entéléchie » et « acte » sont fréquemment interchangeables.

disant : *soit quelque autre chose de semblable.* C'est-à-dire : soit [l'intellect] ne pâtit pas d'une passion égale à la passion des sens. Autrement dit, il ne lui advient pas un changement semblable au changement qui advient aux sens : il s'assimile à eux sous le seul angle de la réceptivité, car il n'est pas une faculté [existant] dans le corps.

L'essentiel de la réponse d'Aristote (l'analogie entre pensée et sensation n'est que partielle) est synthétisé dès le début du commentaire 3, à propos de *De anima* III, 4, 429a15-18 :

> [...] l'intellect appartient d'une certaine façon [au genre de] la puissance passive, mais [...] il n'est pas sujet au changement, puisqu'il n'est ni un corps ni une faculté [existant] dans le corps. Et il [Aristote] dit : *Il faut donc qu'il soit non pas passif,* etc. C'est-à-dire : et si l'on examine bien tout cela, on verra que, nécessairement, la partie de l'âme dont dépend [l'acte de] concevoir est une faculté qui ne subit pas de changement [sous l'action] de la forme qu'elle perçoit. [On verra aussi] que la notion de passivité ne s'applique à elle que dans la mesure où, comme la faculté sensorielle, elle reçoit la forme qu'elle perçoit et est en puissance ce qu'elle perçoit, mais pas au sens où elle serait en acte quelque chose dont on dit 'ceci' *(aliquid hoc)* [1], c'est-à-dire un corps ou une faculté [existant] dans un corps, comme est la faculté sensorielle.

Le commentaire 4 pose en toutes lettres que « les deux [thèses] qui constituent le fondement de tout ce que l'on [peut] dire de l'intellect » sont :

1. À savoir, dans le langage d'Aristote, un *tode ti* (τόδε τι), un « ceci » *(hoc aliquid).* Sur le *hoc aliquid*, cf. l'article de Goclenius, *Lexicon philosophicum...*, éd. cit., p. 627 : « *Hoc aliquid* significat Completum in esse & specie, quod soli substantiae in rebus naturalibus conuenit. Thom. in 2. de anim. lect. 1 text. 2. Forma facit seu constituit hoc aliquid (determinat ac distinguit) id est, per formam res existunt actu. Apud Arist. semper significat substantiam, & Tale qualitatem. Alexand.Aphrod.in.10. I.Phil. Interdum Aristoteles vocat Formam Hoc aliquid, Quia est praecipua ratio, ob quam compositum est hoc aliquid : praecipua inquam, quia forma non potest constituere hoc aliquid sine adminiculo materiae. Sed cum habeat rationem perficientis & actus (id est, cum forma det rei actum, hoc est, tum essentiam, tum existentiam) absolute & magis proprie natura dicitur, quam Materia. Zab. de constit.Indiuid.c.5. & Arist.2.context.I.de anim. »

T1 l'intellect {matériel} appartient au genre des puissances passives ;

T2 l'intellect {matériel} n'est pas sujet au changement car il n'est ni un/le corps ni une faculté {existant} dans le corps.

Il expose ensuite (toujours au comm. 4) ce qu'il appelle la « démonstration d'Aristote » (*De an.* III, 4, 429a18-20), fondée sur l'autorité d'Anaxagore, qui selon lui prouve la vérité de T2, à savoir que l'intellect « ne subit pas de changement lors de la réception {d'un intelligible}, *car* ce n'est ni un/le corps ni une faculté {existant} dans le corps ». La démonstration de T2 est donc le fondement de la critique averroïste de P_2 (et du rejet connexe de P_1).

Et il dit : *Par conséquent, il est nécessaire, s'il conçoit,* etc. C'est-à-dire : par conséquent, s'il perçoit tous les existants extérieurs à l'âme, il est nécessaire qu'il soit, avant [toute] perception, classé *(nominatus)* sous ce rapport *(ex hoc modo)* dans le genre des puissances passives, non {dans celui} des [puissances] actives, et que, comme le dit Anaxagore, il soit sans mélange avec les corps, c'est-à-dire qu'il ne soit ni un corps ni une faculté naturelle ou animale {existant} dans le corps. Il dit ensuite : *afin de connaître*, etc. C'est-à-dire : et il est nécessaire qu'il soit sans mélange pour percevoir toutes choses et les recevoir. Si, en effet, il était mélangé, alors [l'intellect] serait soit un/le corps soit une faculté {existant} dans le corps, et dans les deux cas, il aurait une forme propre, forme qui l'*empêcherait* de recevoir une forme *étrangère*.

Tout roule ici sur le fragment 12 D d'Anaxagore[1], cité derechef à plusieurs reprises tout au long du *Grand Commentaire*. C'est sur lui que repose la critique de P_2, la thèse matérialiste qu'Averroès attribue à Alexandre d'Aphrodise et, ici ou là, à Galien[2]. On sait le rôle que joue la polémique

1. Cf. Aristote, *De an.* III, 4, 429a19-20 : ἀνάγκη ἄρα, ἐπεὶ πάντα νοεῖ, ἀμιγῆ εἶναι, ὥσπερ φησὶν Ἀναξαγόρας, ἵνα κρατῇ, τοῦτο δ' ἐστὶν ἵνα γνωρίζῃ (παρεμφαινόμενον γὰρ κωλύει τὸ ἀλλότριον καὶ ἀντιφράττει).

2. Dans sa vision d'Alexandre, Averroès est très proche du point de vue défendu, des siècles plus tard, par P. Moraux : matérialisme et antiaristotélisme seraient, pour l'un comme pour l'autre, les traits dominants de la théorie alexandrinienne de l'âme – Moraux allant jusqu'à reprocher à

antialexandrinienne dans la pensée d'Averroès. Il est ici majeur. Alexandre s'écarte décisivement sur deux points de la position d'Aristote : en faisant de l'intellect matériel le résultat d'un mélange des quatre éléments[1], théorie qu'Averroès discute d'après la version arabe du Περὶ νοῦ, le traité alexandrinien sur l'intellect[2]; en appliquant T1 et T2 à la «préparation» de la tablette à l'écriture, dont parle, selon Alexandre, *De anima* III, 4, 429b29-430a2[3], plutôt qu'à la tablette elle-même ou, en d'autres mots, à la disposition plutôt qu'au sujet disposé (comme si, rétorque Averroès, «une préparation pouvait être dénuée de sujet»!)...

> Alexandre explique la démonstration d'Aristote concluant que l'intellect matériel n'est pas passif, qu'il n'est pas quelque chose dont on dit "ceci" *(aliquid hoc)*, à savoir un corps ou une faculté [existant] dans le corps, comme visant la préparation elle-même et non le sujet de la préparation. C'est pourquoi il dit dans son livre *De l'âme* que l'intellect matériel ressemble plus à la préparation qui est dans la tablette non écrite qu'à la tablette préparée elle-même ; que cette préparation peut être vraiment caractérisée [comme] «ce qui n'est pas quelque chose dont on dit "ceci" *(aliquid hoc)*, ni un corps ni une faculté [existant] dans le corps», et qu'elle n'est pas passive.

Selon Averroès, l'âme intellective (autrement dit l'intellect) est le sujet, elle seule est la tablette non écrite prête à recevoir l'écriture, dont parle Aristote en 429b29-430a2; pour Alexandre, l'intellect n'est pas le sujet, il n'est que le non-écrit de la tablette, comme le soutient une célèbre page

---

Alexandre de n'avoir pas «été frappé par la monstrueuse alliance réalisée dans son *De Anima* entre un matérialisme grossier et la théorie hylémorphique d'Aristote» (p. 48). Voir note complémentaire 30*.

1. Ce reproche est-il fondé ? C'est une autre affaire. Voir note complémentaire 31*.

2. Voir note complémentaire 32*.

3. Trad. Tricot, p. 179 : «Ne faut-il pas plutôt reprendre notre distinction antérieure de la passion s'exerçant grâce à un élément commun, et dire que l'intellect est, en puissance, d'une certaine façon, les intelligibles mêmes, mais qu'il n'est, en entéléchie, aucun d'eux avant d'avoir pensé? Et il doit en être comme d'une tablette où il n'y a rien d'écrit en entéléchie : c'est exactement ce qui se passe pour l'intellect.»

du *De anima*, qui est à l'arrière-plan de toute la critique rushdienne :

> Puisqu'il faut que ce qui appréhende les formes n'en possède aucune [84.15] dans sa nature propre (car sa forme propre, en se manifestant, l'empêcherait de se saisir d'une forme étrangère : on a montré qu'il en va ainsi, par exemple, pour les organes des sens), il faut aussi que l'intellect matériel et substrat ne soit aucune des choses qui peuvent être pensées par lui. Or, l'intellect pense tous les êtres, s'il est vrai que parmi les êtres, les uns sont intelligibles, et les autres, sensibles. Car l'intellect rend [84.20] aussi les sensibles intelligibles pour lui-même, en les séparant de la matière et en contemplant leur essence. L'intellect matériel n'est donc en acte aucun des êtres, mais il est en puissance tous les êtres. N'étant rien en acte avant de penser, lorsqu'il pense quelque chose, il devient ce qu'il pense, s'il est vrai que le fait de penser, pour lui, réside dans le fait de posséder la forme qui est pensée. L'intellect matériel n'est donc qu'une aptitude à être le [84.25] réceptacle des formes, ressemblant à une tablette non écrite, ou plutôt à la « non-écriture » d'une tablette, mais non pas à la tablette elle-même. Car la tablette elle-même est déjà l'un des êtres. C'est pourquoi l'âme et ce qui possède l'âme ressembleraient plutôt à la tablette, alors que, dans l'âme, la « non-écriture » serait l'intellect dit matériel, l'aptitude [85.1] à recevoir l'écriture. Ainsi, dans le cas de la tablette, de même que la tablette dans laquelle se trouve l'aptitude à recevoir l'écriture pâtira si l'on écrit dessus, alors que l'aptitude elle-même ne pâtit en rien quand elle est menée à l'acte (car elle n'est pas un substrat), de même l'intellect ne pâtira de rien, [85.5] puisqu'il n'est évidemment aucune des choses en acte[1].

La thèse ici exprimée est fausse et absurde. L'intellect ne peut être ni une disposition du corps-sujet, ni une disposition pure, autrement dit une disposition sans sujet. On ne peut donc admettre ni l'attributivisme au sens strict, ni une forme d'attributivisme anhypostatique, qui pour éviter les impasses de P_2, enchérit sur elle en absurdité : « En effet, une préparation n'est qu'une certaine privation, elle n'a aucune

1. Voir note complémentaire 33*.

nature (*i.e.* essence, subsistence, quiddité) propre indépendamment de la nature du sujet, et c'est pour cela que les préparations diffèrent *(preparationes diversentur)* selon chaque étant». Dire que la préparation est une «certaine privation» *(privatio aliqua)* signifie qu'elle a un type d'être comparable à celui d'un accident (la nature d'une privation particulière étant d'être privation *dans un sujet*). Comme la nature dépend pour Averroès de celle de son sujet d'inhérence, la «nature» de la préparation est entièrement dépendante de l'existence du sujet préparé. Si, comme le soutient Alexandre, l'intellect était une préparation existant dans le corps (attributivisme), de par la nature accidentelle qu'il aurait alors, il serait particularisé à cause de son inhérence à tel ou tel sujet corporel, et ne pourrait donc rien penser d'universel. Et s'il était une «disposition» ou «préparation pure», sans aucun sujet, il ne serait tout simplement... rien – et ne pourrait rien recevoir ou percevoir. L'attributivisme alexandrinien est donc intenable ou absurde. Les deux versions alexandriniennes de P_2, qui font de l'intellect une disposition du corps ou de rien, sont dès lors écartées avec dédain :

> Ô Alexandre! Tu prétends qu'Aristote veut seulement nous désigner la nature de la préparation et non la nature de ce qui est préparé (et que la nature de cette préparation n'est pas propre [au préparé], puisqu'elle est possible sans connaître la nature du préparé), mais la nature de cette préparation pure *(simpliciter)*, en quoi existe-t-elle? Moi, j'ai honte devant un tel énoncé, devant une explication si incroyable!

À la folie attributiviste, Averroès ne se contente pas d'opposer la vérité du substantialisme : P_4. Sa position est plus complexe. Elle fait, naturellement, de l'intellect un sujet. Si, en effet, on prend l'intellect comme «un *sujet* préparé», le problème de la connaissance universelle, sur lequel se brise de toute façon l'alexandrinisme, est réglé : l'intellect peut être sujet universel, c'est-à-dire sujet d'universaux, sujet de pensée. C'est donc ce point de vue que défend Averroès – et qu'il développera dans la théorie complexe des «deux sujets» de la pensée, sur laquelle nous reviendrons par la suite. Mais, sur l'échiquier de l'interprétation moderne, analytique, d'Aristote, l'averroïsme ne consiste pas à venir purement et simplement occuper la case P4. Aux thèses T1 et T2 susmentionnées, Averroès ajoute en effet deux autres thèses, qui montrent que sa théorie de l'âme n'est pas un simple « substantialisme dualiste ». Il faut bien distinguer ψυχή et νοῦς. C'est parce qu'il distingue clairement les deux, que l'auteur du *Grand Commentaire* formule deux autres thèses fondamentales, toutes deux antialexandriniennes, à savoir, T3, l'affirmation de l'équivocité du terme « âme » et, T4, celle, corrélative, du terme « perfection » (entéléchie). En d'autres mots, Averroès n'est ni substantialiste ni attributiviste : il combine le substantialisme pour l'âme intellective et l'attributivisme pour les âmes végétative et sensitive. Comme nous le disions plus haut, l'âme selon Averroès est une *property-thing*: *property* pour l'âme végétative/sensitive; *thing*, pour l'âme intellective.

La justification de T3 jette les bases de cette interprétation. Telle quelle, elle ne semble pas tomber sous le coup de la critique – l'erreur catégorielle – que Granger adresse à Aristote lui-même. L'âme intellective étant une substance séparée du corps ou, comme on l'a vu, « une faculté qui n'est pas [située] dans le corps » *(virtus in corpore)*, mais communique seulement avec lui dans son opération, dans la mesure où, ayant besoin d'images pour s'exercer, l'activité intellectuelle dépend de l'imagination, qui est une fonction commune à l'âme (sensitive) et au corps, la pseudo-définition aristotélicienne « commune » de l'âme en 412b4-6 (« entéléchie première d'un corps naturel organisé [= pourvu d'organes] », ἐντελέχεια ἡ πρώτη σώματος φυσικοῦ ὀργανικοῦ) se prédique en réalité de deux manières (ce qu'affirme T3) :

1. *analogiquement* des âmes végétative et sensitive;
2. *homonymiquement* de l'âme intellective, qui n'est âme que *secundum aequivocationem*.

D'où T4 : la notion de perfection (correspondant au grec ἐντελέχεια) est elle-même homonymique (équivoque) selon qu'elle est appliquée aux êtres seulement vivants (plantes, fonction nutritive/végétative), aux animaux (tout ce qui est doté de sensation, fonction sensitive) et aux hommes (doués d'intellect). Et Averroès d'affirmer en ce sens :

> Il est donc établi que la perfection première de l'intellect diffère des perfections premières des autres facultés de l'âme et que le nom de *perfection* en est prédiqué de manière homonyme, au contraire de ce que croyait Alexandre. Et c'est pourquoi Aristote dit, en définissant l'âme comme « la perfection première d'un corps naturel organisé », « qu'il n'est pas encore évident » si le corps est parfait de la même manière par toutes les facultés ou s'il en est une, parmi elles, par laquelle le corps n'est pas parfait, et que, s'il l'est, c'est sur un autre mode.

La justification de T4 n'a rien de forcé. Averroès paraphrase et développe contre la lecture « matérialiste » d'Alexandre, réduisant la faculté intellectuelle à la forme d'un corps naturel organisé, la clause suspensive d'Aristote en *De an.* II, 1, 413a7-8 (Tricot, p. 72) : « De plus *on ne voit pas encore* si l'âme est l'acte du corps, comme le pilote, du navire », invoquée de nos jours par Robinson contre les interprétations fonctionnalistes du *De anima*. Sa position se fonde sur l'interprétation de 413a9-10, proposée en *In De an.* II, comm. 21. Prenant à la lettre la restriction marquée par le Stagirite à l'égard de ses propres définitions « générales » de l'âme[1], Averroès y pose d'abord que toutes les parties de l'âme ne sont pas forcément « perfection » d'une des parties du corps et que même s'il s'agit dans tous les cas de « perfections » du corps, certaines de ces perfections peuvent en être séparées; puis il recourt à l'exemple du « moteur », pour faire comprendre que « la perfection du navire peut être séparée du navire en la personne du pilote » (« quedam perfectiones possunt abstrahi, ut perfectio navis per gubernatorem »); avant de conclure : « C'est pourquoi il ne semble pas que l'on puisse manifestement tirer de cette définition que toutes les parties de l'âme ne peuvent être séparées[2]. » Loin de dénoncer le

1. Cf. *De an.* II, 2 [1], 413a9-10 ; Tricot, p. 72 ; Bodéüs, p. 140 : « À titre d'ébauche, on s'en tiendra à cette définition et à cette esquisse de l'âme. »

2. La position d'Alexandre dans le *De anima* est beaucoup plus subtile que ne le laisse entendre Averroès. Elle intervient après l'élimination de deux thèses fautives – Alexandre démontrant d'abord (1) que l'âme n'est

caractère « provisoire et métaphorique » de la description de 413a7-8, comme le font la plupart des interprètes, Averroès soutient donc que la définition générale *(secundum sermones universales),* fondée sur la comparaison *(exemplariter)* avec le pilote et le navire, sera affinée ensuite, lorsque l'on aura « examiné la définition propre à chaque partie de l'âme en particulier », et que l'on verra clairement qu'il faut bel et bien distinguer deux « modes » de « perfection » du corps par les « facultés » : le rapport forme/matière valable pour les âmes végétative et sensitive, le rapport pilote/navire pour l'âme intellective[1].

Ce qui est sûr, c'est que, pour Averroès, l'intellect ne relève pas du dispositif analogique, c'est-à-dire de l'ordre du plus et du moins : c'est, selon Aristote lui-même, un autre « genre d'âme »[2]. Étant, contrairement aux deux autres âmes,

---

pas un corps ni (2) à la fois la forme du corps et l'un des corps simples – par le biais d'une réfutation en règle de la thèse affirmant (3) que l'âme serait à la fois la forme du corps et une substance séparée « comme le pilote dans le navire ». Contre (3), Alexandre mobilise une série d'objections (Bruns, p. 20, 26-21, 21), dont Averroès semble avoir d'ailleurs fait son miel. On cite ici la première série, dans l'excellente traduction de M. Bergeron et R. Dufour : « Ceux qui prétendent que l'âme du vivant est une forme en tant que substance séparée et par soi, comme l'est le pilote du navire (sous prétexte qu'il est lui aussi une forme et une perfection du navire), s'expriment incorrectement. *Le pilote n'est en effet ni la forme du navire ni sa perfection* (car [20.30] le navire existe même séparé du pilote), [21.1] mais, de manière générale, si on le concédait, on pourrait dire que *le pilote est forme de l'activité du navire*. Car l'activité appartient au navire conformément à une configuration déterminée, qui est la forme du navire en tant que navire, alors que le pilote contribue à cette activité. Et l'âme est la forme du vivant en tant que vivant, et ce n'est pas seulement quand il agit qu'il est animé. Voilà en effet pourquoi [21.5] l'âme est la première entéléchie. Que ce n'est pas de la même manière que l'âme est la forme du vivant et que le pilote est la forme du navire, c'est évident à partir du fait que le navire subsiste même si le pilote s'en va, alors que le vivant n'est plus vivant quand l'âme s'en va. C'est pourquoi l'âme correspond davantage à la configuration du navire. Car le fait d'être un navire vient de la configuration, comme le fait d'être un vivant vient de [21.10] l'âme. »

1. La critique d'Alexandre présuppose la discussion engagée en *In De anima* II, comm. 21 sur l'interprétation de 413a3-10. Voir note complémentaire 34*.

2. Aristote, *De an.*, II, 2, 413b25-26 : « sed uidetur genus alterum anime esse » (ἀλλ' ἔοικε ψυχῆς γένος ἕτερον εἶναι). Thomas d'Aquin (*De unitate*

faculté « séparée du corps »[1], c'est-à-dire *chose*, l'âme intellective n'est pas « âme » au sens où l'on dit « âmes » les facultés végétative et sensitive, c'est-à-dire au sens de *propriété* ou *disposition* du corps[2]. On peut donc dire à la fois qu'il y a et qu'il n'y pas de définition universelle de l'âme ou ce qui revient au même que la notion d'entéléchie est *ici* équivoque ou, encore, dans le langage des commentateurs analytiques, que l'âme est une notion équivoque recouvrant à la fois une *chose* (l'âme intellective) et des *propriétés* (les âmes végétative et sensitive). En rigueur de termes, Averroès dit qu'il y a une définition « universelle » ou « commune » de l'âme pour ce qui regarde l'âme sensitive et l'âme végétative, dont l'unité est analogique (*i.e.* dans le langage d'Alexandre ἀφ' ἑνὸς καὶ πρὸς ἕν et τῷ ἐφεξῆς) ; mais qu'il n'y en pas qui englobe aussi l'intellect, ce dernier étant « âme » en un sens purement homonyme.

La thèse d'Averroès sur l'âme est attributiviste pour les âmes végétative ou sensitive, substantialiste pour l'âme intellective et, on le verra, attributiviste* pour l'acte de penser – toute la question étant de savoir... à qui l'attribuer, de l'intellect ou de l'homme. Nous y reviendrons brièvement dans la section suivante, et en détail dans le deuxième volume.

Combinant les divers idiomes, elle se laisse, en attendant, ainsi représenter :

---

intellectus, chap. I, § 8) commente en ces termes l'exégèse averroïste du passage : « il ne faut pas comprendre cette clause comme l'expliquent perversement le Commentateur et ses partisans, à savoir qu'Aristote l'énonce parce que l'intellect n'est dit âme que par homonymie, ou dans le sens que la définition susdite ne peut lui convenir » (« Quod non est intelligendum, sicut Commentator et sectatores eius peruerse exponunt, ideo dictum esse quia intellectus equiuoce dicatur anima, uel quod predicta diffinitio sibi aptari non possit »).

1. Averroès, *In De an. II*, comm. 21 ; Crawford, p. 160, 28-30 : « Nécessairement celui-ci est le seul parmi toutes les puissances de l'âme qui puisse être séparé du corps » (« necesse est ut ille solus inter omnes virtutes anime sit possibilis ut abstrahatur a corpore »).

2. Averroès, *In De an. II*, comm. 22 ; Crawford, p. 161, 9-10, où nous lisons que l'intellect est « séparé en tant qu'il n'est pas une âme » (« abstractus, *secundum quod non est anima* »).

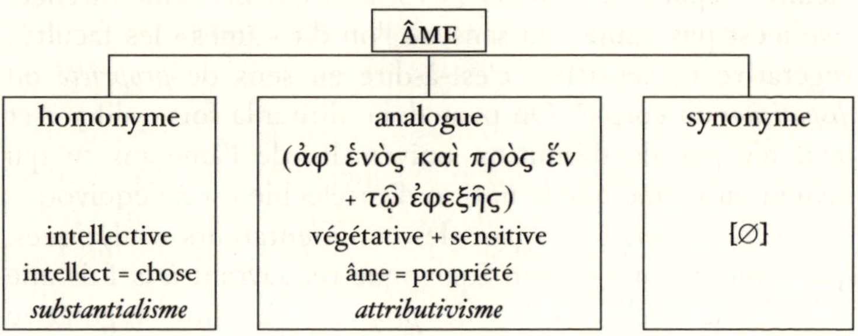

Ce dispositif laisse à l'évidence une question pendante : celle du rapport sub-jectif existant entre l'homme, son âme et l'« autre genre d'âme » qu'est l'intellect. Elle sera disputée du XIIIe siècle à l'Âge classique.

QU'EST-CE QUE L'HOMME ?

Le complexe de questions-réponses dans lequel s'inscrit macrologiquement « la » question du sujet a été constamment réélaboré de l'Antiquité tardive au Moyen Âge. Pour achever d'introduire au long parcours qui nous reste à accomplir avant de rejoindre Descartes via Heidegger, Kant et l'idéalisme allemand, nous considérerons ici une de ses étapes essentielles : la version qu'en donne Thomas d'Aquin dans sa polémique antiaverroïste, le *De unitate intellectus contra averroistas*. Soit donc le quadrangle :

Qui pense ?	↔	Quel est le sujet de la pensée ?
↕		↕
Qui sommes-nous ?	↔	Qu'est-ce que l'homme ?

Thomas aborde la question *Qu'est-ce que l'homme?* en discutant la théorie averroïste par excellence : la séparation de l'intellect possible.

La question précise qu'il affronte au chapitre III, § 66-76, est : « Qu'est-ce qu'un individu ? », c'est-à-dire : « Qu'est-ce qu'un homme individuel ? » Trois réponses sont examinées :

R_1 l'homme est son âme ou l'intellect,
R_2 l'homme est un corps animé par une âme sensitive,
R_3 l'homme est un composé des deux.

Aucune n'est neuve. Toutes – et toutes trois ensemble – auront un bel avenir. En témoigne l'*Essai sur l'entendement humain* de Locke (II, XXVII, § 21), où, parce qu'il est difficile de « concevoir comment le même homme ou le même individu nommé Socrate » pourrait bien être deux personnes distinctes – ce qu'exige pourtant le train de réflexion mené dans les paragraphes précédents sur l'identité personnelle –, le philosophe anglais propose « pour y voir plus clair », de « considérer ce qu'on entend par Socrate, ou par le même individu humain » et fait trois hypothèses, où l'on reconnaît sans peine les réponses R_{1-3} de Thomas, *i.e.* :

R_1* First, it must be either the same individual, immaterial, thinking substance; in short, the same numerical soul, and nothing else (« Il faut qu'il soit ou bien, premièrement, la même substance pensante individuelle, immatérielle, en bref la même âme numériquement identique et rien d'autre »).
R_2* Secondly, or the same animal, without any regard to an immaterial soul (« ou bien, deuxièmement, le même animal, indépendamment de toute âme immatérielle »).
R_3* Thirdly, or the same immaterial spirit united to the same animal (« ou bien, troisièmement, l'union du même Esprit immatériel et du même animal ») [1].

Au terme de quoi il énonce sa célèbre et révolutionnaire thèse sur l'identité personnelle [2] – l'acte de baptême du « sujet moderne » –, en posant :

1. J. Locke, *An Essay concerning Human Understanding*, II, XXVII, § 21 (éd. P.H. Nidditch, Oxford, OUP, 1975), in *John Locke. Identité et différence...*, p. 168-169. Pour la traduction de Coste, cf. *ibid.*, p. 124. Au terme du § 21, Locke conclut des « différentes suppositions » (trad. Balibar, p. 169) : « Ainsi quoi que ce soit qui fasse un homme aux yeux de certains hommes, et par conséquent l'identité d'un individu humain, sur quoi peut-être peu seront d'accord, nous ne pourrons situer l'identité personnelle nulle part ailleurs que dans la conscience (qui est la seule chose qui fait ce que nous appelons soi) sans nous trouver embarqués dans de grandes absurdités. »

2. Voir note complémentaire 35*.

Mais, quelle que soit celle de ces hypothèses que vous adoptez, il est impossible de faire que l'identité personnelle consiste en quoi que ce soit d'autre que la conscience, ou s'étende au-delà de ce que celle-ci appréhende[1].	Now take which of these suppositions you please, it is impossible to make personal identity to consist in any thing but consciousness, or reach any farther than that does.

Exemple de « longue durée », s'il en faut : les trois réponses interviennent bien avant Thomas d'Aquin ou les sources directes de Locke, quelles qu'elles soient. Elles sont attestées dès le *Premier Alcibiade*, là où Socrate-Platon évoque les « trois êtres dont l'un est nécessairement l'homme lui-même », à savoir : « l'âme, le corps ou le tout qui est formé de leur union »[2]. Le dialogue distingue ensuite à diverses reprises entre *connaître ce qui est à soi* et *se connaître soi-même :*

> Celui qui connaît quelque partie de son corps, connaît ce qui est à lui, mais ne se connaît pas lui-même[3].
> Celui qui prend soin de son corps prend soin de ce qui est à lui, mais non de lui-même[4].

La distinction entre *moi* et *le mien* correspond à celle de l'âme et du corps. Le « moi » serait-il donc attesté dès Platon? Oui et non, et c'est cette présence/absence qui concerne l'archéologie. La nominalisation du pronom « je », le complexe dispositif du « je », du « moi » et du « *Self* », que viendra activer époqualement la traduction par Coste de l'*Essay* de Locke, ne semblent pas ici de mise. La distinction entre moi et mien, entre ce qui est soi et ce qui est à soi s'énonce d'abord dans un *nous*. Elle passe originairement

1. Cf. J. Locke, *Essai...*, trad. Balibar, p. 169. Coste, *ibid.*, p. 124, traduit : « Qu'on prenne telle de ces suppositions qu'on voudra, il est impossible de faire consister l'identité personnelle dans autre chose que dans la con-science, ou même de la porter au-delà. »

2. Cf. Platon, *Alcibiade*, 130A, trad. Croiset, Paris, Belles Lettres, 1963, p. 104.

3. *Ibid.*, 131A, p. 105.

4. *Ibid.*, 131B, p. 106.

entre nous – ce que nous sommes – et ce qui est nôtre, entre ἡμεῖς et ἡμέτερα. Pourtant, même sous cette forme « plurielle » ou collective, le duo ἡμεῖς-ἡμέτερα est tout sauf étranger au dispositif lockéen : on peut en effet l'y suivre, à la fois *inversé* et *déplacé*, jusque dans la théorie lockéenne de l'identité comme appropriation, c'est-à-dire, précisément, dans les usages lockéens de *own* et de *to own*[1], « au centre d'une constellation qui comprend les termes d'appartenance, d'imputation, de souci, de reconnaissance et de remémoration », où s'accomplit ce que Balibar appelle « une remarquable fusion (d'aucuns diraient confusion) des paradigmes de l'être et de l'avoir », dont la double formule, annulant, dépassant et conservant à la fois l'opposition platonicienne, pourrait être :

F1 fondamentalement, « moi » c'est (= je suis) « le mien » ;
F2 et ce qui est « le plus proprement mien » c'est « moi-même » (de même que ce qui est le plus proprement « tien », « sien », c'est « toi-même », « lui-même », etc.)[2].

Selon Balibar, « cette fusion vient de loin » : des « discours grecs sur l'*oikeios* et l'*idios* qualifiant la particularité du "soi" »[3], et elle « vient jusqu'à nous, ne cessant de se renforcer jusqu'à la thèse liminaire » de *Sein un Zeit* (§ 9), « identifiant la particularité existentielle du *Dasein* humain à la *Jemeinigkeit* (litt. "être à chaque fois [le] mien") »[4]. Il ne nous semble pas

1. Les termes reviennent aux § 8, 14, 15, 17, 18, 24 et 26 du chapitre XXVII du livre II de l'*Essay*.

2. Voir É. Balibar, J. Locke, *Essai*..., p. 227. On peut aisément poursuivre : « ce qui est le plus proprement nôtre c'est "nous-même" ».

3. Cf. É. Balibar, *ibid*., p. 228, n. 59, qui renvoie à J.-P. Vernant, *L'Individu, la Mort, l'Amour. Soi-même et l'autre en Grèce ancienne*, Paris, Gallimard, 1989, p. 211 *sq*.

4. C'est par « mienneté » qu'Emmanuel Martineau traduit *Jemeinigkeit*. La mienneté intervient dans un contexte fondamental : l'affirmation que « l'"essence" du *Dasein* réside dans son existence ». Cf. M. Heidegger, *SuZ*, § 9, 1-2 (trad. Martineau) : « [...] le titre "*Dasein*" par lequel nous désignons cet étant n'exprime pas son *quid*, comme dans le cas de la table, de la maison, de l'arbre, mais l'être. [2]. L'être *dont* il y va pour cet étant en son être est à chaque fois mien. Le *Dasein* ne saurait donc jamais être saisi

absurde de dire que, s'il y va des Grecs, le couple platonicien ἡμεῖς-ἡμέτερα a aussi quelque titre à faire valoir en l'affaire, lui et sa tradition interprétative, pour ne pas dire sa tradition tout court, qu'elle soit directe ou indirecte.

Thomas d'Aquin ne connaissait pas l'*Alcibiade*, le *Plato Latinus* se réduisant, au XIIIe siècle, au *Timée*. C'est par d'autres sources, intermédiaires, qu'il accède à la matrice platonicienne. La plus importante de ces sources est un passage de Themistius, traduit quelques années à peine avant la rédaction du *De unitate*, passage qui, porte sur ce que nous sommes *du point de vue de l'intellect*. Ce passage est cité au long dans le § 50 du *De unitate*. En faisant tacitement communiquer les deux questions : *Qui sommes-nous?* et *Qu'est-ce que l'homme?* au fondement d'une critique de la théorie averroïste de la séparation de l'intellect, il ouvre en même temps sur les deux autres : *Qui pense?* et *Quel est le sujet de la pensée?* – deux questions typiquement médiévales ou, pour mieux dire, postaristotéliciennes, que ne posait pas Platon.

Le *Premier Alcibiade* donnait à entendre que ce qui est à soi est d'ordre instrumental, ce qui permettait à Platon de poser l'homme comme distinct de son corps, du fait que « celui qui se sert d'une chose se distingue de la chose dont il

---

ontologiquement comme un cas ou un exemplaire d'un genre de l'étant en tant que sous-la-main. À cet étant-ci, son être est "indifférent", ou, plus précisément, il "est" de telle manière que son être ne peut lui être ni indifférent ni non indifférent. L'advocation du *Dasein*, conformément au caractère de *mienneté* de cet étant, doit donc toujours inclure le pronom *personnel* : "je suis", "tu es". Et le *Dasein*, derechef, est à chaque fois mien en telle ou telle guise déterminée d'être. Il s'est toujours déjà en quelque façon décidé en quelle guise le *Dasein* est à chaque fois mien. L'étant pour lequel en son être il y va de cet être même se rapporte à son être comme à sa possibilité la plus propre. Le *Dasein* est à chaque fois sa possibilité, il ne l'"a" pas sans plus de manière qualitative, comme quelque chose de sous-la-main. Et c'est parce que le *Dasein* est à chaque fois essentiellement sa possibilité que cet étant peut se "choisir" lui-même en son être, se gagner, ou bien se perdre, ou ne se gagner jamais, ou se gagner seulement "en apparence".» On voit que la *Jemeinigkeit* heideggérienne, incompréhensible sans référence à la *Vorhandenheit* (l'être « sous-la-main »), complique singulièrement la postérité de la fusion des paradigmes de l'être et de l'avoir opérée par Locke selon Balibar.

se sert », 129E, p. 103), et il distinguait en outre nettement « prendre soin de soi-même » et « prendre soin de ce qui est à soi » (128D, p. 101). En somme, il exposait la thèse de base de ce qu'on appelle aujourd'hui le « dualisme » platonicien.

Le texte de Themistius allégué par Thomas repose sur des formulations voisines auxquelles il donne cependant un sens bien différent : comme Locke, le commentateur distingue en effet *le* je ou *le* moi (τὸ ἐγώ) et l'être mien (τὸ ἐμοὶ εἶναι) sur le modèle du ce quelque chose (τὸ τόδε) et de l'être [essence] du ce quelque chose (τὸ τῷδε εἶναι) chez Aristote, en des termes que Thomas cite sous la forme d'une distinction entre *moi* et *mon être*[1] :

Et peu après il [Themistius] conclut : « Nous sommes par conséquent soit l'intellect qui est en puissance, soit celui qui est en acte. Donc, si en tous les composés de ce qui est en puissance et de ce qui est en acte, une chose est ceci et une autre l'être qui appartient à ceci, *moi* et *mon être* seront absolument autres. Or *moi* est un intellect composé de puissance et d'acte, mais *mon être* [est constitué] par ce qui est en acte. C'est pourquoi ce que je médite et ce que j'écris, c'est l'intellect composé de puissance et d'acte qui l'écrit,

Et post pauca concludit : « Nos igitur sumus aut qui potentia intellectus, aut qui actu. Siquidem igitur in compositis omnibus ex eo quod potentia et ex eo quod actu, aliud est hoc et aliud est esse huic, aliud utique erit ego et michi esse. Et ego quidem est compositus intellectus ex potentia et actu, michi autem esse ex eo quod actu est.

Quare et que meditor et que scribo, scribit quidem intellectus compositus ex potentia et actu, scribit autem non qua

1. Cf. Thomas d'Aquin, *De unitate intellectus*, Paris, Vrin, 2004, chap. II, § 50, avec mon commentaire *ad loc.* ; et Themistius, *In Aristotelis libros De anima paraphrasis*, CAG, V, 3, éd. R. Heinze, Berlin, Reimer, 1899, p. 100, 16-22 : Ἡμεῖς οὖν ἢ ὁ δυνάμει νοῦς ἢ ὁ ἐνεργείᾳ. εἴπερ οὖν ἄλλο ἐπὶ τῶν συγκειμένων ἁπάντων ἔκ τε τοῦ δυνάμει καὶ τοῦ ἐνεργείᾳ τὸ τόδε καὶ τὸ τῷδε <εἶναι>, ἄλλο ἂν εἴη καὶ τὸ ἐγὼ καὶ τὸ ἐμοὶ εἶναι, καὶ ἐγὼ μὲν ὁ συγκείμενος νοῦς ἐκ τοῦ δυνάμει καὶ τοῦ ἐνεργείᾳ, τὸ δὲ ἐμοὶ εἶναι ἐκ τοῦ ἐνεργείᾳ ἐστίν, ὥστε καὶ ἃ διανοοῦμαι ταῦτα, καὶ ἃ συγγράφω, γράφει μὲν ὁ σύνθετος νοῦς ἐκ τοῦ δυνάμει καὶ τοῦ ἐνεργείᾳ, γράφει δὲ οὐχ ᾗ δυνάμει, ἀλλ' ᾗ ἐνεργείᾳ· τὸ γὰρ ἐνεργεῖν ἐκεῖθεν αὐτῷ ἐποχετεύεται.

mais il ne l'écrit pas par ce qui en lui est en puissance, mais par ce qui en lui est en acte; c'est depuis [cet acte], en effet, que l'activité s'écoule en lui. »

potentia sed qua actu; operari enim inde sibi deriuatur ».

Singulier mélange d'égologie et d'hétérologie que ce texte où, pourtant, s'énonce en toutes lettres une nominalisation du « je » : τὸ ἐγώ. Ce que je médite et ce que j'écris, c'est l'intellect composé de puissance et d'acte qui l'écrit. Serait-ce que je n'écris pas ce que j'écris?[1] Que je ne pense pas ce que je pense? L'homme serait-il déjà mort avant d'être né? Le *cogito* épuisé avant d'avoir été énoncé? La réponse est négative : tout dépend d'une autre question, de forme peu élégante, mais de part en part platonicienne : *Qu'est-ce que cela qui est je?* Le problème n'est plus ici celui de l'âme et du corps, mais celui de l'intellect : de l'intellect en puissance et de l'intellect en acte. *Dans le domaine de l'intellect, pour l'homme,*

1. Sans verser dans un derridianisme échevelé, on ne peut pas ne pas noter la prégnance du *scénario de l'écrivant* dans la problématique de l'appropriation par l'*ego* de ses (propres) actes de pensée comme de ses actions en général. Au ὥστε καὶ ἃ διανοοῦμαι ταῦτα, καὶ ἃ συγγράφω, γράφει μὲν ὁ σύνθετος νοῦς (« quare et que meditor et que scribo, scribit quidem intellectus ») de Themistius font, de fait, écho aussi bien le « dum scribo, intelligo eodem instanti » de Descartes (*Regulae ad directionem ingenii*, XII, A.-T. X, p. 414 : « [...] plane eodem modo, quo nunc, dum scribo, intelligo eodem instanti quo singuli characteres in charta exprimuntur, non tantum inferiorem calami partem moveri, sed nullum in hac vel minimum motum esse posse, quin simul etiam in toto calamo recipiatur ») que le « now whilst I write » de Locke (*Essay*, II, XXVII § 16, p. 162 : « Had I the same consciousness that I saw the ark and Noah's flood, as that I saw an overflowing of the Thames last winter, or as that I write now; I could no more doubt that I who write this now, that saw the Thames overflowed last winter, and that viewed the flood at the general deluge, was the same self, place that self in what substance you please, than that I who write this am the same myself now whilst I write – whether I consist of all the same substance, material or immaterial, or no – that I was yesterday. For as to this point of being the same self, it matters not whether this present self be made up of the same or other substances; I being as much concerned, and as justly accountable for any action that was done a thousand years since, appropriated to me now by this self-consciousness, as I am for what I did the last moment », trad., p. 163).

le rapport du moi et du mien s'inverse. Moi n'est pas le meilleur en moi-même. Le meilleur de moi n'est pas moi, mais ce qui est mien. L'inverse du rapport âme-corps.

Tout se joue autrement pour le « nous » (ἡμεῖς) au niveau du νοῦς. À la question : « que sommes nous quant au νοῦς : le νοῦς qui est en puissance ou celui qui est en acte ? », Themistius répond : *je* suis le composé de puissance et d'acte (intellect en puissance et intellect en acte), mais *l'être qui est mien* (mon essence), *mon être*, Locke eût dit, *my own*, est seulement acte (intellect actif). Comme le rappelle Verbeke[1], cette réponse est esquissée dans la Ire *Ennéade* de Plotin. En I, 1 [53], 10, Plotin « distingue, en effet, une double signification au terme personnel "nous" : il peut désigner le composé d'âme et de corps, mais il se rapporte formellement à l'âme, comme à ce qui constitue l'homme dans sa dignité propre ». Le texte dit :

Pourtant, si l'âme c'est nous, et si nous pâtissons, il s'ensuit que l'âme pâtit, de même qu'elle agit quand nous agissons. – C'est que le mot « nous » désigne aussi le composé, tant que surtout nous ne sommes point séparés du corps ; et même l'on dit : nous pâtissons, lorsque notre corps pâtit. Le mot « nous » peut donc désigner ou bien l'âme avec la bête, ou bien ce qui est au-dessus de la bête. La bête, c'est le corps doué de vie. Autre est l'homme véritable et pur de toute bestialité ; il possède des vertus intellectuelles, qui résident dans

Ἀλλ᾽ εἰ ἡμεῖς ἡ ψυχή, πάσχομεν δὲ ταῦτα ἡμεῖς, ταῦτα ἂν εἴη πάσχουσα ἡ ψυχὴ καὶ αὖ ποιήσει ἃ ποιοῦμεν. Ἡ καὶ τὸ κοινὸν ἔφαμεν ἡμῶν εἶναι καὶ μάλιστα οὔπω κεχωρισμένων· ἐπεὶ καὶ ἃ πάσχει τὸ σῶμα ἡμῶν ἡμᾶς φαμεν πάσχειν. Διττὸν οὖν τὸ ἡμεῖς, ἢ συναριθμουμένου τοῦ θηρίου, ἢ τὸ ὑπὲρ τοῦτο ἤδη· θηρίον δὲ ζωωθὲν τὸ σῶμα.

Ὁ δ᾽ ἀληθὴς ἄνθρωπος ἄλλος ὁ καθαρὸς τούτων τὰς ἀρετὰς ἔχων τὰς ἐν νοήσει αἳ δὴ ἐν αὐτῇ τῇ χωριζομένῃ ψυχῇ

1. G. Verbeke, « Introduction », *in* Themistius, *Commentaire sur le Traité de l'âme d'Aristote. Traduction de Guillaume de Moerbecke* (Corpus Latinum commentariorum in Aristotelem Graecorum, 1), éd. G. Verbeke, Leyde, Brill, 1973, p. LIX.

l'âme même qui se sépare du corps; en notre séjour même, elle peut s'en séparer; car lorsqu'elle abandonne tout à fait le corps, la vie du corps, qui vient de son illumination par l'âme, s'en va avec l'âme et la suit[1].

ἵδρυνται, χωριζομένῃ δὲ καὶ χωριστῇ ἔτι ἐνταῦθα οὔσῃ· ἐπεὶ καί, ὅταν αὕτη παντάπασιν ἀποστῇ, καὶ ἡ ἀπ' αὐτῆς ἐλλαμφθεῖσα ἀπελήλυθε συνεπομένη.

Voilà qui nous ramène aux deux questions *Qu'est-ce que l'homme?* et *Qui sommes-nous?* Comme le note, en effet, Alexandrine Schniewind, « la question de savoir *ce qu'est l'homme* inclut celle qui demande "qui sommes-nous?", sans pour autant lui être identique[2]. » Pourquoi? Parce que, dit-elle, « le nous (ἡμεῖς) doit être compris, aux yeux de Plotin, comme ce que l'homme reconnaît être le meilleur en lui, donc ce qu'est son moi véritable ». Et de préciser : « bien qu'être composé, l'homme possède les facultés intellectives (διάνοιαι, δόξαι, νοήσις) qui lui donnent la capacité d'être particulièrement lui-même : c'est donc là (dans nos facultés intellectives) que nous sommes le plus nous-mêmes (ἔνθα δὴ ἡμεῖς μάλιστα) »[3].

Revenons à Themistius. La question de ce que Verbeke appelle le « constitutif formel du moi » – Qu'est-ce qui *est* véritablement moi en moi? autrement dit : *Que sommes-nous? Qu'est-ce qui est nous-même en nous?* – obéit à un principe, qu'il rattache à la notion aristotélicienne de *partie principale* et de *meilleure partie* de l'homme (*Éth. Nic.*, IX, 8, 1169a2-3; Tricot, p. 458) : un être est constitué comme tel « par ce qu'il y a de plus noble en lui ». Ce principe est accompagné par un second, d'allure plotinienne, stipulant que chez tous les êtres composés de puissance et d'acte, il faut distinguer le moi et l'essence du moi, « comme chez les autres êtres, ce qu'ils sont et l'élément formel qui les constitue comme tels »[4]. C'est

1. Plotin, *Ennéades*, I, 1 [53], 10, trad. Bréhier, Paris, Belles Lettres (CUF), p. 46.

2. A. Schniewind, *L'Éthique du sage chez Plotin...*, p. 102.

3. Voir note complémentaire 36*.

4. Cf. G. Verbeke, « Introduction », *in* Themistius, *Commentaire sur le Traité de l'âme d'Aristote*, *op. cit.*, p. LX.

pourquoi, comme le souligne Thomas (*De unitate,* chap. II, § 50), Themistius définit le moi, *ego*, comme composé de puissance et d'acte, et l'essence, l'être du moi, *michi esse*, *my own*, *my Self*, comme constituée par le principe actif, « factif », c'est-à-dire « poiétique ».

Et peu après il dit plus clairement : « De même donc qu'autre est l'animal et autre l'être de l'animal, et que l'être de l'animal vient de l'âme de l'animal, de même autre est *moi* et autre ce qui est *mon être.* Ce qui est mon être vient de l'âme, mais pas de l'âme en totalité ; en effet, cela ne vient pas de la sensitive, car elle est la matière de l'imagination ; cela ne vient pas non plus de l'imaginative, car elle est la matière de l'intellect en puissance ; cela ne vient pas non plus de l'intellect qui est en puissance, car il est la matière de l'intellect poiétique. Ce qui est mon être vient donc du seul intellect poiétique[1]. »

Et post pauca adhuc manifestius : « Sicut igitur aliud est animal et aliud animali esse, animali autem esse est ab anima animalis, sic et aliud quidem ego, aliud autem michi esse. Esse igitur michi ab anima et hac non omni ;
non enim a sensitiua, materia enim erat fantasie ;
neque rursum a fantastica, materia enim erat potentia intellectus ;
neque eius qui potentia intellectus, materia enim est factiui.
A solo igitur factiuo est michi esse. »

De Platon à Locke, une *différence* – qui est le principe même de ce que nous appelons aujourd'hui « subjectivité », mais qui se développe indépendamment de toute référence explicite à l'ὑποκείμενον, donc à la subjectité *(Subiectität)* heideggérienne – se cherche et se déploie en renversant

1. Themistius, *In Aristotelis libros De anima paraphrasis*, CAG, V, 3, éd. R. Heinze, Berlin, Reimer, 1899, p. 100, 26-32 : ὥσπερ οὖν ἄλλο τὸ ζῷον καὶ ἄλλο τὸ ζώῳ εἶναι, καὶ τὸ ζώῳ εἶναι παρὰ τῆς ψυχῆς ἐστὶ τοῦ ζώου, οὕτω καὶ ἄλλο μὲν τὸ ἐγώ, ἄλλο δὲ τὸ ἐμοὶ εἶναι. Τὸ οὖν ἐμοὶ εἶναι παρὰ τῆς ψυχῆς, καὶ ταύτης γε οὐ πάσης· οὐ γὰρ τῆς αἰσθητικῆς, ὕλη γὰρ ἦν τῆς φαντασίας· οὐδὲ αὖ τῆς φανταστικῆς, ὕλη γὰρ ἦν τοῦ δυνάμει νοῦ· οὐδὲ τοῦ δυνάμει νοῦ, ὕλη γὰρ ἦν τοῦ ποιητικοῦ. Παρὰ μόνου τοίνυν τοῦ ποιητικοῦ τὸ ἐμοὶ εἶναι.

entièrement le sens et la signification de la première opposition platonicienne, mais, Locke en témoigne, en conservant intact le problème de la relation de l'âme et du corps, de moi à mon corps, de l'appropriation de mon corps, en réinvestissant constamment la structure notée plus haut dans la conjonction des équations F1 et F2. On peut inscrire le cadre de cette différenciation (transformation, inversion) de la différence originaire dans un dispositif à deux colonnes, susceptibles d'autant d'investissements qu'il y a de philosophies dites « de l'esprit », qu'elles soient substantialistes ou attributivistes :

ἡμεῖς	ἡμέτερα
τὸ ἐγώ	τὸ ἐμοὶ εἶναι
ego	*michi esse*
moi	mon être
I	*my own*, *my Self*

Entre le niveau platonicien ἡμεῖς – ἡμέτερα et le niveau plotinien et thémistien du τὸ ἐγώ – τὸ ἐμοὶ εἶναι, un changement s'est opéré : l'introduction subreptice d'une distinction de type aristotélicien. La matrice de la formule plotinienne est, en effet, selon moi, le passage du *De anima*, où Aristote aborde la question de l'abstraction : la différence entre τὸ μέγεθος et τὸ μεγέθει εἶναι, ὕδωρ et ὕδατι εἶναι[1], *magnitudo* et *magnitudini esse*, *aqua* et *aquae esse* (selon la formulation de

1. Cf. Aristote, *De an.* III, 4, 429b10-14 : ἐπεὶ δ' ἄλλο ἐστὶ τὸ μέγεθος καὶ τὸ μεγέθει εἶναι, καὶ ὕδωρ καὶ ὕδατι εἶναι (οὕτω δὲ καὶ ἐφ' ἑτέρων πολλῶν, ἀλλ' οὐκ ἐπὶ πάντων· ἐπ' ἐνίων γὰρ ταὐτόν ἐστι), τὸ σαρκὶ εἶναι καὶ σάρκα ἢ ἄλλῳ ἢ ἄλλως ἔχοντι κρίνει· ἡ γὰρ σὰρξ οὐκ ἄνευ τῆς ὕλης, ἀλλ' ὥσπερ τὸ σιμόν, τόδε ἐν τῷδε. Trad. Bodéüs, p. 224-225 : « Le fait est, d'autre part, qu'il y a une différence entre la grandeur et l'essence de la grandeur ou entre l'eau et l'essence de l'eau. Et c'est le cas de bien d'autres choses encore, mais non de toutes, car il y a identité dans certains cas. Dès lors, on juge de l'essence de la chair et de la chair par une instance, soit différente, soit disposée autrement. Car la chair ne va pas sans la matière et représente au contraire, comme le camus, telle chose inhérente à telle autre ». L'expression *aliquid hoc in aliquo hoc*, correspondant au τόδε ἐν τῷδε d'Aristote, désigne les propriétés d'un corps naturel, concret et déterminé, d'un *sunolon*, « forme individuelle dans telle matière individuelle » (trad. Tricot, p. 11-12, n. 7).

la traduction latine du commentaire de Philopon) ou de *magnitudo* et *esse magnitudinis*, *aqua* et *esse aquae* (selon celle de l'*Averroes Latinus*)[1]. Au Moyen Âge, le terme εἶναι utilisé par Aristote, a reçu toutes les traductions imaginables : être, être actuel, essence, quiddité, forme intelligible[2], mais il est clair que toutes signifient plus ou moins l'être, voire l'être véritable (essentiel). Comprise sur ce fond aristotélicien, c'est exactement ce que signifie l'expression plotinienne. Cette nouvelle formulation laissait ouverte la porte au problème de la relation âme-corps, qui a continué de s'introduire dans le débat philosophique grâce à la « mienneté », sous les formes les plus variées, dont deux doivent retenir l'attention de l'archéologue.

La première est la question de l'inaliénabilité (de la non-transférabilité) de mon corps, entendu comme ma propriété (laquelle, à son tour, me rend « propriétaire » des actions de mon corps, donc « responsable » d'elles et de leurs effets), qui est au cœur de la fusion lockéenne des paradigmes de l'être et de l'avoir.

La seconde, qui est la réciproque de la précédente, est celle de la transférabilité de moi-même, en tant que *Self*, c'est-à-dire *Self-consciousness* d'un corps à l'autre, qui est au cœur des « puzzles » lockéens de l'identité personnelle, mais qui est aussi, et d'abord, au centre de la problématique de la

1. Voir note complémentaire 37*.

2. Les premiers commentateurs latins du *De anima*, comme Adam de Bocfeld, *In De anima* (ms. Urb. lat. 206, f° 292r), opposent la chose « considérée en elle-même » et la chose « considérée dans son *être actuel* » ; d'autres, comme l'Anonyme, *In De anima II-III* (f° 19va), reprennent, à propos des « choses mathématiques » et des « choses physiques », la terminologie de Boèce, pour marquer que chez celles-ci l'*être* (*esse*) n'est pas différent de ce qui est (*id quod est*), tandis que chez celles-là il est différent. Dans le *Commentaire moyen*, § 15, Averroès entend *māhiya* : « quiddité » ou « essence » (« Il dit : Puisque tel individu désigné est une chose et sa quiddité autre chose, comme cette eau est une chose et la quiddité de l'eau autre chose que cette eau – il en est ainsi pour beaucoup de choses bien que cela ne soit pas vrai de toutes »). Dans son commentaire, R. Bodéüs, qui a choisi le terme « essence », Barbotin choisissant, quant à lui, « essence formelle », explique ainsi sa traduction : « L'essence est ici l'équivalent approximatif de la forme intelligible », qui « diffère des individualités, dont elle est la forme, par son immutabilité » (p. 224, n. 7).

métempsycose, en tant qu'elle dépend d'une identification de l'homme à son âme, la « réponse platonicienne », R_1, à la question *Qu'est-ce que l'homme ?* inscrite dans le quadrilatère :

Qui pense ? ↔ Quel est le sujet de la pensée ?
↕ ↕
Qui sommes-nous ? ↔ Qu'est-ce que l'homme ?

laquelle à son tour commande « Qu'est-ce qui est je ? », reprise dans le questionnaire antiaverroïste thomasien sous la forme de : « Qu'est-ce qu'un individu ? », « Qu'est-ce qu'un homme individuel ? ».

La problématique travaillée sous le titre de métempsycose ou de métensomatose *(transcorporatio)* n'appartient pas à l'attirail mythologique d'une philosophie encore noyée dans les brumes de l'irrationnel et du « spiritisme ». Elle n'a cessé d'intervenir dans l'histoire de la philosophie, passant, comme l'a fait de son côté une partie de ce que j'appellerai le *mobilier théologique du monde de la Révélation et de la foi* à celui d'outil d'investigation philosophique, du statut de *dogme* ou de *théorie* à celui de *puzzle* ou *stimulus* heuristique. De Platon, Macrobe et Némésius d'Émèse aux platoniciens de Cambridge [1], le fil de la croyance est sans doute unique, bien que formé de plus d'un brin ; mais il se ramifie avec Leibniz et surtout avec Locke, qui élève la question de la transmigration des âmes au statut de problème des Personnalités multiples, faisant du même coup entrer la question « Qu'est-ce qui est je ? » dans le cercle fermé du *Who's Who ?* [2].

La question de la transférabilité de la propriété, sur laquelle Paul Ricœur voyait se fracasser la question de la

1. Sur la transférabilité de moi-même, cf. *supra*, p. 160, n. 1. Sur les platoniciens de Cambridge, cf. « Une métaphysique pour la morale. Les platoniciens de Cambridge : Henry More et Ralph Cudworth » (sous la dir. d'Y.-Ch. Zarka), *Archives de philosophie*, 55/3 (1995).

2. Je reprends ici le beau titre de Mikkel Borch-Jacobsen dans l'ouvrage collectif édité par Joan Copječ, dont j'ai dit plus haut qu'il pourrait aisément valoir pour l'ensemble de l'archéologie du sujet. Cf. M. Borch-Jacobsen, « *Who's Who ?* Introducing Multiple Personality », *in* J. Copječ, *Supposing the Subject*, *op. cit.*, p. 54-63.

mienneté du corps, une fois engagée dans le goulet de l'attributivisme – le corps étant référé au « je » comme un prédicat à un sujet logique –, dès lors que, précisément, ce schème réclame une *neutralisation du soi* dans la « naturalité du *one's own*[1] », a elle-même une longue histoire, et du même type que celle de la métempsycose : elle commence avec la théorie de l'individu comme « syndrome de qualités », se poursuit avec celle de la *platonitas* (reprise chez Hobbes comme *lentulitas*[2]), et se déploie entièrement dans celle de la transférabilité des tropes, inlassablement discutée du XIIe siècle jusqu'à Leibniz[3], dans un cadre tantôt philosophique (la mise en crise de la définition aristotélico-porphyrienne de l'individu) tantôt théologique (la mise en question de la possibilité naturelle, voire simplement logique, de la transsubstantiation[4]), avant de devenir un des standards de la philosophie la plus actuelle.

1. Voir P. Ricœur, *Soi-même comme un autre*, *op. cit.*, p. 51, cité et discuté par Balibar, *John Locke...*, p. 230 : « La possession impliquée par l'adjectif "mien" est-elle de même nature que la possession d'un prédicat par un sujet logique ? Il y a certes une continuité sémantique entre propre *(own)*, propriétaire *(owner)*, possession *(ownness)* ; mais elle n'est pertinente que si l'on se confine dans la neutralité du *one's own* ; et, même sous cette condition de neutralisation du soi, la possession du corps par quelqu'un ou par chacun pose l'énigme d'une propriété non transférable, ce qui contredit l'idée usuelle de propriété. Étrange attribution, en effet, que celle d'un corps, qui ne peut ni être faite ni défaite. » La question posée par Ricœur est celle de la pertinence ou du bien-fondé philosophique de l'attributivisme, voire de l'attributivisme*. La réduction de mon corps ou de ma pensée à un prédicat du sujet que je suis – ou auquel je m'identifie par métonymie ou qui est seulement en moi, en exclusion interne à moi-même, selon les théories envisagées –, est le principe même de l'attributivisme*/. Sujet *d'attribution*, sujet *d'imputation*, sujet *d'appropriation* participent initialement du même schème logique, issu du double sens de κατεγορεῖν, que l'on retrouve, par la suite, jusque dans la caractérisation du sujet transcendantal = x, introduit par Kant dans sa critique de la psychologie rationnelle. Voir *Critique de la raison pure*, « Dialectique transcendantale », livre II, « Des raisonnements dialectiques de la raison pure », chap. 1, « Des paralogismes de la raison pure », trad. cit., p. 281, cité *supra*, p. 34, n. 2. Nous revenons sur ce point dans le volume III.

2. Voir note complémentaire 38*.

3. Voir note complémentaire 39*.

4. Voir note complémentaire 40*.

On voit, à ce survol, quel peut être l'effet au long cours d'une distinction comme celle de l'*Alcibiade* et de sa reformulation chez Plotin et Themistius, quelles perturbations structurelles elles peuvent induire dans le récit linéaire ou se confine trop souvent l'histoire de la philosophie. *Transmigration des âmes* et *migration des qualités* sont les deux faces d'un même problème : une même âme (conscience, personnalité) en plusieurs corps (sujets, substances, suppôts, hommes); plusieurs âmes (consciences, personnalités) dans un même corps (sujet, substance, suppôt, homme). Que l'on ajoute à ce complexe de la *transférabilité* celui, plus redoutable encore, de l'*immanence mutuelle* dans la théologie trinitaire et la théologie de l'union hypostatique, et l'on obtient le site que doit fouiller l'archéologue du sujet[1].

La distinction entre τὸ ἐμοὶ εἶναι et τὸ ἐγώ, *michi esse* et *ego*, ce qui est mon être (ce qui est pour moi l'être) et moi,

1. Une fois n'est pas coutume, nous ne partageons pas l'analyse d'É. Balibar, fondée sur une mise en série lacanisante des questions posées par la Trinité, la Transmigration des âmes et les Personnalités multiples, pour distinguer les plans « entre lesquels voyage » le chapitre XXVII du livre II de l'*Essay* lockéen. Cf. É. Balibar, *op. cit.*, p. 238 : « D'un point de vue contemporain, on est tenté de dire que toutes ces questions [...] ne se situent pas sur le même plan : la Trinité est une structure *symbolique* (religieuse), la Transmigration est un mythe ou une représentation *imaginaire* à laquelle on peut se référer pour éprouver le sens de certaines "hypothèses", enfin les Personnalités Multiples sont un problème *réel*, ou une énigme de l'expérience à résoudre. » La triade lacanienne *symbolique, imaginaire, réel* ne correspond pas aux strates que découvre le travail archéologique : ce n'est pas seulement parce que, pour Augustin comme pour Locke, Leibniz ou le plus militant des sociniens, le problème de la Trinité ou celui de la Transmigration est un problème *réel,* auquel on peut se référer pour éprouver certaines hypothèses ou thèses philosophiques ou théologiques, en renvoyant, le cas échéant, certaines à la sphère du mythe; mais parce que, dans ces divers domaines d'investigation, ce sont des complexes de problèmes purement conceptuels – ceux qui, notamment, figurent dans nos divers « quadrilatères » –, qui sont passés au crible de la discussion argumentée, et la plupart du temps développés pour eux-mêmes. On notera, toutefois, que dans son analyse des thèses de Locke sur le Jugement et la Résurrection, Balibar souligne que les réflexions théologiques des § 15, 20, 22, et 26 du chapitre XXVII ne « constituent pas du point de vue *théorique* une pièce rapportée dans la problématique du traité » de l'identité et de la différence, ce qui va dans le sens de la thèse que nous défendons, et suffit à nous mettre d'accord.

qui dis « je », *my own*, *my Self* et *I*, ne doit pas être cherchée dans la généalogie heideggérienne de la subjectivité, censée naître, comme on le verra, de la rencontre, sous la plume de Descartes, de la subjectité aristotélicienne et de l'égoïté qui s'atteste dans le *Ich-Satz*. L'entrée de Themistius dans le complexe discursif gravitant autour de la question du sujet de la pensée ne figure en fait dans aucune généalogie, aucune histoire de la subjectivité. C'est, pourtant, un événement considérable, dont la portée réelle, la force disruptive ou époquale, *n'est pas contemporaine de sa propre énonciation*. Tel est le paradoxe archéologique : c'est au XIIIe siècle, chez Thomas d'Aquin qu'elle acquiert toute sa portée, car inscrite dans le dispositif de guerre antiaverroïste, produit en réponse à une théorie qui, pour la première fois, semble radicalement disjoindre l'homme et l'intellect. La distinction thémistienne est un lieu d'observation idéale pour voir sur quelles *priorités* les lecteurs du *De anima* reconstruisent la noétique d'Aristote, la nature et l'origine des schèmes conceptuels qu'ils mettent en œuvre pour ce faire, la signification et la portée des transformations qui en résultent.

Cette remarque entraîne une interrogation, fruit d'une inévitable perplexité : Aristote ne parle jamais de « moi ». La question du « sujet » semble donc chez lui absente, alors qu'il a introduit la quasi-totalité du « discours » de la sub-jectité, qu'il est, en un sens, le penseur de l'ὑποκείμενον, et l'auteur qui a le plus contribué à l'élaboration du schème :

attribution	↔	inhérence
↕		↕
action	↔	dénomination

Aristote ignorait-il donc le moi ? Telle quelle, la question n'a pas de sens. Du moins pas de sens historique. Elle n'en a pas plus que celle qui demanderait si Aristote ignorait « le » *cogito*. Pour qui ne se satisferait pas de la thèse représentant que, en élaborant la notion d'ὑποκείμενον et en en faisant l'instrument de base d'une ontologie qui *mutatis mutandis* a régné jusqu'au XVIIe siècle, le Stagirite a suffisamment contribué à la genèse du « sujet » pour qu'on laisse à d'autres, sans rien ôter à son mérite, d'avoir intégré à son dispositif le souci théorique du « moi »... pour qui, donc, voudrait à tout prix retrouver chez Aristote une connivence aussi tacite que native entre sujet et je, une possibilité demeure de le soumettre à un contrôle d'identité. Il suffit de se demander si la différence thémistienne entre τὸ ἐμοὶ εἶναι et τὸ ἐγώ, comme la distinction entre τὸ ζῷον et τὸ ζώῳ εἶναι, qui la porte et l'illustre, est, sans être aristotélicienne, indispensable à la reconstruction de la noétique d'Aristote. *Mouvement rétrograde du vrai*, objectera-t-on : question possible, mais fausse question. Pour l'historien sans aucun doute. Mais pour ses lecteurs anciens ? La chose est différente : la projection rétrospective est le sport favori des philosophes du passé – ce qui complique singulièrement la tâche de l'archéologue.

Une chose est sûre : c'est la distinction de τὸ ἐμοὶ εἶναι et de τὸ ἐγώ qui permet à Themistius[1] de poser que non seulement l'intellect possible n'est pas une substance séparée de l'âme humaine au sens où l'entendra Averroès, mais que l'homme est bel et bien l'intellect actif lui-même. C'est également elle qui permet à Thomas d'affirmer l'importance des notions de moi et de nous dans le processus noétique, là où, comprenant tout autrement le texte de Themistius, Averroès interprète la thèse selon laquelle « nous sommes l'intellect actif » comme signifiant que l'intellect dit « spéculatif » (théorétique) « n'est rien d'autre que la *continuatio* de l'intellect agent avec l'intellect matériel »[2].

Aristote ignore-t-il le « moi » ? La réponse est : quelles questions pose-t-il ? Demande-t-il : *Qu'est-ce qui fait de nous ce que nous sommes ?* Ou : *Qu'est-ce qui en moi est véritablement moi ? Qu'est-ce que l'homme ?* Ou : *Qui sommes-nous ?* Pour Thomas, il est clair qu'il les pose toutes. Et qu'il y répond. Sa réponse tient en une thèse, exposée au § 74 du *De unitate* :

TAr_{hom} : l'homme est principalement intellect.

1. Themistius, *In libros Aristotelis De anima paraphrasis*, CAG, V, 3, *op. cit.*, p. 100, 36-101, 1.
2. Averroès, *In De an.*, III, comm. 5, Crawford, p. 406, 566-574.

Ce n'est pas celle des averroïstes, notamment l'Anonyme de Giele. Leur thèse, critiquée § 68 et 77 du *De unitate*, est que *homme* étant le nom de l'agrégat constitué par l'intellect moteur et un corps mû (cf. Giele, p. 73, 87-93), l'homme « tire » seulement « une dénomination, sa dénomination, de l'intellect », non dans l'être, mais dans l'opération : *in operando, non in essendo*. Revoilà donc la *denominatio*. La thèse averroïste est *attributiviste** au sens où elle soutient que l'intellect ne s'attribue à l'homme que *dénominativement*, par le biais de son opération, *par un transfert métonymique* de l'opération intellectuelle d'une partie de l'agrégat (l'intellect moteur) à l'ensemble de l'agrégat (le tout constitué par l'intellect moteur et le corps mû) ; dans le langage qui sera celui de l'École : par *denominatio extrinseca*.

Pour les averroïstes, l'intelliger et l'intellect ne s'attribuent à l'homme que par *dénomination extrinsèque*. Nous aurons maintes occasions de revenir sur cette doctrine. Pour Thomas, qui se veut en cela fidèle interprète d'Aristote, la dénomination intellectuelle de l'homme est tout autre : elle se fait *à partir du meilleur*, par une *dénomination intrinsèque ou formelle* à partir de ce qui est mon être véritable, autrement dit de *ce que nous sommes* ; ce qui, selon Thomas, laisse place à trois possibilités : l'intellect actif, selon Themistius ; l'intellect possible, en tant qu'il est notre forme ; l'âme intellective, la forme substantielle, qui, numériquement distincte pour chacun, fait de chaque homme un homme.

Spectacle passionnant que le philosophe scolastique au travail. Thomas, on l'a dit, n'a pas lu Platon. Il ne connaît pas davantage les *Ennéades*. Toute sa lecture de l'Aristote authentique consiste pourtant à démarquer celui-ci de Platon pour le rapprocher de Plotin. Abordant les textes de l'*Éthique à Nicomaque* (IX, 4, 1166a15-17, IX, 8, 1168b31-33, IX, 8, 1168b31-33, et, surtout, X, 7, 1178a6-7 : καὶ τῷ ἀνθρώπῳ δὴ ὁ κατὰ τὸν νοῦν βίος, εἴπερ τοῦτο μάλιστα ἄνθρωπος), qui fondent la dénomination de l'homme à partir du meilleur, textes d'où est tiré l'adage *Homo inquantum homo solus est intellectus*, qui connaîtra une extraordinaire fortune au Moyen Âge, Thomas soutient que, contrairement à Platon et malgré les apparences, Aristote n'identifie pas l'homme à l'intellect. La véritable thèse d'Aristote est que l'intellect est la « partie principale » de l'homme, puisque c'est par elle qu'il s'acquitte de son opération propre : la pensée. Le sens des célèbres phrases de l'*Éthique à Nicomaque*, spécialement de X, 7, 1178a 6-7, doit donc s'interpréter par rapport au *De anima*, en l'occurrence 414a12-14 : l'intellect et l'âme (intellective) désignent ce par quoi l'homme est homme *à titre premier*[1]. Pour démarquer Aristote de Platon, Thomas monte un véritable dossier platonico-plotinien à partir des témoignages de Grégoire de Nysse (= Némésius) et de Macrobe déjà tous deux évoqués au § 5, montrant que l'on trouve chez Plotin comme chez Platon la thèse affirmant que l'homme individuel est seulement l'intellect ou l'âme qui se sert d'un corps.

> Si, en revanche, on dit que l'individu qu'est Socrate n'est ni un composé de l'intellect et d'un corps animé ni seulement un corps animé, mais qu'il est seulement intellect, c'était déjà l'opinion de Platon, qui, comme le rapporte Grégoire de Nysse, « face à cette difficulté, ne veut pas que l'homme soit [constitué] d'une âme et d'un corps, [et soutient qu'il est] une âme se servant d'un corps et comme revêtue d'un corps »[2]. Mais Plotin lui aussi, comme le rapporte Macrobe [*In Somnium Scipionis* II, chap. 12], atteste que c'est l'âme elle-même qui est l'homme, [quand] il dit : « Celui que l'on voit n'est donc pas l'homme véritable lui-même, [l'homme véritable est] celui par qui est régi celui que l'on voit. Ainsi, quand, à la mort de l'animal, disparaît l'animation, le corps, veuf de son régent, périt, et c'est cela qu'on voit dans l'homme mortel. L'âme, en revanche, qui est l'homme véritable, est étrangère à toute condition de mortalité » [*De unitate*, § 74].

Puis il *dissocie Plotin de Platon* en montrant qu'il y a une ressemblance entre la thèse de Plotin et celle d'Aristote,

1. ἡ ψυχὴ δὲ τοῦτο ᾧ ζῶμεν καὶ αἰσθανόμεθα καὶ διανοούμεθα πρώτως : « l'âme est à titre premier ce par quoi nous vivons, sentons et pensons » (« anima est primum quo uiuimus, quo sentimus et intelligimus »).

2. Cf. Némésius d'Émèse, *De natura hominis*, chap. 3, PG 40, 593B ; éd. Burkhardt, p. 47, et chap. 1, PG 40, 505A ; Burkhardt, p. 14.

mais que le rapprochement ne tient pas à une commune identification de l'homme à son intellect, puisque, comme le montrent à l'évidence deux passages de l'*Éthique à Nicomaque*, IX, 8, Aristote ne soutient pas que l'homme est seulement intellect, mais bien plutôt, ce qui est tout différent, qu'il est principalement intellect[1].

> Mais cela, assurément, Aristote ne le dit pas parce que l'homme est seulement intellect, mais parce que l'intellect est ce qu'il y a de principal en l'homme ; c'est pourquoi la suite du texte dit que « de même que la cité semble s'identifier avec ce qui tient en elle le rang principal (et qu'il en va de même dans toute autre constitution), de même il en va ainsi pour l'homme » ; c'est pourquoi il ajoute que « tout homme est soit cela », c'est-à-dire intellect, « soit principalement cela » [*De unitate*, § 74].

Si donc il y a une affinité entre la thèse de Plotin et celle d'Aristote, c'est sur cette base qu'elle repose, non sur celle, au contraire plus platonicienne que plotinienne, d'une identification totale, exclusive, de l'homme à l'intellect. En posant que l'homme était âme ou intellect, Plotin voulait dire exactement ce que soutient Aristote en IX, 8, 1168b31-33 et 1169a2-3. Thomas ne craint pas de l'affirmer et il en fait de même pour Themistius *in uerbis supra positis*, renvoyant par là aux analyses du § 50 :

> Et je pense *(arbitror)* que c'est en ce sens que Themistius, dans les paroles susdites, et Plotin, dans celles que l'on vient de citer, ont dit que l'homme était âme ou intellect.

1. 1168b31-33 : ὥσπερ δὲ καὶ πόλις τὸ κυριώτατον μάλιστ' εἶναι δοκεῖ καὶ πᾶν ἄλλο σύστημα, οὕτω καὶ ἄνθρωπος ; Tricot, p. 458 : « Et de même que dans une cité *la partie qui a le plus d'autorité* est considérée comme étant, au sens le plus plein, la cité elle-même (et on doit en dire autant de n'importe quelle autre organisation), ainsi en est-il pour un homme » ; 1169a2-3 : ὅτι μὲν οὖν τοῦθ' ἕκαστός ἐστιν ἢ μάλιστα, οὐκ ἄδηλον, καὶ ὅτι ὁ ἐπιεικὴς μάλιστα τοῦτ' ἀγαπᾷ ; Tricot, p. 458 : « Qu'ainsi donc *chaque homme soit cette partie dominante même, ou qu'il soit tout au moins principalement cette partie*, c'est là une chose qui ne souffre aucune obscurité, comme il est évident aussi que l'homme de bien aime plus que tout cette partie qui est en lui. »

Du programme annoncé Thomas a tout réalisé : il a répondu en interprétant Aristote par Aristote à toutes les questions posées – à une exception près : il a oublié le « moi » en chemin. Son exégèse n'en est pas moins fondamentale pour l'archéologue, puisque, en déplaçant la question *Qu'est-ce que l'homme ?* sur le terrain de la *denominatio*, c'est-à-dire sur celui de l'opération propre à l'homme, du faire anthropomorphe : la pensée, il noue – sans les nommer – *sujet* et *agent*, subjectité et agence, là où précisément s'opère ce qui fait de nous ce que nous sommes : l'acte, l'activité noétique. Sans jamais trouver chez Aristote, où, de fait, elle ne se trouve pas, la distinction entre τὸ ἐμοὶ εἶναι et τὸ ἐγώ, Thomas accouche Aristote d'une thèse où tout est prêt pour opérer et justifier le « chiasme de l'agence ».

CHAPITRE III

LES ORIGINES DE L'ATTRIBUTIVISME*

Les problèmes philosophiques ont des histoires singulières. Navigateurs au long cours, ils n'ont pas de « routeur ». Certains naissent d'une équivoque, d'autres vivent de contresens répétés, la plupart ont des trajectoires peu économiques : c'est dans l'Occident latin, aux confins des XIe et XIIe siècles que le questionnaire de Porphyre, formulé et différé au début de l'*Isagoge*, a suscité *la* querelle des universaux; c'est à l'âge scolastique, que, au terme d'une « élaboration pluriséculaire, à travers le pluriel des langues et les effets de traduction, mais aussi à la faveur » de maintes « ruptures » et « déplacements de problématiques », s'est imposé le problème auquel la doctrine improprement dite « aristotélicienne » de l'*analogia entis* est – ou plutôt *était* historiographiquement – censée apporter *la* solution[1]. On peut s'étonner qu'il ait fallu, dans l'un et l'autre de ces *cas d'école*, attendre aussi longtemps. Ces longues phases d'incubation – le mot est de Heidegger, demandant dans *Der Satz vom Grund*[2], ce que signifie l'interminable *Incubationszeit* qui sépare origine de la philosophie et énoncé du principe de raison[3] – ne

1. Voir J.-F. Courtine, *Inventio analogiae. Métaphysique et ontothéologie*, Paris, Vrin, 2005.

2. M. Heidegger, *Der Satz vom Grund* [cours du semestre d'hiver 1955/56, Fribourg], Neske, Pfullingen, 1957, p. 11-188 [GA10] = *Le Principe de raison*, trad. fr. A. Préau, Paris, Gallimard, 1962 (Tel, 1983), p. 13-188.

3. GA 10, p. 5 : « ... die ungewöhnlich Incubationszeit des Satzes vom Grund... ». Sur tout cela, cf. GA 10, p. 4-5, trad. cit., p. 45 : « Le principe de

concernent pas, cependant, que les problèmes ou les doctrines. Elles affectent aussi bien les concepts.

Les notions les plus fondamentales ont eu quelquefois plusieurs vies. D'autres, comme les *voyelles*, ont eu de ces « naissances latentes », que l'historien, privé des ressources formelles du poème – surtout rimbaldien –, a bien du mal à « dire », mais qu'il lui faut pourtant tenter de « tracer », tant il est clair que les « décisions doctrinales les plus lourdes de conséquences sont prises le plus souvent de manière tout à fait inapparente, dans le cadre du commentarisme le plus scolaire, voire à travers des accidents, à vrai dire jamais entièrement fortuits, de traduction où se télescopent enjeux philosophiques et traditions théologiques hétérogènes »[1]. La genèse de l'attributivisme* est l'illustration parfaite de ce type d'histoire, à la fois lente, fine et souterraine, d'une *traduction*, au croisement répété des philosophies et des théologies anciennes et médiévales, de la tradition du commentaire et de celle de l'argument. Une histoire paradoxale, aussi et d'abord, puisque l'attributivisme* est, si l'on ose dire, originairement apparu *sur un négatif*, et que son premier *révélateur* – Augustin d'Hippone – ne l'a précisément introduit que pour le rejeter.

Dans une série de publications et de séminaires accompagnant la longue gestation de l'article « Sujet » du *Vocabulaire européen des philosophies*[2], j'avais cru pouvoir circonscrire aux thèses suivantes l'apport d'Augustin à l'histoire du sujet :

---

raison » : rien n'est sans raison, *nihil est sine ratione*, « a été atteint pour la première fois sous cette forme et spécialement examiné dans l'horizon des méditations *(Besinnungen)* que Leibniz, au XVIIᵉ siècle, a pu mener à bonne fin. La philosophie, cependant, s'affirme *(waltet)* et se transforme *(wandelt)* en Occident depuis le VIᵉ siècle avant Jésus-Christ. Ainsi, deux mille trois cents ans se sont écoulés avant que la pensée européenne, occidentale, ne réussît à découvrir et à poser ce principe simple », « qui semble à portée de la main *(naheliegender)* et qui, sans avoir besoin d'être formulé, régit en toutes circonstances les représentations *(Vorstellen)* et le comportement *(Verhalten)* de l'homme ».

1. J.-F. Courtine, *Inventio analogiae*..., p. 9.

2. Cf. É. Balibar, *et al.*, « Sujet », in *VEP*, p. 1243-1253.

1. Le rejet de la notion aristotélicienne de sujet pour exprimer la structure de l'âme humaine en tant qu'image de la Trinité.

2. La substitution du rapport *ousia*-hypostases au rapport *hupokeimenon*-accidents comme paradigme du rapport entre l'âme, ses « actes » et ses « états ».

3. L'introduction, sur cette base, d'un modèle anti-attributiviste* de l'âme : le modèle « périchorétique ».

4. La constitution, résultant de la combinaison de ces facteurs, d'une structure d'accueil pour la future réception scolastique des données de l'aristotélisme arabe, et la confrontation à un modèle alternatif, le modèle aristotélico-averroïste, marqué par *le retour du refoulé aristotélicien*, puis la réinsertion de l'*hupokeimenon* et du rapport *hupokeimenon*/accidents.

Dans les travaux en question[1], l'histoire du sujet devenait lisible, au long de la « crise averroïste » et de ses diverses *répliques*, comme celle d'une double contamination : du modèle augustinien par le modèle aristotélico-averroïste, du modèle aristotélico-averroïste par le modèle augustinien ; la sortie de crise étant marquée par une *double défaite* : de l'averroïsme proprement dit, de l'« augustinisme » d'Augustin et par le triomphe d'un *modèle mixte*, esquissé au XIVe siècle dans l'attributivisme* de Pierre de Jean Olieu (Olivi)[2].

1. Principalement dans « Augustin critique d'Averroès. Deux modèles du sujet au Moyen Âge », *in* M.C. Pacheco & J.F. Meirinhos (éd.), *Intellect et imagination dans la philosophie médiévale*. Actes du XIe Congrès de la SIEPM, Porto, 26-31 août 2002, vol. 1, Turnhout, Brepols, 2006, p. 203-246, qui développait certaines remarques esquissées dans « Analyse du vocabulaire et histoire des corpus », *in* J. Hamesse et C. Steel (éd.), *L'Élaboration du vocabulaire philosophique au Moyen Âge*. Actes du colloque international de Louvain-la-Neuve et Leuven, 12-14 septembre 1998, organisé par la SIEPM, Turnhout, Brepols, 2000, p. 11-34. Ces thèses ont été ensuite partiellement reprises en 2004 dans mon commentaire du *De unitate* thomasien, et dans *Métaphysique et noétique. Albert le Grand*, Paris, Vrin, 2005.

2. C'est O. Boulnois qui, dans *Être et Représentation. Une généalogie de la métaphysique moderne à l'époque de Duns Scot (XIIIe-XIVe siècle)*, Paris, PUF, 1999, p. 151-221, a donné la première analyse du problème du « sujet » chez Olivi, en attirant l'attention sur l'*Impugnatio quorundam articulorum* – texte « époqual » dans l'histoire médiévale de l'attributivisme*. Je reviens sur ce dossier dans le volume II, et ici même, brièvement, au point 8.

Le temps qui passe faisant œuvre salvatrice, je peux reprendre ici ce scénario, en l'affinant, le précisant ou le corrigeant sur plusieurs points. Je soutiendrai donc les « révisions » suivantes :

1. La substitution du rapport *ousia – hupostaseis* au rapport *hupokeimenon* – accidents comme paradigme du rapport entre l'âme, ses actes et ses états proprement ou improprement dits « mentaux » ne consiste pas simplement à remplacer l'un par l'autre : l'introduction du rapport *ousia*-hypostases doit être entendue dans sa latinité, c'est-à-dire en tant qu'elle se déploie dans une reformulation/transposition « époquale », déterminante pour la *Latinitas*, donc aussi pour l'histoire de la pensée européenne dans son cours le plus intérieur : la substitution de la *persona* à l'hypostase, sur le fond de l'incapacité latine à exprimer et acclimater pleinement les notions grecques d'*ousia* et d'*hupostasis* ; c'est donc d'une *double substitution* dont il faut parler ou d'*une substitution du rapport nature-personne au rapport sujet-accident*, comportant un *moyen terme* caché (pour l'historien) et/ou problématique, inassimilable, irréductible et exogène (pour les *Latini*) : le rapport *ousia-hypostase*.

1.1. La traduction latine de la formule μία οὐσία - τρεῖς ὑποστάσεῖς par *una essentia - tres substantiae* posait de formidables problèmes : l'un que le mot *substantia* renvoyait normalement pour une oreille latine, *a fortiori* pour une scolastique, à un sujet ou substrat porteur d'accidents, autrement dit à l'*ousia* première d'Aristote, donc à un *hupokeimenon* doté d'une unité *numérique* ; l'autre que le mot *essentia* renvoyait à une nature commune, autrement dit à l'*ousia* seconde des *Catégories*. De ce fait, ce sont *deux problèmes de traduction* qui se superposent ici ou, au moins, se croisent, liés à une *double équivoque* : dans la langue de réception, celle de *substantia*, dans la langue d'émission, celle de οὐσία, et dans deux discours, l'un théologique, l'autre philosophique : la traduction du terme aristotélicien *ousia* oscille elle-même (aujourd'hui encore) entre « substance » et « essence ». Mais ce ne sont pas les seuls problèmes, ni les seules équivoques. *Omnis perfectio trinitas* : il fallait, c'est bien le moins, une *troisième équivoque* : on l'a avec l'ὑπόστασις elle-même – avant que la formule μία οὐσία-τρεῖς ὑποστάσεῖς ne s'impose dans l'Orient grec, le mot ὑπόστασις avait, de fait, exprimé alternativement l'unité de Dieu et sa Trinité. En somme, une « confusion quasi babylonienne du langage » et « des idées » [1] traverse tout le dossier.

1.2. Dans ce tourbillon, les interventions embarrassées des Latins n'offrent guère de secours à l'historien. Augustin lui-même *donne l'impression* de flotter. Dans un texte célèbre, toutefois, après avoir noté qu'il *ne savait pas quelle différence il y a* entre οὐσία et ὑπόστασις :

> Dicunt quidem et illi hypostasim; sed nescio quid volunt interesse inter usiam et hypostasim : ita ut plerique nostri qui haec graeco tractant eloquio, dicere consueverint : μίαν οὐσίαν τρεῖς ὑποστάσεῖς, quod est latine unam essentiam, tres substantias [2]...

il tente d'expliquer la nature et la raison de la reformulation latine de μία οὐσία-τρεῖς ὑποστάσεῖς : en latin, *essentia* signifie ce que signifie *substantia* ; on ne peut donc pas dire vraiment *una essentia tres substantiae*, car cela reviendrait à poser *quatre* substances ou essences, donc quatre dieux (l'hérésie quadrithéiste) ; il vaut donc mieux dire une essence ou substance et trois personnes :

> Sed quia nostra loquendi consuetudo iam obtinuit, ut hoc intelligatur cum dicimus essentiam, quod intelligitur cum dicimus substantiam, non audemus dicere, unam essentiam tres substantias ; sed unam essentiam vel substantiam, tres autem personas [3].

1. E. Hendrikx, « Introduction », *in* Augustin, *La Trinité*, BA 15, p. 34.

2. Augustin, *De Trin.*, V, VIII, 10, BA 15, p. 446-447 : « Les Grecs emploient aussi le mot "hypostase", mais j'ignore quelle nuance ils mettent entre l'"ousia" et l'"hypostasis", car la plupart parmi nous de ceux qui traitent en grec ces questions, disent habituellement : μίαν οὐσίαν τρεῖς ὑποστάσεῖς, en latin : *unam essentiam, tres substantiae.* »

3. Augustin, *De Trin.*, V, IX, 10, BA 15, p. 446-449 : « Mais, chez nous, l'usage parlé a fait prévaloir le mot "essence" avec le sens du mot "substance". Aussi n'osons-nous dire : une essence, trois substances, mais : une essence ou substance et trois personnes. »

Si l'on résume la situation au moment où Augustin entame la réflexion qui va le conduire à la formulation et au rejet de l'attributivisme*, on voit que des diverses expressions utilisées par ses contemporains :

μία οὐσία - τρεῖς ὑποστάσεῖς
una essentia - tres substantiae
una substantia - tres personae

Augustin tire un énoncé de compromis, censé exprimer le mieux possible « avec les mots ce qui se conçoit sans mots » :

una substantia vel essentia - tres personae

Le problème est qu'il ne s'y tient pas lui-même ! et que dans la plupart des textes importants pour l'archéologie du sujet, c'est une tout autre équation qui est mise en œuvre, à savoir :

una essentia - tres substantiae vel personae [1]

Autrement dit : le contraire. En tout cas, une tension dans le discours. Qui dirait qu'il n'y a *aucune* différence entre $(p \vee q) \wedge r$ et $p \wedge (q \vee r)$?

Si l'on ne prête pas attention à ces déplacements et à ces recentrages, l'élimination augustinienne du rapport *hupokeimenon* – accidents en théologie trinitaire, à l'occasion de l'entrée en Occident et en latin de μία οὐσία - τρεῖς ὑποστάσεῖς sera presque impossible à saisir, spécialement dans les textes médiévaux où domine le lexique de la substance, de la substantialité et, naturellement, de la consubstantialité, plutôt que celui de la circumincession. *Penser la substance autrement que comme sujet*, dissocier, au rebours de nos « intuitions », *subiectum* et *substantia*, bref entendre correctement, non sub-jectivement, l'*hupostasis* dans la *persona* : telle est la tâche difficile qui attend le lecteur de la critique augustinienne de l'attributivisme*. La simple opposition du rapport

1. C'est le cas, notamment, en *De Trin.*, VII, VI, 11, BA 15, p. 545-549, *e.g.*, p. 546 : « Non sic ergo Trinitatem dicimus *tres personas vel substantias*, unam essentiam et unum Deum, tanquam ex una materia tria quaedam subsistant, etiamsi quidquid illud est, in his tribus explicatum est. »

ousia-*hupostaseis* au rapport *hupokeimenon*-accidents ne suffit donc pas à comprendre la révolution épistémique que constitue l'introduction du modèle de l'immanence mutuelle en théologie trinitaire et... en philosophie de l'esprit.

2. Ces « nuances » étant marquées, il faut bien voir que c'est sur ce fond de traductions problématiques que la personne a pu s'introduire décisivement dans l'univers de la subjectité, déterminant à long terme sa transformation en subjectivité, en investissant d'une manière toujours plus insistante et complexe le conflit des modèles augustinien et aristotélicien : la série *subiectum-mens-ego* mise en relief par Heidegger dans le second volume de son *Nietzsche* n'est qu'un cas particulier prélevé et privilégié indûment sur un processus à la fois plus large et plus fin où, comme l'y invitent d'ailleurs les pages consacrées à Kant dans les *Problèmes fondamentaux de la phénoménologie*, l'historien a pour tâche urgente et incontournable de réintégrer la *persona*[1].

3. La caractéristique fondamentale du modèle « périchorétique » de l'âme est l'idée d'*immanence mutuelle* ; cette notion peut être tracée de deux manières : du point de vue de la théologie trinitaire ou du point de vue philosophique. Les deux points de vue sont au demeurant indissociables, car en constante interaction : c'est éminemment le cas chez Augustin, leur commun *grand* introducteur, qui les noue de manière décisive ou, pour mieux dire, « époquale ». De ce point de vue, on peut soutenir que l'idée d'immanence mutuelle apparaît philosophiquement chez Augustin avant d'apparaître chez lui théologiquement, autrement dit dans les dialogues philosophiques avant d'être reprise et réélaborée dans le *De Trinitate* ; elle y est cependant *constamment présente*, et reste lisible jusque dans les discussions trinitaires les plus complexes.

4. L'idée d'immanence mutuelle a des racines plotiniennes et porphyriennes. Elle est la résultante partielle de quatre thèses fondamentales des *Ennéades* sur le νοῦς, intellect ou intelligence :

1. Voir note complémentaire 41*.

4.1. L'intelligence ne peut penser sans penser qu'elle pense (il n'y a pas deux hypostases distinctes pour la pensée et la pensée de la pensée[1]);

4.2. L'intelligence n'est connue que par l'intelligence et cette autoconnaissance lui est essentielle, « sans rien d'accidentel, comme serait la couleur ou la forme dans les corps »[2];

4.3. La connaissance de soi est « totalitaire », « coextensive à l'intelligence » : l'intelligence se connaît tout entière; de sorte que :

4.4. « Il n'y a pas de différence dans la connaissance ni entre le connaissant et le connu ni entre l'acte de connaissance et le connu »[3].

La « triple identité entre l'intelligence qui connaît, l'intelligence qui est connue, et l'acte de connaissance », qui vaut pour la *connaissance de soi* vaut pour *toute connaissance intellectuelle*. En résulte une thèse centrale, *l'identité de l'intelligence et de l'intelligible*, dont J. Pépin restitue la « déduction » en recourant, pour la clarté du propos, aux notions de sujet et d'objet :

a) identité entre l'acte de connaissance (νόησις) et « l'intelligible objet (νοητόν) » : ἡ νόησις καὶ τὸ νοητὸν ταὐτόν (l. 32);

b) identité entre l'acte de connaissance (νόησις) et « l'intelligence-sujet (νοῦς) » : οὐδ' ἕτερος μὲν αὐτός [*sc.* ὁ νοῦς], ἡ δὲ νόησις ἄλλο (l. 39-40);

c) identité « résultant des deux précédentes » entre l'intelligence et l'intelligible, « tous deux égaux à l'acte de connaissance ».

Le point *c)* affirme que *l'intelligence pense par un acte identique à elle-même, l'intelligible qui n'est autre qu'elle-même*. On peut l'exprimer en posant que « quelle que soit la connaissance qu'elle exerce », l'intelligence « en est à la fois le sujet,

1. Cf. Plotin, *Ennéades*, II, 9 [33], 1, 33-51 et V, 3 [49], 1, 22-27, cité par J. Pépin, « Une curieuse déclaration idéaliste du *De Genesi ad litteram* (XII, 10, 21) de saint Augustin, et ses origines plotiniennes ("Ennéade" 5, 3, 1-9 et 5, 5, 1-2) », in *'Ex platonicorum persona'. Études sur les lectures philosophiques de saint Augustin*, Amsterdam, Adolf M. Hakkert, 1977, p. 200.

2. Voir J. Pépin, « Une curieuse déclaration ... », p. 201, qui renvoie à *Ennéades*, V, 3 [49], 2, 16-17; V, 3 [49], 3, 17-18 et V, 3 [49], 8, 1-3.

3. Voir *ibid.*, p. 206.

l'acte et l'objet »[1] ou, comme le fait encore J. Pépin, en cherchant l'origine de l'équation entre *intellectuale* et *intelligibile* formulée dans la « curieuse déclaration idéaliste » d'un texte du *De genesi ad litteram*, dégager à l'aide du même couple subjectif/objectif, les deux prémisses plotiniennes du geste augustinien :

– l'affirmation que, « en plus de leur aspect objectif, par lequel ils sont vérité et intelligible », les intelligibles « ont encore et en même temps un aspect subjectif, qui les fait intelligence » (V, 5 [32], 1) ;

– l'affirmation que « tout sujet de la connaissance intellectuelle en est en même temps l'objet » (V, 3 [49], 5 ; II, 9 [33], 1).

Une piste différente est cependant possible, suggérée par un autre passage des *Ennéades* (V, 9 [5], 8) : l'explication du point *c)*, l'identité de l'intelligence et de l'intelligible en tant qu'ils sont « tous deux égaux à l'acte de connaissance », par une *sorte* d'immanence mutuelle de l'intelligence aux intelligibles et des intelligibles à l'intelligence.

Pareille immanence est posée dans les *Ennéades*, pour expliquer le rapport entre les intellects (intelligences) particuliers et l'Intellect total, en VI, 2 [43], 20, 19-25 :

Les intelligences particulières sont comprises dans l'Intellect total, et l'Intellect total dans les intelligences particulières ; celles-ci sont à la fois en elles-mêmes et en autre chose ; et lui, il est à la fois en lui-même et en celles-ci ; et elles sont toutes en-puissance dans cet Intellect qui est en lui-même, et qui est en acte toutes les choses à la fois, et en-puissance chaque chose séparément : et les intelligences particulières sont en acte ce qu'elles sont, et en-puissance dans le tout[2].

1. Voir note complémentaire 42*.

2. Sur ce texte, cf. le commentaire de G. Aubry, in *Plotin. Traité 53* (I, 1), Paris, Cerf *(Les Écrits de Plotin)*, 2004, p. 232, notamment : « C'est parce qu'elle est une partie de l'Intellect que l'âme première le possède "tout entier" : l'Intellect doit être compris en effet comme une totalité organique au sein de laquelle les formes s'appartiennent et s'entre-expriment. Chaque Forme est en même temps un Esprit, est à la fois intelligible et intelligence, pensée et pensante. Comme telle, elle est à la fois elle-même en acte et toutes les autres en-puissance. Pensant une autre Forme, elle

Ce mode d'intériorité dédoublée, renforcé par l'affirmation du *caractère intellectuel de l'intelligible*, lisible dans la *Sentence* 44 de Porphyre[1], est introduit à plusieurs reprises sous forme d'alternative dans *L'Immortalité de l'âme*, en l'espèce d'une question sur le mode de *coniunctio intuentis animi et eius veri quod intuetur* (6.11), où Augustin demande lequel des deux termes, l'âme ou le vrai, est « le sujet dans lequel est l'autre » ou « si les deux sont substances »[2] – une formule qui rappelle certaines thèses de Porphyre sur « l'union de l'intelligible à l'intelligence qui le reçoit ».

5. Le modèle augustinien est une adaptation de certains philosophèmes plotiniens, dont, assurément, la thèse de la triple identité de l'intelligence, de l'intelligible et de l'acte de la connaissance ; son antiaristotélisme, quant à la question de l'*hupokeimenon*, est plotinien ; la « périchorèse » orchestre du point de vue trinitaire (et aussi, on le verra, christologique), en l'inscrivant dans le champ proprement latin du rapport nature-personne, une structure d'immanence mutuelle mise en place pour le rapport de l'intellect et de l'intelligible chez Plotin et Porphyre ; Augustin a reçu la structure philosophique dans *L'Immortalité de l'âme* et l'a exploitée théologiquement dans le *De Trinitate*.

---

l'actualise ; pensée par une autre, elle est elle-même actualisée, en un système de co-engendrement ou de causalité réciproque. L'Esprit total, à son tour, est ce mouvement qui, actualisant une à une les Formes qui le constituent, se pose lui-même comme une totalité actuelle [...]. C'est donc en tant qu'elle est une partie de l'Intellect, et elle-même une intelligence, que l'âme première le possède tout entier. » On notera que les termes « Intellect », « intelligence » et « Esprit » renvoient tous au même terme grec : νοῦς.

1. Porphyre, *Sentence* 44, Mommert, p. 44, 4-5 : Εἰ μὲν οὖν νοητὸς ὁ νοῦς [...], νοητὸν ἂν εἴη· εἰ δὲ νοητὸς νῷ [...], νοοῦν ἂν εἴη, rapproché par Pépin (p. 208-209, trad. Brisson *et al.*, in *Porphyre. Sentences*, t. I, p. 373) du passage de *De Gen. litt.*, XII, 10, 21 : « Quia ergo videri potest, *intelligibilis*, quia et videre, *intellectualis* est secundum illam distinctionem », faisant suite au célèbre : « Quamquam nonnihil interesse nonnulli voluerint, ut *intelligibilis* sit *res* ipsa, quae solo intellectu *percipi* potest *intellectualis* autem *mens*, quae intelligit. »

2. « Quare ista coniunctio intuentis animi, et eius veri quod intuetur, aut ita est ut subiectum sit animus, verum autem illud in subiecto ; aut contra subiectum verum, et in subiecto animus ; aut utrumque substantia. »

Cette structure philosophique pose une question redoutable à l'historien : la possibilité de penser le « sujet » plotinien ou porphyrien dans un dispositif non subjecti(vi)ste *purement noétique*, autrement dit en faisant l'économie des notions de *sujet* et d'*objet*, en inscrivant l'un et l'autre *entre parenthèses*, pour en effectuer la « relève » *(Aufhebung)* là même où les contraintes de la langue (le français, l'anglais, l'allemand philosophiques), relayées à la fois par l'idiolecte grammatical (génitif « subjectif » *vs* « objectif ») et les métalangages théoriques de la philosophie de l'esprit et de la psychologie philosophique, *semblent* en imposer irrésistiblement l'usage. Reconnaître la nécessité de la parenthétisation du « sujet » et de l'« objet », dès qu'il y va du ternaire plotino-porphyrien νοῦς, νόησις, νοητόν, est un préalable indispensable à la compréhension du geste antiattributiviste* d'Augustin. Ce que l'on appelle tantôt « autoconnaissance de l'intelligence » (Pépin), tantôt « autoréflexion de l'intellect » (C. D'Ancona) chez Plotin ou Porphyre doit être entendu en deçà de la distinction *subiectum-obiectum*, comme historialement antérieur à elle, si l'on veut donner à la formulation puis à la critique augustinienne de l'attributivisme* sa signification époquale.

Quand Porphyre explique que l'intellect est intellect parce qu'il est *intellect de lui-même*, à la fois *(s')intelligeant* lui-même et *intelligé* (par lui-même), étant « sans parties, intelligible tout entier pour lui-même tout entier et intellect de bout en bout, ne se pouvant même supposer qu'il ait en lui-même de l'inintelligence » (*Sent.* 44, 13-14), c'est entre parenthèses qu'il faut introduire « sujet » et « objet » dans le texte qui en argumente la *thèse*, car c'est en se fondant sur la *mêmeté sans reste* de ce qui intellige et de ce qui est intelligé, et les divers paradoxes méréologiques qu'elle autorise, qu'Augustin est à même de parvenir au rejet de l'*hupokeimenon-subiectum* de la sphère de la *mens*, de l'*intelligentia* et de l'*amor*. C'est donc parenthétisés qu'on lira les textes de Porphyre ou de Plotin qui introduisent l'identité de l'intellect avec l'intelligible ou celle de l'intellect avec l'être, sur lesquelles Augustin élabore la forclusion noétique du *subiectum*. Deux exemples :

> [...] c'est pour l'intellect que l'intellect est (objet) intelligible. Or si l'intellect est (objet) intelligible pour l'intellect, c'est pour soi-même que l'intellect doit être (objet) intelligible. Si donc l'intellect est intelligible et non pas sensible, il doit être (objet) intelligible; si d'autre part il est intelligible pour l'intellect et non pas pour le sens, il doit être (sujet) intelligeant. C'est bien le même qui intellige et qui est (objet) intelligé, tout entier par lui-même tout entier[1].

> L'intellect, en tant qu'il intellige, fait subsister l'être, et l'être, du fait qu'il est intelligé, donne à l'intellect l'intelliger et l'être. Mais la cause de l'intelliger, qui est cause aussi de l'être, est différente de lui. Tous deux par conséquent ont une cause différente d'eux-mêmes, car ils existent ensemble et ne s'abandonnent pas l'un l'autre, mais étant deux (*s.e.* l'intelliger et l'être) forment cette réalité unique, qui est à la fois intellect et être, (sujet) intelligeant et (objet) intelligé, intellect en tant qu'elle intellige, être en tant qu'elle est intelligée; car le fait d'intelliger ne saurait se produire, s'il n'y avait altérité et identité[2].

6. En dehors des *Catégories* (ou de l'une de ses adaptations scolaires[3]), Augustin n'a sans doute pas connu Aristote, mais des éléments que nous dirions aujourd'hui d'« origine aristotélicienne », qu'il n'a vraisemblablement pas identifiés comme aristotéliciens; il les a trouvés principalement chez Plotin; il n'a connu du modèle aristotélicien que ce qu'il avait lu dans les *Ennéades* – le concept permettant de construire l'attributivisme et l'attributivisme* : être dans le corps *comme dans un sujet*, comme la *couleur* ou la *forme* (ἐπὶ τοῖς σώμασι χρῶμα ἢ σχῆμα[4]).

> ... et elle [l'âme] n'est pas non plus dans le corps comme dans un sujet, car ce qui est dans un sujet est en lui une passion, comme la couleur ou la forme, et l'âme est séparée[5].

1. Porphyre, *Sentence* 44, 7-11, trad. Brisson *et al.*, in *Porphyre. Sentences*, t. I, p. 373-374, avec les commentaires de M.-O. Goulet-Cazé, « Le système philosophique... », p. 76-77.

2. Plotin, *Ennéades*, V, 1 [10], 4, 27-34.

3. Voir *infra*, p. 258, n. 3.

4. Plotin, *Ennéades*, V, 3 [49], 8, 3.

5. Plotin, *Ennéades*, IV, 3 [27], 20, 28-30.

Il ne semble pas qu'il ait été conscient de la rencontre opérée en l'occurrence entre la distinction, authentiquement aristotélicienne, de la substance dite « sensible » (dans le langage plotinien) et des accidents, et celle, authentiquement plotinienne, entre être simple indivisible (la forme platonicienne) et formes sensibles divisibles dans les corps (les corps eux-mêmes étant posés comme « primordialement divisibles »)[1].

7. En ce qui concerne la *Wirkungsgechichte* du modèle augustinien et le *conflit médiéval des modèles*, la figure centrale de ce qui se déploie ensuite comme *double contamination* est Thomas d'Aquin : c'est lui qui, en lecteur du *De anima* d'Aristote, a, contre le modèle averroïste qui était aussi un modèle de lecture du *De anima*, organisé la première interaction des deux modèles augustinien et authentiquement aristotélicien :

a) en introduisant le sujet aristotélicien dans le modèle périchorétique de l'âme ;

b) en introduisant le Verbe/verbe augustinien dans le modèle aristotélicien de la connaissance abstractive ;

c) en introduisant deux langages théoriques nouveaux, celui, aristotélicien, de la structure *sujet-puissances-activités*, celui, dionysien, de la structure *essence, puissance, opération*, dans la réflexion croisée, menée à la fois à partir d'Augustin

1. Voir Plotin, *Ennéades*, IV, 2 [4], 1, 11-19 et 29-41. Voir en outre Porphyre *Sentence* 5, trad. L. Brisson *et al.*, in *Porphyre. Sentences*, t. I, p. 309 : « L'âme est quelque chose d'intermédiaire entre l'essence indivisible et l'essence divisible dans le domaine des corps. En revanche, l'intellect n'est qu'une essence indivisible, les corps ne sont que divisibles, les qualités et les formes engagées dans la matière sont divisibles dans le domaine des corps », avec les commentaires de W. Kühn, *in* « Notes sur les Sentences », *Porphyre. Sentences*, t. II, p. 388-391 (spéc., p. 388 : « ... la Sentence 5 résume la lecture que Plotin fait de Timée 35A1-4. Dans cette perspective, l'opposition fondamentale est non pas entre la substance sensible et ses accidents, mais entre l'être simple, indivisible, et les réalités divisibles » et p. 389 : « ... les formes sensibles – comme, par exemple, les couleurs – ne sont pas primordialement divisibles, mais le deviennent dans les corps, si bien que la division effective du corps entraîne celle des formes »).

et d'Aristote, qui caractérise la première phase de l'attributivisme* médiéval, déterminée par la crise averroïste.

En résumé : l'idée fondamentale est que Thomas a introduit la notion *aristotélicienne moderne* de sujet pensant[1], qu'il a, plus qu'Averroès, poussé à bout le modèle aristotélicien, et qu'il a jeté les bases de leur contamination en offrant au modèle augustinien de quoi se greffer sur lui : l'idée d'un sujet agent, ayant *en lui* le principe de son action, thèse qui était en germe dans le *De immortalitate animae*, et qui a été écartée par le rejet du couple sujet-accidents dans le *De Trinitate*.

8. La réévaluation du rôle de Thomas dans la double contamination des modèles aristotélicien et augustinien a une conséquence : celui d'Olivi et des penseurs non thomistes ou antithomistes du XIVe siècle dans la ou les *généalogies* du sujet, rôle indéniable, ne doit pas être surestimé. Pour deux raisons (que je me contente de résumer ici – j'y reviendrai en détail dans le volume II) :

8.1. La *formulation mixte* du modèle attributiviste* n'est pas *déjà* l'invention du sujet moderne, elle n'en est, véritablement, qu'une des étapes inaugurales, un des *envois*, phase conceptuellement nécessaire, mais certainement insuffisante au regard du lourd et parfois contradictoire cahier des charges de la sub-jectivité (qu'elle soit, comme elle l'a longtemps été, *avec* ou, comme on la dit majoritairement l'être aujourd'hui, *sans* « sujet »).

8.2. Le « sujet moderne » se laisse définir non par l'application du seul *principe d'attribution* en *philosophie de l'esprit*, mais par *l'application conjointe* du principe d'attribution et du *principe d'imputation*, dont une forme ou un dérivé est le *principe d'appropriation,* dont la présence au cœur du dispositif est requise de façon croissante à mesure que l'on se rapproche *effectivement* de *la* ou *des* modernités successives (aux confins de la psychologie, de la philosophie de l'esprit, de la métaphysique, de l'éthique et du droit).

1. Voir note complémentaire 43*.

Concernant 8.1, il est clair que la Seconde Scolastique a joué un rôle aussi important que la scolastique proprement dite, donc que Pierre de Jean-Olieu, dans la contamination mutuelle d'Aristote par Augustin et d'Augustin par Aristote, d'où est issue la formation de compromis entre aristotélisme (subjectité) et augustinisme (certitude de soi) ayant donné naissance à la notion de « sujet-agent », sans laquelle il n'y aurait pas de conception dite « moderne » du sujet ; il est également clair que, comme nous le montrons ici même, c'est avec Thomas d'Aquin que s'est réellement mis en place le schème que la tradition n'a cessé de discuter (complexifier, adapter, amender ou rejeter), de l'averroïsme latin à Leibniz. L'apport du thomisme ne doit pas être sous-estimé, sous prétexte que la recherche des cinquante dernières années, voulant rompre avec le paradigme historiographique du néothomisme, voire du gilsonisme, et imposer une série de *téléologies historiques de substitution*, assurant la relève du « tout Thomas », qui dominait les études médiévales depuis la seconde moitié du XIXe siècle[1], multiplie les référentiels non thomistes ou antithomistes pour donner à l'histoire de la philosophie médiévale sa pleine intelligibilité. En l'occurrence, ce que la Seconde Scolastique nous *confirme* – certains diront, « comme on pouvait s'y attendre » – et ce que les recherches en cours nous *apprennent*, va dans le sens d'une *centralité maintenue de la référence* à l'école thomiste pour la question de la naissance du sujet. La constitution du « modèle mixte », où s'accomplit l'attributivisme* médiéval, et le complet bouleversement qu'elle induit dans la donne initiale du problème construit sur l'antagonisme des théories aristotélicienne et augustinienne de l'âme et de la pensée, suppose le franchissement préalable de diverses étapes, qui doivent être « tracées » pour elles-mêmes. Pour que la *contamination des modèles* ait un sens et qu'elle ait une réelle puissance d'innovation, il faut qu'elle vienne en son temps et par une

1. Sur ce paradigme, voir R. Imbach & A. Maierù, *Gli studi di filosofia medievale fra otto e novecento. Contributo a un bilancio storiografico*, Rome, Edizioni di Storia e Letteratura, 1991.

nécessité conceptuelle immanente qui tire sa règle de passage de l'enchaînement même des CQR ; qu'une série de réquisits ou, si l'on préfère, qu'un cahier des charges théorique aient été préalablement formulés. Pour nous, cela veut dire que la question *Quel est le sujet de la pensée?* a reçu pour réponse : *l'homme*. Mais cela veut dire aussi, et surtout, que *la question a été à un moment précis posée comme digne d'être posée.* Une question nouvelle porte la plupart du temps sur la réponse donnée à une question antérieure. Dans le cas présent, afin de pouvoir valoir comme thèse attributiviste* *achevée*, l'affirmation que l'homme est le sujet de la pensée doit, pour conduire, comme elle y a conduit, à la formulation du « modèle mixte », *avoir été posée préalablement comme réponse à une autre question* que la question inaugurale du débat pour ou contre Averroès : *Est-ce l'homme qui pense ou l'intellect?* Cette autre question, nouvelle et directement issue de l'interprétation thomasienne d'Aristote et des principes qu'elle met en œuvre – au centre desquels le principe aristotélicien de la « forme de l'opérateur » (= PFO) ou plus exactement « de l'opération par la forme de l'opérateur » (= POF) –, est : *Quelle est la cause efficiente de nos pensées?* La thèse faisant de l'homme le sujet de la pensée n'est pas une réponse à cette question. C'est la réponse à une question induite par le fait que l'on ne saurait se satisfaire ni de la question ni de sa réponse pour expliquer le fait d'expérience que *nous* pensons. Cette question n'est autre que : *Quel est le sujet de la pensée?* Elle est posée *comme un diagnostic* ou une *exigence neuve* dans ce nouveau contexte, au sein de la tradition ouverte par Thomas, et par un thomiste, s'il en est : Hervé de Nédellec[1]. Tout tient en deux phrases, qui s'enchaînent et donnent l'horizon thématique des débats qui suivront, du Moyen Âge à Leibniz :

1. Cf. Hervé de Nédellec (Hervaeus Natalis), *In quatuor libros Sententiarum commentaria*, Paris, 1647, f° 250bC-D. Je renvoie ici au livre de J.-B. Brenet, *Transferts du sujet. La noétique d'Averroès selon Jean de Jandun*, Paris, Vrin, 2003, qui a rassemblé les premiers éléments du dossier, analysé les textes d'Hervé sur le *besoin de sujet*, et situé l'ensemble dans le cadre des débats *pro et contra Averroem*.

TN1 Non [...] ad hoc quod alicui conueniat intelligere, sufficit quod eius forma sit causa effectiua, siue quod eliciat effectiue.

TN2 Immo oportet quod sit subiectum actus intelligendi.

Pour expliquer que « quelqu'un pense », il ne suffit pas de poser que sa « forme », autrement dit son âme, soit cause efficiente ou élicitante effective de l'acte de pensée (TN1), il faut qu'elle soit le « sujet de l'acte de pensée » (TN2). Sans cette affirmation, à laquelle Suárez fera subir une critique drastique[1], il n'y aurait nul besoin d'un « modèle mixte » des conditions de possibilité de la pensée, ni besoin théorique d'un nouveau remaniement de la donne, tel que l'apporte la reformulation d'ensemble de l'attributivisme* effectuée dans l'*Impugnatio quorundam articulorum*.

Concernant 8.2, il faut bien voir que, si Olivi a donné une formulation particulièrement claire, quasi prékantienne, du principe d'attribution[2], ce qui importe davantage pour

1. Comme nous le verrons dans le volume II. Sur la longue durée de la question « Sommes-nous la cause efficiente de nos pensées (ou de nos actes, ou de nos volitions) ? » et le rapport qu'elle entretient avec la notion de « sujet » (actif ou passif), jusque dans le débat Leibniz-Bayle, cf., *supra*, p. 122, et *infra*, p. 361, n. 17*. L'ontologie leibnizienne de l'action, fondée sur le principe PSA (« les actions appartiennent aux suppôts »), dont je propose l'archéologie dans les volumes II et III, vient (provisoirement) clore l'ensemble des discussions gravitant autour de TN1 et TN2 en réarticulant sur PSA la totalité des éléments ventilés de Thomas aux post-cartésiens.

2. En posant, notamment, que « nos actes ne sont perçus par nous que comme des prédicats ou des attributs *(actus nostri non apprehenduntur a nobis nisi tamquam praedicata vel attributa)* ». Pareil théorème, qui affirme que, du point de vue de la perception, le sujet est perçu en premier, car « selon l'ordre naturel le sujet est perçu avant que le prédicat ne lui soit attribué en tant que tel », *énonce* une des conditions de possibilité d'un attributivisme* qui, lui-même, *annonce* une des conceptions « modernes » du sujet. On est effectivement ici proche de l'affirmation kantienne selon laquelle nous ne connaissons le sujet transcendantal des pensées = x que « par les pensées qui sont ses prédicats »... (« durch die Gedanken, die seine Prädikate sind, erkannt wird »). Mais tout n'est pas dit pour autant, ne serait-ce que de la partie émergée de l'iceberg médiéval. La thèse selon laquelle « le sujet est perçu en premier » mérite une enquête en soi. J'ai montré qu'elle jouait un rôle central dans les discussions sur l'ordre des termes dans la

l'archéologie du sujet est la liaison entre attribution et imputation (puis attribution, imputation et appropriation[1]), qui, seule, explique la nécessité où s'est trouvé l'Âge classique de (re)penser à fond les rapports entre sujet, agent (acteur, auteur), acte, action (passion), suppôt, hypostase, individu, conscience et personne. Le rapport attribution-imputation est le problème à la fois fondamental et ultime du *Wandel* historial de la sub-jectité à la sub-jectivité. L'idée de sujet-agent est, de fait, double, et contient une présupposition cachée. L'agent est ce à quoi un acte peut être imputé. Pour pouvoir lui être imputé, il doit pouvoir lui être attribué. La

---

generatio sermonis – la production d'une phrase selon une série de transformations effectuées entre le niveau des opérations mentales et celui de la performance ou réalisation orale, discussions qui ont vu s'affronter quatre positions (au moins) : celle d'Olivi correspondant aux *prémisses* de l'une d'elles, et n'étant en rien isolée. Voir A. de Libera, « Référence et champ : Genèse et structure des théories médiévales de l'ambiguïté (XIIe-XIIIe siècle) », *Medioevo* 10 (1984), p. 155-208 ; « Intention de signifier et engendrement du discours chez Roger Bacon » [en collab. avec I. Rosier], in *Histoire des concepts de l'énonciation*. *Histoire, Épistémologie, Langage,* fasc. 8/2 (1986), p. 63-79 ; « *Suppositio* et *inclusio* dans les théories médiévales de la référence », *in* L. Danon-Boileau & A. de Libera (éd.), *La Référence,* Paris, Ophrys, 1987, p. 9-34 ; « De la logique à la grammaire : Remarques sur la théorie de la *determinatio* chez Roger Bacon et Lambert d'Auxerre (de Lagny) », *in* G. Bursill-Hall, S. Ebbesen & K. Koerner (éd.), *De ortu grammaticae. A Tribute to Jan Pinborg,* Amsterdam-Philadelphie, Benjamins, 1990, p. 209-226 ; « Roger Bacon et la logique », *in* J. Hackett (éd.), *Roger Bacon and the Sciences*, Commemorative Essays, Leiden-New York-Köln, Brill, 1997, p. 103-132.

1. Avant d'être le problème des jeunes couples, l'accession à la *propriété* (de ses actes) est celui de l'individu « moderne » : une question philosophiquement « intempestive » serait de se demander si *l'appropriation possible* ajoute quoi que ce soit à *l'imputabilité* entendue au sens ricœurien de *capacité à se reconnaître comme l'auteur véritable de ses propres actes*. Tout est probablement dans le « véritable ». Les *locataires* (d'eux-mêmes), parmi lesquels les *supposés* « mystiques », trancheront – les eckhartiens faisant discrètement valoir au passage qu'un peu d'attention donnée par l'historien à la « désappropriation de soi-même » compliquerait passablement le scénario. Les grincheux ou les naïfs demanderont aux mânes de Ricœur ce que peut bien être une *capacité* à se reconnaître comme l'auteur *non véritable* de ses *propres* actes qui serait foncièrement distincte de l'*incapacité* à se reconnaître comme le *véritable auteur* de ses propres *actes*. Tout le monde n'a pas eu la chance d'avoir des parents communistes...

possibilité de l'imputation d'une action *A* à un agent *x, suppose le sujet* (selon l'heureuse expression de Joan Copječ), ce qui veut dire qu'elle *présuppose* la possibilité de *l'attribution* de *A* à *x* comme *sujet*. Le problème « moderne » vient de ce que : *a)* l'imputation est *d'abord* pensée comme faite *de l'extérieur* (c'est *y* qui impute *A* à *x*), de même que l'attribution qu'elle présuppose – c'est le stade de la définition de la « personne fictive » *(ficta)*, mais aussi, par voie de conséquence, de la « personne naturelle » chez Hobbes ; *b) dans un second temps* (logique, mais aussi historique, disons « lockéen »), l'imputation est pensée comme devant se faire *de l'intérieur*, par l'agent, pour que l'imputation extérieure puisse être fondée *moralement* sur une auto-attribution (au *présent*) de l'imputable (au *passé*)[1]. Autrement dit : il faut ajouter à l'attribution extérieure (la possibilité de) l'attribution à lui-même, comme à un sujet, de ses actes *par l'agent lui-même*. C'est le stade où l'agent se reconnaît lui-même comme « propriétaire » *(owner)* de ses actes, se les « approprie » en se les attribuant comme *siens*, où, comme le dit lumineusement Locke dans sa définition juridique de la personne comme « terme de Barreau » *appropriant* des actions, la personne *prenant intérêt* à *des* actions *passées* « en devient responsable », *parce qu'elle* « les *reconnaît* pour siennes et *se* les *impute* sur le même fondement et pour la même raison qu'elle *s'attribue* les actions *présentes* »[2]. Reconnaissance et *aveu* sont ici étroitement liés *dans* et *par* la langue, dans et par cet extraordinaire *échangeur conceptuel* qu'est la sémantique de *own, owner, ownness*[3] : je renvoie sur ce point à Luc Foisneau[4]. *Die Sprache spricht*[5].

1. Pour des raisons évidentes, en dehors de l'univers spielbergien de *Minority Report*, il n'y a pas d'imputation au futur.

2. Voir J. Locke, *An Essay*..., II, XXVII, § 26, cité *supra*, p. 98, n. 3, p. 189, n. 2, et p. 376-377, n. 35*.

3. Sur cette série, cf. *supra*, texte de P. Ricœur, cité p. 201, n. 1.

4. Voir L. Foisneau, « Identité personnelle et mortalité humaine... », p. 72, cité p. 355-356, n. 11*.

5. Voir M. Heidegger, *Unterwegs zur Sprache*, Pfullingen, Neske, 1959, p. 12.

La formulation du modèle : Augustin

Il y a deux théories du sujet chez Augustin :

1) La première est celle du *De immortalitate animae*, qui

a) accepte le sujet ;

b) rejette, par son biais, l'attributivisme : l'âme n'est pas dans le corps comme dans un sujet ;

c) mais semble admettre l'attributivisme* pour définir le rapport de l'âme et de la science : la science est dans l'âme comme dans un sujet (ce que dit Aristote dans les *Catégories*).

Le rapport entre raison et âme, lui, ne relève pas de l'attributivisme*, car la raison et l'âme sont deux substances : la raison ne peut donc pas être dans l'âme comme dans un sujet.

Il faut distinguer clairement ces trois couples : âme/corps, âme/raison, science/âme :

science ⇒ âme ⇐ raison
↓
corps

et les deux problèmes qui, sur cette base, vont se poser tout au long de la genèse de la subjecti(vi)té :

P1 la science est-elle dans l'âme comme dans un sujet ?
P2 la raison est-elle dans l'âme comme dans un sujet ?

Ces deux problèmes étant bien distincts de :

P3 l'âme est-elle dans le corps comme dans un sujet ?

2) La seconde théorie est celle du *De Trinitate*, qui rejette à la fois l'attributivisme et l'attributivisme*, et introduit le nouveau modèle de l'âme, de ses facultés et de ses états[1].

1. Sur la différence entre science *(scientia)*, raison *(ratio)* et sagesse (*sapientia*) chez Augustin, cf. É. Gilson, *Introduction à l'étude de saint Augustin*, Paris, Vrin, 1929 ([3]1981), p. 153-163. Sur les écrits philosophiques d'Augustin, cf. É. Zum Brunn, *Le Dilemme de l'être et du néant chez saint Augustin. Des premiers dialogues aux « Confessions »*, Paris, ÉA, 1969 (réimpr. avec additions de l'auteur, dans les *Bochumer Studien zur Philosophie*, 4, Grüner [John Benjamins], Amsterdam, 1984). Sur la théologie trinitaire d'Augustin, voir le beau

On trouve donc chez Augustin de quoi alimenter deux positions bien différentes : l'une, fondée sur la paire substantialisme + attributivisme* ; l'autre, sur substantialisme + substantialisme*, doctrine qu'on appellera consubstantialisme chez les Latins, périchorèse chez les Grecs, puis *circumincessio* chez les modernes, c'est-à-dire les médiévaux.

Les Latins ont puisé aux deux textes, essentiellement pour légitimer la retranscription des thèses du *De Trinitate* dans le langage « aristotélicien » de la substance.

Vers l'attributivisme : 'L'Immortalité de l'âme'*

Le *De immortalitate animae* défend, comme son objet même le laisse attendre et l'exige, une conception anti-attributiviste (substantialiste) de l'âme, qui permet la réfutation des thèses naturalistes des philosophes soutenant que l'âme est mortelle, qu'ils soient péripatéticiens, épicuriens ou stoïciens. Dans la discussion de ces thèses intervient une formulation inchoative de l'attributivisme*, et un premier rejet du couple de notions – sujet-accident – dont la pertinence en philosophie de l'esprit sera expressément rejetée dans le *De Trinitate*.

La première partie du livre montre « contre certains péripatéticiens » que « l'âme, en tant que raison, ne peut périr » (« adversus peripateticos quosdam animum qua ratio est non interire explicat », I, 1-6, 11).

Même si le texte ne fournit aucune indication précise en ce sens, certains considèrent que les auteurs visés sont Straton[1],

---

livre d'Olivier du Roy, *L'Intelligence de la Foi en la Trinité selon saint Augustin. Genèse de sa theologie trinitaire jusqu'en 391*, Paris, ÉA, 1966.

1. Sur Straton de Lampsaque (330-270 av. J.-C.), disciple de Théophraste, et deuxième successeur d'Aristote à la tête du Lycée, cf. Augustin, *Cité de Dieu*, X, x, 1. Il n'est pas du tout certain qu'Augustin ait directement visé *ici* cet auteur, dont la principale contribution à la philosophie de l'esprit semble être d'avoir utilisé, avant Alexandre, l'expression, par ailleurs stoïcienne, de « partie directrice de l'âme » et de l'avoir située... *entre les sourcils*, contrairement à la thèse cardiocentriste d'Aristote (relayée par Alexandre) et à celle de *France Inter* (qui la situait, plutôt, *entre les oreilles*). Sur ce point, voir les fragments 110, 111, 119a-b et 121 de F. Wehrli

Aristoxène[1] et surtout Alexandre d'Aphrodise[2]. Nous reprendrons cette convention pour la clarté de l'exposé. Le plan suivi est dès lors :

1.1. Adversus Stratonem animum in quo est disciplina non interire.

2.2. Adversus Aristoxenum animum, quae ratio est, corporis harmoniam non esse.

3.3. Adversus Alexandrum.

On ne peut entrer sans précaution dans le complexe de thèses ici mis en œuvre. Le *De immortalitate animae* appartient aux textes « philosophiques » d'Augustin ; il fait suite aux *Soliloques*, dont il s'efforce de résoudre certaines difficultés laissées en suspens quant à la possibilité d'une démonstration de l'immortalité de l'âme, en lui cherchant un fondement ontologique autre que celui de la *conversion*. On ne peut juxtaposer les « thèses » augustiniennes sans tenir compte de l'évolution de leur auteur[3], de ses tâtonnements et de ses repentirs de plume – en négligeant par exemple le fait que, dans ses *Rétractations*, Augustin lui-même déplore l'obscurité de *L'Immortalité de l'âme* et déclare avoir du mal à

(in *Straton von Lampsakos*, in *Die Schule des Aristoteles : Texte und Kommentar*, 5, Bâle, Schwabe, 1950), et les analyses de Bergeron et Dufour sur la position d'Alexandre (dans leurs notes sur Bruns, p. 24, 4-6 et 94, 7-100, 17).

1. Sur Aristoxène de Tarente (375-315/305 av. J.-C.), voir la notice de B. Centrone, *in* R. Goulet (éd.), *Dictionnaire des philosophes antiques*, I, n° 417, Paris, Éd. du CNRS, 1989, p. 590-593 ; et, naturellement, F. Wehrli, *Aristoxenos*, in *Die Schule des Aristotele : Texte und Kommentar, 2*, Bâle, Schwabe, 1945. Voir note complémentaire 44*.

2. La seconde partie, 7.12-16.25, généralement présentée comme dirigée contre le « naturalisme » des stoïciens et des épicuriens, porte sur l'immortalité et l'incorporéité.

3. Écrite à Milan, alors qu'Augustin, revenu de Cassiciacum, s'apprêtait à recevoir le baptême (387), *L'Immortalité de l'âme* n'est qu'un *memento*, le « brouillon d'un troisième livre qui devait compléter les » deux premiers livres des « *Soliloques* », un « simple schéma », selon P. de Labriolle, BA 5, p. 165, qui n'y voit que « sèche dialectique » fatiguant l'esprit, « opérant » sur des « fictions » et des « abstractions pures » et les « combinant comme si elles étaient des réalités ». Le diagnostic est, on le verra, sévère.

comprendre ce qu'il y voulait dire[1] – ni *a fortiori* mettre sur le même plan ces thèses et celles, théologiques, du *De Trinitate*. L'essentiel, toutefois, peut être préservé du point de vue archéologique, si l'on prête assez d'attention à ce que signifient ou désignent les termes employés par Augustin dans les textes ici rapprochés[2]. Quelle que soit la part respective des thèses de Plotin et de Porphyre dans *L'Immortalité de l'âme*[3], il suffit à notre propos de noter que les éléments conceptuels « aristotéliciens » utilisés dans cette œuvre, à savoir le recours à la notion de « sujet » (non à une théorie particulière d'Aristote), ne peuvent guère être différents de ceux qui reviennent dans *La Trinité*, ce qui permet de conserver les notions de substantialisme, d'attributivisme et d'attributivisme* comme outils d'analyse pertinents dans les deux univers de doctrine, tout en gardant présent à l'esprit que les termes comme *ratio* ou *veritas* n'ont pas, y compris dans les *Dialogues « philosophiques »*, le sens banal ou philosophiquement obvie que l'on serait tenté de leur attribuer dans un cadre précisément *non* augustinien. En bref : le mot *ratio* dans *L'Immortalité de l'âme* ne désigne évidemment pas la raison discursive, distinguée de l'intellect, comme cela sera en général le cas dans les textes

1. Voir Augustin, *Retractationes*, I, v, 1, BA 12, p. 294 : « Il est si obscur par la complication et la brièveté de ses raisonnements qu'il fatigue à la lecture mon attention même, et que c'est à peine s'il m'est intelligible. » Le repentir va d'ailleurs ici ou là jusqu'au complet désaveu. De fait, les *Rétractations* rejettent, en s'appuyant sur l'Écriture, la thèse centrale de *L'Immortalité de l'âme* selon laquelle l'âme ne peut se séparer volontairement de Dieu (*De immortalitate animae*, 6.11, BA 5, p. 190 : « Voluntate autem animum separari a ratione non nimis absurde quis diceret, si ulla ab invicem separatio posset esse rerum quas non continet locus »). Voir *Retractationes*, I, v, 2, BA 12, p. 294 *sq*.

2. Voir note complémentaire 45*.

3. Pour l'influence de Porphyre sur Augustin, cf. H. Dörrie, *Porphyrios' « Symmikta Zetemata »*. Ihre Stellung in System und Geschichte des Neuplatonismus nebst einem Kommentar zu den Fragmenten, Munich (Zetemata, 20), 1959 ; et « Porphyrios als Mittler zwischen Plotin und Augustin », in *Antike und Orient in Mediaevalia* 1, Berlin, 1962, p. 26-46 (réimpr. in *Platonica minora,* 1976, p. 454-473), avec les remarques critiques de G. Madec, « Augustin, disciple et adversaire de Porphyre », *Revue des Études augustiniennes,* 10 (1964), p. 365-369.

scolastiques médiévaux. La *ratio* « immuable » dont parle, par exemple, *De immortalitate animae,* 6.11 et 7.12 est la Vérité transcendante elle-même, dont la « force agit sur l'âme », « l'affecte par le fait même que cette dernière lui est unie » (6.11, BA 5, p. 190 : « ... illa rationis vis ipsa sua coniunctione afficit animum ») ; la Vérité qui habite en l'âme et « fait être ce qui lui est uni » (*ibid.* : « ... quidquid sibi coniungitur facit ut sit »), et qui « oblige en quelque sorte à être l'âme sur laquelle d'elle-même elle agit » (*ibid.* : « ... eum quem ex se afficit, cogit esse quodammodo »). Il y a ainsi une *causalité ontologique* de la raison sur l'âme, un lien indéfectible ou inamissible de l'âme à la *ratio*, que l'*aversio a ratione* ne saurait supprimer, un lien qui fait que l'âme *peut*, en se « détournant de la raison », tendre vers le néant *(tendere ad nihilum)* et la mort *(tendere ad interitum)*, subir un « amoindrissement » *(defectus)*, défaillir *(deficere)* volontairement, mais *ne peut jamais* totalement s'en défaire ni par là s'anéantir entièrement (thèse qu'Augustin juge d'ailleurs lui-même délicate à entendre, *ibid.* : « Il est fort difficile de dire pourquoi l'âme sujette à la défaillance ne l'est pas à la mort[1] »). Cela revient à dire que l'âme n'est pas unie à la Vérité par la seule connaissance unitive – ce qu'on appelle la « participation de sagesse »[2] ; elle lui est aussi unie « non en tant qu'elle est Vérité, mais en tant

1. « ... tendere ad nihilum est ad interitum tendere. Qui cur non cadat in animum vix est dicere, in quem defectus cadit ». La thèse a quelque ressemblance avec les *Sentences* de Porphyre. Cf. *Sentence* 23, éd. Mommert, p. 10, 10-13, trad. Brisson *et al.*, in *Porphyre. Sentences*, t. I, p. 322-323 : pour « l'essence dont l'être est dans la vie (τῆς οὐσίας ἧς ἐν ζωῇ τὸ εἶναι) et dont les affections sont des vies (καὶ ἧς τὰ πάθη ζωαι), même la mort consiste en une certaine forme de vie (ταύτης καὶ ὁ θάνατος ἐν ποιᾷ ζωῇ κεῖται), et non dans la privation définitive de la vie (οὐκ ἐν ζωῆς καθάπαξ στερήσει), pour la raison que l'affection, dans son cas, n'est pas non plus [...] une voie vers la totale absence de vie (ὅτι μηδὲ τὸ πάθος ἦν ὁδὸς εἰς τὴν παντελῆ ἀζωίαν ἐπ' αὐτῆς) ».

2. Comme le montre É. Zum Brunn, la dialectique augustinienne du *magis* et du *minus esse* repose en partie sur l'opposition plotino-porphyrienne du μᾶλλον et de l'ἧττον εἶναι. Dans ses divers travaux sur l'analogie, J.-F. Courtine explique clairement comment, dans cette structure de pensée, la plus ou moins grande proximité par rapport au premier définit une série hiérarchisée selon une participation échelonnée.

qu'elle est de façon suprême et au plus haut degré», c'est-à-dire en tant qu'elle est *essentia*[1], et que c'est de cette *essentia* que l'âme tient «le fait même qu'elle est» *(idipsum quod est)*. L'âme qui tient sa «sagesse» de sa «conversion» à la Vérité, dont elle tient l'être, peut bien perdre cette sagesse «en s'en détournant», «puisque se détourner est le contraire de se convertir», mais «l'être qu'elle tient de celui auquel rien n'est contraire» (l'*essentia* première «qu'on appelle Vérité» et qui, comme «toute essence en tant qu'essence, n'a rien qui lui soit contraire»), «elle ne peut être amenée à le perdre»[2].

Toutes ces affirmations ou presque correspondent à des thèses philosophiques clairement identifiables : toutes sont néoplatoniciennes. À l'exception de l'argument selon lequel l'essence première, l'*Essentia*, n'a pas de contraire, qui semble suivre Porphyre contre Plotin[3], leur noyau dur figure chez les deux philosophes, y compris la thèse, présente dans la *Sentence* 40, qu'il est de la nature de l'âme (de l'intelligence)

1. Augustin ajoute : «quamquam in tantum est idipsum in quantum est veritas», ce qui veut dire : étant entendu qu'elle [la Vérité] n'est cela même, à savoir ce qui est de façon suprême et au plus haut degré, qu'en étant elle-même, à savoir la Vérité – manière de dire qu'il n'y a pas de distinction possible entre *esse* et *idipsum quod est*, dans ce qui est la Vérité ou : la Vérité qui est, autrement dit : la Vérité comme *essentia*.

2. Voir Augustin, *De immortalitate animae*, 12.19, BA 5, p. 206.

3. L'argument augustinien selon lequel l'âme, tenant son être de ce qui n'a pas de contraire – l'*Essentia* (qui a le rien pour contraire ou rien pour contraire) –, ne saurait le perdre, «*s'oppose* directement», en effet, comme l'a démontré J.-F. Courtine, «à *l'interprétation plotinienne*» de *Cat.* 5, 3b23-25 (Ὑπάρχει δὲ ταῖς οὐσίαις καὶ τὸ μηδὲν αὐταῖς ἐναντίον εἶναι. τῇ γὰρ πρώτῃ οὐσίᾳ τί ἂν εἴη ἐναντίον; οἷον τῷ τινὶ ἀνθρώπῳ οὐδέν ἐστιν ἐναντίον), formulée en *Enn.*, I, 8 [51], 6, 31-33. Loin d'être une objection, la doctrine aristotélicienne selon laquelle l'οὐσία n'a pas de contraire «vient conforter la thèse du primat de l'*Essentia quae summe maxime est.* Le traité des *Catégories* est désormais décidément *mis au service d'une métaphysique porphyrienne* de l'εἶναι. Augustin peut même aller jusqu'à conclure ainsi» son «mouvement de pensée» en réintroduisant le terme de substance (pour accentuer la référence à *Cat.* 5?) : *Nullo modo igitur res ulla potest esse contrario illi substantiae, quae maxime ac primitus est* [...] ; «on voit clairement que le mot» *substantia* «a cessé d'être directeur, et qu'il s'entend uniquement à partir de la détermination préalable de l'essentialité». Sur tout cela, cf. J.-F. Courtine, «Note complémentaire... », p. 65-68.

de se connaître elle-même (de connaître son essence), et que ne pas le faire, c'est pour elle s'écarter de l'être, sombrer dans l'indigence[1].

En abordant archéologiquement le traitement augustinien des problèmes P1-P3, on doit donc se garder d'oublier que la *ratio* dont il est en question en P2 est, au minimum, une réalité analogue à ce dont parle Plotin (comme le suggère en 6.10 la formule « ratio est aspectus animi[2] », déjà présente dans les *Soliloques*[3]) et que la question de savoir si l'âme est la raison, ou si la raison est en elle, s'inscrit dans une thématique d'ensemble, le *regressus in rationem*, qui a d'évidentes sources plotiniennes et porphyriennes[4]. C'est

1. Voir Porphyre, *Sentence* 40, 30-33, trad. Brisson *et al.*, in *Porphyre. Sentences*, t. I, p. 360-361 (citée *infra*, p. 275). Sur ce texte, et le thème porphyrien et plotinien de la coïncidence avec l'être comme déterminant la « satiété » du moi, cf. M.-O. Goulet-Cazé, « Le système philosophique... », p. 82 : « La présence à soi-même est une présence à l'être [...] ; si l'on s'écarte de soi-même, on s'écarte de l'être et réciproquement [...]. La présence réflexive sur soi, le fait de se recouvrer soi-même en étant “capable d'accompagner le tout de l'être et de lui devenir semblable” (*Sent.* 40, 15), permet de connaître son propre moi intellectuel et, par ce biais, de connaître l'intelligible. Pour parvenir à cette présence à soi il faut être capable de s'identifier non à son propre corps, mais au tout de l'être : “Tu n'as pas dit, même pas toi : ‘Je suis de telle grandeur’ ; ayant abandonné le ‘de telle grandeur’, tu es devenu tout.” » Voir en outre W. Theiler, « Porphyrios und Augustin », Halle, 1933, p. 38-42 (réimpr. in *Forschungen zum Neuplatonismus*, Berlin, 1966).

2. Cf. Augustin, *De immortalitate animae*, 6.10, BA 5, p. 186-187 : « Ratio est *aspectus animi*, quo per seipsum, non per corpus verum intuetur » (« La raison est ce regard de l'âme grâce auquel elle contemple le vrai par elle-même, non par l'entremise du corps »). L'expression « regard de l'âme », issue de Platon, *Rép.* VII, 553D, est employée en 6.10 pour demander si la raison est le « regard de l'âme par lequel elle contemple le vrai », « la contemplation du vrai » ou « le vrai lui-même qui est contemplé » (« ... si ratio est aspectus animi, quo per seipsum, non per corpus verum intuetur ; aut ipsa veri contemplatio, non per corpus ; aut ipsum verum quod contemplatur »).

3. Dans les *Soliloques*, I, 6, 13, BA 5, p. 50, Augustin (ou plutôt la Raison, puisque à cet endroit c'est elle qui parle) dit clairement : « *Ratio :* Aspectus animae, ratio est. »

4. Voir *De ordine*, II, 11, 31, BA 4, p. 416 : « Ac primum videamus ubi hoc verbum, quod ratio vocatur frequentari solet ; nam illud nos movere maxime debet, quod ipse homo a veteribus sapientibus ita definitus est : *Homo est animal rationale mortale* [Aristote, *Top.* 132b2, Sextus Empiricus, *Pyrrh. Hyp.* 2, 25, Cicéron, *Lucullus* 7, 21]. Hic genere posito quod animal

donc *dans ce contexte* néoplatonicien qu'il faut entendre l'étonnante alternative sur laquelle s'ouvre la critique du péripatéticien Aristoxène : « Ratio profecto aut animus est, aut in animo » (2.2), alternative que l'on retrouve déployée plus complètement dans les sections dirigées contre Alexandre : « quod ratio in animo est vel animus in ratione est... » (6.10) « ... aut animus ipsa ratio est » (6.11), puis, dans la seconde partie du livre, dans la critique de l'âme comme *temperatio corporis* (10.7). La raison dont il est question n'est pas la faculté que l'on retrouve chez les péripatéticiens médiévaux, notamment chez Averroès et les averroïstes, mais aussi bien (et plus généralement) dans la philosophie scolastique, sous le nom de « faculté distinctive particulière », « raison particulière » ou « faculté cogitative » (*vis distinctiva particularis, ratio particularis, vis cogitativa, cogitativa, cogitativum nostrum,* etc.).

Avant d'examiner les détails du texte pertinents pour l'archéologie du sujet, il reste à affronter une difficulté de taille : à quel idiolecte philosophique les expressions « être dans l'âme » et « être dans le corps comme dans un sujet », employées pour poser les problèmes P1-P3, appartiennent-elles ? « Exister dans un sujet », qui intervient en 5.7, est la traduction de ἐν ὑποκειμένῳ εἶναι, la formule d'Aristote employée dans les *Catégories* en opposition à « être dit d'un sujet », καθ' ὑποκειμένου λέγεσθαι [1]. Il est presque certain pourtant qu'Augustin emprunte *in subiecto corpore esse* à Plotin plutôt qu'à Aristote lui-même. Comme on l'a dit plus haut, la

---

dictum est, videmus additas duas differentias, quibus credo admonendus erat homo et quo sibi redeundum esset et unde fugiendum. *Nam ut progressus animae usque ad mortalia lapsus est ita regressus esse in rationem debet.* » Sur ce point, voir O. Du Roy, *L'Intelligence*..., p. 132, n. 3.

1. Cf. *Cat.*, 2, 1a20-b9, où, on l'a vu dans le chapitre premier, les relations ἐν ὑποκειμένῳ εἶναι et καθ' ὑποκειμένου λέγεσθαι, permettent de construire par combinatoire une ontologie de quatre classes, comprenant les choses qui, comme *Socrate*, ne sont ni dites d'un sujet ni dans un sujet (les substances premières ou particulières) ; celles qui, comme *homme*, sont dites d'un sujet sans être dans un sujet (les substances secondes ou universelles) ; celles qui, comme *une blancheur particulière*, sont dans un sujet sans être dites d'un sujet (les accidents particuliers) ; celles qui, comme *Science*, sont dans un sujet, l'âme, et dites d'un autre sujet, la grammaire (les accidents universels).

récurrence dans ce contexte, de *L'Immortalité de l'âme* au *De Trinitate*, d'un seul et même exemple d'accidents : la forme et la couleur [1], suggère même que c'est dans les *Ennéades* qu'Augustin a puisé les éléments aristotéliciens de sa formulation du modèle attributiviste*. Quelle que soit sa source, directe ou indirecte, il est clair que, dans le *De Trinitate*, Augustin entend en certains contextes précis *in subiecto esse* au sens où Aristote dirait qu'un accident « est [existe] dans un sujet ». Il est également clair que, dans le *De immortalitate animae*, le schème conceptuel de la *subjectité* mis en œuvre dans le traitement de P1-P3 semble être le schéma « aristotélicien » utilisé par Plotin dans sa discussion des théories sur la nature de l'âme : harmonie ou équilibre immanent du corps, dont Augustin lui-même fait la critique. De fait, il s'agit bien là de subjectité, et pour une raison simple : la source latente de tout le dossier est précisément celle qui, à propos de l'âme, a imposé le langage théorique du sujet-substrat, et fait de P3 la question centrale, que nous traçons ici sous le titre d'attributivisme – Alexandre d'Aphrodise.

C'est lui, en effet, qui explique que : (1) « toute substance corporelle et sensible se compose d'un sujet (substrat), que nous appelons une matière, et d'une nature qui configure et qui définit cette matière, ce que nous appelons une forme » ou encore que « en chacun des corps naturels se trouvent, d'une part, un sujet et une matière, et d'autre part, une forme qui vient dans cette matière » (« les produits de l'art » étant « des substances par leur sujet et leur matière », et « des qualités par leurs formes ») ; (2) « dans l'animal, l'âme est [...] la forme du corps – s'il est vrai que dans tous les corps les formes sont formes d'une matière qui est leur sujet » (et que « cette âme est une forme plus parfaite que celle des plantes, dans la même mesure où l'âme des plantes est plus parfaite que les formes des corps simples et premiers ») ; (3) « les différences au sein de l'âme sensitive » conservent entre elles

1. Voir Plotin, *Ennéades*, V, 3 [49], 8, 1-3 : Ποῖον δέ τι ὁρᾷ τὸ νοητὸν ὁ νοῦς, καὶ ποῖόν τι ἑαυτόν; Ἢ τὸ μὲν νοητὸν οὐδὲ δεῖ ζητεῖν, οἷον τὸ ἐπὶ τοῖς σώμασι χρῶμα ἢ σχῆμα·

« le même rapport que les formes des corps simples vis-à-vis de l'âme des plantes, et l'âme des plantes vis-à-vis de l'âme sensitive », dans la mesure où (4) c'est « la *différence de leurs sujets corporels* (suivant le nombre et le type de mélange, de mixtion et de composition) » qui « est responsable de leurs différences de rapport ».

C'est encore lui qui soutient (5) que « la représentation implique le corps », dans la mesure où « elle dépend de la sensation en acte », (6) que le fait même « de penser, à moins qu'il existe sans la représentation », se produit « également au moyen du corps », et que (7) « s'il est impossible de trouver en l'âme une activité qui n'implique pas un mouvement corporel, il est évident que l'âme est une partie du corps et qu'elle en est inséparable » (toute séparation étant inutile, puisque « l'âme ne peut accomplir toute seule aucune de ses activités propres »).

Enfin, le plus important, c'est Alexandre qui, dans la tradition péripatéticienne, explique le plus clairement en quel sens l'âme *est dans le corps*. Passant en revue les diverses acceptions de l'expression « se trouver dans » – le lieu commun aristotélicien par excellence –, le philosophe d'Aphrodise évoque en effet le problème P3 et, preuve, s'il en faut, que le discours de l'histoire sanctionnée est le plus mauvais guide en matière archéologique, c'est lui qui, en des termes que n'eût certes pas désavoués l'Augustin du *De Trinitate*, pose en toutes lettres que :

> [...] il n'est pas vrai [...] que [14.25] l'âme se trouve dans le corps comme en un sujet (substrat : ἐν ὑποκειμένῳ), c'est-à-dire en tant qu'accident, car (a) l'âme est une substance [15.1] et elle peut recevoir les contraires, alors qu'aucun accident n'est une substance [et] (b) ce qui se trouve en un sujet n'est pas la cause de l'être de ce sujet, car ce sujet peut exister même sans lui (« or, pour le corps organisé dans lequel se trouve l'âme, le fait qu'il soit organisé lui vient de [15.5] son âme »)[1].

(avant d'ajouter qu'« il n'est pas vrai non plus que l'âme se trouve dans le corps comme les composants d'un mélange se

1. Alexandre d'Aphrodise, *De anima*, éd. Bruns, p. 14, 24-15, 5.

trouvent dans un mélange » – « car aucun des êtres qui sont de cette manière en autre chose ne préserve encore sa nature propre », tels le vin et le miel dans l'hydromel –, et qu'« il n'est pas vrai non plus que l'âme peut être dans le corps comme le pilote dans un navire »).

Contre toute attente, donc, le « matérialiste » Alexandre et le « spiritualiste » Augustin sont d'accord sur un point : l'âme n'est pas dans le corps comme dans un sujet, à la façon d'un accident, ἀλλ' οὐδ' ὡς ἐν ὑποκειμένῳ τε καὶ ὡς συμβεβηκὸς ἐν τῷ σώματι ἡ ψυχή. En l'occurrence, leurs raisons ultimes d'écarter le modèle de la sub-jectité ne sont évidemment pas les mêmes, mais la thèse de base et sa formulation la plus rigoureuse sont identiques : l'âme n'est pas sub-jectée dans le corps, car elle n'est pas un accident du corps, mais une substance. Le dualisme substantialiste « augustinien » a, qu'on le veuille ou non, un pendant dans le camp aristotélicien. Cela posé, c'est bien en partie contre Alexandre que, le sachant ou non, Augustin polémique dans le *De immortalitate animae*. En partie, car c'est aussi contre les propres adversaires d'Alexandre, que, reprenant le *ductus* alexandrinien déjà suivi par Plotin dans ses exposés et sa critique de l'aristotélisme, le futur auteur du *De Trinitate* croise originairement le fer.

Le plan même suivi dans le *De immortalite animae* confirme l'importance du rôle tacitement joué par Alexandre : c'est en effet sur le noyau dur formé par la séquence du *De anima* alexandrinien que repose la réflexion plotinisante d'Augustin. Il y a là un remarquable phénomène de sédimentation Aristote-Alexandre-Plotin. La relation Augustin-Plotin est bien connue, mais il faut prendre garde qu'elle est lestée des deux ensembles antérieurs. Le livre I du *De anima* d'Aristote est la base, avec ses thèses maintes fois étudiées : l'âme n'est pas une harmonie ; elle n'est pas mue ; elle n'est pas un corps ; elle est cause motrice, formelle et finale. Mais l'essentiel du CQR plotino-augustinien vient du *De anima* d'Alexandre.

En quelques mots : Alexandre polémique contre « ceux qui engendrent l'âme à partir d'une mixtion qualifiée et de la composition de certains composants » (T). Deux théories découlent de ces prémisses : la première, T1, fait de l'âme une *harmonie*, la seconde, T2, fait de l'âme *la composition de certains corps suivant une harmonie* : « Parmi eux se trouvent les disciples du Portique, qui soutiennent qu'elle est un souffle mélangé d'une certaine manière à partir du feu et de l'air, et il faut aussi compter les disciples d'Épicure. Selon ces derniers, l'âme est composée de plusieurs corps différents. Selon Platon, la substance de l'âme vient également de la composition de certains composants mélangés suivant une proportion, comme il le dit dans le *Timée.* »

Alexandre leur oppose une autre théorie : TAlex : l'âme est « une disposition, une puissance et une forme qui vient sur le mélange et sur la mixtion qualifiés des corps simples ».

Fondamentalement, donc, Alexandre : (a) critique une thèse, T, affirmant que « l'âme est en quelque sorte les choses mêmes qui sont mélangées », et qu'elle « apparaît dans le mélange grâce à une composition qualifiée » – la pointe de la thèse étant que « si cette composition est une harmonie, le mélange tiendra son âme de cette harmonie » ; (b) soutient une thèse, TAlex, affirmant que l'âme est plutôt « la puissance qui s'ajoute au mélange et à la mixtion qualifiés des corps premiers » – la pointe de la thèse étant que c'est « le mélange de matière qui présente une proportion », et non l'âme elle-même, puisque « la quiddité de l'âme n'est ni une harmonie ni un mélange », mais une « puissance ajoutée au mélange ».

C'est à une critique de T, selon les deux étapes T1 et T2, que procède Augustin dans le *De immortalitate animae*. À quoi s'ajoute la critique de TAlex.

Le plan « aristotélicien » de son intervention suit donc bien, en quelque sorte, le même fil : 1° le livre I du *De anima*, 2° le développement qu'en tire Alexandre dans son propre *De anima*, en s'attaquant aux partisans de T : stoïciens, épicuriens, platoniciens (ou plus simplement Platon lui-même dans le *Timée*), 3° la lecture que Plotin fait du dossier Aristote-Alexandre.

Cependant, l'arrière-plan du *De anima* alexandrinien n'explique pas tout. Il rend compte du langage de la subjectité pour P3, voire d'une formulation inaugurale de la thèse attributiviste dure (ou naïve) critiquée par la suite dans le *De*

Trinitate. Il explique l'intérêt qu'Augustin porte à la thèse de l'âme-harmonie. Mais il ne rend pas compte de tout le champ de présence d'où procède la réflexion augustinienne, qu'il s'agisse de P1 et P2, ni de la manière dont est repris, une fois latinisé, le langage de l'ἐν ὑποκειμένῳ εἶναι. Peut-on aller plus loin dans la recherche de l'*a priori* historique augustinien ? Peut-on être plus précis dans la délimitation de son horizon *immédiat* ?

Suivant une analyse de J. Pépin, on remarquera qu'au Ve siècle, polémiquant avec Fauste de Riez, Claudien Mamert rejette l'inclusion de l'âme à l'intérieur du corps (notre problème P3), dans des termes qui « offrent une incontestable analogie » avec les arguments des *Soliloques*, II, 13, 24 et de *L'Immortalité de l'âme*, faisant intervenir les « réflexions d'Augustin sur la science » (1.1), l'art (5.7) ou la Raison (5.9), « qui est dans l'âme comme dans son sujet ». L'argument de Claudien a, incontestablement, la même structure et, *apparemment*, le même lexique que les arguments augustiniens. Nous le restituons ici dans sa version complète à partir de l'original. Contre Fauste, qui soutient que « l'âme est un corps et que cette même âme qui est jetée sur le corps sujet est contenue en lui », Claudien fait valoir que :

1. Tout ce qui est est ou bien en soi, ou bien sujet, ou bien dans un sujet.

2. Ce qui est en soi est Dieu ; dans les réalités corporelles, ce qui est sujet est le corps ; ce qui est dans un sujet, la couleur du corps ; dans les incorporelles, ce qui est sujet est l'âme, ce qui est dans un sujet, la science.

3. Il y a un lien étroit entre le sujet et ce qui est dans un sujet : le corps ne peut être sans couleur ; l'âme rationnelle ne peut être sans science.

4. Ce qui est dans un sujet ne peut subsister quand le sujet est détruit.

5. Si donc, comme le veut Fauste, l'*anima in suo superiecta subiecto* était contenue dans le corps (comme dans son sujet), elle ne pourrait demeurer après que le corps aurait péri, puisque « le contenu ne peut demeurer, une fois que le contenant a péri ».

6. L'âme n'est donc pas contenue dans le corps.

La différence entre Claudien[1] et Augustin est connue : le premier soutient que le corps est dans l'âme; le second rejette cette doctrine. J. Pépin en souligne une autre : l'utilisation du participe *superiectus*, qui « dans ce sens technique s'oppose au *subiectus*, comme la qualité s'oppose au sujet », et « semble directement traduit du grec »[2]. Le complexe dossier philologique instruit par Pépin, où interviennent les termes ἐπικείμενος, ὑπερκείμενος et ὑποκείμενος, qui renvoie à Plotin, Porphyre, Basile de Césarée, Apollinaire de Laodicée et à... Alexandre d'Aphrodise, montre qu'Augustin n'est pas la source de Claudien (« ou du moins sa seule source »). Il est en revanche un texte qui, repoussant la conception du corps comme sujet de l'âme, pourrait être commun aux deux auteurs : le passage des *Ennéades*, IV, 3 [27], 20 (cité p. 220), faisant intervenir l'exemple de la couleur, *liée* à son sujet, contrairement à l'âme qui n'est pas *liée* au corps.

Augustin ignorant tout, semble-t-il, du lexique de la *super*- ou *épi*-jection, le plus simple est de supposer que l'origine de son propre lexique de la sub-jectité est à chercher dans deux ou trois passages des *Ennéades*, complétés le cas échéant, comme on le verra bientôt, par un texte de Porphyre, pour ce qui est de la preuve de l'immortalité de l'âme par l'éternité des vérités scientifiques « qui sont en elles comme dans leur sujet ». Ce lexique étant celui d'Aristote, fondu dans les exposés des deux philosophes néoplatoniciens, on peut donc dire que les expressions « être dans l'âme » et « être dans le

1. Voir Claudianus Mamertus, *De statu animae*, III, 3, p. 157, 11-158, 2.

2. Cf. J. Pépin, « Une nouvelle source de saint Augustin : le ζήτημα de Porphyre *Sur l'union de l'âme et du corps* », in *'Ex platonicorum persona'*..., p. 229, n. 3. *Superiectus* est la traduction de ἐπικείμενος ou ὑπερκείμενος « dont le couplage avec ὑποκείμενος n'est pas très fréquent ». À propos de ἐπικείμενος, J. Pépin renvoie seulement à *Ennéades*, VI, 1 [42], 3, 13-14, Bréhier, p. 61 : τὸ "ὑποκείμενον" καὶ μὴ ἐπικείμενον μηδ' ἐν ἄλλῳ ὡς ἐν ὑποκειμένῳ, et note que « Plotin introduit le mot, qui est absent des textes d'Aristote (*Cat.* 5 et *Metaph.* Z, 3) dont il s'inspire ». On trouve cependant au moins deux autres occurrences du terme, *i.e.* II, 4 [12], 5, 14-15 et, surtout, VI, 7 [38], 40, 8 : Καὶ ἡ μὲν συνοῦσα τῷ ἐξ οὗ ἐστιν ὑποκείμενον μὲν ἔχει τὸ οὗ ἐστι νόησις, οἷον δὲ ἐπικείμενον αὐτὴ γίνεται ἐνέργεια αὐτοῦ οὖσα καὶ πληροῦσα τὸ δυνάμει ἐκεῖνο οὐδὲν αὐτὴ γεννῶσα.

corps comme dans un sujet» renvoient, chez Augustin, à la notion aristotélicienne d'accident, telle que l'a élaborée Alexandre – que la thèse authentique de ce dernier (qui justement, refuse de faire de l'âme un accident du corps, et distingue soigneusement *l'immanence de l'accident au substrat* et celle de *la disposition ou forme à ce dont elle est la disposition ou forme, la perfection et l'entéléchie première*) ait ou non été comprise par ses critiques ultérieurs. Cela suffit à notre propos : déterminer le fil conducteur qui, de *L'Immortalité de l'âme* à *La Trinité*, conduit Augustin à poser en termes attributivistes* la question du sujet des actes et états mentaux, puis à la résoudre en rejetant décisivement le modèle «aristotélicien» (filtré par Plotin) de l'*hupokeimenon* imposant de traiter *(mens), notitia* et *amor* ou *memoria, intelligentia* et *voluntas* comme des «accidents de l'âme».

Considérons, sur cette base, les arguments du *De immortalitate animae*. Contre Straton, dont la doctrine n'est pas évoquée, la position discutée semblant se borner à maintenir que l'âme est à la fois *ce en quoi est* la science *(disciplina)* et *mortelle*[1], Augustin fait valoir un argument simple : si l'âme est ce en quoi réside la science, elle est immortelle, puisque la science existe toujours[2]. Un syllogisme (que l'on retrouvera ensuite instantié par la vérité, l'art ou la raison) sous-tend le rejet de la théorie de l'âme-harmonie, comme le reste de la discussion. On peut le restituer ainsi :

1. Une position, synonyme de matérialisme athéiste, à laquelle on ramène en général la pensée de Straton. Dans son *True Intellectual System of the Universe, First Part*, chap. III, § XXXVII, Cudworth fait même du matérialisme dit «stratonique» un des quatre grands représentants du matérialisme athée (ou athéiste) tout court – les trois autres étant le «cosmo-plastique», le «stoïque» et l'«hylozoïque».

2. Réduit à sa plus simple expression, le schéma argumentatif ici mis en œuvre figure déjà dans le *Ménon*, 86 A : «Si la vérité des choses existe de tout temps dans notre âme, il faut que notre âme soit immortelle.» Cependant, Augustin en tire un parti qui lui est propre et, comme en témoigne d'emblée le texte des *Soliloques*, II, 13, 24, il introduit la sub-jectité, en l'espèce de l'existence «comme dans un sujet», dans un complexe où elle ne figurait pas.

M le sujet dans lequel réside une réalité immortelle doit être lui-même immortel ;

m or la science, qui a l'âme pour sujet, est immortelle ;

c donc l'âme est immortelle [1].

Le même argument, qui procède *en trois temps* : deux prémisses, une conclusion, figurait sous cette forme dans les *Soliloques*, II, 13, 24 :

1. Omne quod in subiecto est, si semper manet, ipsum etiam subiectum maneat semper necesse est.

1.1. Et omnis in subiecto est animo disciplina.

1.2. Necesse est igitur semper ut animus maneat, si semper manet disciplina.

2. Est autem disciplina veritas,

2.1. et semper [...] veritas manet.

2.2. Semper igitur animus manet, nec animus mortuus dicitur.

3. Immortalem igitur animum solus non absurde negat, qui superiorum aliquid non recte concessum esse convincit.

Dans *L'Immortalité de l'âme* comme dans les *Soliloques*, le raisonnement repose sur :

a) un principe, p^1, énoncé au chapitre 1 : « ce en quoi quelque chose est toujours ne peut pas ne pas toujours être » *(nihil in quo quid semper est, potest esse non semper)*. Principe ainsi établi :

Car rien de ce qui est toujours ne peut être privé à un moment de ce en quoi il est toujours. Or, quand nous raisonnons, c'est notre âme qui accomplit cela. En effet, n'accomplit cela que ce qui intellige. Or le corps n'intellige pas, et l'âme n'intellige pas avec l'aide du corps, car	Nihil enim quod semper est, patitur sibi subtrahi aliquando id in quo semper est. Iamvero cum ratiocinamur, animus id agit. Non enim id agit, nisi qui intellegit : nec corpus intellegit, nec animus auxiliante corpore intellegit ; quia cum intellegere vult, a corpore avertitur.

1. Voir J. Pépin, « Une nouvelle source... », p. 214.

quand elle veut intelliger elle se détourne du corps[1]. En effet, ce qui est intelligé est toujours identique à lui-même[2]; mais rien de ce qui est corporel n'est toujours identique à lui-même[3]. Le corps ne peut donc aider l'âme dans sa tension vers l'intelligible; c'est assez qu'il ne l'en empêche pas[4].

Quod enim intellegitur, eiusmodi est semper; nihilque corporis eiusmodi est semper : non igitur potest adiuvare animum ad intellectum nitentem, cui non impedire satis est.

b) un principe, p², formulé au chapitre 2 : « il n'est pas possible, quand le sujet change, que ce qui est en lui à titre inséparable ne change pas aussi ».

Nullo modo autem potest, mutato subiecto, id quod in eo est inseparabiliter non mutari[5].

L'argument est que si le corps est substance, la raison est substance, car elle est « meilleure » que lui. Or, l'harmonie du corps et tout ce qui entre dans la composition de cette harmonie est nécessairement dans le corps comme dans un sujet et en est inséparable. Si donc la raison est l'harmonie du corps, elle est dans le corps comme dans un sujet et en est inséparable. Elle ne peut donc être immuable sans que son sujet soit lui aussi immuable. Or la raison est immuable et le corps est muable. L'âme n'est donc pas l'harmonie du corps. Mais si l'âme n'est pas l'harmonie du corps, l'âme est

1. Cette thèse a un évident parallèle chez Plotin, *Enn.* IV, 7 [2], 8, Bréhier, p. 198 : « Ce n'est pas avec son corps ni avec la matière que l'intelligence opère l'*abstraction* du cercle, du triangle, de la ligne et des points. Il faut alors que l'âme elle-même *se sépare du corps.* » Opération « abstractive » et « séparation » de l'âme vont de pair.

2. L'« intelligible » (τὸ νοητόν) est « immuable » (μεταβολὴν δὲ οὐκ ἐπιδέχεται) et « immortel » (ἀθάνατον) et « incorruptible », dit dans le même sens le Σ. ζ., *Sur l'union de l'âme et du corps* de Porphyre, *apud* Némésius, *De natura hominis*, 3, éd., Dörrie, p. 58.

3. Cf. *Retractationes*, I, V, 2.

4. Augustin, *De immortalitate animae*, 2.1, BA 5, p. 170-172 (ma trad.).

5. Augustin, *ibid.*, 2.2, p. 174-175 : « Mais, si le sujet se modifie, il est impossible que ce qui l'habite inséparablement ne se modifie pas aussi. »

immortelle. En effet, la mort ne peut survenir sur une réalité immuable. Donc, que l'âme soit identique à la raison ou que la raison soit en elle, elle vivra toujours («Non est igitur harmonia corporis animus. Nec mors potest accidere immutabilibus rebus. Semper ergo animus vivit, sive ipse ratio sit, sive in eo ratio inseparabiliter»).

Le même raisonnement est repris en 5.7, dont le mouvement argumentatif est ainsi résumé dans la traduction Raulx: «Les changements qui se produisent dans l'âme pourraient être invoqués contre l'immortalité s'ils affectaient la nature même de l'âme, mais ils ne sont que des changements accidentels, donc ils n'empêchent pas l'âme d'être immortelle.» 5.7 s'inscrit dans un ensemble dirigé contre Alexandre d'Aphrodise depuis 3.3, dont le plan est le suivant :

Adversus Alexandrum :
a) anima quaedam virtus est et substantia... 3. 3.
... ideoque non mutatur nec interit; 3. 4.
b) quia in animo ars est atque ratio... 4. 5.
... etiam nobis imperitis aut obliviscentibus; 4. 6.
c) quia quaelibet animi mutatio... 5. 7.
... animo non adimit in eo esse rationem, 5. 8.
ideoque non interire; 5. 9.
d) quod ratio in animo est vel animus in ratione est... 6. 10.
... aut animus ipsa ratio est. 6. 11.

La question de 5.7 est: «... jusqu'à quel point peut-on admettre un changement dans l'âme?» («Nunc autem quatenus accipienda sit animi mutatio videamus.») Le problème, fondé sur p², est ainsi formulé :

Si l'âme est sujet pour l'art existant dans un sujet, et si [p²] *le sujet ne peut subir de changement si ce qui est dans le sujet ne subit pas aussi un changement*; comment pourrons-nous maintenir cette immutabilité de l'art et de la raison, s'il est établi que l'âme en quoi ils sont est muable?	Si enim subiectum est animus arte in subiecto existente, neque subiectum immutari potest quin et id quod in subiecto est immutetur; qui possumus obtinere immutabilem esse artem atque rationem, si mutabilis animus in quo illa sunt esse convincitur?

Après un long développement faisant apparaître qu'il y a deux genres de changement pour l'âme : selon les passions du corps, selon les passions de l'âme elle-même[1], Augustin aborde le vrai problème : prouver l'immortalité de l'âme par le fait que, si l'âme et la raison-Vérité qui est en elle *sont toutes deux des substances,* l'âme sera nécessairement immortelle comme la *ratio* elle-même – rien ne pouvant les arracher l'une à l'autre : *ni* force tierce (matérielle), *ni* la *ratio* qui (selon le mot de *Timée* 29E et de *Phédon* 247A, transmis par Plotin, *Enn.*, V, 4 [7], 1 et V, 5 [32], 12) *n'est pas jalouse*, *ni* l'âme (la séparation de deux êtres qui ne sont pas dans l'espace, *i.e.* situés localement, étant une impossibilité que l'on pourrait justement dire *méta*physique).

Le nerf de l'argument est donc d'établir que la *ratio* est *dans l'âme* et que pourtant *toutes deux sont substances* : un mode d'immanence que seul le schème conceptuel périchorétique du *De Trinitate*, ouvertement antiaristotélicien, permettra de penser. Ce schème n'étant pas accessible dans l'horizon qui est le sien au moment où il rédige le *De immortalitate animae*, c'est ailleurs qu'Augustin va chercher de quoi établir ou, au moins, poser dialectiquement ce double réquisit. Il le fait en deux temps :

1° il pose que l'âme ne pouvant contempler la Vérité sans lui être en quelque manière unie, de façon que, contrairement à la connaissance sensible qui saisit les choses comme étant hors d'elle-même, elle la contemple *en elle-même*, il faut nécessairement que...

1. Cf. Augustin, *De immortalitate animae*, 5.7, BA 5, p. 182-185 : « Namque aut secundum corporis passiones, aut secundum suas, anima dicitur immutari. Secundum corporis, ut per aetates, per morbos, per dolores, labores, offensiones, per voluptates. Secundum suas autem, ut cupiendo, laetando, metuendo, aegrescendo, studendo, discendo » (« On dit que l'âme change, soit en vertu des impressions du corps, soit en vertu des siennes. Elle change sous l'influence du corps, par l'âge, la maladie, la douleur, la fatigue, les malaises, les plaisirs. Sous ses passions propres, par le désir, la joie, la crainte, le chagrin, l'application, l'étude »). On notera que – ce que la traduction de la Bibliothèque augustinienne ne rend pas –, les passions du *corps* sont désignées par des *substantifs*, celles de *l'âme* par des *gérondifs* ; les premières sont vraiment des *états* ; les secondes, des *activités*.

2° ... elle lui soit unie :

a) l'âme étant sujet, et la raison-Vérité étant dans ce sujet ;
b) la raison-Vérité étant sujet, et l'âme étant dans ce sujet ;
c) l'âme et la raison-Vérité étant l'une et l'autre substances.

On a ici un schème logique combinatoire, reprenant tacitement les notions de sujet et d'« être dans un sujet » (ἐν ὑποκειμένῳ εἶναι) introduites par Aristote dans le chapitre 2 des *Catégories* :

A = s & RV *in* s ; RV = s & A *in* s ; A & RV = s.

La question est de savoir comment A (l'âme) et RV (la raison-Vérité) pourraient bien être *toutes deux* sujets (= s), et, au-delà, comment entendre leur *immanence mutuelle* – le sens de *in* ne pouvant être l'habituel ἐν ὑποκειμένῳ εἶναι, qui ne vaut que pour l'inhérence d'un accident à un sujet.

C'est pourquoi cette union entre l'esprit qui contemple et la vérité qui est contemplée ne peut se produire (que de trois façons). Ou bien l'âme est le sujet et le Vrai est dans le sujet ; ou c'est le Vrai qui est le sujet, et l'âme est dans le sujet ; ou l'âme et le Vrai sont substances l'une et l'autre. Dans le premier cas, l'âme est immortelle comme la Raison, puisqu'il a été établi plus haut que la Raison ne peut résider que dans un être vivant. Dans le second, même nécessité ; car, si cette vérité qu'on appelle raison n'a rien qui soit susceptible de changement, ainsi qu'il apparaît, ce qui subsiste en elle comme en un sujet n'en est pas

Quare ista coniunctio intuentis animi, et eius veri quod intuetur, aut ita est ut subiectum sit animus, verum autem illud in subiecto ; aut contra subiectum verum, et in subiecto animus ; aut utrumque substantia. Horum autem trium si primum est, tam est immortalis animus quam ratio, secundum superiorem disputationem, quod inesse illa nisi vivo non potest.

Eadem necessitas in secundo est. Nam si verum illud quod ratio dicitur, nihil habet commutabile sicut apparet ; nihil commutari potest quod in eo tamquam in subiecto est.

davantage susceptible. Tout le débat se concentre donc sur la troisième alternative. Si l'âme est une substance et que la Raison à laquelle elle est unie en soit une aussi, on pourrait admettre sans absurdité que, l'une subsistant, l'autre cesse d'être. Mais il est manifeste que, tant que l'âme n'est pas séparée de la Raison et lui reste unie, elle subsiste et elle vit. Quelle force pourrait l'en séparer ?

Remanet igitur omnis pugna de tertio. Nam si animus substantia est, et substantia rationi coniungitur; non absurde quis putaverit fieri posse, ut manente illa hic esse desinat.

Sed manifestum est quamdiu animus a ratione non separatur eique cohaeret, necessario eum manere atque vivere. Separari autem qua tandem vi potest [1] ?

La force ou l'habileté de l'argument est que, dans les cas *a)* et *b)*, l'immortalité de l'âme s'ensuit nécessairement. Sans avoir à prouver, ce qui sera la thèse du *De Trinitate*, que l'âme et la raison-Vérité sont *à la fois* substances *et* mutuellement immanentes, Augustin peut donc enchaîner sur *c)* en soulignant que toute la difficulté s'y concentre, puisqu'on peut logiquement admettre que la raison demeurant, l'âme cesse d'être (même si, en réalité, nous savons que, pour Augustin, la *ratio* est ce qui *fait être* l'âme). La suite va de soi : il suffit de prouver que la rupture du lien entre raison et âme est impossible.

Qu'est-ce qui intéresse ici l'archéologue? D'une part, l'*absence* du modèle périchorétique ou « consubstantialiste », comme le diront certains médiévaux; d'autre part, la *présence* d'un thème déroutant : l'immanence « subjective » de l'âme à la Vérité ou raison, à savoir l'hypothèse *b)*. Ce dernier point n'est pas sans évoquer une thèse, parmi les plus difficiles, des *Ennéades* [2], reprise dans les *Sentences* de Porphyre, qui, de fait, soutient à la fois, pour l'intellect et les intelligibles ou Formes, les thèses *a)* et *b)*. Mais on le retrouve aussi chez Claudien Mamert, dans le langage non augustinien de la *superiectio* :

1. Augustin, *De immortalitate animae*, 6.11, BA 5, p. 188-189.

2. Cf. Plotin, *Ennéades*, IV, 9 [8], 5, et V, 9 [5], 8, Bréhier, p. 168-169, auquel on préférera la traduction d'A. Schniewind. Voir note complémentaire 46*.

> Anima conspicatur *incorporeas inlocaliter formas*, quibus indissociabiliter iuncta sive *superiecta subiectis* sive *subiecta superiectis*[1].

– un parallélisme que « malgré » ou, plutôt, *à cause de* « l'étonnante différence de vocabulaire » entre les deux Latins, J. Pépin[2] explique par une « source commune », qui, selon lui, « n'est autre que Porphyre ».

Au terme de ce développement, on voit en tout cas qu'Augustin ne répond pas par l'attributivisme* au problème de l'immanence de la *ratio* à l'âme (P2) et que sa réponse au problème de l'immanence de la science à l'âme ne va guère au-delà d'une thèse assez générale soutenant que toute *disciplina* existe en quelque chose (une âme ou un esprit), thèse que l'on peut évidemment rapprocher de la formule aristotélicienne des *Catégories* définissant le mode d'être de l'accident[3], sans que pour autant la science ou la sagesse soient effectivement présentées comme des *accidents*. En fait, tout se passe comme si Augustin refusait déjà sur ce point l'attributivisme*, sans en avoir les moyens théoriques – ce refus n'étant réellement articulable qu'une fois acquis le dispositif conceptuel, le *contre*-modèle, mis en œuvre dans le *De Trinitate*.

Cette impression est confirmée par la lecture de 10.7 qui aborde la discussion de la thèse de l'âme comme *temperatio* du corps. Cette thèse présente des affinités avec celle d'Aristoxène réfutée en 2.2. Elle figure cependant dans un autre cadre, supposé stoïcien et épicurien, et l'on note, d'ailleurs, que le terme *harmonia*[4], utilisé en 2.2 ne revient pas en 10.7,

1. Claudianus Mamertus, *De statu animae*, I, 18, p. 65, 17-19.

2. « Une nouvelle source... », p. 239, qui renvoie à Porphyre Σ. ζ., *Sur l'union de l'âme et du corps*, *ap.* Némésius, *De nat. hom.*, 3, éd. Dörrie, p. 54.

3. Qu'il s'agisse de l'accident particulier ou de l'accident universel, voir *Cat.*, 2, 1a20-1b10, spéc. : « D'autres sont dans un sujet, mais ne sont dits d'aucun sujet [...] : par exemple, une certaine science grammaticale est dans un sujet, savoir dans l'âme, mais elle n'est dite d'aucun sujet ; et une certaine blancheur est dans un sujet, savoir dans le corps (car toute couleur est dans un corps), et pourtant elle n'est dite d'aucun sujet. D'autres êtres sont à la fois dits d'un sujet et dans un sujet : par exemple, la Science est dans un sujet, savoir dans l'âme, et elle est aussi dite d'un sujet, la grammaire. »

4. Le mot *harmonia* fait penser à Aristoxène, parce qu'il est l'auteur de divers écrits de théorie harmonique et qu'il a professé une doctrine de l'âme

qui n'emploie que *temperatio*. L'expression *corporis temperatio* vaut d'être notée. On la retrouve en effet dans le *De Trinitate* comme représentant l'une des deux positions philosophiques qui se répartissent l'erreur attributiviste*, et dont le défaut commun est précisément de présenter l'âme comme un *porteur*, un *subiectum :* celle d'Aristote, sur laquelle nous reviendrons plus bas, et celle des philosophes qui soutiennent que l'âme étant un corps ou la composition ou la constitution équilibrée d'un corps, les actes mentaux, dont l'intelligence, l'acte intellectuel, résident dans ce corps comme dans un sujet, à titre de qualité. Il y a donc, relativement à l'âme, deux lectures matérialistes de la sub-jection des actes et états mentaux, qui toutes deux combinent attributivisme et attributivisme* : dans la première *(1)*, l'âme-corps est substance-sujet, et la pensée est comme dans un sujet; dans la seconde *(2)*, l'âme, définie comme organisation ou constitution équilibrée, est dans le corps-substance comme dans un sujet, et la pensée est dans l'âme comme dans un sujet. Cette seconde doctrine se ramène cependant à la première par simple transitivité; de fait, il n'y a pas de différence entre (1) et (2) (où → signifie « est dans ... comme dans un sujet ») :

(1) actes mentaux → âme = corps
(2) actes mentaux → âme = constitution → corps

---

comme harmonie, mais si l'on prend au sérieux l'hypothèse avancée plus haut, selon laquelle Augustin affronte à distance les éléments d'un dossier déjà partiellement rassemblé dans le *De anima* d'Alexandre, c'est à la théorie T, et à ses deux versions T1 et T2, qu'il faut remonter, plutôt qu'à Aristoxène. Les sources réelles de ces doctrines restent cependant à préciser, que ce soit chez Augustin ou chez Alexandre. D'une part, Bergeron et Dufour notent à propos de Bruns, p. 26, 15-17, qu'Alexandre *« déforme »* la pensée des stoïciens « lorsqu'il prétend » que la manière d'être du souffle qu'est l'âme (« aux côtés de la disposition et de la nature ») « équivaut à une harmonie » – l'âme étant, pour eux (en tout cas pour Chrysippe) un souffle composé d'air et de feu. D'autre part, comme les thèses des épicuriens et celle de Platon, alléguées par Alexandre en Bruns, p. 26, 17 et 26, 18-20, ne correspondent pas exactement à ce dont parle Augustin, la question des cibles du *De immortalite animae* reste pendante. Le plus vraisemblable est donc que c'est au dossier alexandrinien brassé par Plotin que se confronte à tâtons Augustin, plus qu'à des auteurs précis, connus de première main.

Mais tous ces [actes], ceux qui pensent que l'âme est un corps, ou la constitution et l'équilibre du corps, veulent les voir dans un sujet, en sorte que la substance [de l'âme] serait, selon eux, l'air, le feu, ou quelque autre corps, qu'ils prennent pour l'âme. L'intelligence serait dans ce corps comme une de ses qualités : celui-ci serait le sujet, les [actes] seraient dans le sujet ; *sujet*, l'âme, qu'ils prennent pour un corps ; *dans le sujet*, l'intelligence et tous les [actes] que nous avons rappelés et dont nous avons la certitude [qu'ils sont nôtres]. Proche est l'opinion de *ceux qui nient que l'âme soit un corps, mais qui en font l'organisation ou l'équilibre du corps*. La différence, c'est que ceux-là disent que l'âme est une substance, dans laquelle l'intelligence est comme dans un sujet ; tandis que ceux-ci disent que l'âme elle-même est dans un sujet, c'est-à-dire dans le corps dont elle est la constitution ou l'équilibre. L'intelligence, donc, où la placeront-ils les uns et les autres, sinon dans un même sujet, le corps ?

Haec omnia, qui vel corpus vel compositionem seu temperationem corporis esse mentem putant, in subiecto esse volunt videri, ut substantia sit aer, vel ignis, sive aliud aliquod corpus, quod mentem putant ;

intellegentia vero ita insit huic corpori, sicut qualitas eius ; ut illud subiectum sit, haec in subiecto ; subiectum scilicet mens quam corpus esse arbitrantur, in subiecto autem intellegentia, sive quid aliud eorum quae certa nobis esse commemoravimus.

Iuxta opinantur etiam *illi qui mentem ipsam negant esse corpus, sed compaginem aut temperationem corporis*.

Hoc enim interest, quod illi mentem ipsam dicunt esse substantiam, in quo subiecto sit intellegentia ; isti autem ipsam mentem in subiecto esse dicunt, corpore scilicet cuius compositio vel temperatio est.

Unde consequenter etiam intellegentiam quid aliud quam in eodem subiecto corpore existimant[1] ?

1. Augustin, *De Trinitate*, X, x, 15, BA 16, p. 148-151 (ma trad.). Cf. aussi X, vii, 9, BA 16, p. 138-139 : « Alii eam nullam esse substantiam, quia nisi corpus nullam substantiam poterant cogitare, et eam corpus esse non inveniebant ; sed ipsam temperationem corporis nostri vel compagem primordiorum, quibus ista caro tamquam connectitur, esse opinati sunt. Eique omnes eam mortalem esse senserunt, quia sive corpus esset, sive aliqua compositio corporis, non posset utique immortaliter permanere. » La théorie est évoquée dans Cicéron, *Tusculanes*, I, ix, 18.

C'est cette doctrine *(2)* qui est attaquée dans *L'Immortalité de l'âme* 10.7. L'argument est dirigé contre ceux qui définissent la vie, l'âme en tant que principe de vie, comme constitution équilibrée du corps. Qui s'inspecte bien lui-même, sait d'expérience qu'il intellige une chose d'autant plus authentiquement qu'il a réussi à soustraire l'attention de son esprit aux sensations du corps. Ce ne serait pas le cas si l'âme n'était que *temperentia corporis*.

Pour justifier ce point, Augustin reprend le modèle employé en 5.7 dans la réfutation de la thèse d'Alexandre, mais, cette fois, en ajoutant clairement une référence à la notion d'accident, que l'on retrouvera, il est vrai autrement modulée, dans le *De Trinitate*. Une chose qui n'aurait pas de nature propre, ni ne serait une substance, mais existerait dans un corps comme dans un sujet, en serait inséparable [1]; elle ne pourrait donc ni s'efforcer de se détourner du sensible ni s'en détacher pour percevoir les intelligibles.

Faudra-t-il admettre, comme quelques-uns l'ont pensé, que la vie n'est qu'un certain équilibre du corps ? Ils n'auraient jamais eu cette idée, s'ils avaient su voir ces [êtres] immuables qui existent véritablement, avec un esprit détaché et purifié de l'habitude d'un corps. Qui n'a fait l'expérience, en s'inspectant avec soin, qu'il intelligeait d'autant mieux quelque chose, qu'il était parvenu à séparer et à détourner davantage l'attention

Nisi forte vitam temperationem aliquam corporis, ut nonnulli opinati sunt, debemus credere. Quibus profecto nunquam hoc visum esset, si ea quae vere sunt et incommutabilia permanent, eodem animo a corporum consuetudine alienato atque purgato videre valuissent. Quis enim bene se inspiciens, non expertus est tanto se aliquid intellexisse sincerius, quanto removere atque subducere intentionem mentis

1. L'argument – si l'âme était dans le corps comme dans un sujet, elle en serait inséparable – et l'exemple de la forme et de la couleur qui l'illustre sont utilisés *contre la théorie de l'âme harmonie* du corps en *Ennéades*, IV, 3 [27], 20, 28-30 : οὐδ' ὡς ἐν ὑποκειμένῳ ἔσται τῷ σώματι· τὸ γὰρ ἐν ὑποκειμένῳ πάθος τοῦ ἐν ᾧ, ὡς χρῶμα καὶ σχῆμα, καὶ χωριστὸν ἡ ψυχή. Des expressions semblables figurent, *contre la théorie de l'âme équilibre immanent du corps*, en *Ennéades*, IV, 7 [2], 8^{d}, 10-16.

de l'esprit des sensations du corps ? Ce qui ne pourrait se produire, si l'âme n'était que l'équilibre du corps.

a corporis sensibus potuit[1] ? Quod si temperatio corporis esset animus, non utique id posset accidere[2].

Pour illustrer ce type de chose, Augustin, comme les *Ennéades*, évoque les formes et les couleurs, qui ne se peuvent séparer du sujet dans lequel elles existent. Il s'agit à l'évidence ici d'*accidents*. La première thèse de 10.7 est donc anti-attributiviste : l'âme ne saurait être une *disposition* du corps.

Car une chose qui n'aurait pas une nature propre et ne serait pas une substance, mais existerait inséparablement dans le corps comme dans un sujet, comme la couleur et la forme, n'aurait pas besoin de se détourner de ce même corps pour percevoir les intelligibles ; elle ne serait pas d'autant plus capable de les contempler qu'elle pourrait davantage [se détourner du corps] et de devenir meilleure et plus parfaite grâce à cette vision. Jamais ni la forme ni la couleur, ni l'équilibre même du corps, qui résulte d'un certain mélange des quatre

Non enim ea res quae naturam propriam non haberet, neque substantia esset, sed in subiecto corpore tamquam color et forma inseparabiliter inesset, ullo modo se ab eodem corpore ad intellegibilia percipienda conaretur avertere, et in quantum id posset, in tantum illa posset intueri, eaque visione melior et praestantior fieri.

Nullo quippe modo forma vel color, vel ipsa etiam corporis temperatio, quae certa commixtio est earum quatuor

1. Cf. dans le même sens, Augustin, *De quant. animae*, 30, 61 : « Ista enim cogitatio et consideratio ad semetipsos nos invitat et quantum licet avellit a corpore. » Les thèses ici mobilisées, à savoir (1) que « l'âme se sépare du corps dans la mesure du possible » et (2), grâce à cette « rupture, se recueille en elle-même et porte son regard sur les intelligibles qui sont aussi les êtres par excellence », figurent toutes chez Plotin, mais aussi chez Porphyre, dans le ζ. *Sur l'union*. Cf., Porphyre, Σ. ζ., *Sur l'union...*, *apud* Némésius, *De nat. hom.* 3, éd. Dörrie, p. 63, *in* J. Pépin, « Une nouvelle source ... », p. 240-242. On notera que, p. 243, J. Pépin fait l'hypothèse que l'Augustin du *De immortalitate animae* pourrait avoir connu certains arguments de Plotin « grâce à Porphyre ».

2. Augustin, *De immortalitate animae*, 10.17, BA 5, p. 200-201 (ma trad.).

natures qui le constituent, ne peuvent se détourner du sujet dans lequel elles sont inséparablement.

naturarum quibus idem corpus subsistit, avertere se ab eo potest, in quo subiecto est inseparabiliter[1].

Mais il y a un second argument, qui rejoint l'alternative exposée en 5.7. La différence entre les deux est de lexique. 5.7 parlait de *verum*, c'est-à-dire du vrai, ou, plus exactement de la Vérité. 10.7 emploie cinq expressions :

1° ea quae vere sunt et incommutabilia,
2° intellegibilia,
3° ea quae intellegit animus cum se avertit a corpore,
4° ea quae intellegentia cernimus
5° haec quae intelleguntur eodem modo sese habentia

Il s'agit d'« intelligibles » (= 2), que « nous saisissons par [un acte d']intelligence » (= 4), intelligibles, qui sont encore dits « être » (= 1) et « être intelligés » (= 5) « par l'âme quand elle se détourne du corps » (= 3) comme « étant véritablement » (= 1), « immuables » (= 1) et « invariables » (= 5).

Quand l'âme perçoit ces intelligibles, elle montre qu'elle leur est unie, sur un mode admirable, autrement dit incorporel, c'est-à-dire non local.

> De plus les [choses] que l'âme intellige, lorsqu'elle se détourne du corps, ne sont certes pas corporelles; pourtant elles sont, et sont au suprême degré, puisqu'elles se comportent toujours de la même manière. Quoi de plus absurde que de dire que ce que nous voyons par nos yeux existe, et que ce que nous discernons par l'intelligence n'existe pas ? Il faudrait être dément pour douter que l'intelligence soit infiniment préférable aux yeux. Or, quand l'âme contemple ces [choses] qui se comportent toujours de la même manière, elle montre assez qu'elle leur est unie de manière admirable, incorporellement, c'est-à-dire non localement[2].

---

1. *Ibid.*, p. 202-203 (ma traduction).

2. « Ad haec, ea quae intellegit animus cum se avertit a corpore, non sunt profecto corporea ; et tamen sunt, maximeque sunt, nam eodem modo semper sese habent. Nam nihil absurdius dici potest quam ea esse quae oculis videmus, ea non esse quae intellegentia cernimus ; cum dubitare

Pour expliquer ce mode d'union qui n'est pas réalisé *selon le lieu*, Augustin pose que, de fait, il n'y a que deux possibilités : soit ces intelligibles sont dans l'âme ou l'âme en eux, et dans ce cas les deux seront l'un dans l'autre comme dans un sujet, soit l'un et l'autre sont substances. Dans le premier cas, à savoir si, hypothèse 1 (= h^1), les intelligibles sont dans l'âme comme dans un sujet ou si, hypothèse 2 (= h^2), l'âme est dans les intelligibles comme dans un sujet, l'âme ne pourra pas être dans le corps comme un accident (forme ou couleur) dans un sujet : en effet, elle sera soit elle-même substance (ce qu'exige h^1) soit dans un sujet qui n'est pas un corps (comme l'exige h^2) ; dans le second cas, à savoir si l'âme et les intelligibles sont tous deux des substances, il va de soi que l'âme ne pourra pas non plus être dans le corps comme un accident dans un sujet, puisqu'elle sera substance.

La suite de l'argument coule de source : c'est la même qu'en 5.7, et si l'on simplifie, la même qu'en 2.2 (contre l'âme harmonie du corps) ; c'est aussi la même que l'on retrouve dans le *De Trinitate*, X, x, 15. La *temperatio corporis* est dans le corps comme un accident (une couleur) dans un sujet ; donc l'âme ne peut être *temperatio corporis*.

En effet ils sont en elle ou elle est en eux. Dans l'un ou dans l'autre cas, l'un existe dans l'autre comme dans son sujet, ou chacun est une substance. Si l'on admet la première hypothèse, l'âme n'est pas dans le corps comme dans un sujet, comme la couleur et la forme, car ou elle est elle-même une substance, ou elle est comme dans un sujet dans une autre substance qui n'est pas un

Namque aut in illo sunt, aut ipse in illis. Et utrumlibet horum sit, aut in subiecto alterum in altero est, aut utrumque substantia est. Sed si illud primum est, non est in subiecto corpore animus, ut color et forma : quia vel ipse substantia est, vel alteri substantiae quae corpus non est, in subiecto inest.

dementis sit, intellegentiam incomparabiliter oculis anteferri. Haec autem quae intelleguntur eodem modo sese habentia, cum ea intuetur animus, satis ostendit se illis esse coniunctum, miro quodam eodemque incorporali modo, scilicet non localiter. »

corps. Si c'est la seconde hypothèse qui est vraie, l'âme n'est pas dans le corps comme dans un sujet, à la manière de la couleur, puisqu'elle est une substance. Mais l'équilibre du corps est dans le corps comme dans un sujet, comme la couleur : l'âme n'est donc pas l'équilibre du corps...

Si autem hoc secundum verum est, non est in subiecto corpore tamquam color animus, quia substantia est.

Temperatio autem corporis in subiecto corpore est tamquam color : non est ergo temperatio corporis animus...

Et Augustin d'ajouter (pour répondre au problème fondamental) : l'âme est vie (principe vital); aucune chose ne pouvant s'abandonner elle-même, ni mourir sans que la vie l'abandonne, l'âme, qui est vie, ne peut mourir. Elle est donc immortelle. CQFD.

... l'âme est vie. Puisque rien ne s'abandonne lui-même et que meurt ce que la vie abandonne, l'âme ne peut donc mourir.

... sed vita est animus : et se nulla res deserit; et id moritur quod vita deserit : non igitur animus mori potest.

Cet argument de l'immortalité de l'âme « conclue de sa nature vivante », qui suppose l'identité de l'âme et de la vie caractéristique de la tradition platonicienne, n'est pas original : il apparaît dans le *Phédon* 105C-E, et est repris dans plusieurs passages des *Ennéades* (IV, 7 [2], 2, 5-6; 9, 7-13 et 11-18), affirmant que « ne tenant que d'elle-même la vie qu'elle donne au corps, l'âme ne peut la perdre, ce qui veut dire qu'elle est immortelle »[1]. Sa combinaison avec ce que J. Pépin appelle un « raisonnement annexe » qu'on ne trouve ni chez Platon ni chez Plotin – à savoir : le recours à l'*intelligible* (c'est moi qui souligne) qui, immuable et immortel, exige un sujet vivant également immuable et immortel – vaut cependant d'être soulignée, car elle renvoie peut-être, de nouveau, au ζήτεμα *Sur l'union de l'âme et du corps* de Porphyre[2].

1. Cf. J. Pépin, « Une nouvelle source... », p. 238.

2. Cf. J. Pépin, *ibid.*, p. 236-240, qui met en parallèle Porphyre Σ.ζ., *Sur l'union...*, *apud* Némésius, *De nat. hom.* 3, éd. Dörrie, p. 58, et *De immortalitate animae* 3.4-4.5 ; 5.9 ; 7.12 ; 9.16 et *De Trin.* X, VII, 9.

Si l'on récapitule les thèses ontologiques mises en œuvre en psychologie par le *De immortalitate animae*, on peut en tout cas affirmer que pour le jeune Augustin :

1. un accident (comme la couleur ou la forme) n'a pas de nature propre
2. un accident ne peut se détourner du sujet où il est à titre inséparable
3. l'âme n'existe pas dans le corps comme dans un sujet
4. la raison-Vérité n'existe pas dans l'âme comme dans un sujet
5. les intelligibles n'existent pas dans l'âme comme un accident dans un sujet

Cet ensemble fait système. La thèse 3 est une formulation standard de l'antiattributivisme. Les thèses 4 et 5 peuvent être traitées comme synonymes : elles sont toutes deux, 5 plus explicitement que 4, antiattributivistes*. Leur énoncé exact est une disjonction de forme :

$$(p \vee q) \vee r$$

à savoir :

$$(x \text{ est dans } y \vee y \text{ est dans } x) \vee x.y \text{ sont des substances}$$

La nouveauté capitale du *De Trinitate* va être, *mutatis mutandis*, de transformer cette disjonction en conjonction, moyennant l'abandon de l'interprétation de la relation « est dans » en termes d'*existence (comme) dans un sujet* et son remplacement par un rapport d'*immanence mutuelle* faisant intervenir les notions non aristotéliciennes d'essence et d'hypostase.

Introduction et rejet de l'attributivisme : 'La Trinité'*

Le modèle attributiviste* de l'âme est à la fois introduit et rejeté dans le *De Trinitate*. En fait, *il n'est formulé que pour être rejeté*. C'est un contre-modèle négatif, destiné à faire valoir le modèle nouveau qu'allègue Augustin pour penser l'uni-Trinité en Dieu et en l'âme humaine ou équivalemment en l'âme humaine et en Dieu, conformément à la théorie du « vestige », évoquée en *De Trinitate*, IX, II, 2. L'isomorphisme de la vie trinitaire et du « mental » porte donc : (a) le rejet de la sub-jectité aristotélicienne hors de la sphère du « mental », entamé de manière tâtonnante dans *L'Immortalité de l'âme*, (b) la formulation du modèle augustinien authentique que les siècles ultérieurs ne cesseront de réinvestir, d'adapter ou de parasiter, jusqu'au point d'y réintroduire le *subiectum*, au plus fort de la controverse antiaverroïste.

L'introduction et le rejet de l'attributivisme* reposent sur les thèses avancées dans la discussion du problème de l'applicabilité des « dix catégories » à Dieu, adaptation chrétienne de l'aporie de l'universalité des catégories (encore dite « de Lucius et Nicostrate »), discutée dans les *Ennéades* de Plotin[1]. La question plotinienne – « les dix genres sont-ils également dans les êtres intelligibles et dans les choses sensibles ? » – en enveloppe une autre, qui de fait sera présentée à part chez certains auteurs (notamment Dexippe), sous le titre d'aporie de l'essence : l'essence constitue-t-elle un genre unique capable d'embrasser aussi bien l'essence sensible que l'essence intelligible[2] ? Ces questions sont traitées ensemble chez Augustin, mais transposées à ce que Boèce appellera *praedicatio in divinis* (prédication théologique).

Dans un célèbre passage des *Confessions*, où il dit « avoir eu entre les mains, vers l'âge de vingt ans environ, un certain ouvrage d'Aristote qu'on appelle les *Dix Catégories* »[3], Augustin

1. Cf. Plotin, *Ennéades*, VI, 1 [42], 1, 19-30, trad. Bréhier, 1954, p. 60.

2. Cf. Dexippe, *In Cat.* II, 3, éd. Busse, CAG IV.2, Berlin, 1888, p. 41, 18-19. Cf. également Simplicius, *In Cat.* 2, p. 75, 15 *sq.*, trad. Hoffmann, p. 62-63.

3. La question de savoir quelle traduction des *Catégories* Augustin pouvait lire reste discutée. En fait, comme le souligne Sir Anthony Kenny, « Les *Catégories* chez les Pères de l'Église latins », *in* O. Bruun, L. Corti (éd.), *Les 'Catégories' et leur histoire*, Paris, Vrin, 2005, p. 126 : « Aucune source satisfaisante de la connaissance par Augustin des *Catégories* n'a [...] été proposée. » Il suggère (p. 130-133) à titre heuristique que les *Categoriae decem* (autrement dit, ce que nous appelons depuis L. Minio-Paluello, *Paraphrasis Themistiana*), longtemps attribuées par les médiévaux à Augustin lui-même, pourraient être le texte auquel se réfèrent réellement les *Confessions* (qu'il soit dû à Vettius *Agorius* Praetextatus, Ceionius Rufus *Albinus* ou à Marius Victorinus lui-même). M. Frede, en revanche, qui ne pose pas le problème de la source d'Augustin (il note simplement qu'Augustin « affirme avoir fait » l'impossible : « lire, seul et sans aide les *Catégories* »), souligne que toutes sortes de pseudo-*Catégories* (autrement dit, une « littérature tertiaire », faite

se demande « à quoi cela pouvait bien lui servir de les avoir lues seul et comprises ». Et d'insister :

> À quoi cela me servait-il, alors même que cela me desservait ? En effet tu es, mon Dieu, un être admirablement simple et immuable, et moi, pensant que les dix prédicaments renfermaient absolument tout ce qui existe, je m'efforçais de te comprendre toi aussi comme si tu étais le sujet de ta grandeur et de ta beauté ; je voulais qu'elles fussent en toi comme dans un sujet, ainsi qu'il arrive pour les corps, alors que ta grandeur et ta beauté, c'est toi-même, tandis qu'un corps n'est pas grand ni beau en tant qu'il est un corps, car, fût-il moins grand ou moins beau, il n'en serait pas moins un corps [1].

L'archéologie du sujet peut répondre à la question d'Augustin. Cela lui a servi à comprendre une vérité fondamentale de la théologie trinitaire, à savoir précisément que les perfections divines, censées tomber sous les dix catégories, *ne sont pas en Dieu comme dans un sujet* ; que, *parce qu'il n'est pas un corps, Dieu n'est pas le sujet* de sa grandeur et de sa beauté, car celles-ci *ne sont rien d'autre que lui-même* ; que l'attributivisme* est fondamentalement inadéquat pour penser et dire « l'être admirablement simple et immuable » qu'est Dieu, et qu'il est aussi inadéquat pour penser et dire ce qu'est l'âme humaine. Bref, cela lui a servi à expulser la subjectité aristotélicienne du champ de la psychologie.

C'est dans livres V et VII de *La Trinité* qu'Augustin a touché les premiers dividendes de son investissement de jeunesse. La « fausseté » de ses premières lectures, qui, autrefois, le laissaient « bouche bée » d'admiration, et l'« artifice inventé par sa misère » y ont, en réalité, tel un médicament à effet

---

de paraphrases grecques, dont seule la *Paraphrasis* traduite en latin nous est parvenue) ont existé dans l'Antiquité, que les Pères (grecs) ont peut-être, voire probablement, eues entre les mains. Le même raisonnement pouvant être étendu à Augustin, il est au moins possible que ce dernier n'ait jamais lu les *Catégories* elles-mêmes, mais une paraphrase *du genre* de la *Themistiana* – ce qui résoudrait la question de la traduction (tout en en posant une autre : celle du *compendium* dévoré « vers l'âge de vingt ans »). Sur ce point, cf. M. Frede, « Les *Catégories* d'Aristote et les Pères de l'Église grecs », *in* O. Bruun, L. Corti (éd.), *Les 'Catégories'*..., p. 141-142.

1. Augustin, *Confessions*, IV, XVI, 29, BA 13, p. 456-457.

retard, permis l'édification du premier grand discours onto-*théo*-logique latin, une théologisation de l'ontologie catégoriale fondée, ici, sur le rejet pur et simple de l'application de certaines catégories en Dieu ; là, sur leur transposition métaphorique ; là encore, sur une nouvelle théorie de l'οὐσία. De fait, tout n'est pas impropre dans la prédication théo-logique. Pour les catégories comme *situs*, *habitus*, *loca* et *tempora*, le *De Trinitate* pose certes une prédication impropre :

> S'agissant de Dieu la position, l'habitus, les lieux et les temps ne sont pas dits au sens propre, mais métaphoriquement ou par ressemblance[1].

Pour ce qui est de l'οὐσία, en revanche, première des catégories, la thèse d'Augustin est bien différente, qui tranche avec le ton « misère de l'ontologie » employé dans les *Confessions*. Cette catégorie, dit-il, s'applique *sine dubitatione* à Dieu. Mais que signifie exactement οὐσία ? Substance ou essence, *substantia* ou *essentia* ? Pas de doute : la bonne traduction est « essence ». C'est au sens d'essence que l'οὐσία des Grecs se prédique de Dieu[2]. Deux thèses fortes :

T1 s'agissant de Dieu, le terme propre est *essentia;* le terme *substantia* est « abusif ».

T2 que l'on utilise l'un ou l'autre terme, le terme propre ou le terme abusif, l'οὐσία se prédique de Dieu absolument, *ad se*, et non relativement, *ad aliud*[3].

C'est dans la justification de T1 qu'Augustin introduit et rejette à la fois l'attributivisme* en théologie : l'essence ou substance divine n'est pas substance ou essence au sens où le sont « les autres réalités qui sont dites essences ou substances ». Pour deux raisons : *a)* parce qu'elle « ne reçoit pas d'accidents » ; *b)* parce qu'elle est « immuable », ce pourquoi

1. Augustin, *De Trinitate,* V, VIII, 9, BA 15, p. 444 : « Situs vero, et habitus, et loca, et tempora, non proprie, sed translate ac per similitudines dicuntur in Deo ».

2. *Ibid.*, V, II, 3, BA 15, p. 428 : « Est tamen sine dubitatione substantia uel si melius hoc appellatur essentia, quam Graeci οὐσίαν uocant. »

3. *Ibid.* : « Sed tamen siue essentia dicatur quod proprie dicitur, siue substantia quod abusiue, utrumque ad se dicitur, non relatiue ad aliquid. »

« l'être, d'où 'essence' est tiré, lui convient absolument et le plus véridiquement »[1].

Le livre VII orchestre la thèse du V : substance et essence ne sont pas synonymes. Seul *essentia* correspond exactement à « ce que les Grecs appellent l'*ousia* divine », sachant, d'ailleurs, que οὐσία « convient peut-être à Dieu seul », puisque Lui seul *est* véritablement, ainsi que le « proclame le Nom qu'il a révélé à Moïse, Ex 3, 14 : "Je suis celui qui suis" ». *Substantia* au contraire est, s'agissant de Dieu, un terme « abusif », car Dieu ne subsiste pas comme une substance, en laquelle « quelque chose serait comme dans un sujet ». Si l'on repense au passage des *Confessions* cité plus haut (« je voulais que fussent en toi *quasi in subiecto sicut in corpore* »), ainsi qu'aux discussions finales de *L'Immortalité de l'âme* en 10.7, pointant qu'un accident ne survient *que sur un corps*, on comprend bien pourquoi Dieu ne saurait être substance : être substance c'est être sujet-substrat d'accidents, autrement dit, c'est *être un corps*[2].

De Trinitate, VII, pose qu'il serait *sacrilège* de dire de Dieu :

1° qu'il subsiste et est sub-jecté à sa bonté,
2° que cette bonté n'est pas substance – ou plutôt essence,
3° que Dieu n'est pas lui-même sa propre bonté,
4° qu'en Lui sa bonté est comme dans un sujet,
5° bref que Dieu est substance.

1. *Ibid.* : « Et ideo sola est incommutabilis substantia uel essentia quae deus est, cui profecto ipsum esse unde essentia nominata est maxime ac uerissime competit. »

2. Pour la substitution d'*essentia* à *substantia* dans ce contexte, je renvoie à la décisive mise au point de J.-F. Courtine, « Note complémentaire... », p. 64-65 : « ... assurément le vocable *essentia* est destiné de par sa formation même à "traduire" οὐσία, mais lui-même ne peut apparaître comme tel qu'à partir d'une nouvelle entente de l'être différente de celle qui, jusque là, était directrice (*esse* au sens d'"avoir corps", "avoir substance"). Autrement dit encore, *essentia* ne peut s'imposer comme "traduction" d'οὐσία qu'à partir du moment où ce dernier terme est lui-même résolument interprété à partir du verbe εἶναι, c'est-à-dire dans l'horizon du néoplatonisme porphyrien. Saint Augustin est d'ailleurs lui-même parfaitement explicite quant au sens de cette dérivation, sur laquelle il revient à maintes reprises : "Sicut enim ab eo quod est sapere dicta est sapientia et ab eo quod est scire dicta est scientia, sic ab eo quod est esse vocatur essentia..." (*De Trin.*, V, II, 3) ; cf. aussi *De civitate Dei*, XII, 2. »

Ce serait sacrilège, *nefas*, car ce serait assimiler Dieu à un corps :

Or, il est sacrilège de dire de Dieu qu'il subsiste et est le sujet de sa bonté, que cette bonté n'est pas substance – ou plutôt essence – et que Dieu lui-même n'est pas sa bonté, mais qu'elle est en lui comme dans un sujet. Il est donc évident qu'appeler Dieu *substance* est une impropriété, quand, pour utiliser un mot plus courant, on saisit qu'il est essence, [terme] qui est prédiqué [de lui] véritablement et proprement, au point d'ailleurs que, peut-être, seul Dieu mérite d'être dit *essence*. Car lui seul est véritablement, puisqu'il est immuable, et c'est ce nom-là qu'il a donné à son serviteur Moïse, quand il lui a dit : *Je suis Celui qui suis!... Dis-leur : Celui qui est m'a envoyé à vous*[1].

Nefas est autem dicere ut subsistat et subsit deus bonitati suae atque illa bonitas non substantia sit uel potius essentia, neque ipse deus sit bonitas sua, sed in illo sit tamquam in subiecto.
Vnde manifestum est deum abusiue substantiam uocari ut nomine usitatiore intellegatur essentia, quod uere ac proprie dicitur ita ut fortasse solum deum dici oporteat essentiam.

Est enim uere solus quia incommutabilis est, idque suum nomen famulo suo Moysi enuntiauit cum ait *Ego sum qui sum*, et Dices ad eos : *Qui est misit me ad uos*».

Que tirer de ce texte pour ce qui est de l'élaboration latine, puis médiévale, de la *Subjectität*? Que, dans la perspective augustinienne, est substance au sens propre, « ce qui sub-siste et se tient sous » des « accidents » qui « sont en lui comme dans un sujet », autrement dit un *corps*. Ce n'est pas à proprement parler la thèse d'Aristote dans les *Catégories*, mais plutôt une certaine lecture romaine (voire romano-stoïcienne) de la notion aristotélicienne de substance première[2] ou, plus

1. Augustin, *De Trinitate*, VII, v, 10, BA 15, p. 538-539 (ma trad.).

2. On pense à la définition de la substance chez Boèce. Cf. *Contra Eutychen*, 3, éd. Rand-Stewart, in *The Theological Tractates*, Londres (Loeb Classical Library), 1968, p. 88, dans l'excellente traduction de J.-F. Courtine, « Note complémentaire ... », p. 52 : « Est 'substance' *(substat)* ce qui procure

simplement, la reprise de la description plotinienne de ce qui est sujet au sens où *le corps* est substrat de la forme ou de la couleur. Reste que Dieu n'est pas une telle substance, et que le modèle de la subjectité ne s'applique donc pas à Lui, en tant que ce modèle véhicule la conception de l'*ousia* comme *hupokeimenon-subiectum*, où Heidegger place le principal changement de paradigme d'où serait issue la moderne conception de la *Subjektivität*. Dieu n'est pas *hupokeimenon*. Dieu n'est ni Sujet ni un sujet[1].

Il appartient à Augustin d'avoir transposé de manière décisive cette *forclusion du sujet*, de la théologie à la psychologie. Le modèle attributiviste* de la *Subjectität* rejeté dans le cas de Dieu aux livres V et VII du *De Trinitate* est, en effet, essayé et rejeté – et pour les mêmes raisons – au livre IX, dans le cas de l'âme. La thèse *psycho*-logique centrale d'Augustin (notée Ψ) dans ce livre, dont le titre est *Mens, notitia, amor,* tient en une phrase :

> Ψ la notion de *substantia* au sens de *subiectum* ne s'applique pas à la *mens humana*

La justification de Ψ est claire : amour et connaissance, les deux actes mentaux qui portent la réflexion augustinienne sur la *mens* dans le *De Trinitate*, IX, IV, « ne sont pas dans la *mens* comme dans un sujet », « ... non amor et cognitio tanquam in subiecto insunt menti », car ils *y* sont « comme l'âme elle-même », « sunt, sicut ipsa mens »[2]. Cette double affirmation correspond aux thèses engagées dans *L'Immortalité de l'âme* : de

---

en sous-œuvre *(subministrat)* aux autres accidents [*i.e.* à tout le reste à titre d'accidents] quelque sujet *(subiectum)*, afin qu'ils puissent être *(ut esse valeant)* ; il les soutient en effet *(sub illis enim stat)*, puisqu'il est subjecté aux accidents *(subiectum est accidentibus)*. »

1. Naturellement, la thèse d'Augustin figure aussi chez Boèce. La formulation boécienne est fréquemment reprise au Moyen Âge. Cf., *e.g.*, Thomas d'Aquin, *De potentia, q.* 7 *a.* 4 *sed c., a.* 1 : « Sed contra. Est quod Boetius dicit, quod Deus, cum sit forma simplex, subiectum esse non potest. Omne autem accidens est in subiecto. Ergo in Deo non potest esse aliquod accidens. » Le problème traité dans l'article 4 est « utrum bonum, sapiens, iustum et huiusmodi, praedicent de Deo accidens ».

2. Augustin, *De Trinitate*, IX, IV, 5, BA 16, p. 84-85.

fait, elle revient à poser qu'un acte mental immanent à l'âme n'y existe pas comme un accident dans un sujet, mais *comme l'âme elle-même existe*. Le problème est que le *De immortalitate* définissait l'âme comme une substance. La thèse que doit élaborer philosophiquement le *De Trinitate* passe donc par une redéfinition de la *substantia* qui, l'émancipant du schème de la sub-jectité, permette de penser un mode de substantialité qui ne soit pas celui du *sujet porteur d'accidents*. C'est cette redéfinition antiattributiviste* qu'apporte le modèle que j'appelle « périchorétique » de l'âme.

Contre l'attributivisme* : le modèle périchorétique

La thèse révolutionnaire du *De Trinitate* (Ψ), aux termes de laquelle la notion de *substantia* au sens de *subiectum* ne s'applique pas à la *mens humana*, comporte trois affirmations fondamentales :

> Ψ_1 les actes mentaux appelés 'connaissance' et 'amour' « existent dans l'âme et s'y développent dans une sorte d'involution mutuelle »,
>
> Ψ_2 « ils s'y laissent *percevoir et dénombrer substantiellement* »,
>
> Ψ_3 « ou, pour le dire autrement, *essentiellement, non comme dans un sujet* ».

$\Psi_{1\text{-}3}$ sont formulées dans ces quelques lignes, denses et difficiles, du *De Trinitate* : « haec *in anima existere*, et tanquam *involuta evolvi* (Ψ_1) ut *sentiantur et dinumerentur substantialiter* (Ψ_2), vel, ut ita dicam, *essentialiter, non tanquam in subiecto* (Ψ_3) ». La difficulté ne s'arrête pas là. On doit en effet compléter $\Psi_{1\text{-}3}$ par une quatrième thèse, qui, en IX, IV, 5, explicite la seconde moitié de Ψ_3, à savoir :

> Ψ_4 les actes mentaux appelés 'connaissance' et 'amour' « existent dans l'âme [*anima*] *comme l'âme elle-même existe* [*sicut ipsa mens*] »

Que signifie l'affirmation que les actes mentaux sont nombrés dans l'âme *essentiellement, non comme dans un sujet*? À un premier niveau : qu'ils ne sont pas nombrés dans l'âme comme des accidents, dispositions ou qualités. Les actes mentaux n'existent pas *subjectivement* dans l'âme. Partant, ils ne s'y laissent pas non plus percevoir. Cette double déclaration va au rebours de nos habitudes linguistiques : quoi de plus « subjectif » pour un moderne que des actes mentaux? Elle est tout aussi incompatible avec la thèse aristotélicienne faisant des « concepts » ou « intentions » des affections, affects ou passions de l'âme : παθήματα τῆς ψυχῆς [1].

Que signifie l'affirmation que les actes mentaux existent dans l'âme [*in anima*] *comme l'âme elle-même existe* [*sicut ipsa mens*] ? N'est-il pas contradictoire ou inconsistant de poser que l'amour et la connaissance ne sont pas dans la *mens* comme dans un sujet, mais qu'ils sont substantiellement ou essentiellement, comme l'âme elle-même ?

Il faut, pour répondre, venir sur le terrain de la théologie trinitaire, car c'est là que s'élabore la nouveauté conceptuelle sur la base de laquelle s'édifie, contre l'attributivisme*, le modèle augustinien de la *mens*. Cela veut dire qu'il faut comprendre les analyses psychologiques du livre IX sur la base des thèses onto-théo-logiques des livres V et VII : en l'occurrence, interpréter ce que dit Augustin du rapport entre l'âme et ses actes à partir du rejet de l'existence des attributs divins en Dieu *comme dans un sujet.*

Cette exigence peut paraître sans fondement. Ce n'est pas le cas : le passage par la théologie n'est pas un détour. *Les débats trinitaires n'ont jamais quitté l'histoire du sujet et de la subjectivité* : on les retrouve, on l'a vu ou on le verra, derrière chaque grande thèse de Hobbes, de Locke ou de Leibniz sur l'individu, la conscience et la personne. Présente dès l'invention du modèle antiattributiviste*, la théo-logique trinitaire n'a cessé de revenir hanter le discours de la sub-jectivité.

Fort bien, dira-t-on, mais *ici* la tâche est circulaire. En effet, au début du livre IX, Augustin explique qu'il faut *chercher* la Trinité à partir de son image en l'homme, autrement dit de la *mens* et de ses actes, comme si l'analyse de l'âme, par introspection, devait permettre de jeter les fondements de la

1. Cf. Aristote, *De interpretatione*, 1, 16a7.

théologie de l'uni-Trinité. Mais, en même temps, c'est bien du rejet du couple sujet-accidents en Dieu, qu'Augustin tire, en sens inverse, la nécessité d'engager sur une voie non attributiviste* l'analyse de la *mens*, et c'est une *certaine* conception de la Trinité qui porte d'avance et articule en sous-main l'analyse « psychologique ». Faut-il dire que le modèle de la théorie augustinienne de l'âme est issu de la théologie trinitaire ou que le modèle de la théologie augustinienne de la Trinité est tiré d'une théorie de l'âme directement en prise sur l'introspection ? La question est oiseuse.

Il vaut mieux être attentif à la situation et au mouvement du livre IX. Augustin sait ce qu'il cherche : *la* Trinité, non pas une « trinité quelconque », mais « cette Trinité qui est Dieu, le vrai, suprême et seul Dieu » (IX, I, I : « Trinitatem certe quaerimus, non quamlibet, sed illam Trinitatem quae Deus est, verusque ac summus et solus Deus ») ; et il a une idée précise de la manière dont il doit chercher. Tout repose sur la foi : *certa enim fides utcumque inchoat cognitionem.* Il n'y aurait rien à chercher, rien à comprendre, s'il n'y avait d'abord une vérité à croire, un *credo* ou, plutôt, un *credamus.* Augustin n'avance pas dans sa recherche de la Trinité, en consultant simplement son esprit et en l'y découvrant en *kit.* Mais il inspecte sa *mens* en sachant ce qu'il y doit trouver : de quoi comprendre que « le Père, le Fils et l'Esprit saint sont un seul Dieu, créateur et recteur de toute la création ; que le Père n'est pas le Fils, que le Saint-Esprit n'est ni le Père ni le Fils ; mais qu'ils sont une Trinité de personnes en relations mutuelles dans une unique et égale essence »[1]. Tout un programme[2]. En parlant d'un modèle « périchorétique » de l'âme, je ne veux pas dire qu'Augustin applique à la *mens* une structure théologique toute prête ; cela ne signifie pas, pour autant, que les analyses psychologiques du livre IX ne suivent pas un

1. Augustin, *De Trinitate*, IX, I, I, BA 16, p. 74 : « Quod ergo ad istam quaestionem attinet, *credamus* Patrem et Filium et Spiritum Sanctum esse unum Deum, universae creaturae conditorem atque rectorem ; nec Patrem esse Filium, nec Spiritum Sanctum vel Patrem esse vel Filium ; sed Trinitatem relatarum ad invicem personarum, et unitatem aequalis essentiae. »

2. Voir note complémentaire 47*.

certain protocole, qu'elles ne sont pas foncièrement déterminées par la nécessité de découvrir en l'âme la présence de certaine(s) structure(s).

Le livre IX lance l'enquête sur la base de la découverte des « trois » sur lesquels s'achevait le livre VIII : *amans, et quod amatur et amor* (VIII, x, 14, p. 71). Ces « trois », qui ne sont pas la Trinité « suprême », mais « son image inadéquate, à savoir *l'homme* » (IX, II, 2, p. 77), c'est en lui-même qu'Augustin va d'abord les chercher, d'où le *Ecce ego!* sur lequel s'ouvre le discours de IX, II, 2, sur l'*homme* : *me voici, moi, qui cherche cela*, à savoir ces « trois » et, à travers eux, « Dieu Père, Fils et Saint-Esprit »; *ecce ego qui hoc quaero.* Et d'enchaîner : *cum aliquid amo tria sunt* : quand j'aime quelque chose, les « trois » sont là : *ego, et quod amo, et ipse amor.* On attendrait que le *me voici!* restât, comme en Jn 19, 5, un *voici l'homme!* Ce n'est pas le cas : le moi cède bientôt la place à « l'âme seule » (p. 79). Cette substitution censée plus éclairante ne change rien, en fait, à ce qui est observé : qu'il s'agisse du moi ou de l'âme, il y va de ses *actes*, non de facultés ou de puissances. Quels actes? La trinité du moi amoureux sur laquelle s'ouvrait II, 2, reposait sur un « je n'aime pas l'amour, si je ne l'aime *aimant* » et un « il n'est pas d'amour, où rien n'est *aimé* », et menaçait ruine, une fois mise à l'épreuve de l'amour de soi, par réduction forcée du trois au deux (« Quid, si non amem nisi me ipsum? nonne *duo* erunt? »). C'est du même problème de l'amour de soi, puis de la connaissance de soi qu'hérite la *mens*, une fois substituée à l'*ego*. Comment rester trois quand on n'est que deux? Comment garder un ternaire dans un *duo*, si tant est que là où, comme dans l'amour et la connaissance de *soi*, l'amant et l'aimé, le connaissant et le connu sont *le même*, cette réduction semble aller arithmétiquement de soi? Comment préserver la différence dans la réflexivité, le nombre dans l'identité de *soi* à *soi*? C'est tout le problème de la *perception/numération essentielle*, porté par la formule « *sentiantur et dinumerentur substantialiter*, vel, ut ita dicam, *essentialiter* ». On le voit : il ne manque qu'une chose au « sujet augustinien » pour être vraiment moderne : il a les actes – et quels actes! aimer, connaître –, il *se définit d'agir*, et *n'est considéré qu'en tant qu'il agit*, c'est-à-dire *s'*aime et *se* connaît. Il ne lui manque que... d'*être sujet*.

Qu'apprend à Augustin son analyse de la *mens*, *quand* elle *s'*aime (IX, II, 2) et *quand* elle *se* connaît (IX, II, 3)? Deux séries de faits, qui sont énoncés respectivement en IX, II, 4 et IX, II, 5. Le premier ensemble tient en quatre points :

A1 quand l'âme s'aime, l'âme et son amour sont deux ;
A2 quand l'âme se connaît, l'âme et sa connaissance sont *deux* ;
A3 *donc* l'âme, son amour et sa connaissance sont trois, et ces *trois* ne font qu'*un*,
A4 et quand ils sont *parfaits*, ils sont *égaux*.

Le second consiste en $\Psi_{1\text{-}4}$: connaissance et amour existent dans l'âme, *non comme dans un sujet,* à la façon d'une couleur ou d'une forme ou d'une qualité ou d'une quantité dans un corps, mais dans une « sorte d'involution mutuelle », en sorte « qu'ils se laissent dénombrer substantiellement ou essentiellement ».

Par là, *je* suis censé comprendre que deux et deux sont trois, et que trois sont un. Telle est bien en effet la thèse d'ensemble, qu'énonce IX, V, 8, par où l'âme apparaît (et s'apparaît) *image* de la Trinité. Le langage même où se dit cette trinité mentale est à l'image de celui où se di(rai)t la Trinité : quand l'âme se connaît et s'aime elle-même, la trinité de la *mens*, de la *notitia* et de l'*amor*, « demeure » *(manet)*, « sans mélange ni confusion » *(et nulla commixtione confunditur)* [1]. Pour bien entendre cette formule, il faut revenir sur :

Ψ_1 les actes mentaux appelés 'connaissance' et 'amour' existent dans l'âme et s'y développent dans une sorte d'involution mutuelle.

1. Comme l'a montré J. Pépin, « Une nouvelle source... », p. 257-258, cette expression et l'argument qui la met en œuvre dans le *De Trinitate*, IX, IV, 7 – l'idée d'une *unio inconfusa*, fondée sur un triple rejet de l'union proprement dite (la ἕνοσις transformant les substances unifiées en une substance nouvelle), de la juxtaposition (la παράθεσις de parties dans un tout) et du mélange (la κρᾶσις du vin et de l'eau) – figurent, à propos de l'union de l'âme et du corps, dans un passage du ζήτημα de Porphyre *Sur l'union*, transmis par Némésius, *De nat. hom.* 3 (éd. Dörrie, p. 42-49).

Ψ_1 n'est pas la version véritable de la thèse augustinienne. C'en est une version faible, dictée par notre incapacité à voir que l'immanence mutuelle notée par l'énigmatique expression *involuta evolvi* s'applique autant à la *mens* elle-même qu'à ses actes. Pourtant, c'est bien ce que dit le texte. IX, IV, 4 se termine sur A4, où il y va des « trois » : « Recte igitur diximus, *haec tria* cum perfecta sunt, esse consequenter aequalia » ; IX, IV, 5, reprend sur les *mêmes*, si, du moins, *'haec'* a, comme il ne peut pas ne pas l'avoir, un sens anaphorique : « Simul etiam admonemur, si utcumque videre possumus, *haec* in anima existere, et tanquam involuta evolvi... ». Il faut donc lire *en continu* IV, 4-5, comme y invite d'ailleurs le mot *'simul'* (« du même coup », « simultanément »), et entendre :

> [4] Il était donc juste de dire que, ces trois *(haec tria)* étant parfaits, ils sont en conséquence égaux. [5] Et nous remarquons *en même temps*, s'il est vraiment possible de le voir, qu'ils *(haec)* existent dans l'âme et s'y développent dans une sorte d'involution mutuelle...

La véritable formulation de Ψ_1 est donc $\ulcorner\Psi_1\urcorner$:

$\ulcorner\Psi_1\urcorner$ *l'âme* et les *actes mentaux* appelés 'connaissance' et 'amour' existent dans l'âme et s'y développent dans une sorte d'involution mutuelle.

Que veut dire Augustin ? Il y a deux réponses possibles. On peut en effet remarquer que IX, IV, 5 pose l'immanence de *mens, notitia et amor*, non dans la *mens* elle-même, mais *in anima*. *'Mens'* et *'anima'* seraient-ils synonymes ?

'Anima' et 'mens' : bref excursus

La polysémie de *'mens'* chez Augustin a été maintes fois remarquée. Le mot désigne en effet au minimum : 1° l'âme, 2° l'esprit (*'mens'* étant tantôt synonyme de *'spiritus'*, comme en *De Trinitate*, IX, II, 2, tantôt distingué de *'spiritus'* dans la division dite « trichotomique » de l'homme [1]), 3° l'« œil » spirituel

1. Sur cette question, voir note complémentaire 48*.

de l'âme, sa « tête » ou sa « face »[1], 4° la partie supérieure ou « première » de l'âme ou de ce *spiritus* qu'est l'âme humaine[2], 5° le νοῦς plotino-porphyrien[3], 6° l'essence de l'âme[4], 7° la pensée[5] : il est donc tantôt synonyme, tantôt bien distinct de *'anima'* et/ou de *'animus'*[6]. En tant qu'apparentée au νοῦς, la *mens* devrait normalement être distinguée de l'*intellegentia*, si, du moins, on suppose que ce terme désigne ce que Plotin et Porphyre (et Aristote lui-même) appellent νόησις. Compte tenu des fluctuations du vocabulaire augustinien relatif à l'intelligible (et de la non-distinction, ici ou là de *'intelligibilis'* et de *'intellectualis'*[7]), on devrait alors avoir les équivalences suivantes :

1. Ces termes figurent en *De Trin.*, XV, VII, 11, quand Augustin explique l'immanence de la *sapientia*, de la *notitia sui* et de la *dilectio sui* à la *mens*.

2. Sur tout cela, voir A. Gardeil, O.P., *La Structure de l'âme et l'Expérience mystique*, t. I, p. 50-130, et II, p. 281-312, Paris, Gabalda, 1927.

3. Voir note complémentaire 49*.

4. C'est le cas, précisément, en *De Trin.*, IX, II, 2 : « Mens uero et spiritus non relatiue dicuntur sed *essentiam demonstrant*. Non enim quia mens et spiritus alicuius hominis est, ideo mens et spiritus est. Retracto enim eo quod homo est, quod adiuncto corpore dicitur, retracto ergo corpore mens et spiritus manes » ou IX, IV, 6 : « ... mens uero aut spiritus non sint relatiua sicut nec homines relatiua sunt ».

5. C'est la traduction favorite d'É. Gilson. Cf. *Introduction...*, p. 288-289 : « ... prise en son sens propre, la dignité d'image n'appartient qu'à l'homme ; dans l'homme, elle n'appartient en propre qu'à son âme ; dans l'âme, elle n'appartient en propre qu'à la pensée – *mens* – qui en est la partie supérieure et la plus proche de Dieu ».

6. À titre de symptôme de la difficulté du lexique augustinien, on retiendra la note où, commentant l'expression « venimus in mentes nostras et transcendimus eas » (*Conf.*, IX, X, 23), J. Pépin écrit : « Sur le recours à l'*anima (mens, animus* ou *intelligentia)* et son dépassement, voir... [suit une série de références] ». Cf. J. Pépin, « *Primitiae spiritus...* », p. 167, n. 1.

7. Explicitement revendiquée en *De Gen. litt.*, XII, X, 21 : « Quapropter sequestrata illa difficillima quaestione, utrum sit aliquid quod tantum intellegatur nec intellegat, *nunc intellectuale et intellegibile sub eadem significatione appellamus.* » Comme le note J. Pépin, « Une curieuse déclaration... », p. 185-186, n. 5 et 6 : *'intellectualis'* « s'applique ordinairement, de même que *'rationalis'* à tout sujet pourvu d'esprit *(mens)*, angélique [...] ou humain, soit à la *mens* elle-même », tandis que *'intelligibilis'* qualifie soit le monde des Idées, soit les Idées elles-mêmes ou... l'*intellectus* (cf. *De duabus animabus*, 5, 4, CSEL, 25, p. 18-19 : « ... ideoque non posse *intelligibilia* sensibilibus non

(agent)	(action)	(objet)	(résultat)
νοῦς	νόησις	νοητόν	νόημα[1]
mens	*intellegentia, intelligentia*	*intelligibile, ratio, veritas, etc.*	

Le premier problème qu'affronte le lecteur d'Augustin est donc que *'mens'* renvoie alternativement à l'âme ou à l'intellect (entendu ou non explicitement comme partie supérieure de l'âme), ce qui donne un schéma comme :

animus/anima ← *mens* → *intelligentia*

Le deuxième est que, là où *'mens'* désigne le νοῦς, la traduction de ce dernier terme par « intelligence », comme chez Bréhier ou Pépin, rend difficile d'entendre une référence à la νόησις dans *'intelligentia'*, quand, *'mens'* et *'intelligentia'* n'étant pas synonymes, l'*intelligentia* désigne l'action *(ou*... la faculté *ou* la puissance *ou* un *habitus)* de la *mens*, et que, là où les deux sont synonymes, la question se pose de savoir qui attire l'autre dans sa sphère linguistique : rien n'empêchant de penser que la *mens-intelligentia* désigne non un simple agent distinct de son action, mais une entité précisément définie par l'identité, en et pour elle-même, d'elle-même en tant qu'agent ('sujet'), acte/action et objet d'elle-même, νοῦς, νόησις et νοητόν, en sorte que le schéma susdit deviendrait non seulement :

---

praeferri, cum ipse *intellectus* tantum sensibus praeferatur »). Comme on le voit, ici *mens* (esprit) = *intellectus* : une bonne raison de s'interroger sur la traduction de *mens* par « esprit ». Une raison meilleure encore de revenir sur la distinction *'intellectualis'* vs *'intelligibilis'* est fournie par le même Pépin, *ibid.*, p. 376, n. 8 : chez Augustin, *'intelligibilis'* « se rencontre appliqué à un sujet connaissant, à la place de *intellectualis* » (*De diversis quaest.* LXXXIII, *q.* 46, 2 ; *De duabus animabus*, 6, 7, CSEL, 25, p. 59, 15 : « intelligibiles animas »), mais, inversement, « on trouve *intellectualis* appliqué au lieu de *intelligibilis* à un objet de connaissance ». Il n'est pas indifférent de noter que, chez Porphyre, « νοερός est parfois employé au lieu de νοητός pour qualifier un objet de connaissance » et que celui-ci « parle de νοεραὶ οὐσίαι qui sont objet de θεωρία, alors que l'on attendrait νοηταί » (Pépin, *ibid.*, n. 7).

1. J'emprunte la partie hellénophone de ce schéma à J. Pépin, « *Sentence* 44 », *ad* 1-10, *in* L. Brisson (éd.), *Porphyre. Sentences*, Introd., texte, trad. et comm. par l'UPR 76 du CNRS, II, Paris, Vrin, 2005, p. 759.

(agent)	(action)	(objet)
νοῦς	νοεῖν, νόησις	νοητόν
mens, intelligentia	*intelligentia*	*intelligibile,*
(intellectus)		*intellectuale,*
		ratio, veritas, etc.

mais, plus exactement :

(agent)	=	(action)	=	(objet)
νοῦς	=	νοεῖν, νόησις	=	νοητόν
mens, intelligentia	=	*intelligentia*	=	*intelligibile,*
(intellectus)				*intellectuale,*
				ratio, veritas, etc.

En somme, la question se pose de savoir si, ici ou là, le couple '*mens* (agent) *vs intelligentia* (action)' ne devrait pas être rendu par 'intellect (agent) *vs* intellection (action)', le couple '*mens* vs *animus* (ou *anima*)' devenant 'intellect (agent-action-objet) *vs* âme'. Dans ce cas, il est clair que les termes ou expressions 'mental' (français ou franglais), 'actes mentaux', 'états mentaux' et autres *syntagmes fantômes* apparentés, devraient être éliminés de la définition – voire de la *problématique originaire* – de l'attributivisme*. Du point de vue archéologique, celui-ci apparaîtrait comme s'emportant sur un fond(s) *purement noétique*, irréductible – *historialement* irréductible –, et conceptuellement inassimilable à *l'intentionnalité du mental* comme à tout ce qui, depuis la réception de l'idiolecte lockéen, détermine dans son cours le plus intérieur le destin de la *« philosophy of mind »*. La question du *sujet-agent* en ressortirait instaurée sur des bases décidément non subjecti(vi)stes, absentes du scénario heideggérien de la naissance du sujet, exclusivement axé, en ce qui concerne Augustin, sur ce qui, de la *sollicitude* plotinienne conduit à la problématique du *souci*, *re*-(dé)-couverte par Foucault sous les espèces, crypto-heideggériennes, du « souci de soi »[1] : l'interprétation

1. Voir A. Larivée & A. Leduc, « Saint Paul, Augustin et Aristote comme sources gréco-chrétiennes du souci chez Heidegger », *Philosophie*, 69 (2001), p. 30-50 ; « Le souci de soi dans *Être et Temps*. L'accentuation d'une tradition antique », *Revue philosophique de Louvain*, 100 (2002), p. 723-741.

de la *mens* à partir de l'*in*-décision agent-action-objet rendant non seulement inutile, mais informulable en ce cas, la position d'un sujet (substance) ou d'un sujet (connaissance) dans l'épistémè plotino-augustinienne, faute... d'un *sujet* plotinien.

Tous les problèmes ne seraient pas réglés pour autant.

Une difficulté supplémentaire tient en effet à ce que la part résiduelle du plotinisme et du « porphyrianisme » attestés dans les écrits « philosophiques » d'Augustin reste à déterminer et à évaluer correctement dans le *De Trinitate*. D'autres motifs (eux-mêmes peut-être « néoplatoniciens » ou d'origine néoplatonicienne) que le ternaire agent-action-objet (νοῦς-νόησις-νοητόν) travaillent en effet la signification de la *mens* augustinienne, dont celui, *capital*, de la présence à soi(-même), impliquée par la relation que le mot, comme la notion, entretiennent avec la *memoria (sui)*, de sorte que, au minimum, le champ sinon complet, du moins *plus* complet de la *mens* serait :

animus/anima ← *mens* → *intelligentia*
mens

↕
praesentia sui
↕
memoria sui

Comment, dès lors, entendre '*mens*'? Un passage de la *Lettre* 3 à Nebridius, probablement écrite à Cassiciacum en 387, peu de temps après les *Soliloques*, plaide pour l'intellect (νοῦς), partie (première ou suprême) de l'*animus*, autrement dit de l'âme ; l'*intelligentia* désignant la νόησις, et la *veritas*, les intelligibles.

4. De quoi sommes-nous constitués ? D'une âme et d'un corps. Quel est le meilleur des deux ? L'âme. Que loue-t-on dans le corps ? Je ne vois rien d'autre que la beauté. Qu'est-ce que la beauté du corps ? L'harmonie des parties avec une certaine

4. Unde constamus ? Ex animo et corpore. Quid horum melius ? Videlicet animus. Quid laudatur in corpore ? Nihil aliud video quam pulchritudinem.
Quid est corporis pulchritudo ? Congruentia partium cum quadam coloris suavitate. Haec

suavité de couleur. Et cette beauté n'est-elle pas meilleure là où elle est vraie que là où elle est fausse ? Qui douterait qu'elle ne soit meilleure là où elle est vraie ? Où donc est-elle vraie ? Dans l'âme assurément. L'âme doit donc être plus aimée que le corps. Mais dans quelle partie de l'âme réside-t-elle, cette vérité ? Dans l'esprit et l'intelligence. Qu'y a-t-il de contraire à cela ? Les sens. Il faut donc résister aux sens de toutes les forces de l'âme ? C'est évident. Qu'en est-il si les choses sensibles nous plaisent trop ? Il faut faire qu'elles ne nous plaisent plus. Et comment donc ? Par l'habitude de s'en priver et de rechercher ce qui est meilleur. Et si l'âme meurt ? La vérité mourra donc ; ou bien la vérité n'est pas l'intelligence, ou l'intelligence n'est pas dans l'âme, ou ce qui renferme quelque chose d'immortel peut mourir. Mais rien de tel ne saurait arriver, mes *Soliloques* le disent et le prouvent assez.

forma ubi vera melior, an ubi falsa ?

Quis dubitet ubi vera est, esse meliorem ? Ubi ergo vera est ? In animo scilicet.
Animus igitur magis amandus est quam corpus.
Sed in qua parte animi ista est veritas ?
In mente atque intellegentia.
Quid huic adversatur ?
Sensus. Resistendum ergo sensibus totis animi viribus ?
Liquet. Quid si sensibile nimium delectant ? Fiat ut non delectent.

Unde fit ? Consuetudine his carendi appetendique meliora.

Quid si moritur animus ? Ergo moritur veritas, aut non est intellegentia veritas, aut intellegentia non est in animo, aut potest mori aliquid in quo aliquid immortale est :

nihil autem horum fieri posse *Soliloquia* nostra iam continent, satisque persuasum est...

Le texte contient un raisonnement par l'absurde (ou par destruction du conséquent, dans les termes de la logique médiévale). Étant donnée une thèse générale T, on teste la vérité ou la fausseté d'une hypothèse (*H) par celles des conséquences $*c_{1\text{-}4}$, qu'elle implique (ou, ce qui revient au même, des thèses qu'elle présuppose) :

T La vérité réside dans la *mens* et l'*intelligentia*
*H Si l'*animus* meurt...
$*c_1$ ou la vérité meurt

*c_2 ou la vérité n'est pas l'*intelligentia*
*c_3 ou l'*intelligentia* n'est pas dans l'*animus*
*c_4 ou peut mourir ce en quoi est quelque chose d'immortel.

Augustin affirmant qu'aucune de ces conclusions n'est possible, comme il dit l'avoir établi dans les *Soliloques* II, 13, 24[1], on peut considérer *H comme une hypothèse contre-factuelle, devenant, après négation, une conclusion légitime C, découlant de $c_{1\text{-}4}$ comme d'autant de vérités. On a donc :

T La vérité réside dans la *mens* et l'*intelligentia*
c_1 et la vérité est immortelle
c_2 et la vérité est l'*intelligentia*
c_3 et l'*intelligentia* est dans l'*animus*
c_4 et est immortel ce en quoi est quelque chose d'immortel
C donc, l'*animus* ne peut mourir.

Si l'on comprend bien : l'*intelligentia* est dans l'*animus*, parce qu'elle est l'activité de la *mens* qui est dans l'*animus*, comme sa partie suprême. Tout est clair. Mais il est malheureusement également *clair* qu'il y a d'autres textes qui ne distinguent pas *animus* et *mens*, voire *animus*, *mens* et *intelligentia* – ceux, notamment où il est dit que l'*animus* « intellige » *(intelligit)* : on en évoque certains ici même. Peut-on, sans forcer le sens, traduire *animus* par « intellect »? C'est au moins discutable. Mais ce n'est pas tout : il y a d'autres textes où le mot *mens* est à ce point lié au registre de la *présence à soi*, que l'on peut se demander si ce qui est là en cause n'est pas l'idée d'un « moi intellectuel », d'un « soi-même », défini en termes porphyriens comme un « se tenir en soi-même en étant présent à soi même présent » (παρὼν παρόντι), qui serait en même temps ou, plutôt, pour cette raison même, « présence à l'être qui est partout »[2], l'*etymon* transcendantal

1. Voir *supra*, p. 244, l'analyse de l'argument de *L'Immortalité de l'âme*, 2.1 (BA 5, p. 170-172), repris en 5.7.

2. L'aspect porphyrien d'une *mens* ainsi comprise me paraît argumentable sur la base du couple *conversio-aversio*, dont la *Sentence* 40 offre une première formulation, dans le contexte « (pré-)augustinien » d'une théorie de la présence *à soi* comme présence *à l'être*. Cf. Porphyre, *Sentence* 40, 30-33, trad. Brisson *et al.*, in *Porphyre. Sentences*, t. I, p. 360-361 : « *On* s'est

de la mémoire proprement dite. Comment traduire cette acception de *'mens'*?

Last but not least, comment ne pas être tenté de *subjectiver* cette « âme », qui n'est pas vraiment *animus*, ou cet intellect, qui n'est aucunement *mind*, là même où *défaille* le sujet dit « aristotélicien »? Tel est, de fait, le paradoxe fondateur (et la marque de l'oubli heideggérien de ce que l'on appelle, pour simplifier, « *le* néoplatonisme ») – paradoxe éminemment historiographique, mais, précisément, sur ce point, héritier incertain d'une histoire séculaire : l'incapacité endurante de l'historien à penser la triade νοῦς - νόησις - νοητόν sans y introduire subrepticement la distinction d'un *sujet* et d'un *objet*. « Le » néoplatonisme joue un rôle éminent, pour ne pas dire inaugural, dans la prise de conscience progressive, par ses acteurs comme par ses relateurs les plus tard venus, que la fonction du *je* s'énonce dans la mise entre parenthèses de ces duettistes, de fait inconnus des grecs, que sont le *subiectum* et l'*obiectum*, le « sujet » et l'« objet ».

Il y a des théories « décitationnelles » de la vérité. L'historien qui se soucie de la vérité historique doit apprendre, à rebours, l'art difficile de la *parenthétisation*. Car c'est bien de parenthèses, plus que de guillemets, qu'il y va dans la question dite « du sujet » : de ce jeu d'écriture, commandé en sous-main par les singularités indépassables, et constamment

---

écarté de soi-même en même temps qu'*on* s'est écarté de l'être. Et si l'*on* se tient en soi-même en étant présent à soi-même présent, alors *on* est présent aussi à l'être qui est partout. Mais quand, s'étant abandonné soi-même, <*on* s'écarte de soi-même>, *on* s'est écarté aussi de l'être (κἂν στῇ τις ἐν αὐτῷ παρὼν παρόντι, τότε παρῆν καὶ τῷ ὄντι πανταχοῦ ὄντι· ὅταν δὲ ἀφεὶς αὐτὸν <ἀποστῇ ἀφ' ἑαυτοῦ,> ἀπέστη κἀκείνου). » Qui, prenant ce « on » à la lettre, osera y entendre l'impossibilité, qu'elle soit « grecque » (Beaufret) ou simplement philologique, de (se) dire « sujet »? Qui osera poser qu'un seul *étant* peut bien manquer dans le dispositif de la présence à l'être comme présence à soi, sans que rien du monde antique de la *mens*/du νοῦς en soit dépeuplé : ce sujet robuste, stable, pour ne pas dire « *supportive* » (ou « supporteur » ou « supportant »), et apte à soutenir, *de sa sous-jacence*, l'apparence transcendantale de la « survenue », en lui, et comme lui, de l'intelligible qu'il est, *à le recevoir*? C'est pourtant de cette audace qu'il s'agit, et d'oser faire l'économie du *sujet*... comme Augustin lui-même.

remâchées, de *Lalangue historiale*, qui veut que l'on parle de sujet connaissant et d'objet connu, là où, en toute rigueur néo-platonicienne, c'est de *(sujet)* connaissant et d'*(objet)* connu qu'il faudrait parler. Un *connaissant*, un *connu* : voilà ce qui, au principe de l'insondable notion augustinienne de la *mens*, demande à la fois à se poser et à s'effacer, à se poser *en s'effaçant*, d'un mot : à se *parenthétiser*. L'affaire n'est pas insignifiante ou *jouée sur les mots*. On ne peut comprendre toutes les harmoniques de la *mens* augustinienne, si l'on n'accepte pas de voir, au moment où on les pose, *sujet* et *objet* se parenthétiser. Qu'est-ce en effet qu'un *sujet*, ou un *objet*, dans l'épistémè augustinienne, sinon ce qui demeure, une fois la *parenthèse mise* qui, à la fois, le légitime en sa résidence ontologique alléguée et l'exorbite en son site historique propre ?

Retour au problème : la 'mens' et l'immanence non subjective

Si l'on distingue *mens* et *anima*, ⌈Ψ_1⌉ affirme que « les trois », autrement dit : la *mens*, partie supérieure de l'âme (XV, VII, II), et ses actes, à savoir l'image même de Dieu, sont dans l'âme, l'*anima*, sur un mode d'immanence non subjective – l'*anima* étant précisément définie comme *vita corporis*, « principe de vie *du corps* » (IV, I, 3 : « anima vita est corporis »), commune aux hommes et aux bêtes. En ce cas, ⌈Ψ_1⌉ pose que le principe de l'amour et de la connaissance est incorporel, *i.e.* *(a)* qu'il *n'est pas subjecté dans l'âme* qui est principe vital d'un corps et donc *(b)* qu'il n'est pas non plus *subjecté dans le corps*. C'est une thèse qui est à la fois antiattributiviste* *(a)* et antiattributiviste *(b)*.

Si l'on ne distingue pas *mens* et *anima*, ⌈Ψ_1⌉ pose que « les trois » sont à la fois immanents à la *mens* et mutuellement immanents, ce qui implique, entre autres, d'admettre un apparent paradoxe méréologique, *i.e.* : qu'un tout, l'âme (la *mens*), soit immanent à lui-même, en tant que partie de lui-même, connumérée (« haec tria ») avec ses propres actes. La thèse est clairement antiattributiviste*. Comme il va de soi qu'elle s'inscrit dans un cadre antiattributiviste, il n'y a pas de ce point de vue de différence avec la première lecture. La seule différence est d'ordre méréologique [1].

Cette alternative change-t-elle véritablement le sens et la portée de ⌈Ψ_1⌉? On peut en douter. D'une part, en effet, la seconde lecture est compatible avec la première : on peut maintenir à la fois l'immanence non subjective de la *mens* et de ses actes dans l'*anima*, *et* l'immanence mutuelle de la *mens* et de ses actes dans et à la *mens*. D'autre part, quelle que soit, l'interprétation retenue, *le problème méréologique* posé par la seconde lecture *demeure*, car la thèse de la manence tri-unitaire « des trois », « sans mélange ni confusion », s'entend bien, précisément, de la *mens* et de ses actes.

La thèse d'Augustin n'est pas seulement que l'amour et la connaissance existent dans la *mens* comme la *mens* elle-même existe, à savoir pas comme dans un sujet; mais bien que l'amour et la connaissance existent dans la *mens* comme la *mens* elle-même *y* existe, c'est-à-dire existe *en elle-même* : à savoir pas comme dans un sujet.

La formulation intégrale de ⌈Ψ_1⌉ (cf. IX, v, 8) ne laisse sur ce point aucun doute. *Quand* l'âme se connaît et s'aime...

1. L'homéomérie de la substance (ou essence) intellective « sans parties » (ἀμερής) porphyrienne, qui veut que les êtres particuliers soient sous un mode universel dans l'intellect universel ou total et les universels, sous un mode particulier, dans l'intellect particulier, offre un paradoxe du même genre. Sur ce point, voir M.-O. Goulet-Cazé, « Le système philosophique... », p. 74-76. Il en va de même de la version plotinienne du « paradoxe du ἓν-πολλά » en *Enn.* V, 9 [5], 6, 3.8-10, stipulant, notamment, que « l'intellect est toutes choses à la fois sans être toutes choses à la fois, parce que chacune est une puissance particulière ». La même sorte de thèse figure dans *Enn.* IV, 9 [8], 5, 7 *sq.*, avec les exemples de la « science totale » et des « raisons séminales » utilisés en V, 9 [5], 8, 1 *sq.* : « N'y trouvez rien d'incroyable. La science totale a des parties telles qu'elle persiste dans sa totalité, bien que des parties dérivent d'elle. La raison séminale, aussi, est un tout d'où viennent les parties, en lesquelles elle se trouve naturellement partagée, et *chaque partie est un tout et le tout demeure un tout non diminué* (c'est la matière qui divise), *et toutes les parties sont une.* » Pour d'autres occurrences des parties de la science, *i.e.* les théorèmes, cf. IV, 3 [27], 2, 50 *sq.*, et VI, 2 [43], 20 ; pour la semence et les puissances séminales « qu'elle contient à l'état indivis » (J.-M. Narbonne, « Commentaire », in *Plotin. Traité 25* [II, 1], Paris, Cerf, 1998, p. 109), cf. III, 2 [47], 2, 18 *sq.* et III, 7 [45], 11, 23 *sq.*

> ... chacun [des trois] est en soi, et cependant ils sont mutuellement chacun tout entier dans les autres tout entiers, chacun dans les deux autres, et les deux autres en chacun. Et ainsi, ils sont *tout en tous*.

En confiant à 1 Cor 15, 28 le soin de sceller la thèse de l'immanence mutuelle, Augustin montre bien que le style d'introspection qu'il pratique est moins psychologique que théologique, dans la mesure où il est orienté par le *credamus*, l'*intentio*, et le « champ de présence » scripturaire, qui sous-tend le *quaerere*. Mais l'ontologie n'est pas non plus absente de l'horizon « introspectif », en l'occurrence, la théorie de la prédication théo-logique, qui encadre la problématique catégoriale du livre V. On ne peut comprendre la thèse de IX, v, 8, si l'on n'a pas présente à l'esprit la distinction entre prédication *ad se* (gr. καθ' αὑτό) et prédication *ad aliud* (*ad aliud* signifiant : « *relative ad aliquid* », gr. πρός τι). Rappelons-la donc en quelques mots.

La prédication *ad se* se subdivise en deux : la prédication *secundum substantiam*, et la prédication accidentelle, *secundum accidens*, qui regroupe les « neuf catégories de l'accident », sans instaurer de classement particulier, en dehors d'un classement par « paires », évoqué en V, v, 6 : quantité-qualité, *situs-habitus*, lieu-temps, action-passion[1]. Sur cette base, Augustin distingue deux sortes de prédications « divines » : *ad se* et *ad aliud*. La prédication *ad se* se subdivise en deux. Il y a :

> 1) ce qui est dit de Dieu *substantialiter*, à savoir : essence/substance, qualité, quantité, action – le statut de la catégorie action étant, comme celui de l'essence, potentiellement ouvert à une interprétation paronomastique, faisant de Dieu *le seul*

1. Cf. Augustin, *De Trinitate*, V, v, 6, BA 15, p. 432-433 : « Omnia enim accidunt eis, quae uel amitti possunt uel minui et magnitudines et qualitates, et quod dicitur ad aliquid sicut amicitiae, propinquitates, seruitutes, similitudines, aequalitates et si qua huiusmodi et situs et habitus et loca et tempora et opera atque passiones » (« En eux [les êtres créés et changeants, tout est accident de ce qui peut disparaître ou diminuer : les dimensions, les qualités et la relation, comme les amitiés, parentés, servitudes, similitudes, égalités et le reste en ce genre, la position et la façon d'être, l'espace et le temps, l'action et la passion »).

agent, comme le parallèle avec Ex 3, 14, laisse entendre qu'il pourrait bien être aussi *la seule essence*[1];

2) ce qui est dit de Dieu *non substantialiter*, sans être pour autant dit de Lui accidentellement, puisqu'il n'y a pas d'accidents en Dieu, *i.e.* les catégories position, *habitus*, lieu, temps, qui, pour cette raison (à savoir en tant qu'elles ne sont prédiquées *ni* essentiellement *ni* accidentellement), sont, comme on l'a vu plus haut, dites métaphoriquement de Lui : *non proprie sed translate, ac per similitudines*.

À l'intérieur de la prédication *ad se*, l'opposition fondamentale est donc celle du sens propre et du sens métaphorique : substance, quantité, qualité, action sont prédiquées *substantialiter et proprie* de Dieu; position, manière d'être, temps, lieu, qui sont des catégories accidentelles, sont prédiquées de Dieu métaphoriquement; la passion ne se prédique pas de Dieu.

Cette théorie de la prédication combine deux éléments : d'une part, une dichotomie platonicienne des étants, transmise par le médioplatonisme : l'opposition entre réalités existant par elles-mêmes (καθ' αὑτὸ ὄν, angl. *absolute being*) et réalités existant en fonction d'autres ou en d'autres réalités (ἐν ἄλλῳ ὄν, angl. *relative being*)[2]; d'autre part, l'opposition ontologique aristotélicienne entre οὐσία et

1. Cf. Augustin, *De Trinitate*, V, VIII, 9, BA 15, p. 446-447 : « Quod autem ad faciendum attinet fortassis de solo deo uerissime dicatur; solus enim deus facit et ipse non fit, neque patitur quantum ad eius substantiam pertinet qua deus est » (« En ce qui concerne l'action, peut-être n'y a-t-il que Dieu qu'elle qualifie de façon parfaitement vraie. Dieu seul, en effet, fait sans être fait lui-même et ne subit rien dans sa substance qui le constitue Dieu »).

2. Ce que J. Dillon, *The Middle Platonists*, Ithaca (NY), Cornell UP, 1977, p. 133-135, présente comme « The so-called Old Academic categories » : *être en-soi* et *être en-un-autre*, d'après Platon, *Sophiste* 255c : καθ' αὑτά *vs* πρὸς ἄλλα. Le πρός me paraît fournir le fondement de la mise en série : πρός τι = ἐν ἄλλῳ ὄν = l'accident (pour nous) *au sens d'Aristote*, qui gouverne en sous-main la théorie de la prédication mise en œuvre par Augustin en IX, v, 8. Il n'est en tout cas pas indifférent que le *relative being*, l'*esse* ou *ens ad aliud*, se dise « platoniquement » comme ἐν ἄλλῷ ὄν, être *en* un autre, *esse* ou *ens in alio*.

συμβεβηκός, complétée par la distinction logique (prédicationnelle) καθ' αὑτό-πρός τι, selon une chaîne d'équivalences onto-*logique* οὐσία = καθ' αὑτό = καθ' αὑτὸ ὂν et συμβεβηκός = πρός τι = ἐν ἄλλῳ ὂν[1].

Les deux dimensions sont présentes en IX, v, 8 : la première pour justifier l'immanence mutuelle des « trois » ; la seconde, pour justifier le rejet, à propos de l'âme, du modèle aristotélicien de la sub-jectité. Le premier point n'apparaît que si l'on rend correctement le *raisonnement* par lequel Augustin conclut, en termes pauliniens, à l'immanence mutuelle : *itaque omnia in omnibus*. Mais, pour ce faire, il faut y lire la *trame prédicative*. Le texte décisif est le suivant :

> [1] Nam et *mens* est utique *in se* ipsa quoniam *ad se ipsam* mens *dicitur* ; quamvis *noscens*, vel *nota*, vel *noscibilis ad suam notitiam relative* dicatur ; *amans* quoque et *amata* vel *amabilis ad amorem referatur*, *quo se amat*.
>
> [2] Et notitia quamvis referatur ad mentem cognoscentem vel cognitam, tamen et ad se ipsam nota et noscens dicitur ; non enim sibi est incognita notitia, qua se mens ipsa cognoscit.
>
> [3] Et amor quamvis referatur ad mentem amantem, cuius amor est, tamen et ad se ipsum est amor, ut sit etiam in se ipso, quia et amor amatur, nec alio nisi amore amari potest, id est se ipso.
>
> [4] Ita sunt haec singula in se ipsis.

Il y a là trois prémisses [1]-[3] et une conclusion [4].

1. Ce type de langage est indubitablement présent chez Plotin, *e.g.* *Ennéades*, V, 6 [24], 4, 23-24, Bréhier, p. 116, à propos de l'Un : Τί ἂν οὖν αὐτὸ δέοιτό τινος. Οὐ γὰρ αὐτὸ τὸ αὐτὸ τῷ ἐν ἄλλῳ· ἄλλο γὰρ τὸ ἐν ἄλλῳ ἐστὶ τοῦ αὐτὸ καθ' αὑτὸ ὄντος (« Pourquoi donc aurait-il besoin de quoi que ce soit ! Car il n'est pas *en lui-même* une chose qui est *en autre chose* ; *être en autre chose*, c'est très différent d'*exister par soi-même* »). Et il est également clairement attesté dans la *Sentence* 41 de Porphyre, opposant « ce qui a son être en autre chose (τὸ ἐν ἄλλῳ ἔχον τὸ εἶναι) et n'a pas son essence en lui-même en étant séparé d'autre chose », et « ce qui pouvant se connaître lui-même sans ce en quoi il est, en se séparant lui-même de cela, et qui étant capable de le faire sans provoquer sa propre perte », ne saurait « avoir son être en cela ». Cf. *Porphyre. Sentences*, trad. Brisson *et al.*, t. 1, p. 366-367.

[1] MENS EST IN SE

parce que mens / mens : *ad se*, καθ' αὑτό

bien que noscens, nota, noscibilis / notitia, qua mens se cognoscit : *relative*, πρός τι

amans, amata, amabilis / amor, qua mens se amat : *relative*, πρός τι

[2] NOTITIA EST IN SE

parce que nota, noscens / notitia, qua mens se cognoscit : *ad se*, καθ' αὑτό

bien que notitia / mens noscens, nota : *relative*, πρός τι

[3] AMOR EST IN SE

parce que amatum, amans / amor, qua mens se amat : *ad se*, καθ' αὑτό

bien que amor / mens amans, amata : *relative*, πρός τι

donc

[4] CHACUN DES TROIS EST IN SE

où '/' signifie « est prédiqué de » *par soi* ou *relativement*. La traduction de la Bibliothèque augustinienne masque entièrement la structure et la signification de l'argument : le lien entre « être en soi », c'est-à-dire être une réalité existant « par soi », par opposition à être une réalité existant « en fonction d'autre chose » ou « en autre chose », et « être prédiqué par soi » (καθ' αὑτό), par opposition à « être prédiqué relativement », πρός τι.

Le nerf de l'argument a la forme suivante :

> x, y, z sont *en soi*, PARCE QUE *x, y, z* se prédiquent καθ' αὑτό de x, y, z, et PARCE QUE Y se prédique de y καθ' αὑτό et que Z se prédique de z καθ' αὑτό, BIEN QUE *y* se prédique de y(x) πρός τι et que *z* se prédique de z(x) πρός τι

où 'x' est mis pour la *mens*, 'y' pour la *notitia*, 'z' pour l'*amor*, '*x*' pour '*mens*', '*y*' pour '*notitia*', '*z*' pour '*amor*', 'y(x)' pour x *qua noscens et nota*, 'z(x)' pour x *qua amans et amata*, 'Y' pour '*noscens, nota*' et 'Z' pour '*amans, amata*'.

Dans la traduction de la Bibliothèque augustinienne, l'argument devient au contraire :

[1] Car l'âme est en soi, puisque, lorsqu'on en parle, on en parle par référence à elle-même ; néanmoins, sous le mode de connaissance, d'objet connu ou connaissable, elle est relative à sa connaissance ; sous le mode d'amour, d'objet aimé ou aimable, elle se réfère à l'amour dont elle s'aime.

[2] Mais bien que la connaissance se réfère à l'âme qui connaît ou est connue, on dit pourtant qu'elle est connue ou connaissante aussi par rapport à elle-même : la connaissance en effet, dont l'âme se connaît, n'est pas inconnue à elle-même.

[3] Et bien que l'amour se réfère à l'âme qui aime et dont il est l'amour, il est cependant amour aussi par rapport à lui-même, en sorte qu'il est aussi en soi ; car l'amour est aimé et ne peut être aimé que par l'amour, c'est-à-dire par soi.

[4] Ainsi chacune de ces réalités, prise à part est en soi.

En traduisant 'x ou y, ad se dicitur' par '*parler* de x ou y *en référence à* lui-même' et 'y ou z refertur ad x' par 'y ou z *se réfère à* x' et 'z ad se ipsum est z' par 'z est z *par rapport à* lui-même', la *Bibliothèque augustinienne* efface dans une *même sémantique de la référence et/ou de la relation* l'opposition entre *praedicatio ad se* et *praedicatio ad aliud*, et rend incompréhensible la mise en place de la thèse qu'elle annonce sous la forme du slogan : unité de substance, trinité de termes relatifs. Tout *semble* ici fonctionner au niveau de la relation, alors que ce qui est en cause est la simple affirmation que x, y et z sont des *substances*, non des accidents, dans la mesure où tous trois *sont* en/par eux-mêmes, du fait qu'ils *sont prédiqués* par soi[1].

La suite de IX, v, 8, achève la mise en place de ce que j'appelle « modèle périchorétique ».

[5] In alternis autem ita sunt, quia et mens amans in amore est, et amor in amantis notitia, et notitia in mente noscente.

1. Si l'opposition entre prédication *ad se* et prédication *ad aliud* est identique à '*praedicari essentialiter*' vs '*praedicari relative*', la traduction de '*ad se*' par « en référence à soi » et de '*refertur ad*' (= '*ad aliud*') par « se réfère à » n'est pas discriminante. Le problème est que, comme souvent, plusieurs couples se superposent sous la même terminologie, dont la référence à soi *vs* à un autre et la prédication par soi (ou essentielle) *vs* relative (ou accidentelle). C'est le cas ici, comme *supra*, dans le texte programme de VIII, I, I (BA 16, p. 24).

[6] Singula in binis ita sunt, quia mens quae se novit et amat, in amore et notitia sua est; et amor amantis mentis seseque scientis, in mente notitiaque eius est; et notitia mentis se scientis et amantis in mente atque in amore eius est, quia scientem se amat, et amantem se novit.

[7] Ac per hoc et bina in singulis, quia mens quae se novit et amat, cum sua notitia est in amore, et cum suo amore in notitia; amorque ipse et notitia simul sunt in mente, quae se amat et novit.

[8] Tota [ergo] in totis [sunt].

La pointe de l'argument consiste à passer du *omnia in omnibus* à *tota in totis* (passage préparé par les analyses de IX, IV, 4, ayant abouti, pour « les trois », à la thèse *cum perfecta, consequenter aequalia*). Ayant démontré que x, y, z sont *en soi*, parce que *x, y, z* se prédiquent καθ' αὑτό de x, y, z, Augustin démontre successivement que, *quand* la *mens* se connaît et s'aime :

[5] x est dans z ; z dans y ; y dans x

[6] x est dans y, z ; z est dans x, y ; y est dans x, z

et que de ce fait :

[7] x, y est dans z ; x, z est dans y ; y, z est dans x

D'où il résulte que :

[8] tous sont en tous [1].

La thèse [8] s'entend *sub conditione* : elle est subordonnée au fait que [9] dans la *mens* qui se connaît et s'aime, « les trois » soient parfaits, autrement dit que, conformément à ce qui été posé en IX, IV, 4, l'âme tout entière se connaisse et

1. Cette exigence de totalité a son pendant chez Plotin, *Ennéades*, V, 3 [49], 6, Bréhier, p. 55 : « ... l'intelligence (νοῦς) se pense parce qu'elle est intelligence ; elle se pense telle qu'elle est ; elle pense ce qu'elle est, par sa propre nature et en se tournant vers elle-même. En voyant les êtres, c'est elle-même qu'elle voit ; et ce qui voit en acte, c'est son acte, c'est-à-dire elle-même. L'intelligence et l'acte d'intelligence (νόησις) ne font qu'un. *Elle voit tout entière par elle tout entière ; elle ne voit pas une partie d'elle-même au moyen d'une autre partie.* »

s'aime tout entière, qu'elle connaisse son amour tout entier et aime sa connaissance tout entière :

> [9] quemadmodum sint, iam supra ostendimus cum se totam mens amat, et totam novit, et totum amorem suum novit, totamque amat notitiam suam, quando tria ista ad se ipsa perfecta sunt.

La thèse à laquelle aboutit l'argument développé en [1]-[9] à propos des « trois » se laisse donc formuler dans un schéma conjonctif notant l'immanence intégrale et mutuelle de trois substances (l'esprit = *x*, l'acte de connaître = *y*, l'acte d'aimer = *z*) les unes aux autres :

(x est dans y.z ∧ y est dans x.z ∧ z est dans x.y) ∧ x.y.z sont des substances

Ce schéma est différent de celui, disjonctif (valant, au moins problématiquement, pour le rapport de l'âme et de la *ratio*), que l'on pouvait tirer du *De immortalite animae*, à savoir :

(x est dans y ∨ y est dans x) ∨ x.y sont des substances

Il correspond au premier volet du « modèle périchorétique » de l'âme. Il y a, cependant, un second volet. En effet, si l'on ose dire, le *De Trinitate* monte encore la barre d'un cran en posant que non seulement x.y.z sont des substances, mais qu'ils sont *la même* essence ou substance, ***bien qu'ils se disent relativement les uns aux autres.***

Ainsi, ces trois sont, d'une manière admirable, inséparables ; et pourtant, chacun pris à part est substance, et tous ensemble ne sont qu'une *substance ou essence*, bien qu'ils se disent relativement les uns aux autres.	Miro itaque modo tria ista inseparabilia sunt a semetipsis, et tamen eorum singulum quidque substantia est, et simul omnia una substantia vel essentia, cum et relative dicantur ad invicem [1].

1. Augustin, *De Trinitate*, IX, v, 8, BA 16, p. 90-91.

La thèse finale de IX, v, 8, énonçant l'intégralité du « modèle périchorétique » est donc :

(x est dans y.z ∧ y est dans x.z ∧ z est dans x.y) ∧ x.y.z sont des substances ∧ x.y.z sont la même essence ∨ substance

BIEN QUE *noscens, nota, noscibilis* se disent (prédiquent) relativement (*relative*, πρός τι) de la *notitia, qua mens se cognoscit* ∧ que *amans, amata, amabilis* se disent (prédiquent) relativement de l'*amor, qua mens se amat* ∧ que *notitia* se dise (prédique) relativement de la *mens noscens, nota* ∧ que *amor* se dise (prédique) relativement de la *mens amans, amata*

Le problème le plus difficile posé par l'uni-Trinité est, selon les termes mêmes d'Augustin, de comprendre comment « une substance peut être à la fois simple et multiple ». La réponse fournie, puissamment articulée sur le plan conceptuel, comporte une expression : *miro modo*, qui mérite qu'on s'y arrête. Elle figurait déjà dans *L'Immortalité de l'âme*, pour qualifier le mode d'union *non locale* de l'âme et des intelligibles, problématisé dans la formule : (x est dans y ∨ y est dans x) ∨ x.y sont des substances. Sa reprise dans *La Trinité* marque à la fois la continuité du problème et la nouveauté de la réponse : l'immanence mutuelle de l'âme-substance et de ses actes substantiels. Le problème général – la merveille, τὸ θαῦμα, autrement dit : ce qui est admirable – était déjà celui de Plotin pour qui « la merveille, c'est la manière dont l'unité est multiplicité en même temps qu'unité »[1]. Une version particulière, proprement noétique, s'en retrouvera chez Averroès, à propos de l'intelligible *(intellectum)* et de sa coprésence en plusieurs intellects (dans la relation maître-disciple, notamment, selon une célèbre aporie de Themistius) : c'est pour le résoudre que le philosophe cordouan inventera ses thèses les plus controversées, la théorie des deux sujets de l'intellection et celle de l'intellect matériel unique. Le problème affronté par Augustin a la même forme logique, mais évidemment pas le même contenu que celui d'Averroès[2]. L'immanence

1. Cf. Plotin, *Ennéades*, VI, 2 [43], 4.

2. Quoique, sous un certain angle, les deux problèmes communiquent. Voir note complémentaire 50*.

mutuelle de *L'Immortalité de l'âme* est proche de l'univers épistémique plotinien et porphyrien[1]. La thèse du *De Trinitate*, si nourrie soit-elle de sources plotiniennes, se veut proprement chrétienne, et trinitaire. Elle met en œuvre une notion d'immanence que le monde latin désigne sous le titre de *circumincessio*, et le grec, sous celui de περιχωρήσις[2].

Pour introduire la périchorèse

On soutient ici deux thèses[3] :

1° la périchorèse ou circumincession des Personnes trinitaires est le modèle proprement augustinien de l'esprit *(mens)*.

2° le modèle périchorétique de l'esprit est la réponse augustinienne au modèle attributiviste*.

1. Voir note complémentaire 51*.

2. Sur la *circumincessio* ou *circuminsessio* latine, voir A. Deneffe, « *Perichoresis, circumincessio...* », p. 497-532. Sur la périchorèse, voir G.L. Prestige, *God in Patristic Thought*, Londres, Heineman, 1936 [2e éd., Londres, SPCK, 1952]; « PERICHOREO and PERICHORESIS in the Fathers », *Journal of Theological Studies*, 29 (1928), p. 242-254. Sur l'ensemble du dossier grec et latin, cf. E. Durand & V. Holzer, *La Périchorèse des personnes divines. Immanence mutuelle, réciprocité et communion*, Paris, Cerf, 2005. Selon les deux auteurs, « périchorèse » fonctionne comme un « mot magique emprunté aux Pères grecs pour repenser l'unité de la Trinité ». En introduisant cette « notion évocatrice et quelque peu mystérieuse » dans la généalogie de la subjecti(vi)té moderne, nous ne pensons pas, pour autant, ajouter à la confusion : les analyses qui suivent montreront, on l'espère, que, *via* Bonaventure et Thomas d'Aquin, la circumincession ou intériorité réciproque des Personnes est bien un élément essentiel du dossier médiéval du « sujet ».

3. Elles seront complétées dans la suite par d'autres, liées à la dimension christologique de la périchorèse, dans la mesure où la περιχωρήσις intervient également dans la problématique de l'union des deux natures dans le Christ, qui traverse et anime en sous-main toute l'histoire de la constitution du « sujet », du Moyen Âge à Locke et Leibniz, en passant par Suárez, Descartes et Hobbes. Sur l'usage proprement leibnizien de la périchorèse, voir M.R. Antognazza, « *Immeatio* and *emperichoresis*. The Theological Roots of Harmony in Bisterfeld and Leibniz », *in* S. Brown (éd.), *The Young Leibniz and His Philosophy, 1646-1676*, Dordrecht, Kluwer (International Archives of the History of Ideas), 1999, p. 41-64.

Le terme *perichôresis* s'est imposé avec Jean de Damas (640-749)[1]. Augustin ne pouvait évidemment le connaître. Une page célèbre du *De fide orthodoxa* (PG 94, 830B) présente, en tout cas, clairement la plupart des thèses du *De Trinitate*, IX, IV, 4 et IX, IV, 6-7 et V, 8, puisqu'elle affirme à la fois que :

1. le Père, le Fils et l'Esprit sont unis sans confusion (= IV, 4),
2. ils sont contenus les uns dans les autres (= V, 8),
3. ils ont en/entre eux une circumincession (*kai tên en allêlai perichôresin* [καὶ τὴν ἐν ἀλλήλαι περιχώρησιν], = V, 8)...
4. ... qui ne laisse place ni à l'agrégation ni au mélange (= IV, 7),
5. ils ne sont pas extérieurs les uns aux autres ni séparés selon l'essence (= IV, 6 et 8), comme le croit Arius.

Le texte, ainsi traduit par Burgundio de Pise, était bien connu des médiévaux :

> Uniuntur enim, ut diximus, non ut confundantur, sed ut habeantur in invicem, et *eam quae in invicem circumincessionem habeant*, sine omni congregatione et commassatione [...] neque extra se stantibus vel secundum substantiam incisis, secundum Arii divisionem[2].

Ni eux ni Augustin n'avaient cependant besoin du Damascène pour trouver au moins une esquisse des idées synthétisées dans les points (1)-(5) de *La Foi orthodoxe*. La notion d'immanence mutuelle, souvent rattachée à Jn 10, 30 et Jn 14, 9, était acquise dès Irénée de Lyon (vers 130-202)[3], et avait reçu toute l'attention d'Hilaire de Poitiers (315-367). La Patrologie grecque note même que, chez Grégoire de Nazianze (vers 330-390), une première esquisse de modèle

1. Sur ce point, voir l'article fondamental de R. Cross, « Perichoresis, Deification, and Christological Predication in John of Damascus », *Mediaeval Studies*, 62 (2000), p. 69-124.

2. Cf. Jean de Damas, *De fide orthodoxa*, éd. E.M. Buytaert, Franciscan Institute Publications (Text Series, 8), St. Bonaventure (N.Y.), The Franciscan Institute-Louvain, Nauwelaerts - Paderborn, F. Schöningh, 1955, p. 44, 291-45, 294 et 294-295.

3. Cf. Irénée, *Adv. Her.* 3.6.2 : « le Fils est dans le Père, et le Père a le Fils en lui ».

périchorétique de l'âme avait été engagée pour illustrer l'immanence mutuelle des Personnes :

> Vocem *perichôrêseôs* [περιχωρήσεως], quam Latine nostri circumincessionem vertunt, ex eodem doctore Damascenus mutuatus est, qua Trinitatis personae in se invicem manere perinde significaret : in cujus circumincessionis exemplum Nazianzenus profert *unionem mentis, cogitationis et animae*, quae sine ulla divisione sese mutuo, ut ita dicam, penetrant[1].

La dimension dynamique que l'on retrouve aussi bien chez Augustin que chez Jean de Damas, ce dernier allant jusqu'à parler d'un « même et unique mouvement des trois hypostases »[2], faisait de la *circumincessio* le modèle idéal pour penser à la fois l'unité d'essence et l'unité d'action de la *mens*, grâce précisément à l'immanence mutuelle de l'*agent* substantiel et de ses *actes* substantiels. C'était le contre-modèle dynamique du « mental » que le rapport « aristotélicien » sujet-accidents semblait incapable de produire dans un cadre attributiviste*.

1. Sur Grégoire de Nazianze, voir J.P. Egan, « Primal Cause and Trinitarian *Perichoresis* in Gregory Nazianzen's *Oration* 31, 14 », *Studia Patristica*, 27 (1991), p. 21-28. L'*Oration* 31, 14 (PG 36, 149A) est cité par Damascène, *op. cit.*, éd. Buytaert, p. 45, 299-300, à la suite de l'*Oration* 20, 7 (PG 35, 1073A), Buytaert, p. 45, 293-294, et de l'*Oration* 39, 11 (*ibid.*, 348A), Buytaert, p. 45, 294-295. On notera que, contrairement à ce que suggère ce recours massif à Grégoire, ce dernier enseigne la circumincession non à propos de la Trinité, mais de l'union des deux natures dans le Christ (cf. *Epist. 101,* PG 37, 181C) : voir A. Deneffe, « *Perichoresis, circumincessio...* », p. 506 : « Die Behauptung, Gregor v. Nazianz habe bereits den Ausdruck [περιχώρησις] auf die hlste Dreifaltigkeit angewandt, läßt sich nicht belegen. Soviel man weiß, ist der hl. Johannes v. Damaskus der erste, der in einem Schriftwerk von der "Perichoresis" der drei götllichen Personen redet. » Sur Grégoire de Nysse (331-395), voir D.F. Stramara, « Gregory of Nyssa's terminology for Trinitarian *perichoresis* », *Vigiliae Christianae*, 52 (1998), p. 257-263.

2. Jean de Damas, *De fide orthodoxa*, éd. Buytaert, p. 43, 275-44, 281 : « Una enim substantia, una bonitas, una virtus, una voluntas, una operatio, una potestas ; *una et eadem*, non tres similes ad invicem, *sed unus et idem motus trium hypostaseon*. Unumquodque enim eorum habet se ad alterum non minus quam ad seipsum ; hoc est quoniam secundum omnia unum sunt Pater et Filius et Spiritus Sanctus, praeter ingenerationem et generationem et processionem : "cogitatione vero est quod divisum". »

Malgré l'extraordinaire difficulté des analyses subséquentes, et les divers remaniements imposés au(x) ternaire(s) de l'âme, du livre IX au livre XIV, le schéma mis en place au livre IX, avec ses trois éléments : égalité, identité, involution mutuelle, a fourni une alternative au modèle attributiviste* qu'Augustin avait lui-même introduit à titre de faire-valoir. Cette alternative a été engagée selon plusieurs des ternaires proposés par *La Trinité* : *mens, notitia, amor* (livre IX), *mens-verbum-amor* (livre IX), *memoria (sui), intelligentia, voluntas* (livre X), *memoria Dei, intelligentia Dei, amor Dei* (livre XIV). Sur le plan archéologique, ce sont essentiellement les ternaires *mens, notitia, amor* et *memoria (sui), intelligentia, voluntas* qui retiennent l'attention. Ils ont de fait joué d'emblée un rôle central dans la confrontation entre modèle augustinien et modèle « aristotélicien » de la pensée : on les retrouve au cœur des réflexions d'un Thomas ou d'un Bonaventure. Ces deux ternaires présentent une différence qui complique cependant singulièrement la tâche de l'historien.

On ne peut en effet parler sans précaution d'états ou d'actes mentaux dans la reconstruction des schèmes attributivistes* et antiattributivistes*, du fait que le premier ternaire, *mens, notitia, amor*, que l'on a considéré jusqu'ici, s'il condense l'essentiel de la discussion pour ou contre l'assimilation des états et des actes mentaux à des accidents de l'âme entendue comme sujet, ne fait pas intervenir des actes au sens courant du terme, mais comme le dira Bonaventure des dispositions ou des habitus : ils forment, selon l'expression d'Étienne Gilson, une « image virtuelle », une « trinité virtuelle », la *notitia* de l'âme ne désignant pas une connaissance actuelle, mais seulement « habituelle ». Le ternaire du livre X, *memoria, intelligentia, amor*, présenté comme *evidentior* dans le livre XV, III, 5, trinité dite « actuelle », serait le seul qui corresponde vraiment à ce que *nous* appelons « actes mentaux ». Car, au lieu, comme le premier ternaire, de « se développer tout entier à l'intérieur de la substance de la *mens*, antérieurement aux actes qui la manifesteront », au lieu d'être « donnée à l'état d'involution » et de « demeurer ainsi virtuelle, même développée au-dedans de sa propre substance », la seconde trinité seule atteint «l'acte par lequel la pensée s'exprime», une «expression actuelle»[1]. La différence entre trinité virtuelle ou, pour mieux dire, habituelle, et trinité actuelle ne saurait être négligée, non plus que la théorie de la «diction du Verbe», qui explique que «l'influence des *raisons éternelles*, combinée avec la *mémoire latente* que l'âme a de soi, *est nécessaire, pour que la pensée se découvre telle qu'elle est*»[2]. La « diction » du Verbe *(dictio Verbi)* est une pièce capitale du dossier de la subjecti(vi)té, comme, d'une manière générale, l'ensemble des discussions médiévales sur le «verbe mental». Nous y reviendrons en examinant la réponse thomasienne à la noétique averroïste. Force est cependant de constater que, pour ce qui concerne la discussion du modèle attributiviste* de la sub-jectité, c'est la trinité dite «virtuelle» du livre IX qui a le plus pesé dans le débat[3] : et pour cause, c'est elle qui porte le

1. É. Gilson, *Introduction...*, p. 292 et 294.

2. *Ibid.* Sur le thème porphyrien des intelligibles (τὰ νοητά) appelés «raisons éternelles», «vérité», «règles», «art» chez Augustin, cf. J. Pépin, «Une nouvelle source... », p. 99-100, qui rapproche *De Trin.*, IX, VI, 9-11 et Porphyre, Σ.ζ., *apud* Némésius, *De nat. Hom.* 3, éd. Dörrie, p. 42 *sq.*

3. L'opposition ou la distinction virtuel *vs* actuel a joué un rôle capital dans l'histoire du «sujet» comme dans celle de l'identité personnelle, pour ne pas parler de celle de la conscience. La notion même de «mémoire virtuelle» sans laquelle le statut de la *mens* (partiellement dévoilé dans la liaison *mens-memini*, où communiquent en sous-main, *mind* et *remind*, pensée et souvenir) demeurerait philosophiquement impensable de manière époquale, est encore au cœur même du débat Leibniz-Locke sur la personnalité et l'identité morale de l'homme et l'immortalité personnelle. Comme l'explique lumineusement L. Foisneau, «Identité personnelle et mortalité humaine...», p. 79 : «Leibniz s'accorde [...] avec Locke pour reconnaître que ma personnalité s'étend aussi loin que la conscience que j'ai de mes actions passées, c'est-à-dire aussi loin que mon souvenir, mais il s'oppose à Locke quand ce dernier ajoute que ma personnalité ne peut s'étendre au-delà de mon souvenir actuel. Leibniz refuse cette limitation, car elle rend impossible une théorie de l'immortalité de la personne morale fondée sur le souvenir. À la mémoire actuelle de Locke, il oppose donc une théorie de la mémoire virtuelle, qui lui permet de dire que l'âme humaine "garde toujours en sa nature les traces de tous ses estats precedans avec un souvenir virtuel qui peut toujours être excité puisqu'elle a de la conscience ou connoist en elle même ce que chacun appelle moy". C'est donc la mémoire virtuelle, en tant qu'elle peut être actualisée par la conscience, et non pas la conscience seule, qui constitue la personne

modèle périchorétique[1]. S'il n'y a pas de trinité « virtuelle », il n'y a pas de trinité « actuelle » : s'il n'y a pas circumincession ou, comme on va le voir avec Bonaventure, consubstantialité et connaturalité de la *mens*, de la *notitia* et de l'*amor*, c'est toute la structure commandant les actes mentaux proprement dits, ceux de la trinité « actuelle », qui s'effondrera.

Au reste, la substitution de la connaissance actuelle à la connaissance virtuelle ne change rien à la charge antiattributiviste* du modèle mis en place au livre IX. Sa caractéristique la plus « évidente », l'élimination de la *mens* comme terme connuméré et sa substitution terme à terme par la *memoria,* comprise comme *memoria sui,* permet même de mieux saisir et sans doute de résoudre *l'apparent paradoxe* méréologique d'un tout, la *mens*, présenté comme immanent à lui-même, en tant que partie de lui-même, connumérée avec ses propres actes. D'une part, en effet, le livre XIV pose explicitement que la mémoire est ce par quoi l'âme est présente à elle-même, qu'elle est « la présence de l'âme à elle-même »[2], mais, d'autre part, le livre X pose aussi que la « présence intérieure » de l'âme à elle-même d'où, selon la belle formule de J. Moingt, « jaillit dans chacun de ses actes, la certitude de soi »[3], est « présence vraie, intérieure, et non simulée » (*non simulata* signifiant non médiatisée par une image)[4]. La présence de l'âme à elle-même *est* en chacun de ses actes, et chaque acte

morale de l'homme. Grâce à sa théorie de la substance et à sa théorie de la mémoire virtuelle, Leibniz peut ainsi penser de façon cohérente, sans recourir comme Locke à la toute-puissance divine, l'unité de la personne morale et naturelle de l'homme. »

1. Il y a naturellement aussi des applications médiévales de l'idée d'immanence mutuelle à la Trinité « actuelle ». C'est le cas, par exemple, chez Anselme, *Monologion*, cap. LIX : *Quod pater et filius et eorum spiritus pariter sint in se invicem*, in *Opera*, I, p. 70, à propos du ternaire *memoria-intelligentia-amor*.

2. Augustin, *De Trinitate*, XIV, XI, 14, BA 16, p. 386-387 : « ... de même, quand il s'agit de cette présence de l'âme à elle-même, on peut sans absurdité appeler mémoire la faculté qui permet à l'âme d'être présente à elle-même, afin de pouvoir se comprendre par sa propre pensée et unir, par l'amour qu'elle se porte à elle-même, la mémoire et l'intelligence. »

3. Cf. BA 16, note 28, « L'analogie de la conscience de soi », p. 610.

4. Augustin, *De Trinitate*, X, X, 16, BA 16, p. 150-153.

est lui-même non pas tant à l'intérieur de l'âme, que l'intérieur de l'âme, puisqu'en chacun, l'âme est présente à elle-même. Qu'est-ce à dire? sinon que la *mens* n'est pas un sujet sur lequel surviendraient, comme autant d'accidents, mémoire, intelligence et volonté, mais *ce que* chaque acte, qui est substance, est : présence à soi. La substitution de la *memoria* à la *mens* rend donc plus « évidente » l'inadéquation du schéma attributiviste* de la sub-jectité.

La *memoria sui* définie comme présence à soi de la *mens* n'est pas la première faculté d'un *sujet-substrat plurifacultaire* : elle est ce qu'il y a de *proprement mental* en chaque acte mental, son *etymon* transcendantal, et la *mens* elle-même, le tout, un et indivis, qui est et vit comme le *même* tout en chacun de *ses* actes. Prise en elle-même, la *mens* est *memoria* : présence à soi, *praesentia sui*, et c'est comme telle, comme *memoria sui*, qu'elle est présente en chacun de ses actes, *qu'elle se souvienne d'elle-même*, se connaisse ou s'aime. Comme l'écrit Gilson, d'une formule superbe : la mémoire augustinienne est essentiellement *mémoire du présent*[1]. Une non moins superbe page du livre X fait la synthèse de tous *ces* éléments :

1. Cf. É. Gilson, *Introduction...*, p. 100. Cette articulation de la *mens* et de la mémoire comme mémoire du présent est liée en profondeur à ce que la théologie scolastique s'efforcera de penser sous le titre de *circumincessio* : une immanence entendue comme « présence mutuelle » ou « assistance mutuelle dans la présence ». De telles expressions figurent, notamment, chez François de Meyronnes, *In I Sent.*, *d.* 20, *q.* 3 (« Una persona est in alia per circumincessionem, sicut subsistens in subsistente realiter distincto per *mutuam praesentialitatis assistentiam*, sicut sibi invicem in Trinitate »), qui illustre le fait trinitaire en alléguant le « modus, quo tres potentiae animae sunt in se invicem et in una essentia radicantur ». Deux siècles plus tard, Suárez, *De Trinitate*, 4, 16, § 11, Paris, 1856, t. 1, p. 650) évoquera encore la mutuelle *inexistentia* des Personnes trinitaires comme une « certaine forme de présence intime des Personnes entre elles » (« intima quaedam praesentia divinarum personarum inter se » (cité par Deneffe, « Perichoresis, circumincessio... », p. 525). Ces réflexions sont l'amorce médiévale et postmédiévale des débats anglais des années 1690 sur la « mutual consciousness » des Personnes divines, qui, comme on l'a dit plus haut, voient William Sherlock soutenir dans sa *Vindication of the Trinity*, que la « conscience mutuelle » des Personnes « leur permet de constituer un seul individu, tout en demeurant des personnes différentes, dont chacune a sa propre "self-consciousness" ». Voir É. Balibar, « Glossaire », in *Identité*

Comme ces trois, mémoire, intelligence, volonté, ne sont pas trois vies, mais une vie, ni trois âmes, mais une âme, elles ne sont pas non plus trois substances, mais une substance. Quand on dit que la mémoire est vie, âme, substance, cela est dit par soi ; ce qui véritablement est dit mémoire, est dit relativement à quelque chose. Je dirai aussi bien cela de l'intelligence et de la volonté : intelligence et volonté se disent relativement à quelque chose. En revanche, vie est par soi, tout comme âme et essence. C'est pourquoi ces trois [mémoire, intelligence, volonté] ne font qu'un, en tant qu'ils sont une vie, une âme, une essence : et tout autre [terme] qui est prédiqué de chacun [des trois] par soi, est dit [des trois] ensemble, non pas au pluriel, mais au singulier. Ils sont trois en tant qu'ils renvoient mutuellement les uns aux autres, et s'ils n'étaient pas égaux non seulement chacun à chacun, mais chacun à tous, ils ne se contiendraient pas mutuellement. *Or non seulement chacun est contenu en chacun, mais tous sont contenus en chacun*. Car je me souviens d'avoir moi une mémoire, une intelligence et une volonté ; j'intellige que j'intellige, que je veux et que je me souviens ; je veux vouloir moi, me souvenir et intelliger ; et c'est de ma mémoire tout entière, de mon intelligence tout entière et de ma volonté tout entière que je me souviens. Ce que de ma mémoire je ne me rappelle pas n'est pas dans ma mémoire ; or rien n'est autant dans ma mémoire que ma mémoire elle-même ; c'est d'elle tout entière donc, que je me souviens [1].

---

et différence..., p. 188, qui renvoie à M. Ayers, *Locke, II : Ontology*, Londres, Routledge, 1991, p. 257 (et note 58). De la présence mutuelle à la mutuelle conscience (de soi), le fil conducteur est constant : le modèle périchorétique augustinien. On notera avec intérêt que, chez Baumgarten, la *personalitas* désigne la « mémoire intellectuelle ». Voir *Metaphysica Alexandri Gottlieb Baumgarten* (3e éd., Magdeburg, Impensis C.H. Hemmerde, 1757), §. 641 : « Facultas distincte identitates diversitatesque rerum perspiciendi, §. 572, 579, hinc ingenium et acumen intellectuale, §. 575, memoria intellectualis, seu PERSONALITAS, §. 579, 306, facultas distincte diiudicandi, §. 606, 94, quo iudicium intellectuale pertinet, §. 607, praesagitio intellectualis, seu PROVIDENTIA*) (prospicientia), §. 610, facultas characteristica intellectualis, §. 619, est ratio, §. 640. »

1. Augustin, *De Trinitate*, X, XI, 18, BA 16, p. 154-157 (ma trad.). É. Gilson, *Introduction...*, p. 290, n. 2, voit dans ce passage « le texte augustinien fondamental qui s'opposera à toute distinction réelle des facultés de l'âme », et note qu'il « agira surtout par l'intermédiaire de l'apocryphe *De spiritu et anima* [...] du cistercien Alcher de Clairvaux ».

Le même raisonnement est poursuivi pour l'intelligence et la volonté, jusqu'à la conclusion, qui noue « admirablement » perfection (totalité), égalité et intériorité réciproque :

Ainsi, quand ces trois sont contenus mutuellement par chacun et tous tout entiers, ils sont égaux, chacun tout entier à tous tout entier, et tous tout entiers à tous tout entier; et ces trois ne sont qu'un, une vie, une âme, une essence[1].	Quapropter quando inuicem a singulis et tota et omnia capiuntur, aequalia sunt tota singula totis singulis et tota singula simul omnibus totis, et haec tria unum, una uita, una mens, una essentia.

Quel que soit le ternaire qui l'exprime, virtuel ou actuel, et l'on verra avec Bonaventure, que les médiévaux s'entendent à mobiliser les deux sur le terrain de l'antiattributivisme*, l'involution mutuelle de l'âme, de ses habitus et de ses actes est l'anti-sujet du scénario heideggérien des origines de la sub-jecti(vi)té. C'est ce qui nous intéresse ici. Nous savons qu'Augustin n'a employé ni le mot de περιχώρησις ni celui de *circumincessio*. Nous savons aussi que *La Trinité* n'est pas un traité *De l'âme* et qu'il y aurait bien plus à en dire, qu'extraire du livre IX une formule comme : (x est dans y.z ∧ y est dans x.z ∧ z est dans x.y) ∧ x.y.z sont des substances ∧ x.y.z sont la même essence ∨ substance.

Reste que c'est par ce schéma – ou plutôt par son contenu – que les analyses d'Augustin ont joué un rôle en psychologie et en philosophie de l'esprit. Pour en prendre la mesure au *long cours*, et avant d'aborder ce qui en a été la fine pointe : sa confrontation au modèle attributiviste* tiré du *Grand Commentaire* d'Averroès sur le *De anima*, il faut dire un mot de sa première réception médiévale.

1. Augustin, *De Trinitate*, *ibid.*, p. 156-157 (ma trad.).

CHAPITRE IV

L'INTERPRÉTATION SCOLASTIQUE DU MODÈLE PÉRICHORÉTIQUE DE L'ÂME

L'idée de circumincession, avec la dimension dynamique qu'elle revêtait à la fois chez Augustin et Damascène, a eu une fortune considérable à l'époque moderne, que ce soit dans la théologie catholique ou la réformée. On la retrouve aussi, sous une forme dite « statique », chez Ralph Cudworth, avec la *circuminsessio (> sedeo)*, correspondant à l'*inexistentia* (ἐνύπαρξις) ou *mutua existentia personarum*, déjà illustrée chez le critique de Calvin, Petavius, comme chez le luthérien Johann Gerhard, qui définit la περιχωρήσις comme « immanentia, hoc est inexistentia mutua et singularissima, intima et perfectissima inhabitatio unius personae in alia »[1]. La réception médiévale a jeté les bases de cette longue chaîne de transmission. On lui doit les termes *circumincessio*[2] et *circuminsessio*, ainsi qu'une

1. Voir R. Cudworth, *Intellectual System of the Universe*, vol. II. éd. Harrison, Londres, 1845, p. 454; Denis Pétau (1583[5?]-1652), s.j. (Petavius), *De Trin.*, IV, 15, § 3 et 16, § 4; J. Gerhard, *Loci theologici*, t. I., éd. Cotta, Tübingen, 1762, p. 197. Sur Pétau, cf. J.H. Newman (1801-1890), in *Newman Reader, Treatises of St. Athanasius*, vol. 2. Sur J. Gerhard (1582-1637), voir R.P. Scharlemann, *Thomas Aquinas and John Gerhard*, New Haven-London, Yale UP, 1964. La série « immanence », « in-existence », « inhabitation » définissant la περιχωρήσις chez Gerhard est celle que nous avons pointée, *supra*, chez Brentano, dans l'équivalence de l'*intentionale (mentale) Inexistenz* et de la *psychische Einwohnung* supposée définir la spécificité du « psychique ». Elle donne une certaine plausibilité à l'hypothèse d'un « fonds » théologique de la découverte brentanienne de l'intentionnalité.

2. Outre Bonaventure, dont on reparlera ici même, Henri de Gand, Duns Scot, Durand de Saint-Pourçain, Pierre d'Aquila, Pierre d'Auriole,

relecture de la circumincession comme « consubstantialité » ou « communion substantielle », voire « consubstantielle »[1].

CIRCUMINCESSION ET CONSUBSTANTIALITÉ

Circumincessio et *consubstantialitas* sont-elles synonymes ou distinctes, pour ne pas dire concurrentes ? La question est difficile. Pour l'aborder correctement dans sa dimension scolastique, il faut revenir à la formule originaire de la circumincession augustinienne, *i.e.* :

> (x est dans y.z ∧ y est dans x.z ∧ z est dans x.y) ∧ x.y.z sont des substances

Parler de « consubstantialité », c'est, sur la base d'une identification entre essence et nature, d'une part, hypostase et personne, d'autre part, donner une interprétation du rapport *ousia*-hypostases, du type de :

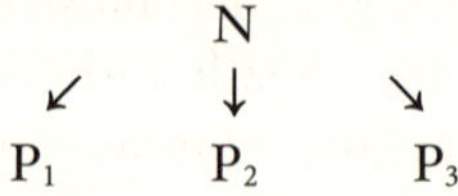

François de Meyronnes, et bien d'autres emploient le terme. Nous reviendrons sur ce point dans le volume II.

1. Cette dernière expression figurait évidemment dans le *De Trinitate*, XV, XXVII, 50, BA 16, p. 560 : « Unde cum sit *communio* quaedam *consubstantialis* patris et filii amborum spiritus... » (ce que la traduction ne rend pas : « Voilà pourquoi, bien qu'il soit Esprit de l'un et de l'autre, comme la *communion substantielle* du Père et du Fils... ») ; on la trouve également en VI, V, 7 : « Spiritus ergo sanctus commune aliquid est patris et filii, quidquid illud est, aut ipsa *communio consubstantialis* et coaeterna ; quae si amicitia conuenienter dici potest, dicatur, sed aptius dicitur caritas ; et haec quoque substantia quia deus substantia et deus caritas sicut scriptum est. » L'adjectif *consubstantialis* intervient encore à plusieurs reprises, notamment en I, VI, 13 : « Ergo patri et filio prorsus aequalis et in trinitatis unitate consubstantialis et coaeternus » ; I, VIII, 15 : « ... in ipsam diuinitatem uel, ut certius expresserim, deitatem, quae non est creatura sed est unitas trinitatis incorporea et incommutabilis, et sibimet consubstantialis et coaeterna natura » ; IV, IX, 12 et IV, XX, 27 : « ... ut credamus aequalem patri esse filium et consubstantialem et coaeternum et tamen a patre missum filium. »

Cette structure correspond à une lecture de la formule μία οὐσία ἐν τρισὶν ὑποστάσεσι – une essence en trois hypostases – où la nature/essence peut être interprétée comme un universel immanent, tout entier et simultanément, en chaque personne ou hypostase : P_1, P_2, P_3. Chez les pères cappadociens, l'*ousia* étant assimilée à un universel au sens de la substance seconde aristotélicienne, et l'hypostase ou personne, à un individu au sens de la substance première, l'homoousie des personnes déterminait un mode d'immanence, celui de l'universel au particulier[1], bien différent du schème dynamique de l'immanence mutuelle du *De Trinitate*. Cette lecture du mystère trinitaire a eu une fortune certaine durant le haut Moyen Âge.

Le dossier s'étant compliqué avec la définition boécienne de la personne, certains Latins ont été conduits, au prix d'une exacerbation de l'équivoque entourant la traduction latine de *ousia*, à penser l'homoousie des Personnes sur le fond d'une distinction entre la nature, prise au sens de l'*essence* seconde d'Aristote, et la personne définie par Boèce comme la « *substance individuelle* d'une nature rationnelle »[2]. *Una essentia-tres substantiae* : ainsi traduite la formule μία οὐσία-τρεῖς ὑποστάσεῖς pouvait conduire à une sorte de trithéisme[3].

1. C'est ce que R. Cross appelle « the generic view of God's trinitarian substance ». Cf., sur ce point, « On Generic and Derivation Views of God's Trinitarian Substance », *Scottish Journal of Theology*, 56 (2003), p. 471 : « The generic view does, and the Western view does not, sanction the theory that the divine essence is correctly classified as a universal. » Cf., dans le même sens, J. Wolinski, « Trinité », *in* J.-Y. Lacoste (éd.), *Dictionnaire critique de théologie*, Paris, PUF, 1998, p. 1167 : « Grégoire de Nysse oppose *ousia* et *hypostasis* comme l'*ousia* seconde et l'*ousia* première d'Aristote, l'*ousia* désignant le concept générique de la divinité et l'hypostase, la réalité concrète des "personnes". »

2. On notera cependant que le mot « substance » n'était pas, pour Boèce lui-même, d'une parfaite adéquation. De fait, ce n'est pas sans hésiter qu'il y recourt. Voir note complémentaire 52*.

3. Cette interprétation est exclue en grec par les pères cappadociens : dire que chaque personne est substantielle ne revient pas à dire que chacune est une substance = essence ; l'homoousie des Trois n'est pas celle de *trois substances = essences*. Cf. Grégoire de Nysse, *Ad Graecos*, 20, 27-21, 6 (trad.

C'est sur ce point que se sont affrontés Roscelin et Anselme[1]. La scolastique a dissipé en partie l'équivoque. Dans le *Contra errores Graecorum*, Thomas d'Aquin, se réclamant d'Augustin, pose clairement que la distinction *essentia-substantiae* n'est qu'une façon erronée de rendre la formule grecque, fondée sur le fait que les *Latini* utilisent habituellement le mot *substantia* pour dire ce qui, plus littéralement, devrait être rendu par *essentia* : autrement dit l'*ousia*.

... les Grecs et les Latins rendant la même vérité de foi par des mots différents, les termes qui sonnent bien en grec ne sonnent pas toujours bien en latin. Les Grecs en effet disent correctement et catholiquement que le Père, le Fils et le Saint-Esprit sont trois hypostases : mais si, chez les Latins, quelqu'un dit qu'ils sont trois substances, même si, selon la qualité propre du mot, le mot hypostase, chez les Grecs, dit la même chose que celui de substance chez les Latins, cela ne sonne pas correctement. Car chez les Latins, *substance* est

... quia multa quae bene sonant in lingua Graeca, in Latina fortassis bene non sonant, propter quod eandem fidei veritatem aliis verbis Latini confitentur et Graeci. Dicitur enim apud Graecos recte et catholice, quod pater et filius et spiritus sanctus sunt tres hypostases; apud Latinos autem *non recte sonat, si quis dicat quod sunt tres substantiae*, licet hypostasis idem sit apud Graecos quod substantia apud Latinos secundum proprietatem vocabuli.

Nam apud Latinos substantia usitatius pro essentia accipi

Chr. Erismann) : « Dieu, en effet, est un et le même, parce que l'*ousia* est aussi une et la même, même si l'on dit que chacune des personnes est substantielle/essentielle (ἐνουσίον) et est Dieu. Ou alors, si chaque personne est substance = essence, il serait nécessaire de parler de trois substances = essences (τρεῖς οὐσίας), celle du Père, celle du Fils et celle du Saint-Esprit. Mais cela est complètement absurde (ἀλογώτατον) ; puisque nous ne disons pas de Pierre, de Paul et de Barnabé qu'ils sont trois substances = essences. En effet, l'*ousia* de ces trois personnes est une et identique. »

1. Cf. C. Mews, « Nominalism and Theology before Abaelard : New Light on Roscelin of Compiègne », *Vivarium*, 30 (1992), p. 4-34 et, du même, « The Trinitarian Doctrine of Roscelin of Compiègne and its Influence : Twelfth-Century Nominalism and Theology re-considered », *in* A. de Libera, A. Elamrani-Jamal, A. Galonnier (éd.), *Langages et Philosophie. Hommage à Jean Jolivet*, Paris, Vrin, 1997, p. 347-364.

mis plus souvent pour l'essence que les Grecs confessent avec nous être une en Dieu. C'est pour cela que, comme les Grecs disent trois hypostases, nous disons trois personnes, ainsi que l'enseigne Augustin dans le septième livre de *La Trinité*.	solet, quam tam nos quam Graeci unam in divinis confitemur. Propter quod, sicut Graeci dicunt tres hypostases, nos dicimus tres personas, ut etiam Augustinus docet in VII de Trinitate[1].

La consubstantialité ne dit donc rien d'autre qu'une *coessentialité* des trois hypostases ou personnes.

Si c'est cette coessentialité, que l'on entend dans la reformulation scolastique de la *circumincessio* en *consubstantialitas*, la question se posera inéluctablement à l'historien de savoir s'il lui faut replier le modèle périchorétique de l'âme sur une structure du type de :

E
↙ ↓ ↘
mens *notitia* *amor*

laissant peu de place, de prime abord, à l'immanence mutuelle des trois « substances » augustiniennes. Toutefois, si l'on admet que, dans certains contextes, *substantia* désigne *également* chez Augustin ce que l'on devrait rendre par *essentia* (ce qui est le cas quand il suit l'équation *una substantia* ∨ *essentia - tres personae*), la formule de la *circumincessio* deviendra :

> (x est dans y.z ∧ y est dans x.z ∧ z est dans x.y) ≡ x.y.z sont 'consubstantiels'

où 'consubstantiels' a le sens de « sont la/de même essence », *homoousioi*[2]. Cette formule correspond parfaitement à : (x est dans y.z ∧ y est dans x.z ∧ z est dans x.y) ∧ x.y.z sont des substances ∧ x.y.z sont la même essence ∨ substance ; mais il faut bien noter le chiasme qui fait que dans 'essence ∨ substance', 'essence' correspond à l'entente porphyrienne d'*essentia*, *i.e.* à l'interprétation : *una substantia vel essentia – tres*

1. Thomas d'Aquin, *Contra errores Graecorum*, *Pars I^a^, prooemium*.
2. Voir note complémentaire 53*.

personae de μία οὐσία-τρεῖς ὑποστάσεῖς, tandis que dans 'x.y.z sont des substances', 'substances' a le sens d'hypostase, correspondant à l'interprétation : *una essentia – tres substantiae vel personae*. Le problème est que la clarification du sens des termes fondateurs ne suffit pas toujours à clarifier celui des théories qui les (re)mobilisent.

Les discussions sur l'identité de l'âme et de ses facultés – problème classique du Moyen Âge tardif[1], où se pose avec le plus d'insistance la question du statut et de la portée du modèle périchorétique – illustrent la persistance de ce type d'équivoques. Comme le rappelle J. Moingt : « Reprenant la distinction des premiers maîtres franciscains, saint Albert le Grand et saint Thomas à sa suite, rejettent l'identité essentielle et ne gardent que l'identité substantielle, au sens de tout potentiel ou de consubstantialité. » *Identité essentielle* contre *consubstantialité* : le lecteur se demandera sans doute s'il perd là son grec ou son latin. Moingt se demande si la lecture d'un Thomas ou d'un Albert « respecte, comme le croyaient ses auteurs, la véritable pensée de saint Augustin ». La question a été fort débattue, de Gardeil à Gilson, en passant par Schmaus[2]. Selon Gilson, « la préoccupation de n'admettre aucune distinction réelle entre l'âme et ses facultés, ou entre les facultés de l'âme elle-même » est une caractéristique de l'école *augustinienne* qui s'affirme tout au long de son histoire[3]. Nous n'entrerons pas ici dans la polémique. Étant entendu qu'Augustin est toujours cité par les médiévaux, notamment par Thomas, comme garant *de la thèse de l'identité essentielle entre l'âme et ses facultés*[4], nous nous centrerons

1. Sur ce point, voir Dom O. Lottin, *Psychologie et Morale aux* XIIe *et* XIIIe *siècles*, I, 1942, p. 483-510.

2. Cf. BA 16, n. 19, « Substantialité de l'*amor* et de la *notitia* », p. 594-597.

3. Cf. É. Gilson, *Introduction*..., p. 290.

4. C'est le cas, par exemple, dans la *Summa theologiae, I^a^ Pars*, *q.* 77, *a.* 1, qui renvoie explicitement à *De Trin.*, IX, IV et X, XI, comme arguant en faveur de l'identité entre l'essence de l'âme et ses facultés ou, plus exactement, entre l'essence et la puissance de l'âme (la question posée par l'article 1 étant : « Utrum essentia animae sit eius potentia »). Nous examinons plus bas cet argument et la discussion qu'il entraîne.

uniquement sur ce qui dans la réception thomasienne et bonaventurienne du modèle augustinien est pertinent pour une archéologie du sujet.

Thomas d'Aquin : la relégitimation du 'subiectum'

Dans la philosophie et la théologie scolastiques du XIIIe siècle, le modèle augustinien de l'âme est omniprésent. Mais, indépendamment même du « choc Averroès » que l'on étudiera par la suite en détail, il a un puissant concurrent en l'espèce de la théorie *aristotélicienne* de l'âme. La noétique d'Augustin est donc tantôt invoquée contre celle d'Aristote, tantôt parasitée par elle : d'innombrables formations de compromis entre les deux noétiques sont élaborées, certaines, représentant le courant que Gilson a appelé l'« augustinisme avicennisant », organisant la rencontre d'Augustin et d'Aristote à travers le prisme du *De anima* d'Avicenne, où l'élément néoplatonicien est des plus prégnants; d'autres, passant à travers celui du *Liber de causis*, adaptation arabe des *Éléments de théologie* de Proclus, matinée de quelques emprunts aux *Ennéades*. L'archéologie du sujet n'a pas à suivre toutes les pistes oscillant entre ces deux pôles – tâche d'ailleurs aussi impossible qu'inutile. Elle doit en revanche signaler ce qui, dans le discours scolastique, va dans le sens d'une émergence de l'homme comme sujet-agent de la pensée. Deux éléments sont, de ce point de vue, incontournables :

1. la relégitimation *par le théologien* de la notion aristotélicienne de sujet en psychologie et en noétique;

2. l'intégration théologique des actes mentaux augustiniens, qu'ils soient entendus comme « virtuels » ou « actuels », à un dispositif aristotélicien gouverné par une distinction entre sujet, puissance (faculté) et acte (activité)[1].

1. Cette distinction est à rapprocher du ternaire *essence, puissance, opération* de Denys le Pseudo-Aréopagite, *Hiérarchie céleste*, XI. Le texte est cité par Thomas en *Ia Pars*, *q.* 77, *a.* 1, comme objection à la thèse de l'identité entre essence et facultés de l'âme. Le couple argumentatif Denys-Augustin se superpose souvent à Aristote-Augustin.

Un témoin privilégié de ce double mouvement est la *Somme de théologie* de Thomas d'Aquin. Le rôle du Docteur angélique dans l'histoire de la subjecti(vi)té ne se réduit pas en effet à sa réfutation des thèses averroïstes. On lui doit aussi d'avoir imposé dans la sphère du *mental* la notion de *sujet psychique* qu'Augustin avait mis tant de soin à écarter. Bref, c'est chez Thomas qu'apparaît l'idée d'un *sujet-agent de la pensée* : l'âme ou, plutôt, l'homme avec/par son âme.

On peut caractériser à grands traits la position thomasienne en notant que :

a) elle accepte la notion de sujet ;

b) elle défend une conception de l'âme comme *property-thing*, en faisant de l'intellect une partie ou faculté de l'âme qui est forme du corps, mais séparée du corps dans son opération (la pensée) ;

c) elle pose que toutes les puissances psychiques n'ont pas le même sujet : certaines (la pensée et la volonté) ayant seulement l'âme pour sujet, d'autres (la sensation), le composé humain âme-corps ;

d) elle introduit la considération des actes et des opérations *psychiques* selon Aristote en lieu et place des actes *mentaux* selon Augustin.

Le texte de base est ici la question 77 de la *Prima Pars*, particulièrement l'article 5 où, pour penser les conditions d'activité de l'âme, *les notions de sujet et d'agent* sont décisivement *rapprochées* dans un lexique et un appareil conceptuel *aristotéliciens*. Le problème directeur de l'article 5 est de savoir « si l'âme est le sujet de toutes les puissances de l'âme » *(sic)*, autrement dit : si l'âme est le sujet de toutes les puissances « psychiques ». La thèse positive est appuyée sur trois arguments, dont les deux premiers sont :

1. Il semble que toutes les puissances de l'âme sont dans l'âme comme dans un sujet. En effet, entre les puissances de l'âme et l'âme le rapport est le même qu'entre les puissances	1. Videtur quod omnes potentiae animae sint in anima sicut in subiecto. Sicut enim se habent potentiae corporis ad corpus, ita se habent potentiae animae ad animam. Sed corpus

du corps et le corps. Mais le corps est le sujet des puissances corporelles. Donc l'âme est le sujet des puissances de l'âme.

est subiectum corporalium potentiarum. Ergo anima est subiectum potentiarum animae.

2. Les opérations des puissances de l'âme sont attribuées au corps à cause de l'âme, puisque, comme le dit Aristote, *De anima*, 2, 414a12-14, « l'âme est à titre premier ce par quoi nous sentons et pensons ». Or, les principes propres des opérations de l'âme sont les puissances. Donc les puissances sont d'abord dans l'âme.

2. Praeterea operationes potentiarum animae attribuuntur corpori propter animam, quia, ut dicitur in II de anima, *anima est quo sentimus et intelligimus primum*. Sed propria principia operationum animae sunt potentiae. Ergo potentiae per prius sunt in anima.

La thèse négative, qui repose sur un autre texte d'Aristote, est que l'âme seule n'est pas le sujet de la sensation, mais le composé âme-corps :

Contre. Aristote dit dans le livre *Du sommeil et de la veille* que « sentir n'appartient en propre ni à l'âme ni au corps, mais au composé humain ». La puissance sensitive est donc dans le composé comme dans un sujet. L'âme n'est donc pas elle seule le sujet de toutes ses puissances.

Sed contra est quod philosophus dicit, in libro de somno et vigilia quod *sentire non est proprium animae neque corporis, sed coniuncti*. Potentia ergo sensitiva est in coniuncto sicut in subiecto. Non ergo sola anima est subiectum omnium potentiarum suarum.

La réponse de Thomas est que toutes les puissances psychiques ont l'âme pour *principe*, mais que certaines ont pour *sujet* l'âme elle-même, d'autres le composé âme-corps. La thèse est fondée sur deux principes :

1° celui de la dénomination du sujet par l'accident (= PDSA), « accidens denominat proprium subiectum », dont plusieurs versions circuleront du Moyen Âge à l'Âge classique, et qui jouera un rôle croissant dans la formulation et la discussion de l'attributivisme* ;

2° un principe aristotélicien, « eius est potentia sicut subiecti, cuius est operatio » – souvent rapproché par la suite du principe de « l'opération par la forme de l'opérateur » (= POF), stipulant que « ce qui opère à titre premier est la forme de l'opérateur » *(illud quo primo aliquid operatur est forma operantis)* tiré du *De anima*, 414a5-9 –, principe allégué dans une formulation extrapolée de la formule du *De somno et vigilia*, évoquée plus haut, p. 56 (I, 454a8 : οὗ γὰρ ἡ δύναμις, τούτου καὶ ἡ ἐνέργεια, « cuius est potentia, eius est actio »), ici surchargée et difficile à rendre littéralement, mais d'où ressort clairement l'idée qu'une puissance ou faculté ne peut avoir pour sujet que ce à quoi appartient sa propre opération – ce qui veut dire que, si telle ou telle opération relève de l'âme, la puissance correspondante sera *sub-jectivement* fondée dans l'âme, tandis que si telle autre opération relève du composé âme-corps, la puissance correspondante sera *sub-jectivement* fondée dans le composé.

Je réponds. Il faut dire que le sujet d'une puissance opérative, c'est ce qui est capable d'opérer, car *tout accident dénomme son sujet propre* [= PDSA]. Or c'est le même qui peut opérer et qui opère. Il faut donc nécessairement qu'*une puissance ait pour sujet ce à quoi appartient son opération* [= PSAPa], comme le dit Aristote, au début du même livre *Du sommeil et de la veille*. Or il est manifeste en fonction de ce qu'on a dit qu'il y a des opérations de l'âme qui s'exercent sans organe corporel, comme le penser et le vouloir. Par conséquent, les puissances qui sont les principes de ces opérations sont dans l'âme comme dans un sujet. Mais il y a d'autres opérations de l'âme, qui s'exercent

Respondeo dicendum quod illud est subiectum operativae potentiae, quod est potens operari, omne enim accidens denominat proprium subiectum. Idem autem est quod potest operari, et quod operatur. Unde oportet quod eius sit potentia sicut subiecti, cuius est operatio ; ut etiam philosophus dicit, in principio de somno et vigilia. Manifestum est autem ex supra dictis quod quaedam operationes sunt animae, quae exercentur sine organo corporali, ut intelligere et velle. Unde potentiae quae sunt harum operationum principia, sunt in anima sicut in subiecto.

Quaedam vero operationes sunt animae, quae exercentur per

par des organes corporels, par exemple, la vision par l'œil, l'audition par l'oreille. Et de même pour toutes les autres opérations de la partie végétative ou sensitive. Par conséquent, les puissances qui sont les principes de ces opérations ont pour sujet le composé, et non pas seulement l'âme.

organa corporalia; sicut visio per oculum, et auditus per aurem. Et simile est de omnibus aliis operationibus nutritivae et sensitivae partis. Et ideo potentiae quae sunt talium operationum principia, sunt in coniuncto sicut in subiecto, et non in anima sola.

Le temps fort de la discussion est fourni par le troisième argument du *quod sic*, un passage de *La Genèse au sens littéral*, où Augustin explique que si certaines perceptions ou émotions sont ressenties par l'âme *avec le corps*, d'autres le sont *sans le corps* :

3. En outre Augustin, *La Genèse au sens littéral*, XII, 7, 24, dit que l'âme ne ressent pas certains [états] par le corps, mais bien plutôt sans le corps, la crainte par exemple; et qu'elle en ressent d'autres par le corps. Mais si la puissance sensitive n'était pas dans l'âme seule comme dans son sujet, elle ne pourrait rien ressentir sans le corps. L'âme est donc le sujet de la puissance sensitive et, pour la même raison, de toutes les autres puissances.

3. Praeterea, Augustinus dicit, XII super Gen. ad Litt., quod anima quaedam sentit non per corpus, immo sine corpore, ut est timor et huiusmodi; quaedam vero sentit per corpus. Sed si potentia sensitiva non esset in sola anima sicut in subiecto, nihil posset sine corpore sentire.

Ergo anima est subiectum potentiae sensitivae; et pari ratione, omnium aliarum potentiarum.

On en veut tirer la preuve que l'âme est le *seul sujet des puissances* perceptives, de la puissance sensitive aussi bien que des autres : thèse platonicienne par excellence. La réponse de Thomas commence par relativiser les déclarations platonisantes d'Augustin en matière philosophique : la plupart du temps, dit-il, ce dernier ne fait que citer, sans prendre à son compte ce qu'il « récite » – formule passe-partout, que l'on retrouvera au XVe siècle sous la plume des biographes d'Albert le Grand, pour excuser ses excès de péripatétisme. Mais la véritable réplique thomasienne est qu'il y a deux façons de lire le texte allégué – « anima quaedam sentit non per corpus, immo sine corpore [...] quaedam vero sentit per corpus », *i.e.* : *soit* en appliquant la séquence *'avec ou sans corps'* à *l'acte de sentir*, en tant qu'il *émane* ou procède du *sentant*, soit en l'appliquant à *l'acte de sentir différencié* du point de vue de l'*objet senti*. Dans le premier cas, l'âme ne sent rien sans le corps (il n'y a pas de sensation sans organe corporel) ; dans le second, tout dépend de l'objet senti : l'âme sent avec le corps *ce qui a lieu* dans le corps – le sujet de la sensation est alors clairement le composé ; et elle perçoit sans le corps, *ce qui n'y a pas lieu*, ce qui, littéralement, n'*existe pas dans le corps* – auquel cas c'est elle qui est sujet de la sensation : c'est ce qui se produit quand l'âme *se sent éprouver* une émotion ou une passion.

1. Au premier argument, il faut répondre que toutes les puissances sont dites appartenir à l'âme non pas comme à un sujet, mais comme à un principe ; car c'est de l'âme que le composé tient de pouvoir accomplir de telles opérations.

Ad primum ergo dicendum quod omnes potentiae dicuntur esse animae, non sicut subiecti, sed sicut principii, quia per animam coniunctum habet quod tales operationes operari possit.

2. Au deuxième, que toutes ces puissances sont d'abord dans l'âme plutôt que dans le composé, non comme dans un sujet, mais comme dans un principe.

Ad secundum dicendum quod omnes huiusmodi potentiae per prius sunt in anima quam in coniuncto, non sicut in subiecto, sed sicut in principio.

3. Au troisième : l'opinion de Platon était que sentir est une opération propre à l'âme, comme l'est la pensée. En beaucoup de questions qui relèvent de la philosophie, Augustin utilise des opinions platoniciennes en les récitant sans les affirmer. Toutefois, dans le cas présent, quand il dit que l'âme ressent

Ad tertium dicendum quod opinio Platonis fuit quod sentire est operatio animae propria, sicut et intelligere. In multis autem quae ad philosophiam pertinent, Augustinus utitur opinionibus Platonis, non asserendo, sed recitando. Tamen, quantum ad praesens pertinet, hoc quod dicitur anima quae-

certains [états] avec le corps et d'autres sans le corps, cela peut s'entendre de deux manières.	dam sentire cum corpore et quaedam sine corpore, dupliciter potest intelligi.
Premièrement, en prenant *'avec ou sans corps'*, comme déterminant l'acte de sentir, en tant qu'il procède du sentant. Et ainsi, l'âme ne sent rien sans le corps ; car l'action de sentir ne peut procéder de l'âme que par un organe corporel.	Uno modo, quod hoc quod dico cum corpore vel sine corpore, determinet actum sentiendi secundum quod exit a sentiente. Et sic nihil sentit sine corpore, quia actio sentiendi non potest procedere ab anima nisi per organum corporale.
Deuxièmement, en prenant les termes susdits de telle façon qu'ils déterminent l'acte de sentir en fonction de l'objet senti. Et ainsi, l'âme sent certains [états] avec le corps, à savoir ceux qui existent dans le corps, comme lorsqu'elle sent une blessure ou quelque chose de semblable ; et elle en sent d'autres sans le corps, à savoir ceux qui n'existent pas dans le corps, mais seulement dans la perception que l'âme en a, comme lorsqu'elle ressent qu'elle s'attriste ou se réjouit à une annonce quelconque.	Alio modo potest intelligi ita quod praedicta determinent actum sentiendi ex parte obiecti quod sentitur. Et sic quaedam sentit cum corpore, idest in corpore existentia, sicut cum sentit vulnus vel aliquid huiusmodi, quaedam vero sentit sine corpore, idest non existentia in corpore, sed solum in apprehensione animae, sicut cum sentit se tristari vel gaudere de aliquo audito.

Cela étant, la thèse personnelle de Thomas est que :

> T : l'âme n'est à proprement parler *sujet* que de ce qu'*elle effectue elle-même par ses puissances ou parties dépourvues d'organe corporel*, à savoir : l'acte de penser et celui de vouloir.

Qui dit sujet dit opération ; qui dit sujet psychique dit opération incorporelle. On est ici très proche de la thèse attributiviste* faisant de *l'homme le sujet-agent de la pensée* – surtout si, au-delà de la *Prima Pars*, on a en tête la série d'expressions données avec une précision croissante dans le *De unitate intellectus*, § 10-11, qui voit Thomas passer de

« l'âme est à titre premier ce par quoi nous pensons » à « ce par quoi nous pensons est forme d'un corps naturel », « l'intellect possible est ce par quoi nous pensons », et « l'intellect possible est ce par quoi l'âme opine et pense » [1], ou si l'on pense à la lecture thomiste de la formule « la partie de l'âme par laquelle l'âme connaît et comprend », donnée par J. Tricot (p. 173, n. 3), sur la base de *De an.*, I, 4, 408b13-15 [2] : « ou plutôt la partie de l'âme par laquelle *l'homme tout entier* connaît et comprend ».

Il y a une équation entre *l'âme est sujet* et *l'âme pense et veut*. Ce que pose T n'est rien de moins que : l'âme est un sujet purement « psychique » ; mais aussi : l'âme n'est sujet que quand elle pense ou veut ; l'âme n'est sujet que quand elle agit ; *l'âme n'est sujet que quand elle opère son opération propre*. Cette réhabilitation du sujet nous ramène-t-elle à la phase augustinienne de *L'Immortalite de l'âme* ? Une chose est claire : le *subiectum* dont parle Thomas semble bien être l'*hupokeimenon* aristotélicien. Deux citations d'Aristote sont là pour le confirmer : *De anima*, 2, 414a12-14 et *De somno*..., 1. Cependant, Aristote lui-même n'emploie pas le mot *hupokeimenon* dans les textes allégués, et nous savons déjà que sa théorie de l'âme ne s'inscrit pas dans l'horizon de la sub-jectité. Le sujet aristotélicien relégitimé par Thomas contre la thèse augustinienne de l'identité de l'*essentia animae* à sa *potentia* ou, dans un autre idiome, contre l'identité essentielle de l'âme et de ses facultés, n'est donc pas un sujet *aristotéliquement pur*. C'est un sujet élaboré philosophiquement *dans un cadre qui n'est ni aristotélicien ni augustinien* : le ternaire *dionysien* 'essence-puissance-opération' y joue certainement un rôle important, qui a déjà fait l'objet de nombreux commentaires et de

1. Cf. Aristote, *De an.*, III, 4, 429a23, Tricot, p. 174-175 : « Ainsi cette partie de l'âme qu'on appelle intellect, *et j'entends par intellect ce par quoi l'âme pense et conçoit*, n'est en acte aucune réalité avant de penser » ; Bodéüs, p. 223 : « Par conséquent, ce qu'on appelle *l'intelligence de l'âme* – et, *par là, j'entends ce qui permet à l'âme de réfléchir et de se former des idées* – n'est effectivement aucune des réalités avant de penser. »

2. Cf. Barbotin, p. 19 : « Mieux vaudrait sans doute ne pas dire que l'âme a pitié, apprend ou pense, mais plutôt l'homme par son âme. »

discussions passionnées. Mais il y a d'autres éléments tout aussi importants. Le premier, capital pour l'archéologie du sujet, est l'interprétation même d'Augustin qui sous-tend chez Thomas l'opposition qu'il instaure entre le modèle augustinien de l'âme et les *dispositifs sub-jectifs* tirés des langages conceptuels d'auteurs aussi différents qu'Aristote et Denys. En d'autres mots, que devient chez les scolastiques du XIIIe siècle la théorie augustinienne de l'immanence mutuelle de l'âme et de ses actes ? Un texte de Bonaventure nous servira ici de guide.

Bonaventure : de la circumincession à la consubstantialité

Le problème de l'immanence mutuelle des Personnes est traité par Bonaventure[1] dans son commentaire des *Sentences.* Le franciscain est un des tout premiers témoins de l'utilisation trinitaire du terme *circumincessio* – son utilisation christologique étant plus précoce et mieux attestée au départ. Commentant le texte du Lombard (d'où le terme est absent, ce dernier s'en tenant aux expressions d'Augustin ou de l'Écriture sainte, comme « singula personarum est in singulis » ou « Filius est in Patre et econverso »), il affronte un problème qu'il formule ainsi : savoir « s'il y a égalité en Dieu avec circumincession » *(Utrum in divinis sit aequalitas cum circumincessione)*. Sa réponse – positive – est sans ambiguïté :

Je réponds. Il faut dire qu'il... y a en Dieu une suprême et parfaite circumincession. Et l'on appelle circumincession ce par quoi l'on dit que l'un est dans l'autre, et réciproquement ; et elle n'est proprement et parfaitement qu'en Dieu seul...	Respondeo dicendum quod... in divinis est summa et perfecta circumincessio. Et haec vocatur circumincessio, qua circumincessio, qua dicitur, quod unus est in alio et e converso ; et haec proprie et perfecte in solo Deo est...

Quand il aborde le problème de l'immanence mutuelle de l'âme et de ses actes ou dispositions, ce n'est toutefois pas le

1. *In I Sent., d.* 19, *pars* I, *art. unicus, q.* 4, Quaracchi I, 347a et 349a.

terme de « circumincession », mais celui de « consubstantialité » qu'il emploie : il s'agit de déterminer si *l'âme, la connaissance et l'amour ont une relation d'ordre, d'égalité et de consubstantialité*. Cette différence de vocabulaire est surprenante, surtout si l'on sait que le commentaire de la distinction 19 définit la circumincession comme « perfecta unitas essentiae cum distinctione personarum », ce qui conviendrait aussi bien à la consubstantialité. Bonaventure ferait-il, pour l'âme humaine, une distinction entre circumincession et consubstantialité ? On peut tranquillement éliminer l'hypothèse, pour une raison qu'on évoquera tantôt. Restons pour le moment sur le traitement de la question de l'âme.

Le commentaire de la distinction 3 du Ier livre des *Sentences* s'interroge sur « la relation mutuelle » de la *mens*, de la *notitia* et de l'*amor*, « selon la triple relation que pose Augustin » – *ordo, aequalitas, consubstantialitas* – « rapportée par le Maître dans le texte »[1]. Ces trois chefs ne correspondent pas terme à terme aux concepts de la série « perfection, égalité, immanence mutuelle » évoqués plus haut : l'*ordo* se substitue à la *perfectio*. La notion d'ordre synthétise divers éléments tirés de l'ensemble du *De Trinitate* (y compris les livres finaux), les notions d'égalité et de consubstantialité puisent à des éléments empruntés à la trinité dite « virtuelle » du livre IX et à la trinité dite « actuelle » du livre X. C'est bien, toutefois, sur le ternaire du livre IX, autrement dit sur la trinité « virtuelle » qu'est centrée, au moins initialement, la discussion. Le *quod sic* pose qu'il y a entre les « trois » :

1. relation d'ordre, parce que l'esprit est *parent*, la connaissance *fruit* et que le troisième est l'amour *procédant* des deux (« *ordo* est inter haec, quia mens est parens, notitia est proles, tertius est amor ab utroque procedens ») ;

2. relation d'égalité, parce que, autant qu'il est, l'esprit se connaît, et autant qu'il se connaît, il s'aime (« *aequalitas* etiam

1. Voir Bonaventure, *In I Sent.*, *d.* 3, *pars* II, *a.* II, *q.* 2, *Opera Omnia S. Bonaventurae*, vol. I, Ad Claras Aquas, 1882, p. 91 : « Secundo quaeritur de istis in comparatione ad invicem, secundum triplicem comparationem, quam ponit Augustinus, videlicet *ordinis*, *aequitalitas* et *consubstantialitatis*, et Magister recitat in littera. »

est ibi, quia mens tantum se novit, quantum est, et tantum se diligit, quantum se novit »).

3. L'argument en faveur de la consubstantialité est une citation d'Augustin. *Il y a* consubstantialité. *C'est pourquoi,* dans le livre IX de *La Trinité*, Augustin écrit :

« Nous sommes avertis, dans la mesure où nous le pouvons saisir, qu'ils existent substantiellement dans l'âme, et non pas comme dans un sujet, telle la couleur dans le corps, ou une qualité ou quantité quelconque ; en effet ce qui est tel n'excède pas la substance en laquelle il est, tandis que l'âme, par l'amour même dont elle s'aime, peut également aimer autre chose. » Il veut donc que l'amour soit consubstantiel à l'âme.

« Admonemur, si utcumque videre possumus, substantialiter haec in anima existere, non tanquam in subiecto, ut color in corpore, aut ulla qualitas aut quantitas ; quidquid enim tale est, non excedit substantiam, in qua est.

Mens autem amore, quo se amat, potest amare etiam aliud. » Et ita vult, quod amor sit consubstantialis menti.

Cette *auctoritas* est effectivement tirée du *De Trinitate*, IX, IV, 5. Elle ne reprend cependant pas l'intégralité du passage, opérant, au contraire, un choix des plus intéressants du point de vue archéologique :

Et nous remarquons en même temps, s'il est vraiment possible de le voir, qu'ils existent dans l'âme et s'y développent dans une sorte d'involution mutuelle, de sorte qu'ils s'y laissent percevoir et dénombrer substantiellement ou, pour le dire autrement, essentiellement, non comme dans un sujet, telle la couleur ou la figure dans le corps, ou quelque autre qualité ou quantité. En effet ce qui est tel n'excède pas le sujet en lequel il est. Car la couleur ou

Simul etiam admonemur si utcumque uidere possumus haec in anima exsistere et tamquam inuoluta euolui ut sentiantur et dinumerentur substantialiter uel, ut ita dicam, essentialiter, non tamquam in subiecto ut color aut figura in corpore aut ulla alia qualitas aut quantitas.

Quidquid enim tale est non excedit subiectum in quo est. Non enim color iste aut figura

la forme de ce corps-ci ne peut être également celle d'un autre corps. Mais l'âme, par l'amour même dont elle s'aime, peut également aimer autre chose.

huius corporis potest esse et alterius corporis. Mens autem amore quo se amat potest amare et aliud praeter se.

La présentation des thèses d'Augustin est amputée de Ψ_1 (les actes ou états mentaux, appelés 'connaissance' et 'amour', « existent dans l'âme et s'y développent dans une sorte d'involution mutuelle »), Ψ_2 (« ils s'y laissent *percevoir et dénombrer substantiellement* »), et d'une partie de Ψ_3 (« ou, pour le dire autrement, *essentiellement*, non comme dans un sujet »), à savoir : *a)* de la formule originaire de la circumincession et *b)* de la substitution du terme 'essence' à celui de 'substance', (pourtant) capitale dans la construction du modèle anti-attributiviste*. Tout est prêt en ce sens pour l'élimination de la périchorèse au bénéfice de la consubstantialité. En fait, le *quod sic* est centré sur le rejet du modèle « aristotélicien » de la subjectité. La noétique d'Augustin est reformulée à l'aide d'un théorème unique, qu'on peut énoncer ainsi :

Ψ_5 l'âme *(mens)*, la connaissance et l'amour existent substantiellement dans l'âme, non comme dans un sujet[1],

dont découlent :

Ψ_6 la connaissance et l'amour ne sont pas dans l'âme *(mens)* comme dans un sujet,

Ψ_7 la connaissance et l'amour ne sont pas des accidents de l'âme *(mens)*.

Le *quod sic* ne mentionne que l'amour. Mais $\Psi_{6\text{-}7}$ sont clairement posés dans la suite du texte original d'Augustin :

En outre, l'âme ne se connaît pas elle seule, mais aussi beaucoup d'autres [choses]. C'est

Item non se solam cognoscit mens sed et alia multa. Quamobrem non amor et cogni-

1. Ψ_5 correspond au collage, avec Ψ_2, d'une partie de $\ulcorner\Psi_1\urcorner$: « *l'âme* et les actes mentaux appelés 'connaissance' et 'amour' existent dans l'âme... », et non pas seulement au collage, avec Ψ_2, d'une partie de Ψ_1 : « les actes mentaux appelés 'connaissance' et 'amour' existent dans l'âme... »

pourquoi amour et connaissance ne sont pas dans l'âme comme dans un sujet, mais ils y sont aussi substantiellement, comme l'âme elle-même.	tio tamquam in subiecto insunt menti, sed substantialiter etiam ista sunt sicut ipsa mens[1].

Le *quod sic* fait, en outre, intervenir sous une forme encore plus abrégée un argument d'une importance philosophique et historique considérable, que l'on retrouvera tout au long de la discussion médiévale et postmédiévale de l'attributivisme*. Cet argument consiste dans la mise en œuvre d'un principe, que l'on appellera « principe de la limitation subjective de l'accident » (PLSA), *i.e.* : « accidens non excedit subiectum in quo est », soit :

> $\text{PLSA}_{\text{déf.}}$: un accident ne peut dépasser (excéder, outrepasser ; angl. *exceed* ; all. *überschreiten, übersteigen*) [les limites] de son sujet d'inhérence.

Chez Augustin, ce principe est justifié par l'exemple plotinien de la couleur et de la figure (la forme extérieure)[2], déjà utilisé dans *L'Immortalité de l'âme*, qui n'est pas repris sous sa forme développée dans le *quod sic*, *i.e* : « Non enim color iste aut figura huius corporis potest esse et alterius corporis ». Cette justification confirme l'enracinement du modèle attributiviste* dans l'ontologie aristotélicienne de la substance et de l'accident. Elle correspond, en effet, à la seconde clause de la définition de l'accident en *Catégories*, 1a24-25, qui consiste en une explicitation de l'expression ἐν ὑποκειμένῳ (dans un sujet, *in subiecto*) :

> Par « en un sujet », j'entends ce qui est en quelque chose non pas comme une partie *et qui ne peut exister séparément de ce en quoi il est.*

Dans l'Antiquité tardive, l'interprétation de cette clause avait donné lieu à la discussion d'une aporie que l'on présente généralement sous le titre de « problème des propriétés individuelles ». Ce problème, étudié notamment par

---

1. Augustin, *De Trinitate*, IX, IV, 5, BA 16, p. 84-85.
2. Cf. Plotin, *Ennéades*, V, 3 [49], 8, 3.

G.B. Matthews[1] et J. Ellis[2], consiste à déterminer si la clause « et qui ne peut exister séparément de ce en quoi il est », « signifie que la propriété d'un objet particulier ne peut exister que dans cet objet particulier, de sorte que la destruction de cet objet entraîne la destruction de la propriété », ou bien s'il lui « suffit, pour exister, d'être dans un sujet quelconque, même si ce sujet n'est pas toujours le même »[3]. Une des réponses standard des commentateurs des *Catégories* était que « la blancheur de Socrate n'existe que dans Socrate et ne pourrait jamais devenir la blancheur de Platon, puisque son existence dépend de l'existence de Socrate ». C'est elle qui est reprise par Augustin et qui sous-tend l'ensemble du *quod sic* de Bonaventure[4]. Le *De Trinitate* précise en quoi la thèse exprimée dans le *quod sic* sous la forme de Ψ_5 (l'âme, la connaissance et l'amour existent substantiellement dans l'âme, *non comme dans un sujet*) s'oppose victorieusement à l'attributivisme* : tout repose ici sur *PLSA*. Contrairement à l'accident, qui ne peut outrepasser les limites de son sujet d'inhérence, l'âme peut, par l'amour même qu'elle se porte, aimer autre chose et, par la connaissance même qu'elle a d'elle-même, connaître autre chose. Cette capacité *transcendantale* n'est pas une simple *aptitude* : c'est la *constitution même de l'âme*, qui veut que, les « trois » – *mens, notitia, amor* –, étant prédiqués mutuellement les uns des autres, tout en étant en eux-mêmes substances, le « dépassement » vers « autre chose » soit, en quelque sorte, *essentiellement* intimé en chacun des « trois » dans leur mutuelle immanence.

1. Cf. G.B. Matthews, « The Enigma of *Categories* 1a20ff and Why it Matters », *Apeiron*, 22 (1989), p. 91-104 ; « Container Metaphysics According to Aristotle's Greek Commentators », *Canadian Journal of Philosophy* [Suppl.], 17 (1991), p. 7-23.

2. Cf. J. Ellis, « The Trouble with Fragrance », *Phronesis*, 35 (1990), p. 290-302.

3. Voir note complémentaire 54*.

4. La position « augustinienne » se retrouve au Moyen Âge dans maints autres contextes que la discussion de l'attributivisme*. Elle est, notamment, d'une importance centrale dans les controverses sur l'Eucharistie, liées à la thèse de l'inséparabilité de l'accident. Sur cette question, voir *supra*, p. 201, n. 4.

... car bien qu'ils soient dits les uns des autres relativement, chacun [des trois] n'en est pas moins dans la substance qui est sienne ; il n'en va pas [pour eux]	... quia etsi relatiue dicuntur ad inuicem, in sua tamen sunt singula quaeque substantia ;
comme de la couleur et du coloré, qui sont dits l'un de l'autre relativement, mais de façon telle que la couleur est dans le sujet coloré sans avoir en elle-même sa propre substance, puisque c'est le corps coloré qui est substance, tandis que [la couleur], elle, est dans la substance [ma trad.].	non sicut color et coloratum relatiue ita dicuntur ad inuicem ut color in subiecto colorato sit non habens in se ipso propriam substantiam, quoniam coloratum corpus substantia est, ille autem in substantia.

Si l'on interprète l'*excessus* caractérisant l'âme et ses actes dans le sens d'une « transcendance » entendue comme constitution fondamentale de la *mens* prise dans son unité substantielle *avec* sa connaissance et son amour ; si, à la lumière de *PLSA*, on fait ainsi du « dépassement » ce qui caractérise le mode d'être *substantiel* de l'âme et de ses actes par rapport au mode d'être des accidents par rapport à leur *subiectum*, la thèse d'Augustin prend un relief saisissant dans l'histoire de la subjecti(vi)té. Contrairement, en effet, à la thèse avancée par Heidegger dans un cours marbourgeois de 1928 sur les *Fonds initiaux de la logique depuis Leibniz*[1] puis reprise par lui en 1929 dans *Vom Wesens des Grundes*, on peut dire que la position augustinienne, dans son rejet du modèle *subiectum-accidens*, consiste :

1. à refuser à l'âme (et par là même au *Dasein* humain) « le titre de sujet »[2], et, par conséquent :

1. Cf. M. Heidegger, *Metaphysische Anfangsgründe der Logik im Ausgang von Leibniz* [cours du semestre d'été 1928, Marburg], éd. K. Held, Francfort, Klostermann, 1978 [GA 26] = *Fonds métaphysiques initiaux de la logique*, trad. fr. G. Guest, Paris, Gallimard (à paraître).

2. Cf. *ibid.*, GA 26, p. 211 : « Être-sujet, cela veut dire transcender. Ce qui veut dire que l'être-là n'existe pas de telle ou telle manière, pour ensuite et à l'occasion accomplir un passage au-delà *(Überschritt)*, mais

2. à rejeter d'avance toute interprétation de la transcendance comme « désignant l'essence du sujet » ou, en d'autres termes, comme « structure fondamentale de la subjectivité »[1].

Dans la perspective augustinienne, on ne peut ni soutenir que « la transcendance n'advient pas au sujet » parce que la transcendance est la « Grundstruktur der Subjkektivität »[2], ni surtout poser que « être-un-sujet signifie : exister en transcendance et comme transcendance »[3]. *La transcendance n'advient pas au sujet*, parce qu'elle est la « constitution fondamentale » de l'âme, et qu'elle l'est, *dans la stricte mesure* où, précisément, *l'âme*, en tant qu'image de la Trinité, *n'est en rien et d'aucune façon un sujet*. En d'autres mots : s'il est vrai de dire, d'un point de vue augustinien, que « la transcendance constitue l'ipséité » ou que le *Dasein* humain « ex-siste comme un Soi-même »[4], c'est au sens précis où l'âme humaine n'est pas un *sujet* dont les actes seraient autant d'accidents[5].

---

l'exister est originellement ce pas au-delà *(Überschreiten)*. L'être-là lui-même est ce pas. »

1. *Ibid.* : « La transcendance est la constitution originaire de la *subjectivité* du sujet » et *Vom Wesen des Grundes*, in *Wegmarken*, GA 9, 1976, p. 137 : « Wählt man für das Seiende, das wir je selbst sind und als "Dasein" verstehen, den Titel 'Subjekt', dann gilt : die Transzendenz bezeichnet das Wesen des Subjekts, ist Grundstruktur der Subjkektivität », trad. H. Corbin, *Ce qui fait l'être-essentiel d'un fondement ou « raison »*, in *Qu'est-ce que la métaphysique ?*, Paris, Gallimard (Les Essais), 1951, p. 63. Sur la transcendance ou architranscendance du *Dasein* en tant que condition de possibilité ultime « non seulement de la métaphysique au sens large (questionnement de l'étant comme tel et en totalité), mais encore de tout rapport thématique à l'étant », cf. J.-F. Courtine, *Inventio analogiae...*, p. 89, n. 1, qui renvoie à GA 26, p. 110 : « Wir sind selbst zwar die Quelle der Idee des Seins – aber diese Quelle ist als Urtranszendenz des Daseins zu verstehen. Das heißt es also : die Idee des Seins aus dem "Subjekt" schöpfen. »

2. Cf. M. Heidegger, *Vom Wesen ...*, p. 138, trad. cit., p. 63.

3. *Ibid.* : « Das Subjekt existiert nie zuvor als 'Subjekt' und dann, *falls* gar Objekte vorhanden sind, *auch* zu transzendieren, sondern Subjekt*sein* heißt : in und als Transzendenz Seiendes sein », trad. cit., p. 63.

4. *Ibid.* : « Die Transzendenz konstituiert die Selbstheit », trad. cit., p. 64.

5. C'est pour le *même* motif que Heidegger attribue et Augustin refuse le statut de sujet à « nous-mêmes » : la volonté de soustraire le moi ou la *mens* au mode d'existence chosique, corporel de la *Vorhandenheit*/réalité naturelle-corporelle (celui de la *res extensa* cartésienne). C'est par la trans-

Des arguments du *quod non*, nous ne considérerons ici que ce qui a trait à la consubstantialité, à savoir les troisième et quatrième arguments. Le troisième repose sur l'assimilation de la connaissance et de l'amour – autrement dit des actes mentaux de la trinité dite « virtuelle » – à des dispositions ou qualités, donc à des accidents, qui diffèrent essentiellement de l'âme substance :

3. Enfin, il semble qu'il n'y a pas là de *consubstantialité*, car l'amour et la connaissance sont des dispositions et des qualités ; il semble donc qu'ils diffèrent essentiellement de l'âme elle-même.

3. Item, quod non sit ibi *consubstantialitas*, videtur, quia amor et notitia sunt habitus et sunt qualitates ; ergo videtur, quod essentialiter differant ab ipsa mente.

Le quatrième est une réfutation en deux temps de l'argument du *quod sic* tiré du *De Trinitate*, IX, IV, 5 et de son fondement, PLSA.

D'une part, le principe de la limitation sub-jective de l'accident est sans fondement factuel : dans la caléfaction ou la coloration, la chaleur ou la couleur dépassent ou transcendent leur sujet ; ils *s'étendent à l'extérieur* en exerçant une activité, l'une sur ce qui est chauffé, l'autre sur la vue. D'autre part, l'homme ne connaît pas que de science innée : il connaît aussi de science acquise ; or une science acquise survient sur l'âme : c'est donc un accident ; mais en tant que connaissance, elle transcende son sujet. Toute connaissance acquise étant transcendante en tant que connaissance et accidentelle en tant qu'acquise, PLSA est donc non seulement physiquement ou naturellement faux, mais falsifié par la connaissance même à laquelle on prétend l'appliquer.

---

cendance du sujet (le caractère trans-cendantal du *Dasein*) que Heidegger soustrait le je (*Dasein*) au règne de la « Nature » ; c'est par le refus de faire de la *mens* un sujet qu'Augustin garantit le caractère trans-cendantal de l'ipséité (de la *mens*). Voir *Metaphysische Anfangsgründe*..., GA 26, p. 212 : « Das Dasein ist als transzendierendes *über die Natur hinaus*. [...] Als transzendierendes, d.h. als freies ist das Dasein *der Natur etwas Fremdes*. »

4. De plus, l'argument d'Augustin est qu'ils ne sont pas dans l'âme comme des accidents, car ils s'étendent au-dehors; mais cela ne tient pas, car les accidents s'étendent au-dehors, comme la chaleur en chauffant ou la couleur en modifiant la vue. De plus, l'homme connaît certains connaissables par une science acquise, qui est un accident, et ainsi s'étend au-dehors.

4. Item, ratio Augustini est, quod non sint in anima sicut accidentia, quia se extendunt extra; sed hoc nihil est, quia accidentia se extendunt extra, ut calor calefaciendo et color immutando visum.

Praeterea homo cognoscit aliqua cognoscibilia scientia acquisita, quae est accidens, et ita se extendit extra.

Bonaventure soutient sans réserve l'existence des trois relations d'ordre, d'égalité et de consubstantialité dans l'âme humaine. Pour les deux premières, il pose que la connaissance et l'amour de la trinité dite « virtuelle » sont des *habitus*, des « dispositions connaturelles » à l'âme, qui sont *ordonnées* (selon la série *parens/proles/ab utroque procedens*) en tant que « rapportées à leurs actes » (« in comparatione ad *actus* », « sicut ponitur ordo in fide, spe et caritate, licet simul infundantur »), et *égales* « selon la conversion de l'âme sur elle-même et la perfection desdites dispositions » (« secundum conversionem animae supra se et praedictorum habitum perfectionem »), comme l'affirme Augustin « dans le livre IX de *La Trinité* », en soutenant « qu'il n'y a égalité entre ces habitus qu'en tant qu'ils sont parfaits »[1]. La détermination de

1. Cf. Augustin, *De Trinitate*, IX, IV, 4, BA 16, p. 82-83 : « ... cum perfecta sunt, aequalia sunt ». Conversion et perfection vont de pair : la connaissance de l'âme est parfaite quand elle se connaît elle-même « tout entière et rien d'autre avec elle », car sa connaissance n'est pas supérieure à elle *(non se superat notitia sua)* et elle n'est « ni inférieure, ni supérieure à sa connaissance » : « c'est elle qui connaît, c'est elle qui est connue » *(ipsa cognoscit, ipsa cognoscitur)*. Comme l'écrit É. Gilson, *Introduction...*, p. 291, « la connaissance que l'âme a de soi lui est rigoureusement égale ». Le même raisonnement vaut pour l'amour : l'amour de l'âme pour soi lui est rigoureusement égal, car « ce qu'elle aime ici n'est pas au-dessus d'elle, comme c'est le cas lorsqu'elle aime Dieu » et « ce n'est pas non plus au-dessous d'elle, comme lorsqu'elle aime les corps ; c'est juste à son niveau » (*ibid.*, p. 292).

l'*ordo* entre *habitus connaturels* par la relation à l'acte se comprend plus facilement si l'on compare la thèse bonaventurienne aux analyses de Thomas dans la *Summa theologiae*, *I[a] Pars*, *q*. 77, a. 3.

Le problème discuté est de savoir si les puissances de l'âme se distinguent en fonction de leurs actes et objets respectifs. Le premier argument du *quod non* pose que, *l'acte étant postérieur* à la puissance et l'objet lui étant *extrinsèque*, les puissances de l'âme ne se peuvent distinguer de ce double point de vue, puisqu'une chose ne saurait recevoir son espèce (c'est-à-dire se classer dans une espèce) de ce qui lui est postérieur ou extrinsèque. L'unique argument du *quod sic (contra)* part d'un principe aristotélicien : les réalités postérieures se distinguent d'après les antérieures; or, selon Aristote, les actes et les opérations sont antérieurs en raison (autrement dit logiquement) aux puissances; donc, comme les objets – les « opposés », les obstants – sont eux-mêmes antérieurs aux actes, les puissances sont bien distinguées en fonction de leurs actes et de leurs objets[1]. La réponse de Thomas va dans le sens d'Aristote :

Il faut dire que la puissance, selon cela même qui est en puissance, est ordonnée à l'acte. *La notion de la puissance doit donc être tirée de l'acte auquel elle s'ordonne.* La notion de la puissance se diversifie comme se diversifie celle de l'acte. Or la notion d'un acte se diversifie selon que se diversifie la notion de son objet. Car toute action est d'une puissance active ou d'une puissance passive. Or l'objet rapporté à

Respondeo dicendum quod potentia, secundum illud quod est potentia, ordinatur ad actum. *Unde oportet rationem potentiae accipi ex actu ad quem ordinatur,* et per consequens oportet quod ratio potentiae diversificetur, ut diversificatur ratio actus. Ratio autem actus diversificatur secundum diversam rationem obiecti. Omnis enim actio vel est potentiae activae, vel passivae. Obiectum autem

1. Thomas d'Aquin, *Summa theol.*, *I[a] Pars*, *q*. 77, *a*. 3 : « posteriora distinguuntur secundum priora. Sed philosophus dicit II de anima, quod *priores potentiis actus et operationes secundum rationem sunt*; et adhuc his priora sunt opposita, sive obiecta. Ergo potentiae distinguuntur secundum actus et obiecta. »

l'acte d'une puissance passive est principe et cause motrice; la couleur est principe de la vision en tant qu'elle met en mouvement la vue. Mais l'objet rapporté à l'acte d'une puissance active, est terme et fin; l'objet de la faculté de croissance est une quantité achevée, qui est la fin de la croissance. C'est donc de ces deux qu'une action reçoit son espèce : le principe [moteur] et la fin ou terme...	comparatur ad actum potentiae passivae, sicut principium et causa movens, color enim inquantum movet visum, est principium visionis. Ad actum autem potentiae activae comparatur obiectum ut terminus et finis, sicut augmentativae virtutis obiectum est quantum perfectum, quod est finis augmenti. Ex his autem duobus actio speciem recipit, scilicet ex principio, vel ex fine seu termino...

Cependant, insiste Thomas, les accidents ne peuvent jouer de rôle dans la distinction des puissances qu'elles soient actives ou passives.

... en effet, l'action de chauffer diffère de celle de refroidir, en tant qu'elle procède du chaud, actif, au chaud, et l'autre, du froid au froid. Les puissances sont donc nécessairement diversifiées selon les actes et les objets. Il faut cependant bien voir que ce qui est par accident ne diversifie pas l'espèce. Être coloré est accidentel pour l'animal; les espèces de l'animal ne sont donc pas diversifiées par la différence couleur, mais par une différence qui échoit par soi à l'animal : à savoir par la différence de l'âme sensitive, qui tantôt est accompagnée de la raison et tantôt ne l'est pas. C'est pourquoi rationnel et irrationnel sont les différences divisives de l'animal, qui constituent ses diverses espèces.	... differt enim calefactio ab infrigidatione, secundum quod haec quidem a calido, scilicet activo, ad calidum; illa autem a frigido ad frigidum procedit. Unde necesse est quod potentiae diversificentur secundum actus et obiecta. Sed tamen considerandum est quod ea quae sunt per accidens, non diversificant speciem. Quia enim coloratum accidit animali, non diversificantur species animalis per differentiam coloris, sed per differentiam eius quod per se accidit animali, per differentiam scilicet animae sensitivae, quae quandoque invenitur cum ratione, quandoque sine ratione. Unde rationale et irrationale sunt differentiae divisivae animalis, diversas eius species constituentes.

Ce n'est donc pas n'importe quelle différence des objets qui diversifie les puissances de l'âme, mais la différence de ce à quoi la puissance est relative par soi.	Sic igitur non quaecumque diversitas obiectorum diversificat potentias animae ; sed differentia eius ad quod per se potentia respicit.

Autrement dit : on peut soutenir que les puissances de l'âme sont diversifiées par leurs actes, sans pour autant réduire ces actes à des accidents psychiques – *l'argument thomasien exige au contraire que les actes ne soient pas des accidents*. C'est sur la même ligne que se situe la thèse de Bonaventure – à cela près, qu'il parle de « dispositions connaturelles », là où Thomas parle de « puissances » ou « facultés ».

Au rejet de la consubstantialité fondé sur l'affirmation que les actes mentaux de la trinité dite « virtuelle » sont des dispositions de l'âme, autrement dit des qualités ou accidents, le maître franciscain oppose une lecture du livre IX du *De Trinitate* refusant toute assimilation des « dispositions connaturelles » à des accidents : la thèse d'Augustin s'entend rigoureusement au sens où l'âme est convertie sur elle-même, où la *mens* est présence à soi et unité de soi-même avec soi-même, où la *mens* est, en quelque sorte une substance faite de la consubstantialité de l'amour et de la connaissance que la pensée a d'elle-même, et où conversion dit perfection. De ce point de vue, et c'est le fond de l'affaire, *l'acte*, l'habitus, *n'ajoute rien à la puissance*, alors qu'un accident est toujours et nécessairement un *ajout*.

De même il y a un troisième [rapport] : la consubstantialité, car, selon ce qu'on a dit plus haut, l'amour et la connaissance sont connaturels à l'âme en tant qu'elle est convertie sur elle-même ; et ainsi, ils n'ajoutent absolument rien aux puissances elles-mêmes. En effet, par cela même qu'elle est présente à elle-même, l'âme a la connaissance ; par cela même	Similiter est ibi tertium, scilicet consubstantialitas, quia secundum quod dictum est supra, amor et notitia animae connaturales sunt, secundum quod supra se convertitur ; et sic nihil omnino addunt super ipsas potentias. Per hoc enim, quod anima sibi praesens est, habet notitiam ; per hoc, quod est unum sibi, habet habitum amoris ; et ideo,

qu'elle ne fait qu'un avec elle-même, elle a l'habitus d'amour ; et c'est pourquoi, de même que, comme on l'a vu plus haut, les puissances sont consubstantielles à l'âme, de même, c'est le cas de ces habitus. D'où, même si elles semblent comporter le mode d'être d'un habitus ou d'une qualité, [connaissance et amour] n'ajoutent réellement rien aux puissances.

sicut potentiae sunt consubstantiales animae, ut supra visum est, ita et huiusmodi habitus.

Unde etsi videantur dicere modum habitus vel qualitatis, realiter tamen nihil supra potentias addunt.

On peut donc rejeter sans peine l'argument 3, affirmant que « amor et notitia sunt habitus *et sunt qualitates* ». Amour et connaissance sont bien des habitus, mais ce ne sont pas pour autant des qualités ou accidents de l'âme prise comme sujet : « Et ainsi la réponse à ce qui est objecté est évidente : il ne s'agit pas de qualités au sens qui est allégué » (« Et sic patet responsio ad obiectum, quod non sunt qualitates isto modo »).

Reste l'exégèse du texte de *De Trinitate* IX, *retourné* par le *quod non* contre les partisans de la consubstantialité. Tout roule ici sur le fait que l'argument d'Augustin est censé *prouver* que connaissance et amour – de la trinité « virtuelle » – « ne sont pas dans l'âme comme des accidents, *car ils s'étendent au-dehors* » – au niveau de la trinité « actuelle » : argument jugé fautif par les adversaires de la consubstantialité. Bonaventure répond qu'Augustin ne conclut pas *directement* que « l'amour ou la connaissance sont substantiellement dans l'âme, parce qu'ils s'étendent au-dehors », car un tel argument pourrait être appliqué à l'« amour désordonné ». Son argument, « à partir du conséquent » *(ex consequenti)*, est plus subtil, qui, partant du fait qu'amour et connaissance s'étendent au-dehors (la conclusion ou *consequens* de l'inférence), remonte vers ce qui le rend possible (l'*antecedens* de l'inférence : que l'amour et la connaissance ne sont pas dans l'âme comme des accidents, mais substantiellement), en vertu de la règle inférentielle qui veut que le conséquent ne puisse être vrai si l'antécédent est faux. Les logiciens médiévaux expriment ainsi la règle : « Illa propositio est vera ex qua sequitur propositio vera, quia *verum non sequitur nisi ex vero*, saltem in consequentia non sillogistica – unde *si consequens est verum, antecedens est verum.* » L'argument *ex consequenti* de Bonaventure a donc la forme : si *p* alors *q*, donc si *q* alors *p* (conversion du conditionnel). Il ne faut pas dire que la *notitia* et l'*amor* sont substantiellement dans la *mens*, parce qu'ils s'étendent au-dehors, mais qu'ils s'étendent au-dehors parce qu'ils sont consubstantiels à la *mens.* Ce qui assure l'unité substantielle de la *mens* avec sa *notitia* et son *amor*, à l'intérieur même de la substance de la *mens*, est ce qui, fondant la substantialité de sa connaissance et de son amour actuels, autrement dit l'*intelligentia* et la *voluntas* de la trinité « actuelle », lui permet de « s'étendre au-dehors ».

4. À l'objection tirée de l'argument d'Augustin il faut répondre que cet argument ne conclut pas principalement que l'amour ou la connaissance sont substantiellement dans l'âme, et cela parce que, par le même raisonnement, on pourrait dire et objecter cela pour tout amour. Il conclut à partir du conséquent, ce que l'on montre ainsi : quand, en effet, l'amour s'étend au-delà de son sujet en aimant autre chose, c'est par la vertu de la substance, de même que c'est par la substance qu'il est par soi.

Si donc l'amour et la connaissance s'étendent par une vertu substantielle, et ce sont l'intelligence et la volonté, l'amour par lequel l'âme s'aime elle-même est identique à cette volonté même, et semblablement la connaissance, par laquelle elle connaît, n'est pas autre chose

4. Ad illud quod obiicitur de ratione Augustini, dicendum, quod illa ratio non concludit principaliter, quod amor vel notitia sint substantialiter in anima; et hoc est, quia tunc pari ratione posset dici et obiici de omni amore; sed concludit ex consequenti, quod patet sic. Cum enim amor extenditur extra suum subiectum alium amando, hoc est per virtutem substantiae, sicut per se non *est*, nisi per substantiam.

Si ergo amor et notitia extenduntur per virtutem substantialem, et hae sunt intelligentia et voluntas; et amor, quo anima amat se, est idem cum ipsa voluntate; et similiter notitia, qua cognoscit, non est aliud quam intelligentia : restat ergo, quod amor et notitia respectu

que l'intelligence : il reste donc bien que l'amour et la connaissance sont pour eux-mêmes consubstantiels à l'âme elle-même.

sui sunt ipsi menti consubstantiales.

La thèse bonaventurienne reste le plus proche possible d'Augustin. Il n'en va pas de même des *scholia* imprimés à la suite du texte original, qui la reformulent dans un langage qui emprunte notamment à Thomas et à Duns Scot. Le premier *scholion* explique en effet que, pour comprendre « plus facilement » la triple conclusion positive de Bonaventure, il faut noter que :

1. la relation d'ordre qu'ont l'esprit et l'amour « n'y est pas comprise en tant que les trois *(mens, notitia, amor)* sont considérés absolument et en soi, mais par rapport à leurs actes » ;
2. L'égalité n'est pas prise « quant à l'égalité en être, mais quant aux actes réfléchis sur l'âme, pendant que l'âme s'intellige elle-même tout entière et s'aime, autant qu'elle se connaît »[1] ;
3. la consubstantialité n'est pas comprise comme absolue, en excluant toute distinction;
4. la consubstantialité que la connaissance et l'amour ont avec la *mens* ne s'entend pas proprement en tant que ce sont des actes, car les actes seconds et les accidents ne peuvent être réellement identiques à la substance de l'âme, mais en tant que ce sont des dispositions concréées[2].

Le point 4 est le plus intéressant, qui correspond à la distinction thomasienne entre *actus* et *actio* ou *operatio* (« acte

1. « Similiter *aequalitas* non attenditur quoad aequalitatem in entitate, sed quoad actus super animam reflexos, dum anima intelligit se totam et se diligit, quantum se cognoscit. » Pour la solution de l'argument contre l'égalité, le scholiaste renvoie en outre à Alexandre de Halès, *Summa theol.*, *pars II*^{a}, *q.* 62. *m.* 5. *a.* 7.

2. « Insuper notandum, quod consubstantialitas, quam notitia et amor habent cum mente, non accipitur proprie, quatenus sunt actus (quia actus secundi et accidentia non possunt esse realiter idem cum substantia animae), sed quatenus sunt habitus concreati. » Référence est faite à Duns Scot : « In hoc sensu dicit Scotus (hic q. 9.) : “Ista tria ex parte animae, ut sunt sub tribus actibus suis, in istis, inquam, tribus est consubstantialitas.” »

second») : les actes mentaux «étendus au-dehors» ne sont pas substantiellement identiques à l'âme; seuls le sont la *notitia* et l'*amor*, qui sont substance du fait même que la *mens* est «une pensée qui est substantiellement connaissance et amour»[1], habitus connaturels à la *mens*, dispositions concréées.

Le second *scholion* explique la solution au 4e argument, en intégrant la notion aristotélicienne de puissance, que nous avons vue apparaître dans le texte de la *Summa theologiae*, *Ia Pars*, *q*. 77, *a*. 3. On suppose que nul accident ne peut s'étendre à l'extérieur par sa propre vertu, mais seulement par la vertu de «quelque chose de substantiel». Le scholiaste fait sur ce point trois remarques :

> *a)* ce *quelque chose de substantiel* est la «double puissance de l'intellect et de la volonté»;
>
> *b)* la thèse est vraie de n'importe quel acte, «qu'il tende vers l'extérieur, ou qu'il soit réfléchi sur lui-même»;
>
> *c)* si «les actes de ces puissances sont rapportés à la *mens* elle-même en tant qu'elle est connue et aimée, ils ne sont pas dans l'âme comme un accident dans un sujet, mais substantiellement»[2].

Il conclut en soulignant que «c'est de la même manière que saint Thomas explique la doctrine de saint Augustin, dans la *Somme de théologie*, *Ia Pars*, *q*. 77, *a*. 1 *ad 1m* et *ad 5m*».

On le voit, la lecture scolastique d'Augustin passe bien, comme annoncé plus haut, par «l'intégration théologique des actes mentaux augustiniens, qu'ils soient entendus comme "virtuels" ou "actuels" à un dispositif aristotélicien gouverné par une distinction entre sujet, puissance (faculté) et acte (activité)». De ce point de vue, parler de «consubstantialité» ou de «circumincession» ne change pas grand-chose à l'affaire. La fluctuation terminologique de Bonaventure dans le commentaire des distinctions 3 et 19 du Ier livre des *Sentences* ne signifie pas une répugnance *croissante* à appliquer à l'âme le

1. J'emprunte cette formule à É. Gilson, *Introduction*..., p. 292.

2. «Si autem *actus* harum potentiarum ad ipsam mentem ut cognitam et amatam referuntur, non sunt in anima sicut accidens in subiecto, sed substantialiter.»

modèle dynamique de la *circumincessio*. Dans son commentaire de la distinction 29 du livre III, affrontant la question de la distinction des vertus, Bonaventure non seulement emploie la notion de circumincession à propos des *puissances* et des *dispositions* de l'âme, mais distingue, à propos de la réflexion, la « circumincession de concomitance » et l'« indivision de convenance » :

Comme chaque vertu en dénomme une autre, ou que l'acte de l'une s'attribue à l'autre, il ne faut pas comprendre que cela résulte d'une non-différence complète des habitus eux-mêmes, mais du fait d'une circumincession mutuelle et d'une concomitance, au sens où nous disons des puissances de l'âme qu'elles se contiennent mutuellement les unes les autres... Car la réflexion se fait en vertu non seulement d'une complète indivision de convenance, mais d'une circumincession de concomitance ; nous ne sommes donc pas obligés de poser que ni les puissances de l'âme ni les habitus ne diffèrent les uns des autres selon ce qu'ils sont.	Cum una virtus denominat alteram vel actus unius attribuitur alteri, hoc non est intelligendum fieri propter omnimodam ipsorum habituum indifferentiam, sed propter mutuam circumincessionem et concomitantiam ; sicut dicimus de potentiis animae, quod se invicem circumincedunt... Quia reflexio non tantummodo fit propter omnimodam indivisionem convenientiae, verum etiam propter circumincessionem concomitantiae ; ideo non cogimur ponere, nec potentias animae nec habitus, secundum id quod sunt, ab invicem non differre [1].

1. Cf. Bonaventure, *In III Sent.*, *d.* 29, *a.*, *q.* 1, *concl.*, *al.* 3, Quaracchi III, 591. Même analyse en *In II Sent.*, *d.* 27, *a.*, *q.* 2, *concl.*, *ad* 5, Quaracchi II, 658b. À la fin du XVe siècle, Gabriel Biel, *In I Sent.*, *d.* 19, *q.* 2, met sur le même plan consubstantialité et circumincession en en faisant le troisième mode de l'in-existence (au sens de l'être-dans) : « Tripliciter distingui potest inexistentia. Quaedam est per continentiam, quomodo locatum est in loco. Quaedam per intimam praesentiam cum carentia uniuscuiusque distantiae, sicut angelus est in loco [...]. Tertio modo per intimam praesentiam cum consubstantialitate [...]. Et hic modus inexistentiae vocatur per circumincessionem. »

Reste à entendre en quoi l'intégration théologique des actes mentaux augustiniens au dispositif aristotélicien détermine aussi, contre toute attente, une « relégitimation *par le théologien* de la notion aristotélicienne de sujet en psychologie et en noétique ».

IMMANENCE MUTUELLE ET SUBJECTITÉ : LE LEGS DU XIIIe SIÈCLE

L'entrée du « sujet » aristotélicien dans le dispositif trinitaire augustinien est le premier « événement » décisif dans l'histoire scolastique de la subjecti(vi)té. Le second, qui en est comme la réciproque ou la contrepartie, consiste en l'introduction du « verbe » augustinien dans le dispositif noétique aristotélicien de l'abstraction. Dans les deux cas, Thomas d'Aquin a joué un rôle décisif. La nature et la portée de son intervention sont telles que l'on peut considérer toutes les théories scolastiques ultérieures, thomistes ou antithomistes, comme inscrites dans l'horizon de ce *double geste théorique*. Il y a, pour le dire d'un mot, une *épistémè* thomasienne, dont relèvent jusqu'au XVIIe siècle, *via* Suárez et la Seconde Scolastique, tous les discours qui, directement ou indirectement, ont contribué à la naissance du sujet « moderne ». La théorie thomasienne du verbe mental, dont la critique (ou la défense) a fourni un des axes majeurs de la philosophie de l'esprit du Moyen Âge tardif, ayant été formulée par Thomas comme la fine pointe d'une réponse d'ensemble à la théorie averroïste des « deux sujets » de l'intellection, nous l'examinerons dans le cadre qui lui a donné naissance : la *discussion du modèle averroïste de la pensée*. La théorie thomasienne du sujet est, en revanche, étroitement liée à l'élaboration du complexe de problèmes suscités par l'introduction dans le modèle périchorétique augustinien des notions aristotéliciennes de sujet, puissance (faculté) et acte (activité), lestées, ici ou là, du ternaire dionysien *essence, puissance, opération*. C'est sur ce fond saturé que s'opère la relégitimation théologique du *subiectum* en psychologie. Nous en suivrons les linéaments principaux à partir de deux textes clés, empruntés l'un à la *Somme de théologie*, l'autre aux *Questions quodlibétales*.

L'épistémè thomasienne

La rencontre apparemment contre nature du sujet et de la périchorèse, que l'on a vu s'esquisser dans la *Iª Pars*, *q.* 77, *a.* 3, exigeait un certain nombre de réajustements, de modifications, de déplacements ou de transformations pour ne pas entraîner la complète destruction du modèle qu'elle était censée *mieux* servir que les formulations « platoniciennes » utilisées, selon Thomas, *recitando, non asserendo,* par Augustin lui-même. Deux problèmes nouveaux en résultaient : il fallait en effet :

- P_1 trouver une formulation philosophiquement satisfaisante de la notion d'immanence mutuelle, entendue à la fois comme immanence d'un tout à ses parties et de chaque partie au tout, problème méréologique pour la solution duquel un auteur du XIIIᵉ siècle ne disposait que de distinctions formulées dans le cadre de la discussion sur les universaux – telle la distinction entre tout intégral et tout universel ;
- P_2 trouver un statut ontologique propre pour les « puissances » de l'âme, permettant d'échapper à la conclusion que les *potentiae animae* devaient être des *accidents* de l'*âme*, si elles étaient les puissances d'un *sujet*.

Thomas a affronté et (à ses yeux du moins) résolu les deux problèmes, ou plutôt ce *double problème,* dans la *Prima pars, q.* 77, *a.* 1. La question traitée est de savoir si l'essence de l'âme est identique à sa puissance. C'est l'occasion pour le Docteur angélique de donner une explication aristotélico-compatible des principales affirmations d'Augustin.

Tout en en proposant une lecture proche de celle de Bonaventure, l'analyse thomasienne présente deux caractéristiques propres. En effet, elle affronte le rejet augustinien de l'*hupokeimenon* aristotélicien, et demande en quel sens on peut parler des puissances comme étant « dans l'âme » ou « de l'âme », sans tomber sous le coup de la critique augustinienne, mais, *première caractéristique*, elle le fait, en liaison avec P_{1-2}, en déterminant un statut propre à la puissance psychique, grâce à un rapprochement avec le propre au sens porphyrien, qui permet d'introduire une notion nouvelle de la « propriété » désormais entendue comme *intermédiaire entre substance et accident.* La *deuxième caractéristique* de la démarche thomasienne est d'évoquer le concept albertinien de *tout potestatif* (« totum potestativum »), *intermédiaire* lui aussi entre les deux autres sortes de tout connues au Moyen Âge : le *tout intégral* et le *tout universel.*

Le premier argument du *quod sic* consiste dans deux citations d'Augustin, tirées du livre IX (à propos de la trinité « virtuelle »), et du livre X (à propos de la trinité « actuelle »), *i.e.* : IX, IV, 5 (BA 16, p. 82-83) et X, XI, 18 (BA 16, p. 154-155) :

Premier argument. Il semble que l'essence de l'âme soit sa puissance. Augustin dit en effet dans le livre IX de *La Trinité* que « l'âme, la connaissance et l'amour sont substantiellement dans l'âme, ou, pour le dire autrement [1], essentiellement. »

Ad primum sic proceditur. Videtur quod ipsa essentia animae sit eius potentia. Dicit enim Augustinus, in IX de Trin., quod *mens, notitia et amor sunt substantialiter in anima, vel, ut idem dicam, essentialiter.*

Et dans le livre X, il dit que « la mémoire, l'intelligence et la volonté sont une vie, une âme, une essence ».

Et in X dicit quod memoria, intelligentia et voluntas sunt una vita, una mens, una essentia.

Thomas répond comme Bonaventure, affirmant que la thèse du livre IX s'entend « au sens où l'âme est convertie sur elle-même » : « Il faut dire qu'Augustin parle ici de l'âme *en tant qu'elle se connaît et s'aime elle-même.* » La connaissance et l'amour sont « substantiellement ou essentiellement dans l'âme, dans la mesure où *ils se rapportent à elle en tant que connue et aimée* » et où « c'est la substance même ou essence de l'âme, qui est connue et aimée ». La même réponse vaut pour la

1. Contrairement au texte original, le *Corpus thomisticum* donne « vel ut idem dicam » (« ou, ce qui revient au même »). Dans son analyse du texte, Thomas traite les deux termes comme synonymes.

thèse du livre X[1]. Mais il y a une autre réponse possible, dont, sans le nommer, Thomas emprunte le principe à Albert le Grand, qui lui-même emprunte la notion qui le fonde à Boèce[2].

Ou encore, comme le disent certains, cette phrase se vérifie à la manière dont le tout potestatif, qui est intermédiaire entre le tout universel et le tout intégral, est prédiqué de ses parties.	Vel, sicut quidam dicunt, haec locutio verificatur secundum modum quo totum potestativum praedicatur de suis partibus, quod medium est inter totum universale et totum integrale.

Il y a, dit Thomas, trois sortes de tout : le tout universel, le tout intégral et le tout « potestatif » (ou « virtuel », ou « dynamique »).

1° Le tout universel est présent en chacune de ses parties (a) selon toute son essence et (b) toute sa *virtus*. Le point (a) est, depuis Boèce, un théorème standard de la logique et de l'ontologie. Il figure dans l'*Editio secunda* du commentaire sur le *De interpr.*, 7, 17a38-b3, qui soutient que certaines *proprietates*, comme (l')humanité, sont à la fois « communiquées à plusieurs [choses] », présentes « comme un tout en *chacune* » et « comme un tout en toutes [prises ensemble] » – ce qui correspond à la définition que Boèce donne du genre dans l'aporie de l'universel du second commentaire sur l'*Isagoge* (PL 64, 83D9-12) : « un genre doit être *tout entier en chaque partie*, y être *simultanément* et *constituer la substance de chacune d'elles* » (« ... ita commune esse debet, ut et totum sit in singulis, et in uno tempore, et eorum quorum commune est constituere valeat et conformare substantiam »)[3]. Présent

1. « Et il faut semblablement comprendre l'autre affirmation qu'ils sont une vie, un esprit, une essence » (« Et similiter intelligendum est quod alibi dicit, quod sunt una vita, una mens, una essentia »).

2. Sur la méréologie de Boèce, cf. *De divisione* (PL 64, 875D-877D), éd. critique de J. Magee, *Anicii Manlii Severini Boethii De divisione liber*. Critical edition, translation, prolegomena and commentary, Leiden-Boston-Köln, Brill (Philosophia Antiqua, LXXVII), 1998, p. 38.

3. Puisque, comme le précise l'*Editio secunda* du commentaire sur le *De interpretatione*, « tous les hommes contiennent *également* l'humanité », *i.e.* « *de la même manière* qu'un homme » singulier la contient.

totalement en toutes, le tout universel se prédique proprement de chacune de ses parties (dites « subjectives » par les logiciens médiévaux) : le genre de ses espèces (« comme animal dans homme et cheval »[1]), l'espèce des individus (ou « parties singulières ») qui lui sont subordonnés.

2° Le tout intégral n'est présent totalement en aucune de ses parties (dites « intégrales »), ni selon toute son essence ni selon toute sa *virtus*. Il ne se prédique donc pas proprement de chacune (on ne dit pas : « le mur est la maison »), mais improprement de toutes prises ensemble (on peut dire : « le mur, le toit et les fondations *est la maison »).

3° Le tout « potestatif » ou « dynamique » est présent en chacune de ses parties selon toute son essence, mais pas selon toute sa *virtus* : il se prédique donc de chacune, mais moins proprement que le tout universel se prédique de ses parties subjectives.

La thèse de Thomas (ou la thèse albertinienne rapportée par Thomas) est que « c'est en pensant à ce mode » d'être et de prédication du *totum potestativum*, intermédiaire entre tout universel et tout intégral, « qu'Augustin dit que la mémoire, l'intelligence et la volonté sont l'essence une de l'âme ».

Cette thèse, qui vient d'Albert, croise la notion de tout universel avec la division quadripartite du tout dans le *De divisione* de Boèce (887D-888D). Dans ce texte, en effet, le traducteur d'Aristote, pose qu'il y a quatre sortes de touts : continu, non continu[2], universel, et « constitué de puissances » *(totum quod ex quibusdam virtutibus constat)*, et il illustre cette notion (qui correspond clairement au tout « potestatif » d'Albert) au moyen de l'âme, constituée des puissances intellective, sensitive et végétative (« Dicitur quoque totum quod ex quibusdam uirtutibus constat, ut animae alia est;

1. L'exemple thomasien de l'homme et du cheval illustrant l'immanence du tout universel à ses parties figure déjà dans Boèce, *De divisione*, éd. Magee, p. 38, 22-25 : « ... hi enim toti sunt suarum partium id est hominum vel equorum, unde et particularem unumquemque hominem dicimus. »

2. Le tout continu est du type de la ligne ou du corps ; le tout non continu, du type du peuple ou de l'armée.

potentia sapiendi, alia sentiendi, alia uegetandi : partes sunt sed non species »). En fait, tous les éléments mentionnés par Thomas figurent déjà chez Boèce, notamment l'affirmation que la substance ou essence de l'âme est constituée par l'union de ses puissances et l'analyse du rapport entre tout universel et tout constitué de puissances[1].

La thèse des livres IX et X étant doublement justifiée, Thomas affronte le problème de l'accident (P_2), soulevé par le 5e argument du *quod sic*, tiré de IX, IV, 5, et fondé sur PLSA :

Tout ce qui n'appartient pas à l'essence d'une chose est accident. Si donc la puissance de l'âme n'appartient pas à son essence, il s'ensuit qu'elle est un accident. Or cela va contre Augustin dans *La Trinité*, IX, là où il dit que ces [trois] « ne sont pas dans l'âme comme dans un sujet, comme la couleur, la figure, ou toute autre qualité ou quantité sont dans le corps, car tout ce qui est tel n'excède pas le sujet en lequel il est, tandis que l'esprit peut aussi connaître et aimer les autres choses ».

Praeterea, omne quod non est de essentia rei, est accidens. Si ergo potentia animae est praeter essentiam eius, sequitur quod sit accidens.
Quod est contra Augustinum, in IX de Trin., ubi dicit quod *praedicta non sunt in anima sicut in subiecto, ut color aut figura in corpore, aut ulla alia qualitas aut quantitas, quidquid enim tale est, non excedit subiectum in quo est; mens autem potest etiam alia amare et cognoscere.*

Comment échapper à la réduction de la puissance à un accident ? Thomas répond par une distinction. Il y a accident et accident.

1. « Animae alia pars est in uirgultis, alia in animalibus, et rursus eius quae est in animalibus, alia est rationalis, alia sensibilis est. Et rursus haec aliis sub diuisionibus dissipantur. Sed non est anima horum genus sed totum, partes enim hae animae sunt sed non ut in quantitate sed ut in aliqua potestate et uirtute. Ex his enim potentiis substantia animae iungitur ; unde fit ut quiddam simile habeat huiusmodi diuisio, et generis, et totius diuisionis. Nam quod quaelibet pars cuius fuerit eius animae praedicatio eam sequitur, ad generis diuisionem refertur, cuius ubicunque species fuerit, ipsum mox consequitur [888D] genus ; quod autem non omnis anima omnibus partibus iungitur, sed aliis alia, hoc ad totius naturam referri necesse est. »

Si l'on prend *accident* en tant qu'il se distingue de la substance, « il ne peut y avoir d'intermédiaire entre substance et accident, car ils se distinguent selon l'affirmation et la négation » du point de vue de l'ἐν ὑποκειμένῳ εἶναι, autrement dit par « *être dans un sujet* et *ne pas être dans un sujet* » (puisque, selon Cat., 2, 1a20-b9, la substance, première ou seconde, se définit par le fait de n'être pas dans un sujet, et l'accident, particulier ou universel, par celui d'être dans un sujet). Dans ce sens d'accident, donc, compte tenu du principe de bivalence, l'absence d'intermédiaire entre substance et accident exige que, si la puissance de l'âme n'est pas son essence, « ce soit un accident situé dans la seconde espèce de la qualité »[1].

Si l'on prend, en revanche, *accident* au sens où il est l'un des « cinq universaux » distingués dans l'*Isagoge* de Porphyre (avec le genre, l'espèce, la différence et le propre), « il y a quelque chose d'intermédiaire entre l'accident et la substance ». En effet, « tout ce qui est essentiel à une chose appartient à sa substance, mais tout ce qui ne lui est pas essentiel ne peut être dit accident en ce sens », c'est-à-dire au sens de la « seconde espèce de la qualité » : « seul ce qui n'est pas causé par les principes essentiels de l'espèce » est véritablement accident. Mais il y a un intermédiaire entre l'essence et l'accident proprement dit : c'est le propre, qui, s'il « ne fait pas partie de l'essence de la chose », n'en est pas moins « causé par les principes essentiels de l'espèce ». L'attribution aux puissances du mode d'être du propre est la réponse à P_2 et le seul moyen d'échapper aux conséquences non souhaitées de PLSA : « C'est, dit Thomas, sur ce mode, que les puissances de l'âme peuvent être dites intermédiaires entre la substance et l'accident, en tant que propriétés naturelles de l'âme »[2].

1. « Ad quintum dicendum quod, si accidens accipiatur secundum quod dividitur contra substantiam, sic nihil potest esse medium inter substantiam et accidens, quia dividuntur secundum affirmationem et negationem, scilicet secundum esse in subiecto et non esse in subiecto. Et hoc modo, cum potentia animae non sit eius essentia, oportet quod sit accidens, et est in secunda specie qualitatis. »

2. « Si vero accipiatur accidens secundum quod ponitur unum quinque universalium, sic aliquid est medium inter substantiam et accidens. Quia

Pour sauver à la fois Augustin et l'introduction du sujet en psychologie, Thomas répond donc, d'une part, que la puissance *est* (d'un certain point de vue) et *n'est pas* (d'un autre point de vue) un accident de l'âme, ce qui permet l'introduction de la séquence sujet, puissance, opération, dans le ternaire augustinien (de la trinité « virtuelle »), en dépit de PLSA ; et d'autre part, que, de toute façon, la thèse augustinienne authentique, portée par PLSA, s'entend « au sens où l'âme est convertie sur elle-même », autrement dit : au sens établi dans la réponse au premier argument du *quod sic*.

Quant à ce que dit Augustin : que la connaissance et l'amour « ne sont pas dans l'âme comme des accidents dans un sujet », il faut l'entendre comme plus haut, c'est-à-dire : non dans leur rapport à l'âme en tant qu'elle aime et connaît, mais dans leur rapport à l'âme en tant qu'elle est aimée et connue.

Quod autem Augustinus dicit, quod notitia et amor non sunt in anima sicut accidentia in subiecto, intelligitur secundum modum praedictum, prout comparantur ad animam, non sicut ad amantem et cognoscentem ; sed prout comparantur ad eam sicut ad amatam et cognitam.

Ce correctif permet seul de comprendre le sens authentique de l'argument d'Augustin en IX, IV, 5, dont le nerf est que « si l'amour était dans l'âme *aimée* comme dans un sujet, il s'ensuivrait qu'un accident *transcenderait* son sujet » (« quod accidens *transcenderet* suum subiectum »), « puisqu'il y a d'autres choses que l'âme qui sont *aimées* par elle »[1]. Si l'on comprend bien, la porte est ouverte à une thèse affirmant que si la connaissance et l'amour sont pris dans leur rapport à l'âme *en tant qu'elle connaît et aime,* celle-ci pourra être consi-

---

ad substantiam pertinet quidquid est essentiale rei, non autem quidquid est extra essentiam, potest sic dici accidens, sed solum id quod non causatur ex principiis essentialibus speciei. Proprium enim non est de essentia rei, sed ex principiis essentialibus speciei causatur, unde medium est inter essentiam et accidens sic dictum. Et hoc modo potentiae animae possunt dici mediae inter substantiam et accidens, quasi proprietates animae naturales. »

1. « Et hoc modo procedit sua probatio, quia si amor esset in anima amata sicut in subiecto, sequeretur quod accidens transcenderet suum subiectum ; cum etiam alia sint amata per animam ».

dérée à la fois comme sujet et comme transcendance dans un cadre attributiviste*. La conclusion thomasienne implicite, sur quoi s'appuiera toute la réflexion médiévale ultérieure, est qu'Augustin ne rejette pas plus la transcendance que la subjectité, mais une interprétation attributiviste* incorrecte du sujet de la transcendance et des conditions de possibilité de l'activité transcendantale de l'âme, qui manque le lien décisif existant entre *immanence* et *intentionnalité*, structure périchorétique de l'âme et orientation vers un objet. La lecture d'un dernier texte de Thomas va nous permettre de dégager ce point d'aboutissement de la *première* réception scolastique du modèle augustinien, et de mieux cerner la nature de ce *premier* pas en direction de l'idée d'un sujet-agent de la pensée : l'article 4 de la question 1 du 7e *Quodlibet*[1].

Vers le sujet-agent

L'article pose le problème qui, au terme du parcours engagé par *L'Immortalité de l'âme* et *La Trinité*, conduit au cœur du réseau d'arguments et de concepts d'où sortira la figure médiévale de la subjecti(vi)té : celui qui noue âme, connaissance, science, sujet, accident et transcendance. Le titre de l'article est : « La connaissance appelée "fruit de l'âme" par Augustin *est-elle ou non un accident* ? » (« Utrum notitia, quam Augustinus dicit prolem mentis, sit accidens, vel non ? ») ou, selon la formulation plus développée qui ouvre la discussion : *est-il vrai* « que la connaissance appelée "fruit de l'âme" par Augustin *n'est pas dans l'âme comme dans un sujet* »[2] ?

1. Sur ce *quodlibet*, voir P. Glorieux, « Les *Quodlibet VII-XI* de saint Thomas d'Aquin. Étude critique, *RTAM*, 13 (1946), p. 282-303. Le 7e *quodlibet* appartient à la première maîtrise parisienne de Thomas et est généralement daté de Noël 1256. Il est donc bien antérieur à la *Prima Pars*, *q.* 77 (la Ire partie de la *Summa* ayant été achevée en Italie après le 22 novembre 1267). Édition critique : *Quaestiones de quolibet. Quodlibet VII, VIII, IX, X, XI*, *Opera omnia*, t. 25/1, Rome-Paris, Commissio Leonina-Cerf, 1996.

2. Voir Thomas d'Aquin, *Quodlibet* VII, *q.* 1, *a.* 4 : « Circa quartum sic proceditur : videtur quod notitia, quae ab Augustino dicitur proles mentis, non sit in mente sicut accidens in subiecto. »

La série d'arguments *pro et contra* livre le « complexe questions-réponses » qui constitue le noyau de l'épistémè thomasienne. Les trois arguments du *quod sic* gravitent autour du texte clé du livre IX de *La Trinité*, donc de PLSA.

a¹) aucun n'accident n'excède son sujet ; la connaissance excède l'âme, puisque par elle l'âme ne se connaît pas seulement elle-même, mais connaît d'autres choses ; la connaissance n'est donc pas un accident ;

a²) aucun accident n'est égal à son sujet ; la connaissance est égale à l'âme, car si tel n'était pas le cas, l'image de la Trinité ne consisterait pas dans le ternaire *âme-connaissance-amour* posé par Augustin ; la connaissance n'est donc pas un accident ;

a³) dans *La Trinité*, IX, IV, 5, Augustin écrit : « la connaissance et l'amour existent substantiellement dans l'âme ou, pour le dire autrement, essentiellement, non comme un accident dans un sujet, comme la couleur ou la figure dans le corps »[1].

L'unique argument du *contra* est que la connaissance de l'âme n'est rien d'autre que ce qu'on appelle « science » (la *scientia* de *L'Immortalité de l'âme*) ; or la science est un accident, car elle relève de la première espèce de la qualité ; il en va donc de même de la connaissance[2].

Dans le *respondeo,* Thomas distingue quatre acceptions du terme « connaissance » :

c_1 : la nature cognitive,
c_2 : la puissance cognitive,
c_3 : l'habitus cognitif,
c_4 : l'acte de connaissance ;

1. « *Nullum* enim *accidens excedit suum subiectum.* Sed notitia excedit mentem, quia mens non solum seipsam, sed et alia per notitiam novit. Ergo notitia non est accidens mentis. Praeterea, nullum accidens est aequale suo subiecto. Sed notitia est aequalis menti ; alias in notitia, mente et amore non consisteret imago Trinitatis, quod Augustinus ponit. Ergo notitia non est accidens mentis. Praeterea, hoc idem videtur ex verbis Augustini, qui in IX Lib. de Trinit. dicit, quod notitia et amor in anima existunt substantialiter, vel, ut ita dicam, essentialiter, non tamquam accidens in subiecto, ut color aut figura in corpore. »

2. « Sed contra, notitia mentis nihil aliud esse videtur quam scientia. Sed scientia est accidens, cum sit in prima specie qualitatis. Ergo et notitia. »

qu'il met en parallèle avec celles du mot « sens » :

> s_1 : la nature sensitive, en tant que principe de la nature sensible,
> s_2 : la puissance sensitive,
> s_3 : l'acte de sensation [1].

Sur cette base, il commence par répondre à a^3 en posant que :

1. si l'on prend *connaissance* au sens de c_1 la connaissance n'est pas dans la substance de l'âme comme dans un sujet, mais substantiellement et essentiellement, au sens où l'on dit que *rationnel* est dans *vivant* et *vivant* dans *étant* [2] ;
2. si l'on prend *connaissance* au sens de $c_{2\text{-}4}$, une distinction s'impose, selon qu'on rapporte la connaissance au connaissant (2a) ou au connaissable (2b).

Dans le premier cas, 2a, *la connaissance est dans le connaissant comme dans un sujet*, et, en ce sens, *elle n'excède pas son sujet* (puisque la connaissance ne peut se trouver en rien d'autre que dans l'âme).

Dans le second cas, 2b, la connaissance n'est pas prise sous le rapport de *l'être-dans* (l'in-existence brentanienne), mais sous celui de *l'être-à* (au sens où Heidegger distingue *Sein in*, être-dans, et *In-Sein*, être-à, et dénonce notre inclination à « comprendre l'être-à... comme un "être dans... " »), et, en ce sens, elle ne tombe pas sous le concept d'accident, car ce qui fait d'un accident un accident n'est pas l'être-à (disons : la relation à un objet) mais l'être-dans (disons : l'inhérence à un sujet). C'est pourquoi, ajoute Thomas, la relation est (avec la substance) une des deux catégories qui

1. « Respondeo. Dicendum, quod notitia quatuor modis accipi potest. Primo pro ipsa natura cognoscitiva ; secundo pro potentia cognitiva ; tertio pro habitu cognoscitivo ; quarto pro ipso cognitionis actu. Sicut etiam hoc nomen sensus, quandoque nominat naturam sensitivam, prout scilicet est principium huius naturae, quod est sensibile ; quandoque vero nominat ipsam potentiam ; quandoque vero actum. »

2. « Loquendo ergo de notitia primo modo accepta, constat quod *non est in substantia mentis sicut accidens in subiecto, sed substantialiter et essentialiter* ; sicut dicitur, quod rationale est in vivo, et vivum in ente. »

demeurent *in divinis* : l'être-à, *ad aliud*, dont relève le relatif-à, *ad aliquid*, n'y dit pas l'accident ou l'accidentalité.

Sous le rapport 2b, *la connaissance n'est* donc *pas dans le connaissant comme dans un sujet*, et c'est dans ce cas qu'*elle excède son sujet* (puisque, par elle, l'âme connaît d'autres choses[1]) : ce qui constitue la réponse à a^1. C'est aussi avec 2b que l'on peut répondre aux deux parties de a^2, car c'est en ce sens que *(i)* l'âme est image de la Trinité et que *(ii)* il y a égalité entre la connaissance et l'âme, car c'est selon 2b que *la connaissance s'étend à tout ce à quoi l'âme elle-même peut s'étendre*[2].

Résumons. L'épistémè thomasienne comporte, on l'a dit, au moins deux traits fondamentaux qui ont fait époque dans l'histoire du « sujet » :

1° l'introduction du sujet aristotélicien dans le modèle périchorétique de l'âme ;

2° celle du Verbe/verbe augustinien dans le modèle aristotélicien de la connaissance abstractive.

Le premier s'est construit indépendamment de la crise averroïste dans un dialogue de pensée direct avec Augustin (même si certaines thèses fondamentales de la reformulation du modèle périchorétique ont été conçues en liaison avec la discussion des thèses averroïstes sur le statut de l'âme intellective et son rapport avec l'homme) ; le second est une réponse

1. « Si autem loquamur de notitia tribus aliis modis accepta, sic dupliciter potest considerari. Vel secundum quod comparatur ad *cognoscentem* : et *sic inest cognoscenti sicut accidens in subiecto*, et *sic non excedit subiectum*, quia nunquam invenitur inesse alicui nisi menti. Vel secundum quod comparatur ad *cognoscibile* : et ex hac parte non habet quod insit, sed quod ad aliud sit. Illud autem quod ad aliquid dicitur, non habet rationem accidentis ex hoc quod est ad aliquid, sed solum ex hoc quod inest ; et inde est quod sola relatio secundum rationem sui generis cum substantia remanet in divinis, nec tamen est ibi accidens ; et propter hoc notitia secundum considerationem istam *non est in anima sicut in subiecto*, et secundum hanc comparationem *excedit mentem* in quantum alia a mente per notitiam cognoscuntur. »

2. « Secundum hanc etiam considerationem ponitur Trinitatis imago, quia etiam personae divinae distinguuntur secundum quod ad alterum sunt. Et secundum hoc etiam est quaedam aequalitas notitiae ad mentem, in quantum se extendit ad omnia ad quae potest se extendere mens. »

aux insuffisances de la théorie averroïste, voire aristotélicienne de l'abstraction : une remise en cause de la théorie de la *species intelligibilis* comme unique facteur d'explication de la pensée. Les deux éléments sont inséparables du point de vue épistémique, si l'on veut déterminer le socle sur lequel s'est progressivement édifiée la théorie du sujet. On ne peut cependant comprendre réellement la signification de l'introduction du Verbe augustinien dans la noétique aristotélicienne, ni les réactions qu'elle a entraînées chez Scot, les scotistes et les partenaires de discussion de Scot, d'un mot : la mise en *crise* de l'épistémè thomasienne à la fin du XIIIe et au début du XIVe siècle, avec son cortège de théories, de distinctions et d'arguments nouveaux, et son maintien, parallèlement, d'un certain cadre, relativement stable, de problématisation, si l'on n'examine pas à fond la construction du modèle averroïste, auquel Thomas a successivement opposé deux alternatives :

– celle de l'aristotélisme authentique, mobilisé de manière quasi philologique contre les détournements et contresens du *philosophiae peripateticae peruersor* ;

– celle de l'ajout du *verbum conceptum* « augustinien » à la *species intelligibilis* aristotélicienne.

La crise averroïste a conduit Thomas à faire intervenir une notion absente de l'horizon épistémique des premiers *averroistae* : le Verbe/verbe. C'est une *raison supplémentaire*, en dehors de l'importance intrinsèque de la construction du modèle averroïste dans l'histoire de l'attributivisme*, d'examiner la genèse et la structure dudit modèle. Ce n'est qu'au sortir de ce long examen, interne à la geste de l'aristotélisme médiéval, que l'on pourra, revenant à Augustin, renouer avec la position du *sujet thomasien* véritable, ses critiques augustiniennes et les diverses figures, posthomasiennes, thomistes ou antithomistes, scotistes ou non scotistes, de la confrontation et de la contamination des deux modèles médiévaux de la sub-jectité. Tel est le trajet : d'Augustin à Averroès, d'Averroès à Augustin, en passant par Thomas.

Conclusion

Le sujet pensant, l'homme en tant que *sujet* et *agent* de la pensée n'est pas une création moderne. Ce n'est pas davantage un concept « psychologique ». Moins encore l'invention de Descartes. C'est le produit d'une rencontre, tout sauf brève, entre théologie trinitaire et philosophie, qui aura, de fait, duré de l'Antiquité tardive à l'Âge classique. On ne le jurerait pas à consulter le *Trésor de la langue française informatisé*. Avant 1817 et Maine de Biran, le *sujet* n'y est pas lié à la pensée (l'*Examen des leçons de philosophie* définissant le sujet comme l'« être pensant dans la mesure où il se saisit comme connaissant par une intuition interne »). Et il faut attendre 1841 pour y voir un Victor Cousin, protestant que « la raison n'est pas subjective », poser que « le sujet, c'est le moi, c'est la personne, la liberté, la volonté » (*Cours d'histoire de la philosophie moderne*). Pour ou contre Kant : en tout cas, après et avec lui, tels sont, quand ils ne sont pas cartésiens, les débuts les plus généralement allégués du sujet pensant, du sujet dit « moderne ». Faut-il s'en étonner ? Oui, en un sens. Car, ce que l'on cherche se trouve assez facilement en latin *avant Kant*. Il suffit d'en appeler au « vieux terme », repris récemment par Descombes : « suppôt », autrement dit *suppositum*. C'est en effet dans le vocabulaire de l'École, comme *suppositum intelligens*, que le sujet pensant a fait ses débuts de syntagme figé. Et comme *definiens* de la personne, chassant, en la matière, sur les terres mieux explorées de la « substance ». Deux exemples empruntés aux *viri obscuri* de la théologie allemande suffisent à nous instruire : le *Lexicon philosophicum terminorum philosophis usitatorum* de Johannes Micraelius (Lütkeschwager, 1597-1658), qui, dès 1653, alterne *substantia* et *suppositum* dans sa définition de la personne comme suppôt ou substance « intelligent(e), individuel(le), incommunicable, non soutenu(e) par un autre ni en un autre » (p. 815 et 817) ; un siècle plus tard, l'*Evangelische Glaubenslehre* (t. I, p. 426) de Siegmund Jacob Baumgarten (1706-1757), qui, en 1759, définit la personne en Dieu comme *suppositum intelligens.* Mais les philosophes ne sont pas en reste. Dès 1771, soit dix ans avant la première édition de la *Critique de la raison pure*, Johann-Heinrich Lambert (1728-1777) explique dans son *Architectonic* (§ 288), que, « sans un *suppositum intelligens* existant », la vérité logique serait un « pur néant » *(ein völlig Nichts)*. Et l'on pourrait, haussant d'un cran la mire, poursuivre l'inventaire, des *Excerpta ac edenda* de Leibniz (*e.g.* Akad. Ausg., VI.3, p. 592) aux écrits théologiques de Locke. Mais, on l'a dit, la théologie – ou son histoire – étant devenue un *savoir mineur* au sens foucaldien du terme, il ne faut pas s'étonner que le « sujet pensant » des modernes ne soit pas pris comme l'ombre portée du *suppositum intelligens* sur ce qu'on appelle « la question du sujet ».

C'est pour rétablir la théologie dans ses droits, et par là même redonner à l'histoire de la subjectivité ses continuités et ses ruptures véritables que, *théologisant à fond la notion de sujet*, nous avons tenté de mettre en place archéologiquement les premiers éléments des deux réseaux où s'est progressivement formulée l'équation fondamentale du « chiasme de l'agence » : sujet = *agency* (= je), à savoir le réseau de la subjecti(vi)té :

sujet	↔	suppôt
↕		↕
substance	↔	personne

et celui du *subiectum* latin, héritier de l'*hupokeimenon* grec :

attribution	↔	inhérence
↕		↕
action	↔	dénomination

Ces deux schèmes doivent nous permettre de suivre à la fois, dans leurs croisements répétés et leurs recouvrements mutuels, la genèse de la définition théologique standard de la personne comme « sujet intelligent et libre », encore reprise en 1998 par Jean-Paul II dans *Fides et Ratio* (§ 4 : « cogitatum personae veluti subiecti liberi et intellegentis »), et l'émergence du « suppôt de pensée et d'action » dans la philosophie moderne, qu'elle soit cartésienne, leibnizienne ou kantienne. C'est en eux que s'inscrivent les différents *principes de subjectivation*, dont nous avons donné un premier relevé, de PDSA : *omne accidens denominat subiectum* ou PDSAc : *subiectum denominatur a propria actione* à PSA : *actiones sunt suppositorum.* L'ensemble du dispositif sera mis en œuvre dans les volumes suivants, à partir d'un noyau dur – la définition thomasienne de la personne –, dans toutes les directions où la Seconde Scolastique l'a fait se diffuser. La relégitimation thomasienne du *subiectum* contre l'interdit frappant depuis le *De Trinitate* l'ὑποκείμενον est le point de départ ou, pour mieux dire, le socle épistémique sur lequel s'est progressivement constituée la théorie de l'homme comme sujet-agent de la pensée. La réception critique des thèses noétiques d'Averroès a joué un rôle déterminant dans ce processus, mais tout autant le redéploiement sur des bases nouvelles, avec ou contre Aristote et/ou Averroès, des principaux composants du « modèle augustinien ». Il appartient à Thomas d'avoir engagé les deux. Et plus encore d'avoir élaboré le concept de la personne avec lequel toute la tradition théologique et philosophique n'a cessé depuis de s'expliquer : une substance individuelle de nature raisonnable, ayant la maîtrise de ses actes *(dominium sui actus)*, qui n'est pas simplement agie comme les autres, mais agit par elle-même, car les actions sont dans les singuliers (*Summa theologiae*, *I*ª *Pars*, q. 29, a. 1). *La relation du sujet et de la personne est le problème fondamental d'où est issue la notion moderne de sujet*. Une partie de la tradition, particulièrement à l'Âge classique et à l'époque récente, s'est demandé *ce qui faisait du sujet une personne.* Comme si l'histoire des concepts se plaisait à déplier ce que la traduction, le passage du grec au latin avaient fixé et enveloppé dans l'équation originelle qui, de l'ὑπόστασις, avait conduit au *suppositum*, au *subiectum*, à la *substantia* et, dès Augustin, à la *persona*, la tradition médiévale et postmédiévale, le « long Moyen Âge », de Duns Scot à Suárez, de Capreolus à la scolastique protestante, où Leibniz a plus que tout autre puisé, n'ont cessé de creuser un autre sillon en posant inlassablement la question inverse : *Qu'est-ce qui fait d'une personne un sujet ?* En s'engageant pour y répondre dans une théorie de la *personalitas*, la Seconde Scolastique a ouvert la voie à une radicalisation de l'attributivisme* où se sont rencontrées paradoxalement la pensée classique et la néoscolastique. Toutes deux, en effet, soutiennent à des degrés divers que la *personnalité* est « ce qui constitue le sujet intelligent comme *sujet premier d'attribution* de tout ce qui lui convient », « *centre d'appartenance* de tout ce qui lui est *attribué* » ; qu'elle est le *constitutif* d'un moi, « *possédant* sa nature, son existence, ses actes de conscience et de liberté » (selon la formule célèbre de R. Garrigou-Lagrange). Restait à définir cette *personnalité*. Tâche écrasante, qui a vu s'affronter tous les penseurs de l'École durant plus de trois siècles. Le dossier existe et nous attend. Nous l'ouvrirons dans le second volume : *Le Sujet de l'action*.

NOTES COMPLÉMENTAIRES

1* À propos de la « querelle des pronoms », on notera cette remarque d'E. Ortigues, discutant les thèses de G.M. Edelman (dans *Plus vaste que le ciel. Une nouvelle théorie générale du cerveau,* Paris, Odile Jacob, 2004, trad. fr. de *Wider than the Sky. The Phenomenal Gift of Consciousness*), *in* « Edelman et la conscience humaine », *Critique*, 703 (2005), p. 921-922 : « Les mots "soi" ou "moi" sont des pronoms. C'est une erreur grammaticale de les traiter comme des noms en se donnant l'illusion de désigner un point de référence fixe [...]. Dans la syntaxe linguistique, les pronoms personnels appartiennent au système du verbe comme les pronoms ou adjectifs possessifs appartiennent au système du nom. Dans tous les cas, les indicateurs pronominaux se répartissent en trois positions dites première personne, deuxième et troisième personne. Le propre d'une personne est de pouvoir se reconnaître dans *toutes* les positions nécessaires à l'existence d'un système de communication suivant que je parle, qu'on me parle ou qu'on parle de moi. Il n'y a aucune raison de substantiver la première personne en la séparant du procès exprimé par le verbe, car le propre de la première personne (et de la deuxième) est d'être contextuellement liée aux circonstances d'énonciation, c'est-à-dire à la "scène" où s'accomplit l'acte de parole. Seule la troisième personne est contextuellement libre, elle marque une position objective, neutre ou impersonnelle. Les indicateurs de la personne et de l'objet se conjuguent avec le verbe, car la présence personnelle inclut la référence au passé ou au futur (ce n'est pas le présent qui est dans le temps ; c'est le temps qui est dans le présent). »

2* Tesnière est très présent dans la pensée de Descombes. Dès 1991, c'est aux mêmes *Éléments* qu'il empruntait une partie des justifications de sa critique de la thèse de Ricœur sur la « référence non identifiante » du « je » (*Soi-même...*, p. 61) : « Dans la phrase “je parle”, le mot *je*, au fond, ne dit pas qui parle : car la question de savoir qui parle ne se pose pas. Pour rendre compte du je, on devrait peut-être faire appel à une distinction du genre de celle que propose Tesnière. Ce linguiste nie qu'il y ait, à proprement parler, une catégorie unique des pronoms personnels. Il distingue les “indices personnels” (je, tu, il) de ce qu'il appelle les “substantifs personnels” (moi, toi, lui). L'indice personnel, dit-il, n'est qu'un “adjuvant du verbe”, un mot qui est là pour nous renseigner sur la façon dont le verbe est employé plutôt que sur la personne [...]. Pour cette syntaxe structurale, la fameuse égologie ne devrait donc pas se présenter comme une “philosophie du je”, mais comme une “philosophie du moi”. » Et d'ajouter : « Cela confirme l'opinion de ceux des auteurs analytiques qui soutiennent que le mot *je* n'a pas de fonction référentielle », lesdits auteurs étant notamment P.T Geach, « On Belief about Oneself », in *Logic Matters*, Oxford, Blackwell, 1972, H.N. Castaneda, « The Logic of Self-knowledge », *Nous*, 1 (1967), p. 9-22 et E. Anscombe, « The First Person » (1974) in *Philosophical Papers,* t. II, Minneapolis, Minnesota UP, 1981, p. 21-36. C'est encore en invoquant Tesnière que Descombes formule sa « conclusion grammaticale » : « Tout comme le langage de l'intention, *le langage du soi est d'abord adverbial.* La conscience et la personnalité, tout de même que l'intentionnalité, doivent être comprises à partir de ce fait que leur statut grammatical est adverbial. Le mot *soi* est l'écho au style indirect du mot *je,* lequel est, comme le dit Tesnière, un “adjuvant du verbe”. La fonction de ces mots est donc d'abord de préciser quelque chose quant à la signification du verbe. »

3* P. Grice et A. Code exposent la distinction d'Aristote en deux types de prédication exprimés respectivement par les néologismes *izzing* et *hazzing*. Dans cette analyse (où « *is* » diffère de « *izz* », et « *has* » de « *hazz* »), « Socrate est un homme » devient : « Socrates *izz* human », et « Socrate est blanc », « Socrates *hazz* paleness », tandis que les formes : « Socrates *izz* pale » et « Socrates *hazz* humanity » sont exclues. On peut résumer les deux relations selon Grice et Code :

DIT D'UN *(izzing)*	DANS UN *(hazzing)*
Sujet et prédicat sont dans la même catégorie	Sujet et prédicat ne sont pas dans la même catégorie
Le prédicat dit ce que le sujet *« est »*	Le prédicat dit ce que le sujet *« a »*
Sujet et prédicat sont synonymes	Sujet et prédicat sont paronymes

Tout ce qui est dit du prédicat est dit du sujet	Ce qui est dit du prédicat ne peut être dit du sujet
La définition du prédicat s'applique au sujet	La définition du prédicat ne s'applique pas au sujet

4* Comme le notait déjà H. Bonitz, dans son *Index Aristotelicus* (vol. 5, réimpr. Berlin, De Gruyter, 1961, p. 798, col. 1) : « Dans [l']usage [proprement] aristotélicien des mots *hupokeisthai, hupokeimenon*, on peut distinguer principalement trois genres, pour autant que *to hupokeimenon* est ou bien la matière *(hê hulê)* qui est déterminée par la forme, ou bien l'*ousia* dans laquelle sont inhérents les passions, les accidents *(pathê, sumbebêkota)*, ou bien le sujet logique auquel sont attribués les prédicats ; mais puisque la matière elle-même est aussi rapportée à la notion d'*ousia,* le premier et le second genre ne se distinguent pas au moyen de limites partout certaines, et puisque *einai (huparkhein)* [être au sens d'appartenir à] et *legesthai (katêgoreisthai)* [être dit au sens d'être prédiqué de] sont étroitement liés l'un à l'autre, le second genre ne se distingue pas mieux du troisième. » On consultera sur ce point avec profit les commentaires de B. Cassin, « *Hupokeimenon*. Le degré zéro du sujet », *in* É. Balibar, *et al.*, « Sujet », *VEP*, p. 1234-1235. Comme le souligne B. Cassin, ce qui caractérise l'*ousia* aristotélicienne est que les sens de substance et de sujet y sont intrinsèquement joints, parce que, dans la vision aristotélicienne de l'*ousia*, celle-ci est « de son propre fonds, apte à les unir ». Dans les termes de la présente recherche, cela veut dire que *subjectité* et *attributivisme* sont liés. Ce qui est propre à l'*ousia*, « c'est qu'elle soit apte à recevoir les contraires tout en étant la même et numériquement une » (*Cat.*, 6, 4a10-11) : la couleur ne peut pas être en même temps blanche et noire en restant une et la même ; l'*ousia*, elle, le peut. Ce qui caractérise le « sujet » au sens de substance-sujet individuel, par exemple, *ho tis anthrôpos*, tel homme singulier, c'est de recevoir des accidents-prédicats contraires, en demeurant un et le même, « par un changement qui lui appartient en propre » (4b3). La subjectité de l'*ousia prôtê* en tant que substance matérielle ne fait qu'un avec sa subjectité de sujet logique : c'est ce qui fait d'elle onto-logiquement et par antonomase un *hupokeimenon.* Ce pourquoi la meilleure définition de la substance-sujet individuelle est celle des *Catégories*, Aristote n'y posant pas directement que l'*ousia* est *hupokeimenon,* mais bien plutôt qu'elle l'est en tant qu'elle n'est ni prédicable ni accident, ni « dite d'un sujet » ni « dans un sujet ».

5* À ma connaissance, Locke invoque Burgersdijk à deux reprises. La première fois dans ce passage de la *Lettre à Edward, évêque de Worcester* : « If by almost discarding substance out of the reasonable part of the world your lordship means, that I have destroyed, and almost discarded the true idea we have of it, by calling it "a substratum, a supposition of we know not what support of such qualities as are capable of producing simple ideas in us ; an obscure and relative idea : that without knowing what it is, it is that which supports accidents ; so that of substance we have no idea of what it is, but only a confused and obscure one, of what it does ;" I must confess this, and the like I have said of our idea of substance ; and should be very glad to be convinced by your lordship, or any-body else, that I have spoken too meanly of it. He that would show me a more clear and distinct idea of substance, would do me a kindness I should thank him for. But this is the best I can hitherto find, either in my own thoughts, or *in the books of logicians* : for their account or idea of it is, that it is "Ens," or "res per se subsistens et substans accidentibus ;" which in effect is no more, but that substance is a being or thing ; or, in short, something they know not what, or of which they have no clearer idea, than that it is something which supports accidents, or other simple ideas or modes, and is not supported itself as a mode or an accident. So that *I do not see but Burgersdicius, Sanderson, and the whole tribe of logicians*, must be reckoned with "the gentlemen of this new way of reasoning, who have almost discarded substance out of the reasonable part of the world". » La seconde allusion à Burgersdijk figure dans ce bijou de polémique extrait de la *Réplique* de Locke à la *Réponse de l'Évêque de Worcester* à sa *Seconde lettre* : « In the next paragraph, your lordship *bestows the epithet of dull on Burgersdicius and Sanderson, and the tribe of logicians.* I will not question your right to call any body dull, whom you please : but if your lordship does it to insinuate that I did so, I hope I may be allowed to say thus much in my own defence, *that I am neither so stupid or ill-natured to discredit those whom I quote, for being of the same opinion with me.* And he that will look into the eleventh and twelfth pages of my reply, which your lordship refers to, will find that I am very far from calling them dull, or speaking diminishingly of them. But if I had been so ill-bred or foolish as to have called them dull, I do not see how that does at all serve to prove this proposition, "that upon my principles we can come to no certainty of reason, that there is any such thing as substance" [...]. » Pour Reid qui, comme le note Angelelli, *Gottlob Frege...*, p. 128, voit en Burgersdicius un « très pénétrant écrivain en logique », cf. Th. Reid, *Essays on the Intellectual Powers of Man, to which is Annexed an Analysis of Aristotle's Logic*, London 1843, *Analysis of Aristotle's Logic*, chap. II.

6* La grammaire modiste est dans une large mesure une grammaire de la dépendance : toute la syntaxe modiste, ou plus exactement sa théorie de la *constructio*, repose sur l'idée qu'une construction grammaticale est une relation entre deux « constructibles », dont l'un, le *dependens*, « ouvre une dépendance », et l'autre, le *terminans*, « termine la dépendance » ouverte par le premier. Comme il s'agit de grammaire, ce sont les « modes de signifier » *(modi significandi)* des constructibles, en tant qu'ils figurent « en acte » dans une *constructio*, qui déterminent leur statut de dépendant ou de terminant – par exemple, dans le cas de ce qu'on appelle précisément un « nom adjectif », c'est son mode de signifier, le mode dit « de l'adjacence » ou « de l'adjacent » *(adiacentis)*, qui fait de lui un *dependens*, et de même, dans le cas du verbe (ou du participe, dans la mesure où il participe de la nature du verbe), c'est le mode de signifier dit « de la signification » ou, pour mieux dire « de la transitivité », qui fait de lui un *dependens*, contrairement à celui du « nom substantif » (ou du participe, dans la mesure où il participe de la nature du nom substantif), qui fait de lui un *terminans*. Une phrase comme *'video legentem librum'* contient donc pour un modiste deux constructions : (1) *video* → *legentem* et (2) *legentem* → *librum*, où dans (1) *video* est *dependens,* et *legentem terminans,* et dans (2) *legentem* est *dependens,* et *librum terminans*. Naturellement, ce cas simple n'épuise pas toute la syntaxe modiste. Les *modistae* distinguent en effet deux types de construction : la construction des actes et la construction des personnes, qui se subdivisent toutes deux en transitives et intransitives. Ici, c'est le statut du *terminans* qui détermine celui de la construction, étant donné que, dans la construction des actes, pour s'en tenir à ce qui nous intéresse le plus, le *terminans* peut être soit le *principe* soit le *terme* de l'acte : dans *'Socrates currit'*, le *terminans* de la construction, *Socrates*, est le principe de l'acte, la construction est intransitive ; dans *'Video Socratem'*, le *terminans* de la construction, *Socratem*, est en même temps le terme de l'acte, la construction est transitive. On voit à quel point le discours modiste de la dépendance est disciplinairement saturé : physique, ontologie et grammaire y sont si intimement corrélées, voire inextricablement mêlées qu'on ne sait s'il faut parler ici d'une grammaire de l'action ou d'une physique du discours. Il faudra y revenir et en prendre toute la mesure en examinant les théories scolastiques du sujet-agent. Nous reviendrons sur tout cela dans le volume II. Sur la théorie modiste de la dépendance et les *Modistae*, la meilleure introduction d'ensemble reste I. Rosier (Catach), *La Grammaire spéculative des modistes*, Lille, PUL, 1983, à quoi l'on ajoutera, pour une mise en perspective plus large et une discussion critique des schèmes historiographiques, « Modisme, prémodisme, proto-modisme : pour une définition modulaire », *in* S. Ebbesen, R. Friedman (éd.), *Medieval Analyses in Language and Cognition*, Copenhague, 1999, p. 45-81, et « La tradition de la grammaire universitaire », *in* M. de Nonno, P. de Paolis, L. Holtz (éd.), *Manuscripts and Tradition of Grammatical Texts from Antiquity to the Renaissance, Proceedings of a Conference Held at Erice 16-23 october 1997, as the XIth Course of International School for the Study of Written Records*, 2000, p. 449-498. Sur la sémantique, la sémiotique et la philosophie du langage modistes, voir la somme de C. Marmo, *Semiotica e linguaggio nella scolastic : Parigi, Bologna, Erfurt, 1270-1330. La semiotica dei modisti*, Rome, Instituto storico italiano per il Medioevo, 1994.

7* Concernant l'*a priori* historique, rappelons l'admirable page de *L'Archéologie du savoir* où Foucault (éd. cit. p. 167-168) définit la recherche qui se délimite par-delà l'effet « un peu criant » de « ces deux mots juxtaposés » (« ... isoler les conditions d'émergence des énoncés, la loi de leur coexistence avec d'autres, la forme spécifique de leur mode d'être, les principes selon lesquels ils subsistent, se transforment et disparaissent »), et justifie l'utilisation de ce « terme un peu barbare » : « ... c'est que cet *a priori* doit rendre compte des énoncés dans leur dispersion, dans toutes les failles ouvertes par leur non-cohérence, dans leur chevauchement et leur remplacement réciproque, dans leur simultanéité qui n'est pas unifiable et dans leur succession qui n'est pas déductible ; bref il a à rendre compte du fait que le discours n'a pas seulement un sens ou une vérité, mais une histoire, et une histoire spécifique qui ne le ramène pas aux lois d'un devenir étranger. » Précisons aussi que nous sommes bien conscients qu'un *a priori* historique n'est pas « un *a priori* formel qui serait, de plus, doté d'une histoire ». Nous ne sommes certes pas en quête d'une « grande figure immobile et vide qui surgirait un jour à la surface du temps, qui ferait valoir sur la pensée des hommes une tyrannie à laquelle nul ne saurait échapper, puis qui disparaîtrait d'un coup dans une éclipse à laquelle aucun événement n'aurait donné de préalable», d'un «transcendantal syncopé», d'un «jeu de formes clignotantes» (*ibid.* p. 169). La transposition que nous risquons de l'exigence foucaldienne dans la langue des «réseaux», autrement dit, ultimement, dans celle des «complexes questions-réponses» collingwoodiens, pourra sembler psychasthénique au regard d'un tel projet : l'ampleur de notre archive l'exige ou plutôt nous l'impose. Sa nature aussi, faite aux trois quarts d'énoncés philosophiques.

8* La définition boécienne de la personne pose divers problèmes, dont deux majeurs. Le premier est la signification de «*substantia*». S'agit-il de la substance première aristotélicienne (des *Catégories*) – appelée οὐσία, rendu ici par *essentia* –, celle qui n'est ni dans un sujet ni dite d'un sujet, ou de la «forme» (des œuvres majeures)? Le second est celui du transfert de l'hypostase grecque en latin. On sait que, chez Alexandre d'Aphrodise, l'expression «avoir hypostase» ou être «en hypostase» (ἐν ὑποστάσει) signifie *exister* : dans la théorie alexandrinienne des universaux, l'expression «avoir ὑπόστασις ou ὕπαρξις dans» les particuliers signifie «exister dans» les particuliers. Que veut dire la mise en équation boécienne de *substantia* et ὑπόστασις? La difficulté vient de ce que «hypostase» intervient dans *deux* formulations d'une même définition de la personne. Après quelques considérations sur l'origine étymologique du mot latin *persona* – et une comparaison avec celle de son équivalent grec πρόσωπον –, Boèce revient en effet sur sa définition initiale : Personne = «*substance* individuelle d'une nature raisonnable», et déclare qu'elle serait plus accessible en grec, puisque les Grecs appellent d'un terme «bien plus expressif» *(longe signatus), i.e.* ὑπόστασις, la «*subsistence* individuelle d'une nature dotée de raison» («naturae rationabilis individuam *subsistentiam*», Rand-Stewart, p. 86, 24-25). En l'espace de quelques lignes, le *Contra Eut.* 3 donne donc une seconde définition de *persona* : Personne = *subsistence* individuelle d'une nature raisonnable. Celle-ci est-elle une correction de la première? un *lapsus*? une *variatio* rhétorique? La réponse que l'on peut tirer de 86, 27-29, où Boèce reprend sa seconde définition pour louer «la plus grande richesse du vocabulaire grec», suggère que, pour lui, c'est bien par subsistence qu'il faut rendre ὑπόστασις : «sed peritior Graecia sermonum ὑπόστασιν vocat individuam *subsistentiam*». Il y a donc au minimum une tension entre les équivalences proposées initialement par Boèce – *essentia* = οὐσία, *subsistentia* = οὐσίωσις, *substantia* = ὑπόστασις – et l'utilisation réelle qu'il fait du lexique qu'il a lui-même introduit. L'histoire du « sujet » a été profondément marquée *par la tension entre substance et subsistence affectant à sa source même le vocabulaire philosophico-théologique latin*. Si l'on ajoute à cela l'évolution des idées d'Aristote sur la substance entre les *Catégories* et les œuvres ultérieures, on s'explique les contradictions et les polémiques qui, de l'Antiquité tardive à l'Âge classique, ont scandé la réflexion sur le statut de l'hypostase.

9* Le livre de L. Rougier, *Histoire d'une faillite philosophique : la scolastique*, Paris, Pauvert, 1966, ne fait que reprendre, en les condensant à l'extrême, les thèses de *La Scolastique et le Thomisme,* paru en 1925 (Paris, Gauthier-Villars), elles-mêmes partiellement engagées dans la thèse de doctorat publiée en 1920 chez Félix Alcan sous le titre : *Les Paralogismes du rationalisme. Essai sur la théorie de la connaissance.* La vision rougiérienne de la scolastique peut être ainsi résumée : une perversion de l'aristotélisme, induite par l'idée de création, fondée sur l'interprétation ontologique erronée d'une distinction logique des *Seconds Analytiques*, retournant contre Aristote sa propre règle d'or, détournement/retournement maladroitement esquissé dans le néoplatonisme, porté à sa perfection première dans la philosophie arabe et pleinement actualisé par le thomisme sous la forme d'une théorie précise – la distinction réelle entre essence et existence –, devenue au fil du temps « fondement de la philosophie chrétienne ». La « distinction logique des *Seconds Analytiques* » est : « les définitions n'impliquent jamais l'existence du défini ». Cf. L. Rougier, *Les Paralogismes du rationalisme*..., p. 141, qui restitue ainsi le « principe d'Aristote » (« autre chose est de savoir ce qu'est l'homme, autre chose de savoir qu'il existe », 7, 92b10) : « Dans le premier cas on répond à la question : τί ἐστι ; dans le second, à la question εἴ τι ἐστι ἢ οὔ. Ces deux sortes d'interrogation sont radicalement hétérogènes, et la définition ne répond qu'à une seule : ὅ τε γὰρ ὁρισμὸς ἕν τι δηλοῖ (7, 92 b 9). C'est pour cela qu'il ne faut pas confondre les définitions avec les hypothèses que l'on trouve au début des sciences déductives et qui sont des postulats d'existence : Οἱ μὲν οὖν ὅροι οὐκ εἰσὶν ὑποθέσεις (οὐδὲν γὰρ εἶναι ἢ μὴ λέγεται) [I, 10, 76b35, Rougier a λέγονται]. En disant que la définition n'emporte jamais l'existence du défini, il faut entendre aussi bien son existence logique, sa simple possibilité, qui seule intervient en mathématiques où l'on étudie les formes abstraites, que son existence empirique ou réelle : « les définitions n'emportent jamais ni que l'objet défini soit possible, ni qu'il existe réellement :

οὔτε γὰρ ὅτι δυνατὸν εἶναι τὸ λεγόμενον προσδηλοῦσιν οἱ ὅροι, οὔτε ὅτι ἐκεῖνο οὗ φασὶν εἶναι ὁρισμοί» (II, 7, 92b23-24).

10* On sait que dans une lettre du 9 janvier 1919, à la fois solennelle, embarrassée et programmatique, Heidegger prend congé du « système du catholicisme », au nom de sa « vocation intérieure à la philosophie », s'éloignant du même coup de son mentor Engelbert Krebs (le premier éditeur du... *De ente et essentia* du dominicain allemand Dietrich de Freiberg, † apr. 1310). Il ne rompt pas pour autant avec l'idée d'une *essence* scolastique de la pensée médiévale articulée sur le modèle néothomiste de l'ontologie ; c'est ce qui explique, entre autres, que, dans les *Grundprobleme der Phänomenologie* de 1927 (reprenant sur ce point les éléments du quasi « mythique » cours fribourgeois annulé du semestre d'hiver 1919-1920 sur les *Fondements philosophiques de la mystique médiévale*), il propose une réévaluation historique du mode de penser scolastique et de la théologie mystique du Moyen Âge en remontant à l'« essence scolastique de la mystique spéculative » à partir de l'horizon fourni par la distinction thomiste de l'*essentia* et de l'*existentia.* Pour la lettre à Krebs, cf. *Brief an Engelbert Krebs, 9.1.1919, in* B. Casper, « Martin Heidegger und die theologische Fakultät 1909-1923 », *Freiburger Diözesan-Archiv*, 100 (1980), p. 541 (la lettre est plus aisément accessible dans le livre de H. Ott, *Martin Heidegger. Eléments pour une biographie*, trad. fr. J.-M. Belœil, Paris, Payot, 1990, p. 112-113). Pour le texte du cours annulé, cf. *Die philosophischen Grundlagen der mittelalterlichen Mystik*, GA 60, p. 301-337.

11* Sur l'arrière plan hobbesien de la théorie lockéenne de la personne, voir L. Foisneau, « Identité personnelle et mortalité humaine. Hobbes, Locke, Leibniz », *Archives de philosophie*, 67 (2004), p. 72 : la définition lockéenne de la personne comme terme juridique « doit beaucoup à la définition que donne Hobbes de la personne naturelle. La personne a pour fonction d'"approprier" des actions ; grâce à la conscience, la personne "reconnaît pour siennes" des actions passées. Si le verbe *to appropriate* ne fait pas partie du vocabulaire de Hobbes, il n'en va pas de même pour le verbe *to own* », qui joue un rôle considérable dans le chapitre XVI du *Léviathan* consacré à la personne : le mot « rassemble en effet dans un même syntagme la signification du propre *(my own)*, qui renvoie à la question de l'identité à soi, la signification de la propriété, *owner* désignant le propriétaire, et la signification de la reconnaissance, quasiment au sens de l'aveu, puisque *to own* veut dire également reconnaître ou avouer». Le *Leviathan* anglais, XVI, 1, p. 217, définit ainsi la personne : «A person, is he, whose words or actions are considered, either as his own, or as representing the words or actions of another man, or of any other thing to whom they are attributed, whether truly or by fiction» («Est une personne, celui dont les paroles ou les actions sont considérées, soit comme lui appartenant, soit comme représentant les paroles ou actions d'un autre, ou de quelque autre réalité à laquelle on les attribue par une attribution vraie ou fictive», trad. F. Tricaud, Paris, Sirey, 1971, p. 161). Comme le souligne L. Foisneau, *ibid.*, p. 68, ce qui, pour Hobbes, fait d'un particulier une personne naturelle ou fictive, «c'est le *mode d'attribution* des actions et des paroles qui en procèdent» : mode qui est extérieur, la personne naturelle se trouvant placée «en situation d'extériorité par rapport à elle-même» dans la mesure où c'est de l'extérieur – par autrui, par «on» – que ses actes et paroles lui sont attribués comme siens («When they are considered as his own, then is he called a natural person : and when they are considered as representing the words and actions of another, then is he a feigned or artificial person»). En disant que ce qui fait l'identité de la personne «naturelle», ce n'est pas l'identité de substance, matérielle ou immatérielle, mais l'identité de conscience, Locke est, selon Foisneau (*ibid.*, p. 72), «à la fois l'héritier de Hobbes, parce qu'il hérite de sa définition générale de la personne, et son contradicteur, parce qu'il rejette absolument sa définition de la personne *naturelle*».

12* La notion d'imputabilité est *on ne peut plus* schélérienne. Sur ses liens avec celles de responsabilité, de personne et de maladie, voir *Le Formalisme en éthique*..., p. 505-506, trad. Gandillac, p. 486 : «La seule chose qu'on puisse dire dans les cas extrêmes, c'est que la maladie a rendu finalement la personne parfaitement *invisible* et qu'on ne peut plus porter aucun jugement sur *elle*. Mais cela même nous ne pouvons le dire que parce que nous continuons à supposer, derrière ces altérations-du-caractère, l'existence d'une personne que ces altérations *n*'affectent *pas*. C'est précisément pourquoi nous cessons d'attribuer aux conduites en question une *imputabilité* [*Zurechnenbarkeit*], tout en considérant que dans ces cas le sujet qui est l'auteur de ces conduites conserve à leur égard sa responsabilité [*Verantwortlichkeit*]. [...] la maladie psychique supprime [...] l'*imputabilité* des conduites [...] à la personne, nullement la *responsabilité* de la personne absolument parlant, car cette responsabilité est liée à l'être d'une personne par une corrélation-essentiale. Il faut donc distinguer *de la façon la plus rigoureuse* l'imputabilité des conduites, ou la "capacité d'imputabilité" [*Zurechnungsfähigkeit*] d'un homme, c'est-à-dire l'aptitude de cet homme à être un sujet à qui des conduites soient imputables, et d'autre part la *responsabilité* morale [...]. Un animal, par exemple, n'est pas responsable de ce qu'il fait ; du malade, il faut dire seulement que ses actes ne lui sont pas imputables, c'est-à-dire que personne n'est en mesure de lui imputer sa conduite et d'*établir* s'il en est responsable. Mais il reste responsable de tous ses actes réellement personnels. »

13* La réponse de Locke à Stillingfleet *(Mr Locke's Reply to the Bishop of Worcester's Answer to his Second Letter*, p. 172 *sq.* et 303 *sq.)* porte directement sur la question de la possibilité de l'Incarnation et la théologie de l'union hypostatique : « Your lordship, in the next paragraph, sets down my definition of the word person, viz. "that person stands for a thinking intelligent being that hath reason and reflection, and can consider itself as itself, the same thinking being in different times and places ;" and then ask many questions upon it. I shall set down your lordship's definition of person, which is this ; "a person is a complete intelligent substance with a peculiar manner of subsistence :" and then crave leave to ask your lordship the same questions concerning it, which your lordship here asks me concerning mine : "how comes person to stand for this and nothing else ? from whence comes complete substance, or peculiar manner of subsistence, to make up the idea of a person ? Whether it be true or false, I am not now to inquire ; but how it comes into this idea of a person ? Has common use of our language appropriated it to this sense ? If not, this seems to me a mere arbitrary idea, and may as well be denied as affirmed. And what a fine pass are we come to, in your lordship's way, if a mere arbitrary idea must be taken into the only true method of certainty ! – But if this be the true idea of a person, then there can be no union of two natures in one person. For if a complete intelligent substance be the idea of a person, and the divine and human natures be complete intelligent substances ; then the doctrine of the union of two natures and one person is quite sunk, for here must be two persons in this way of your lordship's. Again, if this be the idea of a person, then where there are three persons, there must be three distinct, complete, intelligent substances ; and so there cannot be three persons in the same individual essence. And thus both these doctrines of the Trinity and incarnation are past recovery gone, if this way, of your lordship's, hold." These, my lord, are your lordship's very words; what force there is in them, I will not inquire: but I must beseech your lordship to take them as objections I make against your notion of person, to show the danger of it, and the inconsistency it has with the doctrine of the Trinity and incarnation of our Saviour; and when your lordship has removed the objections that are in them, against your own definition of person, mine also, by the very same answers, will be cleared. »

14* La définition de la personne comme « a complete intelligent substance with a peculiar manner of subsistence » apparaît (encore) dans maints catéchismes réformés. Voir par exemple *The Assembly's Shorter Catechism Explained, by Way of Question and Answer by James Fisher and other Ministers of the Gospel (en abrégé The Fisher's Catechism*, téléchargeable sur www.reformed.org/documents/fisher) : « A complete, intelligent, and individual subsistence, which is neither a part of, nor sustained by any other; but is distinguished by an incommunicable property in the same undivided essence. » Sur la définition elle-même on consultera les commentaires de Heinrich Schmid (1811-1885), dans la *Doctrinal Theology of the Evangelical Lutheran Church* (IV, II, I), téléchargeables sur www.ccel.org/ccel/schmid/theology (qui valent, entre autres, par l'extraordinaire dossier de références amassées par le théologien luthérien, empruntées le plus souvent aux *Loci Theologici* [1591] de Martin Chemnitz [1522-1586], aux *Institutiones Christianae Religionis* [1563] de Nicholas Selnecker [† 1592], l'élève de Melanchthon, et à la *Theologia Didactico-Polemica* [1685] de Johannes Andreas Quenstedt [1617-1688], le neveu de Johann Gerhard), dont ce passage qui participe du CQR suarézien, même si l'essentiel en est tiré de *l'Examen theologicum acroamaticum* (p. 284) de David Hollaz (1646-1713) : « By person, ὑποστάσις, there is understood, "an individual, intelligent, incommunicable substance, which is not sustained, either upon another or from another." [...] A still more accurate distinction is made between persons, regarded materially, or in the concrete, and person, considered formally, or in the abstract [...] : "A person, considered materially, is an intelligent suppositum. But a suppositum is a ὑφιστάμενον, or a subsistence, singular, incommunicable, not sustained by another (a singular subsistence, not a singular substance; for person, considered in the concrete sense, is not a substance, but a ὑφιστάμενον, a singular subsistence, which consists of substance and an ultimate mode of subsisting. We call a person a singular ὑφιστάμενον, and not an individual; because the latter implies a logical reference to a particular species, which is predicated of the individual. But God is not predicated of the divine persons, under the mode of species, nor do these differ in essences, diverse in number, just as do individuals). But formally or abstractly considered, a person is an independent and communicable subsistence of singular, complete, and intelligent substance" ». On notera également que, dans *Atonement. The Substance of Two Letters Written to a Friend*, Lexington, Joseph Charles Main Street, 1805, p. 17, le théologien presbytérien Barton W. Stone (1772-1844) déclare « entièrement inintelligible » la définition héritée des « Pères » : « That God is an uncompounded, eternal, infinite and unchangeable being, no christian will deny in positive terms; yet this plain, fundamental doctrine has been so darkened by human inventions, that the minds of many have been warped from the simplicity of it. To define a *person*, as the fathers have done, to be "complete intelligent and individual subsistence, which is neither a part of, nor sustained by any other"; and to say that three such persons or subsistences are in the Godhead, is undoubtedly *contrary to scripture, and perfectly unintelligible*. But there is but one God, though revealed under different names or relations to his creatures. » La thèse du théologien américain n'a rien d'original : elle remonte à Michel Servet et Socinus, c'est celle des sociniens, puis des unitariens, et c'est celle que Stillingfleet attribue à... Locke. Sur la théologie de Locke, cf. G. Brykman, « Les deux christianismes de Locke et de Toland », *Revue de synthèse*, n° 2-3 (1995) [t. 116], p. 281-301.

15* Il faut être Nye pour attribuer à Descartes un rôle séminal dans la *formulation de la thèse sherlockienne*. Si l'on en juge par ce que disent les *Réponses aux Sixièmes Objections* et les *Principes de la philosophie*, I, § 25, il se situe plus dans l'après-coup des condamnations de 1277 – autrement dit dans la problématique foi-raison –, et de la manière la plus prudente, qu'il ne spécule, en continuité (Leibniz) ou en rupture (Locke) avec l'École (la scolastique), aux confins de la philosophie et de la théologie. Cf. A.-T. IX-1, p. 241 : « [...] l'existence de Dieu peut être clairement connue, sans que l'on sache rien des personnes de la très Sainte Trinité, qu'aucun esprit ne saurait bien entendre, s'il n'est éclairé des lumières de la foi; mais lorsqu'elles sont une fois bien entendues, je nie qu'on puisse concevoir entre elles aucune distinction réelle à raison de l'essence divine, quoique cela se puisse à raison des relations» ; A.-T. IX-2, p. 26 : «[...] s'il [Dieu] nous fait la grâce de nous révéler, ou bien à quelques autres, des choses qui surpassent la portée ordinaire de notre esprit, telles que sont les mystères de l'Incarnation et de la Trinité, nous ne ferons point difficulté de les croire, encore que nous ne les entendions peut-être pas bien clairement. Car nous ne devons point trouver étrange qu'il y ait en sa nature, qui est immense, et en ce qu'il a fait, beaucoup de choses qui surpassent la capacité de notre esprit». Dans le volume III, on reviendra sur le problème de la raison et de la foi chez Descartes, en analysant sa polémique avec Regius. Sur Descartes et la théologie, les ouvrages de référence restent É. Gilson, *La Liberté chez Descartes et la Théologie*, Paris, Félix Alcan, 1913 (nouv. éd., Paris, Vrin, 1982), et J.-L. Marion, *Sur la théologie blanche de Descartes*, Paris, PUF, 1981 (nouv. éd. corrigée et complétée [Quadrige], 1991). Sur la théologie – ou plutôt la *philosophie* – cartésienne de l'Eucharistie, cf. X. Tilliette, *Philosophies eucharistiques de Descartes à Blondel*, Paris, Cerf, 2006. Pour une perspective différente, cf. J.-R. Armogathe, *Theologia cartesiana. L'explication physique de l'Eucharistie chez Descartes et dom Desgabets,* La Haye, Martinus Nijhoff, 1977. Nous évoquerons les questions eucharistiques en traitant du problème de la transférabilité des propriétés (et des tropes), lors de l'examen de la thématique lockéenne de l'*own*, de l'*owning* et de l'*ownership*, qui, selon l'heureuse formule d'É. Balibar (*John Locke. Identité et différence...*, p. 229), «entraîne un parallélisme de la responsabilité et de la propriété, de la "conscience de soi" et de la "propriété de soi-même"», mis en cause par P. Ricœur dans *Soi-même comme un autre*, *op. cit.*, p. 51.

16* Une longue section des *Essais de théodicée*, III (G 6) porte sur la question de savoir si «notre âme forme [ou non] nos idées» (§ 399) : Bayle y est vigoureusement attaqué. Les «Conimbres» avaient fait partie des lectures scolastiques de Descartes lui-même, qui les mentionne, au demeurant sans enthousiasme, dans une lettre à Mersenne du 30 septembre 1640 («[...] puisque je dois recevoir les objections des Jésuites dans 4 ou 5 mois, je crois qu'il faut que je me tienne en posture pour les attendre. Et cependant j'ai envie de relire un peu leur philosophie, ce que je n'ai pas fait depuis vingt ans, afin de voir si elle me semblera maintenant meilleure qu'elle ne faisait autrefois. Et pour cet effet, je vous prie de me mander les noms des auteurs qui ont écrit des cours de philosophie et qui sont le plus suivis par eux, et s'ils en ont quelques nouveaux depuis vingt ans; *je ne me souviens plus que des Conimbres, Toletus et Rubius*. Je voudrais bien aussi savoir s'il y a quelqu'un qui ait fait un abrégé de toute la philosophie de l'École, et qui soit suivi; car cela m'épargnerait le temps de lire leurs gros livres») et dans une lettre au même, du 3 décembre de la même année (où il se contente de les déclarer « trop longs »).

17* Leibniz cite surabondamment Bayle et le discute pied à pied, en même temps que «Monsieur Wittichius», qui affirme qu'« en effect nostre independance n'est qu'apparente». Voir par exemple cet extrait de la *Théodicée* (§ 299) : «Ne comprenés vous pas clairement qu'une girouette à qui l'on imprimeroit tousjours tout à la fois [en sorte pourtant que la priorité de nature, ou si l'on veut même une priorité d'instant réel, conviendroit au desir de se mouvoir] le mouvement vers un certain point de l'horizon, et l'envie de se tourner de ce côté-là, seroit persuadée qu'elle se mouvroit d'elle même pour executer les desirs qu'elle formeroit? Je suppose qu'elle ne sauroit point qu'il y eût des vents, ni qu'une cause exterieure fît changer tout à la fois, et sa situation et ses desirs. Nous voila naturellement dans cet état : nous ne savons point si une cause invisible nous fait passer successivement d'une pensée à une autre. Il est donc naturel que les hommes se persuadent qu'ils se determinent eux mêmes. Mais il reste à examiner s'ils se trompent en cela comme en une infinité d'autres choses qu'ils affirment par une espece d'instinct, et sans avoir emploïé les meditations philosophiques. *Puis donc qu'il y a deux hypotheses sur ce qui se passe dans l'homme : l'une, qu'il n'est qu'un sujet passif; l'autre, qu'il a des vertus actives; on ne peut raisonnablement preferer la seconde à la premiere*, pendant que l'on ne peut alleguer que des preuves de sentiment : car nous sentirions avec une egale force que nous voulons ceci ou cela, soit que toutes nos volitions fussent imprimées à nostre ame par une cause exterieure et invisible, soit que nous les fassions nous mêmes» et la réponse leibnizienne (§ 300), *in* G 6, p. 295-296 : «Il y a icy des raisonnemens fort beaux, qui ont de la force contre les systemes ordinaires; mais ils cessent par rapport au systeme de l'Harmonie préétablie, qui nous mene plus loin que nous ne pouvions aller auparavant. Monsieur Bayle met en fait, par exemple, que par des meditations purement philosophiques, *on ne peut jamais parvenir à une certitude bien fondée, que nous sommes la cause efficiente de* *nos volitions; mais c'est un point que je ne luy accorde pas* : car l'etablissement de ce systeme montre indubitablement, que dans le cours de la nature chaque substance est la cause unique de toutes ses actions, et qu'elle est exemte de toute influence physique de toute autre substance, excepté le concours ordinaire de Dieu. Et c'est ce systeme qui fait voir que nostre spontaneité est vraye, et non pas seulement apparente, comme M. Wittichius l'avoit cru. Monsieur Bayle soutient aussi par les mêmes raisons (ch. 170. p. 1132) que s'il y avoit un fatum Astrologicum, il ne detruiroit point la liberté; et je le luy accorderois, si elle ne consistoit que dans une spontaneité apparente. » Nous reprenons l'ensemble de cette discussion dans le volume III.

18* La principale objection que l'on peut, sur ce point, adresser à Heidegger est d'avoir entièrement négligé la compréhension plotinienne de l'ἐνέργεια comme *energy*, revendiquée en plein XVIIe siècle par Ralph Cudworth, dans le cadre même de sa réflexion sur l'« énergie de la nature plastique » et l'émergence de la « conscience claire et expresse ». La double absence de Cudworth (c'est-à-dire aussi de la philosophie anglaise) et de Plotin (c'est-à-dire aussi du néoplatonisme) dans les scénarios heideggériens successifs du grand *Wandel* historial d'où serait issue « l'orientation moderne vers le sujet » est symptomatique de la propre orientation de Heidegger sur les *figures prééminentes de l'histoire de la philosophie* héritées de la reconstruction néoscolastique, où Aristote et Platon (et leur débat artificiellement détaché de la tradition du commentarisme néoplatonicien voire... du néoplatonisme tout court) tiennent le premier rôle. Ce n'est pas, comme on le sait, le cas de Cudworth, qui cite Plotin comme « the Philosopher » (contre l'usage médiéval réservant *per antonomasiam* l'appellation à Aristote). Voir, par exemple, *The True Intellectual System of the Universe*, First Part, chap. III, § XXXVII, 16 : « Thus the philosopher : Πᾶσα δὲ ζωὴ ἐνέργεια, καὶ ἡ φαύλη· ἐνέργεια δὲ οὐχ ὡς τὸ πῦρ ἐνεργεῖ, ἀλλ' ἡ ἐνέργεια αὐτῆς, κἂν μὴ αἴσθησίς τις παρῇ, κίνησίς τις οὐκ εἰκῇ. Every life is energy, even the worst of lives, and therefore that of nature. Whose energy is not like that of fire, but such an energy, as though there be no sense belonging to it, yet it is not temerarious or tortuitous, but orderly and regular. » Trad. fr., É. Balibar, in *John Locke. Identité et différence*..., p. 297.

19* Partant du constat que Descartes a manqué de *fair play* à l'égard d'Aristote, Pasnau remarque : « Modern readers of Descartes have often been quite happy to follow his lead in this regard, treating Descartes not as the end of a tradition, but as the beginning, even a beginning *ex nihilo.* » Cette thèse est, à ses yeux (comme aux nôtres), fausse, et le fruit d'une erreur de perspective, qui place au centre de l'enquête le problème de la relation *âme-corps*, alors que, plus profondément, c'est celui – d'un tout autre ordre – de la relation *esprit-âme*, qui mérite l'attention et du philosophe et de l'historien : « Although this approach may today be pedagogically convenient, it tends to obscure the motivations behind Descartes's thought. In the present case, if we read Descartes in the proper historical context, we can understand him as offering just one more solution to what is perhaps the most fundamental problem in ancient and medieval psychology : the problem not of how the mind relates to the body, but of how the mind relates to the soul. » Selon Pasnau, Descartes apporte une réponse au problème de la relation esprit-âme en identifiant purement et simplement esprit et âme ou, plus précisément, en faisant de l'esprit *le tout* de l'âme qui pense, contre Aristote, qui voit dans l'esprit, *une partie* de l'âme : « On his view, the mind just is "the whole of the soul that thinks"; in other words, the relationship between mind and soul is one of identity. » Une « réduction » de l'âme (aristotélicienne) à l'esprit qui permet de définir le cartésianisme comme un « réductionnisme ». Suit une comparaison entre Descartes et Siger de Brabant : le *réductionnisme* de l'un, l'*exclusionnisme* de l'autre (de fait, selon Pasnau, « Siger and Descartes agree from the start that there is no room for the mind within soul, when the soul is conceived in Aristotelian terms » : « Hence Siger pursues the way of exclusion, and Descartes pursues the way of reduction ») et un survol de la discussion médiévale (Duns Scot, Ockham), faisant apparaître une troisième position : l'*inclusionnisme*, plus ou moins représentée par Thomas d'Aquin, avant de conclure que l'on peut distinguer « the Cartesian orientation of Scotus and Ockham with this almost Leibnizian orientation of Aquinas », tout en notant que la théorie leibnizienne de la « notion complète » d'une substance est absente chez l'Aquinate (« Of course, Aquinas does not go so far as to hold the Leibnizian view that a substance has a complete notion that "contains all of its predicates, past, present, and future" »). Nous aborderons ici archéologiquement les problèmes effleurés par Pasnau, en situant plus précisément Descartes et Leibniz dans leur épistémè respective : nous verrons ainsi, par exemple (dans les volumes II et III), comment et sur quelle base (champ de présence, champ de concomitance) la théorie leibnizienne de la « notion complète » se laisse, *via* Suárez (*Disputatio* XXXIII, sect. I, § 6) et la Seconde Scolastique, tracer à la fois jusqu'à l'*haecceitas* scotiste et à la « substance complète » thomasienne et suarézienne, ainsi qu'aux débats de la théologie trinitaire sur les relations entre « nature substantielle singulière complète » et « suppôt » (deux notions dont Suárez souligne qu'elles étaient « vraisemblablement » ignorées d'Aristote, cf. *Disputatio* XXXIV, sect. VII : « [...] vel certe quia, ut verisimile est, Aristoteles non agnovit distinctionem inter singularem naturam substantialem completam et suppositum »).

20* Chez Pierre d'Auriole, la circumincession ou mutuelle inexistence sert à penser l'immanence mutuelle de trois substances ou *supposita*, définis, sur le mode de la substance première d'Aristote, comme n'étant *ni attribués à un sujet* (comme un universel ou une substance ou essence seconde aristotélicienne) *ni dans un sujet* (comme un accident aristotélicien inhérent à une substance). Voir *In I Sent. d.* 2, *q.* 3, *a.* 2, § 38 : « ... prima substantia et suppositum idem videntur significare ; non enim sunt supposita nisi individua substantiae. Sed ratio primae substantiae consistit in perseitate tertii modi, iuxta definitionem quam assignat Philosophus de substantia prima, VII *Metaphysicae* et in *Praedicamentis*, quod est illud quod nec de subiecto dicitur *nec in subiecto est*, sed per se solitarie. Ergo ratio suppositi consistit in perseitate tertii modi ». La Personne sujet – *suppositum* – selon Auriole, autrement dit l'hypostase divine, se définit exclusivement par la « perséité du troisième mode » : ce n'est pas un sujet au sens du *subiectum*, substrat d'accident. Évidemment, la distinction est passablement acrobatique *formulée en termes aristotéliciens* : comment distinguer en effet chez Aristote le sujet-*suppositum* du sujet-*subiectum*, si l'on pose en principe que le sujet-*suppositum* est la « substance première » des *Catégories* ? Ce que vise Pierre relève d'un modèle auquel il n'a pas directement accès : celui du rapport *ousia*-hypostases des théologiens cappadociens, influencés par le néoplatonisme. La référence à Jean Damascène, et à travers la notion de circumincession-inexistence, au rejet de l'attributivisme* permet cependant de rejoindre, autant que possible à un Latin médiéval, l'authentique dimension de l'immanence mutuelle augustinienne, elle-même héritée, comme on le verra au chapitre III, de sources plotiniennes et porphyriennes. Pierre ne soutient cependant pas une absurdité philosophique en se référant à Aristote. Il s'appuie en réalité sur une source précise, les *Seconds Analytiques*, lus avec le commentaire de Robert de Lincoln (Grosseteste), auxquels il emprunte la notion de « perséité du troisième mode », définissant la raison formelle du sujet-*suppositum* par la *ratio solitudinis*. Cf., *In I Sent. d.* 2, *q.* 3, *a.* 2, § 33 : « ... rationem personalitatis investigare est rationem suppositi formalem inquirere, quae quidem nihil aliud est quam perseitas tertii modi. Est namque illa perseitas "esse solitarie, discrete et distincte"; et idcirco non competit accidentibus quae discrete non sunt et solitarie, sed in subiecto; nec competit partibus integralibus, pedi videlicet et manui, quae distincte non sunt sed in toto; nec competit partibus essentialibus, ut materiae et formae; non sunt enim per se sed in composito; nec competit universalibus et secundis substantiis, quae dicuntur de primis et solitarie non existunt. Sola igitur illa quae sunt aliquid hoc per se unum, existentia solitarie et distincte, participant perseitatem tertii modi, de qua Philosophus dicit I *Posteriorum* quod quaecumque "hoc aliquid" significant et non de subiecto aliquo dicuntur, nec in subiecto sunt, illa per se esse dicuntur » et, *ibid.*, § 34 : « 34 Ex hoc itaque posset colligi aliqualis notificatio personae, ut dicatur quod vera persona nihil aliud est quam quod est per se primo unum, positum solitarie, distincte et discrete, dum tamen sit intellectualis naturae. Hoc nimirum quod additur intellectualis naturae, contrahit suppositum ad personam. Quod vero dicitur "primo unum, positum solitarie, distincte, et discrete" tollit rationem suppositi ab accidentibus et quibuscumque partibus et universalibus, et relinquit eam solis primis substantiis. Quod vero praemittitur "quod est per se tertio modo" in generali concludit id quod explicatur in speciali per"positum solitarie et distincte". Nam tertius modus per se est modus solitudinis secundum Lincolniensem. »

21* La thèse de *De anima,* III, 8, 431b30-432a1, est généralement présentée à la fois comme un truisme et une révolution, autrement dit... un *truisme révolutionnaire* (comme l'est aussi, d'une certaine manière, l'intentionnalité brentanienne, une fois réduite à l'*aboutness* ou au slogan vaguement phénoménologique intimant, d'une génération de bacheliers sentencieux l'autre, que « toute conscience est conscience de »). Elle a cependant, chez Aristote, un sens précis : « il n'y a d'intellect que des réalités séparées de la matière », « l'intellect immatériel ne peut s'identifier qu'à de l'immatériel, que cet immatériel soit en lui-même immatériel, ou qu'il le soit devenu par abstraction, par séparation de la matière, comme dans les entités mathématiques». Cf., sur ce point, P. Hadot, «La conception plotinienne de l'identité entre l'intellect et son objet. Plotin et le *De anima* d'Aristote», *in* G. Romeyer Dherbey & C. Viano (éd.), *Corps et Âme. Sur le* De anima *d'Aristote*, Paris, Vrin, 1996, p. 368. Et Hadot de préciser (p. 369), faisant le lien entre *De an.* III, 7, 431b29 («Ce n'est pas la pierre qui est dans l'âme, mais sa forme») et III, 4, 430a2-5 («L'intellect est un objet de pensée, comme les autres objets de pensée. Car, dans les choses sans matière, le pensant et le pensé sont identiques : en effet le savoir qui exerce effectivement l'acte de considérer un objet et le "su" qui correspond à cet acte sont identiques»), que, «en disant : "quand il s'agit des choses sans matière, l'intellect s'identifie à l'objet de sa pensée", Aristote veut marquer que, à la différence de l'objet matériel "pierre", qui ne peut être dans l'âme que par sa forme, l'objet immatériel, la forme, est présent immédiatement dans l'âme et que l'intellect est alors identifié avec lui». Ce qui revient à dire que «la forme immatérielle pensante est identique à la forme immatérielle pensée». Pour plus de détails sur ce point, voir le commentaire d'A. Schniewind sur Plotin, *Traité* 5 (V, 9), Paris, Cerf, 2007. Sur la doctrine aristotélicienne et alexandrinienne de l'abstraction, voir A. de Libera, *L'Art des généralités...*, p. 25-157. Nous discuterons plus bas du bien-fondé de l'utilisation du terme «objet» dans la traduction du grec πρᾶγμα.

22* À la non-réalité de l'occurrence mentale s'oppose la thèse dénoncée par Husserl comme «préjugé lockéen». Sur ce point, et sur la position de Brentano à cet égard, cf. K. Mulligan & B. Smith, «A Relational Theory of the Act», § 4.2, *Topoi*, 5/2 (1986), sur wings.buffalo.edu/philosophy/faculty/smith/articles/RELACT.PDF : «In the course of the 2nd Investigation Husserl takes up what he calls the "Lockean prejudice" – shared also by Brentano – according to which "the objects to which consciousness in its acts is immediately and properly directed [...] must necessarily be mental contents, real occurrences in consciousness (LU II § 22, p. 381)." To those who have fallen victim to this prejudice – and they are legion – what is outside consciousness can be at best the mediate object of a conscious act, in the sense that the immediate or primary object of the act serves as its representative, image, or sign. Such a theory introduces a gulf between what we would normally think of as the straightforwardly real objects of our acts and these acts themselves.» Cf. n. 40 : «The early Brentano understood the relata of mental activities to be peculiar intentional entities, which he called "objects of thought". The later Brentano reduced even these to the status of mere fictions. Thus he retreated to a position where mental acts are only "relation-like" *(etwas "Relativliches")* ».

23* Sur le dossier Brentano-Twardowski, voir K. Mulligan, « Brentano on the Mind », *in* D. Jacquette (éd.), *op. cit.*, p. 66-97 ; et T. Crane, « Brentano's concept of intentional inexistence » (http://web.mac.com/cranetim). Voir également Ph. J. Bartok, « Brentano's Intentionality Thesis : Beyond the Analytic and Phenomenological Readings », *Journal of the History of Philosophy*, 43/4 (2005), p. 437-460. Sur le débat avec Twardowski, cf. J. Passmore, *A Hundred Years of Philosophy*, Londres, Duckworth, [1]1957 (réimpr. Penguin Books, 1968, 1980) p. 178 et, surtout, E. Husserl, K. Twardowski, *Sur les objets intentionnels. 1893-1903* : K. Twardowski, *Sur la théorie du contenu et de l'objet des représentations;* E. Husserl, *Intuition et représentation*, *Intuition et remplissement*, *Objets intentionnels* et divers textes annexes, présent., trad., notes par J. English, Paris, Vrin, 1993.

24* Pour une analyse nuancée des deux phases de la pensée de Brentano sur l'intentionnalité et une mise en perspective de la lecture heideggérienne (et husserlienne), voir C. McDonnell, « Brentano's Modification... », p. 64-65 : « While it is philosophically true that Brentano emphasised the point that all psychical act experiences could be and had to be arranged following *the way in which* such acts directed themselves towards their objects, the Scholastic term that Brentano actually annexes from Scholasticism in *Psychology from an Empirical Standpoint* is not the term of *intentio voluntatis* but (a version of) the Scholastic metaphysical epistemological concept of the abstracted form existing intentionally in the intellectual part of the knower's soul. The [...] Heideggerean reading of Brentano's thesis of intentionality, following the emphasis laid on it by Husserl in terms of intentional *act* – and one followed by several commentators today – omits and overlooks, however, the extensive reworking of the Scholastic metaphysical epistemological concept of "intentional (in)existence of an object" – and thus the implications of that reworking – in Brentano's *first thesis* of intentionality. »

25* Sur la critique nominaliste de l'épistémologie thomasienne et celle, plus large, de la *médiation inutile* constituée par le *verbum* *conceptum*, ses doublets *(species expressa)*, ses avatars et ses concurrents *(esse obiectivum)*, cf. Cl. Panaccio, « From Mental Word to Mental Language », *Philosophical Topics*, 20/2, 1992, p. 125-147. Le principal reproche fait à Thomas est d'interpréter le « verbe » mental comme un objet purement intelligible, possédant un mode d'existence spécial, « intermédiaire gênant pour qui veut assurer », comme on le fera de plus en plus au XIVe siècle, « la possibilité d'une appréhension intellectuelle directe ». Voir Cl. Panaccio, *Le Discours intérieur. De Platon à Guillaume d'Ockham*, Paris, Seuil (Des Travaux), 1999, p. 195. Les objections ockhamistes et postockhamistes semblent fondées *si l'on s'en tient à la lettre des textes* où Thomas explique que le « verbe mental est l'objet premier de l'intellection », la « chose extérieure n'étant intellectuellement appréhendée qu'à travers lui et non pas directement », comme dans ce passage des *Quaest. disp. de pot., q.* 9, *a.* 5 : « Ce qui est intelligible/intelligé par soi n'est pas la chose dont on a la connaissance grâce audit intelligible [...] car [...] il faut que l'intelligible soit dans l'intelligent et ne fasse qu'un avec lui [...]. Donc ce qui est à titre premier et par soi intelligible/intelligé c'est ce que l'intellect conçoit en lui-même de la chose intelligée » (« Id quod est per se intellectum non est res illa cuius notitia per intellectum habetur [...] cum [...] oporteat quod intellectum sit in intelligente, et unum cum ipso [...]. Hoc ergo est primo et per se intellectum quod intellectus in se ipso concipit de re intellecta »). Le dossier thomasien est toutefois plus complexe qu'il n'y paraît, ainsi qu'on le verra ici même et dans les volumes suivants.

26* On notera que, selon Spiegelberg, Brentano n'est pour rien dans le fait que « l'orientation vers » se soit finalement imposée sour le nom d'intentionnalité ; c'est à Husserl que l'on devrait ce changement capital dans le lexique philosophique. Voir H. Spiegelberg, *The Phenomenological Movement...*, p. 37 : « [...] it was certainly none of Brentano's doing that this new wholly unscholastic *conception* came to sail under the old flag of "intentionality" », et p. 97 : « [...] it is only in Husserl's thought that the term "intentional" acquired the meaning of directedness toward an object rather than that of the object's immanence in consciousness ». Sur tout cela, voir R. Cobb-Stevens, « Logical Analysis and Cognitive Intuition », *Études phénoménologiques*, VII (1988), p. 3-32. Dans un sens assez différent, mais avec le même résultat pratique, H. Putnam souligne que Brentano n'a jamais soutenu que « l'intentionnalité du mental fût un moyen de comprendre comment l'esprit et le monde sont reliés et comment il se fait que dans les actes de conscience nous en arrivions à être dirigés vers un *objet* » : il a(urait) seulement soutenu que « les phénomènes mentaux se caractérisaient par le fait d'être dirigés vers des *contenus* ». Voir H. Putnam, *Représentation et Réalité*, trad. Cl. Engel-Tiercelin, Paris, Gallimard, 1990, p. 211. Sur Husserl et Brentano, cf. J.C. Morrison, « Husserl and Brentano on Intentionality », *Philosophy and Phenomenological Research*, 31 (1970), p. 27-46.

27* Selon Chr. D. Green, « The Thoroughly Modern Aristotle... » : « ... the definition Shields gives of supervenient dualism is very – one is inclined to say "overly" – complicated. In essence, it comes down to the idea that the immaterial substance of the *psuchê* is in some (not very well-specified) way ontologically dependent on the material substance of the body, but not necessarily *this* body, or even a body very much like this one. Now except for the claim that this form of dependence, whatever it may be precisely, results in an immaterial *substance* being produced, this position sounds very much like contemporary functionalism ». Cruciale pour la discussion est la « thèse du transfert de l'âme » (« the "transportability thesis" that *psuchai* can be moved from one "body" – biological, computational, or what have you – to another, assuming that the new "body" is suitably arranged to receive it ») que nous évoquons p. 199-202 et retrouverons dans le volume IV en discutant les thèses de Locke. Le lien des problèmes lockéens de « transportabilité » (repris par Leibniz et, en partie, par Kant) avec le complexe de problèmes hérité de la théorie platonicienne de la métempsycose et ses diverses reprises (dans le médio-platonisme et le platonisme « vulgaire ») ou critiques (péripatéticiennes, averroïstes, thomistes) y sera aussi exploré. On notera, enfin, que le *Supervenient dualism* de Shields est présenté sous une forme aristotéliquement plus plausible (sans la thèse de transportabilité) dans la théorie alexandrinienne de l'âme comme ἐπιγινόμενον « *venant sur* le mélange et sur la mixtion qualifiés des corps simples » (ou « s'imposant sur », « s'ajoutant à » eux), telle que, se fondant sur plusieurs passages du *De anima*, l'interprètent, contre la tradition dominante au Moyen Âge (encore attestée chez P. Moraux), Martin Bergeron et Richard Dufour, *in* Alexandre d'Aphrodise, *De l'âme*, *op. cit.*, 2008. Cf., *supra*, p. 180, n. 2.

28* Voir H. Granger, *Aristotle's Idea...*, p. 66 : « Attributivism, in accord with Barnes' explication, holds that the mind is a property (or set of properties) of the body (or the human being) and not a thing or what we would regard as a "Cartesian substance". Attributivism holds that something has a mind, not because it possesses, or stands in some relation to, another thing, but because of certain properties it possesses. » Un des avantages allégués de l'attributivisme étant de permettre d'échapper au « dualisme cartésien » (*ibid.*, p. 13 : « ... attributivism avoids Cartesian dualism by maintaining that body and mind differ in type, inasmuch as mind is a property of the body, and not another entity of the same type as the body ») et à ses conséquences, dont le problème réputé « insoluble » de l'union de l'âme et du corps (« ... attributivism avoids the problem of causal interaction between the radically different substances of body and mind because it asserts an attributive nature for mind [...] causal interaction makes no sense between a thing and its property [...] properties do not act on things, although the possession of a causal property of the appropriate sort explains how a thing having that property may act upon other things. Attributivism's avoidance of the problem of causal interaction and other problems of cartesianism recommends it as a superior theory of mind »). Pour l'anhistoricisme, voir p. 18 : « The Pythagoreans treat the soul as an independent entity, as if it were a Cartesian substance or a 'thing', an independent entity that might be found attached to any sort of body. Aristotle's idea of the soul resembles, then, more a property than a thing, because of the dependence of the soul upon the body, which is not the dependence of just another bodily part upon the body, since the soul is not any sort of body » ; mais Granger note au même endroit : « ... it is clear that Aristotle's merely labeling something substance *does not conclusively establish* that it belongs to the category of 'thing' and that it is a substance in the Cartesian mode » (c'est moi qui souligne).

29* Sur la distinction entre « formel », « objectif » et « éminent » du point de vue des « idées » et de leur « réalité » respective, voir Descartes, *Réponses aux Secondes objections...*, A.-T., IX-1, p. 124-125 : « II. Par le nom d'idée, j'entends cette forme de chacune de nos pensées, par la perception immédiate de laquelle nous avons connaissance de ces mêmes pensées. En telle sorte que je ne puis rien exprimer par des paroles, lorsque j'entends ce que je dis, que de cela même il ne soit certain que j'ai en moi l'idée de la chose qui est signifiée par mes paroles. Et ainsi je n'appelle pas du nom d'idée les seules images qui sont dépeintes en la fantaisie; au contraire, je ne les appelle point ici de ce nom, en tant qu'elles sont en la fantaisie corporelle, c'est-à-dire en tant qu'elles sont dépeintes en quelques parties du cerveau, mais seulement en tant qu'elles informent l'esprit même, qui s'applique à cette partie du cerveau. III. Par la réalité objective d'une idée, j'entends l'entité ou l'être de la chose représentée par l'idée, en tant que cette entité est dans l'idée; et de la même façon, on peut dire une perfection objective, ou un artifice objectif, etc. Car tout ce que nous concevons comme étant dans les objets des idées, tout cela est objectivement, ou par représentation, dans les idées mêmes. IV. Les mêmes choses sont dites être formellement dans les objets des idées, quand elles sont en eux telles que nous les concevons; et elles sont dites y être éminemment, quand elles n'y sont pas à la vérité telles, mais qu'elles sont si grandes, qu'elles peuvent suppléer à ce défaut par leur excellence.»

30* La lecture rushdienne d'Alexandre, puissamment relayée par Albert le Grand, a eu un vif succès au Moyen Âge. L'interprétation moderne s'en est en revanche écartée. Selon Bergeron et Dufour, «l'accusation de matérialisme a été levée, ainsi que les plus choquants aspects du prétendu antiaristotélisme d'Alexandre, à savoir que la forme n'existerait pas en acte avant d'apparaître dans le vivant et qu'elle serait engendrée à la manière d'un composé». Reste que, jusqu'aux études les plus récentes, c'est par P_2 que la thèse d'Alexandre a été majoritairement définie. Sur la parenté des thèses d'Alexandre avec celles de Galien, qui, comme lui, place les stoïciens et Platon parmi les partisans de l'âme «mélange» ou «harmonie» (cf. Galien, *Que les puissances de l'âme suivent les mélanges du corps* IV, éd. Marquardt-Müller-Helmreich, p. 784, 9-785, 15; Alexandre lui-même discutant les vues des stoïciens, qui considèrent l'âme comme un *pneuma* composé de feu et d'air, cf. SVF II, 310 et 442, et celles de Platon dans le *Timée*, en Bruns, p. 26, 16-20), voir : P.L. Donini, *Tre studi sull'Aristotelismo nel II secolo d.C.*, Turin, 1974, p. 127-185 (spéc. p. 152-156); P. Moraux, «Le *De anima* dans la tradition grecque», *in* G.E.R. Lloyd et G.E.L. Owen (éd.), *Aristotle on Mind and the Senses*, Cambridge, 1978, p. 297-305 (spéc. p. 298-299, avec n. 76), et *Alexandre d'Aphrodise exégète de la noétique d'Aristote*, Liège-Paris, 1942, p. 113-119. Nous retrouverons plus bas la thèse d'Alexandre, en présentant la critique qu'en donne Augustin dans le *De immortalitate animae*. Il faut toutefois d'ores et déjà souligner que, glosant Bruns, p. 24, 18-26, 30, Bergeron et Dufour plaident énergiquement en faveur de l'aspect aristotélicien de la doctrine alexandrinienne : « Même si l'âme ne peut exister sans un mélange déterminé des corps, elle n'est pas pour autant une harmonie. Alexandre reprend les deux points centraux de l'argumentation d'Aristote contre la théorie de l'âme-harmonie (*De l'âme* I, 4, 407b27-408a29). À l'instar du Stagirite, il note d'abord que, si l'âme est une harmonie, on voit mal de quelle manière elle est un principe moteur (*ibid.* I, 4, 407b35-408a1), puis il montre que l'harmonie, qu'elle soit considérée comme mélange ou comme proportion du mélange, n'est pas l'âme du corps, même si le corps doit ultimement présenter une certaine harmonie avant de pouvoir recevoir l'âme (*ibid.* I, 4, 408a5-29). »

31* Dans la lecture standard du *De anima* (Bruns, p. 25, 2-4 et 26, 13-15), Alexandre soutient que l'âme est une faculté ou forme « engendrée à partir du » mélange (« crase ») de certains facteurs : si elle n'est pas elle-même un mélange (*i.e.* l'« harmonie » ou la « proportion » des éléments), elle est ou serait *le résultat d'un mélange*. Le problème général est simple : que veut dire « engendré à partir de » ? Plusieurs passages du *De anima* suggèrent une réponse comparable à celle d'Averroès, d'Albert le Grand et de Paul Moraux. C'est le cas spécialement de Bruns, p. 24, 2-3 : « la génération de l'âme vient d'une mixtion qualifiée et du mélange des corps premiers » et de Bruns, p. 24, 21-24 : « l'âme n'est pas un mélange déterminé de corps, comme l'est une harmonie, mais elle est une puissance qui vient sur tel mélange déterminé ; elle est analogue aux puissances qui, dans les drogues médicinales, sont constituées à partir de la mixtion de plusieurs ingrédients ». Selon Bergeron et Dufour, « de tels passages, pris hors contexte, semblent faire de l'âme le produit du mélange des corps », mais il n'en est rien. Développant brillamment une intuition « géniale » d'Accattino, les traducteurs soutiennent qu'Alexandre « défend », au contraire, « l'idée, parfaitement aristotélicienne, selon laquelle les facultés de l'âme apparaissent au fur et à mesure de la complexification du corps : tant que l'organe est absent, la faculté correspondante ne peut exister en acte ». Cette lecture est convaincante. On peut la compléter sans doute en notant que les expressions employées par Alexandre mériteraient elles-mêmes d'être reprises. Celui-ci alterne en effet ἐκ et ἐπί, rendus respectivement par « vient de » (ἡ γὰρ γένεσις αὐτῆς ἐκ τῆς ποιᾶς μίξεώς τε καὶ κράσεως τῶν πρώτων σωμάτων), et « vient sur » ou « s'ajoute à » par Bergeron et Dufour (notamment en Bruns, p. 26, 27-30, là où Alexandre soutient que l'âme « est la puissance qui s'ajoute au mélange et à la mixtion qualifiés des corps premiers », et plus simplement que l'âme, « c'est la puissance qui s'ajoute au mélange » : ἀλλ' ἐπὶ τῇ ποιᾷ τῶν πρώτων σωμάτων κράσει τε καὶ μίξει δύναμις γεννωμένη ετ ἀλλὰ κατὰ τὴν ἐπ' αὐτῇ δύναμιν γεννωμένην). Il y a une différence entre « venir de », qui se prête à la lecture rushdienne, et « venir sur », qui va dans le sens de la lecture non matérialiste (ou d'un matérialisme tempéré par la « survenance », qui ferait d'Alexandre un des premiers penseurs de la *supervenience* dans le domaine de la philosophie de l'esprit). Nous reprendrons ce problème ailleurs.

32* C'est, en effet, sur le Περὶ νοῦ *(De intellectu)* plutôt que sur le Περὶ ψυχῆς que s'appuie la reconstruction rushdienne de la thèse d'Alexandre. À consulter la version arabe du texte correspondant à Bruns, p. 112, 11-16, traduite par Isḥāq, on comprend qu'Averroès l'ait interprétée dans un sens matérialiste. Dans cette traduction, on trouve en effet quelque chose comme : « Lorsqu'il se produit de ce corps, quand il s'est mélangé, un [certain] mélange de l'ensemble du mixte, il devient apte à être l'outil de cet intellect qui est dans ce mixte, car il est présent dans tout le corps. Et cet instrument, c'est aussi un corps ; on l'appelle aussi intellect en puissance, et c'est une faculté produite de ce mélange survenu aux corps, préparée à recevoir l'intellect qui est en acte » (trad. M. Geoffroy, que je remercie ici). Ce monument de jargon n'est pas plus clair dans la version latine du texte arabe due à Gérard de Crémone (cf. G. Théry, *Autour du décret de 1210...*, p. 81). En traduisant l'original grec, P. Moraux, *Alexandre, exégète...*, p. 192, n'avait guère non plus de raison forte de s'écarter de la lecture standard du « matérialisme » alexandrinien. Rappelons cette traduction : « ... et lorsque du corps qui a été mélangé est né, par suite de la mixtion, *du feu* ou quelque chose d'analogue qui puisse fournir un organe à l'intellect qui se trouve dans ce mixte [vu qu'il est dans tout corps et que nous avons affaire à un corps], cet organe est appelé intellect en puissance ; il est une certaine faculté née lors de la fusion des corps, faculté qui est apte à la réception de l'intellect en acte ». On est loin ici du texte du Περὶ ψυχῆς (Bruns, p. 25, 2-4 : ἡ γὰρ δύναμις καὶ τὸ εἶδος τὸ ἐπιγινόμενον τῇ κατὰ τὸν τοιόνδε λόγον κράσει τῶν σωμάτων ψυχή, ἀλλ' οὐχ ὁ λόγος τῆς κράσεως οὐδὲ ἡ σύνθεσις) ainsi rendu par Bergeron et Dufour : « car la puissance, c'est-à-dire la forme qui *vient s'imposer sur* le mélange qui *impose* aux corps telle proportion déterminée, c'est l'âme et non pas la proportion ni la composition du mélange ». Sur l'Alexandre arabe, cf. M. Geoffroy, « La tradition arabe du Περὶ νοῦ d'Alexandre d'Aphrodise et les origines de la théorie farabienne des quatre degrés de l'intellect », *in* C. D'Ancona et G. Serra (éd.), *Aristotele e Alessandro di Afrodisia nel mondo arabo,* Padoue, Il Poligrafo, 2002, p. 191-231.

33* Alexandre, *De anima*, éd. Bruns, p. 84, 15-85, 5 : ἐπεὶ δὲ δεῖ τὸ ληψόμενον εἴδη τινὰ μηδὲν τούτων ἔχειν ἐν τῇ οἰκείᾳ φύσει (παρεμφαινόμενον γὰρ τὸ οἰκεῖον εἶδος κωλύει τὴν τοῦ ἀλλοτρίου λῆψιν· οὕτως γοῦν ἔχοντα ἐδείχθη καὶ τὰ αἰσθητήρια), δεῖ καὶ τὸν ὑλικόν τε καὶ ὑποκείμενον νοῦν μηδὲν εἶναι τῶν νοεῖσθαι δυναμένων ὑπ' αὐτοῦ. ἀλλὰ μὴν πάντα τὰ ὄντα ὑπὸ τοῦ νοῦ νοεῖται, εἴ γε τῶν ὄντων τὰ μέν ἐστι νοητά, τὰ δὲ αἰσθητά. ποιεῖ γὰρ ὁ νοῦς καὶ τὰ αἰσθητὰ αὑτῷ νοητὰ χωρίζων αὐτὰ τῆς ὕλης καὶ τί ποτέ ἐστιν αὐτοῖς τὸ εἶναι θεωρῶν. οὐδὲν ἄρα τῶν ὄντων ἐνεργείᾳ ἐστὶν ὁ ὑλικὸς νοῦς, ἀλλὰ πάντα δυνάμει. πρὸ γὰρ τοῦ νοεῖν οὐδὲν ὢν ἐνεργείᾳ, ὅταν νοῇ τι, τὸ νοούμενον γίνεται, εἴ γε τὸ νοεῖν αὐτῷ ἐν τῷ τὸ εἶδος ἔχειν νοούμενον. ἐπιτηδειότης τις ἄρα μόνον ἐστὶν ὁ ὑλικὸς νοῦς πρὸς τὴν τῶν εἰδῶν ὑποδοχὴν ἐοικὼς πινακίδι ἀγράφῳ, μᾶλλον δὲ τῷ τῆς πινακίδος ἀγράφῳ, ἀλλ' οὐ τῇ πινακίδι αὐτῇ. αὐτὸ γὰρ τὸ γραμματεῖον ἤδη τι τῶν ὄντων ἐστίν. διὸ ἡ μὲν ψυχὴ καὶ τὸ ταύτην ἔχον εἴη μᾶλλον <ἂν> κατὰ τὸ γραμματεῖον, τὸ δὲ ἄγραφον ἐν αὐτῇ ὁ νοῦς ὁ ὑλικὸς λεγόμενος, ἡ ἐπιτηδειότης ἡ πρὸς τὸ ἐγγραφῆναι. ὡς οὖν ἐπὶ τοῦ γραμματείου τὸ μὲν γραμματεῖον πάσχοι <ἂν> ἀντιγραφόμενον, ἐν ᾧ ἡ πρὸς τὸ γραφῆναι ἐπιτηδειότης, ἡ μέντοι ἐπιτηδειότης αὐτὴ οὐδὲν πάσχει εἰς ἐνέργειαν ἀγομένη (οὐδὲ γάρ ἐστί τι ὑποκείμενον), οὕτως οὐδ' ἂν ὁ νοῦς πάσχοι τι, μηδέν γε ὢν τῶν ἐνεργείᾳ. Averroès voit et ne voit pas ce qu'essaie maladroitement, pour ne pas dire contradictoirement, de poser Alexandre, dont on peut résumer la pensée dans les cinq thèses suivantes : Alex1 : L'intellect matériel est sujet (substrat : τὸν ὑλικόν τε καὶ ὑποκείμενον νοῦν) des formes ; Alex2 : L'intellect matériel est une aptitude à servir de réceptacle (une aptitude à accueillir les formes) ; Alex3 : L'âme et ce qui la possède (le corps) sont semblables à une tablette ; Alex4 : L'intellect matériel est semblable au *non-être-écrit*, à la non-écriture de la tablette (τὸ δὲ ἄγραφον ἐν αὐτῇ), c'est-à-dire l'aptitude à recevoir l'écriture (ἢ ἐπιτηδειότης ἡ πρὸς τὸ ἐγγραφῆναι); Alex5 : L'aptitude ne pâtit pas car elle n'est pas un sujet (substrat) : οὐδὲ γάρ ἐστί τι ὑποκείμενον, donc l'intellect matériel ne pâtit pas non plus. La lecture rushdienne est fondée si l'on considère qu'on ne peut à la fois soutenir que l'intellect matériel est sujet des formes intelligibles (Alex1) et qu'il n'est pas semblable à la tablette vierge dont parle Aristote en *De an.* III, 4, 429b29-430a1, et, plus directement, qu'il est absurde de penser que c'est la non-écriture, au lieu de la tablette non écrite, qui est en puissance les choses écrites. Comme le notent plaisamment Bergeron et Dufour à propos de Bruns, p. 84, 24-85, 5 : « [...] c'est sur la tablette que l'on écrit, et non pas sur la non-écriture. » Mais la motivation alexandrinienne, qui transparaît dans Alex5 (introduire un type d'impassibilité propre à l'intellect, pour expliquer comment l'intellect peut de fait recevoir *toutes* les formes), échappe plus ou moins à son critique. Cela s'explique – et se justifie – si l'on considère que, pour Averroès, Alexandre fait de l'intellect une « préparation existant dans le corps. »

34* Pour Alexandre, 413a3-10 soutient que toutes les facultés de l'âme sont liées au corps : « Alexandre soutient que cette définition montre bien que toutes les parties de l'âme sont non séparées » (Crawford, p. 148, 29-31); pour Averroès, au contraire, 413a3-10 « ne montre pas que toutes les parties de l'âme ne peuvent être séparées » (Crawford, p. 148, 27-29). Une fois de plus, la position réelle d'Alexandre est plus complexe que ne le laisse entendre Averroès, notamment, sur le chapitre tant controversé de la possibilité d'une définition « générale » ou « commune » de l'âme, rejetée par Averroès. Alexandre ne soutient pas qu'une telle définition existe, qui soit à la fois compréhensive et adéquate (parfaitement univoque) : il se contente de dire qu'il y a une définition commune, mais que celle-ci est au contraire tout à fait « imprécise » : « Telle est la substance de l'âme, de sorte que l'on regroupe en une seule définition plusieurs âmes qui ne sont pas mutuellement de la même espèce et qui présentent un ordre entre elles : [16.20] l'une de ces âmes est imparfaite et première, alors que celle qui la suit est plus parfaite, parce qu'elle s'ajoute une puissance additionnelle par rapport à celles de la première, et après celle-là en vient à nouveau une troisième, qui possède également d'autres puissances en plus des précédentes. [17.1] Il n'est pas possible en effet que la définition commune des êtres qui ont un tel rapport mutuel soit précise, car il faut que la définition de certains d'entre eux s'applique à eux tous, et il y a un aspect du plus parfait d'entre eux qu'on ne peut manifester dans une définition de ce genre, sinon les plus imparfaits ne seraient plus [17.5] inclus dans la définition. Pour cette raison, la définition commune de l'âme, parce qu'elle est plus simple et plus générale, ne peut manifester aucune des puissances qui semblent au plus haut point appartenir à l'âme. Car une définition de ce genre se fonde sur un aspect qui appartient en commun à toutes les âmes (trad. Bergeron-Dufour) ». Comme le notent Bergeron et Dufour (« Introduction ») : « En vérité, c'est dans la *Question* I, 11 qu'Alexandre discute précisément de la définition commune ou du genre commun de l'âme. Et même dans ce texte, sa position est loin d'être claire, puisque deux théories incompatibles s'affrontent sans que l'on puisse vraiment savoir quelle est la position propre à Alexandre. » Reste que, comme en témoigne 16.20, Averroès a raison d'imputer à Alexandre la thèse « analogique », fondée sur l'ordre du plus et du moins.

35* Voir J. Locke, *An Essay concerning Human Understanding*, II, XXVII, § 26 (cf. *supra*, p. 98) : « Person, as I take it, is the name for this self. Wherever a man finds what he calls himself, there I think another may say is the same person. It is a forensick term appropriating actions and their merit; and so belongs only to intelligent agents capable of a law, and happiness and misery. This personality extends itself beyond present existence to what is past, only by consciousness, whereby it becomes concerned and accountable, owns and imputes to itself past actions, just upon the same ground, and for the same reason that it does the present. All which is founded in a concern for happiness, the unavoidable concomitant of consciousness; that which is conscious of pleasure and pain, desiring that that self that is conscious should be happy. And therefore whatever past actions it cannot reconcile or appropriate to that present self by consciousness, it can be no more concerned in, than if they had never been done » ; trad. Coste, p. 128-129 : « Je regarde le mot de *Personne* comme un mot qui a été employé pour désigner précisément ce qu'on entend par *soi-même*. Partout où un Homme trouve ce qu'il appelle *soi-même*, je crois qu'un autre peut dire que là réside la même personne. Le mot de *Personne* est un terme de Barreau qui *approprie* des actions, et le mérite ou le démérite de ces actions ; et qui par conséquent n'appartient qu'à des Agents intelligents, capables de Loi, et de bonheur ou de misère. La *personnalité* ne s'étend au-delà de l'existence présente, jusqu'à ce qui est passé, que par le moyen de la *con-science*, qui fait que la personne prend intérêt à des actions passées, en devient responsable, les reconnaît pour siennes, et se les impute sur le même fondement et pour la même raison qu'elle s'attribue les actions présentes. Et tout cela est fondé sur l'intérêt qu'on prend au bonheur qui est inévitablement attaché à la *con-science* ; car ce qui a un sentiment de plaisir et de douleur désire que ce soi en qui réside ce sentiment soit heureux. Ainsi, toute action passée qu'il ne saurait *adopter* ou *approprier* par la *con-science* à ce présent soi ne peut non plus l'intéresser que s'il ne l'avait jamais faite. »

36* Pour la fortune moderne de l'équation je = nous, on pensera, évidemment, à la volonté générale rousseauiste, le « moi commun », à l'horizon de laquelle Hegel évoque, dans la *Phénoménologie de l'esprit*, en se référant implicitement à Rousseau, « Ich, *das* Wir, *und* Wir, *das* Ich *ist* » (Cf. G.W.F. Hegel, *Phänomenologie des Geistes*, éd. J. Hoffmeister, Berlin, Akademie-Verlag, 1971, p. 140). Sur ce point, cf. l'article « Je, Moi, Soi » d'É. Balibar, dans le *VEP* : « Cette formule est immédiatement suivie par le développement célèbre sur "autonomie et non-autonomie de la conscience de soi : domination et servitude ". Les traductions courantes – "un *Moi* qui est un *Nous*, et un *Nous* qui est un *Moi*", "un *Je*, qui est un *Nous*, et un *Nous* qui est un *Je*" (anglais : *"I" that is "We" and "We" that is "I"*) – ne suffisent pas à rendre le mouvement d'identification passant par l'autre, dont Hegel va faire ici le ressort de la progression de l'esprit *(Geist)*. Il est nécessaire, pour marquer la reprise de l'altérité dans l'intériorité du même sujet, à travers la négation de la négation, de traduire en forçant la syntaxe : "*Moi* que *Nous* sommes, *Nous* que *Je* suis". » Sur la différence entre le « moi commun » du *Contrat social*, I, 6, et le moi-nous-je hégélien, Balibar *(ibid.)* note que, là où Rousseau décrit « de façon naturaliste la formation d'un individu d'individus, quitte à lui attribuer après-coup l'intériorité d'une conscience », pour pouvoir « interpréter l'énigme d'une aliénation qui est en même temps une libération », « Hegel nous installe d'emblée dans l'immanence du sujet, connoté par l'usage de la première personne au singulier et au pluriel ». C'est que, en termes benvénistiens, il utilise la différence entre la « personne stricte » et la « personne amplifiée » (« autrement dit le fait que le *Je* à la fois s'oppose au *Nous* et s'inclut en lui pour en faire une personne »), de manière à « présenter la tension des deux termes comme une sorte de réflexion conflictuelle inhérente à la constitution du sujet, moment décisif de la transformation de l'esprit individuel en esprit universel, qui se sait luimême *(Geist* en tant que forme absolue du *Selbst)* ».

37* Voir Jean Philopon, éd. Verbeke, p. 23 : « 429 b 10-11. *Quoniam autem aliud est magnitudo et magnitudini esse, et aqua et aquae esse.* Quoniam rerum hae quidem sunt simplices, hae autem sunt compositae, simplices quidem quae immateriales (puta anima, intellectus, Deus) quae quidem ipsa separata sunt species sine materia; compositae autem quae ex materia et specie (puta ignis, aqua et simpliciter omnia corpora) et in compositis aliud quidem est species, aliud autem simul utrumque (puta aliud quidem est ipse ignis, dico autem compositum, aliud autem est ipsi igni esse, dico autem speciem secundum quam est ignis), sic et in *Praedicamento* dixit quia *aliud est animal et aliud animali esse, et homo et homini esse.* » À propos de la référence « *in Praedicamento* », Verbeke renvoie à *Cat.* 5, 3a12; *Métaph.*, VI, 1, 1025b33, *i.e.* : « Or les choses définies et les essences se présentent, les unes comme le camus, les autres comme le concave [la concavité], et leur différence consiste en ce que le camus a été pris dans son union avec la matière, car le camus est le nez concave, tandis que la concavité est indépendante d'une matière sensible » (Tricot, p. 330-331) et *Métaph.*, VII, 5, 1030b16-20 : « Je prends un exemple. Soit, d'une part, le camus, lequel est affirmé du nez et de la concavité, par la présence de l'une dans l'autre; ce n'est certes pas par accident que la concavité et le camus sont propriété du nez. Il n'en est pas à cet égard comme du blanc, qui s'applique par accident à Callias ou à homme, parce que Callias, auquel l'essence de l'homme appartient par accident, est blanc. »

Pour Averroès, voir *In De an.* III, textus 9 [= *De an.* III, 4, 429b10-14], Crawford, p. 421, 1-8 : « Et quia magnitudo est aliquid et esse magnitudinis aliud, et *aqua* est aliquid et *esse aque* aliud, et sic in multis aliis (sed non in omnibus; in quibusdam enim *esse carnis* idem est cum *carne*), necesse est ut experimentetur aut per duo, aut per diversam dispositionem. Caro enim non est extra materiam, sed, sicut simitas, est aliquid hoc et in aliquo hoc » (« Et puisque la grandeur est quelque chose et l'être de la grandeur autre chose et que l'eau est quelque chose et l'être de l'eau autre chose, et il en est ainsi pour beaucoup d'autres choses (mais pas pour toutes, car dans certaines l'être de la chair est identique à la chair), il est nécessaire qu'on en juge soit par deux [facultés], soit par une disposition différente. En effet, la chair n'est pas extérieure à la matière, mais, comme le camus, elle est du particulier dans du particulier »).

38* L'expression, lancée par Boèce dans l'*Editio secunda* de son commentaire sur le *De interpretatione* (à propos de 7, 17a38-b3), est censée capter le fait qu'un nom comme 'Platon' renvoie l'esprit « à une seule personne et à une substance particulière », car la *proprietas* (caractéristique) de Platon est une « qualité singulière, la platonité *(platonitas)*, incommunicable à toute autre substance » : « Plato enim unam ac definitam substantiam proprietatemque demonstrat quae convenire in alium non potest » (« Platon, en effet, montre une seule substance et propriété bien définie qui ne peut se rencontrer en un autre »). Le *méga-trope* que constitue la platonité pour Platon (ou la socratité pour Socrate) est interprété de diverses manières au Moyen Âge, de la plus nominaliste à la plus réaliste : pour les uns, la qualité propre n'est rien d'autre que le nom propre – avoir une qualité propre c'est être « appelé par un nom propre » et « s'interroger sur la qualité propre d'un sujet, c'est s'interroger sur son nom propre » ; pour d'autres, la qualité propre d'un sujet individuel est « la collection de toutes ses propriétés » accidentelles (théorie qui impose de la considérer comme instable, en perpétuelle mutation ou variation) ; pour d'autres, un nom propre signifie « une certaine singularité de l'essence » c'est-à-dire « une qualité singulière substantielle, dont Socrate tire qu'il est Socrate et Platon qu'il est Platon », qualité « que l'on peut nommer (*nuncupari*) du nom forgé de platonité, comme le dit Boèce ». La dimension trinitaire de cette dernière thèse saute aux yeux. De même, il est clair que la théorie faisant de la qualité propre d'un individu la collection totale de ses accidents n'est pas sans rapport avec la thèse leibnizienne affirmant que tout individu a une notion complète connue d'avance de Dieu, qui correspond à ce que chacun appelle « moi ». Sur la platonité et la socratité, voir J. Brumberg-Chaumont, *Sémantiques anciennes et médiévales du nom propre* (thèse EPHE, mai 2004), à paraître, et Chr. Erismann, « *Collectio proprietatum.* Anselme de Canterbury et le problème de l'individuation », *Mediaevalia. Textos e estudos*, 22 (2003), p. 55-71.

Pour la « lentulité », voir Th. Hobbes, *Elements of philosophy*, Part I, *Of logic*, chap. 3, *Of proposition.* Hobbes (qui a dû bien chercher) emprunte le terme à Cicéron, qui forge les termes *Appietas* et *Lentulitas* dans ses *Epistulae ad Familiares*. Cf. *M. Tulli Ciceronis Epistularum ad Familiares Liber Tertius. Ad Ap. Claudium Pulchrum*,

3.7, § 5 : « Illud idem Pausania dicebat te dixisse : “quidni? Appius Lentulo, Lentulus Ampio processit obviam, Cicero Appio noluit?” quaeso, etiamne tu has ineptias, homo mea sententia summa prudentia, multa etiam doctrina, plurimo rerum usu, addo urbanitatem, quae est virtus, ut Stoici rectissime putant ? ullam Appietatem aut Lentulitatem valere apud me plus quam ornamenta virtutis existimas ? »

39* Sur ce point, voir A. de Libera, *La Référence vide. Théories de la proposition*, Paris, PUF, 2002; J. Ellis, « The Trouble with Fragrance », *Phronesis*, 35 (1990), p. 290-302. Sur la notion de « tropes », voir D.C. Williams, « Of Essence and Existence and Santayana », *Journal of Philosophy*, 51 (1953), p. 31-42 ; G.F. Stout, « The Nature of Universals and Propositions » (1921), *in* Ch. Landesman (éd.), *The Problem of Universals*, New York, Basic Books, 1971, p. 154-166, et « Are the Characteristics of Particular Things Universal or Particular ? » (1923), *ibid.*, p. 178-183. L'impossibilité de la migration des qualités a été reprise et thématisée à l'Âge classique par Leibniz. Cf., entre autres, la *Quatrième réponse* à Clarke, in *Die philosophischen Schriften von G.W. Leibniz*, éd. par C.J. Gerhardt (noté ensuite G), Berlin, 1875-1890, réimpr. G. Olms, Hildesheim, G 7, p. 401 : « Car deux sujets differens, comme A et B, ne sauroient avoir precisement la même affection individuelle, un même accident individuel ne se pouvant point trouver en deux sujets, *ny passer de sujet en sujet.* » Même doctrine dans une *Lettre* à Des Bosses (CXII, G 2, p. 486) : « Neque enim admittes credo accidens, quod *simul sit in duobus subjectis.* Ita de Relationibus censeo, aliud esse paternitatem in Davide, aliud filiationem in Salomone, sed relationem communem utrique esse rem mere mentalem, cujus fundamentum sint modificationes singulorum ». Sur la « migration des propriétés », Leibniz et Russell, cf. I. Angelelli, *Frege et la philosophie...*, § 1.43, n. 75 et 86. On notera que, pour Angelelli, *ibid.*, § 1.46, n. 118, le célèbre axiome frégéen posant que « chaque représentation n'a qu'un porteur » (« Jede Vorstellung hat nur einen Träger » (*Der Gedanke*, p. 67-68) « correspond à l'axiome leibnizien (traditionnel) qu'un accident ne peut inhérer à plus d'un sujet ». Pour des vues récentes sur les tropes, cf. K. Campbell, *Abstract Particulars*, Oxford, Blackwell, 1990, et surtout P. Simons, « Particulars in Particular Clothing : Three Trope Theories of Substance », *Philosophy and Phenomenological Research*, 54 (1994), p. 553-575.

40* Sur cette question, voir R. Imbach, « Le traité de l'Eucharistie de Thomas d'Aquin et les averroïstes », *RSPT*, 77 (1993), p. 175-194 ; S. Donati, « *Utrum accidens possit existere sine subiecto.* Aristotelische Metaphysik und christliche Theologie in den Physikkommentaren des 13. Jahrhunderts », *in* J.A. Aertsen, K. Emery & A. Speer (éd.), *Nach der Verurteilung von 1277. Philosophie und Theologie an der Universität von Paris im letzten Viertel des 13. Jahrhunderts. Studien und Texte*, Berlin-New York, Walter De Gruyter, 2001, p. 577-617 ; P.J.J.M. Bakker, *La Raison et le Miracle. Les doctrines eucharistiques (c. 1250-c. 1400). Contribution à l'étude des rapports entre philosophie et théologie*, Université de Nimègue, 1999, et « Inhérence, univocité et séparabilité des accidents eucharistiques. Observations sur les rapports entre métaphysique et théologie au XIVe siècle », *in* J.-L. Solère, Z. Kaluza (éd.), *La Servante et la Consolatrice. La philosophie au Moyen Âge et ses rapports avec la théologie*, Paris, Vrin, 2002, p. 203-204.

41* Heidegger consacre d'assez longs développements à la distinction entre personnalité psychologique, personnalité transcendantale et personnalité morale, en montrant que, chez Kant, l'essence du moi *(Ich)* ne réside ni dans la conscience de soi empirique de l'*ego* percevant (définissant la *personalitas psychologica*), ni dans l'unité d'aperception transcendantale (définissant la *personalitas transcendentalis*), mais bien seulement dans le je ou moi moral, calculant, agissant et se prenant consciemment pour fin dans le *respect* (libérateur) de la loi morale (*personalitas moralis*). Cf. M. Heidegger, *Die Grundprobleme der Phänomenologie*, GA 24, p. 192 : « Ich unterwerfe mich in der Achtung vor dem Gesetz mir selbst als dem freien Selbst. [...] Dem Gesetz mich unterwerfend, unterwerfe ich mich mir selbst als reiner Vernunft, d.h. aber in diesem mich mir selbst Unterwerfen erhebe ich mich zu mir selbst als dem freien, mich selbst bestimmenden Wesen »). Pas plus que dans *Sein und Zeit*, Kant n'échappe cependant au reproche central adressé à tous les penseurs antérieurs à l'ère de la phénoménologie et, tout particulièrement, à Descartes : avoir conçu le mode d'être de la personne à partir du mode d'être « objectivant » de la chose – la *Vorhandenheit*. Voir sur ce point les remarques de *SuZ*, § 43 (trad. Martineau) sur l'interprétation de *Dasein* chez Kant : « Il faut d'abord remarquer expressément que Kant utilise le terme *Dasein* pour désigner le mode d'être qui est nommé dans la présente recherche "*Vorhandenheit*". "La conscience de mon *Dasein*", cela veut dire pour Kant : la conscience de mon *être-sous-la-main* [*Vorhandenseins*] *au sens de Descartes. Le terme Dasein désigne alors aussi bien* l'être-sous-la-main [*Vorhandensein*] de la conscience que l'être-sous-la-main des choses. » Cf., F. Volpi, « Phenomenology as Possibility : The "Phenomenological" Appropriation of the History of Philosophy in the Young Heidegger », *Research in Phenomenology*, 30/1, 2000, p. 120-145.

42* Comme l'a bien montré P. Hadot, cette thèse a un point de départ aristotélicien. Le prouvent les citations plotiniennes des textes du livre III du *De anima* sur l'identité entre l'intellect – ou le savoir ou la science – et son « objet de pensée » qui interviennent dans les *Ennéades* : (1) *De an.* III, 4, 430a2-5 (αὐτὸς δὲ νοητός ἐστιν ὥσπερ τὰ νοητά. ἐπὶ μὲν γὰρ τῶν ἄνευ ὕλης τὸ αὐτό ἐστι τὸ νοοῦν καὶ τὸ νοούμενον· ἡ γὰρ ἐπιστήμη ἡ θεωρητικὴ καὶ τὸ οὕτως ἐπιστητὸν τὸ αὐτό ἐστιν) et (2) *De an.* III, 5, 430a19-20 (τὸ δ' αὐτό ἐστιν ἡ κατ' ἐνέργειαν ἐπιστήμη τῷ πράγματι) en *Ennéades* VI, 6 [34], 6, 20 (ἐπὶ τῶν ἄνευ ὕλης τὸ αὐτό ἐστιν ἡ ἐπιστήμη τῷ πράγματι); V, 9 [5], 5, 29 (ἡ τῶν ἄνευ ὕλης ἐπιστήμη ταὐτὸν τῷ πράγματι) et V, 4 [7], 2, 48 (ἡ ἐπιστήμη δὲ τῶν ἄνευ ὕλης τὰ πράγματα) et (3) De an. III, 7, 431b17 (ὅλως δὲ ὁ νοῦς ἐστιν, ὁ κατ' ἐνέργειαν, τὰ πράγματα) en *Ennéades* V, 4 [7], 2, 45 (αὐτὸς νοῦς τὰ πράγματα). De ces divers passages, Plotin tire, pour (1) et (2), la thèse que « dans les choses sans matière, le savoir est identique à l'objet de pensée » et, pour (3), que « l'intellect est lui-même ses objets de pensée ». À quoi s'ajoute le « texte parallèle de la *Métaphysique*, Λ, 9, 1074b-1075a », sur l'Intellect divin, qui se pense lui-même, et dont la pensée est pensée de la pensée, texte dont Hadot souligne qu'il « a pu inspirer » l'interprétation plotinienne des textes du *De anima*. De fait, « pour Plotin, les formules du *De anima* ne servent pas, comme chez Aristote, à décrire le fonctionnement de l'intellect humain et de la connaissance, mais à définir le mode d'existence de l'Intellect divin ». P. Hadot renvoie sur ce point à *Ennéades*, V, 4 [7], 2, 43-48 (= *Traité* 7), dont il propose la version suivante : « L'Intellect et l'Étant sont identiques. Car l'Intellect n'a pas pour objet des choses qui lui préexistent (comme c'est le cas pour la sensation qui a pour objet les choses sensibles). Mais *l'Intellect est lui-même ses objets de pensée*, s'il est vrai que leurs Formes ne lui sont pas apportées d'ailleurs (D'où viendraient-elles ?). Mais, dans le cas présent, l'Intellect est en même temps que ses objets de pensée et il est un et identique avec eux. Car, précisément *le savoir qui a pour objet les choses sans matière est identique à ses objets de pensée.* » La traduction de τὰ πράγματα par

« objets de pensée » va de pair avec celle d'ἐπιστήμη ἡ θεωρητική par « le savoir qui exerce effectivement l'acte de considérer un objet » (p. 369. Voir également trad. A. Schniewind, Plotin, *Traité* 5 (V, 9), Paris, Cerf (*Les Écrits de Plotin*), 2007 : « Intellect et être sont en effet la même chose. Car l'intellect [n'appréhende] pas les objets comme s'ils lui étaient préexistants, comme la sensation [appréhende] les objets sensibles, mais *l'intellect est* lui-même *les objets*, s'il est vrai qu'il ne reçoit pas leur formes. Car d'où viendraient-elles ? Plutôt, il est ici avec ses objets, identique avec eux et un : ainsi la science des objets immatériels est [identique à] ses objets »). Dans cet idiome, la thèse fondamentale de Plotin devient donc, en résumé, que « la formule aristotélicienne : "Le savoir est identique à l'objet de pensée", doit [...] être comprise, non pas au sens où la pensée précéderait l'objet, mais au sens où l'objet précède la pensée et devient pensée de soi. » Sur tout cela, voir P. Hadot, « La conception plotinienne de l'identité entre l'intellect et son objet... », p. 367-376. Nous reviendrons plus bas sur ce point. On notera, avec A. Schniewind, que la thèse de l'identité entre l'Intellect et l'Étant (trad. Hadot) ou Intellect et être (trad. Schniewind) est une citation muette de Parménide : « *penser et être, c'est la même chose* » (DK 28 B 3).

43* Il y a *plusieurs* aristotélismes, dont un *aristotélisme moderne*, qui a connu lui-même plusieurs âges ou étapes : de cette *tradition néo-aristotélicienne ininterrompue* relèvent aussi bien l'initiative thomasienne introduisant le « sujet pensant » et ses diverses continuations, notamment dans la Seconde Scolastique, que celle de Brentano, « inventant » l'intentionnalité. Du point de vue de l'histoire des corpus – autre manière de dire l'histoire de la formation du canon philosophique médiéval *et* moderne –, le phénomène qui me paraît le plus digne d'attention est ainsi la *longue durée de l'aristotélisme*. C'est par la relecture d'Aristote que se sont constituées nombre des problématiques philosophiques d'où est issue la pensée « moderne ». Brentano (1838-1917), Husserl (1859-1938), Heidegger (1889-1976) appartiennent chacun à la *tradition* péripatéticienne, et c'est en revenant de manière critique sur certaines thèses centrales de l'ontologie et de la psychologie d'Aristote qu'ils ont formulé leurs projets philosophiques, à la fin du XIXe siècle et au début du XXe. La longue durée de l'aristotélisme s'atteste encore au niveau des méthodes et des « styles » philosophiques. La redécouverte d'Aristote par les philosophes d'Oxford, prolongée éditorialement par une série de traductions nouvelles (la *Clarendon Aristotle Series*, entamée en 1963, suivie, dès 1984, de *The Revised Oxford Translation*), manifeste clairement la nature et la portée des différences qui séparent philosophie « analytique » et philosophie « continentale » : l'« Aristote » d'Austin et des philosophes « britanniques », de J. Ackrill à J. Barnes, n'est pas celui de Heidegger ; les traductions anglaises et allemandes du texte aristotélicien ne sont en rien superposables. Ces disparités ne sont pas pour autant le simple reflet d'idiosyncrasies « nationales » ou l'expression de décisions individuelles ; elles sont portées par une *histoire*. C'est cette histoire que je me propose d'étudier pour le sujet, en reprenant les choses à l'origine, c'est-à-dire dans l'Antiquité tardive et, naturellement, le Moyen Âge, entendu, par les médiévaux eux-mêmes, comme « siècle des Modernes » *(saeculum Modernorum)*. Sur la « longue durée de l'aristotélisme », voir L. Bianchi, « *Renaissance und 'Ende' des Mittelalters : Betrachtungen zu einem historiographischen Pseudoproblem* », *in* E. Rudolph (éd.), *Die Renaissance und ihre Antike. Die Renaissance als erste Aufklärung*, Tübingen, Mohr Siebek, 1998, pp. 117-130 e *Studi sull'aristotelismo del Rinascimento*, Padova, Il Poligrafo, 2003. On notera qu'à la formule « la Renaissance et ses Anciens » correspond, en sens inverse, le titre de B. Cassin (éd.), *Nos Grecs et leurs modernes. Les stratégies contemporaines d'appropriation de l'Antiquité*, Paris, Seuil, 1992.

44* D'Aristoxène, É. Bréhier *(Histoire de la philosophie,* t. I, *L'Antiquité et le Moyen Âge* : II. *Période hellénistique et romaine*, II. *L'ancien stoïcisme*, 3. *Les origines du stoïcisme)* nous dit qu'« il est connu pour avoir soutenu que l'âme était l'harmonie du corps », une théorie développée « en liaison étroite avec les idées médicales », « le caractère musical de la métaphore » disparaissant « presque lorsque cette harmonie est comparée à la santé du corps » et est présentée comme résidant « dans la part égale que les quatre éléments ont à la vie du corps ». Augustin connaît sans doute Aristoxène par la page meurtrière que lui consacre Cicéron dans les *Tusculanes*, I, XVIII : « Dicaearchum uero cum Aristoxeno aequali et condiscipulo suo, doctos sane homines, omittamus ; quorum alter ne condoluisse quidem umquam uidetur, qui animum se habere non sentiat, alter ita delectatur suis cantibus, ut eos etiam ad haec transferre conetur. harmonian autem ex interuallis sonorum nosse possumus, quorum uaria compositio etiam harmonias efficit plures ; membrorum uero situs et figura corporis uacans animo quam possit harmoniam efficere, non uideo. sed hic quidem, quamuis eruditus sit, sicut est, haec magistro concedat Aristoteli, canere ipse doceat; bene enim illo Graecorum prouerbio praecipitur : “quam quisque norit artem, in hac se exerceat” » (« Je ne parle, ni de Dicéarque, ni d'Aristoxène, son contemporain et son condisciple. Ils avaient du savoir : mais l'un, apparemment, puisqu'il ne s'aperçoit pas qu'il a une âme, n'a donc jamais éprouvé qu'il fût sensible : et pour ce qui est de l'autre, sa musique le charme à un tel point qu'il voudrait que l'âme fût musique aussi. On peut bien comprendre que différents tons, qui se succèdent les uns aux autres et qui sont variés avec art, forment des accords harmonieux mais que les diverses parties d'un corps inanimé forment une sorte d'harmonie, parce qu'elles sont placées et figurées d'une telle façon, c'est ce que je ne conçois pas. Aristoxène donc, tout docte qu'il est d'ailleurs, ferait mieux de laisser parler sur ces matières Aristote son maître. Qu'il montre à chanter : voilà ce qui lui convient à lui ; car le proverbe des Grecs, “Que chacun fasse le métier qu'il entend”, est bien sensé. »)

45* De ce point de vue, il est absurde, anti-historique et anti-philosophique de demander avec P. de Labriolle, BA 5, p. 165-166 : « Quel philosophe se risquerait aujourd'hui – fût-ce à titre d'hypothèse invraisemblable – à supposer qu'un artiste puisse oublier son art, pour l'avoir transmis aux disciples qu'il a formés (§ 5), *comme si l'art était une entité vivante, distincte de l'artiste lui-même* », ou de déclarer péremptoirement : « Nous goûtons assez peu aussi cette façon de *traiter la Raison comme une sorte d'hypostase qui se loge dans l'âme, ou cherche ailleurs sa demeure* (§ 11). » Cette « manière de traiter la Raison » est, au contraire, la marque d'un enracinement d'Augustin dans une épistémè authentiquement néoplatonicienne, le signe d'une continuité réelle avec le questionnement de Plotin, et, surtout, la première amorce, sans doute *elle aussi plotinienne*, d'un modèle philosophique antiattributiviste* du « mental » fondée sur l'intériorité réciproque de l'âme et de la Raison ou de l'intellect et de l'intelligible, que l'on retrouvera, transposée et magnifiée dans l'idée théo-logique d'immanence mutuelle, « périchorétique », orchestrée dans *La Trinité*. Au demeurant, on fera observer que la distinction entre *l'art* et *l'artiste* est attestée, sous une forme voisine, dans le passage du *De anima* d'Alexandre sur *le pilote* et *l'art du pilotage*, consacré à l'élucidation du sens de l'expression « être dans » s'agissant de l'âme et du corps (trad. Bergeron & Dufour) : « [15.10] Car *si l'on considère le pilote en tant qu'art du pilotage, l'âme se trouvera dans le corps comme une disposition et une forme dans la matière*, car c'est ainsi que les dispositions se trouvent dans les choses dont elles sont les dispositions ; elles sont en effet incorporelles et inséparables des choses dans lesquelles elles sont. Mais *si l'on croit qu'il s'agit du pilote même qui possède cette disposition, l'âme sera un corps* [15.15] (car le pilote possède un corps) ; elle se trouvera en une partie délimitée du corps comme dans un lieu et ce n'est plus le corps tout entier qui possédera l'âme, qui sera sympathique avec lui-même et qui possédera la perception de soi. »

46* Plotin, *Ennéades,* V, 9 [5], 8, trad. A. Schniewind, Paris, Cerf, 2007 : « Si donc l'acte de pensée est pensée d'un objet intérieur, celui-ci, l'objet qui est à l'intérieur, est la forme, à savoir l'idée elle-même. Qu'est-ce donc que cela ? L'Intellect et l'être intellectuel, chaque idée n'étant pas différente de l'Intellect, mais chacune un intellect. Et *l'Intellect en entier est toutes les formes, alors que chaque forme est un intellect particulier,* [5] comme la science en entier est tous les théorèmes, alors que chaque théorème est une partie de la science en entier, *non pas comme s'il était séparé spatialement, mais parce qu'il possède une puissance dans le tout*. Cet Intellect est donc en lui-même et puisqu'il se possède lui-même en repos, est éternellement rassasié. Si donc l'Intellect était conçu comme antérieur à l'être, il faudrait dire que l'Intellect, [10] en agissant et en pensant, accomplit et engendre les êtres. Mais puisqu'il est nécessaire de concevoir l'être comme antérieur à l'Intellect, il faut poser que *les êtres se trouvent dans ce qui pense, mais que l'acte et la pensée s'attachent aux êtres, comme l'acte du feu est attaché d'emblée au feu, afin que les êtres possèdent en eux l'Intellect en son unité* [15] *comme leur propre acte*. Mais l'être aussi est un acte. Donc les deux sont un seul acte, ou plutôt les deux sont un. Donc l'être et l'Intellect sont une seule nature ; c'est pourquoi les êtres et l'acte de l'être et l'Intellect conçu comme tel <sont une seule nature>. Et les pensées comprises ainsi sont la forme et la figure de l'être et l'acte. Cependant, par nous qui les divisons, ils sont conçus [20] comme antérieurs les uns aux autres. Car autre est l'intellect qui divise ; mais l'Intellect indivisible qui ne divise pas est l'être et l'ensemble des choses. » Sur ce texte, et la thèse du « caractère simultané des Formes et de l'unitotalité de l'Intellect », cf. P. Hadot, « La conception plotinienne de l'identité... », p. 373 : « [...] pour se représenter l'activité de l'Intellect, il faut écarter le modèle de l'activité rationnelle qui consiste à passer d'une notion à une autre. *Toutes les formes intelligibles sont présentes simultanément, d'un seul coup, avec leur activité qui est l'Intellect, et* *celui-ci est toutes les Formes d'un seul coup.* Plotin se représente l'Univers intelligible comme un système de Formes qui se supposent toutes les unes les autres, chaque Forme représentant à sa manière la totalité des autres. Univers de Formes donc, mais vivantes et pensantes, donc Univers qui est un Intellect unique, qui se présente comme un système. Plotin revient plusieurs fois dans ce contexte sur l'image de la science idéale, comme un système dans lequel chaque théorème implique tous les autres (V, 9 [5], 9, 2 et IV, 9 [8], 5). » Sur le système de la science, cf., en outre, le commentaire d'A. Schniewind, *ad loc.* : « Plotin vise essentiellement à expliquer par un exemple qui nous est familier le rapport du tout aux parties, tel qu'il existe dans l'Intellect. L'analogie avec la science permet de rendre plus claire l'unité multiple de l'Intellect, qui est, bien plus que les sciences dans l'âme (*l.* 7-9), un tout réuni dans sa multiplicité [...]. Chaque être intelligible est une *puissance* (δύναμις) particulière. Cela signifie que chaque être a une fonction qui lui est propre et qui ne se confond pas avec les autres. Toutefois, l'Intellect contient l'ensemble des êtres *(l. 9-10)* comme un genre ses espèces et comme un tout ses parties ». Ce rapport est « explicité dans le *Traité 6* (IV, 8), 3, 6-16 : le monde intelligible contient en lui la totalité des puissances intellectuelles *(noeron dunameon)* ; l'Intellect est comme un grand organisme qui contient en lui la puissance de tous les êtres intelligibles, alors que chaque être intelligible est la réalisation de cette puissance de l'Intellect. De même, l'Âme contient en elle toutes les âmes, *comme un genre ses espèces* ».

47* Le cahier des charges théoriques de ce programme est fondé sur la distinction entre deux modes de prédication, *ad se* et *ad invicem relative*, est fixé en *De Trinitate*, VIII, 1, 1, BA 16, p. 24 : « ea dici proprie in illa trinitate distincte ad singulas personas pertinentia quae *relatiue dicuntur ad inuicem* sicut pater et filius et utriusque donum spiritus sanctus, non enim pater trinitas aut filius trinitas aut trinitas donum. Quod uero *ad se dicuntur singuli* non dici pluraliter tres sed unum ipsam trinitatem sicut deus pater, deus filius deus spiritus sanctus ; et bonus pater, bonus filius, bonus spiritus sanctus ; et omnipotens pater, omnipotens filius, omnipotens spiritus sanctus ; nec tamen tres dii aut tres boni aut tres omnipotentes, sed unus deus, bonus, omnipotens, ipsa trinitas, et quidquid aliud *non ad inuicem relatiue* sed *ad se singuli dicuntur*. Hoc enim *secundum essentiam dicuntur* quia hoc est ibi esse quod magnum esse, quod bonum, quod sapientem esse, et quidquid aliud ad se unaquaeque ibi persona uel ipsa trinitas dicitur. Ideoque dici tres personas uel tres substantias non ut aliqua intellegatur diuersitas essentiae sed ut uel uno aliquo uocabulo responderi possit cum dicitur quid tres uel quid tria; tantamque esse aequalitatem in ea trinitate ut non solum pater non sit maior quam filius quod attinet ad diuinitatem, sed nec pater et filius simul maius aliquid sint quam spiritus sanctus, aut singula quaeque persona quaelibet trium minus aliquid sit quam ipsa trinitas. »

48* La division « trichotomique » de l'homme est une référence centrale, mais contestée, pour une distinction radicale de l'âme et de l'intellect chez les Latins avant la crise averroïste, et elle condense une partie notable des ambiguïtés mi-philosophiques mi théologiques de la notion augustinienne de *mens*. Au *début* du *De fide et symbolo*, 10.23, Augustin affirme, en effet, que « *trois* éléments constituent l'homme : l'esprit, l'âme et le corps », *tria sunt quibus homo constat, spiritus, anima et corpus*. Cependant, selon J. Rivière, cette « trichotomie est plus verbale que réelle, en vue sans doute de respecter le langage de l'Écriture qui distingue parfois entre l'âme et l'esprit, mais qui ne va pas jusqu'à les séparer, puisqu'un même nom les recouvre souvent » (BA 9, p. 66, n. 1). De fait, la suite immédiate du texte précise que les *trois* « se ramènent à *deux* : car souvent l'*âme* est comprise sous le nom d'*esprit* » (« quae rursus *duo dicuntur*, quia saepe *anima* simul cum *spiritu* nominatur »). Le principe de cette réduction est clair : « la partie raisonnable » de l'*esprit*, « celle dont manquent les animaux, s'appelle [proprement] l'*esprit*, qui est en nous le principal », tandis que « le principe vital qui nous unit au corps s'appelle *âme* » (« pars enim quaedam eiusdem rationalis, qua carent bestiae, *spiritus* dicitur : principale nostrum *spiritus* est; deinde vita qua coniungimur corpori, *anima* dicitur »). Et de préciser, dans la traduction de J. Rivière : « L'*esprit* a donné ses prémices par la foi en Dieu qui fournit la preuve de sa bonne volonté. Cet *esprit* s'appelle aussi l'*intelligence*, comme chez l'Apôtre, quand il écrit : “Par l'*intelligence* je sers la loi de Dieu” (Rm 7, 25), alors qu'il dit ailleurs : “Dieu m'en est témoin, que je sers en *mon esprit*” (Rm 1, 9). » (« Dedit tamen primitias *spiritus*, quia credidit Deo, et bonae iam voluntatis est. Hic enim *spiritus* etiam vocatur *mens*, de quo dicit Apostolus : *Mente* servio legi Dei. Qui item alio loco dicit : Testis est enim mihi Deus, cui servio *in spiritu meo.* ») « Au contraire, quand elle désire encore les biens charnels, l'*âme* s'appelle chair et elle résiste alors à l'*esprit*, non par sa nature, mais par son habitude de pécher; c'est pourquoi il est dit : “Par l'*intelligence* je sers la loi de Dieu, mais par la chair la loi du péché." » (« *Anima* vero cum carnalia bona adhuc appetit, caro nominatur. Pars enim eius quaedam resistit *spiritui*, non natura, sed consuetudine peccatorum. Unde dicitur : *Mente* servio legi Dei, carne autem legi peccati. ») Sur quoi Augustin explique que « la nature de l'*âme (anima)* est parfaite lorsqu'elle est soumise à son *esprit (spiritui)* et qu'elle le suit comme il suit Dieu » ; que « l'*âme* ne se soumet pas aussi vite à l'*esprit* pour [en arriver à] la bonne action que l'*esprit* à Dieu pour la vraie foi et la bonne volonté » et que « du moment qu'elle parvient à se purifier, elle aussi, et à se stabiliser sous la domination de l'*esprit*, parce que celui-là devient sa tête dont la tête est le Christ », « il ne faut pas désespérer que le corps lui-même soit un jour rendu à sa propre nature », non certes « aussi vite que l'*âme*, pas plus que l'*âme* ne l'est aussi vite que l'*esprit* », mais « en temps voulu, au son de la trompette dernière, lorsque "les morts ressusciteront incorruptibles et que nous serons transformés" (I Co 15, 52) ». Et de conclure : « Voilà pourquoi nous croyons aussi en la résurrection de la chair. » Pris dans le détail, ce texte est remarquable. Augustin ne se contente pas de poser trois constituants de l'homme : *spiritus, anima, corpus;* ni d'expliquer qu'ils se ramènent à deux, dans la mesure où *spiritus* est souvent mentionné ou pris avec *anima* : il met aussi en équation *spiritus* et *mens* sur une base paulinienne (Rm 7, 25) – J. Rivière, qui rend *mens* par « intelligence », soulignant qu'il y a là une « traduction très imparfaite : le français n'ayant pas de terme qui puisse rendre toute la plénitude inhérente à la *mens* des Latins comme au νοῦς des Grecs » ! Même si on laisse de côté l'expression *primitiae spiritus*, qui pose de redoutables problèmes analysés dans l'admirable étude de J. Pépin, « *Primitiae spiritus*. Remarques sur une citation paulinienne des *Confessions* de saint Augustin », in « *Ex platonicorum persona...* », p. 133-202, la question demeure : Augustin compte-t-il *trois* ou *deux* constituants de l'homme ? Que faire des termes *spiritus*, *mens* et *anima*, dans leur distinction d'avec *corpus* et *caro* ?

Une chose est sûre : la *réduction à deux* de la distinction trichotomique des constituants de l'homme s'explique par le *rejet de l'hérésie apollinariste*. En témoigne un autre passage du *De fide et symbolo* : 4.8 (BA 9, p. 36-37), qui, évoquant *corpus, anima* et *spiritus*, fait également intervenir la *mens*, et par là donne tout son sens à 10.23. Le problème traité est précis. Les apollinaristes distinguent trois constituants de l'homme : la *mens*, l'âme et le corps, et soutiennent que le Christ n'a, de la nature humaine, assumé que les deux derniers ; donc, conformément au principe *Quod non est assumptum non est sanatum*, ils exceptent la *mens* de la rédemption (voir sur ce point l'article *Apollinaires ou Apollinaristes* de l'*Encyclopédie*, dû à Edme-François Mallet [1713-1755] : « Il y a deux choses à remarquer dans l'hérésie des *Apollinaires*. 1° Un sentiment philosophique qui consiste à *distinguer trois parties dans l'homme, l'ame, l'entendement, & le corps* : 2° un sentiment théologique, par lequel il paroît qu'ils composoient la nature humaine de Jesus-Christ, *d'un corps & d'une ame, tels que nous les avons*, à l'exception que l'ame humaine prise par Jesus-Christ, *étoit séparée de notre entendement* »). À quoi Augustin rétorque : « ... celui qui s'attache à la foi catholique et croit que notre nature tout entière fut assumée par le Verbe de Dieu – c'est-à-dire notre corps, notre âme et notre esprit – est suffisamment protégé contre » les « embûches dressées par les hérétiques » contre la mission temporelle du Fils. « Car, dès là que cette assomption a eu lieu pour nous sauver, il faut prendre garde, en croyant qu'un élément quelconque de notre être n'y fut pas compris, qu'il ne le soit pas dans l'économie du salut. Or, sauf la forme des membres qui varie avec les diverses espèces d'êtres vivants, l'homme ne diffère de l'animal que par la possession d'une *âme raisonnable*, qui s'appelle également l'*esprit (nisi rationali spiritu, quae mens etiam nominatur)*. Comment serait-ce donc une foi saine de croire que la Sagesse de Dieu ait assumé ce que nous avons de commun avec l'animal, mais non pas ce qui en nous est éclairé par la lumière de la sagesse et constitue le propre de l'être humain. » Ayant traduit *mens* par « esprit », J. Rivière, p. 37, n. 3, commente : « À retenir pour expliquer le langage trichotomique d'Augustin » en 10.23, où il traduit *mens* par... « intelligence ». Tout se passe donc comme si, par-delà la mise en équation du *spiritus* et de la *mens* relativement à l'*anima*, le *De fide et symbolo* augustinien gardait la trace d'une distinction entre *âme* et *intellect*, bien antérieure à l'affirmation averroïste de l'*homonymie* de l'âme intellective par rapport aux âmes végétative et sensitive (*In De an.*, II, comm. 32, Crawford, p. 178, 34-37 et comm. 21, p. 160, 24-161, 33). Cette distinction est-elle philosophique ou théologique ?

J. Pépin a attiré l'attention sur un texte du *De natura hominis* de Némésius, où est dit que « chercher comment se fait l'union d'une âme et d'un corps est chose difficile, surtout si, comme le veulent certains, l'homme se compose en outre d'une intelligence (νοῦς) » (« Une nouvelle source... », p. 231). Némésius attribue la constitution tripartite de l'homme à Plotin, en ajoutant qu'Apollinaire de Laodicée (310-390) a suivi cette tradition et en a fait le fondement d'une théologie de l'Incarnation soutenant que le Christ « a pris une âme, » mais sans ce que les Grecs appellent νοῦς. Comme l'a bien vu Dörrie, cité par Pépin, la thèse trichotomiste n'est pas plotinienne : l'intelligence humaine selon Plotin est plutôt une disposition intérieure à l'âme (cf. *Ennéades*, I, 1 [53], 8, 1-2, Bréhier, p. 56 et V, 1 [10], 10, 12, p. 284) ; on pourrait donc supposer que Némésius a suivi Apollinaire sur cette attribution. En réalité, continue Pépin, Némésius est le seul qui ait fait de Plotin la source d'Apollinaire : les « multiples témoignages » dont celui-ci « entourait la thèse de la composition tripartite de l'homme » sont des citations scripturaires, principalement pauliniennes (1 Thess. 5, 23). En revanche, l'équivalence entre πνεῦμα et νοῦς – que professe le *De fide et symbolo*, 10.23 –, indique une autre source que l'Écriture sainte : une source philosophique profane. Ce ne peut être Plotin. La source la plus vraisemblable est donc... Aristote, qui sépare nettement νοῦς, ψυχή et σῶμα, comme en témoigne le *De anima*, II, 2, 413b24-27, présentant l'intellect comme « un autre genre d'âme »). Pourquoi Némésius voit-il en Plotin la source d'Apollinaire ? Parce que, conclut Pépin (p. 233-234), il a dû trouver la division tripartite chez Porphyre. Dans le Σ.ζ. *Sur l'union*, avant d'élucider le mode de l'union de l'âme et du corps, le disciple de Plotin devait (pour « déblayer le terrain » et sans « prononcer de noms ») avoir éliminé les doctrines qui « voyaient dans l'homme trois composants ou davantage » : il est donc naturel que Némésius, lecteur du Σ.ζ., ait pensé que cette trichotomie « éliminée anonymement » par Porphyre, était « imputable à Plotin ».

Selon J. Pépin, *Augustin n'a jamais soutenu la conception tripartite* : s'il parle « parfois de la *mens* à propos de la composition de l'homme », c'est pour « en faire une partie de l'âme, et nullement un troisième constituant » (voir *Contra Acad.* I, 2, 5 ; *De diversis quaest. LXXXIII*, 7 ; *De Trin.*, XV, VII, 11 (« homo est substantia rationalis constans ex anima et corpore [...]. Detracto enim corpore, si sola anima cogitetur, aliquid eius est mens [...] non igitur anima, sed quod excellit in anima mens vocatur » – position qui, comme le rappelle Pépin, est celle de Cicéron, *De fin.*, V, 12, 34 : « perspicuum est hominem e corpore animoque constare [...] animum ita constitutum, ut [...] habeat praestantiam mentis »). Reste, toutefois, un autre témoignage – un texte du *De beata vita* (2. 7.) que Pépin lui-même juge singulier : « Est-il évident pour vous que nous sommes composés d'âme et de corps ? [...] Je le sais bien ; mais je ne saurais dire si ce sont là les seuls [constituants de mon être] : je suis incertain. – Voilà donc deux choses dont tu ne doutes pas : l'âme et le corps. Mais tu ne saurais dire s'il n'y a pas encore autre chose pour compléter et parachever l'homme. – C'est cela même, dit-il. – Quel est cet autre élément ? Une autre fois, si nous pouvons, nous le chercherons, dis-je. » (« Manifestum vobis videtur ex anima et corpore nos esse compositos ? [...] – Scio interim, sed utrum haec sola sint, incertus sum. – Ergo duo ista, inquam, esse non dubitas, corpus et animam ; sed incertus es utrum sit aliud quod ad complendum ac perficiendum hominem valet. – Ita, inquit. Hoc quale sit, alias, si possumus, quaeremus, inquam. ») Augustin était-il si « incertain » qu'il le dit ? Ce passage se laisse une fois de plus rapprocher du Σ.ζ. de Porphyre, cité par Némésius (*De nat. hom.* 3, p. 125, 11-126, 4 ; éd. Dörrie, p. 39 et 41). Sans doute, à la différence de Porphyre, Augustin ne dit pas que « le troisième élément possible est le νοῦς », autrement dit le *spiritus* ou la *mens*, « mais on ne voit guère à quoi d'autre il pourrait penser », puisque en 386, date de rédaction du *De beata vita*, il connaissait la théorie trichotomiste, son ami Alypius, « s'appuyant sur cette anthopologie pour professer une christologie approximativement apollinariste, mais qu'il croyait catholique » (voir *Confessions*, VII, XIX, 25, éd. Skutella, CCSL 27, p. 148, 13-16 : « Alypius autem Deum carne indutum ita putabat credi a catholicis, ut praeter Deum et carnem non esset in Christo, animam mentemque hominis non existimabat in eo praedicari » et *De agone christiano*, 19, 21, éd. Zycha, CSEL 41, p. 121, 12-14, qui condamne l'apollinarisme). Si l'on résume, la position d'Augustin est donc claire. La thèse du *De fide et symbolo* 10.23 ne va pas dans le sens d'une constitution trichotomique de l'homme, mais d'une réduction de la division tripartite à *deux* constituants : la *position standard* d'Augustin, celle des *Soliloques* (I, 12, 21), « l'homme est composé d'une âme et d'un corps », qu'il attribue nommément à l'encyclopédiste Cornelius Celsus, ou celle de la *Cité de Dieu*, qui ponctue la question de savoir si l'homme est l'âme seule, le corps seul, ou plutôt les deux ensemble, en se réclamant du *De philosophia* de Varron, « tributaire sur ce point de l'ancienne Académie, par l'intermédiaire de son maître Antiochus d'Ascalon » (cf. *De civ. Dei*, XIX, 3, p. 372, 29-30). La thèse véritable d'Augustin, exposée dans le *De civ. Dei*, XIX, 3, CSEL 40/2, p. 370-371 : « ... an vero nec anima sola nec solum corpus, sed simul utrumque sit homo, cuius sit pars una sive anima sive corpus, ille autem totus ex utroque constet, ut homo sit (sicut duos equos iunctos bigas vocamus, quorum sive dexter sive sinister pars est bigarum, unum vero eorum, quoquo modo se habeat ad alterum, bigas non dicimus, sed ambo simul). Horum autem trium hoc elegit tertium hominemque nec animam solam nec solum corpus, sed animam simul et corpus esse arbitratur», ne dit donc finalement rien d'autre que Thomas dans le *De unitate intellectus*, chapitre III, § 66-76 ou J. Locke, dans l'*Essay*, II, XXVII, § 21 : l'homme n'est ni seulement âme, ni seulement corps, mais *à la fois âme et corps* (voir *supra* les réponses R_{1-3} à la question « Qu'est-ce que l'homme ? », dans la formulation tirée du *Premier Alcibiade* de Platon, prolongée par Plotin, *Ennéades*, I, 1 [53], 10). Cette thèse va nécessairement de pair avec l'affirmation que l'intellect est une partie de l'âme humaine, et non une substance séparée d'elle.

49* Plotin et Porphyre distinguent intellect universel et intellects particuliers ou, plus exactement, en ce qui concerne Plotin, un intellect unique « envisagé », comme l'écrit M.-O. Goulet-Cazé, « de deux points de vue » : « universel (auquel cas il apparaît comme unique, partout identique et sans parties) ou particulier ([auquel cas] il apparaît comme présent dans la partie intellective de l'âme de chaque individu; mais, même là, chaque individu le possède dans sa totalité ». Cf. *Ennéades*, I, 1 [53], 8, 3-8, où à la question « Comment sommes-nous en relation avec l'intellect ? », Plotin répond : « Nous possédons cet intellect soit en tant que commun (*s.e.* à tous) soit en tant que particulier (*s.e.* à nous-mêmes), soit à la fois en tant que commun à tous et particulier; commun parce qu'il est sans parties, un et partout identique, et particulier parce que chacun le possède dans la partie première de son âme. Nous possédons par conséquent les formes de deux façons : dans notre âme où elles se trouvent en quelque sorte développées et en quelque sorte séparées, dans l'intellect où toutes les choses sont ensemble. » Pour Porphyre, cf. *Sentence* 22 : « L'essence intellective est homéomère, de sorte que les êtres sont aussi bien dans l'intellect particulier que dans l'intellect total; mais dans l'intellect universel même les êtres particuliers sont sous un mode universel, tandis que dans l'intellect particulier même les universels sont sous un mode particulier. » Sur tout cela, voir M.-O. Goulet-Cazé, « Le système philosophique de Porphyre dans les *Sentences*. A. Métaphysique », *in* L. Brisson (éd.), *Porphyre. Sentences*, t. I, p. 74-75.

50* Comme l'a lumineusement montré R. Cross, en s'appuyant sur la théorie armstrongienne des universaux, le problème de la

Trinité croise celui de l'universel, au sens où, sur une base commune – l'affirmation que l'essence divine est un objet numériquement singulier présent en totalité en chaque personne divine (« a numerically singular object that is wholly present in each divine person ») –, tradition grecque et tradition latine s'opposent en ce que la première (représentée par Grégoire de Nysse et Jean Damascène) fait de cet objet un *universel*, tandis que la seconde (représentée par Augustin et Thomas), lui refuse ce statut, pour la raison qu'un universel étant divisé dans les particuliers ne saurait être numériquement un (« ... on the merely philosophical grounds that universals are divided amongst the particulars that share them, and thus cannot be numerically one »). Sur tout cela, cf. R. Cross, « Two Models of the Trinity? », *The Heythrop Journal*, 43/3 (2002), p. 275-294, spéc. p. 275, qui oppose nettement, sur ce point, Grégoire de Nysse et Augustin : « There is a clear difference between the two views [*i.e.* the Eastern which follows the Cappadocian Fathers and the Western based on Augustine], however, and it is this : the Eastern view does, and the Western view does not, generally accept a sense in which the divine essence is a shared universal. This divergence can clearly be seen in the originators of the two different approaches. [...] Gregory of Nyssa, for example, asserts that the divine essence is a universal, and Augustine just as decisively denies this » et, *ibid.*, p. 280 : « The Eastern view – that the divine essence is a shared universal – can be found clearly and unequivocally in Gregory of Nyssa. Gregory holds that the divine essence is common *(koinon)* to the three persons. He claims that the essence is, in this respect at least, the same as any created substance. » Sur Grégoire, voir en outre, du même, « Gregory of Nyssa on Universals », *Vigiliae Christianae*, 56/4 (2002), p. 372-410.

51* On pense, notamment, à la *Sentence* 43, trad. Brisson *et al.*, *Porphyre. Sentences*, t. I, p. 371, où Porphyre explique que *l'intellect est multiple* (πολλὰ γάρ ἐστιν ὁ νοῦς), car « sans cesse il intellige les intelligibles, lesquels ne sont pas une unité, mais sont multiples, et *ne sont pas autres que lui* » (νοεῖ γὰρ ἀεὶ τὰ νοήματα οὐχ ἓν ὄντα, ἀλλὰ πολλὰ καὶ οὐκ ἄλλα ὄντα παρ' ἐκεῖνον), ce qui fait que « s'il leur est identique, et si eux sont multiples », lui aussi « sera multiple » ; mais aussi (*ibid.*, p. 373) que « l'intellection *rassemble les* [*objets*] *intellectuels* [...] *dans l'intellect et l'intelligible* », ce qui fait que « c'est lui-même qu'il contemple en intelligeant les intelligibles », et que « s'il intellige en s'avançant vers lui-même, c'est parce qu'il s'avance vers eux ». C'est la même thèse que soutient, on l'a dit, Plotin dans *Ennéades*, V, 9 [5], 8 (cf. *supra*, p. 248, n. 2). Sur cette thèse, voir J.-M. Narbonne, « Commentaire », in *Plotin. Traité 25, op. cit.*, p. 108 : « Il ne suffit [...] pas qu'un intellect réceptacle des Idées pense des objets intelligibles, il faut que chaque Idée soit elle-même intelligence, de manière à ce qu'elles se pensent mutuellement les unes les autres et que toutes soient présentes à toutes, l'Intelligence s'assimilant alors à une sorte de structure en miroirs refermée sur elle-même et se réfléchissant elle-même infiniment en ses multiples faces. »

52* Ayant défini la personne comme « naturae rationabilis individua *substantia* » (Rand-Stewart, p. 84, 4-5), le *Contra Eutychen*, 3, souligne que cette définition dépend étroitement de « ce que les Grecs appellent ὑπόστασις ». Après quelques considérations sur l'origine étymologique du mot latin *persona* – et une comparaison avec celle de son équivalent grec πρόσωπον –, Boèce fait observer qu'elle serait toutefois plus transparente en grec, puisque les Grecs appellent d'un terme « bien plus expressif » *(longe signatus)* – *i.e.* ὑπόστασις – la « *subsistence* individuelle d'une nature dotée de raison » (« naturae rationabilis individuam *subsistentiam* », Rand-Stewart, p. 86, 24-25). À quelques lignes de distance, le *Contra Eutychen* donne donc deux formulations d'une même définition de ce que les Latins appellent *persona* : 1. *substance* individuelle d'une nature raisonnable (84, 4-5), 2. *subsistence* individuelle d'une nature raisonnable (86, 24-25). Cette hésitation mérite l'examen. Boèce serait-il incohérent ? Il ne semble pas : dès 86, 27-29, il reprend sa seconde définition pour louer « la plus grande richesse du vocabulaire grec » – et d'insister : « sed peritior Graecia sermonum ὑπόστασιν vocat individuam *subsistentiam.* » Si la tentation existe de donner une lecture « cappadocienne » du *Contra Eutychen*, en attribuant à Boèce l'identification de la nature divine à la substance seconde d'Aristote et de la personne à sa substance première – ce que font M. McCord Adams et R. Cross, dans « Aristotelian Substance and Supposits », I, M. McCord Adams, « What's Metaphysically Special about Supposits ? Some Medieval Variations on Aristotelian Substance », *Supplement to the Proceedings of the Aristotelian Society*, 79/1 (2005), p. 15-52 –, on peut donc aussi voir en lui le premier grand témoin latin d'une distinction entre substance (sujet d'accidents) et subsistence (existant par soi), qui a *porté problématiquement* toute la réflexion médiévale puis moderne sur le « sujet ». C'est, en tout cas, des ambiguïtés du dossier boécien qu'est issue la double étymologie de *substantia* : *a subsistendo; a* *substando*, inlassablement alléguée du XIIe siècle (notamment chez les grammairiens) à la Seconde Scolastique (par exemple dans la *Disputatio* XXXIII de Suárez, *De substantia creata in communi*, *sectio* I, *Quidnam substantia significet, et quo modo in incompletam et completam dividatur*) et, surtout, la thèse, âprement discutée par les théologiens de l'École dans les années 1600, selon laquelle « l'union de la subsistence et de la nature constitue le suppôt auquel on peut attribuer des actions » – thèse qui est l'arrière-plan théorique du principe *« actiones sunt suppositorum »* (PSA), dont Leibniz a étayé sa théorie de la substance individuelle (ou personne) comme sujet d'action. Nous reviendrons sur ce point dans le volume II en présentant la théorie suarézienne de l'action, puis dans le volume III en examinant les sources scolastiques de la conception leibnizienne du « sujet ».

53* On prendra également garde de ne pas identifier purement et simplement la périchorèse et la consubstantialité au sens d'une unité d'essence, laissant de côté les relations. Cette thèse, qui a souvent été attribuée à Henri de Gand, revient en effet à dire que chaque personne « n'est pas tout entière dans les autres », mais seulement « selon cette partie d'elle-même qui est aussi quelque chose des autres », autrement dit selon l'essence. Elle figure sous cette forme dans un *Scholion* des *Reportata Parisiensia* de Duns Scot (*In I Sent.*, *d.* 19, *q.* 4, éd. Paris, p. 241, Schol. 1), sous le titre de *Sententia Henrici* (« unam personam esse in alia non secundum se totam, sed secundum partem, quae etiam est aliquid alterius, id est secundum essentiam ») et dans un passage de *In I Sent.*, *d.* 19, *q.* 2, de Pierre d'Aquila, cité par Deneffe, « Perichoresis, circumincessio... », p. 515-516 (« Dicit doctor iste duas conclusiones. Prima est, quod una persona non est in alia secundum se totam. Secunda conclusio, quod una persona est in alia secundum partem, quae est aliquid utriusque, puta per essentiam »), mais n'est véritablement exprimée sous cette forme que chez Durand de Saint-Pourçain, *In I Sent.*, *d.* 19, *q.* 3, § 4, qui nuance toutefois, à cet endroit, le langage méréologique tendant à introduire des « parties » en Dieu (« Una persona non potest esse in alia ratione totius constituti ex essentia et relatione, ita quod quaelibet sit continens et contenta ratione totius ; potest tamen ratione alterius partis, nec fiat vis in nomine totius et partis, quia sic oportet loqui, licet in divinis non sit proprie totum et pars »). Cf. *ibid.*, § 5 (« Ratione relationis una persona non est in alia ») et § 7 (« Restat ergo quod una persona sit in alia ratione essentiae »). La véritable doctrine d'Henri de Gand semble assez différente : de fait, dans la *Summa quaestionum ordinarium*, *a.* 53, *q.* 10, § 20, il affirme nettement que : « ... in divinis una persona est in alia non ratione solius essentiae nec ratione solius relationis, sed potius simul ratione utriusque, scilicet substantiae et relationis ». Il ne s'écarte de la thèse dominante qu'en affirmant que « à proprement parler, en Dieu, chaque personne a l'être en une autre, et tout entière en [l'autre] tout entière, mais qu'elle n'est pas *par soi* et *à titre premier* tout entière en [l'autre] tout entière » (cf. *Summa quaestionum ordinarium*, *a.* 53, *q.* 10, § 26 : « [Et hoc modo] proprie in divinis una persona habet esse in alia, et tota in tota, sed non per se et primo tota in tota »). C'est donc sur le seul *per se, sed non primo* que roule la thèse du théologien belge.

54* Le problème des « propriétés individuelles » est lié à celui de la « migration des qualités » ou, dans un autre idiome, de la « transférabilité des tropes » (ou *Abstract Particulars*), mentionné p. 201 *sq.* Rappelons que, selon Matthews, il y a deux façons d'entendre la clause aristotélicienne : la théorie ackrillienne *(Monogamous-Parasite Interpretation)*, selon laquelle l'accident ne peut pas exister séparément du sujet particulier dans lequel il se trouve, et la théorie owenienne *(Promiscuous-Parasite Interpretation)*, selon laquelle l'accident ne peut pas exister séparément d'un sujet, quel qu'il soit. La théorie de J.L. Ackrill, exposée dans *Aristotle. Categories and De Interpretatione*, Oxford, Clarendon Press, 1963, stipule que : x est en y =$_{\mathrm{df}}$(a) x appartient à y, et (b) x n'est pas une partie de y, et (c) x ne peut exister séparément de y. Celle d'Owen est que : x est en y =$_{\mathrm{df}}$(a) x appartient à y, et (b) x n'est pas une partie de y, et (c) x ne peut exister par soi (*i.e.*, x ne peut exister s'il n'y pas quelque chose z telle que x appartient à z). Pour la thèse de G.E.L. Owen, voir « Inherence », *Phronesis*, 10 (1965), p. 97-105 ; « Aristotle on the Snares of Ontology », *in* R. Bambrough (éd.), *New Essays on Plato and Aristotle*, Londres, Routledge and Kegan Paul, 1965, p. 69-95 ; « The Platonism of Aristotle », *in* J. Barnes, M. Schofield, R. Sorabji (éd.), *Articles on Aristotle, 1. Science*, Londres, Duckworth, 1975, p. 14-34 ; « Particular and General », *Proceedings of the Aristotelian Society*, 79, (1978), p. 1-21. Je ne trouve pas trace avant le XIVe siècle de la troisième lecture mentionnée par Matthews, celle de M. Frede (la *Primary-Host Interpretation*), mais le dossier reste ouvert. Voir sur ce point M. Frede, « Individuen bei Aristoteles », *Antike und Abendland*, 24 (1978), p. 16-39. Pour une critique de Matthews, voir C. Luna, « Commentaire », *in* Simplicius..., p. 390-392.

Ouvrages cités

Auteurs anciens et médiévaux

Albert le Grand, *Metaphysica, Pars I: Libri 1-5*, éd. B. Geyer *(Alberti Magni Opera Omnia, Tomus XVI, Pars 1)*, Münster/W., 1960; *Metaphysica, Pars II: Libri 6-13*, éd. B. Geyer *(Alberti Magni Opera Omnia, Tomus XVI, pars II)*, Münster/W., 1964.

—, *De causis et processu universitatis a prima causa*, éd. W. Fauser S.J. *(Alberti Magni Opera Omnia, Tomus XVII, Pars II)*, Münster/W., 1993.

Alexandre d'Aphrodise, *De anima liber cum Mantissa*, CAG, Suppl. II, 1, éd. I. Bruns, Berlin, 1887.

—, *De intellectu et intellecto*, éd. G. Théry, Le Saulchoir Kain (Bibliothèque thomiste, 7), 1926, p. 74-82.

—, *De l'âme*, Introd., texte grec, traduction et commentaire par M. Bergeron et R. Dufour, Paris, Vrin, 2008.

Alexandre de Halès, *Summa theologica. Studio et cura PP. Collegii S. Bonaventurae ad fidem codicum edita,* Ad Claras Aquas (Quaracchi), 1924-1948.

Anonyme de Giele (Quaestiones in libros Aristotelis De anima), in *Trois Commentaires anonymes sur le Traité de l'âme d'Aristote*, éd. M. Giele *(Un commentaire averroïste sur les livres I et II du Traité de l'âme)*, Louvain-Paris, Publications universitaires-Béatrice Nauwelaerts (Philosophes médiévaux, 11), 1971, p. 11-120.

Anonyme, *Sententia Anonymi Magistri Artium (c. 1246-1247) super II et III De anima* (Oxford, Bodleian Libr., Lat. Misc. c. 70, f° 1ra-25b; Roma, Bibl. Naz. V.E. 828, f° 46vb, 48ra-52ra), édition, étude critique et doctrinale par B.C. Bazán, texte du *De anima vetus* établi par K. White, Louvain-Paris (Philosophes médiévaux, 37), 1998.

ANSELME DE CANTORBÉRY, *Monologion*, in *S. Anselmi. Cantuariensis archiepiscopi Opera omnia*, ed. Franciscus Salesius Schmitt, vol. 1, Edinburgh, 1946, p. 5-87.

ARISTOTE, *Aristotelis opera, edidit Academia Regia Borussica*, éd. I. Bekker, 5 vol., Berlin, G. Reimer, 1831-1870.

—, *De anima*, Transl. and Commentary by R.D. Hicks, Cambridge, CUP, 1907.

—, *De anima*, Text, Introd. and Commentary by W.D. Ross, Oxford, Clarendon Press, 1961.

—, *De anima*, books II and III (with passages from book I), translated with introduction and notes by D.W. Hamlyn, Oxford, 1993.

—, *De anima, transl. Guillelmi de Moerbecke*, éd. R.-A. Gauthier, in *S. Thomae de Aquino, Sentencia libri De anima,* Rome, Paris, 1984, p. 1-258.

—, *De anima, transl. Iacobi Veneti,* éd. R.-A. Gauthier, in *Lectura Anonymi Magistri Artium (c. 1245-1250) in librum De anima a quodam disciplulo reportata* (ms. Roma Naz. V. E. 828), éd. R.-A. Gauthier, Grottaferrata, 1985, p. 1-496.

—, *De l'âme*, texte établi par A. Janone, trad. et notes de E. Barbotin, Paris, Les Belles Lettres, 1966.

—, *De l'âme*, trad. J. Tricot, Paris, Vrin, 1992.

—, *De l'âme*, trad. R. Bodéüs, Paris, Flammarion (GF), 1993.

—, *Les parties des animaux*, trad. P. Louis, Paris, Flammarion (GF), 1995.

—, *Du sommeil et de la veille*, trad. P.-M. Morel, *in* Aristote, *Petits Traités d'histoire naturelle*, Paris, Flammarion (GF), 2000.

—, *La Métaphysique*, trad. Tricot, Paris, Vrin, 1986.

—, *Catégories. De l'interprétation*, trad. J. Tricot, Paris, Vrin, 1966.

—, *Aristotle's Prior and Posterior Analytics*, éd. W.D. Ross, Oxford, 1949.

—, *Topiques*, trad. J. Brunschwig, Paris, Belles Lettres (CUF), 1967.

—, www.4literature.net/Aristotle [trad. angl. en ligne].

ARISTOXÈNE, *Aristoxeni Elementa harmonica*, éd. R. Da Rios, Rome, 1954.

AUGUSTIN, *Œuvres*, Turnhout, Brepols (Bibliothèque augustinienne) [notée BA, avec la tomaison]. Nous indiquons entre crochets les références au *Corpus christianorum Series Latina* et au *Corpus scriptorum ecclesiasticorum Latinorum*.

—, *De ordine*, R. Jolivet, Paris, 1939 [[2]1948], BA 4 [= CCSL 29, p. 89-137].

AUGUSTIN, *Soliloques*, P. de Labriolle, Paris, 1939 [²1948], BA 5, p. 165-219 [= *Soliloquiorum libri duo*, CSEL 89, p. 3-98].

—, *De immortalitate animae*, P. de Labriolle, Paris, 1939 [²1948], BA 5, p. 221-397 [= CSEL 89, p. 101-128].

—, *De quantitate animae*, P. de Labriolle, Paris, 1939 [²1948], BA 5, p. 399-408 [= CSEL 89, p. 131-231].

—, *De diversis quaestionibus octoginta tribus*, G. Bardy, J.-A. Beckaert, J. Boutet, Paris, 1952, BA 10 [= CCSL, 44A, p. 3-249].

—, *Retractationes*, G. Bardy, Paris, 1950, BA 12 [= *Retractationum libri duo*, CCSL 57].

—, *Confessions*, A. Solignac, E. Tréhorel, G. Bouisseau, Paris, 1962 [²1992], BA 13-14 [= *Confessionum libri tredecim*, CCSL 27].

—, *De Trinitate*, E. Hendrikx, M. Mellet, Th. Camelot, Paris, 1955 [²1997], BA 15 ; P. Agaësse, J. Moingt, Paris, 1955 [²1997], BA 16 [= CCSL, 50-50A].

—, *De duabus animabus*, R. Jolivet, M. Jourjon, Paris, 1961, BA 17, p. 27-115 [= CSEL 25, p. 51-80].

—, *De Genesi ad litteram libri duodecim*, P. Agaësse, A. Solignac, Paris, 2000-2001, BA 48-49 [= CSEL, 28/1, p. 3-435].

—, *Cité de Dieu*, G. Bardy, G. Combès, Paris, 1959-1960, BA 33-37 [= *De ciuitate Dei*, CCSL 47-48].

—, www.sant-agostino.it/latino [édition en ligne, avec traduction italienne].

AVERROÈS, *Aristotelis opera cum Averrois commentariis*, Venise, 1562-1574 [repr. Frankfurt a. M., Minerva, 1962].

—, *Averrois Cordubensis commentarium magnum in Aristotelis de anima libros*, éd. F.S. Crawford, Cambridge (Mass.), The Medieval Academy of America, 1953.

—, *L'Intelligence et la Pensée. Grand Commentaire du 'De anima', livre III (429 a 10-435 b 25)*, trad. A. de Libera, Paris, Flammarion (GF), 1998.

—, *Commentaire moyen du 'De anima'*, trad. A. Elamrani-Jamal, *in* « Averroès : la doctrine de l'intellect matériel dans le *Commentaire moyen* au *De anima* d'Aristote. Présentation et traduction, suivie d'un lexique-index du chapitre 3, livre III : *De la faculté rationnelle* », *in* A. de Libera, A. Elamrani-Jamal, A. Galonnier (éd.), *Langages et philosophie. Hommage à Jean Jolivet*, Paris, Vrin (Études de philosophie médiévale, LXXIV), 1997, p. 281-307.

BOÈCE, *Opera logica*, *in* Patrologia Latina [noté PL], t. 64.

—, *In Categorias Aristotelis Commentaria*, PL 64, 159A-294C.

—, *De divisione*, PL 64, 875D-892A [voir Magee].

BOÈCE, *Contra Eutychen* (*De duabus naturis*), éd. Rand-Stewart, in *The Theological Tractates*, Londres (Loeb Classical Library), 1968.

BONAVENTURE, *Opera omnia*, éd. Collegium S. Bonaventurae, Ad Claras Aquas, Quaracchi, 1882-1902.

CICÉRON, *Epistolae ad Familiares,* éd. W.S. Watt, *Epistulae*, vol. I. *(ad Familiares)*, Oxford, OUP, 1982.

—, *Lucullus* (*Academica*, *editio prior*, 1.II), in *Cicero,* vol. XIX. *De natura deorum, Academica*, Harvard, HUP (Loeb Classical Library), [1]1933 [réimpr. 2000], p. 464-658.

—, *Tusculanae disputationes,* éd. M. Pohlenz, Leipzig (*M.T. Ciceronis scripta quae manserunt omnia*, fasc. 44), 1918.

CLAUDIANUS MAMERTUS, *De statu animae*, éd. A. Engelbrecht, CSEL XI, Vienne, 1885, p. 3-197 ; PL 53, 697-780.

DENYS LE PSEUDO-ARÉOPAGITE, *La Hiérarchie céleste*, éd. G. Heil, introd. R. Roques, trad. M. de Gandillac, SC 58, [1]1970 [réimpr. 2006].

DEXIPPE, *In Categorias Aristotelis*, éd. Busse, CAG, IV.2, Berlin, 1888.

FRANÇOIS DE MEYRONNES, *Preclarissima scripta in quatuor libros sententiarum*, Venise, 1520.

GALIEN, *Que les puissances de l'âme suivent les mélanges du corps*, texte in *Claudii Galeni Pergameni Scripta Minora*, éd. J. Marquardt, I. Müller & G. Helmreich, Bd. 1-3, Leipzig, Teubner, 1884/1891/1893 [réimpr., Amsterdam, Hakkert, 1967].

GRÉGOIRE DE NYSSE, *Ad Graecos ex communibus notionibus*, in *Gregorii Nysseni opera dogmatica minora* 1 (= *Gregorii Nysseni Opera*, vol. 3/1), éd. F. Müller, Leiden, E.J. Brill, 1958.

GUILLAUME D'OCKHAM, *Summa logicae*, *Opera philosophica et theologica*, I, éd. Ph. Boehner, G. Gál, S. Brown, New York, St. Bonaventure, 1974.

HENRI DE GAND, *Summa quaestionum ordinarium*, Paris, 1520, [réimpr., New York, St. Bonaventure, 1953 (2 vol.)].

HERVÉ DE NÉDELLEC (Hervaeus Natalis), *In quatuor libros Sententiarum commentaria*, Paris, 1647.

IRÉNÉE DE LYON, *Contre les hérésies* (10 vol.) SC 100, 100 *bis*, 152, 153, 210, 211, 263, 264, 293, 294, Paris, Cerf.

JEAN CAPREOLUS (Cabrol), *Defensiones theologiae divi Thomae Aquinatis*, *In I Sent*., ed. Turonibus, 1900.

JEAN DE DAMAS, *De fide orthodoxa*, éd. E.M. Buytaert, Franciscan Institute Publications (Text Series, 8), St. Bonaventure (N.Y.), The Franciscan Institute-Louvain, Nauwelaerts-Paderborn, F. Schöningh, 1955.

Jean Duns Scot, *Reportata Parisiensia*, in *Opera omnia*, t. XXIV, Paris, L.Vivès, 1894.

Jean Philopon, *Commentaire sur le De anima*, éd. M. Hayduck, CAG XV, Berlin, Reimer, 1897; éd. G. Verbeke; *Commentaire sur le De anima* d'Aristote, trad. par Guillaume de Moerbecke, éd. G. Verbeke, *Corpus Latinum Commentariorum in Aristotelem Graecorum*, III, Paris, Béatrice-Nauwelaerts, 1966; trad. angl. W. Charlton, *Philoponus, On Aristotle on the Intellect (de Anima 3.4-8)*, Londres, Duckworth, 1991.

Némésius d'Émèse, *De natura hominis*, PG 40; éd. C. Burkhardt, Vienne, 1891-1902; éd. M. Morani, Leipzig, Teubner, 1987 [cf., en outre, H. Dörrie, *Porphyrios' « Symmikta Zetemata »*].

—, *De natura hominis,* éd. G. Verbeke & J.R. Moncho, Leyde, Brill (Corpus Latinorum commentariorum in Aristotelem Graecorum, suppl. 1), 1975.

Olivi (Pierre Jean Olieu), Petrus Ioannis Provenzalis, *Quodlibeta. Quaestiones Textuales. Impugnatio et defensiones quorundam articulorum*, Venise, s.a. [1505 ?].

—, *Quaestiones in II librum Sententiarum*, éd. B. Jansen, Quaracchi, 1922-1926 (3 vol.).

Pierre d'Auriole, *Commentarii in libros sententiarum,* Romae, 1546-1605 [réimpr. *Scriptum super Primum Sententiarum* (éd. E.M. Buytaert), Francfort-New York 1953-1956 (2 vol.)].

Platon, *Alcibiade*, trad. M. Croiset, Paris, Belles Lettres (CUF), 1963.

—, *République*, trad. E. Chambry, Paris, Belles Lettres (CUF), [1]1932-1934.

—, *Sophiste*, trad. A. Diès, Paris, Belles Lettres (CUF), [1]1925.

—, *Timée*, trad. A. Rivaud, Paris, Belles Lettres (CUF), [1]1925.

—, *Ménon*, trad. A. Croiset, L. Bodin, Paris, Belles Lettres (CUF), [1]1923.

Plotin, *Ennéades*, trad. É. Bréhier, Paris, Belles Lettres (CUF), [1]1924-1938.

—, *Traité 5* (V, 9), trad. A. Schniewind, Paris, Cerf (*Les Écrits de Plotin*), 2007.

—, *Traité 25* (II, 5), trad. J.-M. Narbonne, Paris, Cerf (*Les Écrits de Plotin*), 1998.

—, *Traité 53* (I, 1), trad. G. Aubry, Paris, Cerf (*Les Écrits de Plotin*), 2004.

Porphyre, *In Aristotelis Categorias expositio per interrogationem et responsionem*, éd. A. Busse, *Porphyrii Isagoge et in Aristotelis*

Categorias commentarium, Commentaria in Aristotelem Graeca 4.1., Berlin, Reimer, 1887, p. 55-142.

PORPHYRE, *Isagoge*. Traduction française par A. de Libera et A.-Ph. Segonds, Introduction et notes par A. de Libera, Paris, Vrin (Sic et Non), 1998 (bilingue).

—, *Sententia ad intelligibilia ducentes*, éd. B. Mommert, Bibliotheca Teubneriana, Leipzig, 1907.

—, *Sentences*, trad. Brisson *et al.*, in *Sentences*. Études d'introduction, texte grec et trad. française, commentaire par l'UPR n° 76 du CNRS avec trad. anglaise par John Dillon. Travaux édités sous la responsabilité de L. Brisson, Paris, Vrin (Doctrines de l'Antiquité classique, 33), 2005.

—, *Sentenze*, éd. et trad. M. Della Rosa, Milan, 1992.

—, *Sentenze sugli intelligibili*, éd. et trad. G. Girgenti, Milan, Rusconi (Testi a fronte), 1996.

SEXTUS EMPIRICUS, *Esquisses Pyrrhoniennes*, Introd., trad. et comm. par P. Pellegrin, Paris, Éd. du Seuil (Points), 1997.

SIMPLICIUS, *Commentaire sur les Catégories*, traduction commentée sous la dir. d'I. Hadot, fasc. I. Introduction, Ire partie (1-9, 3 Kalbfleisch), traduction de Ph. Hoffmann (avec la collab. de I. & P. Hadot), commentaire et notes à la traduction par I. Hadot avec des appendices de P. Hadot et J.-P. Mahé, Leiden, Brill (Philosophia Antiqua, vol. 50), 1990.

—, *Commentaire sur les Catégories*, traduction commentée sous la dir. d'I. Hadot, fasc. III. Introduction, Ire partie (21-40, 13 Kalbfleisch), traduction de Ph. Hoffmann (avec la collab. de I. & P. Hadot et C. Luna, commentaire et notes à la traduction par C. Luna, Leiden, Brill (Philosophia Antiqua, vol. 51), 1990.

—, *Commentaire sur les Catégories d'Aristote. Chapitres 2-4*, traduction de Ph. Hoffmann (avec la collaboration de I. & P. Hadot), commentaire par C. Luna, Paris, Les Belles Lettres, 2001.

THEMISTIUS, *Themistii in libros Aristotelis De anima paraphrasis*, CAG, V, 3, éd. R. Heinze, Berlin, Reimer, 1889.

—, *Commentaire sur le Traité de l'âme d'Aristote. Traduction de Guillaume de Moerbecke* (Corpus Latinum Commentariorum in Aristotelem Graecorum, 1), éd. G. Verbeke, Leyde, Brill, 1973.

THOMAS D'AQUIN, *Summa theologiae*, in *Sancti Thomae de Aquino Opera omnia iussu Leonis XIII P. M. edita*, IV-XII, Rome (Ex Typographia Polyglotta S. C. de Propaganda Fide, Romae), 1888-1906.

—, *Summa contra Gentiles*, in *Sancti Thomae de Aquino Opera omnia iussu Leonis XIII P. M. edita*, XIII-XV, Rome (Typis Riccardi

Garroni, Romae), 1918-1930; éd. P. Marc, Turin, Paris, 1967 (3 vol.); trad. fr. *Somme contre les Gentils, Livre sur la vérité de la foi catholique contre les erreurs des infidèles*, trad. inédite par V. Aubin, C. Michon et D. Moreau, 4 vol., Paris, Flammarion, 1999.

THOMAS D'AQUIN, *Sancti Thomae Aquinatis Tractatus de unitate intellectus contra averroistas*, éd. L. Keeler, Rome (Textus et documenta, Series philosophica, 12), 1936; *De unitate intellectus contra Averroem*, éd. Léonine, XLIII, Rome, 1976; trad. fr. A. de Libera, 1994 : *L'Unité de l'intellect contre les averroïstes*, suivi des Textes contre Averroès antérieurs à 1270. Texte latin, trad., introd., bibliogr., chronologie, notes et index, *in Contre Averroès*, Paris, Flammarion (GF), 1994 (bilingue).

—, *Sentencia libri De anima*, éd. Léonine, Rome, *Commissio Leonina*, Paris, Vrin, 1984; trad. J.-M.Vernier, 1999 : *Commentaire du traité De l'âme d'Aristote*, introd., trad. et notes par J.-M. Vernier, Paris, Vrin, 1999.

—, *Sententia Metaphysicae = In XII libros Metaphysicorum expositio*, éd. M.-R. Cathala-R.M. Spiazzi, Turin-Rome, Marietti, 1964.

—, *Quaestiones disputatae de anima,* éd. B.C. Bazán in *Opera omnia*, XXIV, 1, *Commissio Leonina*-Cerf, Rome-Paris, 1996 [cf. *Quaestio disputata de anima*, in *St. Thomas Aquinas Quaestiones de anima. A newly Established Edition of the Latin Text with an Introduction and Notes*, ed. J.H. Robb, Toronto, Pontifical Institute of Mediaeval Studies (Studies and Texts, 14), 1968].

—, *Quaestiones disputatae De potentia*, in *S. Thomae Aquinatis, Quaestiones disputatae*, t. 2, éd. P.M. Pession, Turin-Rome, Marietti, [10]1965, p. 1-276.

—, *Quaestiones disputatae De veritate*, in *Opera omnia*, XXII, éd. Léonine, Rome, *Commissio Leonina*, 1975-1970-1972-1976 (3 vol.)

—, *Quaestiones de quolibet. Quodlibet VII, VIII, IX, X, XI*, *Opera omnia*, XXV, 1, *Commissio Leonina* - Cerf, Rome - Paris, 1996.

—, *Contra errores Graecorum ad Urbanum papam*, in *Opera omnia*, XL, Ad Sanctae Sabinae, Romae, 1969.

—, *Corpus thomisticum*, sur unav.es/ filosofia/alarcon/amicis/ctcorpus.html.

Thomas d'Aquin, trad. fr. en ligne sur bibliotheque.editionsducerf.fr et Thomas-d-aquin.com/Pages/Traductions.

AUTEURS MODERNES ET CONTEMPORAINS

ACKRILL, J.L., *Aristotle. Categories and De Interpretatione*, Oxford, Clarendon Press, 1963.

—, *Aristotle the Philosopher*, Oxford, OUP, 1981.

—, « Aristotle's Definitions of Psuchê », *Proceedings of the Aristotelian Society*, 1972-1973, p. 119-133.

ALQUIÉ, F., *La Découverte métaphysique de l'homme chez Descartes*, Paris, [1]1950.

ANGELELLI, I., *Studies in Gottlob Frege and the Traditional Philosophy*, Dordrecht, D. Reidel, 1967 (trad. fr. J.-F. Courtine, A. de Libera, J.-B. Rauzy, J. Schmutz, *Frege et la philosophie traditionnelle*, Paris, Vrin, 2007.).

ANSCOMBE, E., « The First Person » (1974), in *Philosophical Papers*, t. II, Minneapolis, Minnesota UP, 1981, p. 21-36.

ANTOGNAZZA, M.R., « Leibniz e il concetto di persona nelle polemiche trinitarie inglesi », *in* V. Melchiorre (éd.), *L'idea di persona*, Milan, Vita e Pensiero, 1996, p. 207-237.

—, « *Immeatio* and *emperichoresis*. The Theological Roots of Harmony in Bisterfeld and Leibniz », *in* S. Brown (éd.), *The Young Leibniz and his Philosophy, 1646-1676*, Dordrecht, Kluwer (International Archives of the History of Ideas), 1999, p. 41-64.

—, « The Defence of the Mysteries of the Trinity and the Incarnation : an Example of Leibniz's "other" reason », *British Journal for the History of Philosophy*, 9/ 2 (2001), p. 283-309.

ARMOGATHE, J.-R., *Theologia cartesiana. L'explication physique de l'Eucharistie chez Descartes et dom Desgabets*, La Haye, Martinus Nijhoff, 1977.

ARMSTRONG, D.M., *Universals : an Opinionated Introduction*, Boulder, Westview Press, 1989.

AUBRY, G., « Introduction » *à Plotin, Traité 53* (I, 1), Paris, Cerf (Les Écrits de Plotin), 2004.

AYADA, S., « Le modèle avicennien de la subjectivité », *Revue des sciences philosophiques et théologiques*, 83/3 (1999), p. 491-526.

AYERS, M., *Locke, II : Ontology*, Londres, Routledge, 1991.

BAKKER, P.J.J.M., « Inhérence, univocité et séparabilité des accidents eucharistiques. Observations sur les rapports entre métaphysique et théologie au XIVe siècle », *in* J.-L. Solère, Z. Kaluza (éd.), *La Servante et la Consolatrice. La philosophie au Moyen Âge et ses rapports avec la théologie*, Paris, Vrin, 2002, p. 193-245.

BAKKER, P.J.J.M., *La Raison et le Miracle. Les doctrines eucharistiques (c. 1250-c. 1400). Contribution à l'étude des rapports entre philosophie et théologie*, Université de Nimègue, 1999.

BALIBAR, É., « *Ego sum, ego existo.* Descartes au point d'hérésie », *Bulletin de la Société française de philosophie*, juill.-sept. 1992, 86 (3), p. 77-123.

—, « Subjection and Subjectivation », *in* J. Copječ (éd.), *Supposing the Subject*, Londres-New York, Verso, 1994, p. 1-15.

—, « What Is "Man" in Seventeenth-Century Philosophy ? Subject, Individual, Citizen », *in* J. Coleman (éd.), *The Individual in Political Theory and Practice*, European Science Foundation/OUP (Clarendon Press) ; trad. fr. « Sujet, individu, citoyen. Qu'est-ce que "l'homme" au XVIIe siècle ? », *in* J. Coleman (éd.), *L'Individu dans la théorie politique et dans la pratique*, Paris, P.U.F., 1996.

—, « L'invention européenne de la Conscience », *in* B. Lechevalier, F. Eustache, F. Viader (éd.), *La Conscience et ses troubles.* Séminaire Jean-Louis Signoret, De Boeck Université, Paris-Bruxelles, 1998, p. 169-192.

—, « Je, Moi, Soi », in *VEP*, p. 645-659.

BALIBAR, É., CASSIN, B. & LIBERA, A. DE, « Sujet », in *VEP*, p. 1233-1254.

BALIBAR, É. & LAUGIER, S., « Agency », in *VEP*, p. 26-32.

BARNES, J., « Aristotle's Concept of Mind », *Proceedings of the Aristotelian Society*, 1971-2, p. 101-114 [repris *in* J. Barnes, M. Schofield, R. Sorabji (éd.), *Articles on Aristotle,* vol. 4 : *Psychology and Aesthetics*, London, Duckworth, 1979, p. 32-41].

—, *Aristotle*, Oxford, OUP, 1982.

—, « Les Catégories et les *Catégories* », *in* O. Bruun, L. Corti (éd.), *Les Catégories et leur histoire*, Paris, Vrin (Bibliothèque d'histoire de la philosophie), 2005, p. 11-80.

BARRESI, J., « On Earth as It is in Heaven. Trinitarian Influences on Locke's Account of Personal Identity », à paraître sur *The Personalist Forum* (voir : jbarresi.psychology.dal.ca /Papers /heaven.html).

BARTOK, PH.J., « Brentano's Intentionality Thesis : Beyond the Analytic and Phenomenological Readings », *Journal of the History of Philosophy*, 43/4 (2005), p. 437-460.

BARY, R., *La Physique, où selon les anciens et les modernes il est traité de tout ce qu'il y a de plus curieux dans la nature, est divisée en trois tomes; et dans le troisième tome, il est métaphysiquement traité de Dieu*, Paris, J. Couterot, 1671.

—, *La Logique, où il est donné l'usage de la Logique même*, ou *La Fine Philosophie accommodée à l'intelligence des Dames*, par René

Bary, Conseiller & Historiographe du Roi, nouv. éd., Paris, J. Couterot, 1672

BAUD, J.-P., *L'Affaire de la main volée. Une histoire juridique du corps*, Paris, Seuil (Des Travaux), 1993.

BAUMGARTEN, A., *Metaphysica Alexandri Gottlieb Baumgarten*, Magdeburg, Impensis C.H. Hemmerde, [3]1757.

BAUMGARTEN, S.J., *Evangelische Glaubenslehre*, Halle, 1759-1760.

BAYLE, P., *Dictionnaire historique et critique*, Amsterdam, Leyde, La Haye, Utrecht, 1740 (4 vol.) ; éd. Beuchot, Paris, Desoer, 1820 (16 vol.) ; éd. en ligne partielle, *ARTFL Project* (Univ. de Chicago).

BAZÁN B.C., « *Intellectum speculativum* : Averroes, Thomas Aquinas and Siger of Brabant on the Intelligible Object », *Journal of the History of Philosophy*, 19/4 (1981), p. 425-446.

—, « The Human Soul : Form *and* Substance ? Thomas Aquinas' Critique of Eclectic Aristotelianism », *AHDLMA*, 64 (1997), p. 95-126.

BENVENISTE, É., *Problèmes de linguistique générale*, I, Paris, Gallimard, 1966 ; II, Paris, Gallimard, 1974.

BERGSON, H., *La Pensée et le Mouvant*, in *Œuvres*, Paris, PUF (Édition du Centenaire), 1963.

BERMON, E., *Le "cogito" dans la pensée de saint Augustin*, Paris, Vrin, 2001.

BIANCHI, L., « La felicità intellettuale come professione nella Parigi del Duecento », *RF*, 78 (1987), p. 181-199.

—, « *Renaissance und 'Ende' des Mittelalters : Betrachtungen zu einem historiographischen Pseudoproblem* », *in* E. Rudolph (éd.), *Die Renaissance und ihre Antike. Die Renaissance als erste Aufklärung*, Tübingen, Mohr Siebek, 1998, p. 117-130.

—, *Studi sull'aristotelismo del Rinascimento*, Padova, Il Poligrafo (Subsidia Mediaevalia Patavina), 2003.

BONITZ, H., *Index Aristotelicus*, réimpr. Berlin, De Gruyter, 1961.

BORCH-JACOBSEN, M., « *Who's Who?* Introducing Multiple Personality », *in* J. Copječ, *Supposing the Subject*, Londres-New York, Verso, 1994, p. 54-63.

BOULNOIS, O., « Le chiasme. La philosophie chez les théologiens, la théologie selon les artiens, de 1267 à 1300 », *in* J.A. Aertsen & A. Speer (éd.), *Was ist Philosophie im Mittelalter?* (Miscellanea Mediaevalia, 26), 1998, p. 595-607.

—, *Être et Représentation. Une généalogie de la métaphysique moderne à l'époque de Duns Scot (XIIIe-XIVe siècle)*, Paris, PUF (Épiméthée), 1999.

BRÉHIER, É., *Histoire de la Philosophie (spéc. I, L'Antiquité et le Moyen Âge, II. Période hellénistique et romaine. II. L'ancien stoïcisme, III. Les origines du stoïcisme)*, réimpr. Paris, PUF (Quadrige), 2004.

BRENET, J.-B., *Transferts du sujet. La noétique d'Averroès selon Jean de Jandun*, Paris, Vrin (Sic et Non), 2003.

BRENTANO, F., *La Psychologie au point de vue empirique*, trad. M. de Gandillac, Paris, Aubier-Montaigne, 1944.

—, *Wahrheit und Evidenz*, éd. O. Kraus, Leipzig, 1930, trad. angl. R.M. Chisholm, *The True and the Evident*, Londres, Routledge, 1966.

—, *Die Psychologie des Aristoteles insbesondere seine Lehre vom* ΝΟΥΣ ΠΟΙΗΤΙΚΟΣ. *Nebst einer Beilage über das Wirken de Aristotelischen Gottes*, Darmstadt, Wissenschaftliche Buchgesellschaft, 1967.

—, *Psychology from an Empirical Standpoint*, transl. by Antos C. Rancurello, D.B. Terrell & Linda L. McAlister, Londres, Routledge & Kegan Paul, 1973 [réimpr. Routledge, 1995].

—, *Psychologie vom empirischen Standpunkt* [1874], éd. O. Kraus, 2 Bde., Hambourg, Felix Meiner, 1974.

—, *The Psychology of Aristotle*, Berkeley, UC Press, 1977.

—, *Geschichte der mittelalterlichen Philosophie im christlichen Abendland*. Aus dem Nachlaß herausg. und eingel. v. K. Hedwig, Hambourg, F. Meiner (PhB 323), 1980.

—, « *Nous Poiêtikos* : Survey of Earlier Interpretation », trad. R. George, *in* Nussbaum, M. C. & Rorty, A.O. (éd.), *Essays on Aristotle's* De Anima, Oxford, Clarendon Press, [1]1992, p. 313-341.

BRISSON, L. (éd.), *Porphyre. Sentences*, Introd., texte, trad. et comm. par l'UPR 76 du CNRS, II, Paris, Vrin (Histoire des doctrines de l'Antiquité classique, 33), 2005.

BRITO MARTINS, M., *L'Herméneutique originaire d'Augustin en relation avec une réappropriation heideggérienne*, in *Mediaevalia.Textos e estudos*, 13-14. Fundação Engenheiro António de Almeida, Porto, Facultade de Letras da Universidade do Porto, 1998.

BRUMBERG-CHAUMONT, J., *Sémantiques anciennes et médiévales du nom propre* (thèse EPHE, 18 mai 2004).

BRYKMAN, G., « Les deux christianismes de Locke et de Toland », *Revue de synthèse*, n° 2-3 (1995) [= année 1995, t. 116], p. 281-301.

BURGERSDIJK, FR., *Fr. Burgersdiscii Institutionum logicarum libri duo*, Cantabrigiae, 1668.

BURNYEAT, M.F., « Idealism and Greek Philosophy : What Descartes Saw and Berkeley Missed », *Philosophical Review*, 91 (1982),

p. 3-40 [repris dans G. Vesey (éd.), *Idealism Past and Present*, Cambridge, CUP, 1982].

BURNYEAT, M.F., « Is an Aristotelian Philosophy of Mind Still Credible ? (A Draft) », *in* Nussbaum, M. C. & Rorty, A.O. (éd.), *Essays on Aristotle's* De Anima, Oxford, Clarendon Press, [1]1992, p. 15-26.

CALVIN, J., *Institutio Christianae religionis*, in libros quatuor nunc primum digesta, certisque distincta capitibus, ad aptissimam methodum : aucta etiam tam magna accessione ut propemodum opus novum haberi possit, Geneva, Antonius Rebulius, 1561.

CAMPBELL, K., *Abstract Particulars*, Oxford, Blackwell, 1990.

CANGUILHEM, G., « Mort de l'homme ou épuisement du *cogito* ? Michel Foucault : *Les Mots et les Choses* », *Critique*, 242 (1967), p. 599-618.

CAPELLE, PH., *Philosophie et théologie dans la pensée de M. Heidegger*, Paris, Cerf, 1998 (2e éd. revue et augmentée, 2001).

CARON, M., *Heidegger : Pensée de l'être et Origine de la subjectivité*, Paris, Cerf (La Nuit surveillée), 2005.

CASSIN, B. (éd.), *Nos Grecs et leurs modernes. Les stratégies contemporaines d'appropriation de l'Antiquité*, Paris, Seuil, 1992.

—, *Vocabulaire européen des philosophies (= VEP)*, Paris, Le Robert-Éd. du Seuil, 2004.

CASSIN, B., « Hupokeimenon. Le degré zéro du sujet », *in* É. Balibar, B. Cassin, A. de Libera, « Sujet », in *VEP*, p. 1234-1235.

CASTANEDA, H.N., « The Logic of Self-knowledge », *Nous*, 1 (1967), p. 9-22.

CENTRONE, B., « Aristoxène de Tarente », *in* R. Goulet (éd.), *Dictionnaire des philosophes antiques*, I, n° 417, Paris, Éd. du CNRS, 1989, p. 590-593.

CHAMPION, J., *The Pillars of Priestcraft Shaken : The Church of England and its Enemies 1660-1730*, Cambridge, CUP, 1992.

CHARLTON, W., *Aristotle's Physics. Books I and II*, Oxford, Clarendon, 1970 ([2]1992).

CHEMNITZ, M., *Loci Theologici*, 1591 ; trad. angl. J.A.O. Preus, St. Louis, Concordia Publishing House, 1989 (2 vol.).

CHURCHLAND, P.M., « Eliminative Materialism and Propositional Attitudes », *Journal of Philosophy*, 78 (1981), p. 67-90.

COBB-STEVENS, R., « Logical Analysis and Cognitive Intuition », *Études phénoménologiques*, VII (1988), p. 3-32.

COCKBURN, C., *A Defence of Mr. Locke's Opinion concerning Personal Identity* (*The Works of John Locke*, 1823, vol. 3) ; éd. P. Sheridan, Peterborough (Ontario), Broadview Editions, 2006, p. 35-85.

CODE, A., « Aristotle : Essence and Accident », *in* R. Grandy & R. Warner (éd.), *Philosophical Grounds of Rationality : Intentions, Categories, Ends*, Oxford, 1986, p. 411-439.

COLLINGWOOD, R.G., *An Autobiography*, Londres-Oxford-New York, OUP (Oxford Paperbacks), 1970, p. 37.

Conimbricenses, *Commentarii Collegii Conimbricensis Societatis Jesu in tres libros Aristotelis de Anima*, Coimbra, 1592.

COPJEČ, J., *Supposing the Subject*, Londres-New York, Verso, 1994.

CORMIER, P., *Généalogie de personne*, Paris, Critérion, 1994.

COURTINE, J.-F., « Note complémentaire pour l'histoire du vocabulaire de l'être (Les traductions latines d'οὐσία et la compréhension romano-stoïcienne de l'être) », *in* P. Aubenque (éd.), *Concepts et Catégories dans la pensée antique*, Paris, Vrin (Bibliothèque d'histoire de la philosophie), 1980, p. 33-87 [repris dans *Les Catégories de l'être*. Études de philosophie ancienne et médiévale, Paris, PUF (Épiméthée), 2003].

—, *'Inventio analogiae'. Métaphysique et ontothéologie*, Paris, Vrin (Problèmes et controverses), 2005.

CRANE, T., « Brentano's concept of intentional inexistence » (http://web.mac.com/cranetim).

CROSS, R., « Perichoresis, Deification, and Christological Predication in John of Damascus », *Mediaeval Studies*, 62 (2000), p. 69-124.

—, « Gregory of Nyssa on Universals », *Vigiliae Christianae*, 56/4 (2002), p. 372-410.

—, « Two Models of the Trinity ? », *The Heythrop Journal*, 43/3 (2002), p. 275-294.

—, On Generic and Derivation Views of God's Trinitarian Substance », *Scottish Journal of Theology*, 56 (2003), p. 464-480.

CUDWORTH, R., *True Intellectual System of the Univers : The First Part ; Wherein, All The Reason and Philosophy of Atheism is Confuted ; and Its Impossibility Demonstrated,* Londres, 1678.

DE BOER, TH., *The Development of Husserl's Thought*, trad. angl. par Th. Plantinga, La Haye, Martinus Nijhoff, 1978.

DELEUZE, G. & GUATTARI, F., *Mille Plateaux* (Capitalisme et schizophrénie, 2), Paris, Éd. de Minuit, 1980.

DELEUZE, G., *Foucault*, Paris, Éd. de Minuit, 1986.

DENEFFE, A., « *Perichoresis, circumincessio, circuminsessio* », *Zeitschrift fur katholische Theologie*, 47 (1923), p. 497-532.

DENNETT, D.C., *Consciousness Explained,* Boston, Little, Brown & Company, 1991.

DENNETT, D.C. & KINSBOURNE, M., « Time and the Observer : The Where and When of Consciousness in the Brain », *Behavioral and Brain Sciences*, 15 (1992), p. 183-247.

DESCARTES, R., *Œuvres de Descartes*, éd. Ch. Adam et P. Tannery [noté par la suite A.-T.], 11 vol., 1964-1974.

—, *Principia Philosophiae*, A.-T. VIII-1.

—, *Principes de la philosophie*, A.-T. IX-2.

—, *Correspondance*, in *Correspondance de Descartes*, éd. Ch. Adam et G. Milhaud, 8 vol., 1936-1963 ; A.-T. III.

—, *Réponses aux Secondes objections. Raisons qui prouvent l'existence de dieu et la distinction qui est entre l'esprit et le corps humain, disposées d'une façon géométrique. Définitions*, A.-T., IX-1.

—, *Réponses aux Sixièmes Objections*, A.-T. IX-1.

—, *Regulae ad directionem ingenii*, A.-T. X.

DESCOMBES, V., « Le pouvoir d'être soi. *Paul Ricœur. Soi-même comme un autre* », *Critique*, 529-530 (1991), p. 545-576.

—, *Le Complément de sujet. Enquête sur le fait d'agir de soi-même*, Paris, Gallimard (Nrf. Essais), 2004.

DILLON, J., *The Middle Platonists*, Ithaca (NY), Cornell UP, 1977.

DONATI, S., « *Utrum accidens possit existere sine subiecto*. Aristotelische Metaphysik und christliche Theologie in den Physikkomentaren des 13. Jahrhunderts », *in* J.A. Aertsen, K. Emery, A. Speer (éd.), *Nach der Verurteilung von 1277. Philosophie und Theologie an der Universität von Paris im letzten Viertel des 13. Jahrhunderts. Studien und Texte*, Berlin-New York, Walter De Gruyter, 2001, p. 577-617.

DONINI, P.L., *Tre studi sull'Aristotelismo nel II secolo d. C.* (Historica Politica Philosophica, 7), Turin, 1974, p. 127-185.

DÖRRIE, H., *Porphyrios' « Symmikta Zetemata »*. Ihre Stellung in System und Geschichte des Neuplatonismus nebst einem Kommentar zu den Fragmenten, Munich (Zetemata, 20), 1959.

—, « Porphyrios als Mittler zwischen Plotin und Augustin », in *Antike und Orient in Mediaevalia* 1, Berlin, 1962, p. 26-46 [réimpr. in *Platonica minora*, 1976, p. 454-473].

DREYFUS, H. & Rabinow, P., *Michel Foucault. Un parcours philosophique*, Paris, Gallimard, [1]1982.

—, « La mise en ordre des choses », in *Michel Foucault philosophe*, Paris, Éd. du Seuil, 1989, p. 101-121.

DU ROY, O., *L'Intelligence de la Foi en la Trinité selon saint Augustin. Genèse de sa theologie trinitaire jusqu'en 391*, Paris, Études augustiniennes, 1966.

DURAND, E. & HOLZER, V., *La Périchorèse des personnes divines. Immanence mutuelle, réciprocité et communion*, Paris, Éd. du Cerf (Cogitatio fidei), 2005.

EDELMAN, G.M., *Plus vaste que le ciel. Une nouvelle théorie générale du cerveau*, Paris, Odile Jacob, 2004, trad. fr. de *Wider than the Sky. The Phenomenal Gift of Consciousness.*

EGAN, J.P., « Primal Cause and Trinitarian *Perichoresis* in Gregory Nazianzen's *Oration* 31, 14 », *Studia Patristica*, 27 (1991), p. 21-28.

ELLIS, J., « The Trouble with Fragrance », *Phronesis*, 35 (1990), p. 290-302.

ENDRESS, G. & AERTSEN, J.A., *Averroes and the Aristotelian Tradition. Sources. Constitution and Reception of the Philosophy of Ibn Rushd (1126-1198). Proceedings of the Fourth Symposium Averroicum (Cologne 1996)*, Leyde-Boston-Cologne, Brill (Islamic Philosophy, Theology and Science. *Texts and Studies*, 31), 1999.

ENGEL, P., « La philosophie peut-elle échapper à l'histoire? », *in* J. Boutier & D. Julia (éd.), *Passés recomposés*, Paris, Éd. Autrement, 1995, p. 96-111.

ERISMANN, CHR., « *Collectio proprietatum*. Anselme de Canterbury et le problème de l'individuation », *Mediaevalia. Textos e estudos*, 22 (2003), p. 55-71.

FEDRIGA, R., *Le migliori intenzioni. Una ricerca di storia delle idee*, Milan, CUEM, 2002, spécialement p. 9-18.

FERRY, L. & RENAUT, A., *La Pensée 68*, Paris, Gallimard, 1985.

FISHER, J., *The Assembly's Shorter Catechism Explained, by Way of Question and Answer by James Fisher and other Ministers of the Gospel* [= *The Fisher's Catechism*, téléchargeable sur www.reformed.org/documents/ fisher].

FLASCH, K., « Wie schreibt man Geschichte der mittelalterlichen Philosophie? Zur Debatte zwischen Claude Panaccio und Alain de Libera über den philosophischen Wert der philosophiehistorischen Forschung », *Medioevo*, XX (1994), p. 1-29.

FOISNEAU, L., « Identité personnelle et mortalité humaine. Hobbes, Locke, Leibniz », *Archives de philosophie*, 67 (2004), p. 65-83.

FOUCAULT, M., *L'Archéologie du savoir*, Paris, Gallimard (Bibliothèque des sciences humaines), 1969.

—, « Qu'est-ce que la critique? » (Critique et *Aufklärung*), *Bulletin de la société française de philosophie*, séance du 27 mai 1978, avril-juin 1990, 84e année, no 2.

—, « Une histoire restée muette », *Dits et Écrits*, I, Paris, Gallimard (Bibliothèque des sciences humaines), 1994, p. 545-549 [= *La Quinzaine littéraire*, 8, 1-15 juillet 1966].

FOUCAULT, M., *Dits et Écrits*, IV, Paris, Gallimard (Folio), 2000.

FREDE, M., « Individuen bei Aristoteles », *Antike und Abendland*, 24 (1978), p. 16-39.

—, « On Aristotle's Conception of Soul », *in* M.C. Nussbaum & A.O. Rorty (éd.), *Essays on Aristotle's 'De Anima'*, Oxford, Clarendon Press, [1]1992, p. 93-107

—, « Les *Catégories* d'Aristote et les Pères de l'Église grecs », *in* O. Bruun, L. Corti (éd.), *Les 'Catégories' et leur histoire*, Paris, Vrin (Bibliothèque d'histoire de la philosophie), 2005, p. 141-142.

FREGE, G., *Der Gedanke. Eine logische Untersuchung. Beiträge zur Philosophie des deutschen Idealismus*, I, Heft 2, 1918, repris dans *Logische Untersuchungen*, Hrsg. G. Patzig, Göttingen, Vandenhoeck & Ruprecht (Kleine Vandenhoeck Reihe), 1966.

—, *Recherches logiques. La pensée*, in *Écrits logiques et philosophiques*, trad. Cl. Imbert, Paris, Éd. du Seuil, 1971

FRIEDMAN, R.L., *« In principio erat Verbum ». The Incorporation of Philosophical Psychology into Trinitarian Theology, 1250-1325*, Ph.D. dissertation, University of Iowa (1997).

GARDEIL, A., O.P., *La Structure de l'âme et l'Expérience mystique*, t. I, p. 50-130, et II, p. 281-312, Paris, Gabalda, 1927.

GEACH, P.T., « On Belief about Oneself », in *Logic Matters*, Oxford, Blackwell, 1972.

GEOFFROY, M., « La tradition arabe du Περὶ νοῦ d'Alexandre d'Aphrodise et les origines de la théorie farabienne des quatre degrés de l'intellect », *in* C. D'Ancona et G. Serra (éd.), *Aristotele e Alessandro di Afrodisia nel mondo arabo,* Padoue, Il Poligrafo, 2002, p. 191-231.

GERHARD, J., *Loci theologici*, t. I., éd. Cotta, Tübingen, 1762.

GILSON, É., *Introduction à l'étude de saint Augustin*, Paris, Vrin, 1929 [1981[3]].

—, *La Liberté chez Descartes et la théologie*, Paris, Félix Alcan, 1913 [nouvelle éd., Paris, Vrin, 1982].

GLORIEUX, P., « Les *Quodlibet VII-XI* de saint Thomas d'Aquin. Étude critique », *RTAM*, 13 (1946), p. 282-303.

GOCLENIUS (RUDOLF GÖCKEL), Ψυχολογια : *hoc est, De hominis perfectione, animo et in primus ortu hujus, commentationes ac disputationes quorundam theologorum & philosophorum nostra aetatis*, Marburg, 1590.

—, *Lexicon Philosophicum* quo tanquam clave philosophiae fores aperiuntur, Francofurti, Typis viduae Matthiae Beckeri, impensis Petri Musculi et Ruperti Pistorij, M.DC.XIII [réimpr. Georg Olms Verlagsbuchhandlung, Hildesheim, 1964].

GOUHIER, H., *Essais sur Descartes*, Paris, Vrin, 1937.

GOULET-CAZÉ, M.-O., « Le système philosophique de Porphyre dans les *Sentences*. A. Métaphysique », *in* L. Brisson (éd.), *Porphyre. Sentences*, t. I, p. 39-105.

GRANGER, H., *Aristotle's Idea of the Soul*, Dordrecht, Kluwer Academic Publishers (Philosophical Studies Series, 68), 1996.

GREEN, CHR.D., « The Thoroughly Modern Aristotle : Was he *really* a functionalist ? », *History of Psychology*, 1 (1998), p. 8-20.

GREISCH, J., *Ontologie et temporalité. Esquisse d'une interprétation intégrale de* Sein und Zeit, Paris, PUF (Épiméthée), 1994.

—, *L'Arbre de vie et l'Arbre du savoir. Les racines phénoménologiques de l'herméneutique heideggérienne (1919-1923)*, Cerf, 2000.

GRICE, H.P., « Aristotle on the Multiplicity of Being », *Pacific Philosophical Quarterly*, 69 (1988), p. 175-200.

GROETHUYSEN, B., *Anthropologie philosophique*, Paris, Gallimard, 1953.

HADOT, P., « Heidegger et Plotin », *Critique*, 145 (1959), p. 539-556.

—, *Porphyre et Victorinus*, Paris, Études augustiniennes, 1968.

—, « Un dialogue interrompu avec Michel Foucault. Convergences et divergences », in *Michel Foucault philosophe. Rencontre internationale, Paris, 9-11 janvier 1988*, Paris, Éd. du Seuil, 1989, p. 303-311.

—, « La conception plotinienne de l'identité entre l'intellect et son objet. Plotin et le *De anima* d'Aristote », *in* G. Romeyer Dherbey, C. Viano (éd.), *Corps et Âme. Sur le* De anima *d'Aristote*, Paris, Vrin (Bibliothèque d'histoire de la philosophie), 1996, p. 367-376.

—, « Réflexions sur la notion de "culture de soi" », in *Michel Foucault philosophe. Rencontre internationale, Paris, 9-11 janvier 1988*, Paris, Seuil, 1989, p. 261-270 [repris et augmenté dans P. Hadot, *Exercices spirituels et philosophie antique*, Paris, Albin Michel, 2002, p. 323-332].

HAN, B., *L'Ontologie manquée de Michel Foucault*, Grenoble, J. Millon, 1995.

HEDWIG, K., « Der scholastische Kontext des Intentionalen bei Brentano », *in* R. Chisholm, R. Haller (éd.), *Die Philosophie Brentanos*, Amsterdam, Rodopi, 1978, p. 67-82.

—, « Intention : Outlines for the History of a Phenomenological Concept », *Philosophical and Phenomenological Research*, 39 (1979), p. 326-340.

HEGEL, G.W.F., *Phänomenologie des Geistes*, éd. J. Hoffmeister, Berlin, Akademie-Verlag, 1971.

HEIDEGGER, M., *Der Satz vom Grund* [cours du semestre d'hiver 1955/56, Fribourg], Pfullingen, Neske, 1957, p. 11-188 [GA 10, 1997] = *Le Principe de raison*, trad. fr. A. Préau, Paris, Gallimard, 1962 [Tel, 1983], p. 13-188.

—, *Unterwegs zur Sprache*, Pfullingen, Neske, 1959 [GA 12, 1985] = *Acheminement vers la parole*, Paris, Gallimard, 1976 [Tel, 1981].

—, *Die Metaphysik als Geschichte des Seins* in *Nietzsche*, t. 2, Pfullingen, Neske, 1961, p. 399-458 [GA 6.2, 1997] = « La métaphysique en tant qu'histoire de l'être », in *Nietzsche*, t. 2, trad. fr. P. Klossowski, Paris, Gallimard, 1971, p. 319-365.

—, *Die Frage nach dem Ding. Zu Kants Lehre von den transzendentalen Grundsätzen* [cours du semestre d'hiver 1935/36, Fribourg], Tübingen, Niemeyer, 1962 [GA 41, 1984] = *Qu'est-ce qu'une chose?*, trad. fr. J. Reboul et J. Taminiaux, Paris, Gallimard, 1971 [Tel, 1988].

—, *Sein und Zeit*, Tübingen, Niemeyer, 1963 [GA 2, 1977] (trad. E. Martineau, en ligne).

—, *Grundprobleme der Phänomenologie*, GA 24, 1975 [[2]1989] = *Les Problèmes fondamentaux de la phénoménologie,* trad. fr. J.-F. Courtine, Paris, Gallimard, 1985.

—, *Vom Wesen und Begriff der ΦΥΣΙΣ. Aristoteles, Physik B, 1*, in *Wegmarken*, GA 9, 1976 [[2]1996], p. 239-301 = « Ce qu'est et comment se détermine la ΦΥΣΙΣ », trad. fr. F. Fédier, in *Questions II*, Paris, Gallimard, 1968 [Tel, 1990], p. 165-276.

—, *Vom Wesen des Grundes*, in *Wegmarken*, GA 9, 1976, p. 123-175 = « Ce qui fait l'être-essentiel d'un fondement ou "raison" », in *Qu'est-ce que la métaphysique?*, trad. H. Corbin, Paris, Gallimard (Les Essais), 1951 [repr. in *Questions* I, Gallimard, 1968, p. 85-158].

—, *Metaphysische Anfangsgründe der Logik im Ausgang von Leibniz* [cours du semestre d'été 1928, Marburg], éd. K. Held, Francfort, Klostermann, GA 26, 1978 = *Fonds métaphysiques initiaux de la logique*, trad. fr. G. Guest, Paris, Gallimard (à paraître).

—, *Brief an Engelbert Krebs*, 9.1.1919, *in* B. Casper, « Martin Heidegger und die theologische Fakultät 1909-1923 », *Freiburger Diözesan-Archiv*, 100 (1980), p. 541.

—, *Brief an Engelbert Krebs*, 9.1.1919, *in* H. Ott, *Martin Heidegger. Eléments pour une biographie*, trad. fr. J.-M. Belœil, Paris, Payot, 1990, p. 112-113).

—, *Die philosophischen Grundlagen der mittelalterlichen Mystik*, GA 60, 1995, p. 301-337.

—, *Überwindung der Metaphysik*, in *Vorträge und Aufsätze*, GA 7, 2000, p. 71-99 = « Dépassement de la métaphysique », in *Essais et Conférences*, trad. fr. R. Munier, Paris, Gallimard (Les Essais), 1958 [Tel, 1980].

HEIDEGGER, M., *Geschichte der Philosophie von Thomas von Aquin bis Kant* [cours du semestre d'hiver 1926/27, Marbourg], Frankfurt am Main, Klostermann, GA 23, 2006.

HENDRIKX, E., « Introduction » à Augustin, *La Trinité*, BA 15, Paris, 1955 [[2]1997], p. 7-83.

HOBBES, TH., *An Answer to Bishop Bramhall's Book, called "The Catching of the Leviathan"*, éd. W. Molesworth, *The English Works of Thomas Hobbes of Malmesbury;* now first collected and edited by Sir William Molesworth, Londres, John Bohn [1839-1845], IV, 1839, p 279-408.

—, *Leviathan*, éd. C.B. Macpherson, Penguin classics, 1968.

—, *Léviathan*, trad. fr. F. Tricaud, Paris, Sirey, 1971.

—, *Réponse à un livre publié par le Docteur Bramhall, feu l'Évêque de Derry, intitulé « La capture de Léviathan »*, trad. fr. F. Lessay, *in* Th. Hobbes, *Œuvres*, t. 11-1 : *De la liberté et de la nécessité* (Controverse avec Bramhall I), Paris, Vrin, 1993, p. 155-261.

—, *Elements of philosophy. On Body, Part 1. Calculation, or Logic*, trad. angl. G. MacDonald Ross, 1975-1999 (www.philosophy.leeds.ac.uk).

HOLLAZ, D., *Examen theologicum acroamaticum*, Stockholm & Leipzig, R. Teller, [7]1750 [[1]1707, Rostock].

HUSSERL, E., *Idées directrices pour une phénoménologie (Ideen zu einer reinen Phänomenologie)*, trad. P. Ricœur, Paris, Gallimard (Bibliothèque de philosophie), [1]1950.

—, *Recherches logiques (Logische Untersuchungen)*, V, trad. H. Élie, A.L. Kelkel, R. Schérer, Paris, PUF (Épiméthée), 1972.

—, *La philosophie comme science rigoureuse (Philosophie als Strenge Wissenschaft)*, trad. et présent. par M. Buhot de Launay, Paris, PUF (Épiméthée), 1989.

HUSSERL, E., TWARDOWSKI, K., *Sur les objets intentionnels. 1893-1903* : K. Twardowski, *Sur la théorie du contenu et de l'objet des représentations;* E. Husserl, *Intuition et représentation*, *Intuition et remplissement*, *Objets intentionnels* et divers textes annexes, présent., trad., notes par J. English, Paris, Vrin (Bibliothèque des textes philosophiques), 1993.

IMBACH, R. & MAIERÙ, A., *Gli studi di filosofia medievale fra otto e novecento. Contributo a un bilancio storiografico*, Atti del convegno internazionale Roma, 21-23 settembre 1989, Rome, Edizioni di Storia e Letteratura (Storia e Letteratura, 179), 1991.

IMBACH, R., « Le traité de l'Eucharistie de Thomas d'Aquin et les averroïstes », *Revue des sciences philosophiques et théologiques*, 77 (1993), p. 175-194.

IRWIN, T., « Aristotle's Philosophy of Mind », *in* S. Everson (éd.), *Psychology*, Cambridge, CUP (Companions to Ancient Thought, vol. 2), 1991, p. 56-83.

JACQUETTE, D., « Brentano's Concept of Intentionality », *in* D. Jacquette (éd.), *The Cambridge Companion to Brentano*, Cambridge, CUP, 2004, p. 98-130.

KANT, E., *Critique de la raison pure*, trad. fr. A. Tremesaygues & B. Pacaud, Paris, PUF (Bibliothèque de philosophie contemporaine), [4]1965.

—, *Anthropologie d'un point de vue pragmatique*, trad. M. Foucault, Paris, Vrin, 1984.

KENNEY, J.P., « Augustine's Inner Self », *Augustinian Studies*, 33 (2002), p. 79-90.

KENNY, A., *Aquinas on Mind*, Londres-New York, Routledge, 1993.

—, « Les *Catégories* chez les Pères de l'Église latins », *in* O. Bruun & L. Corti (éd.), *Les 'Catégories' et leur histoire*, Paris, Vrin (Bibliothèque d'histoire de la philosophie), 2005, p. 121-133.

KLEUTGEN, J., *De ipso Deo*, Ratisbonae (Regensburg), Pustet, 1881.

KORIDZE, G., *Intentionale Grundlegung der philosophischen Logik. Studien zur Intentionalität des Denkens bei Hervaeus Natalis im Traktat « de secundis intentionibus »*, thèse, Tübingen, 2004.

KOSMAN, L.A., « What does the Maker Mind Make ? », *in* M.C. Nussbaum & A.O. Rorty (éd.), *Essays on Aristotle's 'De Anima'*, Oxford, Clarendon Press, [1]1992, p. 343-358.

KRANTZ GABRIEL, S., « Brentano's Account of Anselm's Proof of Immortality in *Monologion* 68-69 », *The Saint Anselm Journal* 2.1 (Fall 2004), www.anselm.edu/library/SAJ/pdf/21Gabriel.

KRSTIC, K., « Marko Marulic – The Author of the Term "Psychology" », *Acta Instituti Psychologici Universitatis Zagrabiensis*, vol. 36, 1964, p. 7-13.

LABARRIÈRE, J.-L., « Hylémorphisme et fonctionnalisme. Sur la relation âme/corps chez Aristote », in *Le Corps et l'Esprit. L'esthétique. Locke, Bergson, Quine* (Skepsis. Capes et agrégation de philosophie, 2004), Paris, Delagrave, 2003, p. 7-16.

LAFLEUR, CL., « Questions de style et de méthode. Claude Panaccio et l'histoire d'un thème philosophico-théologique de l'Antiquité à la fin du Moyen-Âge », *Laval théologique et philosophique*, 57/2 (2001), p. 213-223.

LAMBERT, J.-H., *Anlage zur Architectonic, oder Theorie des Einfachen und des Ersten in der philosophischen und mathematischen Erkenntniß*, Riga, 1771.

LARIVÉE, A. & LEDUC, A., « Saint Paul, Augustin et Aristote comme sources gréco-chrétiennes du souci chez Heidegger », *Philosophie*, 69 (2001), p. 30-50.

—, « Le souci de soi dans *Être et Temps*. L'accentuation d'une tradition antique », *Revue philosophique de Louvain*, 100 (2002), p. 723-741.

LARIVÉE, A., « Un tournant dans l'histoire de la vérité? Le souci de soi antique », *Critique*, 660 (2002), p. 335-353.

LECONTE, P., *Ridicule*, Canal +, Centre national de la cinématographie (CNC), Cinéa, Épithète Films, France 3 Cinéma, PolyGram Audiovisuel, Sofica Investimage 4, 1996.

LEIBNIZ, G.W., *Die philosophischen Schriften von G.W. Leibniz*, hrsg. von C.J. Gerhardt [noté G], Berlin, 1875-1890, réimpr. G. Olms, Hildesheim, 1960-1961.

—, *Correspondance* avec Des Bosses, G, vol. 2.

—, *Correspondance* avec Lady Damaris Masham, G, vol. 3.

—, *Correspondance* avec Thomas Burnett de Kemney, G, vol. 3.

—, *Essais de théodicée*, G, vol. 6.

—, *Correspondance avec* Clarke, G, vol. 7.

—, *Gottfried Wilhelm Leibniz : Sämtliche Schriften und Briefe*. Hrsg. von der deutschen Akademie der Wissenschaften zu Berlin (Darmstadt und Berlin, 1923-), VI [Berlin, 1981], 3.

—, *Remarques sur le livre d'un Antitrinitaire anglois; Qui contient des considérations sur plusieurs explications de la Trinité, in* M.R. Antognazza, « Inediti leibniziani sulle polemiche trinitarie », *Rivista di Filosofia neo-scolastica*, 83/4 (1991), p. 525-550.

LESSAY, F., « Le vocabulaire de la personne », *in* Y.-Ch. Zarka (dir.), *Hobbes et son vocabulaire*, Paris, Vrin, 1992, p. 155-186.

LÉVI-STRAUSS, CL., *Anthropologie structurale deux*, Paris, Plon, 1973.

LEWIS, F.A., *Substance and Predication in Aristotle*, Cambridge, CUP, 1991.

LIBERA, A. DE & ROSIER, I., « Intention de signifier et engendrement du discours chez Roger Bacon », in *Histoire des concepts de l'énonciation. Histoire, Épistémologie, Langage*, fasc. 8/2 (1986), p. 63-79.

LIBERA, A. DE, « De la logique à la grammaire : Remarques sur la théorie de la *determinatio* chez Roger Bacon et Lambert d'Auxerre (Lambert de Lagny) », *in* G. Bursill-Hall, S. Ebbesen & K. Koerner (éd.), *De ortu grammaticae. A Tribute to Jan Pinborg,* éd., Amsterdam-Philadelphie, John Benjamins (Studies in the History of the Language Sciences, 43)), 1990, p. 209-226.

LIBERA, A. DE, « Boèce et l'interprétation médiévale des *Catégories*. De la paronymie à la *denominatio* », *in* A. Motte et J. Denooz (éd.), *Aristotelica Secunda. Mélanges offerts à Christian Rutten*, Université de Liège, CIPL (Université de Liège, Centre d'études aristotéliciennes), 1996, p. 255-264.

—, « Référence et champ : Genèse et structure des théories médiévales de l'ambiguïté (XIIe-XIIIe siècle) », *Medioevo* 10 (1984), p. 155-208.

—, « *Suppositio* et *inclusio* dans les théories médiévales de la référence », *in* L. Danon-Boileau & A. de Libera (éd.), *La Référence*. Actes du colloque de Saint-Cloud, École normale supérieure de Saint-Cloud, 12-13 octobre 1984, Paris, Ophrys, 1987, p. 9-34.

—, « Prédication », in *VEP*, p. 1008-1016.

—, « Roger Bacon et la logique », *in* J. Hackett (éd.), *Roger Bacon and the Sciences*, Commemorative Essays, Leiden-New York-Köln, Brill, 1997, p. 103-132.

—, « Introduction », in *Porphyre. Isagoge*. Trad. fr. par A. de Libera et A.-Ph. Segonds, Introd. et notes par A. de Libera, Paris, Vrin (Sic et Non), 1998.

—, « Dénomination et Intentions : Sur quelques doctrines médiévales (XIIIe-XIVe siècle) de la paronymie et de la connotation », *in* S. Ebbesen et R.L. Friedman (éd.), *Medieval Analyses in Language and Cognition*. Acts of the Symposium The Copenhagen School of Medieval Philosophy, January 10-13, 1996, Copenhagen, The Royal Danish Academy of Sciences and Letters (Historisk-filosofiske Meddelelser, 77), 1999, p. 355-375.

—, *L'Art des généralités. Théories de l'abstraction*, Paris, Aubier (Philosophie), 1999.

—, « Le relativisme historique : Théorie des "complexes questions-réponses" et "traçabilité" », *Les Études philosophiques*, 4/1999, p. 479-494 ;

—, « Analyse du vocabulaire et histoire des corpus », *in* J. Hamesse & C. Steel (éd.), *L'Élaboration du vocabulaire philosophique au Moyen Âge*. Actes du colloque international de Louvain-la-Neuve et Leuven, 12-14 septembre 1998, organisé par la SIEPM, Turnhout, Brepols, 2000, p. 11-34.

—, « Archéologie et reconstruction. Sur la méthode en histoire de la philosophie médiévale », in *Un siècle de philosophie, 1900-2000,* Paris, Gallimard-Centre Pompidou (Folio Essais), 2000, p. 552-587.

LIBERA, A. DE, *La Référence vide. Théories de la proposition*, Paris, PUF (Chaire Étienne Gilson), 2002.

—, « L'onto-théo-logique de Boèce. Doctrine des catégories et théorie de la prédication dans le *De Trinitate* », *in* O. Bruun, L. Corti (éd.), *Les 'Catégories' et leur histoire*, Paris, Vrin (Bibliothèque d'histoire de la philosophie), 2005, p. 175-222.

—, *Métaphysique et Noétique. Albert le Grand*, Paris, Vrin (Problèmes et Controverses), 2005.

—, « Augustin critique d'Averroès. Deux modèles du sujet au Moyen Âge », *in* M.C. Pacheco & J.F. Meirinhos (éd.), *Intellect et Imagination dans la philosophie médiévale*. Actes du XIe Congrès international de philosophie médiévale de la Société internationale pour l'étude de la philosophie médiévale, Porto, du 26 au 31 août 2002, vol. 1, Turnhout, Brepols (Rencontres de philosophie médiévale, 11, 1), 2006, p. 203-246.

LICHTENBERG, G. CHR., *Sudelbücher, Schriften und Briefe*, éd. par W. Promies, Munich, 1968.

LOCKE, J., *The Works of John Locke*. New edition in ten volumes, Londres, 1823.

—, *Letters to the Right Reverend Edward, Lord Bishop of Worcester*, in *The Works of John Locke*, vol. VII.

—, *A Vindication of the Reasonableness of Christianity*, in *The Works of John Locke*, vol. IX.

—, *An Essay concerning Human Understanding*, éd. révisée par J. Yolton, Londres, J.M. Dent & Sons (Everyman's Library), 1965.

—, *Essai philosophique concernant l'entendement humain*, trad. Pierre Coste, reprint de la 5e éd. par E. Naert, Paris, Vrin, 1972.

—, *An Essay concerning Human Understanding*, éd. et introd. par P.H. Nidditch, Oxford, OUP, 1975 (²1990).

—, *Essai philosophique concernant l'entendement humain*, trad. É. Balibar, in *John Locke. Identité et Différence. L'invention de la conscience*. Prés., trad. et comm. par É. Balibar, Paris, Éd. du Seuil (Points Essais), 1998.

—, *A Defence of Mr. Locke's Opinion concerning Personal Identity* [C. Cockburn], et *Appendix* in *The Works of John Locke*, vol. III.

LOTTIN, O., *Psychologie et morale aux* XIIe *et* XIIIe *siècles*, 4 vol., Louvain, Abbaye de Mont-César, 1942-1954, vol. 5-6, Gembloux, Duculot, 1959-1960.

LUNA, C., « Commentaire », *in* Simplicius, *Commentaire sur les* Catégories *d'Aristote*, chap. 2-4, trad. Ph. Hoffmann avec la collaboration de I. et P. Hadot, Paris, Belles Lettres, 2001.

MADEC, G., « Augustin, disciple et adversaire de Porphyre », *Revue des Études augustiniennes,* 10 (1964), p. 365-369.

MAGEE, J., *Anicii Manlii Severini Boethii De divisione liber*. Critical edition, translation, prolegomena and commentary, Leiden-Boston-Köln, Brill (Philosophia Antiqua, LXXVII), 1998.

MAINE DE BIRAN, *Examen des leçons de philosophie de M. Laromiguière ou Considérations sur le principe de la psychologie, sur la réalité de nos connaissances et l'activité de l'âme,* Paris, Fournier, 1817 [sans nom d'auteur].

—, *De l'idée d'existence*, éd. P. Tisserand, Paris, Alcan, 1909.

—, *Essai sur les fondements de la psychologie*, éd. P. Tisserand, VIII, Paris, Alcan, 1932.

MARION, J.-L., *Sur le prisme métaphysique de Descartes. Constitution et limite de l'onto-théo-logie dans la pensée cartésienne*, III, *Ego*, Paris, PUF, 1986.

—, *Sur la théologie blanche de Descartes*, Paris, PUF, 1981 [nouvelle éd. corrigée et complétée, Paris, PUF (Quadrige), 1991].

—, « L'altérité originaire de l'*ego*. *Meditatio II*, AT VII, 24-25 », in *Questions cartésiennes* II, Paris, PUF, 1996, p. 3-47.

MARMO, C., *Semiotica e linguaggio nella scolastica : Parigi, Bologna, Erfurt, 1270-1330. La semiotica dei modisti*, Rome, Instituto storico italiano per il Medioevo, 1994.

MARRAS, A., « Scholastic Roots of Brentano's Conceptions of Intentionality », *in* L.L. McAlister (éd.), *The Philosophy of Brentano*, Londres, Duckworth, 1976, p. 128-139.

MARTIN, R. & BARRESI, J., *Naturalization of the Soul : Self and Personal Identity in the Eighteenth Century*, Londres, Routledge, 2000.

—, *The Rise and Fall of Soul and Self. An Intellectual History of Personal Identity*, New York, Columbia UP, 2006.

MATTHEWS, G.B., « The Enigma of *Categories* 1a20ff and Why it Matters », *Apeiron*, 22 (1989), p. 91-104.

—, « Container Metaphysics According to Aristotle's Greek Commentators », *Canadian Journal of Philosophy* [Supp.], 17 (1991), p. 7-23.

MCALISTER, L.L., « Franz Brentano and Intentional Inexistence », *Journal of the History of Philosophy*, VII/4 (1970), p. 423-430.

—, « Chisholm and Brentano on Intentionality », *The Review of Metaphysics*, XXVIII/2 (1974), p. 328-338.

— (éd.), *The Philosophy of Brentano*, Londres, Duckworth, 1976.

MCCORD ADAMS, M., « What's Metaphysically Special about Supposits ? Some Medieval Variations on Aristotelian Substance », *in* M. McCord Adams & R. Cross, « Aristotelian Substance and Supposits », I, *Supplement to the Proceedings of the Aristotelian Society*, 79/1 (2005), p. 15-52.

McDONNELL, C., « Brentano's Modification of the Medieval Scholastic Concept of "Intentional Inexistence" in *Psychology from an Empirical Standpoint* (1874) », *Maynooth Philosophical Papers* (An Anthology of Current Research from the Faculty of Philosophy, NUI Maynooth), Issue 3 (2006), p. 55-75.

McKEON, R. (éd.), *The Basic Works of Aristotle*, New York, Random House, [1]1941.

MEWS, C., « Nominalism and Theology before Abaelard : New Light on Roscelin of Compiègne », *Vivarium*, 30 (1992), p. 4-34.

—, « The Trinitarian Doctrine of Roscelin of Compiègne and its Influence : Twelfth-Century Nominalism and Theology reconsidered », *in* A. de Libera, A. Elamrani-Jamal, A. Galonnier (éd.), *Langages et Philosophie. Hommage à Jean Jolivet*, Paris, Vrin, 1997, p. 347-364.

MICHON, P., « Le coup du "philosophe essentiel" », polartnet.free.fr.

MICRAELIUS, J. (LÜTKESCHWAGER), *Lexicon philosophicum terminorum philosophis usitatorum*, Iéna, 1653.

MILCHMAN, A. & ROSENBERG, A. (éd.), *Foucault and Heidegger, Critical Encounters*, Minneapolis, Contradictions, 2003.

MOORE, G.E., « Wittgenstein's Lectures in 1930-33 », in *Philosophical Papers*, London, Allen & Unwin, 1959, p. 252-324.

MORAN, D., « The Inaugural Address : Brentano's Thesis », *Proceedings of the Aristotelian Society*, Supplementary Vol. LXX (1996), p. 1-27.

—, « Idealism in Medieval Philosophy : The Case of Johannes Scottus Eriugena », *Medieval Philosophy and Theology*, 8 (1999), p. 53-82.

MORAUX, P., *Alexandre d'Aphrodise exégète de la noétique d'Aristote* (Bibliothèque de la faculté de philosophie et lettres de l'Université de Liège, fasc. XCIX), Liège, Faculté de philosophie - Paris, Droz, 1942.

—, « Le *De anima* dans la tradition grecque », *in* G.E.R. Lloyd et G.E.L. Owen (éd.), *Aristotle on Mind and the Senses*, Cambridge, 1978, p. 297-305.

MORRISON, J.C., « Husserl and Brentano on Intentionality », *Philosophy and Phenomenological Research*, 31 (1970), p. 27-46.

MULLIGAN, K. & SMITH, B., « Franz Brentano on the Ontology of Mind », *Philosophy and Phenomenological Research*, 45 (1985), p. 627-644.

MULLIGAN, K. & SMITH, B., « A Relational Theory of the Act », *Topoi*, 5/2 (1986), www.unige.ch/lettres/philo/enseignants/ km.

MULLIGAN, K., « Post-Continental Philosophy : Nosological Notes », *in* P. Engel (éd.), *Philosophy and the Analytic-Continental Divide*, *Stanford French Review*, 17.2-3 (1993), p. 133-150.

—, « Brentano on the Mind », *in* D. Jacquette (éd.), *The Cambridge Companion to Brentano*, CUP, 2004, p. 66-97.

NARBONNE, J.-M., « Commentaire », in *Plotin. Traité 25* (II, 5), Paris, Cerf *(Les Écrits de Plotin)*, 1998.

NEF, F., *Qu'est-ce que la métaphysique ?*, Paris, Gallimard (Folio), 2004.

—, « Logique de la grammaire et grammaire du sujet. "*Le Complément de sujet*" de Vincent Descombes », s.p.

NEWMAN, J.H., *Treatises of St. Athanasius*, vol. 2, téléchargeable sur www. newmanreader.org/works/athanasius.

NIETZSCHE, F., *Frammenti postumi 1887-1888*, vol. VIII, t. II, éd. par G. Colli, M. Montinari, Milan, Adelphi, 1971.

— *Par-delà le bien et le mal*, traduction française téléchargeable sur cvm.qc.ca/encephi/contenu/textes/Nietzsche1.htm ; trad. angl. par Helen Zimmern, sur www.gutenberg.org/etext/4363.

NORRIS, C., « What is Enlightenment ? Kant and Foucault », *The Cambridge Companion To Foucault*, Cambridge, CUP, 1994, p. 159-196.

NUSSBAUM, M.C., *Aristotle's* De motu animalium, Princeton (NJ), Princeton UP, 1978.

—, « Aristotelian dualism : Reply to Howard Robinson », *in* J. Annas (éd.), *Oxford studies in ancient philosophy* (vol. 2), Oxford, Clarendon Press, 1984, p. 197-207.

NUSSBAUM, M.C. & RORTY, A.O. (éd.), *Essays on Aristotle's 'De Anima'*, Oxford, Clarendon Press, [1]1992.

NUSSBAUM, M.C. & PUTNAM, H., « Changing Aristotle's Mind », *in* M.C. Nussbaum & A.O. Rorty (éd.), *Essays on Aristotle's 'De Anima'*, Oxford, Clarendon Press, [1]1992, p. 27-56.

NYE, S., *Considerations on the Explications of the Doctrine of the Trinity By Dr. Wallis, Dr. Sherlock, Dr. South, Dr. Cudworth, and Mr. Hooker; as also on the Account given by those that say, the Trinity is an Unconceivable and Inexplicable Mystery*, Londres, 1693.

—, *Letter of Resolution Concerning the Doctrines of the Trinity and Incarnation*, Londres, 1695.

O'DALY, G., *Plotinus' Philosophy of the Self*, Shannon, Irish University Press, 1973.

ORTIGUES, E., *Le Discours et le Symbole*, Paris, Aubier, 1962.

—, « Edelman et la conscience humaine », *Critique*, 703 (2005), p. 917-926.

OWEN, G.E.L., « Aristotle on the Snares of Ontology », *in* R. Bambrough (éd.), *New Essays on Plato and Aristotle*, Londres, Routledge and Kegan Paul, 1965, p. 69-95.

—, « Inherence », *Phronesis*, 10 (1965), p. 97-105.

—, « The Platonism of Aristotle », *in* J. Barnes, M. Schofield, R. Sorabji (éd.), *Articles on Aristotle, 1. Science*, Londres, Duckworth, 1975, p. 14-34.

—, « Particular and General », *Proceedings of the Aristotelian Society*, 79, (1978), p. 1-21.

PACHECO, M.C & MEIRINHOS, J. F. (éd.), *Intellect et imagination dans la philosophie médiévale.* Actes du XIe Congrès international de philosophie médiévale de la Société internationale pour l'étude de la philosophie médiévale (SIEPM), Porto, du 26 au 31 août 2002, vol. 1, Turnhout, Brepols (Rencontres de philosophie médiévale, 11, 1), 2006.

PANACCIO, CL., « From Mental Word to Mental Language », *Philosophical Topics*, 20/2, 1992, p. 125-147.

—, *Le Discours intérieur. De Platon à Guillaume d'Ockham*, Paris, Seuil (Des Travaux), 1999.

—, « La geste de l'universel et l'insistance des problèmes », *in* L. Langlois & J.-M. Narbonne (dir.), *Actes du* XXVIIe *Congrès de l'ASPLF : La Métaphysique, son histoire, sa critique, ses enjeux*, Paris, Vrin-Québec, PUL, 2000, p. 234-241.

—, « Sur les méthodes en histoire de la philosophie. Réponse à Claude Lafleur », *ibid.*, p. 262-265.

PASNAU, R., « The Mind-Soul Problem » (en ligne sur spot.colorado.edu/~pasnau/research/mind-soul.pdf).

PASSMORE, J., *A Hundred Years of Philosophy*, Londres, Duckworth, [1]1957 [réimpr., Penguin Books, 1968, 1980].

PÉPIN, J., « Le problème de la communication des consciences chez Plotin et saint Augustin », *Revue de métaphysique et de morale*, 55 (1950), p. 128-148.

—, « Note nouvelle sur le problème de la communication des consciences chez Plotin et saint Augustin », *Revue de métaphysique et de morale*, 56 (1951), p. 316-326.

—, « *Primitiae spiritus.* Remarques sur une citation paulinienne des *Confessions* de saint Augustin », *Revue d'histoire des religions*, 140 (1951), p. 155-202 [repris dans *'Ex platonicorum persona'. Études sur les lectures philosophiques de saint Augustin*, Amsterdam, Adolf M. Hakkert, 1977, p. 133-180].

PÉPIN, J., « Une curieuse déclaration idéaliste du *De Genesi ad litteram* (XII, 10, 21) de saint Augustin, et ses origines plotiniennes (*Ennéade* 5, 3, 1-9 et 5, 5, 1-2) », *Revue d'histoire et de philosophie religieuses*, 34, (1954), p. 373-400 (repris dans *'Ex platonicorum persona'...*, p. 181-210).

—, « Une nouvelle source de saint Augustin : le ζήτημα de Porphyre *Sur l'union de l'âme et du corps* », *Revue des Études augustiniennes*, 66 (1964), p. 53-107 (repris dans *'Ex platonicorum persona'...*, p. 213-267).

PÉTAU, D. (PETAVIUS), *De Trinitate*, Venise, 1757.

PINBORG, J., « Radulphus Brito's Sophism on Second Intentions », *Vivarium*, 13 (1975), p. 119-152.

POMPONAZZI, P., *Tractatus de immortalitate animae : Abhandlung über die Unsterblichkeit der Seele*, éd. et trad. all. par B. Mojsisch, Hamburg, Felix Meiner, 1990.

PRESTIGE, G.L., « PERICHOREO and PERICHORESIS in the Fathers », *Journal of Theological Studies*, 29 (1928), p. 242-254.

—, *God in Patristic Thought*, Londres, Heineman, 1936 [2e éd., Londres, SPCK, 1952].

PUTNAM, H., *Représentation et Réalité*, trad. fr. Cl. Engel-Tiercelin, Paris, Gallimard, 1990.

QUENSTEDT, J.A., *Theologia Didactico-Polemica sive Systema Theologicum*, Wittenberg, 1685.

RAFFOUL, F., *À chaque fois mien : Heidegger et la question du sujet*, Paris, Galilée (La philosophie en effet), 2004.

REDEKER, R., « La dernière peau philosophique de Michel Foucault », *Critique*, 660 (2002), p. 391-400.

REID, TH., *Essays on the Intellectual Powers of Man, to which is Annexed an Analysis of Aristotle's Logic*, Londres, 1843.

RENAN, E., *Averroès et l'averroïsme*, Préface d'A. de Libera, Paris, Maisonneuve et Larose, 1997.

RENAUT, A., *L'Ère de l'individu. Contribution à une histoire de la subjectivité*, Paris, Gallimard (Bibliothèque des idées), 1989.

—, *L'Individu. Réflexions sur la philosophie du sujet*, Paris, Hatier (Optiques philosophie), 1998.

RICŒUR, P., « La question du sujet : le défi de la sémiologie », in *Le Conflit des interprétations*, Paris, Seuil, 1969, p. 233-262.

—, *Soi-même comme un autre*, Paris, Éd. du Seuil (L'Ordre philosophique), 1990 [rééd., Seuil (Points Essais), 1997].

RICŒUR, P., *Autrement*, Lecture d'*Autrement qu'être, ou Au-delà de l'essence* d'E. Levinas, Paris, PUF (CIP), 1997.

—, *La Mémoire, l'Histoire, l'Oubli*, Paris, Éd. du Seuil, 2000.

—, « De la morale à l'éthique et aux éthiques », www.philo.umontreal.ca/textes/Ricoeur_MORALE.pdf.

ROBINSON, H., « Aristotelian dualism », *in* J. Annas (éd.), *Oxford Studies in Ancient Philosophy* (vol. 1). Oxford, Clarendon Press, 1983, p. 123-144.

RORTY, R., *Philosophy and the Mirror of Nature*, Oxford, Basil Blackwell, 1980.

ROSIER (CATACH), I., *La Grammaire spéculative des modistes*, Lille, PUL, 1983.

—, « Modisme, pré-modisme, proto-modisme : pour une définition modulaire », *in* S. Ebbesen & R. Friedman (éd.), *Medieval Analyses in Language and Cognition*, Copenhague, 1999, p. 45-81.

—, « La tradition de la grammaire universitaire », *in* M. de Nonno, P. de Paolis & L. Holtz (éd.), *Manuscripts and Tradition of Grammatical Texts from Antiquity to the Renaissance.* Proceedings of a Conference Held at Erice 16-23 october 1997, as the XIth Course of International School for the Study of Written Records, 2000, p. 449-498.

ROUGIER, L. *Les Paralogismes du rationalisme. Essai sur la théorie de la connaissance,* Paris, Félix Alcan, 1920.

—, *La Scolastique et le Thomisme*, Paris, Gauthier-Villars, 1925.

—, *Histoire d'une faillite philosophique : la scolastique*, Paris, Pauvert (Libertés), 1966.

RUEFF, M., « Liberté, égalité, égalité », *Agenda de la pensée contemporaine*, Paris, PUF, 2006, p. 59-76.

SCHARLEMANN, R.P., *Thomas Aquinas and John Gerhard*, New Haven-London, Yale UP, 1964.

SCHELER, M., *Der Formalismus in der Ethik und die materiale Wertethik*, in *Gesammelte Werke*, t. 2, Bonn, Bouvier Verlag, 2005; trad. fr. M. de Gandillac, *Le Formalisme en éthique et l'Éthique matériale des valeurs. Essai nouveau pour fonder un personnalisme éthique,* Paris, Gallimard, [1]1955 [nouv. éd., Paris, Gallimard, Bibliothèque de philosophie, 1991].

SCHELLING, F.W.J., *Zur Geschichte der neueren Philosophie. Muenchener Vorlesungen*, 1833/34, *in* F.W.J. Schelling, *Ausgewählte Schriften*, t. 4, Francfort, Suhrkamp, 1985; trad. fr. *Contribution à l'histoire de la philosophie moderne*, introd., trad., notes par J.-F. Marquet, Paris, PUF (Épiméthée), 1983.

SCHMID, H., *Doctrinal Theology of the Evangelical Lutheran Church*, www.ccel.org/ ccel/ schmid/theology.

SCHMUTZ, J., *Scholasticon*, www.ulb.ac.be/philo/scholasticon.

SCHNIEWIND, A., *L'Éthique du sage chez Plotin. Le paradigme du spoudaios*, Paris, Vrin (Histoire des doctrines de l'Antiquité classique, 31), 2003.

—, *Plotin. Traité 5* (V, 9), Paris, Cerf (Les Écrits de Plotin), 2007.

SCHROEDER, F.M & TODD, R.B., *Two Greek Aristotelician Commentators on the Intellect. The 'De intellectu' attributed to Alexander of Aphrodisias and Themistius' Paraphrase of Aristotle 'De anima' 3.4-8*. Introd., trad., comm. et notes, Toronto, PIMS (Medieval Sources in Translation, 33), 1990.

SELNECKER, N., *Institutiones Christianae Religionis*, 1563.

SENELLART, M., *Les Arts de gouverner. Du* regimen *médiéval au concept de gouvernement*, Paris, Seuil (Des travaux), 1995.

—, « Machiavel à l'épreuve de la gouvernementalité », *in* G. Sfez et M. Senellart, *L'Enjeu Machiavel*, Paris, PUF (Collège international de philosophie), 2001.

SHERLOCK, W., *A Vindication of the Doctrine of the Holy and Ever Blessed TRINITY and the Incarnation of The Son of God. Occasioned by the Brief Notes on the Creed of St. Athanasius, and the Brief History of the Unitarians, or Socinians, and containing an Answer to both*, Londres, 1690.

—, *A Modest Examination of the Authority and Reasons Of the Late Decree of the Nice-Chancellor of Oxford, and Some Heads of Colleges and Halls Concerning The heresy of Three Distinct Infinite Minds in the Holy and Ever-blessed Trinity*, Londres, 1696.

—, *The Present State of the Socinian Controversy, and the Doctrine of the Catholick* [sic] *Fathers Concerning A Trinity in Unity*, Londres, 1698.

SHIELDS, C., « Soul and Body in Aristotle », *in* J. Annas (éd.), *Oxford Studies in Ancient Philosophy* (vol. 6), Oxford, Clarendon Press, 1988, p. 103-136.

SIMONS, P., « Particulars in Particular Clothing : Three Trope Theories of Substance », *Philosophy and Phenomenological Research*, 54 (1994), p. 553-575.

SOLÈRE, J.-L., « La notion d'intentionnalité chez Thomas d'Aquin », *Philosophie*, 24 (1988), Paris, Éd. de Minuit, p. 13-36.

—, « Tension et intention. Esquisse de l'histoire d'une notion », *in* L. Couloubaritsis, A. Mazzù (éd.), *Figures de l'intentionnalité*, Bruxelles, Ousia, 2007, p. 59-124.

SORABJI, R., « Body and Soul in Aristotle », *Philosophy*, 49 (1974), p. 63-89.

—, « From Aristotle to Brentano : The Development of the Concept of Intentionality », *in* J. Annas (éd.), *Oxford Studies in Ancient Philosophy, Supplementary Volume : Aristotle and the Later Tradition*, éd. H. Blumenthal & H. Robinson, Oxford, Clarendon Press, 1991, p. 227-259.

SORČ, C., « Die perichoretischen Beziehungen im Leben der Trinität und in der Gemeinschaft der Menschen », *Evangelische Theologie*, 58 (1998), p. 100-118.

SOUTH, R., *Animadversions upon Dr. Sherlock's Book*, Londres 1693, et, du même, *Tritheism charged upon Dr. Sherlock's new notion of the Trinity*, Londres, 1695.

SPIEGELBERG, H., « "Intention" and "Intentionality" in the Scholastics, Brentano and Husserl », *in* L.L. McAlister (éd.), *The Philosophy of Brentano*, Londres, Duckworth, 1976, p. 108-127.

—, *The Phenomenological Movement : a Historical Introduction* (3e éd. augmentée avec la collaboration de K. Schuhman), Dordrecht, Kluwer Academic Publishers, 1994.

SPINOZA, B., *Principia philosophiae Cartesianae*, I, Prolegomenon, éd. C. Gebhardt, Heidelberg, 1925.

STONE, B.W., *Atonement. The Substance of Two Letters Written to a Friend*, Lexington, Joseph Charles Main Street, 1805.

STOUT, G.F., « The Nature of Universals and Propositions » (1921), *in* Ch. Landesman (éd.), *The Problem of Universals*, New York, Basic Books, 1971, p. 154-166.

—, « Are the Characteristics of Particular Things Universal or Particular? » (1923), *ibid.*, p. 178-183.

STRAMARA, D.F., « Gregory of Nyssa's terminology for Trinitarian *perichoresis* », *Vigiliae Christianae*, 52 (1998), p. 257-263.

SUÁREZ, F., *De Trinitate*, Paris, 1856 (in *Opera*, 26 vol., Besançon-Paris, 1856-1862).

—, *Disputationes metaphysicae*, édition digitalisée par S. Castellote & M. Renemann, homepage.ruhr-uni-bochum.de/Michael.Renemann.

TAYLOR, CH., *Sources of the Self. The Making of the Modern Identity*, Cambridge, CUP, 1989.

TENNANT, R.C., « The Anglican Response to Locke's Theory of Personal Identity », *The Journal of the History of Ideas*, 43 (1982), p. 73-90.

TESNIÈRE, L., *Éléments de syntaxe structurale,* Paris, Klincksieck, 1959 [1988[2]].

THEILER, W., « Porphyrios und Augustin », Halle, 1933, p. 38-42 [réimpr. in *Forschungen zum Neuplatonismus*, Berlin, 1966].

THÉRY, G., *Autour du décret de 1210. II. Alexandre d'Aphrodise. Aperçu sur l'influence de sa noétique*, Paris, Bibliothèque thomiste, 7, 1926.

THIEL, U., « Cudworth and Seventeenth-century Theories of Consciousness », *in* S. Gaukroger (éd.), *The Uses of Antiquity*, Dordrecht, Kluwer, 2001, p. 79-99.

TILLIETTE, X., *Philosophies eucharistiques de Descartes à Blondel*, Paris, Éd. du Cerf, 2006.

TISSERAND, A., « Métaphore et *Translatio in divinis* : la théorie de la prédication et de la conversion des catégories chez Boèce », *in* A. Galonnier (éd.), *Boèce ou la chaîne des savoirs*, Paris - Louvain, Peeters - Éd. de l'Institut sup. de philosophie, 2003, p. 435-463.

TORELL, J.-P., *Initiation à saint Thomas d'Aquin*. t. I : *Sa Personne et son œuvre* (t. 2 : *Maître spirituel*), Paris - Fribourg, Éd. du Cerf - Éd. universitaires de Fribourg (Pensée antique et médiévale. Initiation), 2002 (2e éd. revue et augmentée).

TRICAUD, F., « An Investigation Concerning the Usage of the Words "person" and "persona" in the Political Treatises of Hobbes », *in* J.G. Van der Bend (éd.), *Thomas Hobbes. His View of Man*, Amsterdam, Rodopi B.V., 1982, p. 89-98.

TUGENDHAT, E., *Selbstbewusstsein und Selbstbestimmung. Sprachanalytische Interpretationen*, Francfort, Suhrkamp Verlag, 1979 (*Conscience de soi et autodétermination*, trad. fr. R. Rochlitz, Paris, Armand Colin, 1995).

TURNER, J., *A Discourse concerning the Messias, In three Chapters*. [...] To which is prefixed a large *Preface*, asserting and explaining the doctrine of the blessed Trinity, against the late writer of the *Intellectual System*. And an *Appendix* is subjoyned concerning the divine extension, wherin the existence of a God is undeniably proved, and the main principles of Cartesianism and Atheism overthrown, Londres, 1685.

VANNIER, M.-A., « À propos du *Cogito* chez Augustin », *in* A. Charles-Saget (éd.), *Retour, Repentir et Constitution de soi*, Paris, Vrin, 1998, p. 85-94.

—, « La constitution du sujet Augustin dans les *Confessions* », *Revue des sciences religieuses*, 76/3 (2002), p. 296-310.

VERBEKE, G., « Introduction » à Themistius, *Commentaire sur le Traité de l'âme d'Aristote. Traduction de Guillaume de Moerbecke* (Corpus Latinum commentariorum in Aristotelem Graecorum, 1), éd. G. Verbeke, Leyde, Brill, 1973, p. I-XCVII.

VERNANT, J.-P., *L'Individu, la mort, l'amour. Soi-même et l'autre en Grèce ancienne*, Paris, Gallimard, 1989.

VEYNE, P., *Comment on écrit l'histoire*, suivi de « Foucault révolutionne l'histoire », Paris, Éd. du Seuil (Points Histoire), 1979 [1996].

VOLPI, F., *Heidegger e Brentano. L'aristotelismo e il problema dell'univocità dell'essere nella formazione filosofica del giovane Martin Heidegger*, Padoue, Cedam, 1976.

—, « Phenomenology as Possibility : The "Phenomenological" Appropriation of the History of Philosophy in the Young Heidegger », *Research in Phenomenology*, 30/1, 2000, p. 120-145.

—, « La doctrine aristotélicienne de l'être chez Brentano et son influence sur Heidegger », *in* D. Thouard (éd.), *Aristote au XIXe siècle*, Presses universitaires du Septentrion, 2004, p. 277-293.

WALLACE, R., *Antitrinitarian Biography, or, Sketches of the lives and writings of distinguished antitrinitarians; Exhibiting a view of the state of Unitarian Doctrine and Worship in the Principle Nations of Europe, From the Reformation to the close of the seventeenth Century : To which is Prefixed A History of Unitarianism in England During the Same Period*, V, 1-3, Londres, E.T. Whitfield, 1850.

WÉBER, É.-H., *La Personne humaine au XIIIe siècle*, Paris, Vrin (Bibliothèque thomiste, XLVI), 1991.

WEDEKING, G., « Locke on Personal Identity and the Trinity Controversy in the 1690s. », *Dialogue*, 29/2 (1990), p. 163-188.

WEHRLI, F., *Aristoxenos*, in *Die Schule des Aristoteles : Texte und Kommentar, 2*, Bâle, Schwabe, 1945.

—, *Straton von Lampsakos*, in *Die Schule des Aristoteles : Texte und Kommentar*, 5, Bâle, Schwabe, 1950.

WILKES, K.V., « *Psuchê* versus the Mind », *in* M.C. Nussbaum & A.O. Rorty (éd.), *Essays on Aristotle's 'De Anima'*, Oxford, Clarendon Press, [1]1992, p. 109-127.

WILLIAMS, D.C., « Of Essence and Existence and Santayana », *Journal of Philosophy*, 51 (1953), p. 31-42.

WOLINSKI, J., « Trinité. A. Théologie historique », *in* J.-Y. Lacoste (éd.), *Dictionnaire critique de théologie*, Paris, PUF, 1998, p. 1164-1172.

YOLTON, J.W., *John Locke and the Way of Ideas*, Oxford, OUP, [1]1968.

ZARKA, Y.-CH., « Identité et ipséité chez Hobbes et Locke », *Philosophie*, 37 (hiver 1993), p. 5-19.

—, (éd.), « Une métaphysique pour la morale. Les platoniciens de Cambridge : Henry More et Ralph Cudworth », *Archives de philosophie*, 55/3 (1995).

ZARKA, Y.-CH., « Individu, personne et sujet dans les doctrines du droit naturel du XVIIe siècle », *in* G. Cazzaniga & Y.-Ch. Zarka (dir.), *L'Individu dans la pensée moderne*, vol. I, Pise, ETS, 1995, p. 241-256.

—, « L'invention du sujet de droit », *Archives de philosophie*, 60/4 (1997), p. 531-550.

—, *L'Autre Voie de la subjectivité*, Paris, Beauchesne, 2000.

ZIZEK, S., « The Cartesian subject without the Cartesian theatre », *in* K.R. Malone, S.R. Friedlander (éd.), *The Subject of Lacan*, Albany, SUNY Press, 2000, p. 23-40.

ZUM BRUNN, É., *Le Dilemme de l'être et du néant chez saint Augustin. Des premiers dialogues aux 'Confessions'*, Paris, Études augustiniennes, 1969 [réimpr. avec additions de l'auteur, dans les *Bochumer Studien zur Philosophie*, 4, Grüner (John Benjamins), Amsterdam, 1984].

ZWINGLI, U. [U. = Huldrych], *Von der Klarheit [und der Gewißheit] des Wortes Gotes*, glaubensstimme.de/reformatoren/zwingli/zwingli08.html.

Abréviations

AHDLMA	*Archives d'histoire doctrinale et littéraire du Moyen Âge.*
A.-T.	*Œuvres de Descartes*, publiées par Ch. Adam et P. Tannery, Paris, Vrin, 1964-1976.
BA	Bibliothèque augustinienne.
CAG	Commentaria in Aristotelem Graeca.
CSEL	Corpus scriptorum ecclesiasticorum Latinorum.
CCSL	Corpus christianorum Series Latina.
ÉA	Études augustiniennes.
G	*Die philosophischen Schriften von G.W. Leibniz*, éd. C.J. Gerhardt, Berlin, 1875-1890; réimpr. G. Olms, Hildesheim, 1960-1961.
GA	M. Heidegger, *Gesamtausgabe*, Francfort, Klostermann.
RSPT	*Revue des sciences philosophiques et théologiques.*
RTAM	*Revue de théologie ancienne et médiévale.*
VEP	*Vocabulaire européen des philosophies,* Paris, Le Robert-Éd. du Seuil, 2004.

INDEX

AUTEURS ANCIENS ET MÉDIÉVAUX

ADAM DE BOCFELD : 199.
ALBERT LE GRAND (SAINT) : 110, 211, 302, 307, 332, 333, 371, 372, 399, 421.
ALCHER DE CLAIRVAUX : 294.
ALEXANDRE D'APHRODISE : 49, 138-140, 175, 180, 181, 183-187, 229, 230, 235-239, 241, 242, 245, 250, 252, 353, 366, 369, 371-376, 385, 399, 414, 423, 430.
ALEXANDRE DE HALÈS : 326, 399.
ALYPIUS : 392.
AMMONIUS : 70, 77.
ANAXAGORE : 180.
ANONYME DE GIELE : 205, 399.
ANSELME DE CANTERBURY (SAINT) : 292, 300, 379, 400, 413.
ANTIOCHUS D'ASCALON : 392.
APOLLINAIRE DE LAODICÉE : 241, 390, 391.
ARISTOTE (ARISTOTÉLICIEN) : 11, 12, 15, 16, 30, 39, 40, 46, 48, 51, 53-57, 64, 66-70, 72-75, 83, 87, 98, 103, 105-107, 110, 113, 120, 126, 128-133, 135-138, 140, 142, 143, 146-150, 153-181, 183, 184, 185, 186, 192, 193, 195, 196, 198, 199, 201, 203-209, 211, 212, 215, 218, 220- 224, 228, 229, 231, 234-239, 241, 242, 246, 247, 249, 250, 257-259, 262, 265, 270, 272, 276, 280, 281, 289, 290, 299, 303-306, 310, 314, 315, 321, 327, 329, 330, 333, 340, 341, 345, 348, 349, 353, 354, 362-364, 366, 369, 371, 372, 375, 382-385, 391, 395, 397, 399, 400, 404, 405, 414, 418-421, 425, 430, 431.
ARISTOXÈNE DE TARENTE : 230, 235, 249, 384, 385, 400, 410.
ARIUS : 288.
ATHANASE (SAINT) : 104, 297, 424, 428.
ATTICUS : 106.
AUGUSTIN D'HIPPONE (SAINT) : 28, 59, 60-63, 69, 76, 82, 93, 95-97, 104, 105, 112, 113, 115, 120, 128, 129, 132, 143, 144-148, 173, 202, 210, 211, 213-223, 228, 230-234, 238, 249, 242-244, 246, 248-304, 307, 308, 310-320, 323-327, 329-331, 333, 334, 336-338, 340, 341, 345, 346, 364, 371, 384, 385, 388-392, 394, 400, 401, 408, 412, 414, 417-419, 422, 425, 426, 430, 432.
AVERROÈS : 11, 120, 121, 123, 128, 175, 177, 178, 180, 181, 183, 185-187, 199, 204, 211, 222, 224, 235, 286, 295, 303, 341, 345, 371-375, 378, 401, 405, 409, 413, 426.

AVERROÏSTES : 82, 205, 235, 304, 340, 381, 405, 418.
BASILE DE CÉSARÉE : 241.
BOÈCE : 65-67, 88, 90, 102, 105, 199, 258, 262, 263, 299, 332, 333, 353, 379, 395, 401, 402, 420, 421, 430.
BONAVENTURE (SAINT) : 287, 290, 292, 295, 297, 311, 312, 316, 320, 323-328, 330, 331, 402.
BURGUNDIO DE PISE : 288.
CEIONIUS RUFUS ALBINUS : 258.
CHRYSIPPE : 250.
CICÉRON : 106, 107, 116, 234, 251, 379, 380, 384, 391, 402.
CLAUDIEN MAMERT (CLAUDIANUS MAMERTUS) : 240, 241, 248, 249, 402.
CORNELIUS CELSUS : 392.
DENYS LE PSEUDO-ARÉOPAGITE : 303, 311.
DEXIPPE : 258, 402.
DICÉARQUE : 385.
DIETRICH DE FREIBERG : 355.
DURAND DE SAINT-POURÇAIN : 297.
ÉPICURIENS : 229, 230, 239, 250.
FAUSTE DE RIEZ : 240.
FRANÇOIS DE MEYRONNES : 293, 298, 402.
GALIEN : 180, 371, 402.
GÉRARD DE CRÉMONE : 373.
GRÉGOIRE DE NAZIANZE : 288, 289.
GRÉGOIRE DE NYSSE : 206, 289, 299, 394, 402.
GUILLAUME D'OCKHAM : 71, 152, 363, 368, 402, 425.
GUILLAUME DE MOERBEKE : 400, 403.
HENRI DE GAND : 297, 396, 397.
HERVÉ DE NÉDELLEC (HERVEUS NATALIS) : 224, 402.
HILAIRE DE POITIERS : 288.
IRÉNÉE DE LYON : 288, 402.
ISḤĀQ : 373.
JEAN CAPREOLUS (JEAN CABROL) : 144, 346, 402.
JEAN DE DAMAS (JEAN DAMASCÈNE) : 71, 144, 145, 288, 289, 297, 364, 394, 402.
JEAN DE JANDUN : 224, 409.
JEAN DUNS SCOT : 38, 105, 211, 297, 326, 341, 346, 363, 364, 396, 403, 408.
JEAN PHILOPON : 70, 378, 403.
JEAN SCOT ÉRIGÈNE : 60, 423.
LAMBERT D'AUXERRE (DE LAGNY) : 226, 419.
LIBER DE CAUSIS : 303.
MACROBE : 200, 206.
MARIUS VICTORINUS : 60, 258, 415.
MICHEL SCOT : 11.
NEBRIDIUS : 273.
NÉMÉSIUS D'ÉMÈSE : 200, 206, 244, 249, 253, 256, 268, 291, 390-392, 403.
PAUL DE TARSE (SAINT) : 272, 281, 388, 389, 391, 419, 425.
PÉRIPATÉTICIENS : 229, 235, 237, 383.
PIERRE D'AQUILA : 297, 396.
PIERRE D'AURIOLE : 144, 145, 297, 364, 364, 403.
PIERRE DE JEAN-OLIEU (OLIVI) : 211, 222, 223, 225, 226, 403.
PIERRE LOMBARD : 311.
PLATON : 15, 54, 105-109, 117, 190-194, 197, 198, 200, 205-207, 221, 234, 239, 246, 250, 256, 280, 307, 308, 330, 362, 368, 369, 371, 393, 403, 425.
PLOTIN : 21, 62, 73, 96, 97, 103, 104, 129, 132, 195, 196, 198, 199, 202, 205-207, 215-221, 231-236, 238, 239, 241, 242, 244, 246, 248, 250, 253, 256, 258, 263, 270, 272, 273, 281, 284, 286, 287, 315, 362, 364, 366, 382, 383, 385, 386, 391, 393, 395, 397, 403, 406, 412, 415, 425, 426, 428.
PORPHYRE : 60, 61, 65, 98, 132, 201, 209, 215, 218-221, 231-234, 241, 244, 248, 249, 253, 256, 261, 268, 270, 271, 275, 278, 281, 287, 291, 301, 331, 335, 364, 391-394, 403, 404, 409, 415, 420, 426.

PROCLUS : 303.
RADULPHUS BRITO : 50, 426.
ROBERT DE LINCOLN (GROSSETESTE) : 365.
ROGER BACON : 226, 419.
ROSCELIN DE COMPIÈGNE : 300, 423.
SÉNÈQUE : 142.
SEXTUS EMPIRICUS : 234, 404.
SIGER DE BRABANT : 363, 408.
SIMPLICIUS : 68, 70, 258, 404, 421.
SOCRATE : 190.
STOÏCIENS : 103, 138, 142, 229, 230, 239, 250, 371
STRATON DE LAMPSAQUE : 229, 242.
THEMISTIUS : 192-196, 202-205, 207, 286, 404, 430.
THÉOPHRASTE : 229.
THOMAS D'AQUIN (SAINT) : 27, 52-57, 64, 75, 76, 83, 119, 120, 123, 128, 134, 135, 146-148, 151-153, 175, 186, 188-190, 192, 193, 197, 200, 203-208, 211, 221-225, 263, 287, 290, 297, 300-311, 321-323, 326, 327, 329-341, 345, 363, 368, 381, 393, 394, 404, 405, 414, 418, 427-428, 430.
VARRON : 392.
VETTIUS AGORIUS PRAETEXTATUS : 258.

AUTEURS MODERNES ET CONTEMPORAINS

ACCATTINO, P. : 372.
ACKRILL, J.L. : 159, 384, 397, 406.
ADAM, CH. : 41.
AERTSEN, J.A. : 381, 408, 412, 413.
AGAËSSE, P. : 401.
ALQUIÉ, F. : 96, 406.
ANGELELLI, I. : 62, 67, 68, 72, 74, 75, 350, 380, 406.
ANNAS, J. : 150, 157, 174, 176, 424, 427-429.
ANSCOMBE, E. : 48, 348, 406.
ANTOGNAZZA, M.R. : 115, 287, 406, 419.
ARMOGATHE, J.-R. : 360, 406.
ARMSTRONG, D.M. : 127, 406.
ARNAUD, A.-M. : 13.
ARTAUD, A. : 11.
AUBENQUE, P. : 142, 411.
AUBIN, V. : 405.
AUBRY, G. : 21, 217, 403, 406.
AUSTIN, J.L. : 48, 384.
AYADA, S. : 406.
AYERS, M. : 294, 406.
BADAWI, A. : 399.
BAILLY, A. : 95.
BAKKER, P.J.J.M. : 381, 406, 407.
BALIBAR, É. : 13, 19, 33, 47-49, 100-103, 113, 114, 121, 189, 190-192, 201, 202, 210, 293, 349, 360, 362, 377, 407, 410, 421.
BAMBROUGH, R. : 397, 425.
BARBOTIN, E. : 138, 154, 164, 199, 310, 400.
BARDY, G. : 401.
BARNES, J. : 98, 154-158, 168, 370, 384, 397, 407, 425.
BARRESI, J. : 105, 106, 109, 407, 422.
BARTOK, PH. J. : 367, 407.
BARY, R. : 77, 78, 407.
BAUD, J.-P. : 121, 408.
BAUMGARTEN, A.G. : 294, 408.
BAUMGARTEN, S.J. : 344, 408.
BAYLE, P. : 121-123, 225, 360-362, 408.
BAZÁN, B.C. : 52, 399, 405, 408.
BEARE, J.I. : 56.
BEAUFRET, J. : 16, 276.
BECKAERT, J.-A. : 401.

BEKKER, I. : 400.
BELŒIL, J.-M. : 355, 416.
BENVENISTE, É. : 84, 85, 408.
BERGERON, M. : 139, 186, 230, 250, 369, 371-376, 385, 399.
BERGSON, H. : 26, 27, 132, 408, 418.
BERMON, E. : 60, 408.
BIANCHI, L. : 384, 408.
BIEL, G. : 328.
BLANCHOT, M. : 11.
BLUMENTHAL, H. : 150, 429.
BODÉÜS, R. : 138, 154, 157, 162, 164, 165, 178, 185, 198, 199, 310, 400.
BODIN, L. : 403.
BOEHNER, PH. : 71, 402.
BONITZ, H. : 349, 408.
BORCH-JACOBSEN, M. : 200, 408.
BORSARI, M. : 13.
BOUISSEAU, G. : 401.
BOULNOIS, O. : 211, 408.
BOUTET, J. : 401.
BOUTIER, J. : 17, 413.
BOZICEVIC-NATALIS, F. : 38.
BRAMHALL, J. : 106, 417.
BRÉHIER, É. : 196, 241, 244, 248, 258, 271, 281, 284, 384, 391, 403, 409.
BRENET, J.-B. : 224, 409.
BRENTANO, F. : 12, 129, 130, 132-137, 140-153, 160, 297, 339, 365-369, 383, 407, 409, 411, 415, 418, 422-424, 429, 431.
BRISSON, L. : 218, 220, 221, 232, 234, 271, 275, 281, 393, 394, 404, 409, 415.
BRITO MARTINS, M. : 96, 409.
BROWN, S[tephen] : 13, 71, 402.
BROWN, S[tuart] : 287, 406.
BRUMBERG-CHAUMONT, J. : 379, 409.
BRUNS, I. : 139, 186, 230, 237, 250, 371-375, 399.
BRUNSCHWIG, J. : 400.
BRUUN, O. : 65, 98, 258, 259, 407, 414, 418, 421.
BRYKMAN, G. : 359, 409.
BUHOT DE LAUNAY, M. : 90, 417.
BURGERSDIJK, FR. (BURGERSDICIUS), 72, 75, 350, 351, 409.
BURKHARDT, C. : 206, 403.
BURNETT DE KEMNEY, TH. : 118, 419.
BURNYEAT, M. : 60, 131, 159, 409, 410.
BURSILL-HALL, G. : 226, 419.
BUSSE, A. : 258, 402, 403.
BUYTAERT, E.M. : 288, 289, 402, 403.
CALVIN, J. : 93, 297, 410.
CAMELOT, TH. : 401.
CAMPBELL, K. : 380, 410.
CANGUILHEM, G. : 40, 410.
CAPELLE, PH. : 97, 410.
CARNAP, R. : 47.
CARON, M. : 25, 410.
CASMANN, O. : 38.
CASPER, B. : 355, 416.
CASSIN, B. : 19, 349, 384, 407, 410.
CASTANEDA, H.N. : 348, 410.
CASTELLOTE, S. : 429.
CATHALA, M.-R. : 110, 405.
CAZZANIGA, G. : 121, 432.
CENTRONE, B. : 230, 410.
CHAMBRY, E. : 403.
CHAMPION, J. : 106, 410.
CHANTRAINE, P. : 95.
CHARLES-SAGET, A. : 61, 430.
CHARLTON, W. : 159, 403, 410.
CHATEAUBRIAND, F.-R. DE, 27.
CHEMNITZ, M. : 358, 410.
CHISHOLM, R.M. : 123, 136, 149, 150, 152, 409, 415, 422.
CHURCHLAND, P.M. : 130, 410.
CLARKE, S. : 380, 419.
COBB-STEVENS, R. : 368, 410.
COCKBURN, C. : 410, 421.
CODE, A. : 65, 159, 348, 411.
COLEMAN, J. : 121, 407.
COLLI, G. : 44, 424.
COLLINGWOOD, R.G. : 17, 51, 411.
COLVIUS, A. : 112.
COMBÈS, G. : 401.

CONIMBRICENSES, 121, 360, 361, 411.
COPJEČ, J. : 120, 121, 200, 227, 407, 408, 411.
CORBIN, H. : 318, 416.
CORMIER, P. : 88, 411.
CORTI, L. : 65, 98, 258, 259, 407, 414, 418, 421.
COSTE, P. : 98, 100, 103, 189, 190, 376, 421.
COTTA, J.G. : 297, 414.
COULOUBARITSIS, L. : 151, 428.
COURTINE, J.-F. : 7, 13, 63, 78, 142, 151, 209, 210, 232, 233, 261, 262, 318, 406, 411, 416.
COUSIN, V. : 343.
CRANE, T. : 367, 411.
CRAWFORD, F.S. : 187, 204, 375, 378, 390, 401.
CROISET, A. : 403.
CROISET, M. : 190, 403.
CROSS, R. : 288, 299, 393, 394, 395, 411, 423.
CUDWORTH, R. : 103, 106-109, 115, 117, 200, 242, 297, 362, 411, 424, 430, 431.
D'ANCONA, C. : 219, 374, 414.
DA RIOS, R. : 400.
DANON-BOILEAU, L. : 226, 420.
DAVIDSON, D. : 48.
DE BOER, TH. : 152, 411.
DESGABETS, R. : 360, 406.
DELEUZE, G. : 26, 39, 411.
DELLA ROSA, M. : 404.
DENEFFE, A. : 145, 287, 289, 293, 396, 411.
DENNETT, D.C. : 12, 130, 411.
DENOOZ, J. : 67, 420.
DERRIDA, J. : 194.
DES BOSSES, B. : 380, 419.
DESCARTES, R. (CARTÉSIEN) : 12, 21, 25, 28-30, 32, 35, 39, 40, 43-45, 54, 58-61, 63, 77, 79, 83, 90, 94-97, 101, 105-109, 112-115, 119, 120, 121, 123, 126-128, 130-133, 143, 153, 156, 160-162, 169-177, 188, 194, 203, 225, 287, 318, 343, 345, 359, 360, 362, 363, 370, 381, 382, 406, 409, 412, 414, 422, 429, 430, 432.
DESCOMBES, V. : 31-37, 42, 46, 47, 76, 343, 347, 348, 412, 424.
DIÈS, A. : 403.
DILLON, J. : 280, 404, 412.
DONATI, S. : 381, 412.
DONINI, P.L. : 371, 412.
DÖRRIE, H. : 231, 244, 249, 253, 256, 268, 291, 391, 392, 403, 412.
DREYFUS, H. : 24, 412.
DU ROY, O. : 229, 235, 412.
DUFOUR, R. : 139, 186, 230, 250, 369, 371-376, 385, 399.
DURAND, E. : 287, 396, 413.
EBBESEN, S. : 68, 226, 352, 419, 420, 427.
EDELMAN, G.M. : 347, 413, 425.
EGAN, J.P. : 289, 413.
EGGER, V. : 37.
ELAMRANI-JAMAL, A. : 300, 401, 423.
ÉLIE, H. : 152, 417.
ELLIS, J. : 316, 380, 413.
EMERY, K. : 381, 412.
ENDRESS, G. : 413.
ENGEL, P. : 17, 174, 413, 424.
ENGELBRECHT, A. : 402.
ENGEL-TIERCELIN, CL. : 369, 426.
ENGLISH, J. : 367, 417.
ERISMANN, CHR. : 300, 379, 413.
EUSTACHE, F. : 103, 407.
EVERSON, S. : 160, 418.
FAUSER, W. : 110, 399.
FÉDIER, F. : 16, 94, 416.
FEDRIGA, R. : 153, 413.
FERRY, L. : 24, 413.
FESSLER, M. : 15.
FISHER, J. : 358, 413.
FLASCH, K. : 17, 413.
FOISNEAU, L. : 13, 102, 227, 291, 355, 356, 413.

FOUCAULT, M. : 16-26, 32, 39, 40, 49, 79, 80, 85, 86, 272, 344, 352, 410-415, 418, 423, 424, 426, 431.
FRANCESCONI, D. : 13.
FREDE, M. : 131, 258, 259, 397, 413, 414.
FREGE, G. : 63, 67, 68, 380, 406, 414.
FRIEDLANDER, S.R. : 131, 432.
FRIEDMAN, R.L. : 68, 144, 352, 414, 420, 427.
GÁL, G. : 71, 402.
GALONNIER, A. : 65, 300, 401, 423, 430.
GANDILLAC, M. DE, 89, 134, 402, 409, 427.
GARDEIL, M., 270, 302, 414.
GARRIGOU-LAGRANGE, R. : 346.
GAUKROGER, S. : 103, 430.
GAUTHIER, R.-A. : 400, 427.
GAZZIERO, L. : 13.
GEACH, P.T. : 48, 348, 414.
GEBHARDT, C. : 113, 429.
GENUYT, F. : 56.
GEOFFROY, M. : 373, 374, 414.
GEORGE, R. : 148, 409.
GERHARD, J. : 297, 358, 414, 427.
GERHARDT, C.J. : 380, 419.
GEYER, B. : 110, 399.
GIELE, M. : 205, 399.
GILSON, É. : 228, 270, 290, 291, 293, 294, 302, 303, 320, 327, 360, 414, 421.
GIRGENTI, G. : 404.
GLORIEUX, P. : 337, 414.
GOCLENIUS (RUDOLF GÖCKEL), 37, 38, 75, 76, 179, 414, 415.
GOETHE, J.G. VON, 9.
GOUHIER, H. : 28, 415.
GOULET, R. : 230, 410.
GOULET-CAZÉ, M.-O. : 220, 234, 278, 393, 415.
GRANDY, R. : 65, 410.
GRANGER, H. : 47, 127, 154-160, 162- 168, 177, 184, 370, 415.
GREEN, CHR. D. : 156, 175, 176, 369, 415.
GREISCH, J. : 96, 415.
GRICE, H.P. : 65, 348, 415.
GROETHUYSEN, B. : 59, 60, 415.
GUATTARI, F. : 411.
GUEST, G. : 317, 416.
GUILLAUME DE MOERBECKE, 400, 404.
HACKETT, J. : 226, 420.
HADOT, I.. : 70, 404, 421.
HADOT, P. : 19, 20, 59, 60, 70, 96, 366, 382, 383, 386, 404, 415, 421.
HALLER, R. : 136, 415.
HAMESSE, J. : 211, 420.
HAMLYN, D.W. : 400.
HAN, B. : 22, 415.
HARRISON, J.J. : 297.
HARTMANN, E. : 159.
HAYDUCK, M. : 403.
HEDWIG, K. : 136, 409, 415.
HEGEL, G.W.F. : 24, 45, 61, 377, 415.
HEIDEGGER, M. : 12, 16-20, 24-26, 29, 30, 37, 40, 47, 58, 77-79, 89-97, 120, 123, 125, 129, 143, 150, 151, 153, 154, 167, 172, 188, 191, 192, 197, 203, 209, 215, 227, 263, 272, 276, 295, 317-319, 339, 355, 362, 367, 381-384, 409, 410, 415-417, 419, 423, 426, 431.
HEIL, G. : 402.
HEINZE, R. : 193, 197, 404.
HELD, K. : 317, 416.
HELMREICH, G. : 371, 402.
HEMMERDE, C.H. : 294, 408.
HENDRIKX, E. : 213, 401, 417.
HICKS, R.D. : 154, 400.
HOBBES, TH. : 48, 72, 101, 102, 106, 120, 169-172, 176, 201, 227, 265, 287, 355, 356, 379, 413, 417, 419, 430, 431.
HOFFMANN, PH. : 70, 258, 404, 421.
HOFFMEISTER, J. : 377, 415.
HOLLAZ, D. : 358, 417.
HOLTZ, L. : 352, 427.
HOLZER, V. : 287, 413.
HUGO, V. : 27.
HUME, D. : 48, 72, 123, 130.

HUSSERL, E. : 29, 90, 91, 141, 151, 152, 366-369, 383, 411, 417, 423, 429.
IMBACH, R. : 223, 381, 417, 418.
IMBERT, CL. : 414.
INGARDEN, R. : 63.
IRWIN, T. : 160, 418.
JACQUETTE, D. : 149, 150, 367, 418, 424.
JANONE, A. : 400.
JANSEN, B. : 403.
JEAN-PAUL II, 345.
JOLIVET, R. : 400, 401, 423.
JOURJON, M. : 401.
JULIA, D. : 17, 413.
KALUZA, Z. : 381, 406.
KANT, E. : 20, 25, 26, 34, 35, 45, 85-88, 96, 100, 120, 162, 172, 188, 201, 215, 225, 343, 345, 369, 381, 418, 424.
KEELER, L. : 405.
KELKEL, A.L. : 152, 417.
KENNEY, J.P. : 59, 60, 418.
KENNY, A. : 48, 258, 418.
KINSBOURNE, M. : 130, 412.
KLEUTGEN, J. : 143, 418.
KLOSSOWSKI, P. : 13, 125, 416.
KOERNER, K. : 226, 419.
KORIDZE, G. : 136-138, 418.
KOSMAN, L.A. : 132, 160, 418.
KRANTZ GABRIEL, S. : 136, 418.
KRAUS, O. : 134, 152, 409.
KREBS, E. : 355, 416.
KRSTIC, K. : 38, 418.
KÜHN, W. : 221.
LABARRIÈRE, J.-L. : 132, 418.
LABRIOLLE, P. DE, 230, 385, 401.
LACAN, J. : 202, 432.
LACOSTE, J.-Y. : 299, 431.
LAFLEUR, CL. : 17, 418, 425.
LALANDE, A. : 37, 38.
LAMBERT, J.-H. : 344, 419.
LANDESMAN, CH. : 380, 429.
LANGLOIS, L. : 17, 425.
LARIVÉE, A. : 21, 272, 419.
LAUGIER, S. : 47-49, 407.
LAW, E. : 114.
LECHEVALIER, B. : 103, 407.
LECONTE, P. : 15, 419.
LEDUC, A. : 272, 419.
LEIBNIZ, G.W. : 39, 40, 51, 63, 88, 90, 97, 102, 115-121, 123, 134, 162, 171, 172, 176, 200-202, 210, 223-225, 265, 287, 291, 292, 317, 344-346, 355, 359, 361, 363, 364, 369, 379, 380, 396, 406, 413, 416, 419.
LESSAY, F. : 102, 106, 417, 419.
LEVINAS, E. : 100, 427.
LÉVI-STRAUSS, CL. : 33, 35, 419.
LEWIS, F.A. : 65, 419.
LIBERA, A. DE, 11, 17, 19, 63, 65, 67, 226, 300, 349, 366, 380, 401, 404-407, 410, 413, 419, 420, 423, 426.
LIBERA, D. DE, 13.
LICHTENBERG, G.C. : 35, 42, 421.
LLOYD, G.E.R. : 371, 423.
LOCKE, J. : 22, 72, 98-103, 105, 111, 114, 117-120, 123, 132, 152, 189-195, 197-202, 227, 265, 272, 287, 291, 292, 294, 344, 350, 355-357, 359, 360, 362, 366, 369, 376, 393, 406, 407, 409, 413, 418, 421, 429, 431.
LOTTIN, O. : 302, 421.
LOUIS, P. : 400.
LUNA, C. : 70, 397, 404, 421.
MACHIAVEL, N. : 19, 428.
MACPHERSON, C.B. : 106, 417.
MADEC, G. : 231, 422.
MAGEE, J. : 332, 333, 422.
MAHÉ, J.-P. : 404.
MAIERÙ, A. : 223, 417.
MAINE DE BIRAN, 28, 29, 343, 422.
MALLET, E.-F. : 390.
MALONE, K.R. : 131, 432.
MARC, P. : 405.
MARION, J.-L. : 44, 45, 113, 360, 422.
MARMO, C. : 352, 422.
MARQUARDT, J. : 371, 402.
MARQUET, J.-F. : 35, 427.

MARRAS, A. : 149, 422.
MARTIN, R. : 106, 422.
MARTINEAU, E. : 37, 89, 90, 92, 93, 191, 381, 416.
MARULIC, M. : 38, 418.
MASHAM (LADY DAMARIS), 115, 419.
MATTHEWS, G.B. : 316, 397, 422.
MAZZÙ, A. : 151, 428.
MCALISTER, L.L. : 137, 141, 149, 150, 409, 422, 429.
MCCORD ADAMS, M. : 395, 422, 423.
MCDONNELL, C. : 135, 145, 147, 149, 152, 367, 423.
MCKEON, R. : 155, 423.
MEIRINHOS, J.F. : 211, 421, 425.
MELANCHTHON, P. : 358.
MELCHIORRE, V. : 406.
MELLET, M. : 401.
MERSENNE, M. : 119, 360.
MESLAND, D. : 112, 119.
MEWS, C. : 300, 423.
MICHON, C. : 405.
MICHON, P. : 24, 25, 423.
MICRAELIUS, J. (LÜTKESCHWAGER), 344, 423.
MILCHMAN, A. : 24, 423.
MILHAUD, G. : 412.
MINIO-PALUELLO, L. : 258.
MOINGT, J. : 292, 302, 401.
MOLESWORTH, W. : 106, 417.
MOMMERT, B. : 218, 232, 404.
MONCHO, J.R. : 403.
MONTINARI, M. : 44, 424.
MOORE, G.E. : 35, 423.
MORAN, D. : 60, 150, 423.
MORANI, M. : 403.
MORAUX, P. : 180, 369, 371-373, 423.
MORE, H. : 42, 200, 431.
MOREAU, D. : 405.
MOREL, P.-M. : 56, 400.
MORRISON, J.C. : 369, 423.
MOTTE, A. : 67, 420.
MÜLLER, F. : 402.
MÜLLER, I. : 371, 402.
MULLIGAN, K. : 13, 150, 174, 366, 367, 423, 424.
MUNIER, R. : 417.
NAERT, E. : 421.
NARBONNE, J.-M. : 17, 278, 395, 403, 424.
NEF, F. : 46, 47, 69, 424.
NEWMAN, J.H. : 297, 424.
NIDDITCH, P.H. : 189, 421.
NIETZSCHE, F. : 12, 13, 24, 25, 40, 43-46, 49, 58, 125, 172, 215, 416, 424.
NONNO, M. DE, 352, 427.
NORRIS, C. : 26, 424.
NUSSBAUM, M.C. : 131, 132, 148, 159, 174, 176, 409, 410, 414, 418, 424, 431.
NYE, S. : 105-108, 112, 114, 115, 117, 118, 359, 424.
O'DALY, G. : 424.
ORTIGUES, E. : 36, 347, 425.
OTT, H. : 355, 416.
OWEN, G.E.L. : 371, 397, 423, 425.
PACAUD, B. : 35, 418.
PACHECO, M.C. : 211, 421, 425.
PANACCIO, CL. : 17, 368, 413, 425.
PAOLIS, P. DE, 352, 427.
PASNAU, R. : 132, 362, 363, 425.
PASSMORE, J. : 367, 425.
PATZIG, G. : 414.
PELLEGRIN, P. : 404.
PÉPIN, J. : 104, 216-219, 240, 241, 243, 249, 253, 256, 268, 270, 271, 291, 389, 390, 391, 425.
PESSION, P.M. : 405.
PÉTAU, D. (PETAVIUS), 297, 426.
PINBORG, J. : 50, 226, 419, 426.
PLANTINGA, TH. : 152, 411.
POHLENZ, M. : 402.
POMPONAZZI, P. : 121, 426.
PRÉAU, A. : 209, 416.
PRESTIGE, G.L. : 287, 426.
PREUS, J.A.O. : 410.

Promies, W. : 35, 421.
Putnam, H. : 131, 368, 369, 424, 426.
Quenstedt, J.A. : 358, 417, 426.
Rabinow, P. : 24, 412.
Raffoul, F. : 25, 426.
Rancurello, A.C. : 137, 409.
Rand, E.K. : 88, 262, 353, 395, 402.
Raulx, M. : 245.
Rauzy, J.-B. : 63, 406.
Reboul, J. : 416.
Redeker, R. : 21, 426.
Regius, H. : 54, 120, 171, 172, 176, 360.
Reid, Th. : 72, 123, 350, 351, 426.
Renan, E. : 11, 426.
Renaut, A. : 16, 23, 24, 413, 426.
Renemann, M. : 429.
Ricœur, P. : 11, 31-35, 37, 48, 91, 100, 200, 201, 226, 227, 348, 360, 412, 417, 426, 427.
Rivaud, A. : 403.
Rivière, J. (NRF) : 11.
Rivière, J. (trad. d'Augustin) : 11, 388-390.
Robb, J.H. : 405.
Robinson, H. : 150, 174-176, 185, 424, 427, 429.
Rochlitz, R. : 37, 430.
Romero, G.A. : 12.
Romeyer Dherbey, G. : 366, 415.
Roques, R. : 402.
Rorty, A.O. : 131, 132, 148, 409, 410, 414, 418, 424, 431.
Rorty, R. : 130, 427.
Rosenberg, A. : 24, 423.
Rosier-Catach, I. : 226, 352, 419, 427.
Ross, W.D. : 68, 154, 400.
Rougier, L. : 97, 354, 427.
Rousseau, J.-J. : 27, 33, 377.
Rubius, A. : 361.
Rudolph, E. : 384, 408.
Rueff, M. : 79, 427.
Russell, B. : 47, 380.
Scaliger, J.C. : 38.
Scharlemann, R.P. : 297, 427.
Scheler, M. : 89-91, 100, 427.
Schelling, F.W.J. : 35, 82, 427.
Schérer, R. : 152, 417.
Schmaus, M. : 302.
Schmid, H. : 358, 428.
Schmutz, J. : 13, 63, 72, 406, 428.
Schniewind, A. : 13, 73, 196, 366, 383, 386, 387, 403, 428.
Schofield, M. : 154, 397, 407, 425.
Schroeder, F.M. : 428.
Schuhman, K. : 429.
Séchan, L. : 95.
Segonds, A.-Ph. : 65, 404, 420.
Selnecker, N. : 358, 428.
Senellart, M. : 19, 428.
Serra, G. : 374, 414.
Servet, M. : 359.
Sfez, G. : 19, 428.
Sherlock, W. : 104-111, 114, 115, 117-119, 293, 424, 428, 429.
Shields, C. : 157, 160, 168, 169, 369, 428.
Signoret, J.-L. : 407.
Simons, P. : 380, 428.
Skutella, M. : 392.
Smith, B. : 150, 366, 423, 424.
Smith, J.A. : 155.
Socinus, F. 359.
Solère, J.-L. : 13, 151, 381, 406, 428.
Solignac, A. : 401.
Sorabji, R. : 150, 154, 156, 397, 407, 425, 429.
Sorč, C. : 105, 429.
South, R. : 104, 106, 108, 424, 429.
Speer, A. : 381, 408, 412.
Spiazzi, R.M. : 110, 405.
Spiegelberg, H. : 141, 149, 150, 152, 153, 368, 429.
Spielberg, S. : 227.
Spinoza, B. : 113, 429.
Spitz, J.-F. : 79.
Steel, C. : 211, 420.

STEWART, H.F. : 88, 262, 353, 395, 402.
STILLINGFLEET, E. : 102, 359.
STONE, B.W. : 359.
STOUT, G.F. : 380, 429.
STRAMARA, D.F. : 289, 429.
SUÁREZ, F. : 76, 102, 105, 151, 153, 225, 287, 293, 329, 346, 358, 364, 396, 429.
TADIÉ, A. : 13.
TAMINIAUX, J. : 416.
TANNERY, P. : 412, 433.
TAYLOR, CH. : 60, 429.
TENNANT, R.C. : 103, 429.
TERRELL, D.B. : 137, 409.
TESNIÈRE, L. : 36, 47, 347, 348, 429.
THEILER, W. : 234, 430.
THÉRY, G. : 373, 430.
THIEL, U. : 103, 430.
THOUARD, D. : 150, 431.
TILLIETTE, X. : 360, 430.
TISSERAND, A. : 65, 430.
TISSERAND, P. : 29, 422.
TODD, R.B. : 428.
TOLETUS, F. : 361.
TORELL, J.-P. : 52, 430.
TRÉHOREL, E. : 401.
TREMESAYGUES, A. : 35, 418.
TRICAUD, F. : 102, 356, 417, 430.
TRICOT, J. : 65, 140, 155, 158, 176, 178, 181, 185, 196, 198, 207, 310, 378, 400.
TUGENDHAT, E. : 37, 430.
TURNER, J. : 109, 430.
TWARDOWSKI, K. : 150, 367, 417.
VAN DER BEND, J.G. : 102, 430.
VANNIER, M.-A. : 59, 61, 430.
VERBEKE, G. : 195, 196, 378, 403, 404, 430.
VERNANT, J.-P. : 191, 431.
VERNIER, J.-M. : 405.
VESEY, G. : 60.
VEYNE, P. : 26, 27, 431.
VIADER, F. : 103, 407.
VIANO, C. : 366, 415.
VICAUT, E. : 15.
VIGNY, A. DE, 27.
VOLPI, F. : 150, 382, 431.
WALLACE, R. : 103, 431.
WALLIS, J. : 106, 116, 424.
WARNER, R. : 65, 410.
WATERHOUSE, R. : 15.
WÉBER, É.-H. : 88, 89, 431.
WEDEKING, G. : 120, 431.
WEHRLI, F. : 229, 230, 431.
WHITE, K. : 399.
WHITFIELD, E.T. : 103, 431.
WHITING, J. : 160.
WIGGINS, D. : 160.
WILKES, K.V. : 131-133, 149, 431.
WILLIAMS, D.C. : 380, 431.
WITTGENSTEIN, L. : 35, 42, 48, 423.
WITTICHIUS, 361, 362.
WOLFF, CHR. : 38.
WOLINSKI, J. : 299, 431.
YOLTON, J.W. : 103, 421, 431.
ZARKA, Y.-CH. : 102, 121, 200, 419, 431, 432.
ZIMMERN, H. : 42.
ZIZEK, S. : 131, 432.
ZUM BRUNN, É. : 228, 232, 432.
ZWINGLI, U. : 93, 432.
ZYCHA, J. : 392.

Thèses et principes

PDS (Principe de la dénomination subjective – *denominationes sunt suppositorum*) : 171.

PDSA (Principe de la dénomination du sujet par l'accident – *omne accidens denominat subiectum ; accidens denominat proprium subiectum*) : 50, 54, 55, 57, 58, 67, 68, 71, 171, 305, 345.

PDSAc (Principe de la dénomination du sujet par l'action – *subiectum denominatur a propria actione*) : 50, 51, 67, 72, 171, 345.

PFO (Principe de la forme de l'opérateur – voir POF) : 50, 224.

PLSA (Principe de la limitation subjective de l'accident – *accidens non excedit subiectum in quo est*) : 62, 315-317, 319, 334-336, 338.

POF (Principe de l'opération par la forme de l'opérateur – *illud quo primo aliquid operatur est forma operantis*) : 50, 224, 306.

PSA (Principe subjectif de l'action – *actiones sunt suppositorum*) : 72, 90, 171, 225, 345, 396.

PSAPa (Principe de la subjection de l'action dans la puissance de l'agent – *cuius est potentia eius est actio ; eius est potentia sicut subiecti, cuius est operatio*) : 50, 54-58.

TAlex (Théorie alexandrinienne de l'âme : l'âme est une disposition, une puissance et une forme qui vient sur le mélange et sur la mixtion qualifiés des corps simples) : 239.

TAr_{abs} (Théorie aristotélicienne de l'abstraction : l'abstraction est une opération mentale qui consiste à concevoir comme séparées de la matière des choses qui ne sont pas séparées de la matière) : 140.

TAr_{am} (Théorie aristotélicienne de l'âme : l'âme est une *property-thing*) : 163.

TAr_{hom} (Théorie aristotélicienne de l'homme : l'homme est principalement intellect) : 204.

TB1 (Premier théorème de Bayle : nous ne sommes la cause ni de nos pensées ni de nos actions, ni la cause efficiente de nos volitions) : 122.

TB2 (Deuxième théorème de Bayle : l'homme n'est qu'un sujet passif) : 122.

TDC (Thèse de la dénomination causale : une action dénomme son agent causalement et non pas formellement) : 51, 72.

TN1 (Premier théorème d'Hervé de Nédellec : pour que quelqu'un pense, il ne suffit pas que sa forme soit cause efficiente de l'acte de penser) : 225.

TN2 (Deuxième théorème d'Hervé de Nédellec : pour que quelqu'un pense, il faut que sa forme soit le sujet de l'acte de penser) : 225.

TABLE DES MATIÈRES

AVANT-PROPOS 11

INTRODUCTION 15

De Foucault à Heidegger 19

Le mouvement rétrograde du vrai 26

CHAPITRE PREMIER – POSITION DU SUJET 31

Grammaire philosophique et « Querelle du sujet » 31

Sujet de l'agence, agence du sujet 40

Dire le sujet 59

Sujet d'inhérence et sujet d'attribution 63

Sujet logique et sujet ontologique 69

Sujet d'inhésion, sujet de dénomination 71

Schèmes théoriques et « *a priori* historique » 79

Quatre questions 81

Deux réseaux 83

Sujet, substance, personne, hypostase (suppôt) 87

Sujet d'attribution, sujet d'imputation 98

Personne et conscience : John Locke 101

La Trinité selon Sherlock 104

La Trinité selon Nye 105

Le débat Leibniz-Nye 114

Décrire, dit-il 120

CHAPITRE II – ATTRIBUTIVISME ET SUBSTANTIALISME 125

Subjectité et attributivisme* 125

Inexistence mentale et périchorèse 129

Brentano : l'in-existence et l'inhabitation 133

L'attributivisme aristotélicien 154

L'âme : substance ou propriété ? 155
Substance, sujet et forme 162
Contre l'attributivisme 168
Aristote avant Descartes : une autre épistémè 173
Relire Averroès : l'âme entre analogie et homonymie 177
Qu'est-ce que l'homme ? 188

CHAPITRE III – LES ORIGINES DE L'ATTRIBUTIVISME* 209
La formulation du modèle : Augustin 228
Vers l'attributivisme : 'L'Immortalité de l'âme'* 229
Introduction et rejet de l'attributivisme : 'La Trinité'* 257
Contre l'attributivisme* : le modèle périchorétique 264
'Anima' et 'mens' : bref excursus 269
Retour au problème : la 'mens' et l'immanence non subjective 277
Pour introduire la périchorèse 287

CHAPITRE IV – L'INTERPRÉTATION SCOLASTIQUE DU MODÈLE PÉRICHORÉTIQUE DE L'ÂME 297
Circumincession et consubstantialité 298
Thomas d'Aquin : la relégitimation du 'subiectum' 303
Bonaventure : de la circumincession à la consubstantialité 311
Immanence mutuelle et subjectité : le legs du XIIIe siècle 329
L'épistémè thomasienne 330
Vers le sujet-agent 337
CONCLUSION 343
NOTES COMPLÉMENTAIRES 347
OUVRAGES CITÉS 399
Auteurs anciens et médiévaux 399
Auteurs modernes et contemporains 406
ABRÉVIATIONS 433
INDEX 435
Auteurs anciens et médiévaux 435
Auteurs modernes et contemporains 435
Thèses et principes 445

Dépôt légal : janvier 2016
IMPRIMÉ EN FRANCE
Imprimerie « La Source d'Or » - 63039 Clermont-Ferrand
Imprimeur n° 18383